A ÓPERA BARROCA ITALIANA

Supervisão Editorial: J. Guinsburg
Revisão: Olga Capaleclio
Capa: Adriana Garcia
Produção: Ricardo W. Neves
Raquel F. Abranches
Sergio Kon

HISTÓRIA DA ÓPERA

Lauro Machado Coelho

A ÓPERA BARROCA ITALIANA

Dados Internacionais de Catalogação na Publicação (CIP)
(Câmara Brasileira do Livro, SP, Brasil)

Coelho, Lauro Machado
  A ópera barroca italiana / Lauro Machado
Coelho. -- São Paulo : Perspectiva, 2009. --
(História da ópera)

  1. reimpr. da 1 ed. de 2000
  Bibliografia.
  ISBN 978-85-273-0208-1

  1. Música - Século 17   2. Música - 18
3. Ópera - Itália - História   I. Título.   II. Série.

00-0715   CDD-782.1094507

Índices para catálogo sistemático:
1. Itália : Ópera barroca : Música dramática :
        História   782.1094507
2. Ópera barroca : Itália : Música dramática :
        História   782.1094507

1ª edição – 1ª reimpressão

Direitos reservados em língua portuguesa à
EDITORA PERSPECTIVA S.A.

Av. Brigadeiro Luís Antônio, 3025
01401-000 – São Paulo – SP – Brasil
Telefax.: (011) 3885-8388
www.editoraperspectiva.com.br

2009

Para Rina,

duas vezes dois – quatro
eu vezes eu – tu
tu vezes tu – nós

H. Lêivick
(Trad. J. Guinsburg)

Opera is one of the most magnificent and expenseful diversions the wit of Man can invent.

JOHN EVELYN, 1645.

Whenever I go to opera, I leave my sense and reason at the door with my half-guinea, and deliver myself to my eyes and my ears.

LORD CHESTERFIELD, 1752.

La musique est pour l'opéra ce que les vers sont pour le drame: une expression plus noble, un moyen plus fort de présenter les pensées et les émotions.

PIERRE AUGUSTIN CARON DE BEAUMARCHAIS, 1790.

Eine Oper ist ein absurdes Ding. Befehle werden singend erteilt, über Politik wird im Duett verhandelt. Man tanzt um ein Grab und Dolchstiche werden melodisch verabreicht.

(A ópera é uma coisa absurda. Ordens são dadas cantando, discute-se política num dueto. Dança-se em cima de um túmulo e dão-se punhaladas melodicamente.)

CLEMENS KRAUS / RICHARD STRAUSS, o Conde em *Capriccio,* 1942.

SUMÁRIO

Prefácio 13

A PRÉ-HISTÓRIA DA ÓPERA 17

Antes da Camerata Florentina 19
   O Teatro Grego 19, O Teatro Medieval 23, O Teatro Renascentista 26, A Itália do Século XV-XVI: Situação Histórica 26, O Neoplatonismo 30, O "Balletto" 31, O Intermédio 32, A "Favola Pastorale" (Poliziano, Tasso, Guarini) 33, A Comédia Madrigalesca (Orazio Vecchi, Adriano Banchieri) 34

DO SÉCULO XVI PARA O SÉCULO XVII: O PROTOBARROCO 39

A Camerata Florentina 41

Peri, Caccini, Gagliano 47
   Peri 47, Caccini 50, Gagliano 52

O *Orfeo* de Monteverdi 55

A Ópera na Corte 63
   Stefano Landi 63, Filippo Vitali 64, Domenico Mazzochi 64, *Il Sant'Alessio* 65, Michelangelo Rossi 66, Loretto Vittori 66, Luigi Rossi 66, A Comédia Cortesã 67, Jacopo Melani 68

SÉCULO XVII: O BARROCO 71

A Itália do Século XVII 73

O Barroco 75

A Ópera no Teatro 83

Monteverdi em Veneza 95

Il Combattimento di Tancredi e Clorinda 95, *Il Ritorno d'Ulisse in Patria* 97, *L'Incoronazione di Poppea* 101

Cavalli 109

Cesti 127

O Final do Século XVII 135
   Espanha e Inglaterra 135, A Crise do Teatro Veneziano 137, Pietro Andrea Ziani 138, Antonio Sartorio 139, Jacopo Melani 142, Giovanni Legrenzi 143, Francesco Provenzale 146, Carlo Pallavicino 146, Antonio Draghi 148, Bernardo Pasquini 150, Giovanni Antonio Boretti 151, Alessandro Stradella 151, Domenico Gabrielli 153, Marc'Antonio Ziani 153, Carlo Francesco Pollarolo 154

Scarlatti 155

PRIMEIRA METADE DO SÉCULO XVIII: O BARROCO TARDIO 163

A Itália no Início do Século XVIII 165

A *Opera Seria* 167

Metastasio 181

O Culto do Cantor 187

A Comédia 195
   A *Commedia dell'Arte* 195, Goldoni e Gozzi 198, Do Intermédio ao *Intermezzo* 200, A *Commedeja pe Mnuseca* 209

A Geração de 1660-1670 215

Giacomo Antonio Perti 215, Ottavio Ariosti 215, Antonio Lotti 216, Francesco Gasparini 218, Antonio Caldara 219, Giovanni Battista Bononcini 220, Tommaso Albinoni 222, Giuseppe Antonio Vincenzo Aldovrandini 223, Francesco Mancini 224, Carlo Agostino Badia 224, Giuseppe Maria Orlandini 225, Antonio Maria Bononcini 225, Domenico Natale Sarri 226

Vivaldi 227

Haendel 243

A Geração de 1680-1690 299

Giuseppe Porsile 299, Francesco Bartolomeo Conti 300, Antonio Orefice 300, Giuseppe Domenico Scarlatti 301, Nicola Antonio Porpora 303, Leonardo Vinci 304, Francesco Feo 307, Giovanni Alberto Ristori 308, Pietro Auletta 308, Leonardo Leo 308, Giovanni Battista Sammartini 310, Nicola Bonifacio Logroscino 310

A Geração Posterior a 1700 313

Rinaldo di Capua 315, Andrea Bernasconi 316, Giovanni Battista Lampugnani 316, Giovanni Battista Ferrandini 317, Giuseppe Giovanni Battista Bonno 317, Davide Pérez 318, Gaetano Latilla 318, Domènec Miguel Bernabé Terradellas 319, Pietro Cafaro 319, Nicola Conforti 320, Vincenzo Ciampi 320, Gioacchino Cocchi 320, Ferdinand Bertoni 322, Pasquale Anfossi 322, Pietro Alessandro Guglielmi 323, Florian Gassmann 324, Giuseppe Sarti 325, Tommaso Giordano 326, Josef Mysliveček 327, Marcello Bernardini 328, Gennaro Astarita 328, Felice Alessandri 329, Niccolò Antonio Zingarelli 329

Galuppi 331

Pergolesi 337

J. Ch. Bach 343

Jommelli, Traetta, Di Majo 351

Jommelli 351, Traetta 356, Di Majo 360

Glossário 363

Bibliografia 395

PREFÁCIO

Este é o primeiro volume de uma coleção de *História da Ópera* nascida, em 1989, das anotações de aula para um curso que ministrei, durante três anos, na Oficina Cultural Três Rios – atual Oficina Oswald de Andrade, ligada à Universidade Livre de Música. O plano inicial era de uma obra unitária que abrangesse todas as fases de evolução do gênero. Com o tempo, esse livro único foi-se ampliando, cada uma de suas unidades ganhou vida independente e surgiu o projeto atual, em quinze volumes – iniciado em maio de 1999 com a publicação de *A Ópera na França*.

Aqui começa a viagem pelos quatrocentos anos de história do *dramma per musica* que, surgindo em Florença no Carnaval de 1597, estava destinado a fascinar gerações e gerações de amantes da música e do teatro. Este é o primeiro dos quatro volumes dedicados ao desenvolvimento da ópera na Itália, o país que serviu de berço ao gênero e no qual ele teve algumas de suas mais notáveis – e, sem dúvida alguma, mais populares – manifestações. Trata do período barroco e vai dos últimos anos do século XVI ao fim da primeira metade do século XVIII, na fase de transição entre o Barroco Tardio e o Classicismo. Inclui também um breve levantamento, desde a Antiguidade, de todas as formas de teatro musical que concorreram para criar a tradição na qual a ópera se enraizou. O panorama da História da Ópera italiana que aqui se inicia será completado por três outros volumes:

– *A Ópera Clássica Italiana*, que abrangerá a segunda metade do século XVIII e os primeiros anos do século XIX, incluindo a obra de Rossini, típico músico de transição;

– *A Ópera Romântica Italiana*, que cobrirá a fase áurea do melodrama peninsular, de 1820 aproximadamente até 1870, data da composição da *Aida*, de Verdi, com a qual a historiografia assinala o final do período romântico na Itália;

– e *A Ópera na Itália entre 1870-1950*, no qual serão estudados a fase de transição pós-romântica, o Verismo, a reação Neo-romântica e, na primeira década de nosso século, a obra dos compositores que ainda permaneceram dentro do âmbito do sistema tonal. Como em todo o resto da coleção, os representantes das tendências de vanguarda posteriores à revolução dodecafônica estarão agrupados em um último volume, *A Ópera Contemporânea*, que fará a análise sincrônica dos diversos caminhos trilhados pela ópera de nosso tempo.

Ao contrário do volume dedicado à França, este não poderia intitular-se *A Ópera na Itália*, por se tratar da história de uma forma de teatro que, tendo sido criada por músicos florentinos e desenvolvida por artistas romanos, venezianos, napolitanos, logo fascinou os visitantes estrangeiros, que a importaram para suas terras. Muito cedo o *dramma per musica* espalhou-se pela Áustria, os Estados alemães, a França, a Inglaterra, não demorando a atingir regiões remotas como a Polônia ou a Rússia. À exceção da França, onde – graças a um italiano que hoje conhecemos pelo nome afrancesado para Jean-Baptiste Lully – houve desde o início um modelo próprio de *tragédie lyrique*, a maioria dos países europeus importou as fórmulas, a temática, até mesmo a língua da ópera mediterrânea.

A história que se conta neste livro é, portanto, a de um estilo de composição musical que, em seus 150 primeiros anos de vida, exerceu dominação praticamente hegemônica sobre o território europeu. Por isso, é aqui que o leitor encontrará compositores alemães como Georg Friedrich Haendel e Johann Christian Bach que, tendo deixado a sua terra, trabalharam em Londres escrevendo sobre libretos em italiano, óperas nas quais utilizavam uma linguagem musical que, na época, era internacional. Isso é particularmente verdade em relação à chamada *opera seria*. Quase toda a Europa musical foi invadida, durante a primeira metade do século XVIII, pelo tipo de melodrama nascido das reformas no libreto propostas, a partir de 1690, pelos poetas árcades romanos – Silvio Stampiglia, Apostolo Zeno e principalmente Metastasio (pseudônimo de Pietro Trapassi) –, visando a domar os excessos da Escola Veneziana. Regida por convenções extremamente rígidas, a *opera seria* espalhou-se por toda a Europa, de Londres a São Petersburgo, só não atingindo – como já foi dito – a França. Por isso, no volume sobre a *Ópera Alemã*, há apenas breve menção à fase inicial, de aprendizagem, da carreira de Haendel na Ópera de Hamburgo. E é aqui que ele é estudado detidamente, a partir de 1707, quando vai trabalhar primeiro em Florença e Veneza e, depois, em Londres.

Procurei fazer com que esta coleção, assim como o curso, se tornasse acessível a todo o público interessado em ópera, o que significou restringir a terminologia técnica ao mínimo indispensável e renunciar ao uso de exemplos musicais, que só teriam sentido para o leitor especializado. Este volume, o primeiro da coleção, inclui um *Glossário*, no qual estão reunidos alguns desses termos, com o objetivo de elucidar as dúvidas surgidas no decorrer da leitura.

Como o disco é o melhor meio para que o amante de ópera trave conhecimento com as obras descritas, enumerei, em cada capítulo, as gravações existentes em disco (Lp, CD) e vídeo (cassete, laser-disc). Preferi mencioná-las no corpo do texto a estabelecer uma discografia seca no fim do volume, o que me permitiu, sempre que necessário, fazer comentários e comparações. Alguns dos álbuns e fitas mencionados – em especial os "pirata" ou os lançados várias décadas atrás – não se encontram imediatamente disponíveis. Mas é importante consigná-los, pois poderão, eventualmente, ser localizados em sebos, lojas de saldos ou coleções particulares. Essa *Discografia*, evidentemente, não tem a menor pretensão de esgotar o assunto. Sou o primeiro a ter consciência de que, nesse levantamento, muita coisa me escapou – mesmo porque a rapidez dos lançamentos no mercado internacional, em particular na área das cópias de vídeo, faz com que esse tipo de inventário, nem bem terminado, já esteja desatualizado. Fica aqui, portanto, desde já, o meu pedido de desculpas por qualquer tipo de lacuna ou imprecisão, e o agradecimento ao leitor que, gentilmente, prontificar-se a apontar-me os deslizes e a ajudar-me a saná-los.

Last but not the least, resta-me fazer aqui uma série de agradecimentos muito especiais:

– ao professor Eudinyr Fraga, que me pôs em contato com Jacó Guinsburg, da Editora Perspectiva, o qual acreditou neste projeto e embarcou entusiasticamente na empreitada de divulgá-lo;

– a toda a equipe da Perspectiva, pelo apoio que dela tenho recebido na realização deste trabalho;

– aos amigos que, na noite de 10 de maio de 1999, reuniram-se para comemorar, com um recital de árias francesas, o lançamento de *A Ópera na França*, com a qual teve início a publicação de *A História da Ópera*: os cantores Adélia Issa, Angélica Feital, Berenice Barreira, Denise de Freitas, Edna e Ednéia de Oliveira, Eduardo Janho-Abumrad, Juremir Vieira, Luciana Bueno, Luiza de Moura, Mônica Martins, Paulo Mandarino, Regina Elena Mesquita, Rosana Lamosa, Rubens Medina e Sebastião Teixeira; a pi-

PREFÁCIO

anista Vânia Pajares; o amigo Sérgio Casoy, que se incumbiu da apresentação do recital; o maestro Luiz Fernando Malheiro e o jornalista e crítico Arnaldo Lorençato, que colaboraram na organização do evento;
– a Gérald Perret, pela cessão do auditório do Teatro da Cultura Artística, em São Paulo, para a realização da noite de autógrafos e do recital; e ao Consulado Geral da França, na pessoa do adido cultural, Mme Agnès Nordmann, pelo patrocínio cultural oferecido a esse lançamento;
– a todos os que compareceram, aquela noite, oferecendo-me sua amizade e estímulo.

Quero prestar ainda homenagem à amiga Elba Fernandes (1938-1999), uma das primeiras a acreditar e a estimular a realização deste projeto.

LAURO MACHADO COELHO

A Pré-História da Ópera

ANTES DA CAMERATA FLORENTINA

De todas as formas de arte, a ópera é provavelmente a única que tem certidão de nascimento. Sabemos exatamente onde e quando nasceu e quem foram seu criadores. *Dafne,* a primeira ópera – cuja partitura se perdeu –, foi cantada em Florença durante o Carnaval de 1597 e contava a lenda da ninfa que, perseguida por Apolo, transformou-se em um loureiro. Seus autores eram o poeta Ottavio Rinuccini e o compositor Jacopo Peri, membros da chamada Camerata que se formara em torno de Giovanni Bardi, conde de Vernio, seu protetor. Encenada privadamente no palácio de Jacopo Corsi, outro dos principais mecenas florentinos na virada do século XVI para o XVII, *Dafne* foi reapresentada seguidamente por diversas vezes, a última delas em 26 de dezembro de 1604, na corte do duque de Parma. O *dramma per musica* proposto por Peri e Rinuccini era uma maneira nova de encarar a fusão da música e do teatro da forma como eles acreditavam ter acontecido na tragédia da Antiguidade.

Para compreender, porém, a evolução que leva a essa fórmula de teatro musical e aos motivos que faziam seus criadores se convencerem de que era ela a resposta para o que viam como uma inadequação estética – a união imperfeita da palavra com a música dentro das formas dramáticas –, é preciso recuar no tempo. Passemos em revista, em perspectiva, no período greco-romano, na Idade Média e durante o Renascimento, os diversos antecessores responsáveis pelo processo gradual que leva ao nascimento dessa forma de representação a princípio chamada de *opera per musica* e, depois, simplesmente de ópera.

O Teatro Grego

Ao contrário do que imaginavam Peri e Rinuccini, a tragédia grega não era cantada de uma ponta à outra. A partir das informações que nos são oferecidas pela *Poética* de Aristóteles, podemos deduzir que o texto era declamado de forma rítmica, apoiado em parâmetros musicais – hipótese reforçada pelo fato de os espetáculos serem apresentados em grandes teatros ao ar livre. Em alguns momentos climáticos, é possível que o texto fosse cantarolado com base em esquemas melódicos muito simples. Quanto aos coros – os ditirambos herdados das cerimônias do culto de Baco em que o teatro tem sua origem –, estes sim eram cantados. Dispostos ao longo do espetáculo de modo a marcar as articulações da ação, sua divisão em cenas, esses coros serviam também para fazer alternarem-se os momentos de ação e reflexão.

Aí já estava, sim – embora não exatamente da forma como imaginavam os precursores da Camerata –, o longínquo embrião da ópera tal como seria praticada durante os séculos XVII-XVIII: recitativo ou diálogo falado para que a ação possa se desenvolver rapidamente; e nú-

No teatro de Epidauro eram realizados festivais anuais de tragédia e comédia.

meros cantados para os momentos de maior intensidade lírica ou dramática. Nas mãos de Sófocles (485-406 a.C.), Eurípedes (484-407 a.C.) e sobretudo Ésquilo (525-456 a.C.), os coros vão ganhar grande complexidade e beleza. O mais antigo de que se possui a notação vocal, preservada num pedaço de papiro encontrado em Hermópolis Magna, no Egito (séculos III-II a.C.), é um fragmento do *Orestes* de Eurípedes. O musicólogo Gregorio Paniagua gravou-o com o conjunto Atrium Musicae de Madri, em junho de 1978, juntamente com uma série de outros trechos de grande interesse, no disco *Musique de la Grèce Antique* (selo Harmonia Mundi), pertencente a uma coleção de documentos musicais antigos financiada pela Unesco.

Na época áurea de Péricles, o coro que, a princípio, não tinha mais do que doze ou quinze integrantes, adquiriu efetivos muito maiores. O coro das Fúrias, nas *Eumênides* de Ésquilo, chegava a ter cinqüenta pessoas. Em sua *Short History of Opera*, Donald Jay Grout escreve:

> Contam que seus cantos e danças tinham efeito tão aterrorizante que as crianças que assistiam ao espetáculo chegavam a ter convulsões de tanto medo. O *choregos* ou *choriphaios*, que guiava o coro, era escolhido entre os cidadãos mais ricos e influentes da comunidade. Por esse motivo, era um papel muito cobiçado. Mas como o corifeu tinha o encargo de manter o coro às suas custas, às vezes essa ambição o levava a arruinar-se. Na verdade, os autores satíricos enumeram essa honra entre as grandes calamidades da vida de um homem, ao lado das pendengas judiciais e dos impostos.

Toda a música vocal grega baseava-se na monódia – a técnica que faz uma só nota corresponder a cada sílaba do texto –, que os músicos da Camerata vão resgatar e aplicar a seus *dramme per musica*. Eram melodias acompanhadas pela lira, a flauta ou o aulos, um instrumento de sopro de som semelhante ao do nosso oboé. As introduções às partes corais ou os interlúdios entre as cenas – antepassados dos ritornellos, que estarão presentes na ópera do século XVII – eram executados por grupos maiores de instrumentos. O disco de Paniagua contém um desses fragmentos instrumentais (Contrapolinópolis, século III a.C.) com uma variedade maior de instrumentos de corda tangida, sopro ou percussão, cuja descrição e desenho são dados no folheto de introdução ao álbum.

O coro ora cantava sozinho, ora dialogava com as personagens. Era comum o diálogo entre um dos atores e o corifeu. Às vezes, algum corista tinha frases em solo que se alternavam com as do grupo. Era comum também o refrão que servia para marcar as diversas etapas de desenvolvimento de um determinado texto. O coro usava melodias mais ou menos prefixadas, de acordo com a metrificação escolhida pelo poeta, e escritas em obediência aos modos da música grega, cada um deles associado a determinados estados psicológicos. O próprio poeta dava algumas indicações sobre a linha rítmica, e os solistas improvisavam, a partir disso, a declamação. Praticamente nenhum nome de músico grego chegou até nós. Um dos poucos é Mesomédio de Creta (*c.* 130 d.C.): o disco de Paniagua contém o seu *Hino ao Sol* (148 a.C.) que, conservado por diversos manuscritos bizantinos, foi editado em 1581 por Vincenzo Galilei – o pai do astrônomo Galileu Galilei –, um dos membros mais ativos da Camerata de' Bardi.

Na comédia, o papel da música era menor e o estilo da declamação, mais realista (embora Aristófanes recorresse com freqüência a coros onomatopéicos para sugerir o ruído das moscas, das rãs, dos pássaros). No século II a.C., o coro tinha desaparecido do teatro grego e não foi conservado no romano, que herdou apenas a técnica de inserção de *canticae* (canções, geralmente folclóricas ou baseadas em melodias populares) entre os trechos de *diverbium*, ou diálogo falado. Em 165, no diálogo *Sobre a dança*, ao descrever um ator trágico, o ensaísta Luciano protesta contra o canto, que considera inconveniente e inconvincente, principalmente na peça de tema sério:

> Ele urra, inclina-se para a frente e para trás, às vezes chega até a cantar as suas frases, tornando melodiosas as suas desventuras, o que é certamente o cúmulo da indecência... Para dizer a verdade, enquanto estiver interpretando Andrômaca ou Hécuba seu canto pode até ser tolerado; mas quando finge ser Hércules em pessoa e gorjeia uma cançoneta, isso um homem equilibrado deve considerar totalmente inconveniente.

Adversários da ópera terão, no século XVIII, atitude semelhante ao reagir com es-

O *aulos*, tocado por um sátiro, nesta ânfora guardada em Munique, para fazer dançar as mênades, era um dos instrumentos usados no teatro pelos gregos.

Cortejo dionisíaco, numa taça ática conservada no Louvre, em Paris.

tranheza às praxes da época, que faziam os heróis ou as divindades olímpicas serem interpretados pelos *castrati*, de voz extremamente aguda e aflautada. Essa dificuldade para engolir a rede de convenções sobre a qual se constrói o drama lírico ocorre, de resto, em todas as épocas. Em 1942, numa saborosa demonstração de auto-ironia, Clemens Kraus e Richard Strauss fazem o Conde do *Capriccio* exclamar:

> Ópera é uma coisa absurda. Dá-se uma ordem cantando, discute-se política num dueto. As pessoas dançam em torno de um túmulo e usam a melodia para se apunhalar.

O Teatro Medieval

A princípio tem caráter estritamente religioso: o drama litúrgico, predominante nos séculos XI-XIII, nasce do hábito de representar teatralmente alguns dos episódios bíblicos – a Anunciação, a Natividade, a Paixão, a Ressurreição – dentro do serviço litúrgico. Aos poucos, porém, o drama desliga-se do ritual litúrgico e passa a ser encenado separadamente, nos feriados, diante do pórtico da igreja, ou na nave central, pelos sacerdotes e acólitos. O texto, de início declamado em latim, começa nesse momento a ser dito também em língua vernácula, pois ao povo incumbia cantar as partes do coro.

Progressivamente, a encenação torna-se mais elaborada, e surgem os primeiros atores profissionais: os chamados *théâtres à tréteaux* (teatros de cavalete) das companhias ambulantes, que montavam em praça pública, com pranchas dispostas sobre cavaletes, um palco improvisado, no qual representavam as suas peças. O teatro transfere-se então da igreja para a praça do mercado, com função civil, e isso vai acarretar modificações inevitáveis em sua forma e técnica. O drama litúrgico era salmodiado sobre um *cantus firmus* simples, cujo ritmo aderia rigorosamente ao esquema métrico do texto. Na praça, o texto falado torna-se mais comum, e nele se intercalam passagens acompanhadas por melodias compostas para a ocasião, de modo geral adaptadas de cânticos populares.

Com a passagem do espetáculo para a praça pública, surgem nos séculos XIV-XV os mistérios (do latim *ministerium*, serviço, culto), que tinham tema religioso e precisavam de autorização eclesiástica para serem encenados, mas já eram feitos por corporações profissionais: *La Confrérie de la Passion, La Compagnia del Gonfalone*. O uso das línguas nacionais também faz com que o estilo das peças – uniforme quando se tratava do drama litúrgico em latim – comece a se diversificar: o *mystère* francês, a *sacra rappresentazione* italiana, a *mistery play* inglesa, os *dramas escolásticos* alemão ou russo, o *auto sacramental* ibérico exibem as suas especificidades em função da índole do povo que os produz e das inserções locais neles feitas.

São tipicamente alemães, por exemplo, os *Marienklage* (*Lamentos de Maria*), centrados no sofrimento da Mater Dolorosa ao pé da cruz, de que foram preservados alguns exemplos: nessas peças, metade em latim e metade em vernáculo, há também a mistura de canto litúrgico com canções populares. Já o drama vernacular italiano teve, desde a origem, tendência espontânea ao grande espetáculo, na qual identificamos a semente do posterior intermédio, que será tratado logo adiante. As *laudi spirituali*, pequenos quadros dramáticos cantados, durante o século XII, nas paradas das procissões de flagelantes, evoluíram para formas mais elaboradas: as longas *laude drammatiche* (século XIII), em que a música era quase exclusivamente um veículo para a narrativa; e as longas *sacre rappresentazioni*, que floresceram na Toscana entre os séculos XV-XVI. Esse tipo de peça, no futuro, vai se bifurcar, dando origem tanto à *azione sacra*, a ópera de tema religioso, quanto ao oratório, que trata um tema sacro de forma dramática mas não-teatral.

Na França, com o tempo, os mistérios passaram a se tornar muito longos, chegando às vezes a se estender por vários dias (o *Mystère du Vieil Testament*, de que o barão James Rotschild fez entre 1878-1891 uma edição em seis volumes, durava 25 dias consecutivos). Neles, a música passou a ter participação bem menor, meramente incidental. Hinos gregorianos eram inseridos em determinados momentos: no *Mystère de la Résurrection* (sécu-

Representação de um *mystère* em Paris (gravura tirada de um quadro de D. Jec).

lo XV), por exemplo, entoava-se o "Veni Creator Spiritus" quando Cristo ressurgia. Às vezes havia trechos polifônicos: um moteto em três partes era cantado pelos anjos na cena da Anunciação do *Mystère de l'Incarnation* (Rouen, 1474).

Uma rubrica na partitura do *Mystère de la Passion* (Angers, 1486) especifica que a voz de Deus deve ser representada por um trio (soprano, tenor e baixo), para simbolizar a Santíssima Trindade:

> *Il est à noter que la loquence de Dieu le père se doict prununcer entendiblement et bien atraict en trois voix cest assavoir ung hault dessus, une hault contre et une basse contre bien accordées et en cest armonie se doit dire toute la clause qui s'ensuit.*

> (Observe-se que a palavra de Deus pai deve ser pronunciada de forma audível por três vozes, a saber: um soprano, um tenor e um baixo bem afinados e com esse tipo de harmonização deve-se dizer toda a frase que se segue.)

– citado por Gustave Cohen na *Histoire de la Mise-en-scène dans le Théâtre Religieux Français du Moyen Âge* (1926). Esse é de resto o procedimento retomado por Stravinski para representar a voz de Deus em seu oratório *O Dilúvio*, de 1962.

A música instrumental restringia-se a alguns momentos específicos:

– a procissão (*monstre*) da chegada dos atores à praça, anunciados por instrumentos de sopro e de percussão;

– a fanfarra para anunciar a entrada em cena dos atores principais ou o cortejo dos atores pelo palco entre uma cena e outra;

– as danças – pavana, galharda – inseridas em momentos especiais (no *Mystère de la Passion*, ao ser evocada a morte de São João Batista, decretada por Herodes, Salomé costumava dançar uma moresca acompanhada pelo pandeiro).

A orquestra, em geral formada por harpa, alaúde, rabeca e viola, podia enriquecer-se com trompa, gaita de fole, sacabuxa, tambores e até regal, o órgão portátil. Há menções ao uso deste último instrumento na cena da caminhada de Jesus para o templo, do *Mystère de la Passion*; e na seqüência climática do *Mystère de la Résurrection* em que se assistia à descida do Espírito Santo.

Tem-se notícia de apenas um auto sacramental com música contínua. Felipe Pedrell informa-nos, em *La Fiesta de Elche ou Le Drame Lyrique Liturgique de la Mort et l'Assomption de la Vierge*, que nessa peça espanhola do século XVI alternavam-se trechos instrumentais e solos a capela ou coros a 3 ou 4 vozes. Sabe-se que a música para esse espetáculo foi composta por músicos chamados Ribera, Pérez e Lluís Vich, mas as partituras se perderam. Não há documentação que o comprove, mas pode-se supor que o caso da *Fiesta de Elche* não seja isolado. Autores como Romain Rolland (*Musiciens d'Autrefois*) acreditam que houvesse, no Quattrocento italiano, outras *sacre rappresentazioni* com música contínua.

Quanto ao teatro musical profano, ele se desenvolve paralelamente a partir das mímicas, jogos de cena e melopéias aplicadas pelos jograis e menestréis à declamação de seus poemas: a *chanson de geste*, de tema épico – de que a *Chanson de Roland* é o exemplo mais conhecido –; os *fabliaux*, contos populares, fábulas envolvendo personagens animais, pequenos contos morais; o *jeu-parti*, que era uma espécie de diálogo sob a forma de debate, semelhante ao "desafio" dos nossos cantadores nordestinos; o *planctus*, ou lamento, de tom elegíaco. Citamos aqui os exemplos franceses, por serem muito típicos, mas cada povo tinha as suas manifestações próprias: na Alemanha, as canções dos *Minnesänger* (trovadores especializados na lírica amorosa) ou dos *Meistersinger* (mestres cantores organizados em ligas); na Rússia, os cantadores ambulantes das bylinas, poemas épicos anônimos que surgem por volta do século XI; e assim por diante. Todas essas formas de poesia dramática primitiva servirão, a seu devido tempo, de inspiração para os compositores de ópera: o *Príncipe Ígor*, de Borodín, o *Sadkó*, de Rímski-Kórsakov, por exemplo, beberão no rico repertório das bylinas.

Essas fontes seculares, combinadas com elementos do drama litúrgico em vernáculo, criaram em toda a Europa exemplos de pequenas peças profanas, sempre com a estrutura básica de um texto falado entremeado com canções. A única de que sobreviveu o manuscrito, com quantidade razoável de música, é

Le Jeu de Robin et de Marion, do trovador Adam de la Halle (*c*. 1240-*c*. 1288), escrito para Charles d'Anjou, irmão do rei Luís XI, e representado em sua corte napolitana em 1283 ou 1284.

A camponesa Marion ama Robin e, por isso, rejeita o cavaleiro Aubert, que a seqües- tra; mas consegue convencê-lo a respeitá-la e deixá-la em liberdade, comemorando isso com Robin e seus amigos cantando e dançando. Esse *jeu* faz parte do gênero muito apreciado das *pastourelles* – peças de tema bucólico com personagens campestres estilizadas –, em que no diálogo falado entremeiam-se canções, dan- ças e breves ritornelos instrumentais. Todas as canções são homofônicas (com linhas meló- dicas simples, sem acompanhamento) e é pro- vável que algumas delas fossem adaptadas do repertório popular corrente. No selo Turnabout, havia a gravação do Cambridge Consort, regida por J. Cohen.

O Teatro Renascentista

Os primitivos espetáculos musicais corte- sãos, destinados à comemoração de batizados, casamentos, torneios ou assinatura de tratados, ainda não podem ser definidos como dramáti- cos, pois não acompanham uma ação narrati- va. Mas são passos importantes para que se compreenda a gênese da ópera, pois tentavam fundir canto, dança, música instrumental, ce- nografia e efeitos especiais em um espetáculo único. Antes, porém, de nos referirmos às con- dições em que era praticada a arte teatral no Renascimento nascente, é necessário ter uma idéia clara do que era a Itália na época em que a ópera dá os primeiros passos; bem como da corrente de idéias que predominava nessa fase e animou o *dramma per musica* em seus pri- mórdios. Recuemos, portanto, ao século XV, para podermos compreender o processo que levou à fragmentação política da península.

Situação Histórica

A primeira manifestação do senso de nacionalidade italiana ocorre na segunda me- tade do século XV, quando a consciência de uma língua e de uma cultura comuns faz sur- gir, entre os Estados da península, um movi- mento tendendo à confederação. Após a paz de Lodi (1454), que pôs fim às guerras entre Milão e Veneza, essas duas entidades políticas firmaram com Florença, no ano seguinte, o pacto de que surgiu a Liga Italiana, ratificada pelo papa Nicolau V. No intuito de unir os ita- lianos contra o Império Otomano, tornado muito forte após a queda de Constantinopla, o pontífice usou sua influência para fazer Nápo- les também aderir. O objetivo da Liga era man- ter o equilíbrio do poder, desencorajando atos de agressão por parte de algum de seus mem- bros e resistindo às tentativas de intervenção estrangeira.

Foi a Liga que derrotou René d'Anjou, em 1458, quando este tentou apossar-se da coroa de Nápoles após a morte de Alfonso V de Aragão; e foi ela que assegurou a sucessão de seu filho ilegítimo, Ferdinando I. Quando o papa, que sempre tivera pretensões a anexar Ferrara aos Estados pontifícios, aliou-se a Veneza (1482) para tentar derrubar a Casa d'Este, foram Milão, Florença e Nápoles que intervieram para protegê-la. A Liga passou, assim, a garantir a independência dos Estados menores, e isso lhes permitiu fazer contribui- ções personalizadas ao Renascimento italiano, dando-lhe a riqueza e variedade de aspectos que ele possui. Livre do ônus das guerras que tinham atirado as cidades-Estado umas contra as outras durante tanto tempo, a Itália passou por um período de prosperidade e de intenso florescimento cultural, e os Estados separados convergiram de forma sem precedentes na de- fesa de seus interesses comuns.

Mas essa fase de estabilidade, que pode- ria ter sido o germe de um processo mais apro- fundado de unificação, do qual teria surgido uma nação italiana integrada, foi de curta du- ração devido ao vezo autoritário dos gover- nantes. Durante esses anos, as instituições po- líticas tenderam para o despotismo, consoli- dando-se o poder das grandes famílias: os Medici em Florença, os Bentivoglio em Bolo- nha, os Baglioni em Perugia, os Petrucci em Sienna. Em muitos casos, também, a investi- dura papal ou imperial efetivou mandatos tem- porários confiados pela vontade popular a al- guns aristocratas: dessa forma, os Gonzaga, de

Bufões e instrumentistas, numa miniatura do *Roman de Fauvel* do século XIV.

Mântua, e os d'Este, de Ferrara, tornaram-se margraves papais, enquanto o Sacro Império nomeava o duque de Milão, Ludovico Sforza, seu representante. Visando a estabelecer a autoridade da Santa Sé mediante concessões dessa natureza, o papa Xisto IV deu a seus sobrinhos Della Rovere e Riario o controle do Sacro Colégio e colocou um outro sobrinho, Girolamo Riario, como o senhor de Imola e Forli, dando início assim ao processo de dominação de toda a Romagna.

Graças ao trabalho de artistas plásticos notáveis, as grandes cidades – tendo Roma à frente – tornaram-se centros importantes e diferenciados de irradiação da cultura renascentista. Mas a posição desses déspotas era instável, pois a população, nutrida em tradições republicanas, logo rebelou-se contra a autocracia. O assassinato de Galeazzo Maria Sforza, em Milão (1476), e a tentativa dos Pazzi de derrubar os Medici, em Florença (1478), são fatos típicos de uma época em que os ditadores não podiam contar com a lealdade de seus súditos. Em Nápoles, eram freqüentes os levantes dos barões angevinos contra Ferdinando I. E essas rebeliões ocorriam até mesmo em Veneza, a mais estável das cidades-Estado italianas. Isso fez com que cada membro da Liga passasse a se preocupar mais com a segurança interna do que com a unidade da Itália. Apenas Lourenço I de Medici, chamado o Magnífico, continuou se empenhando em preservar a paz, intervindo diplomaticamente em diversas ocasiões, para evitar conflitos. A sua morte, em 1492, marca o início das invasões estrangeiras.

Em 1494, o rei Carlos VIII, da França, herdeiro de René d'Anjou, decidiu reivindicar seus direitos sobre Nápoles, aproveitando os distúrbios causados pelo conflito entre essa cidade e Milão. Quando Galeazzo Sforza foi morto, dezoito anos antes, seu sucessor, Gian Galeazzo, era menor de idade e seu tio, Ludovico il Moro, assumiu como regente. E recusou-se, apoiado por sua brilhante mulher, Beatrice d'Este, a entregar o poder ao sobrinho quando este atingiu a maioridade. Isso causou a indignação dos napolitanos, que se sentiam ligados à causa de Gian Galeazzo desde que este se casara, em 1489, com Isabella de Aragão, filha de Alfonso, duque da Calábria

(mais tarde Alfonso II da Sicília). Indignação que aumentou com as suspeitas de que Ludovico tinha sido responsável pela morte de Gian Galeazzo, envenenado em 1494. Piero de' Medici, sucessor do Magnífico, foi incapaz de pacificar seus aliados da Liga, como o pai sabia fazer. E a tensão aumentou com a eleição de Rodrigo Borgia como papa, com o nome de Alexandre VI.

Temendo um ataque de Nápoles, Ludovico Sforza aliou-se a Carlos VIII. A Liga Italiana esfarelou-se definitivamente quando o rei da França invadiu a Itália (1494), derrubou Piero de' Medici e instalou em Florença um governo republicano aliado da França e inspirado nas idéias republicanas do frade Girolamo Savonarola – que obteve de início uma surpreendente revivescência do espírito religioso na cidade, mas foi julgado e executado como herege, em 1498, quando ficou patente que o alinhamento com o trono francês não trouxera os benefícios prometidos. Nesse meio tempo, Carlos VIII derrubara Ferdinando I, mas fora expulso por tropas italianas, que lhe infligiram uma derrota em Fornovo, quando ele estava tentando cruzar os Apeninos. E o neto de Ferdinando I foi restaurado no trono napolitano por tropas espanholas, sendo coroado como Ferdinando II.

A expedição de Carlos VIII, embora frustrada, abrira caminho para as pretensões de seu sucessor, o duque de Orléans. Imediatamente após subir ao trono, em 1498, com o título de Luís XII, ele reivindicou o ducado de Milão, alegando tê-lo herdado de sua avó, Valentina Visconti. Derrotou Ludovico Sforza na Batalha de Novara, e levou-o preso para Loches, na França, onde ele morreu em 1508. Coroando-se duque de Milão, Luís XII assinou, com Fernando o Católico, da Espanha, o Tratado de Granada, que determinou a partilha de Nápoles entre os dois países e levou à derrubada de Federico, o último representante da linhagem ilegítima dos Aragão napolitanos. Logo depois, porém, esse tratado foi denunciado e os franceses, expulsos de Nápoles. Em 1503, as duas Sicílias foram reunidas sob a coroa espanhola.

Para não perder as posições alcançadas, Luís XII aliou-se a Cesare Borgia, apoiando-o em sua campanha de conquista da Romagna –

neutralizada pela morte de Alexandre VI, seu pai, em 1503. Mas foi a vez de Veneza – que ganhara portos na Apúlia, ao ajudar a derrotar Carlos VIII, e terras na Lombardia, em troca da aliança com Luís XII – entrar em rota de colisão com a Santa Sé. Visando a colocar todo o território italiano sob o controle papal, Júlio II formou contra a Sereníssima República a Liga de Cambrai (1508), derrotou-a na Batalha de Agnello (1509), forçou a Igreja veneziana a renunciar à independência nas questões eclesiásticas e obrigou o Doge a devolver à Santa Sé as posses na Romagna. Tendo também conquistado Bolonha, Júlio II tornou-se o senhor dos Estados pontifícios – de que só escapava Ferrara, onde Alfonso I d'Este, protegido pela França, recusava-se a reconhecê-lo como suserano.

Diante disso, o papa formou a Sacra Liga para livrar a Itália dos "bárbaros", isto é, dos franceses. Apesar da vitória dos franceses e ferrareses contra as forças combinadas da Espanha, Veneza e Santa Sé, na Batalha de Ravenna (1512), a morte do comandante Gaston de Foix deixou seus homens desnorteados, e permitiu que tropas de mercenários suíços, mandados pelo papa, invadissem a Lombardia, expulsassem os franceses e colocassem Maximiliano Sforza no trono de Milão, fazendo o mesmo com os Medici em Florença. Só a morte de Júlio II, em 1513, impediu a intervenção também em Ferrara, que continuaria independente por mais algum tempo.

Afastados os franceses, pareceu a Niccolò Macchiavelli – que dedicou a Lourenço II de Medici o seu *Príncipe* – que o senhor de Florença era a pessoa indicada para obter a unificação com que os intelectuais sonhavam desde os tempos de constituição da Liga. Mas os italianos, divididos por intermináveis conflitos e rivalidades internos, não tinham nem a vontade nem o poder de resistir às pressões intervencionistas estrangeiras. Na Batalha de Marignan (1515), Francisco I, da França, recuperou o ducado de Milão. Em 1519, tendo subido ao trono espanhol, Carlos V foi eleito para envergar também a coroa do Sacro Império, e esse foi o início da luta entre os Habsburgos e os Valois que, durante quarenta anos, devastaria a Itália.

Carlos V expulsou Francisco I de Milão e entregou o ducado a Francesco Maria Sforza. Alarmado com o crescimento do poder imperial, o papa Clemente VII – que era um Medici – formou com a França a Liga de Cognac (1527). Para detê-la, o imperador fez vir tropas da Alemanha e, nesse mesmo ano, homens indisciplinados e sem comando – pois seu chefe, o condestável de Bourbon, tinha sido morto em combate – invadiram e saquearam Roma. Depois que Andrea Doria aliou-se a Carlos V, colocando à sua disposição a poderosa frota genovesa, o papa fez a paz com o império, em troca de ajuda para sufocar o movimento republicano que, em Florença, acabara de derrubar o ducado dos Medici, colocando no trono Alexandre, o filho bastardo de Lourenço II. Pelo Tratado de Cambrai (1529), Francisco I renunciou a Milão e Nápoles. Ao ser coroado imperador em Bolonha (fevereiro de 1530), Carlos V tornou-se o árbitro dos assuntos internos italianos.

Sua estratégia era favorecer os interesses dos governantes italianos para mantê-los como aliados contra a França. Reconciliou Alfonso de Ferrara com o papa; perdoou Francesco Maria Sforza, que se unira à Liga de Cognac, restaurou-o em Milão e casou-o com sua sobrinha, Cristina da Dinamarca; conferiu a Federico Gonzaga, de Mântua, o título de duque e, em 1536, confirmou sua sucessão ao trono de Montferrat; entregou Siena a Cosimo de Medici, sucessor de Alexandre em Florença, em reconhecimento por ele ter sufocado a rebelião republicana sienesa. Em 1569, obteve do papa Pio V o título de grão-duque da Toscana. E o ducado de Parma e Piacenza, que Paulo III – da família Farnese – criara em 1545 para seu filho Pierluigi, veio para a órbita dos Habsburgos quando o duque Ottavio Farnese casou-se com Margherita, filha natural de Carlos V.

Dessa forma, durante o período de supremacia espanhola, os príncipes italianos continuaram a presidir às suas cortes, a cultivar as artes e a adornar suas cidades com prédios suntuosos. Mas os grandes dias da Itália renascentista tinham ficado para trás, e o país como um todo sofria um processo gradual de declínio em sua riqueza, prestígio e liberdade. Apesar dos esforços do imperador para manter os senhores italianos coesos à sua volta, Francisco I e seu sucessor, Henrique II, não perderam nenhuma oportunidade de fomentar a oposição aos Habsburgos. Quando Francesco Maria Sforza morreu, em 1535, sem deixar herdeiros, houve distúrbios, negociações infrutíferas com a França e, para não perder terreno, Carlos V nomeou seu filho Felipe duque de Milão (1540) – o que ampliou a dominação espanhola, intensificada com o Tratado de Cateau-Cambrésis, assinado em 1559 por Felipe II, da Espanha, e Henrique II, da França. Os Valois renunciavam definitivamente às suas pretensões à Lombardia e entregavam à Espanha os portos toscanos. A instalação de vice-reis espanhóis em Milão e Nápoles jogou a pá de cal definitiva na independência italiana.

O poder da Santa Sé, entretanto, crescera, durante a Guerra Franco-hispânica, e fora reforçado pela Contra-Reforma – o movimento de reação ao protestantismo, que efetuaria a passagem do Renascimento para o Barroco –, no qual o papado contava com o apoio da Espanha, nação católica, berço da Companhia de Jesus, braço direito da Igreja na luta contra a maré luterana. Em 1597 – no ano em que, em Florença, a Camerata de' Bardi dotava a música de um novo gênero teatral que a enriqueceria incomensuravelmente –, Alfonso d'Este morreu sem deixar herdeiros. Como o papa Clemente VIII se recusasse a investir seu primo Cesare como sucessor, este mudou-se para Módena, onde instalou a nova capital da Casa d'Este, ali reinando com seus descendentes até 1859. Com isso, Ferrara foi finalmente incorporada aos Estados pontifícios.

O Neoplatonismo

Uma das portas de entrada para a imagística pagã na cultura européia é a *Genealogia Deorum Gentilium* (Genealogia dos Deuses do Paganismo), monumental levantamento das tradições mitológicas da Antiguidade feito por Giovanni Boccaccio em 1350 – que se constituirá numa das mais ricas fontes de inspiração para os roteiros e cenários dos precursores da ópera. Nela, já está claro o fascínio pela idéia platônica de que a arte, ao revelar a realidade,

o faz pela metade, pois continua ocultando significados mais profundos que estão abaixo da superfície das coisas. Assim como o pano que encobre uma estátua esconde os detalhes de sua forma mas sugere os seus contornos, a obra de arte pode ao mesmo tempo ser externamente perceptível e desfrutável, e internamente enigmática e sugestiva.

No fim da Idade Média, Dante Alighieri já nos convidava a meditar sobre "os ensinamentos que se escondem por trás dos estranhos versos" de seu poema alegórico, a *Divina Comédia*. Boccaccio via na mitologia pagã uma "forma de ocultar a verdade sob roupagens legendárias". E Marsilio Ficino, o fundador do Neoplatonismo renascentista, ensinava que "o senso e a mente internos julgam as coisas através de alguns princípios inatos", e perguntava: "Como perceber a realidade exterior se perdemos o contato com a realidade interior?"

Ficino, que Cosimo de Medici encarregou de instalar, numa *villa* dos arredores de Florença, uma academia de artes e ciências, traduziu Platão e, em especial, os filósofos da Escola Helenística Neoplatônica, enérgico movimento de revalorização da filosofia antiga que floresceu em Alexandria e Atenas, até o imperador Justiniano ordenar, em 529, o fechamento da Academia Platônica. Ficino inspirou-se em Plotino e seus seguidores, Porfírio, Proclo, Iâmblico, Boécio; mas foi mais além, embrenhando-se nas especulações cabalísticas de Hermes Trismegisto, dos rituais órficos, das teorias pitagóricas a respeito do simbolismo dos números. O Neoplatonismo renascentista tornou-se assim um amplo campo de reflexão e experimentação que abrangia desde a teoria idealista platônica de que as formas universais existem independentemente das coisas que experimentamos externamente, até as complexas e perigosas atividades relacionadas com a astrologia e a alquimia.

As idéias introduzidas pelo Neoplatonismo vão se enraizar fundamente na consciência européia do século XVI. Uma de suas mais nítidas manifestações está na *Pléiade* – o grupo de sete poetas franceses quinhentistas que escolheu esse nome em homenagem às sete estrelas da constelação da Plêiade. Jean Dorat, seu fundador, tinha estado em contato com

Ippolito d'Este, o arcebispo de Lyon, que lhe abrira as portas do humanismo italiano. Em torno de Dorat, reuniram-se Pierre Ronsard, Jean-Antoine de Baïf, Pontus de Tyard, Joachim du Bellay, Rémy Belleau e Étienne de Jodelle, voltados para o ideal de resgatar a união entre as artes, a que atribuíam o suposto domínio que os escritores clássicos tinham sobre as suas emoções.

Ronsard, o maior deles, ecoava Boccaccio ao recomendar ao artista que "disfarçasse a verdade das coisas sob o manto da fábula", de modo a sugerir simbolicamente às pessoas comuns, "por meio de lendas agradáveis e coloridas, os segredos que elas não seriam capazes de compreender se a verdade lhes fosse abertamente exposta". É mais ou menos a mesma atitude de Goethe: quando lhe perguntaram que idéias ocultas tentara simbolizar no *Fausto*, respondeu que ele próprio não sabia, pois "quanto mais impossível para a razão assimilar uma obra poética, melhor". É o mesmo tipo de raciocínio que levará Wagner a afirmar que preferia usar símbolos mitológicos, pois "desvendar abertamente as verdades profundas e secretas só serviria para interferir na compreensão genuína".

Na época em que a ópera surgiu, a *Genealogia* de Boccaccio ainda era amplamente consultada pelos artistas em busca de alegorias pagãs que servissem de veículo para suas idéias. Uma de suas edições, a de Natale Conti (1567), serviu de fonte para *Circe ou le Ballet Comique de la Reine*, de que falaremos mais adiante. Conti analisa a figura mitológica da feiticeira como o símbolo de uma força vital poderosa, que pode ser boa ou má, dependendo do uso que fazemos dela. A palavra que Conti utiliza para caracterizar essa energia ambivalente é *libido* – a mesma que, mais tarde, será retomada por Freud e Jung –; e temos aqui um curioso exemplo dessa "verdade das coisas sob o manto da lenda" que Ronsard preconizava. Uma das contribuições importantes do Neoplatonismo para o desenvolvimento da ópera é, portanto, a utilização das figuras mitológicas e lendárias como imagens arquetípicas, no sentido junguiano da expressão.

Onde Platão falava de padrões ideais de forma existentes no céu, dotados de uma perfeição que a nossa experiência terrestre não pode atingir, Carl Jung falava de arquétipos soterrados em nosso inconsciente, responsáveis por nossas predisposições a determinados padrões de comportamento tanto psicológico quanto fisiológico. A nossa intuição sobre essas verdades secretas transparece, coletivamente, nos temas recorrentes dos mitos e das lendas e, individualmente, nos nossos sonhos e fantasias que, de certa forma, estão relacionados com esses temas recorrentes. As divindades, os heróis, as ninfas e pastores, os sátiros, centauros e sereias que povoam a arte renascentista são, na realidade, chaves para o entendimento da verdade sobre nós mesmos. As formas dessas personificações fantásticas são as de nossos impulsos mais profundos projetados em imagens mitológicas para que os encaremos como se os estivéssemos contemplando através de um vitral que os estilizasse. Foi essa a teoria da arte que, em suas origens, impregnou a ópera, cujos primeiros libretistas eram fiéis seguidores dos ideais propostos por Ronsard.

O "Balletto"

Tendo origem na *mascherata*, festa popular da época de Carnaval, esse ancestral do que hoje conhecemos por balé não passava a princípio de seqüências soltas de danças – interligadas, mais tarde, por personagens genéricas que representavam os Quatro Elementos, os Planetas, as Estações do Ano, ou figuras alegóricas e mitológicas por intermédio das quais aludia-se ao aristocrata em homenagem a quem a festa tinha sido organizada. Nesses *balletti* está o embrião do Prólogo da ópera protobarroca, no qual personagens alegóricas – a Tragédia, a Música, a Poesia, o Amor, a Fortuna – vão discutir o destino das personagens.

Mesmo sem se preocupar com a seqüência lógica, essas produções eram com freqüência muito luxuosas, fazendo extenso uso de maquinaria para obter efeitos especiais: carruagens que voavam através do palco carregando os deuses e os heróis, nuvens que se abriam no céu para mostrar as divindades em toda a sua glória, naves que singravam ondas artificiais, cavernas dentro das quais surgiam monstros infernais. Membros da nobreza, cautelosamente apoiados por profissionais que diluíam a sua inexperiência, faziam papéis mitológicos simbolicamente relacionados com as suas funções públicas. Quando jovem, o rei Luís XIV, que era chamado de "o Rei Sol", costumava dançar interpretando o papel de Apolo, o deus do Sol, nos espetáculos cortesãos.

O *balletto* italiano vai aliás dar origem, no fim do século XVI, ao balé francês – da maior importância para o desenvolvimento da arte lírica nesse país – e, no início do século XVII, à *masque* inglesa, uma peça de teatro com canto e dança entremeados. No volume *A Ópera na França*, desta coleção, referimo-nos ao significado, para a História da Ópera, dessa primeira tentativa de introduzir uma linha narrativa no espetáculo de balé, para unificar os diversos números de canto e dança. Ela foi feita pelo italiano Baldassarino de Belgioioso, que se naturalizara francês com o nome de Balthazar de Beaujouyeux. Em 15 de outubro de 1581, para o casamento do duque de Joyeuse com Mlle de Vaudemont, a irmã da rainha, ele coreografou, no Petit Palais Bourbon, *Circe ou Le Ballet Comique de la Reine*, em que a história de Ulisses na ilha da feiticeira que o seduz e retarda o seu retorno a Ítaca servia de fio condutor para seis números corais, dois diálogos com ritornelos do coro, várias danças e árias ornamentadas para soprano escritas por Lambert de Beaulieu e Jacques Salmon.

No roteiro do *Ballet Comique de la Reine*, identificamos claramente o objetivo da *Pléiade* de restaurar a unidade clássica das artes – ideal que é a viga mestra do ambiente cultural que tornou a ópera possível. Em sua tentativa de reaproximar-se dos modelos greco-romanos, o poetas da *Pléiade* chegavam a abandonar o processo normal de metrificação do francês, por alternância de sílabas tônicas e átonas, propondo um sistema de sílabas longas e breves, semelhante ao da escanção da poesia clássica, a que chamaram de *vers mesurés à l'antique*. Às sílabas "longas" deveriam corresponder notas longas; e às "breves", notas com duração mais curta. O resultado da *musique mesurée à l'antique* é rígido e artificial, mas constitui um exemplo muito curioso de aplicação prática à técnica musical

das idéias neoplatônicas de resgate dos valores da Antiguidade.

O Intermédio

Ao se iniciar, na transição da Idade Média para o Renascimento, o movimento de revalorização do teatro profano clássico, as peças latinas, apresentadas no original ou em tradução, eram sempre acompanhadas de música. Mas a função dessa música era meramente decorativa: não se misturava com o texto, era usada apenas no Prólogo e entre os atos – donde o nome de intermédio (ou *intermezzo*) dado a esse gênero quase operístico. Com o passar do tempo, o gosto das cortes italianas, em especial a florentina por esse tipo de espetáculo fez com que se tornasse obrigatória a inserção de episódios cantados entre os atos das peças de teatro, e surgiram intermédios muito luxuosos, com a utilização de maquinaria para obter efeitos especiais, coro e orquestra enormes para os padrões da época, e partes muito trabalhadas. Um poeta como Alessandro Striggio – que viria a ser libretista de Monteverdi – especializou-se em escrever intermédios que foram musicados por Francesco Corteccia, Alfonso della Viola, Claudio Merulo ou Andrea Gabrielli.

Um dos primeiros intermédios a chamar a atenção pela magnificência foi o que acompanhava a comédia *La Cofanaria*, de Francesco Ambra. O Prólogo e os episódios intercalados nos atos baseavam-se na história dos amores de Cupido e Psique, tal como relatada por Lúcio Apuleio no *Asno de Ouro* (século II), um dos textos romanos da predileção dos neoplatônicos florentinos. O texto era de Giovanni Battista Gini; as danças e madrigais, de Corteccia e Striggio. *La Cofanaria* foi encenada em novembro de 1565 para celebrar o casamento do príncipe Francesco de' Medici com Joana da Áustria. Tomava como modelo um outro espetáculo do início daquele mesmo ano, mais modesto mas extremamente significativo: o cortejo carnavalesco intitulado *Mascarata della Genealogia degli Dei de' Gentili* – exatamente a tradução do título da obra de Boccaccio tão amplamente consultada –, verdadeiro catálogo das alegorias e alusões mitológicas que, daí em diante, compareceriam em todas as montagens desse gênero.

O intermédio mais famoso, pelas suas dimensões e complexidade faraônicas, foi o organizado pelo conde Giovanni de' Bardi em maio de 1589, quando Ferdinando de' Medici casou-se com Cristina da Lorena. Esse encargo, de enorme responsabilidade, lhe tinha sido atribuído porque ainda repercutiam, três anos depois, lembranças do luxo com que, em 1586, Bardi providenciara os intermédios da comédia *L'Amico Fido* com que se comemorara a união de Cesare d'Este e Virginia de' Medici. Nessa ocasião, o próprio Bardi, a quatro mãos com Cristofano Malvezzi, musicara os versos em que Striggio usava as personagens mitológicas como pretexto para lisonjear o nobre casal. O último intermédio desse *Amigo Fiel* tinha sido uma imponente *Ballata* dançada por pastores em costume toscano, ao som de uma enorme orquestra de *cornetti*, flautas doces e transversais, violas, rabecas, alaúdes, harpas e percussões.

Tão popular ficou essa montagem espetacular que, ao ser chamado de novo, Bardi decidiu ser ainda mais ambicioso. Escolheu a peça *La Pellegrina*, de Girolamo Bargagli e, para acompanhá-la, encomendou ao poeta Ottavio Rinuccini, seu protegido, que lhe escrevesse o Prólogo, o Epílogo e os quatro intermédios. Rinuccini era ardente admirador do poeta Gabriello Chiabrera, o mais renomado discípulo italiano de Ronsard – o que estabelece o vaso comunicante para o trânsito entre o Neoplatonismo da *Pléiade* e o futuro libreto de ópera italiano. Os textos de Rinuccini foram musicados por um batalhão de 41 compositores, entre os quais estavam nomes conhecidos: Malvezzi, Luca Marenzio, Emilio de' Cavalieri, Giulio Caccini, Jacopo Peri. O encenador foi o arquiteto e cenógrafo Bernardo Buontalenti, o mesmo que instalara a maquinaria de 1586; e ele se inspirou nos desenhos de Vincenzo Cartari, cujo *Le Imagini de i Dei degli Antichi* (Veneza, 1556) era um dos mais populares manuais da iconografia neoplatônica.

Em *The Rise of Opera*, John Donington faz uma detalhada descrição do conteúdo de cada um desses intermédios,

cheios dos sinais de uma erudição clássica genuína e não apenas, como as mascaradas de 1566, mera exploração

exibicionista do que estava na moda, mas uma apresentação deliberada de toda a temática e imagística platônica, [...] tudo o que, dentro em breve, passaria para o terreno da ópera.

Essa descrição é longa demais para ser reproduzida aqui; mas basta registrar que havia madrigais a 5 e 6 vozes, coros duplos e triplos, várias sinfonias instrumentais tocadas por formações orquestrais diferentes e, no final, um gigantesco madrigal em 30 partes, cantado por sete grupos vocais diferentes.

Nos intermédios, o canto, a dança, a música, elementos de início acessórios, foram crescendo a ponto de assumir uma importância que deixou a ação dramática em segundo plano. Mas, em seus melhores momentos, eles já são um passo importante no sentido da integração da música com o teatro. Só faltava agora que o texto fosse todo cantado.

A "Favola Pastorale"

Isso ainda não acontecia no caso da *favola pastorale*, gênero que tinha um vínculo distante com as *pastourelles* medievais e desenvolveu-se, na metade do século XVI, em função do culto da poesia bucólica clássica, de Teócrito, Ovídio e Virgílio. Poema lírico dialogado de tema pastoral, a *favola* tinha intrigas amorosas esquemáticas e misturava personagens humanas estilizadas com divindades mitológicas silvestres. Seu interesse não residia na trama, sempre muito simples e até mesmo repetitiva, mas na descrição de ambientes e sentimentos, na celebração do amor pela natureza e, sobretudo, no gosto típico dos artistas do Renascimento pela língua e suas sonoridades, a sensualidade das imagens, as metáforas de aristocrático refinamento. De metrificação regular nos diálogos e narrativas, a *favola* assumia multiforme variedade de esquemas rítmicos e de rima cada vez que se tratava de expressar sentimentos ou reflexões. Essas passagens líricas tinham portanto texturas que solicitavam naturalmente a música.

A primeira *favola pastorale* foi o *Orfeo*, de Angelo Poliziano, recitada em Mântua no final do século XV (a princípio acreditava-se que em 1472; depois, sugeriu-se 1478; hoje, a data que se considera mais provável é a de

1483). Nela havia apenas três canções e um coro inseridos no texto. Poliziano tinha sido criado na corte de Lorenzo di Medici e tornara-se um dos discípulos favoritos de Marsilio Ficino, participando das cerimônias com que, em sua Academia nos arredores de Florença, ele imitava os antigos rituais órficos atenienses. Aliás, foi Poliziano quem iniciou Boticelli no simbolismo neoplatônico, com os deslumbrantes resultados plásticos que se conhece.

Em sua versão da história de Orfeu e Eurídice, Poliziano conserva o final trágico: desesperado por ter perdido novamente a mulher, a quem fora buscar no Hades, o poeta da Trácia renuncia ao amor das mulheres e, por causa disso, é despedaçado pelas bacantes, as frenéticas sacerdotisas do culto de Dioniso. Só mais tarde é que se concluiu que, para ocasiões festivas, o final trágico era inadequado. Por esse motivo, surgiu no século XVII uma forma cujo uso há de se estender até o início do XIX: a *tragicommedia* – que não era de tema cômico, mas tinha o *lieto fine* (final feliz) obrigatório.

No mesmo ano do *Orfeo*, e inspirado nele, veio *Il Paradiso*, de Bernardo Bellocini. Seguiram-se *Il Cefalo* (1486), de Niccolò da Correggio, e *Il Timone* (1492), de Matteo Maria Boiardo. Do *Sacrificio d'Abramo*, de Agostino Beccari (Ferrara, 1554), sobreviveram trechos da música escrita por Alfonso della Viola: uma espécie de narrativa salmodiada, intercalada com comentários do coro e provavelmente acompanhada por improvisos ao alaúde, em que autores como John Bettley vêem o antepassado do recitativo operístico.

As *favole pastorali* mais famosas são a *Aminta* (1583), de Torquato Tasso, e *Il Pastor Fido* (1590), de Battista Guarini, dois dos mais belos poemas do Renascimento italiano, ambos apresentados pela primeira vez em Ferrara. Eles consolidaram o gênero e tornaram-se imensamente populares, a ponto de o texto de Guarini ter sido musicado por vários compositores, entre eles Vivaldi e Haendel, já no século XVIII. Poliziano, Tasso e Guarini fornecem um modelo de poema dramático que será imitado por seus discípulos Rinuccini e Striggio, os primeiros libretistas. John Addington Symonds escreve em *The Renaissance in Italy*:

A grande tragédia e a grande comédia não foram gêneros praticados pelos italianos nessa época. Mas com o drama pastoral eles inventaram um gênero muito particular que dá testemunho de sua originalidade artística e conduz diretamente à ópera. A poesia estava perto de se exaurir, mas a música estava pronta para tomar-lhe o lugar. A matriz fantástica, presente no mundo lírico do teatro arcádico, permite aquela indeterminação e afastamento das reais condições da vida que eram necessários para que a nova arte formulasse as suas primeiras criações, *Aminta* e *Il Pastor Fido* [...] completam e concluem o Renascimento o qual, dessa maneira, lega, mediante uma nova forma de arte – a ópera – a sua forma e as suas preocupações típicas às gerações sucessivas.

A Comédia Madrigalesca

Paralelamente à *favola pastorale*, e de conteúdo cômico, desenvolve-se a comédia madrigalesca, resultado da utilização dramática do madrigal – o tipo de composição vocal profana a várias vozes, que evoluiu a partir das formas de canção polifônica – a *frottola* italiana, a *part-song* inglesa –, atingindo o máximo esplendor no século XVI nas mãos de compositores como Luca Marenzio, Carlo Gesualdo da Venosa, Claudio Monteverdi ou Sigismondo d'India.

Do ponto de vista da interpretação e da caracterização de personagens, a comédia madrigalesca tinha um vínculo muito nítido com a *Commedia dell'arte* (ver o capítulo "A Comédia"). Nela, os cantores e músicos ficavam por trás de um telão e, no palco, os atores dançavam e expressavam, por meio de mímica, o que os madrigais estavam dizendo. Uma das primeiras comédias madrigalescas foi *Il Cicalamento delle Donne al Bucato* (Os Mexericos das Mulheres Lavando Roupa), de 1567, com texto de Striggio e música de autor desconhecido. A primeira a tornar-se famosa foi *L'Amfiparnasso ossia Li Disperati Contenti*, de Giulio Cesare Croce e Orazio Vecchi, apresentada na Salla Spelta, de Módena, em 1594.

O padre Orazio Vecchi (1550-1605) estudou com o madrigalista Salvatore Essenga e trabalhou nas catedrais de Salò, Módena, Reggio Emilia e Correggio antes de se tornar *maestro di cappella* da corte do duque Cesare d'Este. Apesar da carreira eclesiástica e das inúmeras peças sacras que a profissão o obri-

Esboço de Bernardo Buontalenti para figurinos do intermédio *La Pellegrina*.

Frontispício de *L'Amfiparnasso*, a comédia madrigalesca de Orazio Vecchi.

Graziano e Pantalone na terceira cena de *L'Amfiparnasso ovvero Li Disperati Contenti* (ilustração veneziana de 1597).

gou a escrever, era muito mais conhecido pelas suas cançonetas seculares e comédias madrigalescas, com diálogos em dialeto, rimas esdrúxulas e estilo musical popularesco. *Selva di Varia Ricreatione* (1590), *Il Convito Musicale* (1597) e *Le Veglie di Sienna* (1604) são meras sucessões de madrigais bem-humorados, sem muita coerência dramática. Mas o *Amfiparnasso* tem uma estrutura mais clara e, embora as cenas sejam desligadas uma das outras, há uma temática amorosa que as torna aparentadas:

– Pantalone tenta seduzir a cortesã Hortensia, que o rejeita;
– Lélio declara seu amor a Nisa e é aceito;
– Graziano pede a mão da filha de Pantalone, e este a concede depois de terem discutido o dote;
– Isabella finge aceitar a corte do vaidoso capitão Cardón, porque quer despertar os ciúmes de Lucio, seu namorado;
– Francatripa vai pedir um empréstimo na loja de penhores de um judeu (embora seja a mais desligada do conjunto, esta é a cena mais divertida pelo retrato de costumes que faz e os recursos musicais humorísticos que contém).

Como na *Commedia dell'arte*, as máscaras do *Amfiparnasso* exprimem-se em dialeto; as personagens nobres, num italiano extremamente rebuscado. Trabalhando de forma crítica com personagens reais e contemporâneas, que coloca em situações prosaicas, e opondo a observação psicológica precisa à estilização, a comédia madrigalesca foi a forma de reagir, com o vigor popularesco da *Commedia dell'arte*, à tendência que a *favola pastorale* tinha a ser friamente aristocrática. O próprio título da comédia de Vecchi – que significa "as regiões mais baixas do Parnaso" – denota as suas intenções irônicas: é poesia, sim, mas terra-a-terra, acessível a todo tipo de público, no extremo oposto ao das rarefeitas esferas em que gravitava a poesia cortesã. Para conhecer *L'Amfiparnasso*, existem as gravações de: Dominique Visse com o Ensemble Clément Jannequin (Harmonia Mundi), tendo como complemento *Il Convito Musicale*; e a de Sergio Vartolo com a Cappella Musicale di San Petronio, ao vivo em abril de 1995 (Naxos, série "Early Music").

Ainda mais interessante do que Vecchi é o poeta e compositor bolonhês Tommaso Banchieri que, ao ordenar-se beneditino olivetano, adotou o nome de Adriano. Fundador da Accademia dei Floridi (1614), freqüentada durante algum tempo por Monteverdi, Adriano Banchieri (1568-1634) foi uma das personalidades mais ativas na vida musical de sua cidade. *La Savviezza Giovanile* (1598), *Studio Diletevole* (1660), *Il Metamorfosi Musicale* (1601), *Il Zabaione Musicale* (1604), *Prudenza Giovenile* (1607) são comédias madrigalescas que denotam o mesmo gosto de Vecchi pela mistura de elementos líricos e satíricos, com características estilísticas muito diversificadas.

A peça que o tornou conhecido foi *La Pazzia Senile*, cantada em Veneza em 1598. Ambientada em Rovigo, tem como personagem principal o velho Pantalone, que, por um lado, deseja casar-se com Lauretta e, por outro, opõe-se ao namoro de sua filha Doralice com Fulvio. Pantalone oferece a mão de sua filha ao Dr. Graziano, desde que este o ajude a conquistar Lauretta. No final, a resistência e a astúcia dos jovens dão cabo da "loucura senil", e Pantalone tem de concordar com o casamento de Fulvio e Doralice. O texto da *Loucura Senil* é de má qualidade, às vezes bem trivial, mas a música tem muita vivacidade. Os diálogos, de tom sentencioso – a que Banchieri dá o nome de "considerações graciosas e divertidas" –, alternam com intermédios bufos interpretados pelas máscaras da *Commedia*. A peça se inicia com um Prólogo dito pelo Humor Bizarro e termina com um *balletto di villanelle* (dança camponesa). Prova da popularidade da *Pazzia senile* é o fato de, publicada em 1598, ter sido reeditada outras vezes no início do século XVII.

A obra mais famosa de Banchieri, freqüentemente executada até hoje, é *La Barca di Venetia per Padova*, de 1605. Usando como fio condutor uma viagem do *burchiello*, o barco que fazia a ligação entre Veneza e Pádua, ele retrata o micro-universo dos passageiros e de suas atitudes, o que lhe permite recorrer a um verdadeiro caleidoscópio de recursos estilísticos. A *Barca* de Banchieri inspira-se na *Piazza Universale di Tutte le Professioni dell'Universo* (1585), em que Tommaso Garzoni fizera justamente isso: juntar numa mesma embarcação soldados, cortesãs, estudantes, mercadores, construindo com eles um mosaico da sociedade de seu tempo. A essa pluralidade humana juntam-se os cacoetes lingüísticos associados a cada personagem: o veneziano Zorzetto, que é gago; a sedutora cortesã Rizzolina e o estudante Orazio, que ela quer seduzir; um engraçadinho de Chioggia, sempre cheio de piadas; o alemão bêbado e de sotaque carregado; os comerciantes judeus Bethel e Samuel, com seu modo peculiar de falar. Não falta sequer um "maestro di solfa luchese" (professor de solfejo de Lucca) por meio do qual Banchieri faz uma homenagem afetuosa a Giuseppe Guami, com quem estudara órgão em 1592, no mosteiro de São Bartolomeu e São Ponciano, em Lucca.

O momento mais interessante é a seqüência das cenas 5-8, em que, para se distraírem durante a viagem, o livreiro florentino propõe que os cantores a bordo executem "alcune capricciate del Banchieri". O músico de Lucca aprova a idéia e segue-se um *Concerto di Cinque Cantori in Diversi Lenguaggi* em que o napolitano Francesco, o florentino Bimbi, o veneziano Zorzetto, o bolonhês Petronio e o alemão Tolr cantam cada um em seu dialeto – encerrando com o brinde em que o alemão embriagado imita um madrigal de Gesualdo da Venosa:

> *Brindes iò, iò, iò, iò, iò, iò,*
> *sgott mi trinc con el flascon.*
> *Brindes iò, iò, iò, iò, iò, iò,*
> *sgott mi piaser el vin bon.*
> *Brindes iò, iò, iò, iò, iò, iò.*

(Um brinde iô, iô, iô. Por Deus, eu bebo da garrafa. Por Deus, o bom vinho me agrada.)

E a cascata de pastiches prossegue: intercalados com improvisos ao alaúde, soam imitações de madrigais do romano Marenzio, do napolitano Domenico Spano, do piemontês Enrico Radesca. Diz Paolo Fabbri no artigo de

introdução à gravação da *Barca* feita por Dominique Visse com o Ensemble Clément Janequin (Harmonia Mundi):

> O teatro imaginário anima-se graças à flexibilidade da escrita musical: ora detalhada na descrição musical ou na pintura de costumes, ora concisa e ágil, ela serve, nas partes mais dinâmicas do texto, para esclarecer instantaneamente quem é cada personagem: graças à aparição de uma linha melódica característica ou ao contraste de pequenos conjuntos vocais cantados em diálogo, ou ainda à irrupção de todas as personagens presentes, representada por uma bateria de acordes.

Além dessa gravação, existem da *Barca* também os registros de Fabio Lombardo (selo Arts) e dos Madrigalisti di Praga (Dynamic). Outras comédias madrigalescas de Banchieri disponíveis: *Il Festino nella Sera del Giovedì Grasso Avanti Cena*, com Rinaldo Alessandrini e o Concerto Italiano (Opus 111) – contendo em complemento o *Cicalamento* de Striggio – e *Il Zabaione Musicale*, em complemento às gravações da *Barca* feitas tanto por Lombardo quanto pelos Madrigalisti di Praga.

Considerados no conjunto de seus resultados, todos esses antecessores do *dramma per musica* são importantes, na verdade, para demonstrar como a ópera *não deveria ser*. O intermédio era eficiente como espetáculo, mas não tinha unidade narrativa. A *favola pastorale* era eficiente do ponto de vista dramático, mas não tinha unidade musical. A comédia madrigalesca era convincente desses dois pontos de vista, mas tinha uma estrutura polifônica demasiado cerrada que impossibilitava a compreensão do texto. Opondo sérios obstáculos ao entendimento, o madrigal demonstrava-se portanto inadequado para a expressão teatral. Intermédio, *favola*, comédia madrigalesca ofereciam diversos caminhos e, ao mesmo tempo, mostravam o que devia ou não devia ser feito. Faltava uma grande síntese – e esta seria proposta, no fim do século XVI, pela Camerata florentina.

Do Século XVI para o Século XVII: O Protobarroco

A Camerata Florentina

Em torno do conde Giovanni Bardi de Vernio, reunia-se o grupo de artistas que passou à História como a Camerata, mais uma das muitas "academias" que floresceram na Itália do século XVI ao XVIII. O termo "camerata", que não existia nos dicionários italianos do século XVI – o *Vocabulario* (1543) de Alberto Accarigo, por exemplo, não o registra – foi usado por Giulio Caccini para referir-se às tertúlias que Bardi organizava em sua casa: no Prefácio às suas *Nuove Musiche* (1602), ele fala da *virtuosissima camerata* que se juntava para tocar música e falar de arte. O termo foi retomado por Pietro, o filho do conde Bardi: numa carta de 1634 a Giovanni Battista Doni, ele relembra a *camerata di mio padre, quasi una dilettevole e continua accademia* – donde a origem de uma palavra hoje muito familiar, utilizada até mesmo para designar pequenas formações instrumentais de câmara.

Durante um período que se estende por quinze a vinte anos, Giovanni de' Bardi habituou-se a receber artistas em seu palácio florentino. Mas não dava a esses saraus o caráter formal de uma "academia": não havia lista de inscritos, pagamento de mensalidade, nem direitos especiais de acesso. Os freqüentadores podiam trazer amigos, e não havia regras especiais de funcionamento dos encontros. Filosofia, ciências, artes e, em especial, as relações de umas com as outras eram discutidas livremente. Na casa de um músico amador, é claro, o assunto predominante era a música, debatida do típico ângulo renascentista e neoplatônico: de que maneira restaurar o poder que ela possuía, nos tempos clássicos – assim se acreditava –, de suscitar, guiar ou dominar emoções específicas (motivo pelo qual os poetas e compositores dos primórdios da ópera serão obcecados pelo tema de Orfeu domando as Fúrias infernais).

Entre os intelectuais que se colocavam sob a proteção de Bardi, estava Vincenzo Galilei (1533-1591), o pai do conhecido astrônomo. Ele era cantor e alaudista amador, mas fizera estudos aprofundados de musicologia com Gioseffe Zarlino, autor de *Le Istitutioni Armoniche* (1558), estudo pioneiro sobre o valor simbólico dos intervalos diatônicos ou cromáticos, dos ritmos rápidos ou lentos, dos sons graves ou agudos para a expressão dos sentimentos humanos. Também Giulio Caccini freqüentava a Casa Bardi. Chamado Il Romano, devido à sua origem, Caccini estava destinado a desempenhar papel importante no cenário destes primeiros anos da arte lírica.

Com a Camerata de Bardi convivia o grupo protegido por um outro nobre, Jacopo Corsi, seu amigo e rival. Apesar do ciúme mútuo que os punha constantemente em choque, seus interesses eram comuns e, por isso, os aderentes de um e outro grupo estavam sempre em contato. Do Palazzo Corsi vinham poetas renomados, Chiabrera, Rinuccini, e um jovem aristocrata romano, Jacopo Peri, que estava firmando em Florença a reputação de ser um compositor competente. Transitando entre os dois grupos, havia um outro romano de boa família, Emilio de' Cavalieri, que Ferdinando de' Medici nomeara em 1588 o seu diretor oficial dos espetáculos públicos, decerto como uma forma de estabelecer o equilíbrio entre as casas rivais de Bardi e Corsi. Isso explica que em 1592, desgostoso com a perda da posição que antes ocupara, Bardi tenha aceitado o cargo de secretário do papa Clemente VIII em Roma, deixando a Corsi a liderança da Camerata.

Interessado nos trabalhos de reconstituição da música grega, Vincenzo Galilei passou a corresponder-se, a partir de 1572, com o helenista florentino Girolamo Mei, naquela época residente em Roma. O acesso direto que Mei tivera a documentos gregos, mediante o contato com estudiosos vindos de Constantinopla após a queda do Império Bizantino nas mãos dos turcos, dera-lhe especial interesse pela música da Antiguidade. Foi ele quem chamou a atenção de Bardi e Galilei para o fato de que os gregos desconheciam o contraponto – e até mesmo a harmonia enquanto combinação de acordes. Dizia-lhes que, no teatro grego, as vozes – solistas ou em uníssono – concentravam-se em efeitos de altura e ritmo, que, com a escrita contrapontística, ficam confusos e dispersos. Essa ininteligibilidade era, na opinião de Mei, o motivo para a música de seu tempo ter deixado de *movere gli affetti.*

Conclusão tão radical talvez nunca tivesse ocorrido a um músico profissional. Mas veio reforçar em Galilei a aversão à forma polifônica de tratar os textos poéticos que ele já herdara dos estudos com Zarlino, e compartilhava com seus companheiros da Camerata. Desenvolvia-se entre eles a certeza de que o confronto entre as diversas vozes da escrita contrapontística só servia para prejudicar o entendimento do poema, contradizendo o princípio expresso por Platão de que na música vocal a melodia deveria servir às palavras (e a crença aristotélica de que a música só é boa quando cria no homem emoções que o disponham a atitudes moralmente recomendáveis).

Com base no contato que teve com o estudioso romano, Galilei publicou, em 1581, o

seu breve mas polêmico *Dialogo della Musica Antica e della Moderna,* no qual declarava explicitamente guerra ao contraponto. Embora admitisse a elegância e inteligência desse procedimento como uma forma de construção abstrata adequada para a música instrumental, rejeitava-a na música vocal, por ser criadora de obscuridade. Partindo do princípio de que, por causa da polifonia, "a música vocal moderna não é mais capaz de infundir às palavras a paixão que elas requerem", pedia aos compositores que aprendessem com os atores de teatro falado as técnicas de *acutezza e gravità* (sons agudos e graves), *quantità* (duração dos sons) e *prestezza o lentezza di numero ò ritmo* (velocidade na emissão da frase).

Galilei tinha razão ao dizer que a escrita polifônica, em que as vozes se superpõem, às vezes em camadas muito numerosas, dificulta o entendimento; mas não em pretender que ela seja incapaz de mobilizar as nossas emoções – o mais simples dos madrigais de Monteverdi é um desmentido formal a essa tese. Para Mei, cuja formação musical era muito limitada, o contraponto era provavelmente um processo confuso e difícil de captar. Mas com sua argumentação conseguiu envolver o sugestionável Galilei, fazendo-o aderir ao ponto de vista de que só a monódia, com sua técnica de atribuir uma única nota a cada sílaba, teria condições de servir de pedra angular para a nova forma de teatro musical. Seria necessário deixar passar a fase polêmica – e esperar pela chegada de um músico de gênio, com liberdade de inspiração suficiente para libertar-se das limitações teóricas – para que o equilíbrio se restabelecesse.

Rinuccini e Peri, Cavalieri, Caccini e também Marco da Gagliano, que viera juntar-se a eles, debateram e expandiram as idéias contidas no *Dialogo* de Galilei. Angelo Solerti fez, em *Le Origini del Melodramma*, o levantamento extenso de todos os ensaios que esses intelectuais dedicaram ao tema, longo demais para ser reproduzido aqui. O que importa, como denominador comum a esses ensaios, é que seus autores eram fascinados pela cultura grega, mas da música praticada por aquele povo antigo nada sabiam. Galilei transcrevera em seu livro três exemplos – entre eles o *Hino ao Sol* de Mesomédio de Creta, a que nos referimos antes – mas não fora capaz de decifrá-los. Com base portanto no que imaginavam ter sido o papel da música no teatro grego, a Camerata formulou alguns princípios básicos:

- Deveria haver a união perfeita entre o texto e a música. Para que esta permitisse àquele ser perfeitamente compreensível, propunham-se a declamação solista e monódica; a adoção de melodias simples executadas por poucos instrumentos; e a exclusão do contraponto.
- O texto deveria ser declamado aderindo às inflexões naturais da fala. A melodia deveria portanto acomodar-se à frase, e não o contrário. Isso excluía os ritmos de dança freqüentemente impostos às canções e também as repetições, que eram comuns nos madrigais e nos motetos (formulava-se assim um princípio que voltará ciclicamente, ao longo de toda a História da Ópera, na obra de Lully ou Gluck, na de Wagner, Mússorgski, Debussy ou Janáček, e nas modernas propostas de declamação da Segunda Escola de Viena).
- A música não deveria limitar-se a acompanhar graficamente o andamento do texto e, sim, tentar exprimir o estado de espírito de cada trecho, imitando e acentuando as entonações típicas de uma pessoa que esteja sob o efeito de determinada emoção.

Havia, nessa campanha sistemática da Camerata contra o contraponto, uma reação nacionalista à polifonia, importação flamenga, opondo a ela o inato gosto mediterrâneo pela clareza, a simplicidade e a predominância da melodia, que na Itália sempre foi vista como a verdadeira essência da música. Havia também a predisposição a um tipo de individualismo artístico que se rebelava contra a arte feita em grupo (o coro de igreja, o madrigal), privilegiando o virtuosismo pessoal – tendência que há de se converter na pedra de toque da escola de canto italiana. Não se preservaram as primeiras aplicações práticas da teoria formulada por Galilei em 1582: um *Monólogo de Ugolino* extraído da *Divina Comédia* (Inferno, XXIII, 4-75) e as *Lamentações de Jeremias*, ambas com acompanhamento de quatro violas. Não se conservou tampouco a primeira experiência de Cavalieri.

Logo ao chegar a Florença, esse músico romano tinha colaborado com Laura Guidiccioni em duas pastorais – *Il Satiro* e *La Disperazione di Fileno* – em tudo conformes ao modelo tradicional de Poliziano. A seu terceiro trabalho conjunto, *Il Giuoco della Cieca* (1595), parece ter aplicado os princípios recém-estabelecidos por seus colegas de Camerata (a ponto de estudiosos como Solerti chegarem a querer ver nessa pastoral uma precursora da ópera). De fato, no Prefácio à *Euridice*, de 1600, Peri dirá, ao falar de sua primeira ópera:

> Antes de todos os outros, que eu saiba, foi o Signor Emilio de' Cavalieri quem, com maravilhosa invenção, fez-nos ouvir o nosso tipo de Música no Palco.
>
> Mas a total inexistência de material – seja libreto, seja partitura – impossibilita a confirmação dessa hipótese.

Da própria *Dafne* sobraram apenas seis fragmentos, que estão guardados na Biblioteca Nacional Central, de Florença, e no Real Conservatório de Bruxelas (um deles, descoberto por William Porter, foi discutido num artigo de importância fundamental, publicado em 1965 no número XVIII/2 do *Journal of the American Musicological Society*). Mas há inúmeros testemunhos de contemporâneos que viram nela "alguma coisa de diferente". Ela foi cantada no Palazzo Corsi durante o Carnaval – não se guardou o dia exato – em fevereiro de 1597. Mas, quanto a essa data, uma explicação é necessária.

Conservo a referência a 1597, pois este será o ano que o leitor encontrará registrado na maior parte dos manuais. A edição francesa do *Dictionnaire Chronologique de l'Opéra*, organizado por Antonio Bertelé, por exemplo, traz como subtítulo "*de 1597 à nos jours*". Esse é também o ano consignado por D. J. Grout ou pelo maestro Leibowitz em seus livros de História da Ópera. Mas até 1750, os florentinos conservaram o antigo hábito de comemorar a passagem do ano no dia 25 de março, em vez de 1º de janeiro. Por esse motivo, em fevereiro, ainda estavam chamando de 1597 um ano que, para o resto do mundo, já era contado como 1598. Esse fato cria, naturalmente, problemas de datação para as obras italianas do século XVII e primeira metade do XVIII. Assim sendo – à exceção da data inaugural do gênero, que por razões simbólicas foi mantida no sistema antigo –, todas as outras datas de composição ou estréia aqui referidas tomam como base o calendário padrão.

Na *Dafne*, Rinuccini imita o Poliziano do *Orfeo*, ao usar versos brancos para os diálogos e versos rimados para as árias e coros. Num Prefácio, que é um verdadeiro programa de trabalho a ser posteriormente posto em prática por ele e seus seguidores imediatos, Peri explicou suas intenções nessa primeira ópera:

> Eu tinha querido imitar a fala em minha música [...], pois me parecia que os antigos gregos e romanos tinham usado, em seu teatro, um tipo de música que, embora ultrapassando os sons da conversação ordinária, não chegava a atingir a melodia do canto, ou seja, assumia uma forma intermediária entre um e outro. Portanto, abandonando todos os estilos de escrita vocal até então conhecidos, procurei criar o tipo de melodia imitativa da fala exigida por este poema. E considerando que o tipo de emissão vocal usada pelos antigos podia ser acelerada, de forma a tornar-se um meio termo entre o ritmo lento e deliberado do canto e o andamento rápido e flexível da fala, [...] usei o baixo contínuo fazendo com que ele se movesse ora mais depressa, ora mais devagar, de acordo com as emoções que tivessem de expressar.

A ação se inicia quando Apolo, após derrotar a Píton, a serpente lendária, zomba de Cupido e seu pequeno arco, perguntando-lhe se ele pretende "descobrir seus olhos ou continuar atirando no escuro". Cupido vinga-se alvejando com uma de suas setas o próprio Apolo, e este se apaixona perdidamente pela ninfa Dafne, que está caçando, no bosque. Ela o rejeita, alegando que é uma mortal, não uma divindade, e Apolo responde: "Se tal luz resplandesce na beleza mortal, a do céu não mais me deleita". Ela pede aos deuses que a libertem e é transformada em um loureiro. "Imortal como sou", lamenta-se o deus, "eis-me definhando e morrendo". Mas depois se consola: "Com teus ramos e folhas farei uma guirlanda para a minha dourada cabeleira". E faz a coroa de louros que se tornou o símbolo dos poetas, de que é ele o padroeiro.

Se pensarmos na idéia neoplatônica de que a arte é um véu que, ao mostrar uma realidade, oculta seu significado mais profundo, havemos de concluir que há no poema uma dessas "verdades sobre a natureza humana" de que Ronsard falava, pois Apolo, líder das nove Musas, não era apenas o padroeiro dos poetas e dos artistas; era também o deus do Sol e, conseqüentemente, um símbolo da razão e do bom senso humanos. A destruição da Píton é uma vitória da luz sobre as trevas. Mas a mitologia grega levava o símbolo bem adiante, pois sabemos que, quando o cadáver da Píton foi jogado no poço do templo de Apolo em Delfos, as emanações de seu corpo decomposto passaram a fazer as sacerdotisas – por isso chamadas de "pitonisas" – entrar em transe, e elas tornavam-se capazes de profetizar. Está implicada aí a idéia de que os subterrâneos de nosso inconsciente são tenebrosos e ambivalentes, a fonte de nosso potencial tanto para criar quanto para destruir.

Quando Apolo pergunta a Cupido se ele pretende "descobrir os seus olhos ou continuar atirando no escuro", Rinuccini estava se referindo a uma alegoria platônica exposta no *Banquete*: a de que existe uma Vênus terrestre cujo filho usa uma venda e, por isso, representa o amor sensual; e uma Vênus celestial, cujo filho mantém os olhos abertos e, por isso, é o símbolo do amor socrático pela verdade interior – o sentido original do "amor platônico" a que, hoje, damos um sentido deturpado. (Em *Vênus Colocando a Venda em Cupido*, que está na Galeria Borghese de Roma, Ticiano representou a deusa como uma dama de seu século que está atando um lenço nos olhos do filho; mas, ao fazê-lo, ouve atentamente o que o outro Cupido, de olhos bem abertos, lhe está sussurrando ao ouvido.)

Ao preferir a beleza mortal e perecível de Dafne à beleza celestial do espírito, Apolo foi ferido "no escuro", ou seja, está cedendo ao lado irracional de sua natureza. Mas ao consolar-se da frustração carnal, extrai de Dafne – sob o símbolo da coroa de louros que vai ornar a fronte dos poetas – a beleza interior, a quintessência antes apenas projetada em sua bela forma exterior. É o mesmo processo de idealização por que passaram a Beatriz de Dante, a Laura de Petrarca, a Fiametta de Boccaccio. A verdade sobre a natureza humana, que Rinuccini meio esconde meio revela, é o processo de amadurecimento proveniente de nossa resignação a uma frustração externa em nome do crescimento interior. Em *The Opera*, Robert Donington escreve:

> O tom neoplatônico continuou a marcar os libretos do século XVII até a Idade da Razão ter feito o simbolismo deliberado cair de moda. Mas ele foi revivido pelo Romantismo e, com Wagner, chegou ao apogeu. Por outro lado, o simbolismo intuitivo é tão inerente à imaginação do ser humano que imagens mais ou menos autônomas lhe são sempre sugeridas, quer ele queira quer não. E solicitar essa imaginação está na própria natureza da ópera. É assim que, desde os seus primórdios, a ópera tornou-se uma arte rica em sugestões lendárias.

Da *Dafne* conservou-se apenas o texto; a maior parte da partitura se perdeu. Dos demais primeiros ensaios de monódia florentina, possuímos algumas árias publicadas em 1601 pelo cantor Giulio Caccini (1546-1618) em suas *Nuove musiche*. São páginas para solista acompanhado por alaúde ou outro instrumento de corda. A escrita é em *stile recitativo*, ou seja, ao contrário do *stile rappresentativo*, que é típico do drama e busca seguir a dinâmica natural do texto, adota uma organização melódica mais simétrica e admite algumas repetições e ornamentos melódicos. Mas são árias de forma estrófica que, comparadas aos madrigais que lhes são contemporâneos, utilizam ritmos muito mais simples e regulares.

Antes de passar à discussão das primeiras óperas, é necessário examinar uma obra dramática de outro membro da Camerata, que representa uma das primeiras tentativas de aplicar a uma composição sacra o princípio da monódia. É a *Rappresentazione di Anima e di Corpo*, de Emilio de' Cavalieri, ainda ligada em espírito às *sacre rappresentazioni* medievais e aos dramas alegóricos edificantes do início do Renascimento. Por se tratar de uma obra de tema sacro, ela não podia ser encenada num palco, da mesma forma que os poemas profanos, por isso foi cantada em Roma, em fevereiro de 1600, na Chiesa Nuova da Congregação do Oratório de Santa Maria in Vallicella. É esse o motivo para as obras dramáticas não-cênicas de assunto sacro terem passado a se chamar "oratórios". Muitas vezes, do ponto de vista formal, será tênue a diferença entre eles e as óperas; a distinção estará, portanto, no conteúdo e na forma de apresentação.

Cavalieri (1550-1602) era romano, de origem nobre, e desde cedo recebera instrução musical. Em 1578, foi contratado para organizar as atividades musicais do Oratorio del SS. Crocifisso durante a Quaresma, cargo que o pôs em contato com o cardeal Ferdinando de' Medici. Quando este assumiu o título de Grão-duque da Toscana, em 1587, nomeou-o chefe dos artistas e músicos da corte florentina – decisão a princípio vista com muitos maus olhos por Bardi e Corsi, que ambicionavam essa função.

Mas a animosidade entre Bardi e Cavalieri desapareceu depois que eles colaboraram, em 1589, na elaboração da *Pellegrina*, o gigantesco intermédio que comemorou o casamento de Ferdinando com Cristina da Lorena. Cavalieri e também Caccini e Peri estavam entre os 41 compositores arregimentados para essa ocasião. Rinuccini era um dos poetas, ao lado de Giovanni Battista Strozzi e Laura de' Guidiccioni Lucchesini. O bom resultado dessa festa, cujo esplendor devia muito também à encenação de Buontalenti, um dos arquitetos e cenógrafos mais afamados da época, fez com que, em 1600, Cavalieri fosse chamado para organizar a celebração de bodas ainda mais importantes: as de Henrique IV da França com Maria de' Medici. No banquete de 5 de outubro, ouviu-se uma *favola pastorale* de Guarini, *La Contesa di Giunone e Minerva*, com música de Cavalieri. E após a cerimônia nupcial, no dia seguinte, foi a vez da *Euridice*, de que falaremos logo adiante.

Mas Cavalieri achava que seu papel nessas festividades não tinha sido devidamente valorizado e resolveu voltar para Roma, cidade com a qual não tinha perdido contato, pois trabalhara ali como representante diplomático da corte florentina e continuara se correspondendo com seus antigos empregadores do Crocifisso. Foi por intermédio deles que teve a oportunidade de encenar, na Congregação do Oratório, de São Felipe Neri, a obra pela qual é lembrado. Na verdade, a *Rappresentazione* não é um oratório no sentido em que entendemos os de Haendel ou Mendelssohn: é a precursora das "óperas espirituais" que, em breve, se tornariam um aspecto marcante da vida cultural romana.

Com texto do padre Agostino Manni, a peça tem intenções moralizadoras e coloca em cena personagens alegóricas: a Alma, o Corpo, o Prazer, o Intelecto, e assim por diante. Levada duas vezes durante o Carnaval de 1600, foi mais apreciada, por aqueles que já tinham visto outros trabalhos da Camerata em Florença, "porque a música comovia a ponto de fazer rir ou chorar, ao contrário da dos florentinos, que, se alguma emoção causava, era a do tédio e da irritação". Isso se deve às melodias muito *cantabile*, de sabor freqüentemente popularesco, de uma partitura na qual – embora a monódia da Camerata predomine – há madrigais, canções, uso extenso do coro, muitos ritornelos instrumentais e trechos dançados.

O Prólogo falado, de tom acentuadamente neoplatônico, explica-nos que, embora estejamos convencidos de que desejamos a beleza mortal, é à felicidade celestial que realmente aspiramos, pois só ela pode assegurar-nos deleites duráveis. Em seguida, no ato I, a Alma dialoga com o Corpo e ouve o que têm a lhe dizer o Intelecto, o Bom Conselho e o Anjo da Guarda. Desenvolve-se em seguida o conflito entre os prazeres sensuais e as alegrias espirituais. No final do ato II, o Anjo da Guarda desnuda o Prazer e suas Companheiras para que a Alma veja como é corrompida a realidade sob sua aparente beleza – o que contradiz a doutrina neoplatônica segundo a qual os prazeres terrestres são uma etapa válida mas não o objetivo final da vida humana. Desgostosos com sua superficialidade, Corpo e Alma decidem rejeitar os prazeres mundanos e, no ato III, assistem ao espetáculo do sofrimento dos condenados, em oposição à ventura dos que alcançaram o paraíso – ocasião para coros contrastantes, de um belo efeito.

Como no teatro medieval, o palco era dividido em três áreas, representando a terra, o céu e o inferno. Tudo indica que o espetáculo terminava com um bailado suntuoso. As duas gravações existentes – a de Charles Mackerras (DG, 1970) e a de Sergio Vartolo (Naxos, 1996) – demonstram que, guardadas as devidas proporções, esse drama sacro do último ano do século XVI ainda tem condições de capturar a atenção do espectador moderno. *La Rappresentazione* desfruta também da distinção de ter sido a primeira ópera a ser impressa, pelo editor romano Niccolò Mutii, no próprio ano de sua estréia. Na capa, está dito que ela foi *"posta in Musica per recitar Cantando"* – o que é uma perfeita definição do gênero.

Sinal seguro de a *Rappresentazione* ter agradado foi o fato de ela ter sido imitada por Agostino Agazzari (1578-1640), que, no Carnaval de 1606, apresentou no Seminário Romano uma *commedia morale* intitulada *Eumelio*, com texto do padre Torquato de Cupis e de Francesco Tirletti. No Prefácio às suas publicações, Agazzari chamava-se de "um nobre de Siena", e isso é praticamente tudo o que sabemos de sua origem. Ele fora maestro no Colégio Germânico antes de ser contratado pelos jesuítas, em 1606, para trabalhar no Seminário Romano. Foi o autor dos primeiros motetes a serem publicados em Roma e também de um dos primeiros manuais sobre a prática do contínuo: *Del Sonare sopra'l Basso con Tutti li Stromenti e dell'Uso loro nel Conserto* (1607).

Eumelio é um pastorzinho atraído para o Inferno por demônios disfarçados de Vícios Agradáveis. Ele é resgatado dali por Apolo, que o ama como a um filho e, com a ajuda de Mercúrio, convence Plutão a deixá-lo ir embora. O sincretismo da mistura de moralidade católica com mitologismo neoplatônico é muito curioso. As canções são estróficas, muito simples, e o recitativo extremamente tosco. Há pequenos trechos corais no fim do Prólogo e de cada um dos três atos. No Prefácio, Agazzari explica ter tido apenas um mês para compor e ensaiar a peça, e dá uma desculpa engraçada para a uniformidade da música:

> Não vi razão nenhuma para variar as árias de uma mesma personagem, já que os esquemas de rimas não mudam, a não ser quando há diversidade de motivações contrárias, caso em que o compositor tem de se adaptar às emoções.

Assim como a *Rappresentazione* de Cavalieri, o *Eumelio* de Agazzari é o que Donington chama de *a borderline case of opera* ("um caso de ópera limítrofe"):

> Nem tão sagrada como a maioria dos oratórios e nem tão secular quanto a maioria das óperas.

Peri, Caccini, Gagliano

O autor da *Dafne* tinha provavelmente nascido em Roma, mas estava desde menino em Florença, onde estudara com Cristofano Malvezzi. No início da década de 1580, já se tem notícias de Jacopo Peri (1561-1633) trabalhando na corte dos Medici como tenor e executante de instrumentos de teclado. A mais antiga referência a uma composição sua é ao primeiro intermédio para a comédia *Le Due Persilie*, de Giovanni Fedini, apresentada em 16 de fevereiro de 1583. Sabemos também que Peri escreveu o madrigal "Dunque fra Torbide Onde" para o quinto intermédio da faustosa *Pellegrina*, que assinala o início de uma década de ousadas experimentações dramáticas, graças à inquietação intelectual dos jovens membros da Camerata – e ao fato de Cavalieri, um de seus participantes, ser o responsável pelos entretenimentos da corte.

O mecenas Jacopo Corsi encorajou-o a unir-se ao poeta Ottavio Rinuccini nas pesquisas de um novo gênero teatral que fundisse drama e música, e o primeiro resultado, como já sabemos, foi a *Dafne*. Encorajados pela reação das platéias privadas a que a apresentaram – a última vez foi em 26 de dezembro de 1604, diante da corte do duque de Parma –, elaboraram *Euridice*, uma nova *favola in música* decalcada no *Orfeo* de Poliziano, por ocasião, como já foi dito, do casamento de Henrique IV com Maria de' Medici – aconte-

cimento da maior importância política, que precisava ser comemorado com solenidade condigna. Além da ópera de Peri e Rinuccini e da *favola pastorale* de Guarini e Cavalieri, que já mencionamos no capítulo anterior, os quatro mil convidados reunidos no Palazzo Pitti assistiram também a *Il rapimento di Cefalo*, com libreto de Gabriello Chiabrera e música de Caccini, Stefano Venturi del Nibbio, Luca Abbati e Piero Strozzi.

Desse espetáculo portentoso, enriquecido pela maquinaria mobilizada por Buontalenti para as freqüentes mudanças de cenário, restou apenas a cena final, que era "concertada por um total de 75 vozes e instrumentos" (Caccini em *Le Nuove Musiche*). Enquadrados pelos coros homofônicos "Ineffabile ardore" e "Quand'il bell'anno", ela contém uma ária para baixo – escrita para o celebrado Melchior Palantrotti, que tinha vindo especialmente de Roma –, e duas para tenor, cantadas por Peri e Rasi. As três eram árias ornamentadas, embora a que Peri cantou o fosse "de modo diferente, consoante o seu estilo" – ou seja, com uma exibição mais discreta de virtuosismo.

O "inefável ardor" de que fala essa cena, "que chama o coração de volta para o reino dos céus", é o amor divino que nos criou. A "chama fugaz" do amor mortal pode dar-nos "a morte que vem com o delicioso assalto" (são comuns as metáforas que equacionam a consumação sexual com a morte temporária – *la petite mort*, como se diz em francês). Mas esses deleites são apenas uma forma de passagem, através da beleza feminina, para "a verdadeira beleza que reina lá no alto" – de onde ela desperta no coração, "feliz por ter sido ferido pelos dardos do Amor", o desejo de retornar à perfeição ideal e extraterrena em que se originou, e da qual está temporariamente desligado. Esse pequeno trecho dá uma idéia clara do teor elevadamente neoplatônico das idéias em que se baseava esse libreto.

O custo foi astronômico, o público gostou muito mais do *Rapimento* do que de *Euridice*, e aos Medici o novo gênero não convenceu muito, pois não lhes parecia suscitar o retumbante efeito propagandístico que esperavam dos entretenimentos cortesãos. Tanto que, em 1608, ao contratar Peri para abrilhantar nova cerimônia – o casamento do príncipe Cósimo com Maria Madalena da Áustria – exigiram que ele revertesse à fórmula de sucesso garantido da comédia com intermédios. Com isso, a ópera, nascida em Florença, teve de emigrar para outras paragens. Mas Caccini, que não era ingênuo e sabia avaliar o potencial do novo gênero, apressou-se em também compor a sua versão da *Euridice*, sobre o mesmo poema de Rinuccini, que apresentou no Palazzo Pitti, em 5 de dezembro de 1600, um mês depois da de Peri. Com isso, fez-se por muito tempo passar pelo autor da primeira ópera de que se possui a partitura. Mas é a Jacopo Peri que cabe essa honra.

A história de Orfeu que desce aos infernos para buscar Eurídice, a mulher amada, é muito popular na História da Ópera: o *Oxford Dictionary of Opera* registra 64 autores que exploraram esse tema, de Peri ao inglês Harrison Birtwistle (1986), passando por Monteverdi, Telemann, Gluck, Haydn, Malipiero, Krenek, Milhaud e Casella. E não sem razão: o protagonista é cantor e poeta; a trama é simples, com poucas personagens, mas oferece de tudo: amor, morte, sofrimento, resgate pelos poderes mágicos da musica e um final que, dependendo da versão, pode ser trágico ou feliz – o próprio Rinuccini explica, no prefácio a seu poema, que "para adequar-se a um momento de tanta alegria" modificara o final trágico de Poliziano, dando à ópera um *lieto fine*. O próprio Peri criou o protagonista. O famoso tenor Francesco Rasi que, mais tarde, estrearia o papel título do *Orfeo* de Monteverdi, foi emprestado pelo duque Vincenzo de Mântua: coube-lhe o papel de Aminta, a ama de Eurídice. O contínuo incluía cravo (tocado por Corsi), *chitarrone*, *lirone* e *liuto grosso* (o grande alaúde).

Embora a mudança de ambientes – a terra, a descida ao Hades, o retorno à superfície – estabeleça as três seções da obra, o libreto é contínuo, sem divisões de atos ou cenas. O Prólogo é dito pela Tragédia, numa tentativa visível de criar o vínculo com o teatro antigo. Mas a ópera tem mais ligações com as formas teatrais de seu tempo: o intermédio – o tema mitológico e os efeitos cênicos, em especial na descida ao Inferno – e o drama pastoral tal como consolidado por Tasso e Guarini. Há árias estróficas, coros e passagens instrumentais, mas o elemento fundamental é o recitativo monódico que adere estreitamente ao texto: o fim da melodia coincide com o fim do verso, e só em alguns momentos escolhidos o canto tem um colorido mais expressivo.

Nas passagens de clímax emocional ou dramático, a linha vocal torna-se mais intensa e pode explorar cromatismos ou dissonâncias de uma forma que lembra alguns madrigais polifônicos da mesma época. A austeridade da declamação causou estranheza a boa parte do público, que a considerou "muito semelhante ao cântico da Paixão". Era, em todo caso, uma obra demasiado intimista para impressionar uma platéia acostumada às extravagâncias cênicas do intermédio. Mas é a primeira documentação que possuímos do momento em que a voz solista utilizou uma forma de canto flexível o suficiente para responder às necessidades dramáticas de um espetáculo cantado de uma ponta à outra.

A partitura da *Euridice* publicada em 1601 continha apenas a linha vocal e o baixo cifrado. Para a gravação feita em 1966 por Angelo Ephrikián (Telefunken), a parte instrumental teve de ser reconstituída. Embora as opções do regente sejam discutíveis – Tim Carter, no *Viking Opera Guide*, o acusa de "produzir uma espécie de travesti" –, o disco é um documento precioso, por permitir o acesso a essa primeira ópera.

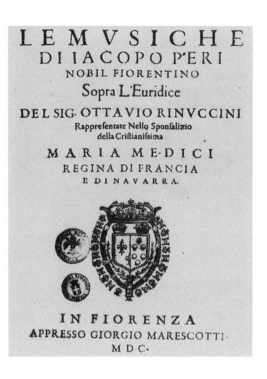

Frontispício da *Euridice*, de Jacopo Peri e Ottavio Rinuccini, a primeira ópera de que se possui a partitura.

Jacopo Peri no papel de Orfeu, na estréia de sua *Euridice*, em 6 de outubro de 1600.

Da estréia de *Euridice*, possuímos extensos testemunhos deixados pelos dignitários que estavam presentes na ocasião: Bartolomeo Malaspina, embaixador do Duque d'Este em Florença; Giovanni del Maestro, grão-mordomo do duque de Florença; o conde Giulio Thienne, embaixador do Duque d'Este junto ao ducado de Módena; o embaixador veneziano Nicolò da Molin. Todas essas cartas têm em comum o fato de os seus autores não saberem que nome dar ao novo tipo de teatro musical. A palavra *opera*, nelas, ainda é usada em seu sentido genérico de "obra". Para eles, trata-se de *una favola sempre in musica* ou *una pastorale recitata tutta in musica* – expressões semelhantes se repetem, confirmando a sensação de estarem todos eles diante de um fenômeno novo, a que ainda não tinha sido dado um nome.

"Ópera", aliás, é uma designação que só se tornará comum na Inglaterra por volta de 1650; na França e países germânicos só se impõe no século XVII e, na própria Itália, é de utilização bem mais tardia. Autores como Robert Haas, Hermann Kretzschmar e Edward Dent fizeram o levantamento cuidadoso dos diversos termos usados, nos séculos XVII-XVIII, para nomear o teatro cantado: *dramma per musica, favola musicale, favola drammatica musicale*, e assim por diante.

Durante o reinado do grão-duque Cósimo II (1609-1621), tendo declinado o prestígio de Caccini, Peri continuou como o principal fornecedor de música para torneios, bailados e outros entretenimentos, colaborando em geral com Marco da Gagliano, seu colega de Camerata, de quem falaremos logo a seguir. A maioria das partituras se perdeu. Sobraram algumas canções de câmara publicadas em *Le Varie Musiche di Jacopo Peri* (1609). A apresentação de *Euridice* em Bolonha (27.4.1616) manteve vivo o seu prestígio e fez vir um convite para a encenação também em Mântua (1620). A essa altura, Peri estava colaborando com Giovanni Battista da Gagliano, o irmão de Marco, em *sacre rappresentazioni* para a Compagnia dell'Arcangelo Rafaello, a principal confraria florentina. Essas peças respondiam ao novo clima religioso, mais severo, suscitado pela Contra-Reforma.

Desse momento em diante, porém, começaram a rarear as composições de Peri. A idade avançava, talvez ele estivesse se dedicando a outras atividades e, embora ainda contribuísse ocasionalmente com música para as festividades da corte, afirmava que a um nobre – condição que sempre reclamou para si, embora não haja comprovação de suas origens aristocráticas – desagradavam as ocupações práticas. Seu último trabalho conhecido foi a ópera *Iole ed Ercole*, com texto de Andrea Salvadori, que começou a escrever, em 1628, para o casamento de Margerita de' Medici com o duque Odoardo Farnese de Parma. Mas abandonou-a devido às intrigas da cantora Francesca, filha de Caccini. Em vez disso, escreveu, num estilo que a essa altura já estava ficando velhusco, os recitativos para *La Flora*, de Gagliano, executada nessa solenidade.

Caccini

O nome de Giulio Caccini (1551-1618) esteve associado, desde o início, ao de Peri no processo da "invenção" da ópera. Cantor e instrumentista de muito talento, cuja formação tinha sido feita na Cappella Giulia da Basílica de São Pedro, em Roma, ele chegou a Florença na época da montagem dos intermédios de *La Cofanaria* (1565), de que participou, e ficou na cidade pelo resto da vida. Como músico da corte, criou a versão local do "Concerto di Donne", um grupo vocal feminino, copiado do conjunto de mesmo nome que fazia grande sucesso em Ferrara. Dele participavam sua segunda mulher, Margherita, e as suas duas filhas, Settimia e Francesca.

Caccini fez parte também da equipe que montou *La Pellegrina* (1589) mas, logo depois dela, foi demitido de suas funções junto aos Medici devido a intrigas cortesãs – de que ele próprio nunca se furtava a participar. Quando Maria de' Medici casou-se com Henrique IV da França (1600), ele viu nessa solenidade a grande chance de recuperar o favor dos soberanos, pois, embora tivesse procurado emprego em Roma, Ferrara e Gênova, não encontrara nada que lhe permitisse sair de Florença e estava sendo praticamente sustentado por seus amigos da Camerata. Compôs a maior parte do intermédio que acompanhava *Il Rapimento di Cefalo*, de Chiabrera, e não hesitou em produzir a sua própria partitura para a *Euridice*, de Rinuccini. Depois saiu correndo à frente de Peri, conseguindo que o editor Giorgio Marescotti a publicasse um mês e meio antes da de seu predecessor.

Il Rapimento di Cefalo, em cinco partes, é uma dessas estruturas grandiosas de tema mitológico típicas das festividades florentinas no século XVI. Foi obra coletiva pois, embora Caccini escrevesse a maior parte, contou, como já foi visto, com a ajuda de Del Nibbio, Bati e Strozzi. A ênfase, como sempre, estava na propaganda à grandeza dos Medici, representados simbolicamente em cada uma das personagens. Mas ao contrário dos intermédios anteriores, este era inteiramente cantado, e nele Caccini fez amplo uso do novo estilo de recitativo recém-desenvolvido por Peri na *Dafne* (é falsa a afirmação que Caccini faz, no Prefácio às suas *Nuove Musiche e Nuova Maniera di Scriverle*, de 1614, que ele também compôs uma partitura para esse primeiro libreto de Rinuccini). O público elogiou muito os efeitos cênicos, mas parece ter achado a declamação bastante tediosa. Seus planos de publicar essa partitura não foram bem-sucedidos; apenas o final, alternando solistas e um coro a seis vozes, sobreviveu em manuscrito.

A sua versão da *Euridice* é certamente mais virtuosística. Dotado de um temperamento que o inclinava à escrita lírica e elegante, Caccini dá grande destaque às passagens elegíacas, e elas são inegavelmente mais melodiosas. Porém, em termos de teatro, a partitura de Peri é mais eficiente quando se trata de explorar a intensidade das situações dramáticas. A comparação do registro de Ephrikián com o de Zayas (Arion, 1980) ajuda a comprová-lo. O público não pareceu muito mais impressionado por ela do que pela de Peri; mas a ópera, seja como for, surtiu o efeito desejado: os Medici agradeceram a Caccini, oferecendo um javali grelhado ao elenco logo depois do espetáculo e devolvendo ao compositor seu emprego na corte.

Pouco depois, ele publicou *Le Nuove Musiche*, importante coleção de canções para solista e baixo contínuo, precedida de um Prefácio em que se apresenta como o responsável

pelo desenvolvimento de um novo estilo de declamação que "mobiliza os afetos da alma". Seu papel na corte tornou-se gradualmente mais importante, e seu prestígio foi consolidado pela viagem que fez a Paris com a família em 1604-1605. Ao voltar, cuidou das festividades para o casamento de Cósimo de' Medici com Maria Magdalena da Áustria (outubro de 1608). Quando este tornou-se grãoduque com o título de Cósimo II, nomeou-o responsável pelos entretenimentos da corte. Mas, a essa altura, a má saúde já o obrigava a deixar boa parte dos afazeres em mãos de Peri e Gagliano; e logo teve de se aposentar.

Os polêmicos Prefácios de Caccini documentam os seus litígios com Peri e Cavalieri quanto à precedência na criação da canção solista e do novo gênero dramático. Apesar do apoio entusiástico que recebeu de discípulos como Severo Bonini – que chegou a fazer alguns historiadores futuros acreditarem no que ele reivindicava –, hoje se sabe que seu papel foi bem menos significativo do que o de seu companheiro de Camerata. Mas é inegável que a escrita graciosa das canções de *Le Nuove Musiche* deu impulso muito importante às mudanças estilísticas que estavam ocorrendo na década de 1600.

Francesca (1587-1626), a filha mais nova de Caccini, também foi compositora. Era conhecida como "La Cecchina" ("A Ceguinha"), pois perdera a visão quando menina. Os estudos feitos com o pai a tinham transformado, segundo o testemunho de Monteverdi, numa excelente cantora e numa hábil executante de alaúde, violão e cravo. Parece que ela própria cantou em sua primeira composição, *Il Ballo delle Zigane* (1615), hoje perdida. As canções monódicas do *Primo Libro delle Musiche*, publicado em 1618, mostram que tinha inclinações dramáticas, realizadas a partir de 1622, quando colaborou pela primeira vez com Gagliano em uma *azione sacra* intitulada *Il Martirio di Sant'Agata*.

É de 1625 a ópera *La Liberazione di Ruggiero dall'Isola d'Alcina*, que Ferdinando Saracinelli extraiu do *Orlando Furioso* de Ariosto – uma das primeiras cujo tema não é de inspiração mitológica; e a primeira a ser composta por uma mulher. Escrita para comemorar a visita do príncipe polonês Wladislaw

Zygmunt à Toscana, na verdade *La Liberazione* era mais um *balletto rappresentato in musica* – como a descreve a página de rosto da partitura – do que uma ópera propriamente dita; e, entre outras coisas, incluía um balé para cavalos! Seja como for, impressionou tanto o real visitante com a encenação elaborada de Giulio e Alfonso Parigi, reminiscente do intermédio, que em 1628 foi representada em Cracóvia e ali publicada em tradução polonesa. *La liberazione* foi muito importante para a expansão da ópera no Leste europeu pois, por causa dela, ao subir ao trono, Wladislaw organizou em sua corte uma companhia de ópera italiana cuja influência naquela região foi muito grande.

Gagliano

Companheiro de Peri em muitas de suas empreitadas, Marco da Gagliano (1582-1643) fez carreira desde 1602 na Igreja de S. Lourenço, sustentada pelos Medici, e na Compagnia dell' Arcangelo Rafaello. Além da proteção da mais nobre família florentina, contava também com a simpatia do príncipe Ferdinando Gonzaga, o futuro Duque de Mântua, com quem se correspondia. Foi ele quem lhe encomendou em 1607 – o mesmo ano em que Gagliano fundara em Florença a Accademia degli Elevati – uma nova partitura para a *Dafne* de Rinuccini. Pretendia apresentá-la no casamento de seu filho Francesco com Margherita da Savóia. Mas como as núpcias tiveram de ser adiadas, a ópera foi estreada durante o Carnaval de 1608. Gagliano ficou em Mântua até a cerimônia se realizar, escrevendo para ela o balé *Il Sacrificio di Ifigenia* e o terceiro intermédio para a comédia *L'Idropica*, de Guarini. O sucesso que obteve e a larga compensação financeira que recebeu desagradaram muito ao responsável pela música na corte de Mântua, o compositor Claudio Monteverdi.

Ao voltar a Florença, Gagliano escreveu os intermédios para *Il Giudizio di Paride*, de Michelangelo Buonarrotti, representada no casamento de Cósimo com Maria Magdalena da Áustria. Logo em seguida, apresentou *Dafne*, a sua versão do poema de Rinuccini. Desta, sim, temos a documentação em disco:

as gravações de Jürgen Jürgens (Archiv, 1977) e Gabriel Garrido (Buongiovanni, 1995). Embora Rinuccini tivesse revisado e expandido o libreto para essa segunda versão, a intriga segue as linhas gerais do original. Não há divisão em atos, mas as intervenções do coro, com estrutura estrófica, dividem a obra em seis seções simétricas.

É óbvio que o estilo de recitativo usado por Gagliano deve muito ao de Peri na *Dafne* ou na *Euridice*. Mas a monódia é mais rica do ponto de vista melódico, e há, no baixo contínuo, maior complexidade. A existência de passagens monódicas lisas e de outras, nos momentos de maior tensão dramática, em que o compositor usa ornamentação, já deixa entrever a evolução que vai levar, mais adiante, à alternância recitativo/ária (no Prefácio à *Dafne*, Gagliano insiste em que os ornamentos não devem dar a impressão de terem sido superpostos à linha melódica, mas de "terem nascido da monódia como uma expressão natural dos sentimentos" – atitude radicalmente contrária à do futuro virtuosismo do Barroco Tardio).

Além disso, a experiência de Gagliano como compositor de madrigais e música instrumental enriquece a partitura com ritornelos e páginas corais bem desenvolvidas que fazem de sua *Dafne* um elo entre as primeiras óperas e o *Orfeo* de Monteverdi. Ambas tentam lançar mão de grande variedade de estilos e gêneros, de uma maneira que já acena à distância para a concepção da ópera como uma "obra de arte total". É a primeira vez também que o compositor fornece, em sua partitura, instruções precisas sobre a maneira como quer que a obra seja encenada e interpretada. No Prefácio, não só Gagliano faz observações destinadas aos cantores como estabelece onde quer que os músicos se coloquem: é a primeira vez que se sugere que os instrumentistas devem sentar-se diante do palco, em posição um pouco mais baixa, em frente aos cantores, de modo que estes os vejam e possam sincronizar mais facilmente o canto com a sua execução. É a primeira menção à forma da ópera como a conhecemos hoje: os cantores no palco e a orquestra dentro do fosso.

Com a *Dafne*, Gagliano agradou tanto a Ferdinando Gonzaga, que em 1608 este o fez suceder a Lucca Bati como *maestro di cappella* da catedral de Florença e, no ano seguinte, como o responsável pela música da corte, cargo que o compositor exerceu durante 35 anos. A maior parte da música que compôs nesse período – em geral colaborando com o poeta Andrea Salvadori e algumas vezes a quatro mãos com Peri – se perdeu. Nas suas *Musiche* publicadas em 1615, estão preservados os *ballos Ovunque Irato Marte in Terra Scende* (1608), *Mascherata di Ninfe di Senna* (1611), que é parcialmente de Peri, e *Ballo di Donne Turche* (1615). Supõe-se que pelo menos dez outros desapareceram.

Na década de 1620, Gagliano visitou Innsbruck e Varsóvia, cidades onde já começava a se fixar o gosto pela ópera italiana; e compôs a música para duas *sacre rappresentazioni* escritas por Salvadori: *La Regina Sant'Orsola* (1624) e *L'Istoria di Iudit* (1626). E em 14 de outubro de 1628, estreou, no Teatro Mediceo do Palazzo degli Uffici, a ópera que Peri e ele tinham escrito para o casamento de Margherita de' Medici com o duque Odoardo Farnese de Parma. Em homenagem ao nome da noiva, Salvadori trançou no libreto de *La Flora ovvero Il Natal de' Fiori* uma série de metáforas botânicas, falando em especial dos lírios associados às casas de Florença e de Parma.

Cupido desentendeu-se com Vênus e, por isso, recusa-se a fazer Clóris, a ninfa da Toscana, apaixonar-se por Zéfiro. É a deusa quem, ajudada por Mercúrio, rouba as armas de seu filho e faz Clóris enamorar-se do Vento da Primavera. Furioso, Cupido vai ao Inferno e de lá traz o Ciúme, que semeia a discórdia entre os amantes e provoca uma tempestade. Finalmente, por intervenção de Zeus, as armas de Cupido lhe são devolvidas, ele se reconcilia com a mãe e, da união de Zéfiro e Clóris nascem flores que, regadas por Apolo em pessoa com a água da fonte das Musas, cobrem toda a terra e, em especial, Parma e Florença. Há cinco atos interligados por ornamentados balés de tritões e naiades, sátiros e ninfas do bosque, ventos, tempestades e brisas benfazejas. Neles já se sente delinear-se o gosto italiano pela música descritiva de fenômenos da natureza que, mais tarde, será importada por Lully para a ópera francesa, desempenhando nela importante papel.

O libreto tem toques interessantes. Por exemplo, a observação do Ciúme de que "o Inferno não está no Estige nem no Averno, mas no coração dos amantes". Ou a zombaria dos clichês neoplatônicos na cena em que um Tritão afirma: "A mulher é o mais gracioso dom das estrelas, um raio do sol, e em sua face eu vejo tudo o que há de mais belo e melhor no mundo".

E Pan apressa-se a replicar:

> A mulher é um veneno, é um veneno mortal, uma serpente que se aloja dentro de nós e nos devora o coração, um Monstro que se rebela contra o céu, o flagelo das almas, verdadeiro inferno para os seres vivos.

Quanto à música, ela é de gosto um tanto antiquado para 1628 – em especial a de Clóris, escrita por Peri. Mas algumas das árias, bastante melodiosas, já deixam perceber o rumo que a ópera vai tomar, afastando-se dos austeros moldes florentinos de seus primeiros anos.

Há notícias de que Gagliano colaborou ainda nas festividades de um outro casamento aristocrático, o do grão-duque Ferdinando II com Vittoria della Rovere (1637), mas não se sabe ao certo que obra produziu para essa ocasião. Os madrigais, canções monódicas e obras sacras que deixou demonstram que ele estava entre os músicos mais ecléticos de sua geração.

Por mais importante que tenha sido como a semente de uma árvore que, no futuro, haveria de dar frutos riquíssimos, no conjunto a ópera da Camerata tinha sérios defeitos:

– a fragilidade da caracterização muito estereotipada das personagens;
– a gama limitada das emoções expressas por uma música de parâmetros restritos;
– e, principalmente – o mais grave, e o que a condena a hoje ter muita dificuldade para conquistar adeptos – a monotonia das partes solistas.

Mas os intelectuais da Camerata estabeleceram alguns princípios básicos preciosos. Bastava apenas surgir alguém capaz de reformulálos e dar-lhes amplitude de expressão.

John Donnington a respeito da distinção entre recitativo, arioso e ária, em *The Rise of Opera*:

A solução trazida pelo recitativo ao problema de declamação operística depende de sua capacidade de carregar de forma contínua e com flexibilidade qualquer velocidade de ação, qualquer tipo de fluxo de palavras, qualquer mudança de estado de espírito ou choque de temperamentos requeridos pelo drama, sem deixar de fazê-lo musicalmente. A forma do recitativo tem de ser aberta para que ele possa adaptar-se ao comprimento exigido pela cena. A textura tem de ser flexível para que ele possa seguir as flutuações de ritmo da fala e pelo menos sugerir os delineamentos indefinidos da tonalidade da fala, se bem que ainda respeitando o compasso e a melodia de forma reconhecível. Uma carreira de notas, uma por sílaba, freqüentemente culmina numa nota mais longa de intensidade mais alta. Os intervalos tendem a se ampliar com a exaltação, a se estreitar com o descanso. [...] Mas à exceção das cenas cômicas (em geral no dialeto local), não é a fala do dia-a-dia que assim se estiliza em termos musicais e, sim, a declamação convencional de palco, artificiosa em suas sutilezas de *timing* e inflexão, em cada destaque dado às consoantes ou colorido conferido às vogais, em cada um dos conhecidos truques da profissão teatral que possa ser traduzido em música. A essência do recitativo é que ele tem de ser dramaticamente expressivo.

Há uma textura intermediária, conhecida como *arioso*, em que a forma também é aberta, sem cadência conclusiva, mas um pouco mais melodiosa e com um baixo contínuo um pouquinho mais ativo, mudando também de harmonia com mais freqüência. A função do arioso é manter o equilíbrio entre a expressividade dramática e a musical. Quanto à *ária*, ela é uma forma fechada no fim por uma cadência conclusiva, com uma forma própria que a música se encarrega de ampliar. As palavras não podem ter a precedência, como o fazem no recitativo e no arioso; ao contrário, devem, de certa forma, acomodar-se à música. As dissonâncias são mais controladas, e o movimento do baixo contínuo obedece ao da melodia, com uma pulsão mais regular das mudanças harmônicas. A textura é mais cerrada e o ritmo, na execução, embora sem ser rígido, tem de aderir mais fortemente aos valores musicais escritos. No entanto, há drama na ária também, pois aqui a música tem toda a oportunidade de expressar os plenos sentimentos suscitados pela ação e, na ópera, os sentimentos são sempre o que mais conta. A função da ária é ser musicalmente expressiva.

O *Orfeo* de Monteverdi

E então, de repente, surge o primeiro grande nome na história de um gênero que dará à música alguns de seus maiores gênios. O primeiro compositor a ser não apenas uma curiosidade histórica mas um excepcional dramaturgo cujas criações, encenadas hoje, continuam perfeitamente capazes de capturar a atenção do espectador moderno. O primeiro músico capaz daquela proeza de que a História da Ópera é tão fértil: a de escrever uma melodia – como a da Sinfonia do *Orfeo* – que, ouvida uma única vez, nunca mais é esquecida. E que o público, ao sair do teatro, continua a cantarolar. O primeiro artista a criar para o palco obras de um tal vigor e frescor de inspiração que nem parecem ter sido concebidas quase 400 anos atrás.

Embora os julgamentos absolutistas sejam, de um modo geral, pouco significativos, não é difícil dizer que o cremonense Claudio Giovanni Antonio Monteverdi (1567-1643) foi o maior compositor italiano da primeira metade do século XVII. Nenhum de seus contemporâneos se aproxima da riqueza de invenção e da segurança técnica deste aluno de Marc' Antonio Ingegneri, o mestre do coro na catedral de sua cidade natal, que lhe transmitiu sólida base de polifonia tradicional. Dono de obra vastíssima, em que se destacam oito livros de madrigais e a música sacra – incluindo o *Vespro della Beata Vergine di 1610* e a gigantesca *Selva Morale e Spirituale* –, o operista Monteverdi fez com que o novo gênero saísse do âmbito experimental e adquirisse enorme variedade de recursos musicais.

Sua obra, entretanto, não pode ser tratada apenas neste capítulo, pois dela possuímos apenas os dois extremos: o início, realizado em Mântua, numa fase ainda ligada à Escola Florentina; e o final, quando ele já era um músico perfeitamente maduro, de 74 anos, e trabalhava no quadro do teatro público veneziano. Uma visão da lista completa de suas composições dramáticas dá-nos uma idéia de tudo o que realizou nesse setor e do que, infelizmente, se perdeu (estas últimas assinaladas com um asterisco):

1607 – *La Favola d'Orfeo* (ópera)
1607 – *De la Bellezza le Dovute Lodi* (balletto)*
1608 – *L'Arianna* (ópera)*
1608 – *Il Ballo delle Ingrate* (balletto)
1608 – "Ha Cento Lustri con Etereo Giro" (Prólogo para a comédia *L'Idropica* de Guarini)*
1616 – *Tirsi e Clori* (balletto)
1617 – "Su le Penne de' Venti il Ciel Varcando" (Prólogo para o drama *La Maddalena* de Giovan Battista Andreini)
1617 – *Le Nozze di Tetide* (ópera inacabada)*
1620 – *Andromeda* (ópera)*
1620 – *Apollo* (ópera)*
1622 – *La Contesa di Amore e Cupido* (intermédio para a comédia *Li Tre Costanti* de Emilio Maragliani)*

1624 – *Il Combattimento di Tancredi e Clorinda* (oratório secular)
1626 – *Armida Abbandonata* (ópera)*
1627 – *La Finta Pazza Licori* (ópera cômica provavelmente inacabada)*
1628 – *Gli Amori di Dianna e di Endimione* (intermédio)*
1628 – *Mercurio e Marte* (torneo)*
1628 – *Gli Argonauti* (ópera)*
1628 – *Teti e Flora* (intermédio para a pastoral *Aminta* de Torquato Tasso)*
1630 – *Proserpina Rapita* (ópera)*
1637 – *Volgendo il Ciel per l'Immortal Sentiero* (balletto)
1640 – *Il Ritorno d'Ulisse in Patria* (ópera)
1641 – *Le Nozze d'Enea con Lavinia* (ópera)*
1641 – *La Vittoria d'Amore* (balletto)*
1643 – *L'Incoronazione di Poppea* (ópera)

Monteverdi não foi uma criança prodígio, embora suas *Sacrae Cantiunculae* (1582) tenham sido publicadas quando tinha apenas 15 anos. Sua obra é o resultado de um sólido processo de aprendizado técnico que o leva, do domínio das formas existentes em seu tempo, a um uso dessas mesmas formas com uma individualidade sem paralelo na primeira metade do século XVII. No final da década de 1590, mudou-se de Cremona para Mântua, um dos mais ativos centros musicais italianos na virada do século XVI para o XVII. Ali, integrou-se como violinista ao grupo de músicos do duque Vincenzo Gonzaga. Começou logo a publicar madrigais, influenciado pelo flamengo Giaches de Wert, mestre de capela ducal. Não demorou para que, tendo sido notada a sua eclética habilidade, fosse convidado a participar da equipe que organizava os entretenimentos da corte. Para a intensidade com que se envolveu, desde cedo, nos trabalhos de composição, contribuiu a proteção que o duque Vincenzo Gonzaga assegurava a seus músicos.

Efeito surpreendente da genialidade: ao fazer sua primeira experiência no campo da ópera, Monteverdi não só é um dramaturgo pronto como já está em condições de superar as limitações de uma forma tosca, que dava seus primeiros passos, conferindo-lhe imenso grau de maturidade. E isso após ter observado alguns poucos exemplos de teatro musical. Quando *Il Pastor Fido*, de Guarini, foi apre-

sentado em Mântua, no fim de 1598, ele era um dos músicos que a executaram. O duque levou-o em suas viagens à Hungria, a Flandres e, principalmente, a Florença, na época do casamento de Maria de' Medici, ocasião em que pôde assistir à *Euridice* de Peri. Nela inspirou-se o libreto de sua primeira ópera, escrita depois que foi nomeado chefe das atividades musicais na corte ducal.

Alessandro Striggio, o autor da *Favola d'Orfeo*, era funcionário de alto escalão da corte mantuana (em 1628 chegou a Grande Chanceler), filho do Striggio a que já nos referimos em capítulos anteriores, autor por exemplo dos seis interlúdios que acompanhavam a *Cofanaria* de Francesco Ambra. Igualmente nascido em Mântua, Striggio pai, famoso intérprete de alaúde e *lira da gamba*, era um competente compositor de madrigais, além de poeta. Alessandrino estava com 16 anos quando tocou *sopranino di viola* (um antepassado do violino) nos intermédios da *Pellegrina* – quem o conta, em uma de suas cartas, é Cristofano Malvezzi, um dos compositores envolvidos no projeto. Pai e filho participavam portanto ativamente da vida teatral e são uma das ligações entre a corte de Mântua e a tradição florentina.

Comparável ao de Rinuccini em termos de imaginação poética e artesanato verbal, o libreto de Striggio é superior do ponto de vista dramático. Além disso, tendo estudado os dois modelos de texto que tinha à sua disposição, o poeta soube oferecer a Monteverdi um número mais sistemático de estruturas adequadas para serem musicadas. De um lado, há passagens em *versi sciolti* (versos brancos) ou de rima dissimétrica, que convidam ao recitativo, pois possuem o movimento mais urgente e imprevisível da fala. Do outro, momentos de metrificação e esquema de rimas regulares que se prestam à ária de caráter sereno e meditativo. Como Rinuccini, Striggio publicou um final trágico fiel ao de Poliziano; mas previu, para a encenação, o *lieto fine* esperado pela platéia.

Francesco Rasi, que tinha cantado na *Euridice*, interpretou o papel título da *Favola d'Orfeo*, estreada num espetáculo privado, na Accademia degli Invaghiti, provavelmente em 18 de fevereiro de 1607. Houve uma rea-

Frontispício da *Favola d'Orfeo*, a primeira ópera de Monteverdi, com libreto de Alessandro Striggio.

Sala do palácio de Mântua onde provavelmente foi estreado o *Orfeo*, de Monteverdi.

presentação no palácio ducal, uma semana mais tarde, no dia 24; mas a programada terceira récita parece não ter sido realizada. A ópera foi apresentada em Cremona, no mês de agosto, e é provável que tenham ocorrido montagens posteriores em Turim, Florença e Milão.

A Fábula de Orfeu só voltou a ser ouvida em 1904, em Paris, em versão de concerto, numa edição preparada por Vincent d'Indy; foi essa a partitura utilizada pelo Théâtre Réjane quando a ópera foi encenada em 1911. Nesse meio tempo, ela tinha sido cantada em Milão (1909) e Bruxelas (1910), numa adaptação de Giacomo Orefice, também utilizada pelo Metropolitan de Nova York no concerto de 1912. Antes dos modernos estudos de restauração feitos por Raymond Leppard, Roger Norrington, Nikolaus Harnoncourt e John Eliot Gardiner, tinham sido marcantes as edições preparadas por Carl Orff (1925), Gian Francesco Malipiero (1929), Ottorino Respighi (1936) e Bruno Maderna (1967), com instrumental musicológico mais atualizado do que o de D'Indy e dos demais estudiosos do início do século.

Contrariando o hábito da época de deixar aos músicos a tarefa de improvisar a fanfarra com que se iniciava o intermédio, Monteverdi escreve cuidadosamente a radiosa *Toccata* – o primeiro grande exemplo de abertura de ópera, escrita em dó maior, mas que o uso das surdinas nos trompetes faz soar um tom abaixo, em ré maior. Ele próprio sabia que a música era de efeito tão seguro que voltou a utilizá-la como o prelúdio das *Vésperas de 1610*.

No Prólogo, a Música fala de seu poder, que "pode consolar os espíritos aflitos e inflamar as mentes mais gélidas ora com a mais nobre ira, ora com o amor". Suas cinco estrofes, sobre a mesma linha de baixo contínuo, são separadas por um ritornelo que será repetido no fim do ato II (quando Orfeu sabe que Eurídice morreu) e no fim do ato IV (quando ele volta a perdê-la). O efeito – no qual já existe uma genial intuição da técnica do tema recorrente – é o de relacionar a melodia desse ritornelo com o poder da Música: é ela quem sempre salva Orfeu nos momentos mais desesperados de sua vida. É a criação artística, em última análise, que o homem tem como forma suprema de dar sentido à sua vida.

Após a brilhante cena inicial do casamento de Orfeu e Eurídice, acompanhada pelos cantos e danças das ninfas e pastores, as reflexões do poeta cheio de felicidade são interrompidas por Sylvia, a Mensageira:

> *Ahi, caso acerbo! Ahi fato empio e crudele!*
> *Ahi stelle ingiuriose, ahi cielo avaro!*

Ela vem lhe contar, no monólogo "In un fiorito prato", o ocorrido a sua mulher: Eurídice foi picada por uma serpente e morreu. Desesperado, Orfeu decide ir buscá-la no Hades. Levado pela Esperança até o rio Estige, o poeta defronta-se com o barqueiro Caronte, que se recusa a deixá-lo passar. Na ária "Possente spirto", tenta convencê-lo a ceder-lhe lugar na barca do Inferno. Caronte finalmente adormece, e Orfeu, tomando os remos, vai para o outro lado.

Comovido pela intercessão de Proserpina, Plutão concorda em devolver Eurídice a Orfeu, desde que este não olhe para ela durante a viagem de retorno. "Qual onor di te sia degno" canta Orfeu em louvor de sua lira, ao sair do mundo subterrâneo. Mas, de repente, não tem certeza se Eurídice o está acompanhando. Olha para trás e a vê desaparecer diante de seus olhos. Ao som do coro que comenta o paradoxo de um homem que consegue dominar o Inferno mas não as suas próprias emoções, volta sozinho à terra e decide renunciar ao amor das mulheres. Subitamente, o céu se abre, e Apolo, o pai de Orfeu, aparece em sua carruagem. Consola o filho e, num dueto, "Saliam cantando al ciel", os dois sobem aos céus, onde Orfeu há de se reunir a Eurídice nas estrelas. A ópera termina com uma alegre dança moresca.

As imagens de Striggio estão impregnadas de neoplatonismo. O dia claro, regido por Apolo, deus do sol, representa a razão e a consciência. A escuridão da noite e o tenebroso mundo subterrâneo simbolizam a desrazão, a inconsciência. Entre uma e outra, a arte funciona como intermediária e salvadora. O poema, naturalmente, deve muito ao de Rinuccini mas, ao contrário das primeiras óperas florentinas, *Orfeo* tem uma estrutura clara e simétrica em cinco atos. Prólogo (I) e Epílogo (V) enquadram uma narrativa ternária (II–IV) que se arma obedecendo a uma regra de equilíbrio e alternância regular entre solos e corais, intervenções instrumentais e danças. Além disso, o texto de Striggio é dramaticamente mais conciso, sem ceder à tentação, comum em Rinuccini, de estender-se nos monólogos apenas pelo prazer de desfrutar da beleza dos versos.

A estrutura geral é a da *favola pastorale*, à qual foi aplicada a técnica florentina da declamação monódica. Mas, na verdade, a primeira ópera de Monteverdi é uma grande síntese de todos os recursos disponíveis no teatro musical da época:

- do *intermédio*, ela herda o tema mitológico, as figuras alegóricas, os efeitos cênicos espetaculares e a riqueza da escrita instrumental: tem uma brilhante tocata de abertura, cinco "sinfonias" que funcionam como interlúdios, diversos ritornelos; e seu efetivo orquestral é gigantesco para os padrões da época: 38 instrumentos, quatorze de cordas, onze de sopro e treze para o baixo contínuo, incluindo *organi di legno* e regal (Donald Jay Grout oferece, em seu livro, o quadro comparativo da orquestra do *Orfeo*, do *Ballet Comique de la Reine* e de intermédios do fim do século XVI, mostrando como é mais encorpada a escrita de Monteverdi);
- da *tragédia clássica*, ela mantém a divisão em cinco atos, o uso da figura da Mensageira e do coro que comenta a ação;
- da *ópera de estilo florentino*, usa a monódia, mas de forma livre, combinando-a com técnicas de ornamentação muito sofisticadas, e intercalando a declamação solista com coros em estilo madrigalesco, de polifonia complexa.

Mas ao mesmo tempo que sintetiza procedimentos vindos do Renascimento, *Orfeo* aponta também para o futuro, ao dar às suas árias e duetos uma textura que antecipa o Barroco. É notável a precisão com que Monteverdi indica suas intenções referentes à instrumentação e à ornamentação, anotando detalhes que antes eram deixados ao gosto do intérprete. O melhor exemplo disso é a ária "Possente spirto", que está no centro da ópera e marca o momento climático da vitória da música de Orfeu sobre o outro mundo. Suas seis estrofes são variações sobre uma mesma linha de baixo contínuo. Para cada uma delas,

é indicado um acompanhamento instrumental diferente – dois violinos, dois cornetos, harpa dupla – e são escritos, numa pauta suplementar, ornamentos diferentes, a partir dos quais o cantor pode improvisar. Além de romper com a secura da declamação florentina, esse recitativo ornamentado com instrumentos concertantes obbligato abre caminho para a grande ária florida do Barroco Tardio.

Mas a ornamentação, em Monteverdi, nunca é apenas exibicionismo virtuosístico. Em "Possente spirto", por exemplo, o grau crescente de elaboração das *fioriture* corresponde ao esforço cada vez maior que Orfeu faz para encantar Caronte com a sua música. Além disso, o artificialismo das figuras musicais contribui para sugerir o caráter sobrenatural da cena. "Possente spirto" mostra um gosto pela variação no colorido instrumental que não existia nos predecessores de Monteverdi. Ele é também um mestre do contraste: um dos melhores exemplos dessa arte está na sequência do ato II que se abre com o alegre dueto dos pastores, "In questo prato adorno", prossegue com o meditativo solo estrófico de Orfeo, "Vi ricorda, o boschi ombrosi", e termina com a lancinante narrativa da Mensageira, "A te vengo, Orfeo". Extroversão, reflexão, consternação: há aqui, em poucas páginas, uma gama de sentimentos muito mais aprofundada do que em toda a *Euridice* de Peri. Escreve Tim Carter no *Viking Opera Guide*:

> La Favola d'Orfeo contém uma mistura intrigante de elementos novos e velhos. Em vez de simplesmente rejeitar as técnicas consideradas obsoletas, em nome de uma busca iconoclasta da inovação, Monteverdi reinterpreta o velho à luz do novo (e vice-versa) para produzir uma síntese poderosa de inegável força dramática.

Na verdade, o traço mais notável dessa ópera de estreante é o seu senso de forma, a estrutura musical logicamente articulada e planificada, não só na simetria das partes, na alternância dos trechos cantados ou tocados, mas também dentro de cada parte, rigorosamente construída para obter efeitos determinados. Em Peri e Caccini, os monólogos são rapsódicos e praticamente informes. Em Monteverdi, eles se organizam em unidades musicais em que a liberdade de improvisação do declamador é equilibrada pelo rigor da construção.

Comentando a tensão dramática e a riqueza da invenção melódica em *Orfeo*, a vitalidade do ritmo, a vitalidade das modulações e das justaposições de acordes que nos pegam de surpresa, John Donington conclui:

> A todo momento, nosso coração se aperta com a força e a beleza de alguma progressão memorável ou com o torneado de uma melodia, pois reconhecemos que elas são exatamente o que as palavras e o drama exigem.

São as seguintes as gravações existentes do *Orfeo* (quando seguido de *, o intérprete do papel título é um tenor; se não, o papel é cantado por um barítono):

EMI/Angel, 1939 – Enrico de Franceschi/ Ferruccio Calusio.

Discophiles Français, 1950 – Max Meili*/ Helmut Koch.

Archiv, 1955 – Helmut Krebs*/ August Wenzinger.

Erato, 1968 – Eric Tappy*/ Michel Corboz.

Teldec, 1968 – Lájos Kozma*/ Nikolaus Harnoncourt.

Archiv, 1973 – Nigel Rogers*/ Jürgen Jürgens.

Teldec, 1980 – Philippe Huttenlocher/ Harnoncourt.

Jubilate, 1980 – Joachim Seipp/ Siegfried Heinrich.

EMI/Angel, 1983 – N. Rogers*/ Charles Medlam.

Erato, 1985 – Gino Quilico/ Corboz.

Archiv, 1985 – Anthony Rolfe Johnson/ John Eliot Gardiner.

Lyrichord, 1987 – Jeffrey Thomas/ Gwendolyn Toth.

L'Oiseau-Lyre, 1991 – John Mark Ainsley/ Philip Pickett.

Harmonia Mundi, 1995 – Laurence Dale/ René Jacobs.

K617, 1996 – Victor Torres/ Gabriel Garrido.

Naxos, 1996 – Sergio Carmignani/ Sergio Vartolo.

Harnoncourt-I com a Capella Antiqua de Munique e o Concentus Musicus; e Charles Medlam com o London Baroque Choir e The London Cornett & Sackbutt Ensemble são, certamente, as melhores opções. Nas gravações Calusio, Harnoncourt-II, S. Heinrich, Corboz-II e Garrido, o papel título é interpretado por barítono; nas demais versões, por tenor. Harnoncourt-II é a trilha sonora de uma belíssima montagem de Jean Pierre Ponnelle na Ópera de Zurique, que existe também em *videolaser*. Vartolo inclui em seu álbum a cena 2 do ato V, "Evohé, padre Lieo Bassareo", em que Orfeu é despedaçado pelas bacantes. Mas como não existe música para ela, a faz ser declamada com acompanhamento de percussões.

Os casamentos aristocráticos foram o pretexto para a criação de algumas das mais importantes páginas dos primórdios da ópera. Foi este o caso também da segunda peça de Monteverdi, acolhida com grande entusiasmo em 28 de maio de 1608, durante a celebração das bodas de Francesco, o filho mais velho do duque Vincenzo Gonzaga, com Margherita da Savóia. *L'Arianna* tinha libreto de Ottavio Rinuccini. Quase toda a partitura se perdeu. Dela sobrou apenas a página central – o lamento da personagem ao ser abandonada por Teseu na ilha de Naxos – uma das mais belas composições vocais de Monteverdi. No *Compendio delle Sontuose Feste di Mantova* (1608), Federico Follino conta: "O Lamento de Ariadne foi cantado com sentimento tão dilacerante que toda a platéia sentiu-se profundamente tocada. Nenhuma senhora presente conseguiu manter os olhos secos".

Essa informação é confirmada por Marco da Gagliano que, no Prefácio à sua *Dafne*, diz: "Monteverdi renovou a excelência da música antiga e levou todo o teatro às lágrimas".

L'Arianna devia ser uma ópera de proporções orquestrais semelhantes à do *Orfeo*, pois foi representada num enorme teatro de madeira que acabara de ser construído do lado de fora dos muros de Mântua, e cujas dimensões não se prestavam a espetáculos de câmara. Foi acompanhada pela comédia *L'Idropica*, de Guarini, com elaborados intermédios escritos por Chiabrera e musicados por Salomone Rossi, Monteverdi, seu irmão Giulio Cesare, e um certo Gastoldi, músico na corte de Mântua. O célebre *Lamento* é um exemplo tão soberbo do recitativo de *stile espressivo* que tudo nos faz crer que a ópera toda era de qualidade superior – o que só torna mais lamentável a sua desaparição.

O *ORFEO* DE MONTEVERDI

O *Lamento* é Monteverdi da melhor safra. Para sugerir o sofrimento da personagem, ele lança mão de intervalos bruscos, dissonâncias fortes entre a voz e os instrumentos e uma repetição de palavras que não é arbitrária, mas serve para mostrar como a personagem está desnorteada. E o mais importante é que, transcendendo o nível da emoção puramente individual, o compositor faz uma evocação arquetípica e universal do sofrimento humano que transformou essa página num grande modelo para o futuro. Nós a possuímos em três versões: a original, com um coro de pescadores comentando cada uma das estrofes; adaptado num madrigal a cinco vozes, incluído no Livro VI, de 1614; e para voz solista, numa partitura publicada em 1623. Essa diversidade de arranjos é o resultado da popularidade que a ária alcançou. Em 1650, quase quarenta anos depois de sua estréia, o musicólogo Severo Bonini escreveu: "Não há um só teatro na Itália que, possuindo um cravo ou uma teorba, não nos faça ouvir esse famoso *Lamento*".

Donington reproduz, em seu livro, a detalhada descrição que Follino fez da ópera perdida. Essa análise, juntando-se à do *Lamento* e à do contemporâneo *Ballo delle Ingrate*, mostra que Monteverdi estava conseguindo se libertar da estrutura dos intermédios inseridos na estrutura narrativa – técnica ainda perceptível no *Orfeo* – preocupando-se agora com uma estrutura narrativa contínua.

Pouco depois de *L'Arianna*, a corte de Mântua assistiu, em 4 de junho de 1608, a um *ballo in genere rappresentativo* com libreto de Ottavio Rinuccini. *Il Ballo delle Ingrate* é o resultado direto da visita que o poeta fizera entre 1600-1604 a Paris, a convite de Maria de' Medici – de quem, segundo as más línguas, tinha sido amante. Entusiasmado com o *ballet de cour* francês, Rinuccini não perdeu tempo em introduzi-lo na Itália. Assistimos assim a um curioso mecanismo de retorno da influência, já que o balé narrativo francês partiu, na origem, do exemplo italiano do *balletto* (ver o volume *A Ópera na França*).

O texto de Rinuccini é uma espécie de divertida moralidade às avessas. Vênus e Cupido visitam Plutão no Hades e o convencem a devolver à terra as "ingratas" – as mulheres que foram condenadas por terem desprezado o amor. Recriminadas pelas nobres senhoras de Mântua por não terem escolhido o caminho mais gratificante da entrega ao desejo, elas se arrependem amargamente, mas um pouco tarde. Conservando toda a elegância de seus libretos anteriores, o poema endereça a Francesco e Margherita, cujas bodas ainda se comemoravam, um amável convite ao amor, num tom que demonstra já estar ficando superada a moda da austeridade neoplatônica. A partitura de Monteverdi combina a graça melódica dos balés franceses com as características mais avançadas de seu recitativo. Nesta obra – que sobrevive sob a forma revista para a apresentação na corte de Viena (1636) –, Plutão surge como o primeiro grande papel monteverdiano para o registro de baixo, prenunciando o Netuno do *Ritorno d'Ulisse* e principalmente o Sêneca da *Incoronazione*.

A criação dessas duas obras, porém, foi cercada por circunstâncias adversas, que o faziam desejar sair de Mântua. Havia tempos o tratamento mesquinho que lhe era dispensado pela corte lhe desagradava, o clima da cidade lhe parecia insalubre, e dois trágicos acontecimentos pessoais aumentavam sua pressa em ir embora. Em 10 de setembro de 1607, tinha morrido Claudia, a sua mulher, filha do violinista Giacomo Cattaneo. Pouco depois foi a vez de Caterina Martinelli, sua aluna predileta, para quem ele escrevera o papel de Ariadne. Monteverdi começou a procurar trabalho em outro lugar. Nesse meio tempo, em 18 de fevereiro de 1612, Vincenzo I morreu, e seu sucessor, Francesco II, o demitiu. De Cremona, para onde voltou, o compositor mandou então a Veneza – onde acabara de morrer Cesare Martinengo, mestre de capela da catedral de São Marcos – a partitura de seu *Vespro della Beata Vergine*, imensa súmula de seu saber como autor de música sacra, publicada em 1610. E foi bem-sucedido: em 19 de agosto de 1613 foi nomeado para o cargo que exerceria até o fim da vida.

Começa aqui uma fase nova na vida e na carreira de Claudio Monteverdi. Infelizmente mal dispomos de elementos para compreender o enorme salto qualitativo que há entre as suas obras cênicas de 1607-1608, que aqui deixamos, e as de 1641-1642, que iremos reencontrar mais adiante.

A Ópera na Corte

Em sua *Short History of Opera*, Donald Jay Grout cita a frase de Marco da Gagliano que definia o novo gênero dramático como "la delizia dei principi". E o *dramma per musica* foi realmente isso, em seus primeiros anos, antes da guinada que o haveria de transformar, durante quase dois séculos e meio, no mais popular dos espetáculos públicos. Nascido em Florença e adotado por outros centros como Mântua, não demorou a chegar a Roma, onde as famílias dos príncipes da igreja – aqueles fechados grupos aristocráticos de onde em geral vinham os cardeais e os papas – exerciam o mesmo papel de mecenas e aglutinadores da vida cultural dos Medici ou dos Gonzagas.

Destinadas em geral às festividades solenes, as óperas cortesãs romanas produzidas entre 1610-1650 eram encenadas sem que se poupassem recursos, com efeitos cênicos elaborados, amplo uso de coro e dançarinos, efetivos orquestrais encorpados. Autores como Alessandro Ademollo ou Hugo Goldschmidt fizeram o cuidadoso levantamento do repertório apresentado principalmente nas casas romanas – e existe vasta documentação para isso, pois querendo deixar marcada a celebração em sua casa de um evento prestigioso os nobres mandavam editar a maioria das obras que tinham encomendado.

Landi

O estilo monódico tinha chegado a Roma em 1600, com a *Rappresentazione d'Anima e di Corpo*, de Cavalieri, encontrando logo seguidores, como o Agazzari, de *Eumelio*, que já citamos, ou Marco Marazzoli, que, em 1657, fez representar *La Vita Humana ovvero Il Trionfo della Pietà*. Mas a primeira ópera de tema profano da Escola Romana deve-se a Stefano Landi (1587-1639), cujo verdadeiro sobrenome era Mattei. Organista e cantor formado em Roma, onde nasceu, Landi estava trabalhando em Pádua em 1618, para o bispo Mauro Cornaro, quando escreveu *La Morte d'Orfeo*, que dedicou a seu patrão. Mas no ano seguinte já tinha voltado à sua cidade natal, onde a estreou.

Embora retome o tema mitológico costumeiro, o libreto de Francesco Pona dá tratamento de desusada misoginia à *Morte de Orfeu*, pois Eurídice já foi vítima da picada da serpente quando a ópera começa. Ao banquete que oferece aos deuses, no dia de seu aniversário, Orfeu deixa deliberadamente de convidar Baco porque, depois da morte de sua esposa, decidiu renunciar às mulheres e aos prazeres mundanos. Ofendido, Baco ordena às bacantes que o dilacerem. Ao chegar ao Hades, Orfeu constata, cheio de dor, que Eurídice não o reconhece mais. Consolado por Mercúrio, bebe a água do Estige, que traz o esquecimento, recobra a serenidade e é levado em triunfo para o Olimpo, onde viverá como um semideus.

Incomum no tratamento da história, que é de um neoplatonismo ainda mais estóico e ascético do que de hábito, *A Morte de Orfeu* o é também por afastar-se da tradição monódica florentina, dando muita importância ao coro e às cenas de conjunto com os solistas – a que encerra o ato V é particularmente bem estruturada. Já havia cenas de conjunto dessa natureza nas óperas florentinas e no *Orfeu* de Monteverdi, mas inseridas no desenvolvimento da trama. Aqui e nas óperas mais tardias da Escola Romana, esses grandes finais, nem sempre organicamente inseridos no tecido da intriga, são um resquício do intermédio. Mas ao mesmo tempo que lembram as espetaculares exibições vocais desse antigo gênero, já acenam para a tendência que terá a ópera barroca a incluir passagens virtuosísticas abstraídas do contexto dramático.

Vitali

O exemplo de Landi foi imediatamente imitado pelo padre Filippo Vitali (1590-1653), que trabalhava com o coro da Capela Papal e seria regente do coro da Igreja de S. Lorenzo, em Florença, entre 1642-1648. *L'Aretusa* tem libreto do nobre Ottaviano Corsini, em casa de quem foi encenada em 8 de fevereiro de 1620. O Prefácio nos informa que a peça foi escrita e ensaiada em apenas 44 dias e admite a influência de Peri e Caccini. Aliás, foi Pompeo, o filho de Caccini, quem desenhou os cenários para o espetáculo. A ninfa do título, perseguida pelo caçador Alfeo, pede proteção a Diana, que a transforma na fonte da ilha de Ortígia, que tem o seu nome. Recitativos extensos, alguns duetos, coros encerrando cada ato, situações que permitem a inserção de *ballos* – em suma, a conscienciosa aplicação de uma fórmula, e nada mais. Na época em que foi criada, *Aretusa* já soava envelhecida, em comparação com outras peças contemporâneas a ela.

De Vitali, sabemos ainda que compôs os intermédios para a comédia *La Finta Mora*, de Jacopo Cicognini, encenada pelos Accademici Incostanti florentinos em 6 de fevereiro de 1623; e uma serenata que os Accademici Rugginosi cantaram em 20 de agosto de 1628. A seu respeito diz Tim Carter, autor de *Music in Late Renaissance and Early Baroque*:

> Suas obras sugerem que o estilo florentino, àquela altura, já estava precisando de uma urgente injeção de idéias novas.

Mazzocchi

Filosófica e musicalmente mais conseqüente do que a *Aretusa* de Vitali é *La Catena d'Adone*, de Domenico Mazzocchi (1592-1665), que estava a serviço do cardeal Ippolito Aldobrandini. Foi o irmão de seu empregador, Giovanni Giorgio, quem lhe encomendou em 1626 essa *favola boschereccia* (fábula rústica), cujo libreto foi extraído por Ottavio Tronsarelli do *Adone*, de Giovanni Battista Marino, publicado três anos antes, marco da tendência barroca a que se deu o nome de Marinismo. Apesar dos bons conselhos de Arsete, a Razão, a feiticeira Falsirena cede às tentações de Idonia, a Concupiscência, e assume a aparência de Vênus para seduzir Adônis. A própria deusa intervém e defronta-se com Falsirena – o que deixa Cupido muito desconcertado, pois, em determinado momento, ele se vê diante de duas mães idênticas –; mas Adônis é libertado das cadeias do feitiço e retorna para sua verdadeira amante. Em seu *Argomento*, Tronsarelli explica:

> Adônis que, ao se afastar de Vênus, passa por muitos dissabores, é o Homem que, longe de Deus, comete muitos erros. Da mesma forma que voltar para Vênus liberta Adônis dos sofrimentos, retornar à ajuda eficaz de Deus faz a Alma livrar-se dos prejuízos mundanos e participar dos mais celestiais prazeres.

Apesar da imagística neoplatônica de praxe, estamos cada vez mais longe do modelo florentino e de sua austeridade estatuária. As personagens mitológicas comportam-se como figuras de farsa, o componente barroco do texto faz com que seja acentuada a mistura de gêneros e, com as reflexões sérias convivem os truques mágicos e um gosto especial pelo travestimento que cria cenas de grande ambigüidade sexual. Datam da *Cadeia de Adônis* os primeiros exemplos de papéis travestidos (o que em inglês chama-se de *trouser-roles*): o uso de vozes femininas para representar papéis de adolescentes que, no futuro, serão uma bem assentada tradição operística, do Cherubino das *Bodas de Fígaro*, de Mozart, ao Octavian do *Cavaleiro da Rosa*, de Richard Strauss.

Há contínuas mudanças de cena, aparições divinas, cenas de efeito que apontam para o estilo de teatro que, em breve, se fará na Escola Veneziana, com personagens numerosas e até mesmo episódios que chegam a ser incongruentes. É tênue a fronteira entre a ópera e o balé dramatizado, o que também faz de *La Catena* uma precursora da *opera-ballo*. Esta obra de Mazzocchi tem igualmente importância musical inegável pelo número incomum de cenas de conjunto – quatro duetos e dez trios – que oferece. Nela, já se sente esboçar-se uma diferença embrionária entre o recitativo monódico e as melodias com perfil mais definido – estas últimas, pela primeira vez na história do gênero, são designadas com o nome de "ária". Algumas dessas árias mal se distinguem dentro do fluxo do recitativo; outras, porém, têm estrutura precisa. É o caso de "Rida l'auretta amante", de Falsirena, no fim do ato I: este é um dos primeiros exemplos de coloratura para exprimir a alegria da personagem.

Il Sant'Alessio

Quanto a Landi, depois de apresentar *La Morte d'Orfeo*, ele voltou aos encargos eclesiásticos até conhecer os Barberini e tornar-se um de seus protegidos. Essa era uma das mais influentes e prósperas famílias romanas de príncipes da igreja: em 1623, dela saiu o papa Urbano VIII, o cardeal Maffeo Barberini. Em seu palácio, perto das Quattro Fontane, os Barberini tinham mandado instalar no hall de entrada – um imenso espaço que podia acomodar três mil pessoas –, um palco dotado de maquinaria e dos mais modernos recursos para a montagem de cenários. Para a inauguração dessa sala, encomendaram a Landi *Il Sant'*

Alessio, cujo libreto tem a distinção de ser da autoria de Giulio Rospigliosi, homem de refinada cultura, amigo dos Barberini, secretário da cúria depois nomeado cardeal e, em 1677, eleito papa com o nome de Clemente IX. Primeira ópera de assunto histórico, contando a vida de Santo Aleixo, que viveu no século V, esta é uma criação típica do início do Barroco, pois mistura a solenidade das cenas que evocam as experiências interiores de um místico, que viveu no passado, com cenas cômicas que se passam visivelmente na Roma contemporânea.

Aleixo, filho de próspera família romana, renuncia à riqueza de sua família e peregrina pelo mundo como um mendigo. Ao voltar a Roma, passa a depender da caridade da casa de seu pai e é forçado a tolerar a zombaria dos empregados e o desprezo de sua mulher. Fica muito tentado a se identificar, mas a sua força interior o faz resistir e continua a viver humildemente. Só depois de sua morte os parentes descobrem quem ele era. A ópera termina com uma cena apoteótica em que o Demônio é engolido pelas chamas e a Religião desce dos céus em triunfo. A lição de simplicidade e purificação por meio da pobreza ensinada por Aleixo parece não ter sido levada em conta pelos Barberini, que encenaram a ópera com grande luxo, convidando ninguém menos do que o arquiteto e escultor Bernini para desenhar os cenários. A estréia foi em 21 (ou 23) de fevereiro de 1632, no Palazzo Barberini.

Embora a maior parte da obra seja em *stile recitativo* solene e oratorial, cada um dos três atos se encerra com um balé. As árias são poucas; em compensação, há freqüentes coros de escravos e servos, de anjos e demônios, em especial no fim do último ato. O papel do protagonista, muito agudo – e portanto hoje confiado a uma voz feminina – indica que, apesar das tentativas feitas para eliminá-la, estava se tornando cada vez mais difundida a prática de usar no teatro as vozes de *castrato*, antes reservadas apenas ao canto eclesiástico. Na orquestra, as violas já estão sendo substituídas pelos violinos (divididos em três) e violoncelos. Harpas, alaúdes e teorbas tocam junto com as cordas, enquanto ao cravo já se reserva papel separado. Estamos a caminho de ver definir-se a fisionomia da orquestra moderna.

Cada um dos três atos é precedido por sinfonias, bastante extensas e que não são meramente decorativas. Ouçamos Grout descrevendo a do ato I:

> Esse Prelúdio é constituído de uma sólida introdução harmônica, em andamento lento. Segue-se uma *canzona* que continua durante sessenta compassos em estilo contrapontístico até o fim, à exceção de uma seção mais homofônica, que consiste numa série de frases *forte/piano* que se alternam, num interlúdio em ritmo de sarabanda. O trecho se encerra com uma espécie de *stretta* de oito notas e uma ampla cadência em sol maior.

É evidente a semelhança formal entre essa introdução e a *sonata da chiesa*, que surgiu na mesma época – sem falar nos importantes desenvolvimentos históricos que esse modelo terá com a "abertura francesa", aperfeiçoada por Lully trinta anos depois. Antes do *Santo Alessio*, a sinfonia mais próxima desse formato tinha sido a da *Liberazione di Ruggiero* (1624), de Francesca Caccini; mas ela não tinha seção fugada. Por isso, a peça de Landi tem sido considerada um dos primeiros exemplos formais de abertura.

Landi e Rospigliosi usam com muita habilidade a licenciosidade de comportamento das personagens cômicas para ressaltar o rigor moral das personagens sérias. O Prólogo – que aparece na versão revista, publicada por Masotti em 1634 – elogia o príncipe Alexandre Carlos, da Polônia, para quem a ópera foi revivida naquele ano. Landi não escreverá mais óperas: há de dedicar-se, no fim da vida, a missas de *prima prattica* (no estilo de Palestrina) e à composição de árias seculares para solistas. Mazzocchi, sim, ainda produzirá, na década de 1640, a ópera sacra *Il Martirio de Sant'Abundio Prete, Abundatio Diacono, Marciano e Giovanni suo Figliuolo, Cavalieri Romani*.

M. Rossi, Vittori

Mas a influência da Igreja fez com que os temas litúrgicos, que poderiam ser tratados de forma leviana, se ausentassem do palco, refugiando-se nos limites menos perigosos do oratório não encenado. A ópera profana da Escola Romana continuou a ser representada por inócuas peças de estilo pastoral, como a

Erminia sul Giordano (1633) de Michelangelo Rossi – músico de quem se sabe apenas que esteve em atividade entre 1620-1660 –, que Rospigliosi extraiu dos cantos VI e VII da *Gerusalemme Liberata* de Tasso. As cenas são bastante desconexas, mas abrem espaço para ricos efeitos cênicos, coros de caçadores e de soldados. A música não mostra nenhum progresso estilístico considerável.

Em *L'Opéra au XVIIe Siècle en Italie*, Romain Rolland considerou *La Galatea* (1639) "o mais belo drama musical da primeira metade do Seicento". Último exemplo de *favola pastorale*, essa obra do *castrato* Loreto Vittori (1604-1670) já apresenta árias com um claro sistema de relações tonais e recitativos com dissonâncias expressivas que estão se tornando muito diferentes das passagens cantabile, apontando para a dicotomia recitativo seco/trecho cantado, que virá no futuro. Além de árias bem escritas, como a famosa "Piangete erbette e fiori", do ato III, há cenas de conjunto de excelente construção.

L. Rossi

Luigi Rossi (1597-1653) é o último compositor importante de ópera séria, nesta fase da Escola Romana. Nascido em Torremaggiore, formou-se na corte napolitana, onde aprendeu órgão, alaúde, canto e composição. Mudou-se para Roma em 1621, para trabalhar como músico da família Borghese e, em 1633, foi nomeado organista titular da Igreja de S. Luigi dei Francesi, onde ficou até o fim da vida. Em 1635, passou algum tempo em Florença, a convite de Ferdinando II, e lá pôde observar as montagens de ópera no estilo já tradicional. Em 1641, trocou a casa dos Borghese pela do cardeal Antonio Barberini, que lhe encomendou a sua primeira ópera. Ficou famosa a opulência com que, no ano seguinte, foi encenada *Il Palazzo Incantato ovvero La Guerriera Amante*, com texto de Rospigliosi. Os melhores cantores de Roma participaram – incluindo os líderes de naipe do celebrado coral do Vaticano – e as despesas com cenários e maquinaria foram fabulosas.

O libreto, misturando feitiço e tentativas de libertação de uma forma que prenuncia a "ópera de resgate" pré-romântica, não tem muita coesão dramática. Preocupa-se apenas, visivelmente, em criar os pretextos mais extravagantes para a encenação. A música, entretanto, tem inegáveis belezas e contribuiu para fazer de Rossi uma celebridade, cuja casa tornou-se um ponto de encontro para os músicos. Sua fama ultrapassou também as fronteiras da Itália. O cardeal Mazarino, primeiro-ministro francês, já tinha ficado muito bem impressionado com a descrição que um observador lhe fizera do *Palazzo Incantato* numa carta de 27 de fevereiro de 1642. Depois das mudanças políticas de 1644, em que a eleição do papa Inocêncio X forçou os Barberini a emigrar de Roma, Mazarino convidou Rossi a compor nova ópera para Paris.

Orfeo, com libreto de Francesco Buti, foi encenada no Palais Royal em 2 de março de 1647. Em *Le Premier Opéra Joué à Paris: "L'Orfeo" de Luigi Rossi*, Romain Rolland faz a pormenorizada descrição da montagem parisiense, demonstrando não ter sido poupado esforço algum para que ela fosse o mais suntuosa possível. A França estava começando a descobrir o novo gênero e encantava-se com os elaborados efeitos dos espetáculos de ópera italianos. Duzentos homens foram necessários para montar o cenário, e grande parte dos músicos tinha sido recrutada em Roma. Duas das apresentações foram feitas em honra a Catarina de Bragança, mulher de Carlos II da Inglaterra, na época exilada em Paris.

O libreto de Buti oferece uma pequena variante da história do poeta da Trácia. Nela, Eurídice é amada por Aristeo, filho de Baco, mas prefere casar-se com Orfeu. O preterido pede a Vênus que o vingue, e é esta quem faz Eurídice ser picada por uma serpente. É também a deusa do amor – e não Baco – quem, irritada por Orfeu ter renunciado às mulheres depois de perder Eurídice pela segunda vez, conclama as bacantes para destruí-lo. A poesia de Buti é de boa qualidade, e há um traço original no texto: o convite, no final, a que o público abandone o mundo maravilhoso da narrativa mitológica e retorne à realidade. Mas como peça de teatro, trata-se de uma miscelânea de seqüências sérias e cômicas, entremeadas de pretextos para bailados e cenas com efeitos de maquinaria, bem ao gosto do público parisiense.

Diante de libreto tão fragmentado, só restava a Rossi dar tratamento independente a cada uma das cenas, concentrando-se no tipo de oportunidade musical que elas lhe ofereciam. Com isso, o *Orfeo* – o primeiro caso de ópera em que o número de árias supera o do recitativo – tem uma escrita extremamente variada, com árias estróficas simples sobre um *ostinato* de baixo contínuo ou árias de estrutura binária ou ternária, com acompanhamento orquestral complexo, e cenas de conjunto de diversos tipos. Como o demonstra a gravação de William Christie, feita em 1991 para o selo Harmonia Mundi, Rossi tem seus melhores momentos nas passagens líricas ou elegíacas, de tom sensualmente refinado: "Mio ben", de Eurídice (ato II), com coloratura de fôlego amplo sustentada por uma figura descendente no baixo contínuo; ou o dolorido "Lasciate Averno" de Orfeu (ato III), recitativo monódico muito expressivo com ritornelo e variações cada vez que retorna a expressão "Uccidetemi ò pene" – uma página que desce diretamente do "Lamento" da *Arianna* de Monteverdi. Grout comenta:

> Apesar da beleza de seus detalhes, o *Orfeo* de Rossi não tem muita consistência dramática. Trata-se de uma sucessão de momentos cênicos e líricos em que a beleza da música e da cenografia consegue mascarar a ausência de qualquer objetivo dramático sério. Nesse sentido, esta ópera é o testemunho de quanto o gênero, em quarenta anos, tinha-se afastado dos ideais primitivos da Escola Florentina, tomando o caminho da exterioridade formal que lhe era indicado pela poesia barroca.

Embora tivesse escrito apenas duas óperas – além de alguns oratórios e cerca de trezentas cantatas de vários estilos – Luigi Rossi ocupa lugar significativo na história do gênero por marcar o fim de uma fase, a da ópera cortesã da Escola Romana; e pela influência que exerceu sobre Lully, o criador da ópera de estilo francês.

A Comédia Cortesã

Ausentes dos intermédios e das primeiras óperas, as cenas cômicas só apareciam nos madrigais dramáticos de Vecchi ou Banchieri, refletindo as representações populares da

Commedia dell'arte, com suas personagens e situações estereotipadas. O gosto do Barroco pelos contrastes é o responsável pela inserção de episódios bufos em determinados momentos da ação séria, visando a interromper a tensão e a preparar novo crescendo dramático. Momentos assim já ocorrem em Landi ou numa ópera do início da Escola Romana como *Diana Schernita* (1629), de Giacinto Cornacchioli.

Rospigliosi é o autor do texto da primeira comédia cortesã, *Chi Soffre Speri*, cuja trama repete os enredos romanescos básicos da *Commedia*: namorados que enfrentam a oposição dos pais, pretendentes grotescos que são ridicularizados com a ajuda de criados espertalhões. Musicada por Virgilio Mazzocchi (1597-1646), o irmão de Domenico, e Marco Marazzoli, o autor da *Vita Humana*, ela foi encenada no Palazzo Barberini em 1637. É importante por exibir um tipo de recitativo muito distante da monódia florentina, a caminho do que em breve será chamado de recitativo seco (com acompanhamento apenas do cravo). É um discurso semimusical, muito ágil, de extensão melódica reduzida, com acentos marcados, pontuação irregular como a da fala, e muitas notas repetitivas sustentadas por um número pequeno de acordes. Perfeitamente adaptado à natureza da língua italiana e muito adequado para exprimir o realismo dos diálogos cômicos, esse tipo de recitativo haveria de se impor estendendo-se inclusive às peças de tema sério.

Musicalmente, *Chi Sofre Speri* não oferece aspectos que a façam destacar-se. Mais bem escrita é *Dal Male il Bene*, que Marazzoli compôs a quatro mãos com Antonio Maria Abbatini (1597-1680). Rospigliosi a escreveu em 1653, após a fase em que foi legado papal em Madri. Ali assistiu a várias peças de Calderón de la Barca e lhe agradou, especialmente, *La Dama Duende*, de 1629. Não só as melodias de *Do Mal ao Bem* são de grande vivacidade, mas há também cenas de conjunto freqüentes, como o terceto do ato I ou o sexteto final. Nela aparece também a figura de Tabacco, o criado embrulhão, de traços muito realistas, que ajuda dois casaizinhos de namorados a se unir. Ele é o ancestral do Leporello de *Don Giovanni* e de tantos outros criados das óperas dos séculos XVII-XVIII. Sua ária "In che dà il cercar con tanto affano" do ato I, tem um desenvolvido esquema tonal que serviu de modelo para várias outras composições do gênero.

Melani

Em 1657, Jacopo Melani (1623-1676) apresentou em Florença a comédia *La Tancia ovvero Il Podestà di Colognole*, que o dramaturgo Andrea Moniglia escrevera imitando Rospigliosi. Nela havia uma paródia da cena do encantamento do *Giasone*, de Cavalli, que fizera enorme sucesso em Veneza oito anos antes. Comparada às duas óperas anteriores, ela se destaca por oferecer um número maior de árias do que de recitativos, com formatos mais variados do que as canções estróficas padrão.

Melani foi organista e regente de coro na Catedral de Pistóia, onde nascera, antes de começar a fornecer, em 1655, intermédios e óperas para as academias florentinas dei Sorgenti e degli Immobili. Em 1661, compôs *Ercole in Tebe*, uma esplêndida *festa teatrale*, para o casamento de Cósimo III de' Medici com Marguerite Louise de Orléans. *Il Girello*, representada em Roma em 1668 com um Prólogo de Alessandro Stradella, tornou-se uma das comédias mais representadas durante o século XVII e já antecipa algumas das características do gênero durante o Barroco Tardio.

Em seus *Studien zur Geschichte der italienischen Oper im 17. Jaherhundert* (Estudos sobre a História da Ópera Italiana no Século XVII), publicados em 1904, Hugo Goldschmidt faz o levantamento dos tipos de ária que se tinham desenvolvido nesses primeiros anos, em que, afastando-se do modelo florentino, a ópera passava pelo interlúdio romano a caminho das profundas modificações que haveria de sofrer, em seguida, em Veneza. Essas formas podem ser classificadas em três tipos básicos:

1. As *canções estróficas*, simples, leves, de caráter popular, muitas vezes com ritmo de dança. De uma estrofe para outra, a música repete-se praticamente da mesma forma, ou

com variações muito pequenas. Normalmente há um ritornelo ou uma breve seção de recitativo entre uma estrofe e outra.

2. As *árias compostas*, de esquema formal mais amplo e estrutura rítmica e melódica menos regulares. Suas seções, separadas por ritornelos, terminam sempre com uma cadência completa na tônica ou na tonalidade relativa.

3. As *árias com baixo ostinato*, de tom sério, em ritmo ternário com andamento lento. Geralmente usadas para lamentos, tinham no baixo um tema de passacalha caracterizado por um intervalo descendente de quarta, diatônico ou cromático, da tônica para a dominante.

Às vezes a segunda seção da ária composta era contrastante (*allegro* seguido de *lento*, ou vice-versa). Como a primeira seção tinha apresentado o tema principal, mais atraente, em breve ocorreria aos músicos a necessidade de repeti-la para que o público ouvisse mais uma vez a melodia. Assim surgiria a forma da ária ternária, também chamada de ária *da capo* – porque no final a primeira seção é repetida *da capo al fine* (do princípio ao fim). Com a sofisticação do acompanhamento orquestral – que incluiu o aparecimento dos instrumentos solistas *obbligati* –, a ária ternária foi tomando o lugar da ária binária, mais simples. E no início do século XVIII, a estilização crescente fez desenvolverem-se numerosos estereótipos, árias destinadas a situações bem determinadas – amor, ódio, juramento de vingança, celebração de vitória – com procedimentos estilísticos próprios e localização mais ou menos rígida dentro do espetáculo. Diz D. J. Grout:

> Na metade do século XVII, a ópera já se tinha distanciado muito de seu caráter inicial de *favola pastorale*, com a pretensão de fazer uma hipotética imitação do teatro grego antigo. As grandes cenas de conjunto, típicas das primeiras óperas e herdadas da tradição do intermédio, sobreviveram depois de 1650 apenas em obras destinadas a celebrações dinásticas ou políticas particulares. Do ponto de vista histórico, portanto, foram mais significativos os passos dados no início do século XVII em direção a uma definição mais precisa da estrutura da ópera como fato unitário, baseado na separação entre o recitativo e a ária, e no aperfeiçoamento das formas musicais desta última, com as suas relações tonais precisas. Durante essa evolução, foram descobertos novos tipos de expressão. Começou a afirmar-se a ópera cômica com o recitativo seco e os números de conjunto para diversos solistas. Landi e Rospigliosi demonstraram com sucesso que a ópera de tema sério poderia musicar com sucesso assuntos diferentes dos da *favola pastorale* convencional. Afirmou-se finalmente o critério moderno de orquestra, centrada nos instrumentos de corda e no baixo contínuo, e começou a nascer um tipo novo de abertura.

Nas primeiras décadas do século XVII houve algumas modificações importantes. Mas o fato de a ópera ter ficado restrita ao ambiente fechado e culturalmente rarefeito da corte tornava essas modificações ainda pouco numerosas. Tais mutações vão se acelerar a partir do momento em que, saindo dos palácios, a ópera vai à conquista de seu público mais amplo e fanático: os freqüentadores dos teatros públicos.

Século XVII: O Barroco

A ITÁLIA NO SÉCULO XVII

A expansão dos Estados pontifícios – que em 1597 tinham finalmente conseguido anexar o tão ambicionado ducado de Ferrara – prosseguiu em 1631 quando Francesco Maria della Rovere, o último duque de Urbino, renomado centro renascentista na época da família Montefeltro, decidiu devolver o território ao papa Urbano VIII. A essa altura, embora fizesse oposição nominal à Espanha, o papado assumira características repressoras muito semelhantes às dos dominadores espanhóis: desde 1542, a Santa Inquisição, um dos instrumentos mais característicos do absolutismo hispânico, fora instalada em Roma e exercia controle total da lealdade dos súditos à Igreja. A imprensa e os espetáculos estavam sob rigorosa censura – já vimos quantas vezes os teatros chegaram a ser fechados na sede do papado –; os hereges eram perseguidos e levados à fogueira; os menores sintomas de dissidência política suscitavam medidas punitivas cruéis. A Contra-Reforma destruiu os remanescentes do espírito livre e iconoclasta que predominara no auge do Renascimento.

Entre os Estados seculares, Veneza era o que possuía maior grau de independência. Por volta de 1517, ela recuperara a maior parte de seus territórios lombardos que, sob seu domínio, conheceriam relativa prosperidade, até a vinda do regime napoleônico. Apesar da submissão em que a colocara Júlio II, a Igreja desses territórios ainda permanecia, em ampla medida, sob controle do Estado e, por muitos anos, a república veneziana ofereceu asilo a refugiados da Inquisição, até ser pressionada pela Santa Sé a expulsar os hereges que abrigava. Essa política criou hostilidade entre Veneza, o Vaticano e os senhores espanhóis – uma confrontação que se tornou muito grave em 1606, durante o pontificado de Paulo V.

Veneza era forte o suficiente para resistir ao interdito que lhe foi imposto e obter, pela mediação de Paolo Sarpi junto ao papa, uma solução de compromisso que não a forçou a abrir mão de seus princípios. Mas a essa altura a Sereníssima República já deixara de ser a grande potência de outros tempos. A descoberta do caminho marítimo para as Índias a fizera perder o monopólio do comércio de especiarias, o que significou um golpe mortal para a sua economia, prejudicada, desde o século XV, pela rivalidade mercantil com o Império Otomano. As vantagens da rota marítima oferecida aos países ocidentais pelos portugueses fizeram o seu sistema comercial decair. Ao mesmo tempo, a cidade perdia terreno na luta pelo domínio no Levante. Derrotou a Sublime Porta na Batalha de Lepanto (1571) mas, no tratado de paz que se seguiu, não conseguiu recuperar Chipre. Em 1669, teve de entregar Creta aos turcos após um ano de luta. No início do século XVIII, só Corfu remanescia de seu império outrora vasto.

De resto, a prosperidade da Itália como um todo declinara em conseqüência da mudança nas vias de comércio, após a descoberta do Novo Mundo. Florença, cujo auge como produtora de tecidos já ficara para trás, perdeu para Antuérpia a posição de grande centro bancário. Em Gênova, as famílias que tinham transformado a cidade numa potência marítima ainda eram ricas o suficiente para continuar construindo suntuosos palácios, mas o seu império ultramarino já começara a desmoronar e chegaria ao fim, na segunda metade do século seguinte, quando a Córsega foi vendida para a França (1768). Dentre os Estados dominados pelos espanhóis, a Lombardia em especial sofreu muito com a presença dos efetivos militares, os impostos escorchantes e a corrupção generalizada dos funcionários estrangeiros.

Houve levantes ocasionais: o de Masaniello em Nápoles (1647), que serviu de inspiração a óperas como *La Muette de Portici*, de Auber, ou o *Salvator Rosa*, de Carlos Gomes; e a rebelião de Messina (1676-1678), a princípio apoiada pelos franceses, que depois retiraram sua ajuda, fazendo-a fracassar. Mas de um modo geral a população inclinava-se apaticamente diante de um regime que não se preocupava nem um pouco com o seu bem-estar, mas, pelo menos, baseava-se num princípio de não-interferência que preservava um simulacro de autodeterminação.

O fato mais importante ocorrido durante os anos sombrios da dominação espanhola foi a emergência da Sabóia como uma potência italiana. Carlos III da Sabóia tinha apoiado o imperador Carlos V em sua luta contra a França até 1536, ano em que Francisco I ocupara os seus domínios. Assim, ao suceder a seu pai em 1553, Emmanuel Philibert era um duque sem ducado. Mas distinguiu-se a serviço de Felipe II, da Espanha, especialmente na Batalha de St. Quentin (1557), e o Tratado de Cateau-Cambrésis restaurou suas posses. Embora algumas fortalezas piemontesas ainda permanecessem em mãos francesas por alguns anos após a sua restauração, ele pôde mudar de Chambéry, onde se exilara, e instalar sua corte em Turim. Desse momento em diante, o Piemonte tomou o lugar da Sabóia francesa como o centro do ducado.

Em 1601, Carlo Emmanuele I adquiriu Saluzzo da França, mas teve de ceder Bresse, Bugey, Gex e Valromey a Henrique IV. Com o início da Guerra da Sucessão Mantuana em 1628, ele esperava anexar Montferrat a seus territórios. Mas a ajuda francesa garantiu a Carlo Gonzaga, duque de Nevers, o controle tanto de Mântua quanto de Montferrat, embora o Tratado de Cherasco, assinado em 1631, nove meses depois da morte de Carlo Emmanuele, destinasse à Sabóia algumas das terras antes pertencentes a esse ducado.

Em 1700, ao terminar o século XVII, a morte de Carlos II, o último rei Habsburgo da Espanha, provocou a Guerra da Sucessão Espanhola, e o conflito entre os Habsburgos austríacos e os Bourbons acabou envolvendo a Itália. A Sabóia controlava o acesso da França à Lombardia através dos Alpes e Vittorio Amadeo II, que dispunha de um exército bem treinado e equipado, era cortejado por ambos os lados. Foi encorajado a resistir à França por seu segundo primo, o príncipe Eugenio, um dos principais generais do exército austríaco que, em 1706, haveria de expulsar de Turim os franceses que ainda ali permaneciam, fazendo-os sair definitivamente da Itália. O papel desempenhado pela Sabóia nessa guerra fez com que, no momento da Paz de Utrecht, o duque tivesse voz ativa no capítulo e parte importante dos despojos coubesse ao Piemonte. Data daí a consolidação de uma situação de Estado independente que, no século XIX, durante o *Risorgimento*, permitirá ao futuro Reino do Piemonte ser a unidade política a servir de base para a unificação do país.

O Barroco

A fundação da Companhia de Jesus, em 1540, marca um momento importante dentro da cultura européia. Durante o século XVI, na plena vigência da forma de pensamento e expressão filosófica e artística renascentista, o esforço da Igreja para reagir à ameaça representada pela Reforma luterana, desencadeada na Alemanha, prepara o caminho para o surgimento de uma nova fase na história da cultura, cuja compreensão é de importância fundamental para nosso estudo. Pois a ópera, nascida na fase de transição da passagem de século, deu seus primeiros passos guiada por uma ideologia ligada ao Renascimento; mas é sob a égide do Barroco que viverá durante os quase 150 anos seguintes.

Ao longo da segunda metade do século XVI, enquanto a Reforma se consolida nas cidades do Reno e do Báltico, na Holanda e na Inglaterra, a campanha da Contra-Reforma consegue contê-la na Itália, Península Ibérica, França e Áustria, na parte dos Países Baixos que estava sob domínio espanhol, e nos territórios da Europa central em poder dos Habsburgos. A Contra-Reforma punha em prática as decisões tomadas no Concílio de Trento (1545-1563), convocado na tentativa de conciliar o laicismo renascentista – que tivera como conseqüência a reação luterana – com a tradição religiosa herdada da Idade Média. Em decorrência, surge um Homem novo, marcado pelos princípios ideológicos nascidos des-

ses dois acontecimentos religiosos opostos e complementares. Do choque entre a Reforma e o pensamento trentino vai delinear-se todo um estilo de vida e de cultura, com manifestações nas concepções sociais e políticas, na filosofia e, naturalmente, nas artes. Ouçamos o que diz Weisbach em *Barroco, a Arte da Contra-Reforma*:

> O Barroco é uma época em que encontramos misturados os mais fortes contrastes. Um progresso enorme no pensamento racional e no conhecimento da natureza, ao lado de superstições estúpidas, astronomia, alquimia, quiromancia, feitiçaria; a aparição de critérios de tolerância ao lado do fanatismo religioso; uma preocupação militar com a fé ao lado de um quietismo místico; a concepção cética, irônica e satírica do mundo ao lado de uma crença absoluta nos milagres; um prazer evidente do luxo e da suntuosidade ao lado de uma recusa teimosa de toda ostentação exterior.
>
> Não digo que tais contrastes não tenham existido em outras epocas; mas aqui eles aparecem de maneira particularmente caracterizada e *definem o conjunto*. E é isso o que empresta ao Barroco seu caráter de dualismo, complexidade e variedade. Sentimo-nos transportados para o meio de uma massa em efervescência, agitada por vagas incessantes, palpitações e clarões. Dentro desse movimento flutuante, o catolicismo tenta conservar suas prerrogativas, afirmar e consolidar seu domínio mediante uma propaganda dirigida à alma e ao espírito, aos olhos e às orelhas, ao mesmo tempo que atrai e escolhe, na estrutura espiritual da época, tudo o que lhe parece útil a seu objetivo de exercer sobre as almas uma ação sugestiva.

Já se discutiu muito a origem da palavra "barroco" que, em ourivesaria, designava uma pedra irregular (atribui-se a Benvenuto Cellini a primeira aplicação do termo, nesse sentido, à arquitetura). Essa era também, por extensão, a forma para designar uma figura de silogismo, um tipo de raciocínio que, sob a aparência de um rigor impecável, confundia o falso e o verdadeiro, ocultando uma argumentação capciosa.

No século XVI, ao falar da literatura medieval, os intelectuais renascentistas já usavam o adjetivo "barroco" de forma pejorativa, para caracterizar um estilo que consideravam retorcido, extravagante ou obscuro. Esse sentido negativo perpetuou-se, durante o século XVIII, para designar uma arte cujo gosto do contraste, do paradoxo e do ornamento rebuscado era encarado, pelo espírito clássico, como uma forma de decadência ou de distorção da perfeita arte renascentista. Só em 1855, com os revolucionários ensaios de Jacob Burckhardt, no *Cicerone*, sobre as artes plásticas italianas do século XVII, iniciou-se a revisão desse conceito. Até que, em *Renaissance und Barock* (1917), Heinrich Wölfflin reformulou essa noção ao propor uma visão crítica da História da Arte que parta de rigorosa análise formal. Estabeleceu assim que o Barroco não significa decadência e sim o desenvolvimento natural das contradições internas do estilo renascentista, levando-as a novas formas de expressão.

A periodização do Barroco, como a de qualquer outro estilo de época, é uma questão delicada, pois em determinados momentos as escolas, tendências e movimentos se superpõem, coexistem ou até mesmo se confundem. E a questão se complica quando se pensa que, de uma arte para outra, a evolução não é homogênea: há sempre uma defasagem, por exemplo, entre a literatura e a música, o que será de importância essencial no nosso caso particular, já que, na ópera, essas são duas artes que devem andar constantemente de mãos dadas. Para efeitos práticos, fiquemos com a periodização proposta por Helmut Hatzfeld, que, em seus *Estudos sobre o Barroco*, afirma, ao falar da literatura:

> O Barroco é a evolução do Renascimento hispanizado no momento em que se celebra o Concílio de Trento. Começa, portanto, na Itália, na atmosfera espa-

nhola de Nápoles, e na Roma dos papas. Obtém na Espanha uma excelente acolhida, enquanto na Itália, após alcançar breve perfeição com Tasso, degenera e se corrompe. Na Espanha, depois de conseguir com Cervantes um equilíbrio de curta duração, perde-o com o barroquismo de Quevedo e Calderón. Passa à França, onde entretece o fio de ouro da moderação com o Maneirismo de Corneille e de Rotrou. Numa das pontas desse fio está Malherbe; na outra, Racine, Pascal e Bossuet. Nesse ponto, o fio cresce e se confunde com o desenho do tecido.

É Hatzfeld ainda quem demonstra dividir-se em etapas mais ou menos nítidas aquilo a que se convencionou dar o nome geral de Barroco:

> Dividindo essa época com apoio no desenvolvimento das variantes ou estilos "generacionais", fala-se com mais propriedade em *Maneirismo*, que tem origem no alargamento e distorção das formas do último Renascimento; em *Barroco* clássico, com formas ao mesmo tempo majestosas e sóbrias, dentro de sua pomposa ostentação; e de *Barroquismo*, que exagera a linha barroca, quer no sobrecarregado excesso de ornamentação espanhol, quer no mais leve e brincalhão *Rococó* francês.

E em função do acima exposto, Hatzfeld traça o quadro da página seguinte, que nos serve de ponto de partida. O exame desse quadro demonstra o que se tinha dito anteriormente: dentro da própria literatura, não é uniforme a evolução do Barroco, de um país para o outro. Tendo seu florescimento inicial na Itália, ali ele já está praticamente superado antes da metade do Seicento, enquanto na França suas últimas manifestações – o chamado Rococó ou *style galant* – entram pelos primeiros anos do século XVIII adentro. Além disso, o Barroco pleno francês – diferente dos demais países europeus a ponto de ser chamado de Classicisme – traduz um ideal de ordem e regra por trás do qual há uma concepção ultra-aristocrática do mundo. Diz Leo Spitzer em *Linguística e História Literária*:

> Em Racine, as forças vitais, em estado de conflito de polaridades típico do Barroco, são submetidas a um esforço muito violento para produzir o equilíbrio, e esse esforço se manifesta na adoção de regras muito rigorosas. Na França, o Classicismo é um Barroco domesticado.

Ponto de vista com o qual concorda William Friedrich em suas *Noções de Literatura Comparada*:

O BARROCO

FASES	ITÁLIA	ESPANHA	FRANÇA
Renascimento	1500-1530 Ariosto (1474-1533)	1530-1591 Luis de León (1527-1591)	1550-1590 Ronsard (1524-1585)
Maneirismo	1530-1570 Michelangelo (1475-1564)	1570-1600 Góngora (1561-1627)	1590-1640 Malherbe (1555-1628)
Barroco	1570-1600 Tasso (1544-1595)	1600-1630 Cervantes (1547-1616)	1640-1680 Racine (1639-1699)
Barroquismo	1600-1630 Marino (1569-1625)	1630-1670 Calderón (1600-1681)	1680-1710 Fénelon (1651-1715)

O Classicismo francês foi o único capaz de unir, a partir de 1660, numa obra-prima extremamente harmoniosa – a *Andromaque* de Racine –, a mitologia pagã da Antiguidade e o fervor cristão da Idade Média, as duas visões opostas da vida que os escritores do Renascimento e do período Barroco tentaram em vão reconciliar na sua obra.

A defasagem, na História da Música, também é visível: em 1597, quando a primeira ópera é cantada em Florença, o Barroco literário pleno já está vivendo os seus últimos momentos – mas é o Neoplatonismo, de matriz renascentista, que ainda tem sobre a nova forma de teatro o influxo dominante. No fim da década de 1630, quando a ópera entra em fase nova ao tornar-se um espetáculo público, o Barroco poético italiano está atravessando, com o Marinismo, os seus momentos finais. Mas essa será a grande força a agir sobre a ópera da Escola Veneziana durante praticamente todo o século XVII, revitalizada por influências que vêm da Espanha e da França, onde, como o quadro nos mostra, a tendência prolonga-se por mais tempo.

Em *Conceitos Fundamentais na História da Arte*, H. Wölfflin contrapõe Barroco e Renascimento, formulando o princípio de que "a arte barroca não é um estilo tátil, e sim visual", "não admite perspectivas não-visuais" e, além disso, é uma arte que "dissimula em vez de revelar". Para ilustrar a antinomia entre esses dois períodos, propõe o quadro da página seguinte, de características opostas – que aplica às artes plásticas mas que pode também ser transposto para outros domínios.

Se compararmos a composição de uma tela renascentista à de um quadro barroco, tornam-se muito claras as categorias propostas por Wölfflin. No Renascimento, as figuras são harmoniosamente dispostas segundo leis de hierarquia interna claramente perceptíveis; apresentam uma série de elementos a que o artista dá tratamento de igual valor, justapondo-os de modo a formar um objeto de proporções definidas que – se o tivéssemos nas mãos – poderia ser reconhecido pelo tato.

No Barroco, ao contrário, a composição é dissimétrica, sem um centro de interesse claramente definido, muitas vezes relegando ao segundo plano o tema principal do quadro; este contém figuras que não raro transbordam para fora dos limites da moldura (a vida continua a existir fora do quadro, não está contida nele apenas); possui alguns elementos claramente delineados e outros apenas esboçados, deixan-

RENASCIMENTO	BARROCO
– *linear,* sentida pela mão	– *pictórica*, seguida pelo olho
– *composta em plano*, de jeito a ser sentida	– *composta em profundidade*, de jeito a ser seguida
– tem *partes coordenadas de igual valor*	– apresenta *partes subordinadas a um conjunto*
– é *fechada*, deixando de fora o observador	– é *aberta*, colocando dentro o observador
– possui *claridade absoluta*	– possui claridade relativa

do que o jorro de cores e luzes-sombras esbata alguns dos contornos; ostenta ornamentação que serve para dissimular as linhas de força. Não é, portanto, um objeto "fechado", que se possa "sentir com a mão", e nem é possível enxergá-lo rapidamente, logo percebendo as linhas de força de sua construção. É necessário entrar em algum ponto do quadro, "segui-lo com a vista", percorrer as linhas sinuosas do movimento circular de sua composição, até apreendê-lo em sua totalidade.

De um lado temos a claridade absoluta das luminosas telas de Rafael. Do outro, a claridade relativa de Caravaggio – e não é à toa que uma das pedras de toque do estilo barroco são os jogos de luz e sombra. As linhas que o pintor traça estão ali mais para ocultar do que para revelar, aos olhos do espectador, formas que, em seu dinâmico caos, parecem carecer totalmente de um plano. A tela barroca dá muitas vezes a sensação de estar inacabada, de ser uma obra em progressão: enquanto no quadro clássico a obra acabada está muito distante do esboço, no Barroco ela parece apenas um estágio à frente num processo ainda longe de atingir a forma definitiva.

Essas categorias formuladas por Wölfflin podem, como se disse, ser transpostas para o domínio das outras artes – e em *Regra e Forma na Arte Poética* (1923), Oskar Walzer foi um dos primeiros a aplicá-las à literatura. Elas nos ajudam a entender o excesso de decoração na arquitetura barroca; a imagística da poesia, com suas metáforas sobrecarregadas e seus astuciosos *concetti*; a elaborada técnica de ornamentação vocal do Barroco Tardio (o equivalente musical do Barroquismo literário) que "esconde" a linha melódica; o emaranhado narrativo da ópera na plenitude do Seicento,

com sua mistura de episódios cômicos e sérios, heróicos e sentimentais.

Vale a pena, porém, uma vez mais, relembrar que, no caso da música, a periodização é complicada pelo fato de as evoluções *não serem simultâneas* e o gênero estar, portanto, sujeito a influências externas – literárias ou das artes plásticas – divergentes. De um modo geral, consideremos portanto que, para a História da Ópera, podemos distinguir entre

– um período Protobarroco, de transição entre o Cinquecento e o Seicento, que, na Itália, tem em Monteverdi o seu nome mais ilustre;

– o Barroco propriamente dito, que vai do final da década de 1630 até o fim do século XVII;

– e o Barroco Tardio, que entra pelo Settecento adentro, dissolvendo-se nos primórdios do Classicismo lá pela metade do século XVIII.

O elemento complicador é que a influência da literatura – que tem suas leis próprias de desenvolvimento – vem às vezes na contracorrente. Como veremos mais tarde, quando as formas musicais barrocas estiverem em sua máxima plenitude, com Haendel, Vivaldi ou Hasse, a reforma do libreto estará sendo feita por poetas arcádicos já pertencentes ao universo mental do Classicismo. Um dos grandes modelos para esses reformadores, porém, é Racine, expoente máximo do Barroco pleno francês – o que é perfeitamente compreensível se pensarmos que, no "Baroque apprivoisé" de que fala Spitzer, há um senso de medida que corresponde perfeitamente à organização mental do homem clássico. É preciso levar em conta essas sutilezas para não nos perdermos no emaranhado de forças que agem sobre o desenvolvimento da ópera.

O BARROCO

Por enquanto, interessa-nos passar em revista as características básicas do estilo barroco, conceitos de que teremos freqüentemente de lançar mão no decorrer dos capítulos seguintes. Baseio-me na descrição proposta em *Estilos de Época na Literatura*, de Domício Proença Filho, a partir de levantamentos feitos por teóricos como René Wellek, Dámaso Alonso ou Antonio José Saraiva. São as seguintes as características desse estilo de época:

Culto do contraste – O gosto do exagero nos relevos, do choque nos coloridos, da contraposição de idéias conflitantes: amor e sofrimento, vida e morte, juventude e velhice, ascetismo e hedonismo, carne e espírito, realismo e idealismo. Tentativa de conciliar pólos opostos, até mesmo os considerados irreconciliáveis, como a razão e a fé.

Oposição entre o homem voltado para o céu e o homem voltado para a terra. E o conflito interior do indivíduo ao perceber em si mesmo essas duas forças que o arrastam em direções opostas. Essas duas forças opostas e complementares são responsáveis, por exemplo, pelo curioso fenômeno do erotismo religioso visionário (os poemas de Santa Teresa de Ávila, de sóror Juana Inés de la Cruz ou do poeta metafísico inglês John Donne).

Preferência pelos aspectos cruéis, dolorosos, sangrentos ou repugnantes da existência, na tentativa de demonstrar a miséria e a fragilidade da condição humana. O bucólico *locus amenus* da imagística renascentista cede lugar ao *locus horrendus* barroco, que se compraz na descrição de paisagens tenebrosas, lugares sinistros e misteriosos. A clareza dos jardins clássicos simetricamente ordenados – de que os desenhados por Lenôtre para o palácio de Versalhes, com seus caprichosos desenhos geométricos, são o exemplo acabado – é substituída pelos sendeiros tortuosos de parques em que grutas rochosas se ocultam em meio à vegetação hirsuta; e a estatuária, muitas vezes representando figuras tensas ou angustiadas, dispõe-se de forma irregular, como se ali tivesse sido jogada ao acaso. A estética do feio (no *Polifemo y Galatea* de Góngora, por exem-

plo), o gosto pelos dramas teatrais sangrentos, a atração mórbida pelo espetáculo da morte (as catacumbas dos capuchinhos ou os túmulos de Bernini em Roma) são manifestações típicas.

Pessimismo nascido do conflito entre o eu e o mundo; fruto da consciência que o homem tem do dualismo que faz o santo e o pecador conviverem dentro dele. "L'homme n'est ni ange ni bête", dizia Pascal, "mais le malheur veut que quand il veut faire l'ange, il fait la bête" ("Nem anjo nem animal, mas a infelicidade faz com que, ao tentar agir como um anjo, ele aja como um animal"). Consciência dolorosa da transitoriedade do mundo (*vanitas vanitatis*), que faz Gregório de Matos, imitando Góngora, pedir à amada:

> Goza, goza da flor da mocidade,
> que o tempo troca, e a toda a ligeireza,
> e imprime a cada flor uma pisada.
> Oh, não aguardes que a madura idade
> te converta essa flor, essa beleza,
> em terra, em cinza, em pó, em sombra, em nada.

A partir dessa constatação, o homem barroco opta por duas atitudes opostas, que, na introdução à sua *Anthologie de la Poésie Barroque Française*, Jean Rousset chama de "inconstância negra" – a sensação desesperada de que essa instabilidade é a conseqüência de os pecados humanos terem feito Deus ausentar-se do mundo –

> O homem não passa de vento que vai e vem, gira e regira, vento que se lança em turbilhão que lhe amotina o cérebro, arrasta-o, transporta-o...
>
> JEAN DE SPONDE, *Méditations sur le Psaume L.*

e "inconstância branca": o prazer estético, o encantamento que se extrai dessa mudança incessante. Por isso são tão freqüentes na poesia as metáforas que jogam com o vento, o vôo dos pássaros, o movimento das nuvens no céu ou das ondas no mar com que depararemos a todo momento, nos libretos barrocos, como recurso para descrever a oscilação das paixões humanas.

> Notre esprit n'est que vent et, comme un vent volage [...]
> ce qu'il pense aujourd'huy demain n'est qu'un ombrage [...]
> Je peindrois volontiers mes légères pensées

mais, desjà le pensant, mon penser est changé.
Ce que je tiens m'échappe.

E. Durant

(Nosso espírito não passa de vento e, como um vento leviano [...] / o que pensa hoje amanhã não passa de uma sombra [...] / Bem que eu gostaria de pintar meus mais leves pensamentos [...] / mas, ao pensá-los, meu pensamento já muda. / O que tenho nas mãos me escapa.)

Por esse motivo, Proteu, a figura mitológica capaz de metamorfosear-se, é um dos temas de predileção da época, celebrado por Marino num poema famoso em que ele chama a si próprio de "Proteo d'amor novello, novel camaleonte", pela freqüência com que oscilam os seus sentimentos.

– *Atração pelo sobrenatural, o fantástico, o maravilhoso*, que é humanizado e se mistura de forma muito íntima à realidade.
– *Fusionismo*: gosto pela fusão dos contrários – a luz e a sombra (levando à técnica do *chiaroscuro*) –, fusão de idéias e sons, do racional e do irracional; donde o gosto pelo uso abusivo das figuras de linguagem.
– *Intensidade da expressão* – aquilo que Raymond Lebègue descreve como

o desejo tão intenso de exprimir o sentido da existência que ele se manifesta através do abuso da hipérbole; da exacerbação das paixões e sentimentos – intensidade da dor amorosa, do ciúme, do arrependimento que pode conduzir à loucura, do desejo sexual que se traduz em palavras de fogo, levando até o assassinato, a violação, o incesto –; dos excessos de desespero; do orgulho desmesurado; do gosto pelo espetáculo aterrador da morte, do macabro, das alucinações, do fantástico.

– *Gosto da fórmula concisa, irônica, lapidar*: o *concetto* dos italianos, a que os espanhóis davam o nome de *el ingenio* ou *la agudeza*; a *pointe* inesperada dos franceses, que fazia Ménage pegar o leitor de surpresa com os versos:

Ce portrait ressemble à la Belle:
il est insensible comme elle.

(Este retrato parece-se com a Bela: / é insensível como ela.)

Exemplo famoso desses jogos de palavra é a oposição que, no *Sermão da Sexagésima*, o padre Vieira faz entre os religiosos que "vivem de passo" (os humildes missionários que andam pelo mundo afora para converter os gentios) e os que "vivem de paço", às custas da nobreza, na corte.
– *Estilo que mostra escondendo, comunica dissimulando*, o que gera o gosto pela metáfora, pela perífrase engenhosa, pelo ornamento que disfarça e confunde os contornos, pelos jogos harmônicos e as *fioriture* debaixo das quais desaparece a linha melódica. É muito significativa a explicação de Somaize no *Dictionnaire des Précieuses*:

As preciosas estão convencidas de que um pensamento nada vale quando todos o compreendem, e uma de suas máximas é dizer que toda preciosa deve falar de modo diverso da plebe, para que seus pensamentos só possam ser entendidos por quem possui luzes superiores às do vulgo.

Uma divertida lista de exemplos do vocabulário precioso dá uma idéia dessa concepção aristocrática da maneira de se expressar:

le balai – l'instrument de la propreté
la chandelle – le supplément du soleil
le chapeau – l'affronteur du temps
la cheminée – l'empire de Volcain
la main – la belle mouvante
les pieds – les chers souffrants
le pain – le soutien de la vie
le miroir – le conseiller des grâces
les joues – le trône de la pudeur
les dents – l'ameublement de la bouche
la lune – le flambeau de la nuit
le violon – l'âme des pieds
les yeux – les miroirs de l'âme.

Muitas dessas perífrases – chamar o pão de "sustentáculo da vida", os olhos de "espelhos da alma" ou as faces de "trono do pudor" – tornaram-se surrados lugares-comuns. Outros ainda conservam uma graça ingênua: os pomposos "instrumento da limpeza", "suplemento do sol" ou "o desafiador do tempo" para objetos prosaicos como uma vassoura, uma vela ou um chapéu; ou a metáfora mitológica "império de Vulcano" para a lareira. E quem já enfrentou um sapato apertado há de concordar que "queridos sofredores" é perfeito para designar os pés.
– *O abandono das normas ditadas pelos grandes modelos a serem imitados*. O artista prefere seguir o seu impulso pessoal. Esta será, portanto, uma época de rejeição ou infra-

O Barroco

ção freqüente de receituários como o das unidades aristotélicas, que assistirá à mistura de gêneros e a diversos tipos de experimentação formal.

– *Niilismo temático* ou, como explica Guillermo Díaz-Plaja em *La Poesía Lírica Española*:

> O poeta debate-se numa situação de crise, carente dos grandes motivos vitais – o amor e a guerra – que o Renascimento lhe legou. Sua temática será, pois, mínima ou inexistente; bastará que lhe sirva de pretexto para a habilidade poética, para o grupo de recursos poéticos que deseje colocar em evidência.

– *Culto da solidão* – O artista sente-se um ser de exceção que cria o seu próprio mundo e nele se isola (esse conjunto de características permite-nos sentir a medida em que o Barroco está na origem do futuro movimento romântico como um rio subterrâneo que, correndo sob o grande território de entrecruzamentos ideológicos que é o século XVIII, volta a aflorar revigorado no XIX).

Estilo de traços bem definidos nas artes visuais, na literatura e na música dos séc. XVII-XVIII, o Barroco deve portanto ser também – e antes de mais nada – compreendido como um *estilo de vida*, de pensamento, de ação e entretenimento, que se opõe ao ideal de clareza linear, de nitidez de contornos, que norteara o Renascimento. Ou como diz Afrânio Coutinho em *Introdução à Literatura no Brasil*:

> Sem que signifique uma repulsa daqueles ideais, mas uma tentativa de incorporação, de fusão do ideal medieval, espiritual, supraterreno, com os novos valores que o Renascimento pôs em relevo: o humanismo, o gosto pela arte, as satisfações mundanas e carnais. A tática decorreu da Contra-Reforma, no intuito, consciente ou inconsciente, de combater o espírito moderno, absorvendo-o no que tinha de mais aceitável. Dessa tática nasceu o Barroco, novo estilo de vida.

A descrição que René Wellek faz, em sua *História da Crítica Moderna*, dos elementos básicos da literatura barroca, fornece-nos elementos preciosos para a compreensão do que serão os libretos operísticos italianos do século XVII. Ela distingue-se,

> quanto ao estilo, pela abundância de ornatos, pela elaboração formal, pelo abuso dos *concetti*; identifica-se pelo estilo trabalhado, ornado, ricamente entretecido de figuras, das quais as preferidas são a antítese, o assíndeto, a antimetábole, o oxímoro, o paradoxo e a hipérbole. Em suma, é uma literatura dominada pelo senso do decorativo e resultado de um deliberado emprego da técnica para a obtenção de efeitos específicos.

[*Antítese* é a figura que consiste em opor simetricamente expressões de sentido contrário; *assíndeto*, a ausência de conjunções entre elementos coordenados, para dar mais agilidade à frase; *antimetábole*, a inversão, numa frase, dos termos de outra que lhe está próxima, para efeito de contraste; *oxímoro*, uma seqüência de antíteses; *paradoxo*, a união, numa só expressão, de dois termos contraditórios; *hipérbole*, o exagero positivo ou negativo da verdade expressa pelas palavras.]

Complementando estas observações, lembremos as palavras de Óscar Lopes e Antonio José Saraiva que, em sua *História da Literatura Portuguesa*, fornecem-nos sua visão do estilo barroco:

> Como exagero patético, expressão de um ascetismo marcado ou de um misticismo exaltado, oposição da sublimidade espiritual ao grotesco da carne, do idealismo perfeito ao pícaro burlesco; misto de bizarria fidalga e de pitoresco folclórico; obsessão do irracional, tido como supra-racional; pesquisa dos recessos da alma, evasão para o inefável, sugestão do inapreensível, do sutil, do fugidio.

A Ópera no Teatro

O dia 6 de março de 1637 assinala uma das datas mais importantes para a História da Ópera: a da inauguração, no bairro veneziano de San Cassiano, de um teatro aberto ao público, pertencente à família Tron. A partir desse momento, a mais italiana das formas de expressão musical abre os braços a todas as camadas sociais e, durante muito tempo, será a forma privilegiada de expressão de seus sentimentos, aspirações, fantasias e visão do mundo. Nesse dia 6 de março, a ópera converte-se em um dos mais preciosos espelhos da vida social.

O novo tipo de teatro musical não era novidade para os venezianos, embora até então se mantivesse restrito ao âmbito cortesão. Desde 1571, a república vinha sendo visitada por companhias itinerantes romanas, que traziam os seus espetáculos e os apresentavam em auditórios montados para esse fim dentro dos palácios das grandes famílias nobres. Ocasionalmente, compositores locais colaboravam com elas: sabe-se, por exemplo, que em 1630 foi apresentada uma das óperas perdidas de Monteverdi, *Proserpina Rapita*, com texto de Giulio Strozzi, composta para o casamento de Lorenzo Giustiniani com Giustiniana Mocenzio.

A esses espetáculos, a admissão de público não pertencente à nobreza, mediante convites, não estava excluída. E sabe-se até de casos em que famílias da próspera classe mercante veneziana conseguiram alugar camarotes para várias das apresentações. Em *Della Christiana Moderatione del Theatro* (1652), o jesuíta Giovanni Domenico Ottonelli descreveu o *modus operandi* dessas trupes ambulantes:

> Essas companhias profissionais, dirigidas por um de seus cantores, compreendem virtuoses na arte de cantar, tocar, dançar ou desenhar novos cenários com graciosa facilidade. Ao chegar à cidade, elas procuram descobrir os bons cantores e instrumentistas locais, sejam eles leigos ou clérigos, a quem possam convidar, mediante uma remuneração, ou às vezes até por amor à arte, ou quem sabe às vezes forçados, pela influência de pessoas poderosas, a colaborar com elas.

Essas companhias não demoraram a desbancar a comédia falada, que até então desfrutava de grande popularidade na república e, em breve, ganharam carta de nobreza ao serem aceitas pela elite intelectual. O impacto cultural desses espetáculos aumentou quando, além de responder pelos entretenimentos nas festividades aristocráticas, as companhias itinerantes passaram também a ser convidadas para apresentações nas academias, diante da seleta platéia de artistas, cientistas e pensadores que as freqüentavam. Em abril de 1636, uma revoada de aristocratas e intelectuais venezianos foi para a vizinha Parma, onde uma dessas trupes apresentaria, no palácio do marquês degli Obizzi, uma *Ermiona* – de cujos autores não se tem notícia.

A ÓPERA BARROCA ITALIANA

Deve ter sido muito grande a repercussão desse espetáculo, pois, em maio, a família Tron entregou às autoridades municipais o pedido de autorização para transformar num *Theatro di Musica* uma antiga sala que lhe pertencia, onde antes se apresentavam companhias de *Commedia dell'arte*, e que tinha pegado fogo em 1629. O crescente interesse das camadas populares pelos espetáculos das companhias ambulantes e o fato de as classes sociais em ascensão verem no teatro um sinal de prestígio convencera-os de que esse era um empreendimento rentável. O futuro se encarregaria de demonstrar que estavam cobertos de razão.

Os Tron contrataram Benedetto Ferrari (1603-1681) para dirigir o San Cassiano. Não havia pessoa mais indicada do que esse versátil poeta, compositor, cantor e instrumentista – conhecido como Benedetto dalla Tiorba, devido à habilidade com que tocava esse instrumento. Nascido em Reggio Emilia, Ferrari tinha sido cantor no Collegio Germanico de Roma (1617-1618) e exercera funções nas cortes de Parma e Módena antes de chegar a Veneza. Ferrari pediu a colaboração de Luigi Manelli (1595-1667), que fora cantor e depois mestre de capela na catedral de Tivoli, onde nascera. Juntos, eles escreveram *Andromeda* – cuja música não sobreviveu –, na qual investiram recursos arriscadíssimos para a primeira experiência em um tipo de espetáculo cujo sucesso não era possível prever. Em *La Storia del Belcanto*, conta Rodolfo Celetti:

> *Andromeda* ficou célebre pelo luxo da encenação. Esplêndidas paisagens marinhas alternavam-se com cenas de bosques; Perseu lutou com o monstro e o matou; a Aurora apareceu, vestida de prata, dentro de uma nuvem; Netuno entrou em cena num carro em forma de concha puxado por quatro cavalos e Juno também fez a sua aparição num outro carro ao qual estavam atrelados seis pavões; Mercúrio, envolto em um manto azul, entrou no palco voando; o vestido de Andrômeda era cor de fogo; um manto dourado e um manto estrelado envolviam os ombros de Vênus e Júpiter.

Não foram tampouco poupados recursos na contratação do elenco para essa primeira ópera pública. Havia apenas uma mulher, Maddalena Manelli, esposa do compositor, no papel título. O autor da música, que tinha uma boa voz de baixo, subiu também ao palco como Astarco e Netuno. O tenor Annibale Grasselli fez Perseu e Mercúrio, o baixo Giovanni Bisucci interpretou Júpiter e Proteu. Mas o grande atrativo foram os cinco *castrati* vindos dos Estados Pontifícios: Francesco Angelelli (Juno), Girolamo Medici (Astrea), Anselmo Marconi (Vênus), Francesco Anteguardi e Guidantonio Boretti (a documentação não guardou a parte cantada pelos dois últimos). Essa emigração de cantores da Escola Romana para Veneza foi provavelmente causada por uma daquelas ondas de rigorismo que, de tempos em tempos, criavam obstáculos ao desenvolvimento do teatro na sede do papado. Foi por esse motivo aliás que, pouco tempo depois, Anna Renzi e Caterina Pori, duas das mais célebres cantoras romanas, transferiram-se para a Sereníssima República.

O Teatro San Cassiano introduziu uma série de usos revolucionários, imitados pelas demais salas venezianas, que haveriam de influenciar não só a História da Ópera mas também a da representação teatral como um todo. Foi a primeira vez que surgiu o hoje chamado palco italiano, com proscênio arredondado e o "capote de Arlequim" para ocultar a trama dos cenários, em substituição ao antigo palco reto, com as tradicionais três portas, que – como o construído pelo arquiteto Palladio em Vicenza – imitava o tradicional modelo grego. Essa disposição, com o palco mais profundo, permitiu uma revolução cenográfica, pois os telões, dispostos em seqüência, poderiam reconstituir de forma muito elaborada a sensação de perspectiva.

O palco veneziano tinha uma disposição de cenário simétrica, típica do senso de ordem do Renascimento. Sebastiano Serlio, o maior cenógrafo da época, foi o responsável pelos cenários dispostos de forma frontal, com o ponto de fuga exatamente no centro do palco, e as coxias dispostas regularmente dos dois lados. Só no século XVIII essa construção simétrica seria substituída por um artifício que cria sensação ainda maior de profundidade: foram Ferdinando e Francesco Galli-Bibbiena, membros da mais famosa família de cenógrafos italianos, os inventores da *scena in angolo*, a perspectiva na diagonal que renovou de forma radical o ponto de vista dos espectadores.

No San Cassiano, criou-se o hábito de tampar o palco com um telão pintado – o precursor do "pano" ou "cortina" de boca de cena – para preservar a surpresa da revelação do cenário no início da ópera. O teatro tinha a estrutura em ferradura, que se tornou costumeira daí em diante. Em torno da sala ficavam os camarotes, vendidos por assinatura a famílias nobres e dignitários da Igreja, ou reservados pelo Doge para membros do corpo diplomático. Embaixo, a platéia, onde o povo ficava de pé.

Um espetáculo de ópera italiana na primeira metade do século XVII teria desnorteado um espectador moderno habituado ao clima quase "litúrgico" das representações contemporâneas. O público não tinha o hábito de assistir à ópera em silêncio e só parava de conversar quando alguma coisa – uma bela ária ou um impressionante efeito de maquinaria; este com mais freqüência do que aquela – acontecia no palco e lhe chamava a atenção. Os camarotes transformavam-se em animados salões de ceia ou, às vezes, de encontros galantes – ocasião em que as cortinas eram discretamente puxadas. Em 1581, o Conselho reuniu-se especialmente para discutir a denúncia dos jesuítas de que "muitas perversões escandalosas" eram cometidas nos camarotes. Enquanto isso, na sala, os vendedores de refrescos e doces circulavam apregoando o seu produto. Quando hoje ouvimos, cheios de admiração e reverência, a gravação de uma venerável partitura daqueles tempos, não nos devemos esquecer de que, para o público veneziano do Seicento, a ópera não passava de um produto de consumo rapidamente descartável – tanto assim que a maioria delas se perdeu, pois os manuscritos nem sequer eram publicados.

A reação do público à *Andromeda* foi tão boa que, para o ano seguinte, Manelli e Ferrari aprontaram *La Maga Fulminata*, também de tema pastoral-mitológico e carregando a mão nos efeitos especiais. Nada restou dessa ópera, mas ela é historicamente importante por ter fixado, com a personagem da governanta Scarabea, um padrão: o da figura feminina humorística, cantada por um homem. A Arnalta, da *Coroação de Popéia* de Monteverdi, ou a velha Ninfa, da *Calisto* de Cavalli, estarão inscritas nessa tradição. Em 1638, en-

quanto cuidava da estréia da *Maga Fulminada*, Manelli já estava trabalhando também para os concorrentes da família Grimani, que, percebendo as possibilidades comerciais, investiram largas somas na construção do Teatro dei Santi Giovanni e Paolo. É de Giulio Strozzi o poema de *Delia o sia La Sera sposa del Sole*, com que ele foi inaugurado. A música de Manelli se perdeu, mas o libreto, publicado em 1639, permite que se tenha uma idéia do que estava sendo oferecido aos venezianos nesses primeiros anos de ópera no teatro. Na *Allegoria* que precede o libreto, Strozzi explica:

> Delia é o conhecimento, que brilha com luz duvidosa, sob o escuro da Noite, pois o que sabemos nunca chega à completa consciência. Mercúrio, o deus da arguta persuasão, a corteja; mas é pelo Sol que ela se apaixona, isto é, pela Verdade, com a qual o Verdadeiro Conhecimento deve unir-se em casamento.

Ora, se pensarmos que Delia é Ártemis (Diana), irmã gêmea de Febo (Apolo) – ambos associados a Selene, a lua, e Hélios, o sol –, veremos que este é um casamento incestuoso, reminiscente das mais primitivas tradições pagãs (a união de Ísis e Osíris, por exemplo, dentro do ventre da mãe Terra). Numa estranha visão produzida pela alquimia poética do início do Barroco, em seu abraço incestuoso, Sol e Lua fundem-se num hermafrodita e suas almas moribundas renascem numa só – reafirmação esotérica do eterno desejo humano de renascer, inclusive por meio da arte.

Com a apresentação de *Delia*, acirrou-se a competição entre os dois teatros. No Carnaval de 1639, enquanto Ferrari estreava no Grimani a sua *Armida* (1639), baseada em Tasso, o Tron levava *Le Nozze di Teti e di Peleo*. Nesta última, o poeta Orazio Persiani evocava os sofrimentos amorosos da ninfa Tétis e do herói Peleu. Júpiter protegia o seu namorado; mas Juno, furiosa com as repetidas infidelidades de seu divino esposo, vingava-se dele pedindo ao Inferno que enviasse a Discórdia para separá-los. Só a intervenção do Amor, mandado por Vênus como um *deus ex machina*, podia reconciliar os deuses e os mortais, permitindo as bodas anunciadas no título. A música – miraculosamente preservada – revelou um compositor novo: Pier Francesco Cavalli, destinado a ser o maior operista da primeira fase do Barroco, depois de Monteverdi.

Nenhuma das óperas de Ferrari foi preservada. Sabe-se apenas que ele aderiu à moda dos libretos de tema histórico com *Enone Abbandonata* (1651), *L'Egisto* (1651) – retomando um libreto que Cavalli já musicara antes dele –, *Gli Amori di Alessandro Magno e di Rossane* (1656) e *L'Erosilda* (1658). Sabe-se também que voltou a trabalhar para a corte de Módena, compondo, em 1648, um *balletto* intitulado *La Vittoria d'Imeneo*, para o casamento de Francesco I d'Este com Vittoria Farnese. Os três volumes de canções de câmara que Ferrari publicou entre 1633-1641 mostram-no atento à evolução das formas no teatro veneziano, pois essas minicenas dramáticas apresentam recitativo muito variado, árias que tendem a já ter forma ternária (em duas seções contrastantes, com a repetição da primeira no final) e um acompanhamento de baixo contínuo muito desenvolvido.

Quanto a Manelli, em 1638 ele tinha arranjado um emprego de cantor na catedral de São Marcos, mas continuou a fornecer aos teatros óperas cujas partituras se perderam: *L'Adone* (1640), que durante algum tempo achou-se ser de Monteverdi, e *L'Alcate* (1642). Em 1645, mudou-se para a corte de Parma, onde escreveu para os Farnese seis óperas, que não foram preservadas. No seu caso também a única forma de conhecê-lo como compositor é pelos dois livros de bem escritas canções de câmara publicados em 1629 e 1636.

Ter um teatro passou a ser não apenas um bom investimento, naqueles anos de estagnação econômica da República, mas também um símbolo de magnificência, uma demonstração do poder político da família dentro da cidade. Diante disso, os Giustiniani e os Zane entraram no páreo com o Teatro San Moisè. Segundo o relato de um cronista da época, Cristoforo Ivanovich, essa sala foi inaugurada em 1640 com a *Arianna* de Monteverdi, que a essa altura já se encontrava em Veneza. Os ingressos ainda eram caros: de 1637 a 1674, custaram 4 liras (para que se tenha uma idéia, essa era a diária paga pelos empresários aos contra-regras e maquinistas por uma noite de trabalho). A ópera, porém, melhorou o padrão dos espetáculos teatrais venezianos. Um visitante da

época, o inglês sir Philip Skippon, observava com satisfação que "os espectadores cuspiam muito menos no chão do que na comédia".

Mas o S. Moisè era uma sala pequena, com capacidade para apenas 800 pessoas. Por isso, no ano seguinte, os seus donos abriram as portas do Teatro Novissimo. Os monges dominicanos do mosteiro de SS. Giovanni e Paolo, que arrendaram o terreno aos Giustiniani, quiseram ter certeza de que o caráter seletivo do teatro seria mantido e fizeram constar do contrato a cláusula: "De maneira nenhuma comédias com palhaços ou peças de qualquer outra natureza serão representadas ali, mas apenas as já mencionadas *eroiche opere con canto*". Os monges não se decepcionaram, pois o teatro ficou famoso pela sua opulência e pelos extravagantes cenários que o arquiteto Giacomo Torelli desenhava para ele. Era um teatro tão luxuoso, que foi a primeira vítima da campanha de contenção de despesas, quando os cortes de gastos ocasionados pela guerra contra os turcos, em 1647, forçaram o fechamento de diversos teatros. Depois dessa data, suas portas nunca mais se reabriram.

A riqueza de encenação do espetáculo inaugural do Novissimo – *La Finta Pazza*, de Francesco Sacrati (1605-1650) – fez dele por muito tempo um grande sucesso. Em suas excursões pela Europa, era um dos títulos preferidos da companhia ambulante dos *Febi Armonici* – muito importante porque foi ela quem levou os espetáculos de ópera pela primeira vez a Nápoles. Essa cidade sulista, que em breve haveria de se transformar em importante centro de produção operística, conheceu a nova modalidade de teatro quando o vice-rei espanhol conde Oñate convidou os *Febi Armonici* a visitá-la no final da década de 1640. No salão de bailes do palácio de Oñate, os *Febi* apresentaram espetáculos que ficaram famosos: a *Finta Pazza*; o *Giasone* (1651) de Cavalli, para comemorar o bem-sucedido parto da rainha da Espanha; e a *Veremonda*, desse mesmo compositor, para celebrar a supressão de uma revolta separatista na Catalunha em 1642.

Mas voltemos à *Louca Fingida* e ao Teatro Novissimo. Esse drama de Giulio Strozzi ambienta-se na ilha de Scyros, onde, segundo Homero, a mãe de Aquiles o escondeu, disfarçado de mulher, pois tinha o pressentimento de que ele morreria se fosse para a guerra de Tróia. O astucioso Ulisses desconfiou da artimanha e, ao visitar a ilha, colocou ao alcance do guerreiro uma espada nova em folha. Não resistindo à beleza da arma, Aquiles a empunhou com gesto tão masculino que se denunciou – e teve de acompanhar Ulisses, indo ao encontro de seu destino.

Sacrati trabalhou para o Novíssimo até seu fechamento em 1645. Como na partitura da *Finta Pazza* redescoberta em 1984 existe música reaproveitada da *Incoronazione di Poppea* – a abertura, por exemplo, é uma combinação das duas sinfonias que Monteverdi utiliza na cena da coroação que dá o título à sua ópera –, supõe-se que Sacrati tenha trabalhado com o mestre cremonense na época em que este também compunha para os teatros venezianos. Uma das hipóteses levantadas é a de que, na controvertida partitura da *Coroação*, haja música desse artista que, depois de 1649, preferiu, às incertezas da trepidante vida de compositor teatral, a segurança do emprego como mestre de capela na catedral de Módena.

La Finta Pazza foi uma das primeiras óperas italianas apresentadas na França, em 1645. É dessa época, justamente, uma gravura francesa em que se pode ter uma idéia da magnificência do cenário desenhado por Giacomo Torelli: um suntuoso jardim palaciano, amplo espaço circundado por colunas diante das quais os cantores parecem diminutos. O capitel de cada uma dessas colunas é arrematado pelo busto nu de uma das divindades olímpicas e, em torno delas, se enovelam guirlandas de louros artisticamente esculpidas. No centro do palco, havia um enorme chafariz do qual jorrava água de verdade.

Em 1647, antes do fechamento provisório, havia quatro teatros de ópera funcionando simultaneamente numa cidade que, naquela época, tinha apenas 125 mil habitantes. Após a reabertura, no fim de 1648, treze outros foram surgindo até o fim do século, e a ópera transformou-se numa das grandes atrações turísticas da cidade. Levantamentos feitos pelos historiadores demonstram que, entre 1637 e 1700, Veneza assistiu, em dezessete teatros, a 388 óperas diferentes (uma média de seis estréias por ano, sem contar as remontagens). Numa temporada excepcionalmente rica, como

a do Carnaval de 1682-1683, houve doze estréias – a temporada de Carnaval começava em 26 de dezembro, no dia seguinte ao Natal, e estendia-se até a Quarta-feira de Cinzas do ano seguinte.

A essa altura, é claro, já não havia mais apenas salas para público mais bem aquinhoado. O Sant'Apollinario, antigo galpão às margens do Grande Canal, tinha sido adaptado para um público de classe média baixa. E em 1674, o empresário Francesco Santurini tirou o San Moisè do vermelho, montando nele espetáculos a preços populares. Na briga sem quartel pelo favor do público, cada teatro tinha seu compositor residente: Francesco Cavalli no Sant'Apollinario, no início da década de 1650; Carlo Pallavicino no SS. Giovanni e Paolo, na de 1670; Giovanni Legrenzi no San Salvatore, da família Vendramin. Isso tinha seu preço, é claro: para tirar Cavalli do Sant'Apollinario, a direção do San Cassiano ofereceu-lhe 400 ducados anuais, o dobro do que ele ganhava como organista em San Marco. Em compensação, ele ficava obrigado a pagar de seu próprio bolso as cópias da partitura, a dirigir todos os ensaios e reger todas as récitas.

A necessidade de oferecer sempre repertório novo levava também à reciclagem das óperas. E isso se fazia às vezes com distâncias curtas da estréia. Ao remontar, em 1676, o seu *Galieno* do ano anterior, Pallavicino omitiu 33 das 71 árias originais; mas introduziu 44 outras inteiramente novas. Isso acarretou modificações radicais e inevitáveis no estilo da composição. As óperas cortesãs das escolas Florentina e Romana eram discretas, refinadas, de uma intensidade dramática ritualística. As venezianas tornaram-se brilhantes, barulhentas, cheias de efeitos especiais que, muitas vezes, assumiam importância maior do que a da própria música. O visitante inglês John Evelyn, que em junho de 1645 assistiu a uma encenação do *Ercole in Lidia*, de Giovanni Rovetta, no Novíssimo registrou em seu *Diário*:

> Fomos à Ópera, que consiste em Comédias e outros entretenimentos representados com Música Recitativa pelos mais excelentes Músicos vocais e Instrumentais, junto com uma grande variedade de Cenas pintadas e concebidas com enorme arte da Perspectiva e Máquinas para fazer voar nos ares, e outros maravilhosos movimentos, [...] de tal modo ajuntados que formam, sem dúvida al-

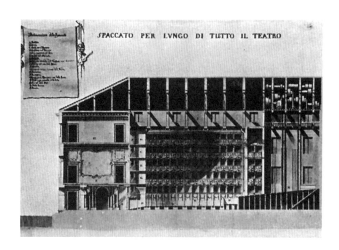

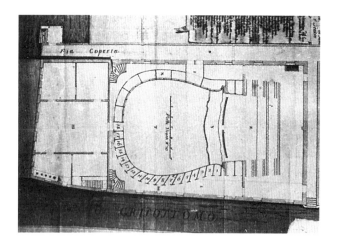

Seção lateral e planta baixa do Teatro S. Giovanni Grisostomo, de Veneza.

guma, uma das mais magníficas e dispendiosas diversões que o Engenho Humano possa inventar.

A mitologia, demasiado rarefeita para o público popular, foi sendo rapidamente abandonada. Giovanni Busenello, o libretista da *Incoronazione di Poppea*, teria escandalizado Peri e Gagliano ao dizer que "o teatro moderno nada mais tem a aprender com as estrofes e antistrofes dos gregos, os hinos órficos ou os idílios de Teócrito e Anacreonte". Enjoados da profusão de óperas com temática mitológica, os venezianos pediam coisa diferente. Além disso, muitas vezes era necessário enxertar nas óperas trechos que satisfizessem "o insistente pedido de uma pessoa poderosa" – como reconhece o libretista Giovanni Faustini a respeito da cena de loucura que se viu forçado a inserir no *Egisto*, de Cavalli, "na qual poderia brilhar o gênio do intérprete" (decerto o protegido do aristocrata que patrocinava o espetáculo).

Em óperas como *L'Ormindo* ou *L'Oristeo*, escritas para Cavalli, Faustini foi um dos primeiros a adotar tramas livremente inventadas, em geral evocando as experiências com as quais um ou mais casais de amantes põem à prova o seu amor antes de descobrir a perfeita felicidade. Para essa renovação do libreto, papel fundamental foi desempenhado pelas traduções de peças dos dramaturgos espanhóis que Giovanni Francesco Loredan, da Accademia degli Incogniti, vinha fazendo. Os dramas dos grandes mestres da Edad de Oro ofereceram aos poetas italiano um exemplo revolucionário de tratamento moderno dos antigos temas trágicos, e de uso muito livre das unidades aristotélicas (no Prefácio da *Didone*, de 1641, Busenello admite ter aprendido com os espanhois "a prática de representar o tempo não em horas mas em anos"). O *Giasone*, de Cavalli, e a *Orontea*, de Cesti – ambas com libreto de Giacinto Andrea Cicognini, grande cultor dos autores ibéricos – são talvez os dois melhores exemplos desse novo estilo de abordagem do repertório de assuntos tradicionais, combinando-os com romance, comédia, intriga, e dando-lhe ação ágil, expressa em diálogos de tom naturalista.

Mesmo quando a temática mitológica permanecia, ela era sobrecarregada com camadas tão espessas dos chamados *accidenti verissimi*,

visando a dar atualidade à história, que muitas vezes a trama original tornava-se irreconhecível. Perseu, Hércules, Medéia, Alceste deixavam de ser nobres arquétipos das paixões humanas para se converter em seres humanos normais, ora alegres ora melancólicos, perdidos no meio da multidão de episódios sérios ou cômicos laterais, que visavam – segundo o gosto barroco pelos contrastes – a dar uma idéia da mistura de humor e patético de que está impregnada a condição humana. E, nesse sentido, seguiam o padrão da abordagem parodística dos sacrossantos mitos clássicos estabelecido por Francesco Bracciolini em seu admirado poema *Lo Scherno degli Dei* (O Escárnio dos Deuses), de 1618. Nenhuma outra ópera ilustra isso melhor do que a deliciosa *La Calisto* que, graças à espetacular gravação de Raymond Leppard, feita em 1971, é a mais conhecida das obras de Cavalli/Faustini.

Uma revolução é introduzida em 1642 pela *Incoronazione di Poppea*: a ópera de tema histórico, de que Nicolò Minato, na década seguinte, haveria de se tornar um mestre, misturando – como ele próprio explica no Prefácio à *Artemisia*, de 1642 – *quello che si hà dall'Istoria con quello che si finge* (o que temos da História com o que inventamos). Esses libretos, em que está o ponto de partida para o tratamento extremamente livre que a ópera romântica dará aos acontecimentos históricos, são também freqüentemente *romans à clef*, como o demonstraremos ao falar da *Poppea*: por trás de suas intrigas e personagens há referências veladas a figuras e situações contemporâneas.

As nuvens negras que se acumulavam no horizonte político, a necessidade de formar uma Sacra Aliança para combater o perigo otomano, explicam também o gosto pela ópera heróica, de um modo geral baseadas nos poemas épicos de Tasso e Ariosto, fonte inesgotável de inspiração para libretistas e compositores de todas as épocas – basta lembrar que a *Armida* de Scacchi é de 1638, e a de Dvorák é de 1904; e entre uma e outra o *Oxford Dictionnary of Opera* registra 82 outras peças explorando a mesma história: a da paixão da feiticeira sarracena pelo cavaleiro cruzado Rinaldo, que ela encarcera em seu jardim mágico. A *Gerusalemme Liberata* de Pallavicino foi uma das óperas suntuosamente montadas, em 1687, justamente em Dresden, cujo príncipe, Johann Georg II da Saxônia, contratava tropas mercenárias para a campanha contra a Sublime Porta. E quando Ernst August de Hanôver, outro dos aliados, visitou Veneza em 1685-1686, óperas de temática semelhantes foram encenadas pelos Contarini no seu teatro privado de Piazzola sul Brento.

Históricas ou mitológicas, de tom burlesco ou heróico, a base da ação dessas óperas era uma intriga de fundo amoroso, com ênfase na emotividade exuberante e pouca atenção dada à coesão lógica dos fatos. Em *The Tenth Muse: the Story of the Libretto*, Patrick Smith comenta:

> Num teatro onde a sutileza não importava, tudo tinha de ser exagerado de modo a surtir efeito. E era até mesmo preciso fazer muito barulho para conseguir que, por alguns minutos, o público prestasse atenção no palco. Empregavam-se elencos enormes e heterogêneos, a comédia misturava-se à tragédia, e uma trama tortuosa insinuava-se em todos os espetáculos operísticos.

Não era a unidade de tom a única regra aristotélica a ter sido abandonada. A de lugar também, pois os atos fragmentavam-se em uma impressionante seqüência de cenas curtas preocupadas apenas em acumular emoção em cima de emoção, suspense em cima de suspense: "idílios pastorais, sonhos, oráculos, encantamentos, aparições de espectros, descida dos deuses, naufrágios, assédios e batalhas", descreve Grout.

Torelli desenvolveu um revolucionário dispositivo que permitia a mudança rápida de cenários. Os diversos telões do cenário eram dispostos em sulcos cortados no chão do palco, presos a um carrinho que corria sobre trilhos montados debaixo dele. Um sistema de cordas ligava esses carrinhos a um tambor giratório que os fazia movimentarem-se simultaneamente e sem dificuldade, comandados por uma alavanca. Antes da invenção desse dispositivo, usava-se de quinze a vinte contra-regras para movimentar cada uma das folhas de telão, o que geralmente se fazia com sincronia imperfeita. Torelli conseguiu que um só operador fizesse a troca muito mais rápido e de forma precisa e elegante. O barulho era inevitável, é claro: por mais azeitadas que estivessem as peças, o rumor das engrenagens sempre era

audível e, dependendo da complexidade da troca, podia sobrepor-se à música. Sabendo disso, os compositores mais avisados previam para essas passagens fragorosas intervenções da orquestra inteira, de preferência com metais e percussões que pudessem abafar um pouco o ruído.

Invertendo a fórmula romântica de que "a arquitetura é música congelada no ar", podemos dizer que, nas mãos de Torelli, a ópera italiana, com suas rápidas seqüências de "imagens mágicas", transformou-se numa forma musicalmente animada de arquitetura. Ele foi também o primeiro, em *Il Bellerofonte* (1642), a desenhar um cenário de interior, fechado por um teto. Foi ainda pioneiro na incorporação cenográfica de elementos decorativos provenientes da arte da tapeçaria ou da estatuária, e dos jardins com cavernas rochosas, motivo favorito do paisagismo barroco em estilo *rocaille*.

O reverso da moeda era o excesso descontrolado de efeitos que se sobrepunha à própria música ou poesia. No Prefácio ao *Perseo* (1665), de Andrea Mattioli, o libretista Aurelio Aureli queixava-se: "O público veneziano chegou ao ponto de já não saber mais desfrutar do que vê; nem os autores sabem mais o que inventar para satisfazer o gosto bizarro desta cidade."

Bizarro é realmente o termo para qualificar os casos mencionados por Kimbell em *Italian Opera*. O final do Prólogo do *Antioco* (1659), de Cavalli/Minato, em que o Amor era carregado por um cisne voador, passando por cima da cabeça da platéia. Ou a seqüência da libertação de Siface no *Scipione affricano* (ato I, cena 16) desses mesmos autores:

> Seu aliado Asdrubale chega ao pé da torre em que ele está preso, arrastando o corpo mutilado de um dos gladiadores mortos no combate do início do ato I. *Do alto da torre*, Siface desfralda um pano com o qual anuncia que vai "colher o hálito eloquente dos cortezes Zéfiros". Inicia a ária *Zefiretti qua corrette* e o pano vai-se inchando como uma vela. Aí, exclamando *"Mà già d'aura benigna/ Vegg'io gravido il lino./ Mi consegno ao voler del mio Destino"* ("Mas já vejo a tela se encher com o vento benigno. Entrego-me à vontade de meu Destino"), Siface pula de pára-quedas, do alto do parapeito, nos braços do atônito Asdrubale.

O teatro veneziano reatava assim com o gosto pelas máquinas que havia no intermédio florentino e, antes dele, no mistério medieval. E propunha um modelo de teatro popular que culminará, no século XIX, no superespetáculo do *grand-opéra* parisiense. Abandonando a austeridade camerística das óperas cortesãs, a orquestra dos teatros públicos também volta a ser grande como a dos antigos intermédios, pois precisava soar de forma audível dentro de salas de espetáculo muito espaçosas. Um relato publicado em Paris no jornal *Le Nouveau Mercure Galant au mois d'avril de l'année 1679* fala de uma apresentação do *Nerone*, de Pallavicino, no Teatro S. Giovanni Crisostomo, em que "quarenta instrumentos dos melhores que se podem encontrar tocaram a Sinfonia [...] uma quantidade enorme de instrumentos de todos os tipos estava presente: flautas doces, trompetes, violas e violinos".

Manuscritos da época registram o uso de cordas, alaúde, cravo, *chitarrone*, *cetra* e *ceterone*, trompas, *cornetto*, flautas, oboés, fagotes, órgão, regal.

As personagens cômicas estereotipadas provinham, naturalmente, da *Commedia dell'arte*. Elas vão se prolongar nos tipos característicos da comédia clássica, avançando pelo início do Romantismo adentro. Arlequim, o empregado ardiloso, é o ancestral de Fígaro; o mal-humorado Pantalone, de Bartolo e *Don Pasquale*; a empregadinha maliciosa, de Despina e, mais tarde, até mesmo da *Adèle do Morcego*, de Johann Strauss II. No início do século XX, por um processo consciente de resgate da tradição, todos eles hão de renascer nas óperas que cultuam essa ilustre forma renascentista de comédia: a *Ariadne auf Naxos*, de Richard Strauss; *Le Maschere*, de Mascagni; o *Arlecchino*, de Busoni; o *Amor de Três Laranjas*, de Prokófiev; a *Donna Serpente*, de Casella; as comédias goldonianas de Wolf-Ferrari ou Malipiero.

Mantém-se a praxe do final feliz obrigatório. No Prefácio ao libreto de *Ulisse Errante* (1644), Giacomo Badoaro explica:

Os primeiros libretistas compunham tragédias com o objetivo de mostrar os tiranos e seus defeitos e de ensinar o povo a odiá-los e a amar a liberdade. Mas essas tragédias encerravam-se com a loucura e a morte, enquanto o *lieto fine* serve igualmente a esse fim com a vantagem de que, ao mesmo tempo, faz as pessoas sentirem-se mais felizes.

Dessa forma, o tirano sempre se arrepende no final – ou percebe que a maldade foi perpetrada graças às maquinações de um ministro cruel. Criam-se, portanto, situações convencionais que vão se repetir durante todo o período barroco. O sono e o sonho, trazendo revelações e confissões, desempenham papel importante nesses clichês. A personagem adormece, sonha com a pessoa amada e declara sua paixão; por acaso, o objeto do desejo está por perto e ouve o que ela não tem coragem de confessar em estado de vigília. Num outro caso muito comum, a personagem adormecida já despertou; mas fica de olhos fechados, fingindo continuar a dormir, para ouvir o que dizem as pessoas que, a seu lado, intrigam contra ela. Um terceiro clichê: no sonho, surge uma aparição ou o fantasma de alguém que já se foi, para revelar um segredo ou fazer uma previsão.

A leitura de cartas – que eram faladas e não cantadas – serve para informar ao espectador sobre acontecimentos ocorridos fora de cena ou antes de a ação se iniciar. Esse é um costume que vai permear toda a História da Ópera: nós o reencontraremos no *Macbeth*, de Verdi, por exemplo. E com muita freqüência, usa-se a redação da carta como um recurso de prospecção psicológica: como uma forma de nos fazer penetrar no mais íntimo recesso emocional da personagem – herdeira desse procedimento será a emocionante "Cena da Carta" no *Ievguêni Oniéguin*, de Tchaikóvski.

O travestimento, originário da comédia, passa também para o domínio da ópera de tema sério ou semi-sério, e vai continuar sendo utilizado nos séculos XVIII-XIX. Mulheres disfarçam-se de homem para salvar seus amantes, procedimento que será de regra na "ópera de resgate" (a Leonora do *Fidélio*). Rapazes vestem-se de mulher para poder estar perto de suas amadas, como o fará Cherubino nas *Bodas de Fígaro*. Uma personagem troca de papel com o criado para fins de conquista (*Don Giovanni*) ou para poder conhecer de perto a sua pretendente (o príncipe da *Cenerentola*). Ou então elas se afastam e retornam sob disfarce, para testar a fidelidade da amada – encontraremos esse inverossímil clichê repetido em *Così Fan Tutte*.

A maquinaria, muito elaborada, desempenha papel fundamental, pois dela depende o brilhantismo que o público espera do espetáculo. *Niobe* (1688), de Agostino Steffani, requer um muro tebano – a construção estratégica que se move e por trás da qual escondem-se os soldados –; um monstro de dentro do qual emergem dois batalhões inteiros; a aparição de dois dragões infernais que vomitam labaredas pelas ventas; e um terremoto com a demolição de vários edifícios. Na época dos cenários de perspectiva simétrica, no momento em que o *deus ex machina* aparecia, a divindade principal descia no ponto central de intersecção; e os deuses menores surgiam nas laterais, dispostos ao longo das linhas de força do cenário, numa seqüência que respeitava a sua hierarquia.

Dava-se muita importância ao cenário que, na Escola Veneziana, é detalhadamente descrito pelo libretista (no Barroco Tardio, à estilização do libreto corresponderá também a estilização do cenário). É muito comum o chamado *effetto altezza*: o uso de torres ou planos elevados com sentido simbólico – neles ficavam as divindades, os soberanos, os magos. Nas cenas de tempestade, as personagens que desafiavam as intempéries eram sempre situadas na proa elevada de uma embarcação, que se movimentava acompanhando o jogo das ondas. Esse tipo de simbolismo visual, indicando a superioridade de uma personagem sobre as outras, ainda reaparecerá ocasionalmente no Romantismo: no *Parsifal*, por exemplo, Wagner descreve o feiticeiro Klingsor no alto de sua torre, dominando Kundry, que está lá embaixo, submissa a ele.

Os bons libretistas e compositores, naturalmente, sabiam desfrutar de forma dramaticamente válida dos recursos espetaculares oferecidos pela encenação. Mas, sendo de tal ordem o prestígio da maquinaria – a ponto de o nome do maquinista vir indicado ao lado do libretista e do compositor nos *cereni*, o texto da ópera distribuído ao público –, não era incomum os autores colocarem-se a serviço dela, fazendo da ação uma série de pretextos mais ou menos gratuitos para o acúmulo de efeitos especiais. Por outro lado, as despesas consideráveis que esse tipo de encenação exigia acarretava mudanças interessantes no plano musical. E a primeira delas será a redução do papel do coro.

Assoberbados com os gastos de instalação da maquinaria, os empresários dão-se conta de que ao dinheiro despendido com a contratação dos coralistas pode ser dado melhor destino e suprimem a sua participação. No Prefácio a *La Paride* (1662), Giovanni Andrea Bontempi chega a tentar justificar essa decisão, dizendo que o coro é mais adequado para o oratório do que para a ópera. Em geral, preferia-se deixar que os próprios figurantes das cenas de multidão interviessem com os gritos de *Evviva!* ou *Vittoria!* necessários nos momentos climáticos. O coro era mantido somente nas óperas escritas para celebrar acontecimentos especiais pois, nesses casos, sempre havia subvenções oficiais que complementavam os gastos.

No lugar do coro, tornaram-se comuns, para substituir o efeito visual que eles produziam, os bailados – que um libretista como Prospero Bonarelli, no Prefácio do *Solimano*, considera muito mais eficientes para efetuar a transição entre uma cena e outra. Essas danças, em geral de caráter ligeiro, têm importância especial. Como atraíam muito a atenção do público, passaram a ser usadas para garantir a passagem não só de uma cena para outra como também de um ato para o outro. Transformaram-se assim num dos embriões do *intermezzo* cômico do início do século XVIII que, por sua vez, dará origem à ópera bufa do Barroco Tardio/Classicismo – tema a ser tratado mais adiante.

Na falta do coro, multiplicavam-se também os trechos de conjunto para os solistas, especialmente nos Prólogos e Epílogos, em que as divindades ou as figuras alegóricas homenageavam as personalidades a quem a ópera tinha sido dedicada, faziam considerações morais de caráter geral, ou referiam-se a acontecimentos do dia. Ao declínio do coro corresponde, naturalmente, um fenômeno complementar: a ascensão do solista virtuoso, de quem se espera demonstrações cada vez mais pirotécnicas de habilidade canora. Isso leva à interpolação, na partitura, de árias que nada tinham a ver com a narrativa e cujo único objetivo era permitir a exibição vocal.

Datam daí alguns costumes que vão se cristalizar com a *opera seria* do Barroco Tardio. Um deles é a *aria di sortita*, colocada no

A Ópera no Teatro

final de uma cena ou de um ato, pois ela permite ao ator, logo após terminar de cantar, sair arrebatadamente do palco – e ser triunfalmente chamado de volta pelos estrepitosos aplausos do público. Com isso, aumenta consideravelmente o número de árias, pois todos os cantores querem ter a sua chance de exibição: o *Claudio Cesare*, de Aurelio Aureli, contém 66 árias – e a maioria delas de saída! Isso só podia levar a exageros absurdos e vagamente ridículos.

Patrick Smith cita o caso de um *Scipione Africano* com libreto de Niccolò Minato. Na versão original, de 1644, ao ver perto do porto um incêndio no barco em que está a sua amada, o herói grita *Che tardo?*, pula na água e vai salvá-la a nado. Quando esse libreto foi remusicado, em 1678, depois desse grito, o cantor deixava a amada em perigo de virar churrasco, à espera de que ele terminasse de cantar uma longuíssima *aria di sortita*. Na *Italian Opera* de David Kimbell vem relatado exemplo ainda mais hilariante. No *Diocletiano* (1675), de Pallavicino, um personagem chamado Narsete interrompe a luta corpo a corpo com um leão, na arena do circo, para cantar a ária "Pugnerò, vincerò". O leão, provavelmente, ficava comportadamente sentado sobre as patas traseiras, esperando que ele tivesse terminado.

Como importância maior era dada às árias de saída – ou às de início de cena, quando o cantor aparecia pela primeira vez no palco –, as que se situavam no meio do ato ficavam relegadas às personagens secundárias e, por conseqüência, eram páginas de factura mais simples e breve, intituladas *ariettas*, devido às suas proporções mais modestas. Quando essa ária era precedida e seguida de recitativos, dizia-se que tinha sido *cavata* (extraída) de dentro dos diálogos – e no *recitativo con cavata* está a origem do termo *cavatina* para designar uma canção mais simples, sem muitas repetições, inserida no meio da ação (é no *Genserico*/ 1669 de Cesti que a palavra surge pela primeira vez). Derivada do hábito de não dar importância aos números de meio de cena é também a chamada *ária del sorbetto*: designava-se assim a ária sem importância, cantada por uma personagem secundária, que oferecia aos espectadores a oportunidade de sair da sala e ir tomar um sorvete do lado de fora.

Chamemos ainda a atenção para uma característica da ópera veneziana que a distancia muito do modelo inicial florentino e romano: o sensualismo, ligado à natureza específica da sociedade em que floresceu e ao espírito barroco – e portanto de contrastes – que a ela preside. Essa era uma época em que a arte erótica – o Marino dos *Canti de' Baci* e da *Pastorella*; o Pietro Aretino dos *Dialoghi delle cortigiane* e dos *Sonetti Lussuriosi*; o Giulio Romano das gravuras com explícitas representações do ato sexual – tinha admiradores fervorosos, principalmente na Accademia degli Incogniti, que G. F. Loredan fundara em 1636. E não nos esqueçamos de que um dos mais ativos *incogniti* era Busenello: mais adiante veremos como, na *Incoronazione di Poppea*, ele introduz um elemento de sensualidade que seria impensável nos austeros tempos do Neoplatonismo florentino.

Até mesmo para nossos permissivos tempos de fim de milênio parece ousada uma cena como a que Giulio Cesare Corradi escreve para *Il Nerone* (1679) de Pallavicino. Tendo-se apaixonado por Gilde, a bela esposa de seu cortesão Tiridate, o imperador imagina um estratagema para possuí-la: convida-a para fazer o papel de Vênus numa peça que escreveu e em que ele mesmo fará o deus Marte. No ápice da cena, "Marte" diz a "Vênus":

> *Già ch'ai baci m'inviti,*
> *sovra letto di rose il seno ignudo*
> *vieni a depor, ò bella.*
> *A delitie maggior l'alma t'appella.*
> *Ma pria ch'a i dolci nodi*
> *l'alma si stringa e s'incateni il core,*
> *qui deponiam gli spoglie.*

(Já que me convidas aos beijos, / vem depor o seio nu / sobre um leito de rosas, ó bela. / A alma te solicita / prazeres maiores. / Mas antes que a alma deixe-se / abraçar em doces laços e que os corações se encadeiem, / tiremos nossas roupas.)

Eles se despem e, diante do corpo nu da mulher, "Marte" começa uma ária entusiasmada:

> *Quanto godo il mirar*
> *la nudità del sen.*
> *Meno vezzosa appar*
> *l'Alba col suo seren.*
> *Quanto...*

(Como me agrada contemplar / a nudez de teu seio. / A Alvorada, com seu orvalho, / parece menos formosa. / Como...)

mas "Vênus" o atalha, impaciente:

Basta cosí: vieni ai soavi amplessi!

(Já chega: vem para o meu suave abraço.)

E a cena só não tem um final explícito impróprio para menores porque Sêneca, o eterno desmancha-prazeres, irrompe na sala, anunciando ao imperador que seus soldados rebelaram-se contra ele [citado por D. Kimbell em *Italian Opera*].

De Marino, aliás, os libretos venezianos herdaram não só o sensualismo como também o gosto pelos excessos de retórica, pela sobrecarga do chamado *stile metaforuto* (de metáforas exageradas) – que faz com que a essa fase do Barroco literário italiano tenha sido dado o nome de "Marinismo". Os libretistas venezianos acreditavam – como o teórico Emanuele Tesauro, do *Cannocchiale Aristotelico* (1655) – que "a metáfora é a grande mãe de todo o engenho [...], a mais fértil e eloqüente produção do intelecto humano".

Essas metáforas são o veículo ideal para a formulação dos *precetti*, aquelas verdades práticas e lapidares, expressas de forma epigramática, que os poetas semeavam em suas árias para resumir os pontos de vista correntes. Elas serão a base da chamada *aria di simile*, em que uma metáfora é proposta e em seguida desenvolvida, explorada sob todos os ângulos, como o veículo para expressar uma idéia abstrata e complexa. Numa época em que – como diz Benedetto Croce em sua *Storia dell'Età Barocca in Italia* (1946) – "a Itália tinha perdido a sua inventividade moral, a faculdade de criar formas novas e progressistas de vida ética", essas máximas refletiam uma contraditória visão do mundo, permissiva em seus aspectos externos, mas internamente dominada pelo conservadorismo eclesiástico e o absolutismo político.

De resto, à medida que o tempo passa, o hedonismo descuidado e sem preocupações filosóficas profundas do início da Escola Veneziana será substituído por um tom alegórico mais sério, reminiscente dos vôos humanísticos

do Renascimento, no qual já se percebe uma ponte para o retorno à austeridade que virá, no século XVIII, com a reforma da *opera seria*. As tragédias que Girolamo Frigimelica-Roberti escreve para Carlo Francesco Pollarolo na década de 1690 – *Ottone, Ercole in cielo, Rosmonda* – estabelecem a ligação entre o passado, o mundo remoto da *Arianna* de Monteverdi, e o futuro, os libretos arcádicos de Apostolo Zeno e Metastasio.

Analisando os traços estilísticos novos que se desenvolvem nesse período, Donald Jay Grout escreve em *A Short History of Opera*:

As óperas dos florentinos e dos romanos eram essencialmente óperas de câmara relativamente breves, com uma gama limitada de efeitos musicais, sofisticadas na expressão dos sentimentos e escritas para agradar a um público de gosto e formação aristocráticos. As óperas venezianas, ao contrário, eram escritas para serem representadas em um teatro público, diante de um público de proveniência variada, que pagava um ingresso e, portanto, era preciso levar em conta as exigências da bilheteria. Vêem daí os grandes efeitos, às vezes obtidos com recursos baratos; a caracterização musical direta e sem sutilezas; os contínuos contrastes entre estados de espírito opostos. Os elementos que caracterizam o novo estilo são as melodias fáceis de memorizar, baseadas em procedimentos harmônicos simples; o tecido musical sólido mas sem complexidade; os ritmos fortes inseridos numa estrutura facilmente perceptível e, principalmente, uma construção formal clara baseada na repetição seqüencial de motivos fundamentais.

Não podemos tampouco nos esquecer de um aspecto essencial, apontado por Robert Donington em *The Rise of Opera*, e que explica o extraordinário desenvolvimento do gênero nesse momento específico:

O brilho e o custo fabuloso da ópera veneziana tornou-a singularmente famosa durante o século XVII. Uma das razões para a quantidade de óperas encenadas em Veneza era a sua reputação internacional e o número de visitantes que vinham de toda a Europa, principalmente durante o Carnaval, para descansar e ter um gostinho de sua vida cosmopolita. A ópera era um dos pontos altos do Grande Tour de Veneza que todas as pessoas de boa educação sentiam-se obrigadas a fazer. Era uma atração contínua para quem tinha condições de viajar e, ao que parece, fascinava particularmente os viajantes vindos do Norte. Os costumes muito livres da cidade, as liberdades que todo mundo podia se permitir quando estava usando máscara, os cenários pitorescos da cidade, a variedade de divertimentos espetaculares contribuíam para a lenda de Veneza. E entre os divertimentos a ópera era um dos mais espetaculares.

Monteverdi em Veneza

Autor da maior ópera de estilo florentino, Claudio Monteverdi é também o responsável pelos dois pontos mais altos a que, no extremo final de sua carreira criativa, chega a ópera de estilo veneziano. Impossibilitados de acompanhar um processo de evolução que se estende ao longo de 34 anos, somos obrigados a intuir as etapas do imenso salto qualitativo que leva do *Orfeo*, de 1607, ao *Ritorno d'Ulisse in Patria*, de 1641, e à *Incoronazione di Poppea*, do ano de sua morte. Para ajudar-nos, há apenas um degrau intermediário, uma obra teatral mas não-operística – na verdade, criação difícil de classificar dentro de um gênero fixo: a cantata dramática *Il Combattimento di Tancredi e Clorinda*, de 1624.

Em julho de 1612, cinco meses depois da morte de Vincenzo I Gonzaga, seu sucessor, Francesco I, demitira Claudio e seu irmão Giulio Cesare, que o assistia. Em 19 de agosto de 1613, ao ser nomeado mestre de capela da Basílica de São Marcos, em Veneza, Monteverdi passou a desfrutar de toda a fama, responsabilidade e segurança que um músico poderia dispor na Itália da época. Seus antigos empregadores continuavam a solicitar-lhe música para óperas, balés e torneios, mas ele se sentia cada vez menos disposto a atendê-los. Pretextava estar assoberbado de trabalho em São Marcos – o que não deixava de ser verdade – mas, na verdade, sentia-se cada vez menos tentado a cultivar a temática mitológi-

ca e alegórica que caraterizava o teatro cortesão. O que o interessava agora era a análise das personalidades, do mecanismo das paixões humanas, a preocupação com personagens reais e palpáveis.

Situa-o como o primeiro grande realista da ópera italiana a carta famosa que escreveu a Striggio, em 1616, rejeitando a proposta que o libretista do *Orfeo* lhe fizera de musicar uma *favola maritima* intitulada *Le Nozze di Tetide*:

> Observei que as personagens desse drama são ventos, *amoretti, zeffiretti,* sereias; e que os ventos do Norte e do Sul têm de cantar. Como você quer que eu imite a palavra dos ventos, se eles não falam? E como espera que eu comova as pessoas com essas coisas? Ariadne comovia a platéia porque era uma mulher de verdade. Orfeu comovia a platéia porque era um homem e não um vento. A música pode imitar o sopro do vento, o balir dos carneiros, o relinchar dos cavalos, mas sem usar palavras. Não pode imitar a palavra do vento, pois esta não existe. Talvez seja por causa de minha ignorância, que não é pequena, que essa sua história não me comove nem um pouco. Eu a acho difícil de entender e ela não me inspira nenhum clímax empolgante. Ariadne inspirou-me um lamento pungente, Orfeu inspirou-me uma verdadeira súplica, porque eram gente de verdade. Mas esse seu libreto, não sei o que ele me inspira.

Il Combattimento di Tancredi e Clorinda

Por mais que suas obrigações em São Marcos o absorvessem, à medida que amadurecia e formava à sua volta um grupo de assistentes em quem podia confiar para ajudá-lo a fornecer à igreja boa música litúrgica, a tentação do palco voltou a dominá-lo. Dentre as óperas perdidas, a mais lamentável é *La Finta Pazza Licori*, de 1627, porque esta deve ter sido uma das primeiras comédias do teatro veneziano. Enche-nos de curiosidade a carta de 1º de maio daquele ano a Striggio, em que ele fala das "mil pequenas invençõezinhas ridículas" que havia em *Licori, a Louca Fingida*. Em outra carta, no dia 7, diz ter querido "levar o público a rir e compadecer-se" e queixa-se da dificuldade que tivera em colocar nela os seus sentimentos mais íntimos (o seu *interno affetto*).

Para o Carnaval de 1624, Monteverdi preparara a cantata cênica *Il Combattimento di Tancredi e Clorinda*, extraída do canto XII da *Gerusalemme Liberata* (estrofes 52-62 e 64-68), de Torquato Tasso, um de seus poetas favoritos, autor do texto de muitos de seus madrigais. A primeira apresentação ocorreu, "diante de toda a nobreza", no palácio do senador Girolamo Mocenigo, que já lhe tinha encomendado a *Proserpina Rapita* para o casamento de sua filha Giustiniana. O *Combattimento* é o segundo dos *opuscoli in genere rappresentativo* publicados no Livro VIII dos *Madrigali Amorosi e Guerrieri*.

É uma daquelas curiosas criações do século XVII, misto de ópera, balé e cantata. Em termos modernos, o que mais se assemelha a ela é a *História do Soldado*, de Igor Stravinski, também concebida para um Narrador – só que falado – e acompanhada por dançarinos. E sua originalidade já começa no fato de, em vez de solicitar a um poeta que transformasse o texto da *Jerusalém* num libreto, conforme as praxes de seu tempo, o compositor ter preferido musicar diretamente as palavras de Tasso. E, no entanto, este não era um madrigal para ser apenas cantado, como os outros. Monteverdi desejava que fosse representado e, na partitura, dá indicações precisas de como os intérpretes devem estar vestidos e de como os gestos do combate devem ser simbolizados.

Ao Testo, o narrador, cabe a parte mais importante; as duas personagens intervêm ocasionalmente com frases curtas. O cavaleiro Tancredi desafia um inimigo anônimo, com quem depara em campo aberto, e ambos se defrontam "qual due tori gelosi e d'ira ardenti" ("como dois touros ardendo de fúria"). Lutam bravamente, e Tancredi fere o oponente; e só então descobre que se trata de sua amada, a sarracena Clorinda. Agonizante, ela o perdoa e pede: "Dona battesmo a me ch'ogni mia colpa lave" ("Dá-me o batismo para que ele lave toda a minha culpa"). Ele o faz, e Clorinda morre em seus braços, transfigurada:

E in atto di morir, lieta e vivace dir parea:
"S'apre il ciel, io vado in pace".

(E no instante de morrer, alegre e viva parecia dizer: "Abre-se o céu, eu vou em paz".)

O *Combattimento* é um momento crucial na produção de Monteverdi, pois marca a primeira aparição do *stile concitato*, o tipo agitado e eloqüente de acompanhamento que terá enorme importância nas obras teatrais posteriores e é a culminação de várias experiências que ele vinha fazendo com o ritmo. No Prefácio ao Livro VIII dos *Madrigais*, já escrevera:

Após refletir que, de acordo com os melhores filósofos, o ritmo pírrico rápido era usado para as danças vivas e guerreiras, enquanto o metro espondeu lento o era para o seu oposto, levei em consideração a semibreve e propus que ela correspondesse a um espondeu; quando a dividi em dezesseis semicolcheias, tocadas uma depois da outra, combinadas com palavras que expressavam ira e desdém, reconheci nessa breve amostra a semelhança com a paixão que eu desejava retratar, embora as palavras não sigam metricamente a rapidez do instrumento.

Observe-se, por exemplo, o tipo de acompanhamento dado às palavras do Narrador em:

D'hor in hor più si mesce, e più ristretta
si fa la pugna, e spada oprar non giova:
dandi con pomi e, infeloniti e crudi,
cozzan con gli elmi insieme e con gli scudi

(A cada hora se intensifica e mais dura torna-se a luta, e a espada já não basta: batem com o punho, enraivecidos e cruéis, ferem ao mesmo tempo com os elmos e os escudos.)

Está aí o exemplo perfeito do que é o *stile concitato* monteverdiano. Nesse achado genial do século XVII está a semente de técnicas de declamação musical que, passando pelo recitativo acompanhado clássico-romântico, o arioso permanente wagneriano e a *parola scenica* verdiana, vão desaguar no *sprechgesang* contemporâneo.

Mas Monteverdi introduziu outros recursos para sugerir os sons guerreiros: ofegantes ritmos ternários imitando o trote do cavalo; *tremolis* e *pizzicatis* representando os golpes dos adversários; figuras triádicas para evocar as fanfarras. Quando os adversários começam a lutar, sua hostilidade é ousadamente simbolizada pela superposição de duas tonalidades diferentes: sol maior para Clorinda e fá maior para Tancredi. O recitativo do Testo é uma obra-prima de canto declamado expressivo, ora impessoal, numa postura distanciadamente narrativa, ora enchendo-se de emoção – por exemplo, a doída exclamação "Ahi vista, ahi conoscenza!" ("Que visão, que descoberta!"), no momento em que Tancredi levanta a viseira do inimigo e reconhece Clorinda.

A obra tem estrutura simétrica, em cinco partes, as das pontas movimentadas e cheias de ação, a do meio introduzindo uma pausa antes que o combate recomece. São elas: *Desafio e Descrição da Noite* (estr. 1-3); *Primeiro Combate* (4-6); *Pausa* (7-10); *Segundo Combate* (11-13); *Agonia e Morte de Clorinda* (13-16). Essa simetria é reforçada pela organização tonal. O início e o fim são em ré menor, ao qual estão estreitamente aparentadas as outras tonalidades utilizadas, embora o tratamento harmônico seja relativamente livre e não isento de modulações, como em todas as obras monódicas do autor. O sol maior domina os dois combates. O sol menor, que retorna com freqüência, sobretudo na *Noite* e na *Pausa*, funciona como uma espécie de refrão tonal. Nesta obra revolucionária – que o estudioso húngaro János Malina chamou de "tentativa precoce de chegar a uma espécie de *Gesamtkunstwerk*" (a "obra de arte total" de que falará Wagner) – vemos prefigurados vários procedimentos que desabrocharão, plenamente amadurecidos, nas últimas óperas.

Eis uma seleção de algumas das gravações disponíveis do *Combattimento*:

Accord, 1963 – Erwin Loehrer
Teldec, 1969 – Gustav Leonhard
Harmonia Mundi, 1976 – René Clemenčić
Teldec, 1977 – Nikolaus Harnoncourt
Virgin Classics, 1979 – Anthony Rooley
Archiv, 1980 – Reinhard Goebel
Hungaroton, 1988 – Nicholas McGegan
Naxos, 1997 – Sergio Vartolo
Opus 111, 1998 – Rinaldo Alessandrini

Il Ritorno d'Ulisse in Patria

Como já dissemos, uma versão revista da *Arianna* foi encenada no Teatro San Moisè durante o Carnaval de 1640. Mas as modificações sofridas pelo gênero ao mudar de público tornava uma ópera escrita para a corte pouco adequada aos novos tempos. Diante desse fato, Monteverdi reage de forma surpreendente. Em vez de concluir – como o fizeram tantos outros músicos depois dele – que aos 73 anos já está sendo superado por um gênero que o tornou obsoleto, decide começar de novo, reciclar-se, adaptar-se ao novo estilo. *Il Ritorno d'Ulisse in Patria*, apresentado no San Cassiano em fevereiro de 1640 – e a *Incoronazione*, de dois anos depois – encontram esse caminho.

O libreto do *Ritorno*, que Giacomo Badoaro tirou dos livros 13 a 23 da *Odisséia*, mantém as figuras mitológicas das óperas antigas. Mas o compositor, que fizera de "Possente spirto" o fremente apelo de um ser humano para outro, dá-lhes tratamento inteiramente novo: agora, suas personagens são seres humanos reais, complexos, que habitam um universo emocional no qual, até hoje, nós homens do fim do milênio nos reconhecemos. A partitura também indica mudanças muito significativas. O *Orfeo* usava uma orquestra enorme para seu tempo, em que o colorido instrumental estava relacionado com os tipos determinados de cena (cordas e flauta doce para as pastorais; trompetes e trombones para as infernais, e assim por diante). No *Ritorno*, o efetivo instrumental é reduzido para que uma palheta instrumental demasiado variada não sobrepuje as vozes – ao elemento humano que, agora, é colocado no centro focal do drama. Nesse sentido, Monteverdi está liquidando definitivamente os resíduos do intermédio que ainda existiam em suas primeiras óperas.

Enquanto *Orfeo* tinha poucas personagens e um coro com solistas que se destacavam, *Ulisses* tem dezenove personagens (*Poppea* terá 21). No *Ritorno*, o papel do coro é muito reduzido; na *Incoronazione*, inexistente: os holofotes assestam-se sobre os indivíduos e a interação entre eles. Em Monteverdi, a ária ainda não se tornou o principal ingrediente da ópera, como acontecerá mais adiante com a Escola Veneziana e, principalmente, a *opera seria* metastasiana. Nas suas últimas óperas, o mestre desenvolveu uma declamação de temperatura emocional tão intensa e de tamanha variedade de recursos, que nem mesmo Cavalli, o mais talentoso de seus discípulos, conseguirá igualá-lo. Refinou também a técnica que começara a explorar nos madrigais e nos *balli*, e a que Grout dá o nome de "descritivismo verbal": o uso de efeitos musicais para ressaltar o significado de determinadas palavras – uma escala ascendente para *ascendere*; uma nota mantida sobre vários acordes do baixo contínuo para *costanza*; melismas saltitantes para *lieto* (alegre); um *tremolo* das cordas para *paura* (medo); repetições marteladas, em tom marcial, para *vittoria*, *guerriero*, e assim por diante.

Embora não possamos comprová-lo devido ao fato de tanta coisa ter-se perdido, uma das qualidades do Monteverdi dramaturgo parecia ser saber escolher os seus libretistas: Striggio, Badoaro e Busenello são excelentes poetas, cada um em seu gênero. O libreto do *Ritorno* tem construção brilhante: o drama se desenrola de forma muito clara, o desenho das personagens principais e secundárias é perfeitamente equilibrado, há um contraste cuidadosamente estudado entre as cenas de ação rápida e as pausas para reflexão. Badoaro demonstra erudição, senso de medida e instinto teatral ao saber exatamente onde comprimir o texto de Homero, onde expandi-lo e que tipo de inserção fazer nele. Não temos condições de verificar essa hipótese mas, estudadas as variantes entre a partitura e as cópias existentes do libreto, não está excluída a possibilidade de que o próprio compositor tenha participado com sugestões.

Os deuses e deusas estão presentes, mas não são meras abstrações intelectuais ou artifícios literários e, sim, a personificação dos impulsos arquetípicos do ser humano. Retratam a causalidade interna de anseios de que os atos humanos são a conseqüência externa. São portanto indispensáveis à história, ao contrário de outras óperas do período em que aparecem como mera concessão ao modismo do tempo, a ponto de poderem ser suprimidos sem que a intriga perca substancialmente. No Prólogo, a Fragilidade Humana fala do medo que sente do Tempo, da Fortuna e do Amor, e de sua inevitável submissão a essas três divindades, que não demonstram piedade pelos mortais. Esta é a parte menos interessante da ópera, mas Monteverdi faz o que pode para dar-lhe coerência e uma construção musical equilibrada.

Enquanto a ama Euricléia tenta em vão consolar Penélope, que há vinte anos espera o retorno de Ulisses da Guerra de Tróia, a criada Melantho e o pastor Eurímaco falam de seus próprios sofrimentos amorosos. Eles não sabem que Ulisses acaba de ser trazido à praia de Ítaca pelo navio dos feácios, que Netuno, irritado com esse povo por ele ter resgatado o herói, transforma num rochedo. Na encenação, esse navio certamente entrava no palco, balançando sobre as ondas, e a sua conversão em pedra devia fazer um dos belos efeitos amados pelos venezianos.

Minerva aparece para Ulisses e lhe ordena que se banhe na água de uma fonte sagrada: ela o fará parecer um velho, e ele poderá entrar em seu palácio sem ser reconhecido por Antinoüs, Pisandro e Anfínomo, os pretendentes que exigem de Penélope que escolha um deles como marido. Enquanto isso, a deusa irá a Esparta buscar Telêmaco, o filho do herói, que anda à procura do pai. Ela traz o rapaz de volta em sua carruagem, e o pastor Eumeu o apresenta ao velho desconhecido, que chegou ao palácio dizendo ter notícias de Ulisses. Um raio de luz desce do céu e revela a Telêmaco a identidade do pai.

Ao ouvir a notícia de que Ulisses está de volta, os pretendentes planejam matá-lo; mas a passagem da águia de Júpiter, voando sobre sua cabeça, os dissuade desse plano. Eles redobram os presentes oferecidos a Penélope, exigindo que ela se decida; e a rainha responde que se casará com aquele que conseguir vergar o arco de Ulisses. Todos tentam, inutilmente. Ulisses, que entrou no palácio disfarçado de mendigo, pede para tentar também, dobra o arco e, com ele, mata os pretendentes. Enquanto os deuses discutem os erros de Ulisses e reconciliam suas divergências a respeito do destino dos seres humanos, Eumeu e Melanto não conseguem convencer Penélope de que o mendigo é seu marido. Ela se recusa a acreditar até mesmo quando Ulisses aparece com sua forma verdadeira. Recusa-se a acreditar quando Euricléia, que o conhece desde que ele era menino, lhe diz que é ele pois o viu no banho e reconheceu a sua antiga cicatriz. Penélope só acredita quando o herói descreve o desenho da tapeçaria que ornamenta a cabeceira do leito conjugal – um detalhe de sua intimidade que só o marido conhece. "Sospirato mio sole!" cantam marido e mulher – "Ó meu sol desejado!" – celebrando a felicidade do reencontro.

Durante tempos houve quem duvidasse da autenticidade do *Ritorno*, devido a diferenças significativas existentes entre o manuscrito da partitura, publicado em Viena em 1923, em que a ópera tem três atos, e as sete cópias manuscritas existentes do libreto de Badoaro, em que ela tem cinco. Mas os estudos estilísticos demonstraram que – como afirma Denis Arnold em sua biografia do compositor – "se ela não é de Monteverdi, é de alguém que compunha exatamente como ele". Robert Donington faz, em *The Rise of Opera*, o cuidadoso levantamento que levou da contestação inicial de Emil Vogel aos conclusivos ensaios de Wolfgang Osthoff em 1956.

Apresentada com sucesso em Bolonha, no teatro da família Guastavillani, logo após a estréia, e repetida em Veneza no ano seguinte, *Il Ritorno* só voltou a ser ouvida em 1925: primeiro numa apresentação em concerto de alguns trechos, em Bruxelas; depois integralmente em Paris. Como no caso do *Orfeo*, a edição também tinha sido preparada por Vincent d'Indy. Edições subseqüentes foram feitas por Luigi Dallapiccola (Florença, 1942), Erich Kraack (Wupperthal, 1959), Raymond Leppard (Glyndebourne, 1972), Nikolaus Harnoncourt (Zurique, 1978) e Hans Werner Henze (Salzburgo, 1987).

O *Ritorno* já explora todos os ingredientes que caracterizavam a ópera veneziana: o Prólogo em tom moralizador, a mistura de personagens sérias e cômicas, as cenas de efeito (aparições dos deuses, combates), embora sempre perfeitamente justificadas pela ação. Mas ainda há resquícios do teatro cortesão: o tema mitológico, a preeminência dos deuses dentro da intriga, a existência de um herói quase sobre-humano, como era Orfeu. Além disso, há paralelos entre esta e a primeira ópera de Monteverdi: a escrita ornamentada das árias cantadas por Minerva e Juno; as sinfonias a cinco vozes; a preocupação com a simetria estrutural; a presença de um lamento – o "Di misera regina" cantado por Penélope no ato I – que tem a ressonância profunda da *Arianna*.

Mas o estilo, nesse lamento, é típico do Monteverdi da maturidade. O recitativo muito tenso tira sua força das mudanças bruscas no andamento e da variação no tamanho das frases melódicas, que sugerem a respiração opressa da personagem. São empolgantes as repetições obsessivas de frases – "ritorna, ritorna, oh ritorna, Ulisse" – que encontram seu clímax em:

Ogni partenza attende desiato ritorno.
Tu sol del tuo tornar perdesti il giorno.

(Toda partida espera o retorno desejado. / Só tu perdeste o dia de tua volta.)

O contraste entre o monólogo de Penélope e as intervenções de Euricléia que o entrecortam mostram também o quanto evoluiu a técnica monteverdiana do diálogo. No *Orfeo*, as personagens falavam, a maior parte do tempo, para o mundo em geral ou para a platéia. No *Ritorno*, elas conversam entre si. Duetos como o do reencontro do pai com o filho – "O padre sospirato... O figlio desiato" –, ou o da cena final, em que os esposos se revêem após vinte anos de separação, são momentos privilegiados de interação psicológica.

Além disso, no *Orfeo*, ao recitativo monódico era confiada a tarefa de conduzir a ação, e as árias surgiam como se fossem canções intercaladas em momentos climáticos de uma peça falada. Aqui, há uma rica oscilação de todos os recursos musicais disponíveis na década de 1640: um recitativo mais naturalista, que vai do simples *parlando* sobre uma nota repetida até a declamação livre de linha melódica flexível; o antigo arioso virtuosístico, a *arietta* veneziana de tom popular, o madrigal guerreiro em *stile concitato*, as canções estróficas com a forma de tema e variações (*aria variata*), os *duetti da camera* cortesãos. Cada uma dessas estruturas é mobilizada em função das possibilidades dramáticas que oferece, pois refina-se o poder de Monteverdi de caracterizar as personagens por meio da música.

As melodias solenes, ornamentadas, de estilo antiquado, com que os deuses se expressam, contrastam com o tom direto e desadornado dos humanos. Elo entre o mundo dos deuses e o dos homens é Minerva: ela assume o tom hierático quando está entre seus pares; mas canta melodias de tom mais simples e flexível quando aparece em vestes humanas. Para fugir do "tédio do recitativo" a que se referiam tantos espectadores das primitivas óperas florentinas, Monteverdi multiplica os recursos, aumentando o número de duetos e passagens de conjunto, usando menos sinfonias e ritornelos para tornar a ação mais dinâmica – reserva-os apenas para momentos dramaticamente justificáveis, como a luta de Ulisses com os pretendentes – e alternando as cenas sérias e cômicas.

A melhor figura cômica é o grotesco Iro, criado dos pretendentes, preocupado apenas em comer bem e viver à tripa forra. Sua ária do ato III, marcada *parte ridicola* na partitura, é um primor de autoparódia, utilizando o estilo nobre e elevado dos madrigais sérios para um lamento bufo: agora que os seus senhores estão mortos, como é que ele vai fazer para encher a barriga? Outro brilhante momento de observação psicológica mediante o recurso cômico é a cena 10 do ato I, em que a jovem aia Melanto tenta convencer a patroa a desistir de esperar e arranjar outro amante. Ela começa hesitante, dizendo-lhe:

> *L'ossa del tuo marito,*
> *estinto, incenerito,*
> *del tuo dolor*
> *non san poco nè molto,*
> *e chi attende pietà da morto*
> *è stolto.*

(Os ossos de teu marido, / extinto e convertido em cinzas, / pouco sabem de tua dor, / e quem espera piedade / de um morto é tolo.)

Sua insegurança inicial é sugerida pela repetição de "del tuo dolor" e as pausas artificiais em "non san... poco... nè molto". Mas à medida que ganha confiança, Melanto lança-

se na graciosa arietta "Un bel viso fa guerra", que descreve com traços econômicos a sua natureza de mulher jovem e sensual.

A formalidade da *maniera madrigalistica* com que os pretendentes são apresentados sugere claramente a idéia de que são um corpo estranho dentro do palácio; e a insistência e o artificialismo do refrão "all'allegrezze", na primeira cena em que aparecem (II, 5), faz-nos logo sentir o peso que representam, impondo sua presença a Penélope. Os trios em que eles conspiram – "Si, si, de' grandi amori" e o pesadamente contrapontístico "Crediam" –, reforçam esse uso deliberado de um estilo solene e já àquela altura envelhecido, para criar a sensação de que eles são intrusos em Ítaca.

A cena final é um dos mais belos momentos de lirismo de toda a História da Ópera. A cautela de Penélope, o medo que tem de se decepcionar e que a faz protestar de modo cada vez mais relutante, dissipa-se quando Ulisses descreve o bordado da cabeceira da cama, objeto que é o símbolo de uma intimidade que só ele conhece. De repente, anos e anos de sofrimento, de espera amargurada, derretem-se literalmente diante de nossos olhos, à medida que ela repete, ansiosa: "Hor si, hor si ti riconosco, si, si, si, si, hor si ti credo...", para culminar na certeza ainda contida da confissão: "sei l'antico possessore del combattuto core".

Mas o marido a encoraja: "Sciogli la lingua", e Penélope liberta finalmente, na triunfante "Illustratevi, o cieli", sentimentos longamente represados. Já não se trata mais do dolorido recitativo de "Di misera regina". É uma gloriosa ária em dó maior, cuja exuberância funde-se na ternura do dueto de amor "Sospirato mio sole". Passaram-se apenas 42 anos desde que o novo gênero foi inventado, e a cena final do *Ritorno* já é ópera no que a ópera terá de mais comovente e perturbador ao longo de toda a sua história!

São as seguintes as gravações existentes do *Retorno de Ulisses*:

Teldec, 1971 – Svent Olof Eliasson, Norma Lerer/ Nikolaus Harnoncourt.

CBS/Sony, 1979 – Richard Stilwell, Frederica von Stade/ Raymond Leppard.

Teldec, 1981 – Werner Hollweg, Trudeliese Schmidt/ Harnoncourt.

Há também dois vídeos: o do Festival de Glyndeborne com Benjamin Luxon, Janet Baker/ Leppard; e o do Festival de Salzburgo (edição H.W. Henze) com Thomas Allen, Kathleen Kuhlmann/ Jeffrey Tate. *Il Ritorno d'Ulisse in Patria* elevou a ópera a um novo patamar de sofisticação dramático-musical. Uma das maiores histórias da tradição literária clássica recebia, das mãos de Monteverdi, um tratamento cheio de nobreza, compaixão e sensibilidade. Parecia não haver mais como superar o ponto alcançado. Um ano depois, porém, essa altíssima realização seria ultrapassada.

L'Incoronazione di Poppea

Cláudio Enobarbo Nero subiu ao trono romano em 54 d.C. Sua mãe, Agripina, seduzira o velho imperador Cláudio, convencera-o a casar-se com ela, a adotar seu filho como sucessor no lugar de Britânico, o herdeiro legítimo, e a casá-lo com sua filha Otávia. Depois de assegurar a sucessão, envenenou tranqüilamente o marido. Durante alguns anos, o tutor de Nero, o filósofo estóico Sêneca, conseguiu manter a sua popularidade encorajando-o a adotar decisões liberais e, ao mesmo tempo, estimulando sua vaidade e sensualidade como forma de mantê-lo afastado da política.

Em 58, Nero conheceu Popéia Sabina, por quem se apaixonou, porque decerto ela exercia sobre ele o mesmo tipo de dominação que Agripina, com quem Suetônio, na *Vida dos Césares*, dá a entender que ele tinha um relacionamento incestuoso. A atração sexual que sentia por Popéia o levou a ceder às suas intrigas: mandou matar a própria mãe, repudiou Otávia, afastou Sêneca (a quem, em 65, deu a ordem de se suicidar) e desposou a amante, coroando-a imperatriz. Daí em diante seu reinado foi uma sucessão de calamidades e impopularidade. O terremoto de 63 danificou seriamente Pompéia (totalmente destruída pela erupção do Vesúvio em 79). Tudo indica que foi o próprio Nero quem ateou o grande incêndio de Roma em 64, como pretexto para reurbanizar a área pobre da Suburra, cheia de casebres e cortiços. As revoltas de 68 na Germânia e na Espanha culminaram no levante do general Galba, que se proclamou imperador e condenou-o à morte – destino infamante de que Nero se livrou criando coragem para suicidar-se antes, aos 31 anos.

O sinistro Nero, a bela e inescrupulosa Popéia, a desprezada Otávia, o sentencioso mas impotente Sêneca formam o quadrilátero em torno da qual Giovanni Francesco Busenello, baseando-se no Livro 14 dos *Anais* de Tácito, escreveu o texto da primeira ópera inspirada em tema histórico. Advogado rico e nobre, que escrevia poesia e teatro para distrair-se dos aborrecimentos legais, Busenello (1598-1659) é um dos maiores libretistas da História da Ópera. Mas teria talvez passado despercebido se não fosse o dramaturgo da suprema obra-prima monteverdiana. E no entanto, de seus seis libretos, dois pelo menos são verdadeiros monumentos literários: a *Incoronazione* e *La Prosperità Infelice di Giulio Cesare Dittatore*, que exibe uma fórmula de teatro épico quase brechtiana *avant la lettre*. Os outros são pelo menos intensamente originais, marcados pela visão pessimista da vida, uma mistura de amargura e senso de humor pungente tipicamente italiana (veja, no capítulo sobre Cavalli, os comentários sobre *Giulio Cesare* e a sua sarcástica *La Didone*). Permeia-os também a cínica certeza de que o desejo do prazer sexual é o que realmente predomina no amor – traço que domina em seus poemas dialetais, como o observa Arthur Livingston em *La Vita Veneziana nelle Opere di Gian Francesco Busenello*: "A sensualidade contida nesses poemas é a responsável pela contemplação extremamente intensa e muito particular da beleza feminina".

Membro da Accademia degli Incogniti, versadíssimo em teatro espanhol – o que se sente na sua forma livre de tratar as unidades aristotélicas – Busenello escreve, em *L'Incoronazione di Poppea*, um libreto que tem muitos traços em comum com os do teatro veneziano de então: mistura de personagens sérias e cômicas, aparições dos deuses, travestimentos, a cena de sonhos, o final feliz. Mas oferece uma poesia incomumente vigorosa, uma rara agilidade no delineamento das personagens, concentração aforística, senso teatral infalível. Sobretudo, é um libreto corajosamente amoral, em que os bons se estrepam e os maus triunfam. Diz o prof. James Kerans, da Universidade da Califórnia, ao apresentar a peça na gravação de Alan Curtis:

Antes de mais nada, a *Coroação de Popéia* é um escândalo. É também uma obra-prima da transfiguração musical de uma convencional alegoria de "triunfo do amor" graças a uma guirlanda de invenções monteverdianas. Mas a sua matéria-prima é o escândalo. O preço em morte, traição e humilhação que se paga para que Popéia possa subir ao trono é chocante, mas totalmente condizente com seus desejos. Em parte alguma percebe-se a preocupação com a "ordem moral" que venha punir o ultraje. E não há menção alguma das "forças históricas" que agem sobre o comportamento das personagens. Tudo provém das paixões pessoais e imediatas. Nada é mais importante do que o indivíduo e o curso que ele escolheu para a sua própria vida.

Mesmo para os padrões permissivos de Veneza na primeira metade do século XVII, este era um libreto extremamente corajoso – até mesmo porque, como já se demonstrou, Busenello faz, com a história de Nero, Otávia e Popéia, alusão indireta a um episódio que fora fonte de escândalo e incontáveis mexericos em toda a Itália: de 1617 a 1627, Vincenzo II Gonzaga tentara sem sucesso divorciar-se de sua mulher, Isabella di Novellana, alegando não saber que, ao lhe ser prometida em casamento, ela já tinha 40 anos e não podia mais ter filhos (Nero, na ópera, também invoca a esterilidade de Otávia como motivo para repudiá-la). Vincenzo queria, na realidade, desposar uma mulher mais jovem; mas a Santa Sé deu ganho de causa a Isabella, que a essa altura já tinha passado dos 50; e Vincenzo morreu logo depois, com 30 anos, praticamente a mesma idade de Nero ao se matar.

L'Incoronazione di Poppea estreou no Teatro SS. Giovanni e Paolo, no Carnaval de 1643. Sabe-se que foi retomada mais vezes, pois um dos manuscritos existentes da partitura é o de uma provável excursão dos *Febi Armonici* a Nápoles em 1651; o outro é do início da década de 1650, copiado pela mulher de Francesco Cavalli, com alterações e notas de interpretação do punho do próprio discípulo de Monteverdi. Do libreto, além de algumas cópias manuscritas de datação incerta, existe a edição feita em 1656 por Andrea Giuliani em *Delle Hore Ociose*, coletânea dos libretos, peças e poemas de Busenello. Entre essas fontes há divergências consideráveis e, como no caso do *Ritorno*, a autoria da *Incoronazione* também foi questionada.

Neste caso, parece que no material sobrevivente existe música escrita por outros compositores – o que era uma prática comum no teatro veneziano. Sabe-se que o texto do dueto final entre Nero e Popéia tinha sido usado numa apresentação do *Pastor Regio* de Benedeto Ferrari, em Bolonha, em 1641; e reapareceu em 1647 num divertimento de Filiberto Laurenzi. A Sinfonia inicial foi retrabalhada a partir da *Doriclea*, de Cavalli, que é de 1645. A música da cena com os cônsules e tribunos, no ato III, é quase certamente de Francesco Sacrati. Esses e outros problemas oferecem até hoje dificuldades consideráveis à encenação, motivo pelo qual há diferenças visíveis nas edições registradas em disco ou vídeo – a começar pela distribuição vocal. O único nome que se conhece do elenco original é o de Anna Renzi, a meio-soprano que criou Otávia. O primeiro Nero era provavelmente um *castrato*. Por esse motivo, o papel já foi cantado em cena e gravação por contratenor, soprano, *mezzo* ou tenor. O mesmo acontece com Arnalta, a ama de Popéia, papel cômico ora feito por tenor, ora por baixo; e com a Ama de Otávia, ora contratenor, ora contralto.

Vincent d'Indy foi também o responsável pela primeira reapresentação da *Incoronazione*, inicialmente em forma de concerto, em 1905, na Schola Cantorum de Paris; e em 1913, sob sua regência, no Théâtre des Arts. Essa versão serviu de base para as edições revistas do Smith College de Northampton (EUA), em 1926; e do University Opera Club de Oxford, no ano seguinte. Momento marcante foi o ano de 1937, em que se assistiu a três versões diferentes da ópera: a que Giuseppe Benvenutti preparou para Gino Marinuzzi no Maggio Musicale Fiorentino, e que teve Gina Cigna no papel de Poppea; a do compositor Ernst Krenek na Volksoper de Viena; e a de Gian Francesco Malipiero, encomendada pelo Opéra-Comique de Paris. Houve ainda as edições de Giorgio Federico Ghedini (Scala, 1953), de Walter Goehr (Hamburgo, 1959) e Raymond Leppard.

Esse maestro inglês, expoente dos estudos sobre a ópera veneziana na década de 60, considerava os manuscritos existentes um esqueleto que tinha de ser completado de acordo com as práticas seiscentistas de encenação. Com isso, são muito discutidas, hoje, as três edições diferentes que preparou para o Festival de Glyndebourne de 1962, para o Coliseu de Londres em 1971, e para a Ópera de Paris em 1977. Esta última, em especial, é considerada excessivamente "romântica", a começar pelo porte e estilo das vozes que faziam Nero (Jon Vickers), Popéia (Gwyneth Jones) e Sêneca (Nicolai Ghiaurov). Hoje em dia, consideram-se muito fiéis ao original as versões de Roger Norrington (Ópera de Kent, 1974), Nikolaus Harnoncourt (Zurique, 1978), Cliford Bartlett (Londres, 1989) e René Jacobs (Zurique, 1990).

São as seguintes as gravações existentes da *Incoronazione:*

EMI/Angel, 1962 – Mágda László, Richard Lewis/ John Pritchard.

Vox, 1963 – Ursula Buckel, Hans-Ulrich Mielsch/ Rudolf Ewerhart.

DGG, 1963 – Sena Jurinac, Gerhard Stolze/ Herbert von Karajan.

Cambridge, 1966 – Carole Bogard, Charles Bressler/ Alan Curtis.

Teldec, 1974 – Helen Donath, Elisabeth Söderström/ Nikolaus Harnoncourt.

Fonit-Cetra, 1980 –

Teldec, 1981 – Rachel Yakar, Eric Tappy/ Harnoncourt.

CBS/Sony, 1985 – Catherine Malfitano, John Elwes/ Jean-Claude Malgoire.

Virgin Classics, 1989 – Arleen Augér, della Jones/ Richard Hickox.

Harmonia Mundi, 1990 – Danielle Borst, Guillemette Laurens/ René Jacobs.

Harnoncourt-II é a trilha sonora de uma bela montagem da Ópera de Zurique, assinada por Jean-Pierre Ponnelle, que faz companhia em vídeo ao *Orfeo*. Existe também a documentação visual do Festival de Glyndebourne, com Maria Ewing/Leppard; e a de uma excelente montagem de Michael Hampe em Zurique, com Patricia Schumann, Richard Craft/ René Jacobs, já exibida mais de uma vez, no Brasil, pela TV a cabo. Fuja da grotesca versão Von Karajan (1963), ao vivo, equivocada em todas as escolhas – que nem o profissionalismo de Sena Jurinac consegue salvar.

A despeito das restrições que já lhes foram feitas por uma ou outra razão, os álbuns Harnoncourt-I, Hickox e Jacobs têm valor musicológico inegável.

No *Kobbé: o Livro Completo da Ópera*, ao comentar a diversidade das versões existentes da *Coroação de Popéia*, o conde de Harewood escreve:

Acesos debates [em torno desses trabalhos] recomeçam toda vez que aparece uma nova edição ou uma anterior é retomada. De minha parte, inclino-me a pensar que as adaptações ainda consideradas válidas dez ou quinze anos depois de produzidas são tão raras que podem ser encaradas como verdadeiras recriações de gênio. O trabalho de reconstituição deve conciliar, em qualquer época, as exigências da erudição (desde questões de linguagem musical até uma meticulosa recriação das condições originais de produção) e a necessidade de comunicação com o público. O adaptador não pode esquecer que um compositor do século XVIII ignorava as práticas do século XIX; mas sabe também que as platéias do século XX estão condicionadas pela gradação e culminância dramático-musical das óperas de Verdi e Wagner e desconhecem o som produzido pelos *castrati*, esperando que o herói tenha os atributos de virilidade, e não os de um soprano em papel masculino. Se a erudição levar a melhor sobre a eficácia, a nova versão será uma falsificação estéril dos efeitos pretendidos pelo compositor; se a atualização e a verossimilhança cênica e musical sufocarem a autenticidade, os puristas protestarão. Mas o certo é que, sem essas adaptações, sem as convicções próprias e o senso de imediatismo de seus editores, o público sequer tomaria conhecimento dessas obras "históricas" – e só teria a perder.

O conde de Harewood tem razão ao chamar a atenção para os riscos de "a erudição levar a melhor sobre a eficácia". Prova disso é que, do ponto de vista do puro rendimento teatral, a versão autêntica de Curtis no La Fenice de Veneza (1981) perde muito para as discutíveis realizações de Leppard em Glyndebourne (1962 e 1984). Da mesma forma, o Nero tenor (Eric Tappy) que Harnoncourt usou no palco, na montagem de Zurique (1981), é muito mais convincente do que o Nero soprano (por melhor que seja a cantora Elisabeth Söderström) com que gravara a ópera em 1974. O mesmo cabe dizer se compararmos Richard Craft, o Nero tenor de René Jacobs, e Della Jones, o Nero meio-soprano do álbum Hickox/versão Bartlet. Em contrapartida, a escolha de Gerhard Stolze, na versão Von Karajan, é simplesmente patética, pois a impressão que se tem é que, a caminho de fazer o Herodes da *Salomé*, ele entrou por engano no teatro errado.

No Prólogo da *Coroação*, a Fortuna, a Virtude e o Amor disputam para decidir quem possui mais poder sobre os homens. O Amor afirma que a história de Nero e Popéia lhes provará que é ele o mais forte. No decorrer da ação, o Amor vai reaparecer em pontos estratégicos, para alterar dramaticamente o curso dos acontecimentos. É por ofender o Amor que Ottone e Ottavia serão castigados; é por estar tomado pela euforia amorosa que Nero se permitirá ser generoso em relação a eles, dando-lhes punições moderadas; é por contar com a proteção de Cupido que Popéia ver-se-á alçada ao trono. Comparada ao Amor, a Virtude está em maus lençóis, pois, para defender suas cores, conta apenas com o sentencioso Sêneca, em quem ninguém mais presta atenção, e que se sente de tal modo enojado do mundo, que ser forçado a abandoná-lo soa-lhe como um alívio.

Presença mais enigmática, mas imanente a toda a ação, é a da Fortuna – o destino –, a quem Busenello maltrata, representando-a como uma mulher velha e careca. Se é do Amor a vitória imediata, pertencerá à Fortuna a vitória final, aquela que sobrevirá muito depois de o pano ter caído sobre o último ato. Pois afinal de contas está subjacente à amarga visão do mundo de Busenello a idéia de que não há lógica nos altos e baixos que caracterizam a condição humana. Isso devia estar claro para o público veneziano mais culto, que lera Tácito e sabia que, em breve, o imperador apaixonado mataria Popéia, durante um acesso de fúria, chutando-a no ventre quando ela estava grávida. Sabia também que Ottone, substituído por Nero no leito de Popéia e condenado ao exílio, haveria de voltar mais tarde e substituir Enobarbo no trono. Contra esse fundo sombrio, recortam-se com clareza ainda maior as silhuetas decididas das personagens que, inteiramente entregues às suas paixões, perseguem cegamente seus objetivos, sem escrúpulos nem remorsos, na euforia de um "trionfo amoroso" que não hesita em atropelar tudo o que encontra à frente.

De manhã cedo, Ottone, apaixonado por Popéia, chega diante da casa da amante e, ao ver os soldados de Nero ali postados, percebe ter sido traído e lamenta a infidelidade da mulher que ama. Os soldados acordam estremunhados, queixam-se de seu ingrato trabalho e do declínio de Roma. Popéia despede-se sensualmente de Nero, enfatizando o amor que sente por ele. Ao ficar sozinha com Arnalta, sua ama, despreza as advertências cheias de bom senso que esta lhe faz, pois tem certeza que Cupido está do seu lado ("Per me guerreggia Amor"). Enquanto isso, no palácio, Otávia lamenta o desdém com que o marido a trata – "Disprezzata regina" –, resiste aos conselhos de sua Ama de que deve arranjar um amante, e ouve de Sêneca o conselho de que deve manter a calma e a dignidade (Valletto, o secretário da imperatriz, reage amaldiçoando a pedantice do filósofo). A deusa Pallas Atena aparece, interrompe as reflexões de Sêneca sobre a fragilidade do poder e a transitoriedade da vida, e o adverte de que a sua morte está próxima. Sêneca alegra-se com essa notícia.

Nero procura seu tutor com a notícia de que decidiu divorciar-se de Otávia e fica furioso quando este lhe recomenda moderação. Popéia vem acalmar o amante e lhe sugere que se desembarace do importuno filósofo matando-o. Depois, trata com grande desprezo Ottone, que veio acusá-la de ser infiel, dizendo-lhe – com aquele talento de Busenello para a fórmula concisa:

Chi nasce sfortunato, di se stesso si dolga e non d'altrui.

(Quem nasce sem sorte, que tenha pena de si mesmo e não dos outros.)

Enfurecido, Ottone jura vingança e recorre a Drusilla, que sempre o amou, prometendo escolhê-la se ela o ajudar contra Popéia.

Sêneca está refletindo sobre os benefícios da solidão preconizada pelos estóicos quando Mercúrio vem avisá-lo de que sua hora está próxima, e a sua reação é perfeitamente serena. Logo depois, Liberto, o mensageiro de Nero, traz a ordem de que ele morra antes do fim do dia, o que o deixa aliviado: para um homem que sente crescente aversão pela podridão do mundo, a morte é acolhida como uma libertação. Pede a seus discípulos que lhe preparem um banho quente, no qual pretende abrir as veias. A tensão é rompida por uma cena de namoro entre Valletto e Damigella, a dama de companhia de Otávia.

Enquanto Nero comemora a morte de Sêneca com o poeta Lucano, Otávia ordena a Ottone que se disfarce de mulher e mate Popéia. Ele se veste com roupas emprestadas por Drusilla e vai à procura de Popéia, que, depois de ter orado a Cupido pedindo a sua ajuda, adormece embalada por Arnalta. Quando Ottone se aproxima, o Amor desce do céu e o impede de matá-la. Popéia acorda, dá o alarme e Ottone foge. Triunfando, o Amor proclama: "Ho difeso Poppea". Acusada de ter tentado matar Popéia, Drusilla é presa e condenada à morte por Nero. É salva por Ottone, que confessa a sua culpa, e o imperador exila a ambos. Enquanto Nero e Popéia se regozijam porque nada mais, agora, há de se interpor a seu casamento, Otávia despede-se – "Addio, Roma" – e também parte para o exílio. Arnalta exulta em ser a ama da imperatriz e antegoza o respeito que, de agora em diante, todos terão de lhe demonstrar. Aclamada pelos tribunos e cônsules, Popéia é coroada, enquanto Cupido proclama o seu triunfo sobre a Fama e a Fortuna, diante do olhar aprovador de Vênus, a sua mãe. No dueto final, "Pur ti miro, pur ti godo", Nero e Popéia em êxtase celebram o seu amor.

Com um número maior de personagens do que o *Ritorno*, a *Coroação de Popéia* tem ainda mais coesão dramática. Ela é, para o Monteverdi de 75 anos, o que *Otello* e *Falstaff* serão para Verdi mais de dois séculos depois: o ponto culminante da carreira de um gênio que não declinou com a velhice, o "Indian summer", o derradeiro surto de uma criatividade ininterrupta. A música desta ópera não é "espetacular" no sentido veneziano: não há cenas de massa, são poucos os trechos corais e o efetivo orquestral reduzido acentua o caráter intimista da obra. O que realmente interessa é a análise do mecanismo das paixões, o desenho de personagens reais, palpáveis, como aquelas a que o compositor se referia na carta de 1616 a Striggio. A verdade que ali ele dizia querer alcançar, é nesta última ópera que a atinge em todo o seu esplendor – até mesmo no Prólogo, cujas figuras alegóricas têm muito mais substância do que as do *Ritorno*.

Há enorme variedade nos retratos musicais, fazendo o tom nobre e o amoroso conviverem harmoniosamente com o cômico e o patético. 'E pur io torno" de Ottone (I), "Disprezzata regina" (II) e "Addio Roma" (III) de Otávia são lamentos que levam ainda mais longe a expressão da dor que havia nos de Ariadne ou Penélope. Na primeira ária da "rainha desprezada", por exemplo, há um achado brilhante. Ela pergunta: "Nerone, empio Nerone... dove, ohimè, dove sei?" e, em seguida, com pausas cada vez mais agressivas, repete o segmento de frase: "in braccio di Poppea...", com o prazer masoquista de quem torce a faca dentro da própria ferida. E é de uma imaculada beleza a imagem do

> *freqüente cader de' pianti miei*
> *che pur va quasi formando*
> *un diluvio di specchi in cui tu miri*
> *dentro alle tue delitie i miei martiri*

(a queda freqüente de meu pranto que quase vai formando um dilúvio de espelhos em que, em meio a teus prazeres, te contemplas em meus sofrimentos.)

No outro extremo do registro, é de uma malícia deliciosa o "Se sto teco il cor mi batte" com que Valletto, no interlúdio bufo, se declara a Damigella. E são hilariantes tanto a cena em que a Ama tenta convencer Otávia a dar o troco corneando Nero, quanto a ária em que Arnalta se delicia com a idéia de que, a partir de agora, vai poder pisar em quem antes a tratava com desprezo:

> *Hoggi sarà Poppea di Roma imperatrice.*
> *Io che son la nutrice*
> *ascenderò delle grandezze i gradi.*
> *No, no, col volgo non m'abbasso più.*
> *Chi mi diede del tu,*
> *hor con nova armonia*
> *gorgheggerammi il "vostra signoria".*

(Hoje, Popéia será a imperatriz de Roma. E eu, que sou a sua ama, vou escalar os degraus da grandeza. Não, não, não me abaixarei mais até a plebe. Quem me chamava de você, agora, com nova melodia, há de gorjear ao dizer-me "vossa senhoria".)

Há nos duetos de amor da *Incoronazione* uma sensualidade raramente igualada em toda a História da Ópera. O brilhante achado de não resolver as seqüências harmônicas no *addio* do dueto do ato I enfatiza a dificuldade dos amantes em se separarem após uma calorosa noite de amor. Em compensação, as harmonias resolvem-se rapidamente no dueto final, que é construído em forma de chacona – tipo de dança em que a melodia, depois de ser enunciada, continua a ser repetida pelo baixo contínuo. E as duas vozes se fundem numa melodia contínua que simboliza a união dos dois. Há dúvidas quanto à autoria dessa última página, sim; mas – como diz Donnington – "se é esse o caso, a outra mão é de alguém que soube captar o que havia de melhor no estilo de Monteverdi".

As árias e outras formas fechadas são de grande riqueza. À exceção de Sêneca, austero e distanciado, e de Otávia, demasiado trancada em sua dor para poder permitir-se isso, todas as personagens têm seus momentos de expansão lírica, desde o lamento de Ottone no ato I até a ária de Drusilla no início do III, passando pela cena entre Valletto e Damigella. É notável que até mesmo uma personagem relativamente secundária como Arnalta tenha direito à ondulante linha sustentada de "Oblivion soave", a canção de ninar que ela entoa para Popéia, na cena 12 do ato II, com o objetivo claro de retardar o ritmo da ação, preparando o efeito da tentativa de assassinato logo depois.

Sobretudo, é magistral o retrato da histeria na cena em que a sensata oposição de Sêneca ao repúdio de Ottavia faz Nero perder o controle. O uso do *stile concitato*, as pausas abruptas, as repetições de notas e membros de frases, a iteração da conjunção "e", tudo indica o homem à beira da insanidade:

> *Tu mi sforzi allo sdegno.*
> *Al tuo dispetto, e del popolo in onta,*
> *e del Senato, e d'Ottavia,*
> *e del cielo, e de l'abisso,*
> *siansi giuste o ingiuste le mie voglie,*
> *hoggi Poppea sarà mia moglie.*

(Tu me forças ao desdém. Apesar de ti e do povo e do Senado e de Otávia e do céu e do inferno, sejam justos ou injustos os meus desejos, hoje Popéia será minha esposa.)

As palavras desordenadas de Nero esbarram no impecável pragmatismo do raciocínio de Sêneca – cuja serenidade se traduz no andamento lento e deliberado da música, e no registro grave do cantor –, o que só serve para irritar o imperador ainda mais:

> *Siano innocenti i Regi*
> *o s'aggravino sol di colpe illustri.*
> *S'innocenza si perde,*
> *perdasi sol per acquistar i Regni,*
> *che il peccato commesso*
> *per aggrandir l'Impero*
> *si assolve da se stesso.*
> *Ma che una feminella habbia possanza*
> *di condurti agl'errori,*
> *non è colpa di Rege o semideo,*
> *è un misfatto plebeo.*

São de um contemporâneo de Maquiavel as palavras pronunciadas por Sêneca:

Os reis são inocentes ou são culpados apenas de erros ilustres. Se a inocência se perde, que se perca apenas para conquistar os reinos, porque o pecado cometido para engrandecer o império absolve-se por si mesmo. Mas que uma mulherzinha tenha o poder de te conduzir ao erro, não é erro de rei ou semideus mas sim um crime plebeu.

E quando Nero, babando de ódio, ordena ao "maestro impertinente, filósofo insolente" que saia de sua presença, Sêneca ainda arremata com um daqueles aforismas típicos de Busenello:

> *Il partito peggior sempre sovrasta*
> *quando la forza alla ragion contrasta.*

(O partido pior sempre sai ganhando/ quando a força se opõe à razão.)

O velho estóico parece estar realmente cortejando a morte ao espichar a corda até o ponto em que ela está prestes a arrebentar. A mistura de respeito e medo que Nero sente pelo tutor – no qual identifica provavelmente a figura do pai que nunca conheceu – o impediria de condená-lo, se Popéia, logo a seguir, não soubesse romper sua couraça, atingindo-o no que tem de mais sensível: a vaidade delirante de quem a deseja não só pela sua beleza, mas porque essa união lhe permite provar que ele tem poder sobre os homens e até mesmo sobre os deuses. No caminho da felicidade dos dois, lhe diz Popéia, atravessa-se

> *Seneca, il tuo maestro,*
> *quello stoico sagace,*
> *quel filosofo astuto,*
> *che sempre tenta persuader altrui*
> *ch'il tuo scettro dipenda sol da lui...*

(Sêneca, teu mestre, aquele estóico sagaz, aquele filósofo astuto, que sempre tenta convencer os outros de que o teu cetro só depende dele...)

É o bastante para que Nero cruze a linha final e dê a seus oficiais a ordem:

Olà! Vada un di voi a Seneca volando,
e imponga a lui che in questa sera ei mora.

(Olá! Que um de vocês vá voando até Sêneca e lhe ordene que morra ainda esta noite.)

Depois, assegura à amante:

Vò che da me l'arbitrio mio dipenda,
non da concetti e da sofismi altrui! [...]
Poppea, sta di buon core:
hoggi vedrai ciò che sa far Amore.

(Quero que o meu arbítrio só dependa de mim e não dos conceitos e sofismas alheios! [...] Popéia, fica tranqüila: hoje verás o que o Amor sabe fazer.)

Literária e musicalmente irretocável, esta cena é um exemplo precoce do que a ópera terá de melhor a oferecer em seus mais de 400 anos de história: a perfeita fusão do libreto e da música. A lista que Monteverdi e Busenello encabeçam é a daqueles raríssimos casos – Gluck e Calzabigi, Mozart e da Ponte, Verdi e Boito, Strauss e Hofmannsthal, Stravinski e Auden – em que texto e melodia parecem realmente ter brotado um do outro.

O *Ritorno* e a *Incoronazione* iluminam musicalmente quase todas as facetas do comportamento humano com uma compaixão e uma clarividência que só a plena maturidade pode trazer. Nessas duas óperas, é de extrema espontaneidade a reação de Monteverdi a cada nuance do texto. Para cada emoção ou maneira de agir do ser humano ele encontra uma expressão musical convincente: o riso de Ulisses e o choro de Otávia; a sensualidade calculada de Popéia e a fúria destrambelhada de Nero; o herói que acorda estremunhado na praia de sua própria casa, sem saber direito onde está, e a mulher segura de seu próprio charme que adormece serenamente nos braços acolhedores da babá. São momentos de intimidade intemporais, universais, em que o ser humano é surpreendido em toda a sua nudez e em que cada um de nós, 400 anos depois, ainda se reconhece.

Além disso, Monteverdi possui o dom instintivo de modelar a cena com meios estritamente musicais, dando-lhe extrema fluência e consistência. Exemplo perfeito é a cena de Penélope com os pretendentes (II, 5), em que ao refrão "Ama dunque, si, si", ela responde com o seu "Non voglio amar, no, no". Os dois refrões se entrelaçam e a cada reprise a pressão sobre a rainha aumenta, até ficar perfeitamente clara a desintegração de sua resistência.

O mesmo caso ocorre na *Coroação*. À recomendação de cautela de Arnalta (I, 4), Popéia responde com "No, no, non temo, no" e o marcial "Per me guerregia Amor e la Fortuna". A ama não desiste e repete seus conselhos em intervenções crescentes de duas, três, quatro estrofes separadas por ritornelos, sempre respondidas pelo teimoso refrão de Popéia. Como último recurso, Arnalta não se limita a declamar; embarca na lírica arietta:

Mira, Poppea, dove il prato
è più ameno e dilettoso,
stass'il serpente ascoso.
Dei casi le vicende son funeste.
La calma è profezia delle tempeste.

(Olha, Popéia, onde o prado é mais ameno e agradável é que a serpente se esconde. São funestas as lições que tiramos das coisas. A calmaria é profecia de tempestade.)

Mas Popéia responde com seu invariável "per me guerreggia" e a babá, finalmente perde a calma e explode:

Ben, tu sei pazza se credi
che ti possano far contenta e salva
un garzon cieco ed una donna calva.

(Pois bem, estás louca se achas que um menino cego e uma mulher careca podem garantir tua felicidade e segurança.)

Na montagem de Jean-Pierre Ponnelle/N. Harnoncourt em Zurique, o Amor e a Fortuna, que estão no palco seguindo bem de perto a conversa das duas, ficam ofendidíssimos ao ouvi-la referir-se a eles de modo tão irrespeitoso.

A caracterização é hierarquizada pelo tipo de música destinado às personagens. Às mais sérias e solenes, Penélope e Otávia, Ulisses e Sêneca, é concedida a nobreza da monódia. Melodias leves são escritas para as personagens cuja função é oferecer contraste aos principais: Melanto e Eurímaco, Valletto e Damigella, até mesmo Telemaco e Drusilla. Os grupos de pretendentes, no *Ritorno*, ou de amigos de Sêneca, na *Incoronazione*, são tratados coletivamente, com técnicas madrigalescas. Quanto aos deuses, estes têm uma escrita florida, artificial, que os destaca dos mortais – exceto quando descem à terra, momento em que se expressam com a mesma linguagem dos humanos, como se quisessem fazerse entender por eles. Quanto a Iro ou Arnalta, nos momentos em que têm de fornecer apenas o interlúdio bufo, o idioma musical a que recorrem é o do mais puro pastelão. No *The New Monteverdi Companion* ("The Venetian Operas"), comenta Jane Glover:

> Ao escrever *Ulisse* e *Poppea* no fim da vida, Monteverdi não apenas deu um final brilhante a uma

brilhante carreira: estabeleceu também vários padrões e precedentes que seus discípulos haveriam de seguir nas décadas de 1640 e 1650. Em primeiro lugar, a concentração cada vez maior na ária e nas outras formas fechadas haveria de se desenvolver de forma extraordinária nessas próximas décadas e, por volta de 1660, já teria permeado a estética da construção operística. Em segundo lugar, o recurso de terminar a ópera com um dueto de amor, usado tanto em *Ulisse* quanto em *Poppea*, vai se padronizar nos anos que se seguem e firma-se devido à popularidade de "Pur ti miro". Em terceiro lugar, o meticuloso equilíbrio entre as cenas cômicas e as sérias, entre as reflexivas e as de ação, entre os números de conjunto e os solilóquios foi imitado por todos os sucessores de Monteverdi. Se ele não tivesse escrito *Ulisse* e *Poppea*, a enorme popularidade da ópera teria certamente garantido a sobrevivência do gênero, graças à febril atividade dos teatros venezianos. O que não temos certeza é se sucessores de Monteverdi, como Cavalli ou Cesti, teriam continuado a produzir obras tão marcantes se não tivessem podido aproveitar, ainda que subconscientemente, os exemplos que ele lhes oferecia nessas duas obras-primas.

CAVALLI

Depois da morte de Monteverdi, o palco veneziano será dominado por seu discípulo Pier Francesco Cavalli (1602-1676). Ao contrário, porém, do que ocorrera com o mestre, a maioria das 32 óperas que Cavalli escreveu entre 1639-1673 sobreviveu: a Biblioteca Marciana de Veneza guarda 28 manuscritos pertencentes à coleção particular do compositor, muito cioso da catalogação e preservação de seu trabalho. Alguns deles são autógrafos, muitos foram cópias feitas por Maria Cavalli, sua mulher, e em muitos há correções de próprio punho e anotações referentes às montagens.

Essa copiosa produção espelha a nova condição do compositor italiano, pressionado pela voga do melodrama e pela exigência constante de apresentar obras novas, que os empresários lhe faziam. Isso o leva a escrever com uma certa pressa, a aceitar os libretos tal qual lhe eram oferecidos, sem fazer neles muitas modificações e, sobretudo, a procurar atender aos humores flutuantes do público. Donde uma certa padronização, os desequilíbrios de qualidade mas, ao lado deles, as páginas de qualidade indubitável, animadas por uma inspiração genuinamente teatral. No que tem de melhor, a música de Cavalli possui um ímpeto tão expansivo e uma imediatez tão instintiva na expressão do drama, que não é demais afirmar que ele é, em relação a seu predecessor, o que Puccini será, séculos mais tarde, em relação a Verdi.

À medida que, nas décadas de 1640-1650, o gosto pelo novo gênero de teatro musical difundia-se por toda a Itália, a obra de Cavalli desempenhou papel fundamental no processo de lançar, em diversas cidades – a começar por Nápoles – a semente da tradição da montagem operística. Sua fama cruzou as fronteiras, chegou à Áustria, à Inglaterra (em 1968, Alan Curtis gravou para a Vox uma *Erismena* em inglês, usando a tradução feita para Londres no século XVII). No volume dedicado à *Ópera na França*, vimos como em 1660 foi a Cavalli que se encomendou *Ercole Amante* para a cerimônia do casamento de Luís XIV. Numa época em que os compositores surgiam e desapareciam com extrema velocidade, é incrivelmente duradoura a popularidade de Cavalli. Só na década de 60, porém, ele foi redescoberto, embora alguns autores – Egon Wellesz em 1913, Henri Prunières em 1931 – já tivessem alertado para a sua importância. Mas as encenações em nosso século foram tão bem recebidas por um público surpreso em constatar a validade teatral dessas obras escritas no século XVII que, em 1968, Harold Schonberg, o crítico do *New York Times*, assinalou o surgimento de um verdadeiro "culto de Cavalli".

Aluno de seu pai, Giovanni Battista Caletti, mestre de capela na catedral de Crema, a oeste de Veneza, Pier Francesco Caletti-Bruni foi levado para Veneza pelo *podestà* Federico Cavalli – o representante da Sereníssima República em

Cenário para *Le Nozze di Peleo e Teti*, a primeira ópera de Cavalli, estreada no San Cassiano no Carnaval de 1639.

sua cidade natal. Ao iniciar a carreira teatral, homenagearia esse protetor – como era costume na época – adotando o seu sobrenome. E a prova de que essa gratidão não era apenas próforma é que, ao morrer riquíssimo, Pier Francesco Cavalli deixou um polpudo legado aos descendentes de seu mecenas.

Ao chegar a Veneza, em 1616, Pier Francesco candidatou-se a membro do coro de São Marcos, que acabara de receber seu novo mestre de capela, Claudio Monteverdi. Foi o início da amizade pessoal entre o rapazinho de 14 anos e o experimentado músico de 49, que reconheceu logo o seu talento. Foi o início de uma carreira que o levaria, dentro de São Marcos, de soprano infantil a primeiro tenor. Monteverdi o indicou, em 1620, para trabalhar como organista na Catedral de SS. Giovanni e Paolo – cargo que abandonou dez anos depois, durante a epidemia de peste trazida a Veneza pelas tropas imperiais que tinham invadido Mântua. De volta a São Marcos, foi segundo organista (1639), primeiro organista (1645) e, finalmente, mestre de capela (1668).

Em 1639, Cavalli assinou contrato com a direção do San Cassiano, para trabalhar como *appalpatore*, ajudando no trabalho de empresariar artistas e arrecadar financiamento. Mas logo lhe foi dada a oportunidade de mostrar o que sabia fazer, musicando *Le Nozze di Teti e di Peleo*, de Orazio Persiani, cuja seriedade mitológica já se dissipa numa seqüência frouxa de efeitos visando ao mero entretenimento. Mais importantes do que as implicações filosóficas da luta de Júpiter e Cupido para impedir que Juno e a Discórdia destruam o amor dos protagonistas são os engenhosos "quadros mágicos": uma cena à beira-mar, a descida ao Inferno e a entrada nos Campos Elísios, a subida ao monte Pélion e a visão do bosque sagrado de Ida. O recitativo muito melodioso, os coros de textura bastante ambiciosa, os balés muito desenvoltos demonstram que o palco é a vocação natural daquele iniciante.

A freqüentação do teatro pôs o jovem músico em contato com o advogado Giovanni Francesco Busenello. E é a Cavalli que devemos a aproximação entre esse dramaturgo diletante genial e seu mestre Monteverdi, para quem ele escreveria a *Incoronazione*. Para o novo amigo, Busenello escreveu, nem 1640, o seu primeiro libreto de ópera: *Gli Amori d'Apollo e di Dafne*. Tratava-se do mesmo e venerável tema do primeiro *dramma per música*; mas ele, agora, trançava uma subintriga: os amores de Aurora e Cefalo, tratados em tom mais leve e irônico do que o da história principal. O clímax desta ópera já é típico do Cavalli maduro. Para sugerir a dor de Apolo após a transformação de Dafne em loureiro, ele usa lancinantes dissonâncias e, a partir delas, por meio de um inquieto *ostinato* descendente, chega a uma enérgica melodia binária no momento em que o deus supera o sofrimento transformando-o na resolução de fazer das folhas daquela árvore a sua coroa e o símbolo da poesia. Esse lamento oscila livremente entre recitativo e ária, ao sabor das mudanças do estado de espírito da personagem.

Mais interessante ainda é *La Didone* (1641), já mencionada no capítulo anterior. Profundamente influenciado pelo teatro espanhol, Busenello deu-lhe um fôlego épico só comparável ao dos *Troianos*. Como na ópera de Berlioz, todo o ato I oferece um caleidoscópio dos mais negros recessos da alma humana ao narrar a destruição de Tróia, a morte de Cassandra e a fuga de Enéias. O monólogo de Hécuba, "Alle ruine del mio regno sopravivo decrepita", é de uma intensidade apocalíptica, digna do teatro grego. Com o lamento da rainha que viu seus filhos e marido serem mortos e sua cidade ser devastada, contrasta o cinismo do grego Sinon, de quem veio a sugestão de que se oferecesse a Tróia o cavalo em que se escondiam os soldados:

> *O con qual gusto,*
> *con qual diletto*
> *v'ho assassinati,*
> *Troiani mal nati. [...]*
> *Poco valea la spada*
> *d'Ulisse e Agamennone*
> *se non era la fraude di Sinone.*

(Oh com que gosto, / com que prazer eu vos assassinei, / troianos mal nascidos [...] / De pouco valia a espada / de Ulisses e Agamênon / se não fosse a fraude de Sinon.)

A personagem título só surge na segunda cena do ato II. E a sua primeira aparição coincide não com o desembarque dos troianos e, sim com a chegada de Iarba, rei da Numídia, que vem pedir sua mão – cena que se parece mais com uma altercação do que com uma declaração de amor. Depois da troca de frases rápidas, em tom muito agressivo

> *– Sprezzato amor in odio si converte!...*
> *– E vuoi ch'a forza di minaccie io t'ami?*

(Amor desprezado converte-se em ódio!... / E queres que eu te ame à força de ameaças?),

o primeiro encontro dos dois termina quando Iarba insiste:

> *– Lasciam di disputar, Didone, io t'adoro!*

(– Paremos de brigar, Dido, eu te adoro!)

e a rainha cartaginesa atalha:

> *– Lasciam di contrastar, Jarba, io non t'amo!*

(– Paremos de discordar, Iarba, eu não te amo!)

O texto de Busenello faz a proeza de equilibrar-se na corda bamba entre o cômico e o trágico. Para o libretista, a sorte de Enéias e dos troianos é secundária. O herói troiano é a única personagem que aparece em todos os atos, mas seu objetivo e sua razão de ser parecem estar fora do texto: é como se ele ficasse ali apenas à espera do momento de sair de cena e ir participar de outra ópera. Com o pretexto de seguir seu destino, Enéias tenta sair de fininho, enquanto Dido está adormecida, esquivando-se de dar explicações penosas à mulher que lhe entregou tudo, seu corpo e seu reino. Ela acorda a tempo mas, com seu dolorido monólogo "Perfido, disleale, così la fuga tenti", não consegue demovê-lo do intento de ir criar "o império da Itália e, portanto, do mundo". E a desventurada rainha ainda tem de enfrentar o espectro de Siqueu, o seu marido, que aparece para cobrar a quebra de promessa:

> *Queste sono l'essequie e le memorie*
> *che tu celebri a me, donna impudica?*

(São estes os funerais e as memórias / que celebras para mim, mulher sem pudor?)

A partida inexorável de Enéias e a condenação de além-túmulo indicariam um final trágico para a ópera, pois às ruínas de Tróia, no ato I, se sucederiam os descombros da vida e da consciência de Dido. Mas a cínica visão de mundo que tem Busenello faz da soberana cartaginesa uma espécie de matrona de Éfeso coroada: à beira de imolar-se por um amor frustrado, ela conclui que, afinal de contas, vale mais um pássaro na mão do que dois voando. E consola-se com um amor terreno – o de Iarba –, que não é o ideal, mas está ali ao seu alcance. O procedimento é de um barroquismo típico. A laboriosa estrutura épica serve, na realidade, para dissimular os pontos importantes: a personagem principal é Iarba e não Enéias; e o tema central da história é o pragmatismo de Dido, que prefere o certo ao duvidoso. Nesse sentido, assume valor retrospectivo de paródia o dolorido lamento da rainha após a partida de Enéias (III, 21), pois não vão dar em nada as terríveis palavras que ela diz ao desembainhar a espada que foi do falecido marido:

> *Spada, vanne coll'elsa e'l pomo in terra,*
> *e nel giudicio della morte mia*
> *chiama ogn'ombra infernal fuor degl'abissi.*
> *E tu, punta cortese,*
> *svena l'angoscie mie,*
> *finisce i miei tormenti,*
> *manda il mio spirto al tenebroso rio.*
> *Empio Enea, cara luce, io moro, a Dio.*

(Espada, firma o teu cabo no chão e, / para o juízo de minha morte, / chama para fora do abismo todas as sombras infernais. / E tu, ponta gentil, / põe fim às minhas angústias, / manda o meu espírito para o rio tenebroso. / Perverso Enéias, luz querida, adeus.)

Nesse momento, chega Iarba, declara-se de novo a ela, e Dido conclui que seu desejo de morrer de amor não é tão grande assim.

O rei da Numídia acaba se impondo como uma figura que, afinal de contas, nem era tão ridícula assim. O grande momento da ópera é a cena 12 do ato II em que, ao saber que sua amada tornou-se amante de Enéias, o pobre Iarba se descabela e rasga as roupas repetindo, ao fim de cada estrofe:

> *Son gemelle le donne e le bugie.*

(As mulheres e as mentiras são irmãs gêmeas.)

São de gosto tipicamente barroco as suas palavras:

La natura creante,
nel patorir Didone,
non produsse un bel viso,
ma incarnò un Paradiso.
Anzi no, che vaneggio;
è Didon un Inferno,
e in lei son io dannato al foco eterno.

(Ao dar Dido à luz, / a natureza criadora / não produziu apenas um lindo rosto, / mas encarnou um Paraíso. / Não, pelo contrário, estou delirando: / Dido é um Inferno / e nela estou condenado ao fogo eterno.)

Busenello não acredita nem um pouco no *Onore*, no *Dovere*, no Sacrifício, as figuras alegóricas que aparecem no Prólogo. Ele sabe que a vida continua e que, na prática, todos esses conceitos ideais e altissonantes são de absoluta inutilidade. Pode-se pensar que a reviravolta súbita ocorrida na última cena de *Didone* – encerrada com um dueto de amor que contradiz tudo o que a rainha vinha dizendo até ali – seja uma concessão à necessidade do *lieto fine* obrigatório. Mas, na realidade, ele não tem nada a ver com a aplicação mecânica desse princípio que se faz durante todo o Barroco. Só um tolo não percebe o rio escaldante de sátira e pessimismo que corre sob finais felizes como o da *Didone* ou da *Incoronazione di Poppea*.

Em 1998, a Deutsche Harmonia Mundi lançou a gravação ao vivo de *La Didone*, realizada durante o Festival de Schwetzinger (o que deixa supor que exista também o vídeo do espetáculo). A interpretação é muito satisfatória. Só é lamentável que o regente Thomas Hengelbrock, parecendo não perceber as intenções satíricas de Busenello, tenha decidido cortar a última cena, desvirtuando justamente o que a ópera tem de mais original. O corte é tanto mais absurdo porque Hengelbrock não eliminou a cena imediatamente anterior ao monólogo suicida de Dido, em que Mercúrio procura Iarba, enlouquecido pelo ciúme, e lhe devolve a razão dizendo-lhe:

Vivi felice, Iarba:
l'adorata da te bella Regina
così il Cielo permette;
fatto ha l'influsso reo l'ultime prove,
hor il Ciel sovra te delitie piove.

(Vive feliz, Iarba:/ o céu te concede a bela rainha/ que adoras;/ o réu passou pelas últimas provas/ a que o submeteram; agora, o céu faz chover delícias sobre ti.)

Em 1641, Cavalli associou-se a Giovanni Faustini, que seria seu libretista durante longo tempo: de *La Virtù de' Strali d'Amore* (1642) a *L'Eritrea*, estreada em 1652 – no ano seguinte ao da morte prematura, aos 31 anos, desse poeta e empresário –, foram dez as óperas que escreveram juntos. Entre elas estão *L'Ormindo* e *La Calisto*, as responsáveis pela moderna redescoberta de Cavalli graças às encenações feitas por Raymond Leppard no Festival de Glyndebourne. As edições de Leppard, com cortes, transposição de papéis e orquestração utilizando instrumentos modernos, são rejeitadas pelos puristas, embora sejam de inegável rendimento teatral. No *Viking Opera Guide*, Jennifer Williams Brown chega a dizer que a edição Leppard de *L'Ormindo* (Faber Music, 1969) "não é recomendável para um estudo sério da música de Cavalli". Mas é a esse maestro e musicólogo que devemos a popularidade alcançada pelo compositor em nosso século, principalmente junto ao público inglês.

Faustini é um dos libretistas mais importantes de sua geração, criador do libreto de história original. Em vez de basear seus dramas em narrativas mitológicas e literárias ou episódios históricos, prefere imaginá-las, mantendo-se sempre dentro de uma moldura básica: as dificuldades de dois pares de amantes cujo relacionamento é ameaçado por equívocos, travestimentos, interferência divina; mas o amor acaba vencendo e eles se reconciliam. A montagem de Leppard, na Ópera de Santa Fé em agosto de 1974, chamou a atenção para *L'Egisto*, estreado no San Cassiano durante a temporada de Carnaval de 1643. Antes dela, porém, já haviam sido feitas duas apresentações de que existe o registro: a de Renato Fasano (pirata, selo MRF, 1970) e a do Kammerensemble da Ópera da Baviera/Hirsch (Ariola-Eurodisc, 1973).

Egisto e Climene, a namorada de seu amigo Lidio, são raptados por piratas e dados como mortos. São libertados, mas Egisto enlouquece ao descobrir que, durante a sua ausência, Clori, a sua amante, uniu-se a Lidio. Climene, furiosa por ter sido traída, tenta matar o namorado. Mas, ao erguer a espada, o amor que sente por ele a impede de feri-lo, e os dois se reconciliam. O carinho com que Clori cerca Egisto o faz recuperar a razão, e esses dois também voltam às boas. As cenas mais famosas são as que descrevem a loucura da personagem título – embora Faustini dissesse ter sido obrigado a incluí-las para agradar ao cantor que criou o papel título desta ópera, muito popular em seu tempo. Para sugerir o oscilante estado da mente de Egisto, Cavalli passa rapidamente do recitativo para a miniária, interpolando fanfarras de tom marcial e fazendo bruscas e inesperadas mudanças de andamento, registro, harmonia e estilo de escrita vocal. Luigi Alva faz dessas cenas leitura irrepreensível na gravação Fasano.

A encenação de *L'Ormindo* no Festival de Glyndebourne, em 16 de junho de 1967, editada e regida por Raymond Leppard, constitui um marco no processo de reavaliação moderna da importância de Cavalli. O álbum lançado no ano seguinte pelo selo Argo foi um sucesso de vendagem e contribuiu para a descoberta de que, além de Monteverdi, havia no teatro musical do Barroco um outro grande nome em condições de fascinar o público contemporâneo. No século XVII, porém, *L'Ormindo* não passou de mais um produto descartável, como tantas outras óperas que se produziam em série: estreada no San Cassiano em 1644, nunca mais foi reapresentada antes do século XX. E, no entanto, serviu de modelo para outras óperas do período: a própria *Erismena* (1656) de Cavalli e Aurelio Aureli toma de empréstimo a estrutura de sua história e reutiliza a sua cena de prisão.

A ambientação norte-africana de *L'Ormindo* já é um elemento extremamente original no libreto de Faustini. Ormindo, príncipe de Túnis, e seu amigo Amida, príncipe de Tremisena, estão apaixonados por Erisbe, casada por razão de Estado com Ariadeno, rei de Marrocos e Fez, a quem não consegue amar, pois ele é muito mais velho do que ela. O coração de Erisbe balança entre os dois jovens até o momento em que Sicle, a antiga amante de Amida, aparece disfarçada de cigana e, lendo a palma da mão do infiel, revela a Erisbe seus amores do passado. Desencantada, Erisbe foge com Ormindo. Erice, a ama de Amida, disfarça-se de feiticeira e atrai Amida para uma caverna, prometendo-lhe uma fórmula mágica que fará Erisbe voltar; em vez disso, invoca

o "fantasma" de Sicle, que lhe diz ter-se suicidado de tristeza ao ser abandonada. O remorso de Amida é tão grande que ela lhe revela ainda estar viva, e os dois se reconciliam. Enquanto isso, Ariadeno manda prender o casal de fugitivos e ordena ao capitão Osmano que os envenene. Eles bebem a poção, cantam um lamento e caem inconscientes. A essa altura, Ariadeno chora amargamente, pois acaba de receber uma carta lhe revelando que Ormindo era seu filho; mas, *coup de théâtre...* Osmano anuncia ter substituído o veneno por um poderoso sonífero. O casal desperta e é abençoado por Ariadeno, que abdica e entrega ao filho a mulher e o trono.

A esta altura da obra de Cavalli, as árias ainda não são tão numerosas quanto em fases posteriores da ópera veneziana. Mas já são freqüentes as passagens arioso com refrões muito melodiosos, que se intercalam ao fluxo do recitativo. As árias são de tom suavemente lírico, com estrutura ternária, curtas e de corte bem claro, com um número restrito de repetições para não perturbar a fluência do texto. Algumas delas têm a forma estrófica – a mesma melodia, com pequenas variações, para cada *stanza* –; outras têm forma ternária A.B.B' (com repetição modificada da segunda parte) ou A.B.A. (com reprise integral da primeira seção). O segundo tipo já acena para a ária *da capo*, que será a forma predominante na ópera durante um século (é o caso, por exemplo, de "Fortunato mio core", a ária mais famosa de Erisbe). A maioria das árias é emoldurada por breves seções instrumentais e cantada com acompanhamento contínuo; só as mais importantes recebem comentário orquestral.

Recursos musicais específicos caracterizam as personagens. Os intervalos de terça e escalas muito ágeis que sugerem a juventude e vivacidade de temperamento de Erisbe dão lugar a melodias de lirismo muito concentrado quando ela se transforma na mulher disposta a morrer por seu amor. Suspensões e saltos inesperados descrevem a angústia de Ormindo quando ele vê Erisbe à beira de ser sacrificada junto com ele. Mas a personagem título tem um caráter extrovertido que contraste com o de Amida, retraído e mais discreto, muito diferente da passional Sicle, cujas melodias têm colorido mais escuro e misterioso –

e de sabor exótico quando Erice, a criadinha Melide e ela estão disfarçadas de ciganas egípcias. Muito interessante é Ariadeno, cujo relacionamento com a mulher é a princípio frígido e demasiado cortês – motivo inclusive de chacota por parte da criadinha Mirinda, personagem cômica –; mas que revela sua verdadeira face quando a fuga dos dois faz explodir nele a paixão ferida, a raiva e a crueldade – dualidade de caráter que se resolve no remorso e na magnanimidade de que ele dá provas, ao perceber o que fez.

É particularmente feliz o tratamento que Cavalli dá à técnica do lamento. "Ahi, spirò la mia vita", na cena da prisão, tem no baixo contínuo um tetracorde descendente menor, com inflexões cromáticas. Sobre ele é trançada uma plangente melodia cuja flexibilidade contrasta com a rigidez do baixo. Na apresentação do álbum da Argo, Raymond Leppard escreve:

> A ópera como um todo é uma fascinante experiência com os contrastes dramáticos. Começa como uma comédia leve, em que o relacionamento entre os dois casais de amantes parece funcionar num nível muito superficial. Não fica claro por que as cores se ensombrecem e a atmosfera muda; talvez a explicação esteja na seriedade dos angustiados rompantes de Sicle, que o seu joguinho de cena como quiromante não consegue esconder. Mas quando Erisbe percebe que Amida já foi infiel a outra no passado, fazendo-a sofrer tanto, decide abandonar o namorico com ele e pensar apenas em Ormindo. Desse momento em diante, o padrão dos relacionamentos se aprofunda, e a ópera começa a gravitar para o campo da tragédia. A maneira como a música reage a essa música é a prova cabal da originalidade de Cavalli como operista e a confirmação do prestígio que ele tinha em sua época.

Não se tem certeza quanto à partitura de *La Prosperità Infelice di Giulio Cesare*. Ao que parece, ela se segue a duas óperas com libreto de Faustini, ambas compostas em 1645: *Doriclea* e *Titone*, esta última inteiramente perdida. Na opinião de Patrick Smith, ela foi representada no Teatro Grimani, durante a temporada de Carnaval de 1646. Se se deve dar a essa ópera cuja música se perdeu uma atenção especial, é porque ela se baseia num dos melhores libretos de Giovanni Francesco Busenello, o dramaturgo da *Didone* e da *Incoronazione* monteverdiana – libreto esse que foi preservado na edição das obras completas de seu autor.

Num texto em cinco atos – em vez dos habituais três – Busenello propõe-se a condensar a história romana entre os anos 49-44 a.C., a fase da dissolução do triunvirato que reinava sobre Roma, da vitória de César sobre Pompeu, que foge para o Egito, onde é assassinado por ordem do faraó Ptolomeu. Contando o envolvimento de César com Cleópatra e a vingança da morte de Pompeu, a ópera trata dos mesmos temas que, no século seguinte, fornecerão a Haendel o argumento de um de seus melhores dramas.

Busenello consegue tratar todo esse material histórico sem se apartar do modelo veneziano, ou seja, insere as personagens reais no habitual tecido de cortesãos, guerreiros, magos, tutores e casais secundários de namorados, de forma a transformar essa miscelânea de personagens numa representação pitoresca das diversas classes existentes em seu próprio mundo. É esse enquadramento das personagens históricas dentro de uma moldura que se reconhece como seiscentista que dá a seu *Giulio Cesare* a empostação épica, ou seja, o tipo de distanciamento que o cronista nos propõe, ao oferecer-nos um retrato do mundo tal como ele é e não como a visão filosófica ou poética idealizada gostaria que ele fosse.

No ato I, Pompeu ainda é cônsul e vê aparecer-lhe o fantasma de Júlia, sua primeira mulher, filha de César. Ela o adverte de que não deve opor-se a seu pai, mas Pompeu não pode fugir daquilo que considera o seu dever: lutar contra a tendência ao autoritarismo de seu ex-sogro e companheiro de triunvirato. O contraponto para esta cena é monólogo de uma velha ama da casa de Pompeu, que deplora as misérias a que estão expostos os ricos e famosos. O contraste entre os nobres sentimentos de Pompeu e a brutalidade da soldadesca que cerca Júlio César é enfatizado ainda mais quando ouvimos – com o característico tom de aforisma de Busenello – as cínicas palavras do Capitão da guarda cesariana:

> Nell'ultime rassegne
> dimmi, se il Ciel l'astuzie tue non guasti
> camerata mia fida
> quante paghe rubasti?
> Quanti, deh dimmi? Quanti
> e di nomi mutati, e di mantello
> ebbero doppia, e triplicata paga?

Diciamolo qui tra noi, che alcun non ode;
e se ci udisse ancora il Mondo tutto,
il rubar cauto è diventato lode.

(No último recenseamento, se o Céu não te fez perder a tua astúcia, diz-me quantos soldos roubaste, meu fiel camarada? Diz-me quantos nomes e mantos trocados, quantos receberam pagamento dobrado ou triplicado. Digâmo-lo aqui entre nós, que ninguém nos ouça; e mesmo que o Mundo inteiro nos ouvisse, roubar com cautela tornou-se coisa louvável.)

Parece-nos ouvir o gordo sir John Falstaff que, séculos depois, dirá: "L'arte sta in questa massima: rubar con garbo e a tempo..."

Segue-se uma das cenas mais interessantes do libreto: um balé que representa a derrota de Pompeu por César, na Batalha de Farsala. Há, na ópera barroca, outros exemplos de balé dançado pelas próprias personagens; mas este é o único em que a dança forma parte integrante da ação histórica e faz com que esta avance, em vez de ser um mero número decorativo. O ato III também abre-se com uma das grandes cenas busenellianas: aquela em que um eunuco, primeiro-ministro do faraó Ptolomeu, convence seu débil soberano a ordenar a morte de Pompeu (que, no ato II, ignorou a advertência do tutor Davo – figura semelhante à de Sêneca – de que deve desconfiar da perfídia de Ptolomeu, e não ir refugiar-se no Egito).

Após um ato IV mais convencional, descrevendo a paixão de César por Cleópatra e a frustrada tentativa de assassinato do romano por um sicário a soldo do faraó, o último ato leva-nos de volta a Roma, para a cena triunfal do retorno do conquistador à sua capital. Mas o que deveria ser a tradicional cena de regozijo, com corais apoteóticos, muda subitamente de tom quando entra Cícero, amigo de Pompeu, e diz a César que não pode congratular-se com ele por uma vitória paga a tão alto preço. Essa intervenção faz sombrios presságios pairarem sobre a alegria exterior. César pronuncia seu discurso, sai de cena e, poucos depois, surgem os conspiradores celebrando a libertação de Roma com a sua morte. Em vez da cena triunfal esperada, a ópera se encerra com um monólogo de Cornélia, a viúva de Pompeu, a quem não tinha convencido a garantia, oferecida por César no ato III, de que nada tivera a ver com a morte de seu marido.

A temporada de Carnaval de 1649, do Teatro S. Cassiano, assistiu ao *Giasone*. O libreto é de Giacinto Andrea Cicognini que, no mesmo ano, obteria outro grande sucesso com a *Orontea* de Cesti. Essas duas óperas, juntamente com *L'Egisto* e *L'Erismena*, fizeram parte do repertório dos *Febi Armonici* e contribuíram para enraizar o gosto pelo novo tipo de espetáculo na península e disseminá-lo por toda a Europa. A complexa intriga desenhada por Cicognini, com sua profusão de personagens habilmente delineadas, em que a libertinagem das figuras cômicas oferece o contraste perfeito para os conflitos morais das sérias, contou muito para a popularidade dessa ópera. Existe dela uma excelente gravação feita em 1988 por René Jacobs, para o selo Harmonia Mundi, com instrumentos originais e meticulosa pesquisa de reconstituição das técnicas vocais do *Seicento*.

A pedido de Hércules, Jasão abandonou Hipsipila, rainha de Lemnos e partiu em busca do Velocino de Ouro – a lã que recobria o corpo da cabra Amaltéia, que amamentara Zeus. Medéia, a princesa da Cólquida, onde o Velocino está guardado, apaixona-se por Jasão. Abandona Egeu, de quem está noiva e, usando os poderes mágicos de que dispõe, invoca Plutão e pede-lhe que ajude o amante. O deus dos infernos dá ao herói um anel mágico com o qual ele mata os monstros que guardam o Velocino, e apodera-se dele. Mas os deuses querem que ele se case com Hipsipila e provocam uma tempestade que faz o navio de Jasão naufragar perto de Lemnos. Medéia pede a Jasão que mate a ex-noiva. Ele concorda e encarrega Besso, o capitão de sua guarda, de jogá-la ao mar. Mas Besso se engana, e é Medéia quem é atirada às ondas, de onde Egeu vem salvá-la. Atormentado pelo remorso, que o faz ver imagens de Hipsipila afogando-se, Jasão sofre também com a idéia dos violentos ciúmes de Medéia. Quando Hipsipila aparece viva e Medéia volta em companhia de Egeu, com quem se reconciliou, a primeira reação de Jasão é ficar com a feiticeira; mas acaba se enternecendo com o comovido lamento da rainha de Lemnos, que reafirma seu amor.

Em sua *Storia della Poesia Volgare* (1698), Giovanni Mario Crescimbeni atribui a Cicognini o delito de ter aberto as portas do teatro italiano à inconveniente mistura das classes sociais:

> Essa mixórdia de personagens foi a causa do desrespeito total às regras da poesia, de tal modo caídas em obsolescência que já nem se dava mais atenção à declamação correta.

Observação preciosa – apesar de sua intenção pejorativa –, pois deixa perceber o que há de inovador na naturalidade de dicção dos versos de Cicognini, valorizados pela imediatez de fraseado e a nitidez dos torneados melódicos e rítmicos de Cavalli. Sentimos o compositor na plena posse de seus meios de caracterização, desde "Delizie, contenti", a primeira ária de Jasão, cantada à saída de uma noite passada nos braços de Medéia: ela o mostra, desde o início, como uma figura ambígua, meio herói, meio fanfarrão, de quem se pode esperar que use o poder de sedução para alcançar seus objetivos. A linha vocal melíflua e as doces harmonias deixam-nos perceber que, sobre ele, o poder de Vênus é maior do que o de Marte.

"Dell'antro magico", a cena da invocação dos infernos, com que se encerra o ato I, é uma das páginas mais famosas de Cavalli. Para criar o ambiente sobrenatural, ele usa a repetição de quatro acordes muito sombrios, acompanhados por quintas descobertas. Os arpejos que forçam a cantora a ir de um extremo a outro de seu registro dão idéia muito clara das forças descontroladas que ela está liberando. O lamento "Regina, Egeo, amici", com que Hipsipila o coração do amante infiel – "Non ho più core in petto... vinto son io" – é um recitativo monódico perpassado por ariosos, na melhor tradição monteverdiana e, em seus momentos mais sentidos, lembra muito a Otávia da *Incoronazione*.

Com a gravidade dessas personagens contrasta o deboche de Oreste, o confidente de Hipsipila, que vê Jasão beijando Medéia e faz o irreverente comentário: "ele traz uma ovelha nos ombros [o Velocino] e uma vaca nos braços". Não é de se espantar que os intelectuais iluministas, cheios de respeito pela saga dos Argonautas, tal como foi narrada por Apolônio de Rodes, achassem essa mistura de gêneros de um supremo mau gosto. A própria Medéia de Cicognini, de resto, nada tem a ver

com a sinistra personagem da maga que mata os próprios filhos para vingar-se do amante infiel. Quando a ópera começa, ela já se tornou amante do herói grego. No final, volta tranqüilamente para os braços de Egeu, enquanto Jasão consola-se nos de sua chorosa ex-noiva. As personagens mitológicas são, na verdade, levianos cidadãos da voluptuosa Veneza seiscentista que dançam, com seus sentimentos, uma cínica quadrilha.

A regra de construção de *Giasone* é a da dissonância imediata – o choque brusco entre uma cena e outra – e a da ressonância a distância – uma série de simetrias que se estabelecem ao longo dos atos, numa técnica tipicamente barroca em que se sente a nítida influência do teatro espanhol, de Lope de Vega e Calderón. O ato I, por exemplo, dedicado à celebração do amor de Medéia por Jasão, é subitamente interrompido pela hilariante cena da taberna em que Orestes conversa com Demo, o confidente de Egeu, corcunda, gago e manco. O jeito de falar de Demo deve ter feito muito sucesso pois, daí em diante, são muito freqüentes as personagens bufas que gaguejam como ele:

> *E se farai del mio parlar stra... stra... strapazzo,*
> *la mia forte bravura*
> *saprà tirarti il ca... il ca... il capo in queste mura.*

> (E se zom... se zom... se zombares de meu jeito de falar, / minha forte bravura / saberá bater com tua ca... tua ca... tua cabeça nestes muros.)

O diálogo entre Oreste e Demo oferece uma espécie de visão, no espelho deformante, do que está ocorrendo ao nobre triângulo Egeu-Medéia-Jasão. São as emoções aristocráticas encaradas do ponto de vista dessacralizador do homem do povo. Antes mesmo do duque de Mântua verdiano, Oreste já diz, ao comentar o comportamento pouco escrupuloso de Medéia:

> *È legger la piuma al vento,*
> *sempre varia la fortuna,*
> *ma più lieve e più incostante*
> *è il cervel di donna amante*

> (É leve a pluma ao vento, / sempre variável a fortuna; / mas mais leve e inconstante / é o cérebro da mulher apaixonada.)

A repetição quase literal destes versos do século XVII para o XI não deve porém nos espantar e nem fazer-nos crer que Francesco Maria Piave, o libretista de Verdi, conhecesse o poema de Ciccognini. Eles apenas remoem um clichê renascentista e barroco – a pluma ao vento como símbolo da inconstância feminina –, retomado por Victor Hugo em *Le Roi s'Amuse*, no qual, de resto, cita o dístico famoso do rei Francisco I:

> *Souvent femme varie,*
> *bien fol est qui s'y fie.*
>
> (A mulher varia muito; louco é quem confia nela.)]

A crueza dos comentários de Oreste e Demo sobre Medéia serve, na realidade, para conferir mais nobreza a Hipsipila quando ela vem, em sua primeira ária, "Speranze fuggite", nos contar como foi atraiçoada pelo amante volúvel.

Com *L'Orimonte* (1650) e principalmente *L'Oristeo* (1651), Faustini assinalou o início de sua carreira como empresário no S. Apollinario. Esta última ópera tem um típico enredo faustiniano, concebido com toda a liberdade em relação aos moldes clássicos. Diômeda rompe o noivado com Oristeu porque este, acidentalmente, matou o seu pai; e o rapaz, coberto de vergonha, se esconde. Trasímedes, que ama Diômeda, aproveita para tentar aproximar-se dela, mas é perseguido por Corinta, a sua noiva, que não desistiu dele. Corinta e Oristeu acabam salvando a vida de seus amados, que, percebendo o erro cometido, reconciliam-se com eles.

No *Viking Opera Guide*, Jennifer W. Brown chama a atenção para o dueto do ato I, em que Corinta e Oristeu debatem o valor dos sentimentos amorosos:

> É um dueto que prefigura as tradições a serem posteriormente fixadas pela ópera bufa. Cavalli caracteriza os seus pontos de vista opostos e nos faz sentir a animação da disputa pelo uso de motivos que contradizem e interrompem um ao outro.

Com *L'Oristeo*, a parceria entre compositor e libretista está suficientemente amadurecida para que, no mesmo ano de 1651, eles produzam a sua melhor ópera, encenada no S. Apollinario em 28 de novembro. A estréia de *La Calisto*, porém, foi um quase fracasso. A falta de público fez com que ela fosse engavetada após onze apresentações apenas. Só em 1970 a edição de Raymond Leppard, apresentada em Glyndebourne com um elenco excepcional – Janet Baker, Ileana Cotrubas, Ugo Trama, James Bowman e Hugues Cuénod – e, em seguida gravada para o selo Argo (1972), fez de *La Calisto* um outro retumbante *Cavalli cult*. A essa esplêndida versão, que os puristas hoje tacham de "pouco ortodoxa", juntam-se outras duas musicologicamente mais respeitadoras, mas dramaticamente menos exuberantes: a de Moretti com I Suonatori della Gioiosa Marca (Stradivarius, 1988); e a de Jane Glover (BBC Stereo, 1996).

Embora recorra aos mitos antigos – a história da sedução da ninfa Calisto por Júpiter, cruzada à dos amores de Diana pelo pastor Endimião –, Faustini humaniza as divindades fazendo delas seres humanos reais e vulneráveis, com todas as suas qualidades e defeitos. No Prólogo, o Destino vem pedir à Natureza e à Eternidade que inscrevam o nome da ninfa Calisto no céu, sob a forma de uma constelação. Como ambas duvidam de seu merecimento, o Destino lhes diz que esta é a vontade de Júpiter e a história a seguir lhes há de demonstrar o direito de Calisto à imortalidade.

Ao descer à terra com Mercúrio, para ver de que modo a natureza, devastada pela guerra, pode ser restaurada, Júpiter apaixona-se por Calisto, a filha do belicoso Lycaon. Para expiar os pecados do pai, a moça tornou-se uma seguidora da casta Diana e recusa-se a deixar-se seduzir, mesmo depois de Júpiter ter feito jorrar uma fonte no meio do bosque ressecado. O pai dos deuses resolve, então, a conselho de Mercúrio, assumir a forma de Diana para poder aproximar-se dela. Quando Calisto volta em busca da água pura da fonte, não consegue resistir às propostas daquela que acredita ser a sua ama, e a acompanha.

O pastor Endimião, atraído pelo florescer da natureza naquela parte do bosque, encontra-se com a verdadeira Diana, que está em companhia de Linfea, uma ninfa idosa e solteirona. Esta, indignada com o interesse do pastor pela deusa – que não é nem um pouco indiferente a seus encantos –, o expulsa dali. Calisto aparece e, ao ver Diana, trata-a tão amorosamente que a caçadora a censura pela sua indecência, ameaça expulsá-la de sua confraria e vai embora furiosa. Magoada e perplexa, Calisto não sabe como agir. Linfea, diante de tudo o que aconteceu, pondera que tampouco sabe conviver com os dúbios impulsos que há em seu peito de velha virgem. Satirino, um sátiro adolescente que a ouviu falar, vem oferecer-se para fazê-la conhecer o amor; mas é duramente tratado por ela. Também Diana rejeita Pan, que se declara a ela e lhe propõe ser, ao seu lado, a rainha dos espíritos silvestres.

Diana surpreende Endimião adormecido no topo do monte Latmos, beija-o e, quando ele desperta, confessa-lhe seu amor. Mas recusa-se a entregar-se a ele. Satirino, que Pan encarregou de vigiar a deusa, faz ácidos comentários sobre a fragilidade da virtude das deusas. Nesse meio tempo, Juno desceu à terra e, ouvindo de Calisto a descrição do encontro galante que teve com Diana, fica certa de que seu divino esposo fez mais uma das suas. Ao surpreender Júpiter disfarçado, fazendo novas propostas à ninfa, tenta desmascará-lo; mas o pai dos deuses não revela seu disfarce e Juno tem de se dar por vencida. Quando o deus e Mercúrio estão comentando que as mulheres deveriam ser proibidas de interferir nos prazeres dos maridos, Endimião chega e, ao ver "Diana", corre para ela, deixando Júpiter extremamente constrangido e fazendo Mercúrio divertir-se à grande. Júpiter é salvo pelo gongo: alertado por Satirino, Pan vem com os sátiros à procura de Endimião e o seqüestra. Linfea aparece decidida finalmente a ceder a seus impulsos, e Satirino, disposto a "castigar l'ingiuria con vendetta di zucchero", chama seus amigos sátiros adolescentes, e eles carregam para dentro do bosque a velha ninfa, que grita alegremente: "Compagne, soccorretemi!"

Juno encontra Calisto à beira da fonte, esperando por "Diana" e, ajudada pelas Fúrias, transforma-a numa ursa. A verdadeira Diana descobre o lugar na floresta onde Endimião está sendo torturado por Pan e os sátiros, afugenta-os com suas flechas, e os amantes se abraçam, jurando eterno e casto amor. Júpiter, enquanto isso, acolhe Calisto no Olimpo e a transforma para sempre na constelação da Ursa Menor.

A ambigüidade sexual é o aspecto mais original deste ousado libreto, bem típico da permissividade imperante na Veneza hedonista do *Seicento*. Mesmo numa época em que o palco era dominado pelos *castrati*, e em que mulheres faziam papéis masculinos – e vice-versa em casos cômicos como Arnalta ou Linfea – *La Calisto* destoa por sua sensualidade desabrida e pela malícia com que são tratadas determinadas situações (um comediante finíssimo como H. Cuénod faz de Linfea uma criação impagável no álbum Leppard). Também o erotismo selvagem, impulsivo de Pan, Satirino e Silvano é descrito em cores muito vivas. Satirino, em especial, com seu descabelado furor de adolescente que está acabando de descobrir o sexo, é um interessantíssimo ancestral do Cherubino mozartiano. Para frisar a "estranheza" desses seres, que não pertencem ao mundo "real", Cavalli não os faz expressar-se com recitativos – o equivalente à fala normal –; escreve para eles um arioso deliberadamente artificial, de melodias muito fluentes.

No outro extremo, Endimião é, no dizer de Jennifer Brown, "a estrela do show": a ele são confiadas as árias mais elaboradas, em especial "Lucidissima face", no início do ato II, em que ele compara a beleza de Diana à da lua. Calisto é outra personagem cuidadosamente observada. Cavalli encontra o tom adequado para as diversas flutuações por que passa a personagem: o temor da virgem que se defende dos avanços impetuosos do macho; a exultação ao só imaginar amada pela deusa a quem venera (por mais que isso derrube a barreira das convenções); desespero e confusão ao não entender o que está realmente acontecendo; e humilde adoração ao se dar finalmente conta de quem era o seu amante. O dueto final, "Bella mia sospirata... Oh Rè dell'Universo", uma das mais belas páginas da partitura, é de nível comparável ao que encerra a *Incoronazione*.

Resta chamar a atenção para o papel de Diana que, nas mãos de uma artista como Janet Baker, pode render uma interpretação soberba. A cantora tem de empostar a voz de forma a diferenciar musicalmente a verdadeira Diana de Júpiter travestido (o deus em pessoa é cantado por um baixo). Na gravação de Leppard, a cantora nos faz sentir claramente, só com os recursos vocais, quando é uma e quando é o outro que estão em cena. O manuscrito da *Calisto* que está na Biblioteca Marciana de Veneza, copiado por Maria Cavalli, contém preciosas anotações do próprio compositor, feitas ao longo dos ensaios, mostrando cortes, acréscimos, transposições de registro e os pontos onde deveriam ser inseridos episódios dançados adicionais – em geral compostos por outros músicos e não conservados. Esses manuscritos fornecem-nos um exemplo precioso da flexível técnica de ensaios no teatro veneziano, a que o compositor estava presente tomando decisões, acrescentando ou eliminando material em função dos efetivos disponíveis, e resolvendo os problemas à medida que apareciam.

Faustini morreu em 1651, durante os ensaios da *Calisto*. Embora Cavalli ainda tivesse *Rosinda* (1651) e *Eritreia* (1652), de sua autoria, para musicar, teve de encontrar logo novo libretista. Surge então Niccolò Minato, que escreveu para ele *Veremonda, l'Amazzone di Aragona* (1653) – cantada em Nápoles para comemorar o aniversário da rainha da Espanha e a recente vitória das tropas de Madri sobre os rebeldes da Catalunha –; *Orione* (1653) e, principalmente *Xerse*, que tem uma daquelas sinuosas histórias típicas do Barroco. Estreada em 12 de janeiro de 1654 no Teatro SS. Giovanni e Paolo, *Xerse* agradou a ponto não só de ser freqüentemente reprisada como também de ser muito imitada. Em 1694, Silvio Stampiglia reviu o texto de Minato para o *Xerse* de Giovanni Bononcini; e esse segundo estágio serviu de base para a versão hoje mais conhecida, o *Serse* de Haendel, estreado em Londres em fevereiro de 1738 (ver o capítulo sobre esse compositor). À sua origem num libreto veneziano do século XVII podem ser atribuídas, na ópera de Haendel, características incomuns para a plena vigência da *opera seria*: integração de personagens nobres e cômicas, diálogos muito irônicos e vertiginosamente rápidos, estrutura de cenas muito flexível e formato pouco convencional das árias.

Xerse atesta o gosto pelos temas históricos tratados de forma romanesca, que se desenvolve por volta de 1650. Apesar de um envolvimento anterior que teve com Amastre, o rei Xerxes, da Pérsia, decide casar-se com Romilda, a namorada de seu amigo Arsamene. Esse projeto conta com o apoio de Atalanta, a irmã de Romilda, apaixonada em segredo por Arsamene. Ela faz uma série de intrigas que provocam desentendimentos entre os namorados; mas Romilda acaba rejeitando o rei e se reconciliando com o homem que ama. Xerxes ordena então que Arsamene seja executado; mas o velho general, pai de Romilda, a quem a ordem foi dada, entende-a mal e, em vez de mandar matar o rapaz, casa-o com sua filha. O rei tem um acesso de furor mas, como Jasão, se amansa ao ouvir o sentido lamento de Amastre e, cheio de remorso, resolve casar-se com ela e abençoar a união de seu amigo com a mulher que ama.

A personagem histórica, aqui, é um mero recurso decorativo para permitir efeitos de encenação que remetam ao esplendor da antiga corte persa (pelo menos como a concebia a imaginação veneziana do *Seicento*). Mas se eliminássemos a referência ao filho de Dario, este poderia ser mais um daqueles libretos de Faustini, com suas contorcidas intrigas amorosas. Já existe, no poema de Minato, o texto de "Ombra mai fù", a declaração de amor que o bizarro Xerxes faz a uma árvore – e que se tornará famosíssima, mais tarde, vestida com a melodia de Haendel. Em Cavalli, esta ária já tem construção ternária (A.B.A') muito clara e com um traço original: a seção B é, ela própria, uma pequena ária com duas seções contrastantes interligadas. Desde o início, a música que Cavalli escreve para a personagem título sublinha o aspecto instável e caprichoso de seu temperamento, o que torna plausível a resolução final. Usando instrumentos de época, René Jacobs e o Concerto Vocale fizeram, em 1985, uma bem reconstruída gravação do *Xerse* para o selo Harmonia Mundi.

Semelhante é também a ambientação de *Statira, Principessa di Persia*, encenada no Teatro Novissimo durante o Carnaval de 1655. Este é o último libreto de Busenello e, embora não possua a mesma qualidade da *Incoronazione* ou do *Giulio Cesare*, tem em comum com eles a nítida caracterização das personagens, a segurança no corte das cenas e a visão pessimista do mundo – aqui voltada uma vez mais, como em *La Didone*, para a indignada denúncia da inutilidade da guerra. Mas as redundâncias e as situações clichês que dominavam nos libretos da segunda metade do século XVII deixam em segundo plano a preocupação com o desenvolvimento lógico do argumento. Segundo Patrick Smith:

> A descrição da batalha, que ocupa quase todo o ato II, é mais ordenada e bem-feita do que realmente tocante do ponto de vista dramático. [...] Tornou-se lugar comum, entre os comentadores, assinalar que Busenello foi quase esquecido em vida e só redescoberto no século XX. A explicação que se dava para isso é que o seu espírito satírico tinha entrado em desacordo cada vez maior com o curso da ópera em geral, que estava mergulhando no gosto das superficialidades gongóricas e dos idealismos heróicos. Há um pouco de verdade nisso, sim, mas acho que a razão mais importante para que nenhum dos libretos de Busenello tivesse sucesso especial, no momento da estréia em Veneza, era que a sua ácida pena lhe tinha granjeado muitos inimigos.

Não era esse o caso de Aurelio Aureli. Ainda mais do que Faustini, ele era um mestre na arte de urdir intrigas complicadíssimas, das quais se safava com reviravoltas surpreendentes – e freqüentemente inverossímeis – na ação. O público de uma temporada de ópera que gravitava em torno dos festejos de Carnaval adorava seus argumentos cheios de mascaradas e de nobres que se disfarçam de criados para dar vazão a instintos libidinosos. A vaguíssima ambientação oriental não só autorizava encenações luxuosas como driblava a censura ao atribuir a licenciosidade franca das personagens à permissividade "pré-cristã". Mas Aureli não era apenas um hábil misturador dos clichês de sucesso garantido do teatro veneziano, cinicamente temperados com uma dose liberal de pimenta.

Não só o seu verso tem um grau de sofisticação maior do que a média de seus contemporâneos, como ele sabe instintivamente construir monólogos, cenas, atos inteiros que solicitam a música e se ajustam às suas necessidades. E as suas intrigas, embora contorcidas, levam perfeitamente em conta o equilíbrio necessário entre os tipos de vozes, o tempo de exposição de cada personagem no palco, e a forma como elas devem interagir umas com as outras. Sua primeira colaboração com Cavalli foi um *Ciro* (1654), que retomava a ópera anterior de Francesco Provenzale e Gian Carlo Sorrentino. Se compararmos as duas, veremos que Aureli simplificou o original, aliviando-o de seu pomposo Prólogo, eliminando os coros, diminuindo o número de personagens e escrevendo novas ariettas para substituir boa parte do recitativo.

O *meraviglioso* o interessava bem menos do que a seus contemporâneos. Na *Erismena*, que Cavalli e ele estrearam no Carnaval de 1656, não há abuso dos efeitos de maquinaria, mudanças freqüentes de cena ou aparição do *deus ex machina*. Talvez parte da simplicidade deva-se aos recursos limitados do S. Apollinario, para o qual a ópera foi escrita. Mas a preferência por enredos que deslocavam a complexidade dos elementos exteriores para os interiores, relacionados com o trançado psicológico das personagens, é típico de Aureli, e já o coloca como um precursor do libreto arcádico reformado de Stampiglia, Zeno e Metastasio. Ele previa oportunidades para que se continuasse inserindo em suas óperas cenas de bailado, ou até mesmo aparições divinas. Mas o fazia de modo a que essas intercorrências permanecessem periféricas e pudessem ser transpostas ou eliminadas sem prejuízo para o entrecho.

A história de *L'Erismena* é uma variação de *L'Ormindo*. A princesa Aldimira, seqüestrada por piratas na costa da Península Ibérica, foi entregue ao velho Erimante, rei da Média, que a tomou por amante, pois Arminda, com quem pretendia se casar, tinha acabado de falecer. Aldimira está apaixonada por dois homens: Orimeno, o príncipe da Cólquida, e Idraspe, príncipe da Ibéria. Erismena, a antiga namorada deste último, que nunca deixou de amá-lo, vem procurá-lo disfarçada de soldado. Ao ver esse belo militar, a volúvel Aldimira apaixona-se por ele também. Enciumado e atemorizado por um sonho profético, Erimante manda prender Erismena e ordena a Idraspe que a envenene, mas, quando ele vai procurá-la, a moça revela sua verdadeira identidade e o rapaz, sentindo que ainda a ama, reconcilia-se com ela. A insatisfação de Aldimira ao ver escaparem dois dos homens por quem se sente atraída se acalma quando ela descobre que Erismena é uma mulher e Idraspe é o seu irmão, de quem foi separada quando criança. As coisas se ajeitam ainda mais: Orimeno vem em socorro de Erimante e ajuda-o a derrotar seu inimigo, o rei Artamene. Agradecido, Erimante abençoa a sua união com Aldimira.

Sucesso de bilheteria em 1656, *L'Erismena* foi uma das óperas mais freqüentemente apresentadas em toda a Europa durante as décadas seguintes. Como dissemos, existe no selo Vox a gravação de Alan Curtis, que se baseia numa tradução inglesa da época. Acredita-se que esta seja "the Italian opera in Musicque, the first that had been in England of this kind" (a obra musical italiana, primeira desse gênero que esteve na Inglaterra) a que John Evelyn afirma ter assistido em Londres em 5 de janeiro de 1674. Ela foi levada à Inglaterra, provavelmente, por ocasião dos festejos do casamento do duque de York com Maria de Módena.

A tradução inglesa elimina muitas das cruezas de Aureli. Por exemplo, na cena do serralho (ato I), em que a criada Alcesta desperta a sensualidade de Erimante chamando-lhe a atenção para l*e due soddissime poppe* (os dois mamilos durinhos) de Aldimira, o texto foi consideravelmente atenuado – e ainda assim conserva muito da sensual atmosfera do original:

> *But all amazed you'll see a snowy bosom,*
> *and there for Love to lie on*
> *two soft pillows with azure veins ennamell'd,*
> *that like two dreadful rocks to all who look on them*
> *bring certain shipwreck if they touch upon them.*
> *The rest... I leave to silence.*

(Mas pasmo vereis um colo de neve e, / nele, para que o Amor repouse, / duas suaves almofadas com veios azulados, que, / como dois temíveis rochedos, trazem / o naufrágio certeiro a quem os toca. / O resto... prefiro silenciar.)

Depois desse trailer promissor, só resta ao pobre Erimante dizer com os seus botões:

> *Her lascivious discourses*
> *do wage a war on my provokèd sense.*

(Suas palavras lascivas amotinam meus sentidos excitados.)

A censura, porém, não era um fenômeno apenas londrino, pois a Biblioteca Marciana possui dois manuscritos da *Erismena*: o de 1656 e o de uma reprise ocorrida em 1670 – e nessa segunda apresentação a cena do serralho tinha sido totalmente omitida, indicação de que, nesse final de século XVII, já não estava longe o momento em que libretistas como Metastasio expurgariam o libreto das cenas cômicas e de tudo o que não considerassem adequado para um gênero nobre e depurado como a *opera seria*.

Em meados do século XVII, as árias de entrada ainda tinham tanta importância quanto as de saída. As de *Erismena* são particularmente felizes. A de Aldimira, "Belezze crudeli, tiranno splendore", em que ela hesita diante do retrato dos dois homens que ama, consegue sugerir claramente, com duas linhas melódicas divergentes, os sentimentos opostos que dividem seu coração. O refrão, de tessitura muito aguda, é acompanhado por um ondulante floreio do contínuo, em estilo de passacalha.

No volume dedicado à *Ópera na França*, detalhamos as circunstâncias de composição do *Ercole Amante*, encomendado pelo cardeal Mazarino a Cavalli, que, depois da *Erismena*, juntara *Artemisia* (1656), *Hipermestra* (1658) e *Elena* (1659) à sua lista de sucessos. A ópera comemorava a vitória do cardeal, que arrancara dos Habsburgos a coroa da Espanha e fizera o Tratado dos Pireneus, de 1659, culminar com o casamento de Luís XIV e da infanta espanhola Maria Teresa. Devido ao objetivo a que se propunha, a ópera se destaca dentro da produção de Cavalli.

O texto de Francesco Buti retrata o jovem rei como o mais forte dos heróis mitológicos, mas um escravo do amor. Apaixonado por Iole, Hércules abandona Dejanira, sua mulher. Ela se lembra então de que o centauro Nesso, que Hércules matou porque ele tentara violentá-la, lhe legara a sua pele ao morrer, dizendo-lhe que ela a protegeria contra as infidelidades de seu marido. Dejanira manda então a pele a Hércules como uma túnica. Mas quando este a enverga, é envenenado e, para livrar-se do sofrimento, queima-se no alto do monte Eta. O fogo o purifica e eleva-o ao Olimpo, onde, livre das paixões humanas, é unido por seu pai, Júpiter, à Beleza (símbolo de Maria Teresa) e pode, finalmente, restaurar a moralidade e reinar com todo o senso de justiça.

Projeto de Torelli para *La Venere Gelosa*, de Sacrati, de 1643.

Gravura de Ferdinando Tacca representando o cenário para uma apresentação da *Hipermestra*, de Cavalli, encenada no Teatro degli Immobili em Florença.

O tema estava na moda: as paixões descontroladas do maior herói da Antiguidade tinham sido, naquele mesmo ano, o tema de *La Mort d'Hercule*, a tragédia de Rotrou; e de *Ercole in Tebe*, a ópera do florentino Giovanni Andrea Moniglia. O próprio Luís XIV encomendou a Fénelon, para uso do Delfim, uma obra didática, *Le Télémaque*, em que a narrativa da morte de Hércules é utilizada como um símbolo dos perigos da paixão quando ela não é abençoada pelo casamento. Uma análise extensa da ópera e de todas as alusões nela contidas é feita por Jean-Louis Martinoty no excelente ensaio que acompanha a gravação feita por Michel Corboz, em 1981, para o selo Erato. É Martinoty quem comenta:

> Esse *Ercole Amante*, que parece a mais completa *Défense et Illustration* do que a ópera barroca pode ter de solene e convencional, é portanto ao mesmo tempo uma obra imensamente atual, um enorme jogo de espelhos em que se reflete a sociedade brilhante e vasta à qual se destina, uma sociedade que manipula com facilidade as alegorias e símbolos e possui conhecimento limitado mas suficiente da mitologia para se guiar nos meandros dos significados. A lição de moral dada ao jovem rei é, portanto, clara, aguda e, ao mesmo tempo, prudente: é-lhe oferecido o espetáculo de sua própria fraqueza, até mesmo o espetáculo de sua própria decadência, pois, no texto, faz-se alusão ao episódio em que Hércules dá suas armas a Onfale e enverga trajes femininos, coisa que ele considera "mais gloriosa do que sustentar as estrelas". Mas o manto com as flores de lis que o jovem rei traz sobre os ombros lhe mostra que ele pode superar essa provação e mostrar-se digno de suas origens divinas, numa perspectiva em que as conotações cristãs, embora sejam discretas, não deixam de estar presentes.

É enorme a influência dessa "obra italiana, encomendada por um italiano como uma homenagem da arte italiana à monarquia francesa" sobre a formação do estilo versalhês de *tragédie lyrique*. O italiano naturalizado Jean-Baptiste Lully participou de sua montagem e nela bebeu, certamente, lições que pôs em prática quando estabeleceu, para o Rei Sol, o modelo de ópera que o engrandecia e a seu reino. Mas *Ercole Amante* deixou de ser, para Cavalli, a chance de ampliar seu território, produzindo também para a corte francesa, que haveria de se converter em ávida consumidora de óperas. A relutância do compositor em aceitar a encomenda e o trabalho extra que suas proporções desusadas exigiram fizeram com que ela não ficasse pronta a tempo para a cerimônia do casamento. O *Xerse* teve de ser cantado em seu lugar, nessa data.

Logo depois, Mazarino morreu, e o período de luto retardou ainda mais a estréia. Quando *Ercole Amante* subiu à cena, no novo Théâtre des Tuileries, em 7 de fevereiro de 1662, o primeiro filho do rei já tinha nascido. O luxuosíssimo espetáculo foi um perfeito desastre. A acústica da sala era uma calamidade, e a música de Cavalli perdeu-se em meio ao ruído da maquinaria utilizada para os efeitos especiais. Ao público, agradaram mais as entradas de balé que Lully compusera para intercalar nos cinco atos do que a música da ópera propriamente dita. Desgostoso, Cavalli voltou para Veneza jurando que não cairia noutra.

A segunda apresentação de *Ercole Amante* ocorreu 307 anos depois: a Ópera de Lyon montou-a em 4 de maio de 1979, e nesse espetáculo baseia-se a gravação de M. Corboz. Ela revelou a notável capacidade que tinha o compositor de se adequar ao gosto francês, desde o Prólogo para o Coro dos Rios, em que já se sente a influência da ópera jesuíta, de tema sacro, que se praticava na França nessa época. O recitativo tem uma expressividade típica da declamação francesa de teatro – cujos ritmos Lully saberá captar perfeitamente – e é de grande virtuosismo o exercício psicológico com que se descrevem as fraquezas e a regeneração do herói. O ato mais surpreendente é o V, com sua seqüência de cenas de conjunto: quarteto, trio, dueto, quinteto, coro duplo, novo dueto e o coro final a oito vozes – uma variedade de escrita de que o Barroco Tardio em breve haveria de se esquecer.

De volta a Veneza, Cavalli apresentou no SS. Giovanni e Paolo, em 9 de fevereiro de 1664, a sua última ópera importante: *Scipione l'Affricano*. Veneza estava em guerra com os turcos e os temas patrióticos, sobretudo os que equacionavam a Serreníssima República com a glória da antiga Roma, eram muito apreciados. Donde o argumento escolhido por Minato para esta obra e as seguintes: *Mutio Scevola* (1665), *Pompeo Magno* (1666) e *Eliogabalo* (1667). Mas o gosto estava mudando rapidamente: agora, predominavam as árias e, na técnica de versificação de Minato, já se percebe a nítida diferenciação rítmica entre as passagens de recitativo e aquelas que devem ser convertidas em cantabiles. Sentindo-se abandonado pelo volúvel gosto dos venezianos, Cavalli foi aos poucos afastando-se do palco.

A nomeação, em 1668, para o cargo de *maestro di cappella* de São Marcos fez com que se dedicasse à música sacra até o fim da vida. De seus últimos anos é a grandiosa *Missa pro Defunctis* para dois corais a oito vozes. Em seu testamento, pediu que fosse executada duas vezes por ano, na época de sua morte, em S. Marcos e na Igreja de S. Lorenzo. É nesta última que Maria e ele estão enterrados, no túmulo de Claudio Sozomeno, bispo de Pola, tio de sua mulher.

Um exame cuidadoso da escrita de Cavalli revela que ele não foi um inventor, como Monteverdi, e sim um mestre na síntese das idéias e procedimentos que lhe tinham sido legados pelas escolas florentina e romana e por seu genial predecessor. Cavalli consolidou, por exemplo, o princípio de que as grandes personagens históricas ou mitológicas – pertencentes ao domínio do sobrenatural ou de um passado idealizado – devem possuir vozes muito agudas, de *castrato*, enquanto os registros centrais, mais "comuns", são reservados às figuras ligadas ao mundo real e prosaico do quotidiano. Dessa forma, tanto Jasão quanto Pompeu Magno são sopranistas, enquanto Ciro e Cipião o Africano são contraltistas. Aos tenores, sempre de timbre baritonal – porque ainda não são comuns nesta fase os tenores mais agudos do Romantismo –, cabem papéis de antagonista do par amoroso, ou partes cômicas. Os baixos, quando não são bufos, fazem as partes nobres, os reis, os pais, as divindades tenebrosas (Netuno, Plutão).

Particularmente variadas são as suas formas de recitativo, rico em cromatismos, alternando o andamento declamatório com o arioso, de um vigor que o torna muito adequado não só para figuras épicas, como o protagonista do *Ercole Amante*, como para as grandes heroínas:

Dido, Medéia, Climene, Doriclea. Em termos modernos, poderíamos até dizer que, nas solicitações feitas a essas personagens, há uma vaga antecipação do que será o soprano dramático – embora com tessituras quase sempre centrais –, mas unindo à energia do *stile concitato* uma tendência derramada para o patético.

Levando adiante o que fora iniciado por Monteverdi, Cavalli dá ao "lamento" uma grande expansão melódica e definição estrutural – em geral com ritmo de passacalha –, fazendo dele uma das formas mais desenvolvidas da ópera no início do século XVII. O dueto também – em geral o de caráter sensual, tendo como modelo as cenas entre Nero e Popéia, na *Coroação* – evolui muito em suas mãos. Às vezes são duetos impulsivos e exaltados, mas, de um modo geral, ele os prefere lânguidos, cheios de abandono, embora sem os devastadores resultados monteverdianos, porque Cavalli não possui o mesmo equilíbrio e senso do efeito exato no uso da ornamentação, dos intervalos, das pausas e melismas. Mas é ele, sem dúvida alguma, quem codifica o dueto amoroso na ópera do século XVII.

Langor voluptuoso é uma corda que Cavalli sabe fazer vibrar habilmente não só nas árias e duetos que falam dos sentimentos amorosos, mas também nas páginas que descrevem a relação do homem com a natureza – o "Hor che l'aurora spargendo fiori", do *Egisto*; o "Mormorate fiumicelli" do *Ercole Amante*; o "Zeffiretti placidi" da *Artemisia* –, sempre formulando-a em termos extremamente sensuais e exigindo do cantor *morbidezza e soavità*. Portanto, embora do ponto de vista virtuosístico a sua escrita ainda seja relativamente simples, já existe nela o germe do vocalismo, que, no decorrer do século XVII, vai espraiar-se lentamente até transformar-se no *belcanto* do Barroco Tardio. Com Cavalli, e com seu contemporâneo Antonio Cesti, o melodrama veneziano começa a dar os primeiros passos rumo àquilo que Rodolfo Celetti chama de *la glorificazione della vocalità*.

CESTI

Na geração que se segue à de Monteverdi e Cavalli, o compositor italiano que mais se destaca é Cesti (1623-1669), que, ao ordenar-se franciscano, em 1637, adotou o prenome de Antonio (seu nome de batismo era Pietro; não procede, portanto, o Marc'Antonio que lhe foi atribuído por alguns autores). A carreira desse frade de vida particular aventurosa – em parte responsável por seus hábitos de judeu errante – foi intensa mas irregular. Peregrinou por Veneza, Innsbruck, Viena e, ao morrer em Florença, aos 46 anos, estava, como diz Robert Donington: "no auge da fama como músico e no fundo do poço, do ponto de vista da reputação."

A carreira religiosa foi, de resto, como para tantos outros artistas da época, o meio de obter instrução e sobrevivência, pois Antonio Cesti era o nono filho de uma modestíssima família de Arezzo. Há quem conteste, hoje, a versão comumente aceita de que Cesti, nascido em Arezzo, tenha estudado em Roma com Abbatini e Carissimi. Isso não pôde ser documentado. A primeira notícia que se tem dele é como organista em Volterra (1643-1645) e, até o final da década, professor de música no seminário dessa cidade toscana. Ali ficava a casa de campo do nobre Giulio Maffei, que fez amizade com ele e o levou a freqüentar, em Florença, a Accademia dei Percossi, onde o músico fez amizade com Giacinto Andrea Cicognini, o "Terêncio Toscano", e com seu conterrâneo Giovanni Filippo Apolloni, discípulo de Aretino. Ambos viriam a ser seus libretistas. Ao grupo dos Percossi pertencia também o pintor e poeta Salvator Rosa – personagem título da ópera de Carlos Gomes –, seu amigo mais íntimo: na correspondência trocada entre ambos está a mais rica fonte de informações sobre a vida do compositor.

Dotado de boa voz de tenor, Cesti cantou um dos papéis principais no espetáculo de inauguração do teatro de ópera de Sienna, em 1647, causando muito boa impressão no príncipe Matteo de' Medici, que mandara edificar essa sala de acordo com os modelos venezianos. Data daí a paixão do compositor pelo teatro e a atração por tentações seculares que, em 1650, valeram-lhe uma recriminação escrita do superior-geral da Ordem dos Franciscanos, que o acusou de "levar vida irregular e desonrada". O superior indignara-se ao saber que o frade cantara no *Giasone* de Cavalli, montado em Lucca. Essa reprimenda não impediu Cesti de continuar dedicando-se à ópera. Sentindo-se protegido por Matteo de' Medici, estreou duas delas em Veneza: *Alessandro Vincitor di se Stesso* (1651) e *Il Cesare Amante* (1652), ambas com textos de Cicognini fiéis à voga do drama musical de tema histórico. Deram o que falar as relações do franciscano com a estrela dos dois espetáculos, a bela soprano Anna Maria Sardelli, amante do príncipe Matteo, famosa pelos seus costumes livres.

A boa recepção a *Alessandro* e *Cesare* valeu-lhe, no ano seguinte, o convite para trabalhar em Innsbruck, na corte do arquiduque Ferdinando Carlos, cunhado dos Medici. Em 1653, Apolloni juntou-se a ele, contratado para o cargo de poeta oficial da corte. A ida de Cesti para a capital do Tirol contribui, de forma essencial, para a disseminação da ópera nos países de língua alemã. *La Cleopatra* (1654), versão revista do *Cesare*, marca época na história do novo gênero musical fora das fronteiras italianas. Seguem-se *L'Argia* (1657), composta em homenagem a Cristina da Suécia que, tendo abdicado, passava por Innsbruck a caminho do exílio, em Roma; e *La Dori ovvero La Schiava Fedele* (1657), que foi um dos títulos preferidos de companhias itinerantes como os *Febi Armonici*, ou os *Comici Fedeli* de Giovanni Battista Andreini.

Grande confusão cerca a gênese de *L'Orontea*, uma das óperas mais populares do século XVII. O libreto de Hiacinto Cicognini, importante por ser a primeira tentativa de introdução de inovações técnicas – liberdade no uso das unidades aristotélicas – provenientes do teatro espanhol, foi musicado em 1649 e estreou no Teatro di SS. Apostoli, em Veneza. Mas hoje está demonstrado que essa primeira versão não era de Cesti, como se afirmou por muito tempo e sim de Francesco Lucio. O primeiro a levantar essa lebre foi Thomas Walker: ao publicar *Venezia e il Melodramma nel Seicento* (1972), ele fez o cuidadoso levantamento dos erros de informação contidos em *Minerva al Tavolino*, a coletânea de crônicas e ensaios publicadas em 1678 pelo emigrado dálmata Cristoforo Ivanovich.

De um modo geral, as *Memorie Teatrali di Venezia* de Ivanovich são extremamente fantasiosas e imprecisas. Pois era esse o documento em que se baseavam os defensores da atribuição a Cesti da versão original da *Orontea*. Walker demonstrou que Ivanovich confundira a ópera de Lucio com uma reprise da de Cesti – a essa altura já famosa em toda a Europa – a que assistira em Veneza em 1666, quando ela substituiu *La Doriclea*, de Cavalli, que por motivos técnicos não pudera ser representada. Doze anos depois, Ivanovich foi traído, como tantas outras vezes, pelo hábito de confiar mais na memória do que em documentos escritos.

O especialista cestiano William C. Holmes, que fez em 1973 a edição moderna da *Orontea*, demonstrou ainda que, além da versão de Lucio, havia também a de Francesco Cirillo (1654), composta três anos depois da morte do libretista. O texto usado por Cesti foi remanejado por Apolloni, que acrescentou ao de Cicognini um Prólogo em que o Amor e a Filosofia discutem sobre o destino das personagens. Essa foi a versão estreada em Innsbruck no Carnaval 1656; mas dela não se possui a partitura. Sabe-se porém que, entre 1660-1683, ela se tornou uma das óperas mais freqüentemente encenadas em toda a Itália e em alguns Estados germânicos – a ponto de Filippo Vismarri ter preparado para ela, em Viena, uma nova partitura. A versão gravada em 1982 por René Jacobs (Harmonia Mundi) baseia-se em um manuscrito preservado na Pepysian Library do Magdallene College de Cambridge. Tudo indica que ele provém da reprise veneziana de 1666. Na introdução a seu álbum, Jacobs faz detalhada comparação do manuscrito de Cambridge com os demais, existentes no Conservatório de Santa Cecília, do Vaticano, na Biblioteca Apostólica do Vaticano e na Biblioteca Palatina de Parma.

L'Orontea é um dos exemplos mais antigos do que hoje chamamos de "ópera de repertório": um título cujo *status* de popularidade lhe permitiu ser reprisado regularmente em vários teatros, durante determinada fase. Na *Oxford History of Opera*, Roger Parker enumera dezoito cidades, de Veneza a Hanôver, onde *L'Orontea* foi cantada constantemente entre 1656-1683. Quando foi escolhida para inaugurar, em 1655, o teatro de ópera da provinciana Macerata, o Prefácio ao libreto a descrevia – segundo conta D. Kimbell – como

a ópera famosa que, desafiando o tempo e a morte, ainda está gloriosamente viva no mundo inteiro e continua sendo apresentada nos mais nobres teatros das principais cidades italianas.

Na época, só *Il Giasone*, de Cavalli, rivalizava com ela em termos de longevidade. *L'Orontea* tinha, no *Seicento*, uma fama comparável à da *Traviata* ou à da *Bohème* hoje.

Orontea, rainha do Egito, apaixona-se por Alidoro, plebeu e forasteiro, que aparece em seu reino em companhia de Aristea, a quem apresenta como sua mãe. Alidoro é um pintor, homem culto, sedutor e amoral (em quem já se disse que Cicognini estava retratando o amigo Salvator Rosa). O severo filósofo Creonte – uma espécie de versão *light* do Sêneca da *Incoronazione* – que faz o papel de conselheiro da rainha, desaprova a sua paixão por um homem do povo; e ela fica dividida entre seus sentimentos e o dever para com o trono. A situação se complica com duas intrigas secundárias. Silandra, a namorada do cortesão Corindo, também se sente atraída por Alidoro, e este, enquanto não pode ter a rainha, não recusa os atrativos dessa aventura passageira. E Giacinta, a confidente da rainha – a quem Orontea pediu que se disfarce de rapaz e, com o nome de Ismero, aproxime-se dos dois estrangeiros, para descobrir quem são –, passa a ser assediada por Aristea, a quem a idade nada fez perder dos *affetti amorosi*.

Todas essas confusões são observadas e comentadas por Tibrino, um pagem adolescente, bisavô do Cherubino mozartiano, que parece acometido de satiríase galopante; e por Gelone, um empregado beberrão e desbocado. A função de "coro" (no sentido grego) dessas duas personagens cômicas é semelhante à de Oreste e Demo no *Giasone*, de Cavalli, cujo libreto também é de Cicognini. Uma série de descobertas e coincidências leva as peças do quebra-cabeças a se ajeitarem. Alidoro é identificado como o príncipe da Fenícia, raptado quando criança e criado por Aristea como se fosse seu próprio filho. Isso abre caminho para que Orontea se case com ele numa cerimônia duplamente festiva, pois Corindo e Silandra, que nesse meio tempo se reconciliaram, vão casar-se também. Só Aristea fica frustrada com a descoberta de que seu candidato a amante é uma mulher – o que não escapa aos comentários maliciosos das duas personagens cômicas.

Com uma modéstia notável num admirado autor de comédias para o teatro falado, Cicognini admite, no Prefácio da *Orontea*, que a música é quem responde pela mágica na ópera e causa ao espectador maior prazer. É pensando nela que combina versos longos, de teor narrativo, e versos curtos, de teor mais lírico, estabelecendo claramente a pulsação recitativo-ária neste libreto em que são freqüentes

as oportunidades para os cantabiles líricos e as arietas bem-humoradas. O recitativo monódico é reservado apenas aos momentos mais sérios ou solenes – tanto que o sentencioso Creonte não tem ária nenhuma a cantar. Dessa forma, *Orontea* torna-se um marco na evolução de um tipo novo de espetáculo: a ópera em que as árias são mais numerosas do que os recitativos. E por esse modelo inovador de drama lírico, o público veneziano – e o europeu em geral – vai se apaixonar.

As improbabilidades são muitas neste libreto; mas já não há mais ingredientes mitológicos nem intervenção sobrenatural: o *deus ex machina* foi substituído pelo *coup de théâtre* das revelações de última hora. É o desenvolvimento do tipo de libreto proposto por Faustini em *L'Ormindo* que, condenado por críticos como Crescimbeni, haveria de suscitar a reação arcádica. Tudo é complicado e exagerado na *Orontea* mas, dentro do gênero, e desde que se aceitem as suas convenções, trata-se de excelente teatro, pois cada cena está cheia de possibilidades para o drama ou o humor e há uma bem dosada mistura de cinismo e sentimento verdadeiro. Donington escreve:

> O tema do filho de reis que foi criado como um homem do povo mas, a seu devido tempo, vê reconhecido o seu direito a ser consorte e sucessor pode ser entendido como uma metáfora dos valores que temos escondidos dentro de nós e de que nos tornamos conscientes através das experiências pelas quais passamos. Acho que é essa lógica autônoma de conto de fadas o que nos faz caminhar, sem protestos, por todos esses episódios bizarros, até o reconhecimento final.

A elegância da poesia de Cicognini é enfatizada, é claro, pelo encanto das melodias de Cesti, pouco interessado nos contrastes violentos de estado de espírito e nas experimentações harmônicas. Sua sensibilidade o faz preferir a melodia lânguida, de clima lírico muito intenso. Ou um tipo de ritmo animado e estável, para as cenas cômicas, que Donington compara aos allegros de Corelli.

Com Cesti, chegamos ao ponto em que começa a dissolver-se a demarcação, antes clara, entre o canto e a orquestra. E isso abre grandes possibilidades a um compositor com imaginação dramática viva. A orquestra é pequena – dois violinos às vezes dobrados pelas flautas doces, e o contínuo habitual –, mas é usada com muita variedade. Ora ritornelos emolduram árias acompanhadas apenas pelo contínuo; ora as árias oferecem comentários elaborados – em especial na canção de ninar da cena 17 do ato II, associada ao domínio irreal do sono e dos sonhos. Ora voz e orquestra respondem-se em antífona, num esquema de repetição com variações do que foi exposto pela linha vocal, que cria um animado diálogo no estilo do antigo acompanhamento *con eco* da música protobarroca.

A habilidade com que Cesti explora as flutuações de métrica dos versos de Cicognini é a responsável pela celebrada flexibilidade de suas melodias. E ele é um mestre no uso do "descritivismo" de estilo monteverdiano, fazendo um luminoso acorde maior irromper às palavras "spuntò il sol", "sorge il ciel"; ou acompanhando as palavras "inchinar" e "rive-rir" com uma escala descendente que sugere a idéia da respeitosa reverência. O prazer do artesão em moldar páginas bem escritas revela-se na freqüência com que se compraz em jogos contrapontísticos entre a voz e o contínuo; ou na forma como converte a declaração de amor de Orontea, "Il mio ben" (III,12), num rondó cujo refrão alterna metros de 2/3 e 4/4.

Ao definir a *buona maniera di Cantare*, Caccini dizia que ela exigia *molta grazia, dolcezza, morbidezza e una certa nobile sprezzatura di canto* (muita graça, doçura, suavidade e uma certa displicência ao cantar). Essa *sprezzatura* – que H. Wiley Hitchcock traduz como "a certain noble negligence of song" – é a naturalidade, a recusa da afetação, o perfeito equilíbrio entre as exigências do virtuosismo e as restrições impostas pelo bom gosto; em suma, a característica de comportamento ou de expressão artística que, no *Libro del Cortigiano*, Baldassare Castiglione descrevia como *una virtù contraria alla affetazione, [...] il vero fonte donde deriva la grazia.*

Apolloni é o autor do complicadíssimo libreto de *La Dori ovvero La Schiava Fedele* estreada em 1657 na Ertzfürtliches Hofsaal de Innsbruck. A primeira notícia que se tem de apresentação na Itália é a de outubro de 1661, no Teatro in Via del Cocomero, de Florença, dando início a uma carreira itinerante quase tão animada quanto a da *Orontea* ou do *Gia-sone*. A intriga da ópera é tão complexa que exigia a leitura do *antefatto* com que, no libreto, Apolloni explica o que aconteceu antes de iniciar-se a ação.

Dori, a filha do rei de Nicéia, tinha sido prometida em casamento a Oronte, filho do rei da Pérsia. Mas a princesa foi raptada ainda criança e acredita-se que tenha morrido. Quando a ópera começa, Oronte está em visita ao Egito e apaixona-se pela filha do faraó, que também se chama Dori. Um labirinto tipicamente barroco de episódios entrecruzados, com abundância de travestimentos e identidades trocadas, leva à descoberta de que a Dori do Egito morreu num acidente quando bem pequena e sua babá, Arsete – a "escrava fiel" do título –, raptou uma outra menina nobre da mesma idade (e, por coincidência, com o mesmo nome!) e a colocou em seu lugar. O contrato de casamento entre Nicéia e a Pérsia pode, portanto, ser honrado, e os noivos são abençoados pelos dois pais de Dori: o verdadeiro e o do Egito. A ligação entre as diversas linhas narrativas que se emaranham é feita, como de hábito, pelos criados Dirce e Golo, que fornecem também o indispensável interlúdio cômico. A música oferece características muito semelhantes às da *Orontea*, explorando com inteligência as mínimas possibilidades dramáticas oferecidas pelo libreto.

Em 1658, Cesti foi a Roma pedir à Santa Sé que o liberasse de seus votos monásticos. Parece ter ficado ali até 1661, como cantor no coro das Capela Sistina. Mas não deixou de compor cantatas profanas – algumas delas de tom bastante licencioso – e de se apresentar como cantor em espetáculos (pois nessa época os teatros romanos estavam de novo fechados). Uma dessas ocasiões foi a encenação da *Orontea* em casa da poderosa família Colonna.

Sua fama como cantor era tão grande quanto a de compositor pois, em 1661, Jacopo Melani o convidou a criar o papel principal de sua *Ercole in Tebe*, escrita para o casamento de Cósimo III com Margarida Luísa de Orleans, em Florença. O sucesso da *Orontea* e da *Dori* naquela cidade era tão grande que ele ali permaneceu mais tempo do que lhe permitia a licença papal para ausentar-se da Sistina; e teria sido excomungado se o imperador não tivesse intercedido em seu favor. Em 1662, portanto, ei-lo de volta a Innsbruck, estreando *La Magnanimità d'Alessandro*, seguida de *Il Tito* (1666).

A essa altura, a sua fama internacional chegara a Viena, de onde veio o convite, lisonjeiro demais para ser recusado, para que assumisse o cargo de Intendente da Música Teatral da Corte. Viena, destinada a se converter numa das grandes capitais operísticas da Europa, assistiu à estréia de *Nettuno e Flora Festeggianti* (1666), *Le Disgrazie d'Amore* (1667) e *La Semirami ovvero La Schiava Fortunata* (1667), todas elas já compostas, ou pelo menos iniciadas, em Innsbruck. E principalmente de sua última ópera, *Il Pomo d'Oro*.

Baseada no episódio mitológico do Julgamento de Páris, essa *festa teatrale* com texto de Francesco Sbarra destinava-se à cerimônia, no final de 1666, do casamento da infanta Margarita da Espanha com o imperador Leopoldo I, que era músico amador e parece ter contribuído com algumas paginas para a obra. Mas o Teatro da Corte, especialmente construído para essa ocasião, não ficou pronto a tempo, e a estréia teve de ser adiada para 12 de julho do ano seguinte, dia do aniversário de Margarita. A ópera era tão longa e de montagem tão elaborada, que o Prólogo e os dois primeiros atos foram representados no dia 12, e os três últimos atos, na noite seguinte.

Il Pomo d'Oro é uma das encenações mais suntuosas e extravagantes da História da Ópera no século XVII. Só *Costanza e Fortezza*, de Johann Joseph Fux, levada em Praga em agosto de 1723, para comemorar a coroação de Carlos VI como rei da Boêmia, a iguala em termos de opulência. Lodovico Burnacini tinha construído 24 cenários e desenvolvido aparatosa maquinaria para os efeitos especiais. Às intrigas de Juno, Vênus e Palas Atena para que o troiano Páris as escolha como a mais bela das deusas, e dê a uma delas o pomo de ouro, trança-se uma sub-intriga: a paixão do pastor Aurindo pela jovem Ennone que, por sua vez, está perdida de amor por Páris. O criado Momo e a ama Filaura metem a sua colher de pau ajudando ora um, ora outro lado, e criando o obrigatório pretexto para episódios cômicos, a que não falta o tempero libertino. É muito engraçada, em especial, a ária em que Momo comenta o insaciável apetite de Marte:

> *Questo Marte, hora ch'è a cena,*
> *come mena ben le mani:*
> *ha spolpato due capponi,*
> *sei pippioni e tre faggioni*

(Esse Marte, agora que se sentou para ceiar, / como usa bem as mãos: / já desossou três capões, / seis pombinhos e três faisões.)

Helena de Tróia, o objeto da afeição de Páris, porém, não aparece. Num *coup de théâtre* que levou os espectadores ao delírio, no momento em que o príncipe troiano está para decidir a que deusa oferece o pomo, Júpiter em pessoa desce do Olimpo em toda a sua glória... e o entrega a Margarita!

O libreto é construído de forma que, em cada ato, haja oportunidades para o superespetáculo: tempestades, batalhas, naufrágios. E bailados: só o último ato tem três deles, muito longos. A orquestra tem proporções incomuns para a obra de Cesti, e uma riqueza que remete à *Favola d'Orfeo* e à tradição do intermédio: cordas, flautas, trompetes, trombones, *cornetti*, fagote, cravo, regal, *organo di legno* e tambores. A seleção dos instrumentos obedece à regra convencional da criação de atmosferas contrastantes: flautas, violas e *organo di legno* para as cenas pastorais do ato I; trompetes no coro solene do Prólogo e nas fanfarras militares de II, 14 e IV, 12; dois *cornetti*, dois trombones, fagote e regal para a cena do ato I, que se passa no Hades (com coloridos muito semelhantes aos do ato III do *Orfeo*). Diz Robert Donington:

> A associação do brilho do trombone com o som estridente do regal para sugerir as profundezas do mundo subterrâneo é particularmente interessante, pois vamos reencontrar os trombones no Mozart do *Don Giovanni* (para o Comendador) e no Weber do *Freischütz* (tanto para Samiel quanto para o eremita, os dois aspectos opostos do sobrenatural). Essa associação provém sem dúvida da adequação sonora inerente, mas parcialmente também, de uma tradição mantida sem solução de continuidade.

A suntuosa técnica de orquestração de Cesti, no *Pomo d'Oro*, surge portanto como o elo que liga os primórdios do teatro musical italiano, e o início da carreira de Monteverdi – ambos muito marcados pelo esplendor do intermédio –, a um apogeu barroco que se prolonga Classicismo adentro e vai desaguar no Romantismo.

Cenário de Lodovico Burnacini para uma apresentação de *Il Pomo d'Oro*, de Cesti, em Dresden.

Depois do *Pomo d'Oro*, sentindo-se ultrapassado pelo tipo de espetáculo exigido pela corte vienense – em que se dava cada vez mais importância aos efeitos de encenação, passando para segundo plano os aspectos musicais – Cesti voltou para a Itália. Solicitado pelo grão-duque da Toscana, montou alguns espetáculos em Sienna; mas morreu subitamente, aos 41 anos, no auge da fama e da criatividade. Nunca se pôde comprovar o boato de que teria sido envenenado por seus rivais – ou por algum desafeto em conseqüência de suas aventuras galantes. Religioso por necessidade, libertino por opção; funcionário da corte estimado e protegido pela nobreza mas, ao mesmo tempo, compositor profissional que fornece aos teatros venezianos títulos de sucesso; capaz de manipular com igual habilidade um texto de tom cerimonial como o *Pomo d'Oro* ou um divertimento extrovertido, carnavalesco, levemente erótico como a *Orontea*, Antonio Cesti foi um artista típico do século XVII.

Nas óperas da fase inicial de Cesti, predominavam as árias estróficas ou ternárias (A.B.A' ou A.B.B') e havia menos cenas de conjunto. O recitativo aproximava-se cada vez mais das inflexões da conversação, fazendo pressentir o que viria a ser o recitativo seco do Barroco Tardio. Os grandiosos espetáculos cortesãos escritos para Viena são necessariamente diferentes, com maior número de personagens – 47 no caso do *Pomo d'Oro* –, papel importante do coro, número maior de cenas de conjunto e escrita vocal bastante virtuosística. Em suas árias de módulos rítmicos regulares e, às vezes, até estereotipados, já começa a delinear-se claramente a tendência para o que, no futuro, chamaremos de *belcanto*.

Na história do canto, a obra de Cesti ocupa papel importante: é nela que a melodia vocal começa a adquirir um impulso e variedade maior, afastando-se decididamente da técnica da Camerata, de escrita em graus conjuntos e com intervalos pequenos. Em Cesti, é mais acentuado o jogo das *fiorettature*, dos ornamentos, das passagens vocalizadas. A coloratura cestiana incorpora procedimentos que vêm da escrita instrumental. A sua linha vocal imita ora o som do órgão, ora do cravo, do violino – ou até mesmo da trompa, como nas figurações de "Questo è il giorno fatale", a ária de Marte em *La Dori*. Ainda estamos muito longe do virtuosismo pirotécnico que vai explodir no Barroco Tardio, mas está claro que Cesti já está lançando as raízes para isso, ao dar aos melismas importância em si mesmos – o que o distingue de Cavalli e, principalmente, de Monteverdi. Ainda há nele os recitativos ágeis e vigorosos, os lânguidos duetos de amor, os lamentos e efusões elegíacas; mas o seu forte são os momentos de êxtase lírico, como a célebre ária de sonho de *Orontea*, "Intorno all' idol mio", que faz dela uma figura mais "romântica" do que as rainhas trágico-heróicas de Monteverdi. Ou seja, com esse compositor está nascendo o estilo que se poderia definir como "gracioso".

Os tipos vocais de Cesti ainda não se diferenciam dos de Cavalli, e as tessituras tampouco apresentam modificações – se excluirmos o fato de que os sopranos são levemente mais agudos. Mas, se as suas óperas exigem um cantor menos apaixonado e patético, é preciso que ele possua maior agilidade e sutileza, pois as personagens aqui descritas – namoradas que se disfarçam de homem para ir em busca do amante; pessoas de classe baixa que se descobre, de repente, serem reis ou princesas que se julgava perdidos – vivem constantes mal-entendidos e situações paradoxais. São muito interessantes também as suas criações cômicas. Numa cena de embriaguez, o bufão Gelone, da *Orontea*, faz uma paródia das árias de fúria em *stile concitato*; depois, enceda para uma idílica chacona, "In grembo ai fiori lieto mi sto". Na *Dori*, o criado Bagoa expõe-se ao ridículo quando tem de fingir que é um eunuco, guardião de um harém – *private joke* que o público da época devia achar divertidíssimo, pois o papel já era feito por um *castrato*.

Embora não se tenha podido comprovar a hipótese de que Cesti estudou em Roma, é inegável a influência que teve sobre ele a cantata de câmara. Tal como foi fixada por Giacomo Carissimi (1605-1674), que deixou dela 150 exemplares, a cantada constituía um gênero narrativo profano – por oposição ao oratório, de tema sacro – mas não-dramático, de caráter reflexivo. Cesti compôs 55 cantatas de câmara; mas é em suas óperas que se insinuam as formas simétricas e equilibradas das árias desse tipo de composição, de construção clara e lógica, com melodias agradáveis, harmonias pouco ousadas e amplos pretextos para a coloratura. Já há nessas árias – em oposição às da plenitude barroca, que afirmam o gosto pelos contrastes muito acentuados – o embrião da tendência ao refinamento e ao senso de medida que desabrochará no estilo clássico.

As mesmas oscilantes melodias em ritmos ternários, as mesmas linhas melismáticas longamente sustentadas aparecem tanto nas óperas quanto nas cantatas de Cesti que, em 1688, foi apontado pelo compositor Giacomo Antonio Perti como "um dos três grandes luminares desse gênero", ao lado de Carissimi e de Luigi Rossi. A cantata teve, junto com a ópera, grande divulgação por toda a Europa e, na Alemanha luterana, acabou adquirindo função litúrgica, como uma espécie de oratório de menores dimensões (Bach foi o grande mestre dessa forma na primeira metade do século XVIII). É muito importante o papel desempenhado pela cantata, tanto no contexto sacro quanto no profano, pois ela transferiu algumas características do universo dramático da ópera para a área não-teatral.

Enquanto a geração de Monteverdi e Cavalli, saída das primeiras experiências com a monódia florentina, dava importância primordial às palavras e procurava fazer com que a música refletisse os significados do texto, a geração de Cesti, absorvendo o gosto de Carissimi pelo amplo arco melódico muito trabalhado, vai se comprazer mais com os aspectos puramente musicais do que com as nuances verbais. Nesse sentido, a cantata de câmara exerce papel importante no processo de transição que leva da "ópera de declamação contínua", do início do século XVII, até a chamada "ópera de números" do Barroco Tardio. Na primeira, predominava o recitativo, e o tratamento arioso era dado apenas a algumas passagens climáticas. À medida que cresceu o gosto pelos amplos cantabiles, tornou-se muito nítida, na segunda, a oposição entre recitativo e ária.

No início, a supremacia das palavras sobre a música era tal que a melodia podia ser extremamente simples e econômica. Aos poucos, o enriquecimento da linha melódica foi levando à fragmentação ou ao espichamento das sílabas, a repetições de palavras ou membros de frases, a figurações ornamentais que punham em evidência as qualidades canoras do intérprete, mas afastavam-se da pureza primordial do ideal de *recitar cantando*. Na obra de Cesti, já percebemos o início dessa mudança. Mas é na virada do século que ela vai se tornar evidente.

O Final do Século XVII

Embora Veneza continuasse a ser o maior centro operístico até o final do *Seicento*, por volta de 1650 teatros públicos estavam sendo abertos nas principais cidades italianas, de tal modo que o estilo desenvolvido por Cavalli, Cesti e seus epígonos logo se tornou de domínio nacional. Internacional também, na medida em que as companhias itinerantes cedo se encarregaram de disseminar o gosto pela ópera fora das fronteiras dos Estados italianos. Além disso, o fato de haver dominadores estrangeiros dentro de um território que só no século XIX surgiria como a Itália unificada aumentava a capilaridade, fazendo a seiva do novo estilo circular mais velozmente. Com isso, à exceção da França, que desde o início teve seu estilo próprio de *tragédie lyrique*, todo o mundo culto conhecido absorveu o hegemônico modelo italiano de ópera. Independentemente do local onde a obra era composta, suas características musicais permaneciam fiéis ao estilo peninsular e, com grande freqüência, os próprios libretos eram em italiano.

Salzburgo foi, em 1618, a primeira cidade estrangeira a ouvir ópera. Seguiram-se Viena (1626), Praga (1627), Munique (1553) e, dois anos depois, a paixão pela nova forma de teatro fez o arquiduque Ferdinando Carlos convidar Cesti para trabalhar em Innsbruck. No volume desta coleção dedicado à *Ópera Alemã*, veremos como, em 1627, foi representada em Torgau uma *Dafne* – hoje perdida –, cujo libreto era a tradução, feita por Martin Opitz, do poema de Rinuccini para o primeiro *dramma per musica*; e a composição era de Heinrich Schütz, que estudara na Itália e ali pudera assistir às primeiras experiências da Camerata. *A Ópera na França* demonstrou também como, graças a Lully, o domínio francês é o único no qual, tendo chegado mais tarde, o gênero adquiriu formas autônomas, nitidamente diferenciadas do modelo italiano.

Espanha e Inglaterra

Houve, nesses dois países, efêmeras tentativas de criação de uma forma própria de teatro musical. Este é um tema a ser desenvolvido detalhadamente no volume consagrado às *Escolas Nacionais Européias*. Por enquanto, bastam-nos referências sumárias para situar a questão num contexto cronológico.

Em Madri, Juan Hidalgo (1612?-1685), cravista e harpista da Capela Real, fez trabalho pioneiro ao associar-se a grandes nomes do teatro e produzir, para a corte, *fiestas cantadas* em que aplicava à natureza da língua espanhola as técnicas de recitativo e ária observadas em Cavalli e seus contemporâneos. A mais importante delas é *Celos aún del Aire Matan*, representada no Palácio do Bom Retiro em 5 de dezembro de 1660. Nela, Pedro

Calderón de la Barca usava a história dos amores de Céfalo pela ninfa Prócris contra um fundo em que se digladiavam Diana, a áspera deusa da castidade, e Vênus, a compassiva protetora do amor, como pretexto para um espetáculo grandioso, cheio de efeitos especiais no mais puro estilo veneziano. Montagens modernas, na Trinity University, de San Antonio (março de 1976) e na BBC de Londres (abril de 1983), demonstraram que a música de Hidalgo tem mais do que mero interesse histórico. Mas suas experiências ficaram como tentativas isoladas, pois logo a política cultural cosmopolita de Felipe V permitiria que a ópera italiana desbancasse o produto nacional.

É importante que registremos, a esta altura, o nascimento de um subgênero tipicamente espanhol, a *zarzuela*, que vai evoluir para um outro domínio: o da opereta. Ela recebeu essa denominação porque surgiu como um espetáculo cortesão encenado no Palacio de la Zarzuela – assim chamado porque tinha sido construído num terreno onde antes havia o tipo de vegetação rasteira e ressecada a que se dá o nome de sarça. As "fiestas de la Zarzuela" (ou simplesmente *zarzuelas*) são peças faladas com a inserção de cantos, danças e passagens corais – da mesma forma que, na origem, o *opéra-comique* francês ou o *singspiel* alemão. A primeira *zarzuela* de que se tem notícia é *La Selva sin Amor* (1629), com texto de Lope de Vega e música de autor anônimo. A mais famosa, no século XVII, é *Los Celos Hacen Estrellas* (1672) de Calderón e Hidalgo. Enquanto a produção de ópera será monopolizada pelos italianos, na Espanha, durante muito tempo, a *zarzuela* continuará tendo seu desenvolvimento paralelo como um gênero de grande apelo popular – e por esse motivo será tratada à parte, nesta coleção, quando chegar o momento de se falar da opereta.

Na Inglaterra, por muito tempo predominou a *masque*, derivada do *ballet de cour* francês, mistura de declamação, canto e dança, contando em geral histórias mitológicas e servindo de pretexto para montagens muito elaboradas. Ao contrário do gênero francês, porém, a *masque* não se restringia ao âmbito cortesão, sendo encenada também para públicos populares no teatro da Inns of Court. No fim do século XVII, eram muito apreciadas as *masques* com texto de Ben Jonson, para as quais Alfonso Ferrabosco, Thomas Campion e Nicholas Lanier escreveram *solo ayres* em estilo monódico. Mas as que floresceram durante os reinados de James I e Carlos I apresentavam canções inseridas sem qualquer preocupação com a estrutura dramática.

Durante o período republicano (1649-1660), o isolacionismo imposto por Cromwell desestimulou a ida de estrangeiros para a Inglaterra e barrou por algum tempo a influência das formas teatrais vindas do exterior. Por outro lado, os puritanos desaprovavam o teatro e, com isso, as raras *masques* que conseguiram ser representadas o foram em forma de concerto. A obra mais importante desse período é *Cupid and Death*, de James Shirley, com música de Matthew Locke (1630?-1677) e Christopher Gibbons (1615-1676), encenada em 1643 em homenagem ao novo embaixador português.

Pouco antes da Restauração, amenizou-se a pressão puritana sobre os artistas, permitindo a William Davenant e Thomas Betterton fundar um teatro profissional, no qual em 1656 foi estreada a primeira ópera inglesa: *The Siege of Rhodes*, com música de Locke e Henry Lawes (1596-1662). Esse mesmo teatro assistiu à encenação de semióperas – peças de teatro com a inserção de longas cenas cantadas – compostas por Locke: a adaptação que Davenant, John Dryden e Thomas Shadwell tinham feito da *Tempestade* de Shakespeare (1674); e a tradução que Shadwell fizera da *Psyché* escrita por Philippe Quinault para Lully (1675). Depois da Restauração, tem grande importância também a única obra teatral de John Blow (1649?-1708). *Venus and Adonis* (1684-1685?) foi chamada de *masque* mas é na realidade uma pequena ópera pastoral com música contínua.

Tanto Locke quanto Blow exerceram papel fundamental na formação de Henry Purcell (1659?-1695), o maior nome da música inglesa no século XVII. Com ele a Inglaterra poderia ter desenvolvido uma forma específica de ópera tão autônoma quanto a francesa, não fosse a sua morte prematura, por volta dos 35 anos. Purcell deixou várias *masques* e semióperas – *Dioclesian* (1690), *King Arthur*

(1691), *The Fairy Queen* (1692) – e uma única ópera no sentido estrito do termo. *Dido and Eneas* (1689) – de que será feito o estudo detido no volume dedicado às *Escolas Nacionais Européias* – é um dos grandes títulos da História do gênero.

A morte de Purcell contribuiu para acelerar a maré de fascínio pela música estrangeira que viera com a Restauração, reagindo à xenofobia dos republicanos. Carlos II, que aprendera a apreciar a música francesa durante o exílio em Versalhes, nomeou Louis Grabu seu mestre de capela em 1666. No ano seguinte, trouxe para Londres Giovanni Battista Draghi, que disseminou o gosto pela ópera de estilo italiano. Em 1672, Nicola Mattei começou o trabalho de divulgação da escola italiana de violino e, um ano depois, tendo Lully recusado seu convite, Carlos II contratou Robert Cambert para trabalhar na Inglaterra. O *castrato* Siface (Giovanni Francesco Grossi) fez grande sucesso ao apresentar-se em Londres em 1687. E em 1706 foi retumbante a acolhida a *Il Trionfo di Camilla, Regina de' Volsci*, de Giovanni Battista Bononcini.

O *Triunfo de Camila* foi também o triunfo da ópera de modelo italiano em terras inglesas. A invasão estrangeira consolida-se em 1711: Haendel chega a Londres, encena o *Rinaldo* e dá início a um reinado que vai durar até 1741. Desse longo período de crise – que lhe valeu o apelido injusto de *"Land ohne Musik"* (país sem música) – a Inglaterra só começará a sair na virada do século XVIII para o XIX.

A Crise do Teatro Veneziano

Na Itália, nesse meio tempo, à medida que a ópera se espalhava pelas principais cidades, começaram a surgir os talentos locais. Com isso, embora não deixasse de atrair os visitantes interessados no teatro musical, Veneza foi aos poucos perdendo o domínio quase exclusivo de que desfrutara na década de 1640. Para o fim dessa hegemonia contribuiu também a progressiva decadência do *dramma per musica* de estilo veneziano, seja por esgotamento natural das formas, que pediam para ser renovadas, seja por razões econômicas, que com raras exceções tornaram as produções menos brilhantes do que na fase de apogeu. Os testemunhos do final do século demonstram ser menos entusiásticas as reações dos freqüentadores. O tom de Limojon de St.-Didier, em *La Ville et la République de Venise* (1680), não é tão eufórico quanto o de John Evelyn em 1645:

> Em Veneza, vários teatros de ópera funcionam simultaneamente: as salas são grandes e imponentes, os cenários são grandiosos e suas mudanças, bem feitas; mas são muito mal iluminadas e as máquinas, às vezes apenas passáveis, chegam a ser ridículas. [...] São óperas longas, mas conseguiriam divertir, durante as quatro horas que duram, se fossem escritas por poetas melhores, que tivessem um maior domínio das regras do teatro. Os bailados entre um ato e outro dão tanta pena que seria melhor eliminá-los: fiquei com a impressão de que os bailarinos tinham chumbo nos pés e, no entanto, o público os saudou com grandes aplausos, que nasciam seguramente do desejo de vê-los fazer coisa melhor.

Percebe-se que, em 1680, Limojon já possuía, como termo de comparação, os espetáculos de muito maior apuro – em especial no que se referia aos efeitos cenográficos e ao uso do balé – que Jean-Baptiste Lully montava em seu próprio país. Ainda assim, ele reconhece a superioridade do canto italiano, sobretudo no que se refere aos *castrati*:

> O fascínio das vozes compensa as outras imperfeições. Aqueles homens sem barba possuem vozes argentinas e extraordinariamente apropriadas à amplitude dos teatros. E em geral as cantoras são as melhores da Itália. [...] As árias são lânguidas e comoventes; em toda a composição alternam-se canções que atraem a atenção; a sinfonia [a orquestra] é modesta e inspira mais melancolia do que sentimentos alegres, mas consegue acompanhar as vozes com toda a precisão. Os compositores tentam sempre encerrar as cenas com árias dos cantores principais, que seduzem e elevam, de modo a conquistar o aplauso do público, e o fazem tão bem que são saudadas com um coro de mil *benissimo*.

É natural que, habituado aos *violons du Roy* de Lully, a melhor orquestra européia da época, Limojon considere decepcionantes as dos teatros venezianos. Menos entusiásticas ainda são as palavras de François Maximilien Misson em seu *Nouveau Voyage d'Italie Faict en 1688*:

> Os figurinos são miseráveis, não há balé e, de um modo geral, as máquinas e a iluminação não funcionam

bem; nem vale a pena se lembrar das velas esparsas que há aqui e ali. [...] Algumas árias são esplêndidas mas não posso deixar de lhes dizer que, em certas partes do canto, encontro certa confusão muito desagradável: os cantores se comprazem em ficar repetindo um determinado trinado por muito mais tempo do que levam para cantar quatro versos inteiros e, muitas vezes, vão em tão desabalada carreira que não dá para perceber se estão cantando ou falando, ou também nem uma das duas coisas, ou as duas juntas. [...] A sinfonia é muito menor do que a de Paris [...], mas talvez isso não seja um mal. [...] Há uma outra coisa que agrada muito a eles e da qual, na minha opinião, vocês não gostariam nada: estou falando daqueles homens infelizes que toleram a infâmia de serem mutilados para ficar com vozes mais agudas. A meu ver, faz uma figura ridícula o homem mutilado dessa maneira que representa o papel do amante apaixonado com vozinha efeminada e queixo duplo. Como é possível suportar coisa semelhante? [...] Em Veneza há muitos teatros de ópera que, nós, estrangeiros, somos obrigados a freqüentar porque, de outra forma, não saberíamos como passar a noite.

Depoimentos como este dão-nos uma idéia do declínio a que chegara o teatro veneziano, passada a fase de apogeu de seus teatros públicos; dos maneirismos mecânicos que tinham tomado o lugar da inspiração e, em breve, suscitariam o desejo de reforma de que haveria de nascer a *opera seria*; e do prestígio crescente de uma classe de cantores que não era bem vista na França, mas ainda estava muito longe de ver o crepúsculo de sua carreira dentro da ópera de estilo italiano. Nesta fase final do século XVII, porém, ainda há alguns compositores que se destacam.

P. Ziani

O cargo de organista na igreja de S. Salvatore não impedia o frade Pietro Andrea Ziani (1616-1684) de dar preferência às formas seculares: suas mais antigas composições conhecidas são madrigais e cançonetas de tema profano. Como Cesti, ele também abandonou a ordem em 1650 e, embora ainda aceitasse postos na área eclesiástica – *maestro di cappella* de S. Maria Maggiore, em Bérgamo (1657-1659), primeiro organista de São Marcos (1669-1675) – dedicou-se a fornecer óperas aos teatros de Veneza. Apresentou-as também em Innsbruck, Viena e Dresden e, em 1677, instalou-se em Nápoles, onde trabalhou,

até o fim da vida, como professor do Conservatório S. Onofrio.

As óperas de Ziani caracterizam-se pelo peso dado às cenas cômicas, com recitativo muito rápido, imitado dos ritmos da fala popular – em que se identifica o espantado comentário de Misson, habituado ao estilo dignificado da declamação na *tragédie lyrique* francesa, da qual Lully banira a mistura de gêneros, em respeito ao receituário do teatro falado raciniano. Ziani estava convencido de que o público perdera o interesse por óperas de assunto sério e esmerava-se em fornecer-lhe farsas e sátiras, não hesitando em parodiar as mais sacrossantas figuras da mitologia e da história antiga para atingir seus objetivos. Nele encontramos muito bem exemplificado o gosto barroco pelo grotesco, o caricatural, o disforme. A Ziani atribui-se a introdução do acompanhamento nas cordas com o ritmo saltitante dito "siciliano", originário das danças folclóricas.

Mesmo ao praticar o melodrama de fundo histórico, Ziani prefere acentuar nele o elemento grotesco, ou mostrar que o amor torna as personagens vulneráveis – como o protagonista de *Annibale in Capua*, que morre de amor pela amazona Emilia –, a dar-lhe empostação épica. A cançoneta e a arieta são a forma natural de expressão de suas personagens: assim é a "Son guerrieri Amore e Marte", que descreve os conflitos interiores de Aníbal. Nessa página, a passagem do andante inicial em 3/2 para um *allegro* em 4/4 após breve recitativo já nos dá uma antecipação do que, no Romantismo, será a *cabaletta* enquanto complemento de uma ária. Não se trata de um acaso, pois o mesmo procedimento se repete na cena da aparição do fantasma de Amílcar, pai de Aníbal: depois do *allegretto* "Prigioniera del bel crine", vem o *allegro* "Troppo, troppo il tuo cor".

Candaule apresenta um dos primeiros exemplos de *aria di toaletta* ("a ária de toucador"), cantada por uma mulher diante do espelho enquanto se arruma. A soprano Alinda canta "Bei fioretti che ridete" ao improvisar nos cabelos uma coroa de flores. Estamos em presença do *stile grazioso* de Cesti, mas com ornamentações ainda mais insistentes e bem definidas. É de Ziani também a primeira *aria di tempesta*, que Iside canta na *Semiramide*:

Senza scorta e senza stelle
sembro nave in mezzo al mar;
il mio pianto è la procella,
scogli sono i miei martiri...

(Sem escolta e sem estrelas pareço uma nave no meio do mar; o meu pranto é a tempestade e os escolhos são os meus sofrimentos...)

A imitação dos sons de temporal associados aos sofrimentos interiores da personagem se resolvem em termos de uma árdua escrita vocal virtuosística.

Não é raro tampouco encontrarmos em Ziani um tipo de sensualidade reminiscente de Cavalli. O melhor exemplo é "Sì, bella bocca, sì" que, iniciada por Candaule, é retomada por Alinda, a sua mulher, e acaba constituindo uma lasciva confissão amorosa. As insólitas modulações, justificadas pelo próprio compositor, que na partitura define a ária como *allegra, affetuosa e bizzarra*, estão intimamente ligadas à tendência natural de Ziani, claramente barroca, a pender para o lado grotesco ou pelo menos inesperado.

Dez de suas óperas se perderam. Os títulos das que sobreviveram, integralmente ou de forma fragmentária, dão uma idéia da variedade de assuntos que abordou:

- episódios mitológicos em *L'Antigona Delusa da Alceste* (1660), *La Circe* (1665), *Gli Scherzi di Fortuna Subordinata al Pirro* (1662), *Le Fatiche d'Ercole per Deianira* (1662), *La Galatea* (1667), *L'Ippolita, Reina delle Amazzoni* (1670), *L'Heraclio* (1671);
- intrigas originais, à maneira de Faustini e Cicognini, em *Le Fortune di Rodope e di Damira* (1657), *La Ricreazione Burlesca* (1663), *La Cloridea* (1665), *L'Elice* (1666), *Candaule* (1679), *L'Innocenza Risorta ovvero Il Talanno Preservato* (1683);
- personagens históricas tratadas com liberdade de imaginação em *L'Annibale in Capua* (1661), *La Semiramide* (1670), *Attila* (1672);
- ou a lisonja pura e simples em *L'Invidia conculcata della Virtù, Merito e Valore di Leopoldo Imperatore* (1664), composta para Viena, onde Ziani ajudou a cimentar a paixão da corte pela ópera de estilo mediterrâneo.

Sartorio

Em 1673, a direção do Teatro S. Salvatore recorreu a um de seus compositores residentes para rever o *Massenzio* de Cavalli, que não possuindo o número de árias àquela altura desejado pelo público não despertava mais interesse. Esse remanejamento de um título conhecido consolidou o prestígio de Antonio Sartorio (1620-1681) que, até então, já tinha produzido alguns espetáculos apreciáveis – entre eles *L' Orfeo*, sua ópera hoje mais conhecida: estreada no S. Salvatore na temporada de Carnaval de 1672, ela foi revivida por René Clemenčíć na Bienal de Música de Veneza, em outubro de 1979 (existe a gravação na coleção Musica Aperta do selo Fonit Cetra).

Antes disso, o compositor passara quase dez anos em Hanôver, como *Kappelmeister* do duque Johann Friedrich von Brunswick-Lüneburg, que se convertera ao catolicismo e adotara os costumes italianados da corte austríaca. Fascinados pelas coisas venezianas, os senhores de Hanôver estavam entre os principais patrocinadores de seus teatros e havia freqüente intercâmbio de cantores entre as duas cidades. Foi por intermédio deles que Sartorio entrou em contato com o libretista Aurelio Aureli – colaborador de Cavalli, Ziani, Pallavicino e Legrenzi – com quem, depois da mal-sucedida *Gli Amori Infruttuosi di Pirro* (1661), obteve sucesso considerável com *L'Orfeo*, um dos mais característicos exemplos do que era uma ópera veneziana na segunda metade do século XVII.

O estilo de Sartorio é marcado pelo gosto dos bruscos intervalos cromáticos aumentados ou diminuídos, para intensificar determinadas emoções, e pela insistência nos efeitos de descritivismo verbal que se comprazem em ressaltar as belezas sonoras da língua sem se importar muito com o significado das palavras. Os libretos que musicou colocam em cena personagens da antiga Roma ou do início da Idade Média, tratando-as de modo épico. Suas tramas são sempre muito complexas, e as situações obedecem mais ao desejo de variar a invenção do que à preocupação com a verossimilhança. Mas os travestimentos, os equívocos e os elementos de afabulação delirante cedem o passo, de vez em quando, a um historicismo mais rigoroso ou ao rigor psicológico no tratamento das confrontações entre as personagens. Essas confrontações, musicalmente resolvidas com muito lirismo, são sempre pretextos para cenas de batalha, assédio, destruição. É um melodrama guerreiro cheio de conquistadores ferozes, renitentes defensores da nação romana e matronas puras e cheias de coragem.

Em Sartorio, começamos a ver desenvolver-se a ária com instrumento solista – de um modo geral a trompa, quando a ópera é de tema épico. Muito famosa, na *Adelaide*, é a cena em que a protagonista, levada prisioneira por Berengario II, retoma em ritmo de giga a melodia das trompas de seu cortejo triunfal, entoando a virtuosística "Vittrici schiere", em que afirma não se ter deixado abater apesar da derrota e da captura. Adelaide é uma descendente direta das "heroínas" de Cavalli. Uma outra é a virtuosa Giulia, de *Antonino e Pompeiano*. E o inabalável valor de ambas se traduz em árias cheias de nobreza, com *obbligato* de trompa. A elas opõe-se uma figura de vilão como a de Berengario II d'Ivrea, tirano típico, cujo mau caráter explode na *aria di furore* "Numi tartarei, Stigia Proserpina, demoni, furi", descendente direta de "Dell'antro magico stridenti cardini" que Medéia canta no *Giasone* de Cavalli.

Da mesma forma que a *Didone* de Busenello para Cavalli, *L'Orfeo* de Aureli é um dos mais originais exemplos do livre tratamento barroco dado a um venerável tema da predileção dos operistas. Por isso mesmo é também o paradigma do tipo de poema dramático veneziano contra o qual se rebelariam os reformadores arcádicos. Inspirando-se na quarta *Geórgica* de Virgílio, o dramaturgo inclui em sua peça Aristeu, o irmão de Orfeu, a quem o poeta romano atribui a morte de Eurídice: ela teria sido picada por uma víbora ao se embrenhar no bosque, fugindo da tentativa do cunhado de violentá-la. Introduz também Autonoe, a filha de Cadmo, rei de Tebas, noiva de Aristeu, e a faz reagir com ciúmes à atração de seu amado pela esposa do poeta. A ligação entre esses dois pares de amantes é efetuada por Esculápio, o outro irmão de Orfeu, cético e pedante. E não podia faltar o par de criados cômicos: a lasciva ama Erinda, já de

meia-idade, e o pagem adolescente Orillo, a quem ela está firmemente decidida a iniciar nas artes amatórias.

Como se isso não bastasse, há uma subintriga envolvendo o centauro Queronte e seus dois discípulos, Aquiles e Hércules. No *Argomento*, Aureli desculpa-se pelo anacronismo de juntar heróis de épocas diferentes, dizendo tê-lo feito "para complicar um pouco a história". Ligada à trama principal por meio de Esculápio, que também é aluno do centauro, essa linha secundária da narrativa permite vinhetas características da ópera da época: a cena da lição de canto dada a Aquiles; o monólogo de Queronte, "Chi ama non gode", sobre os perigos do amor; ou a espetacular cena final em que Tétis transporta Aquiles para o topo do monte Pelius, tentando pôr seu filho em segurança durante a Guerra de Tróia. Essa expansão da história justifica as dez mudanças de cenário requeridas pelo libreto, e esperadas pela platéia.

Mas Aureli metamorfoseia não só as linhas externas da ação como também as motivações internas das personagens. Orfeu deixa de ser o amante heróico que desafia o outro mundo para resgatar sua amada e transforma-se no marido ciumento que chega a desejar a morte da mulher, de quem desconfia. A análise psicológica concentra-se de tal forma na irracionalidade do ciúme de Orfeu, que a morte de Eurídice – foco dramático de todos os demais tratamentos do mito – perde a sua centralidade: na verdade ela ocorre de forma quase lateral, no ato II, sem estar coberta daquele tom trágico que lhe dá Ovídio ao narrá-la em suas *Metamorfoses*.

Já que, para o Orfeu de Aureli, a notícia da morte da esposa não terá o mesmo efeito devastador que para o de Rinuccini ou Striggio, é necessário encontrar um artifício para que ele se decida a ir buscá-la no outro mundo. O poeta o faz então adormecer e, numa dessas cenas de sonho que são um apreciado clichê da ópera veneziana, Eurídice aparece e lhe implora que venha salvá-la das trevas do Hades: "Orfeo, tu dormi? E negl'Abissi oscuri lasci Euridice?" Ele o faz, sim; mas para Aureli a cena capital do poeta, que com o poder de sua música doma as potências infernais, parece não ter importância nenhuma. Na cena 14 do ato III, assistimos ao encontro de Orfeu com Plutão. E este limita-se a admitir:

Orfeo, vincesti. Il canto tuo sonoro
placò le Furie e radolcì l'Inferno;
tu adonta puoi d'alto decreto eterno
piegar Pluto a tornarti il tuo tesoro.
Euridice fia tua, teco l'haurai.

(Orfeu, venceste. Teu canto sonoro / aplacou as Fúrias e suavizou o Inferno; / um alto decreto eterno te permite / obrigar Plutão a devolver-te o teu tesouro. / Eurídice será tua, tu a terás contigo).

No caminho de volta, finalmente, é Eurídice quem pede ao marido que não olhe para trás:

Non ti volger, caro bene,
sin ch'il piè non ti conduce
dove il Ciel, con aurea luce,
spira a vivi aure serene.

(Não te voltes, meu caro bem, antes que o pé te conduza lá onde o Céu, com áurea luz, respira vivas brisas serenas.)

Mas Orfeu, totalmente desprovido de fibra heróica, não consegue resistir:

ORFEO – *Troppo fiero è il mio martiro:*
  langue il cor in non vederti.
  Io vorrei pur compiacerti
  ma mio sento (o Dio) morire.
EURID. – *Lunge da Flegetonte,*
  affretta i passi in arrivar lassù.
ORFEO – *Mio ben, non posso più.*

(Qui Orfeo si volge a mirar Euridice e, nel medesimo punto, escono da più parti alquante Furie, quali incatenando Euridice la riconducono all'Inferno.)

EURID. – *Ah crudel, che facesti!*
  Orfeo tu mi perdesti!

(Duro demais é o meu martírio: // o coração sofre por não te ver. // Gostaria de te agradar mas (ó meu Deus) sinto-me morrer. // Longe do Flegetonte, apressa o passo para chegar lá em cima. // Meu bem, não agüento mais. (Neste ponto, Orfeu vira-se para olhar Eurídice e, nesse mesmo ponto, saem de várias partes algumas Fúrias que, acorrentando Eurídice, levam-na de volta para o Inferno.) // Ah cruel, o que fizeste? Orfeu, tu me perdeste!)

A segunda morte de Eurídice, porém, não comove tanto o Orfeu de Sartorio quanto seus colegas imaginados por Peri, Monteverdi ou Gluck. É verdade que lhe cabe, a esta altura, a sua cena mais elaborada, "Rendetemi Euridice,

ombre d'Averno". Mas seu lamento, comparado ao dos outros compositores, soa pró-forma. Ele renuncia ao amor:

Ma già che restar deve
l'idolo mio sepolto
in quell'orrido loco,
seco vò sepellir anco il mio foco.
Mai più, stelle spietate,
io m'inamorerò.
Acciò il mio cor stia sciolto,
dai lacci d'un bel volto:
donne vi fuggerò.

(Mas já que o meu ídolo deve / continuar sepultado / neste local horrendo, / com ele vou enterrar também o meu ardor. / Nunca mais me apaixonarei, / estrelas sem piedade. / Que o meu coração fique livre disso, / dos encantos de um belo rosto: / mulheres, hei de fugir de vocês.)

Dito isto, desaparece, deixando às figuras secundárias e "inventadas" o encargo de dar à ópera o final feliz convencional. Apresentando a gravação de Clemenčić, Ellen Rosand escreve:

O *Orfeo* de Aureli é um drama do ciúme e não do amor. A lição mais importante do mito, a que mais fascinou os outros compositores – o poder mágico da música – é irrelevante para os autores desta ópera. Os ornamentos, as intrigas e personagens secundárias com que Aureli preenche a sua trama lhe permitiram e a transformação que ele opera na mitologia lhe permitiram apresentar à platéia veneziana o que ela estava acostumada a ver. Conseguiu também submergir o mito, reduzindo-o a dimensões humanas e mundanas, desmitificando-o. Talvez, na Veneza de 1670, o poder da música fosse evidente por si mesmo e o mito do Orfeu músico já não fosse mais necessário para reafirmá-lo. Talvez a experiência da platéia que, ano após ano, assistia a uma ópera depois da outra, já fosse o suficiente para proclamá-lo.

A música de Sartorio para esse libreto reflete ao mesmo tempo a herança recebida de Monteverdi e Cavalli e as convenções do período em que trabalhou, e que entram em conflito com essa tradição. Há poucas cenas de conjunto, reservadas para os momentos de maior tensão dramática; não há coros; e em compensação há seis balés, orquestrados, à típica maneira veneziana, para cordas em cinco partes e um contínuo formado por dois ou três cravos, alaúde, *viola da gamba* e *violone*. O recitativo deixa de ser o agente principal da expressão e começa a ter uma função narrativa neutra, pois o conteúdo afetivo deslocou-se para as árias. Nesse sentido, *L'Orfeo* é fascinante, pois permite-nos assistir ao nascimento do *belcanto*. O próprio Aurelli lamenta que isso tenha acontecido, pois percebe que o deslocamento da antiga técnica da narração mediante o recitativo contínuo para a fórmula das árias estáticas prejudica a fluidez teatral:

> Hoje em dia, os moradores da cidade de Veneza tornaram-se tão indiferentes em seu gosto pelo Drama, que já não sabem mais o que desejam ver, e nem sabe mais o intelecto de quem compõe para eles o que inventar para conquistar o aplauso dos espectadores ou para satisfazer a maioria (já que é impossível agradar a todos). [...] O que se há de fazer? Se é assim que o querem hoje os caprichos de Veneza, tento ir de encontro ao seu gosto.

L'Orfeo tem mais de cinqüenta árias, contra a média de vinte numa típica ópera de Cavalli da década de 1650; mas constitui um típico documento de transição na medida em que Sartorio não se afasta totalmente da tradição: as árias são numerosas mas curtas, sem repetições demasiadas e com a preocupação de não obscurecer, com os ornamentos, a inteligibilidade do texto. As repetições e ornamentos concentram-se numa palavra chave que expresse o *affeto* específico do texto – ciúme, raiva, lamento –, geralmente localizando-a no refrão, onde já foi ouvida e, portanto, previamente compreendida. Nos recitativos, insinuam-se alguns efeitos ornamentais por meio das técnicas de descritivismo sonoro: um melisma para "catena", um intervalo dissonante para "pena", e assim por diante.

Mas o que mais vincula Sartorio à tradição é o cuidado que ele tem de encontrar para as árias uma justificativa. As personagens se expressam, de um modo geral, pelo recitativo – ou seja, estão "falando" – e só cantam quando há para isso uma justificativa dramática:

– Aquiles, quando Esculápio lhe pede para ouvir uma canção, que ele entoa acompanhando-se ao cravo;
– Eurídice, depois de morta, como uma forma de demonstrar que os espectros não se expressam mais como os mortais comuns;
– Autonoe, quando se disfarça de cigana para espionar as infidelidades do marido, como um meio de sugerir que não se encontra mais em sua identidade normal;

– Aristeu, totalmente dominado pela paixão, para demonstrar que a sensualidade o deixou fora de si; e assim por diante.

Todos esses elementos fazem de *L'Orfeo* um documento precioso para compreender um instante capital de transformação na ópera italiana do século XVII.

Sobreviveram apenas árias esparsas de *Gli Amori Infruttuosi di Pirro* (1661), *Giulio Cesare in Egitto* (1676) e *Ercole sul Termodonte* (1678), todas elas com libretos de Aurelli. *La Flora* ficou incompleta quando Sartorio morreu e foi terminada por Marc'Antonio Ziani. Ao lado do *Orfeo*, sua ópera mais importante é *L'Adelaide* (1672), da qual se lamenta não existir o documento fonográfico. Além dela, sobreviveram *Il Seleuco* (1666), *Antonino e Pompeiano* (1677), *L'Anacreonte Tiranno* (1677) e um interessante caso de duas óperas que se juntam para contar a mesma história: *La Prosperità d'Elio Seiano* e *La Caduta d'Elio Seiano*, ambas estreadas durante 1667.

Melani

Foi relativamente provinciana a carreira de Jacopo Melani (1623-1676), organista e maestro de coro na catedral de Pistoia, onde nascera. Suas óperas foram compostas para academias de sua cidade natal ou de Florença, ou, às vezes, para a corte dos Medici: intermezzos escritos em 1665 para a Accademia dei Sorgenti e, de 1657 a 1662, quatro óperas que a Accademia degli Immobili montou no Teatro della Pergola. Foi particularmente esplêndida a "festa teatrale" *Ercole in Tebe*, encomendada em 1661 para o casamento de Cosimo III de' Medici com Marguerite Louise d'Orléans.

Uma de suas obras mais freqüentemente representadas foi *Il Girello*, comédia apresentada em Roma em 1668 com um Prólogo de Alessandro Stradella – essa partitura é de extrema importância histórica, pois fornece o elo entre os estilos cômicos dos séculos XVII e XVIII. Cerca de dez óperas de Melani se perderam. Além da *festa teatrale* e da comédia, sobraram apenas *Il Potestà di Colognole ovvero La Tancia* (1657) e *Enea in Italia* (1670).

Legrenzi

O bergamasco Giovanni Legrenzi (1626-1660) trabalhou muito tempo para S. Maria Maggiore, em sua cidade natal, e para a Accademia dello Spirito Santo, de Ferrara, antes de ser descoberto pelos teatros venezianos. Mas a ópera não era o interesse exclusivo desse compositor, que publicou também largo número de obras sacras e instrumentais. Para Ferrara, cujo ambiente intelectual o estimulava muito mais do que a provinciana Bérgamo, ele escreveu seus primeiros dramas, *Nino il Giusto* (1662) e *Zenobia e Radamisto* (1665) – que agradaram bastante, pois foram levadas em Veneza, Bolonha, Brescia e Macerata.

Não se tem idéia do que aconteceu a Legrenzi entre 1665, quando sai de Ferrara, e 1675, quando reaparece em Veneza estreando *Eteocle e Polinice*. Sabe-se apenas que recusou uma proposta de emprego em Módena, interessado que estava na promessa de Carlo II Gonzaga, o duque de Mântua, em conseguir-lhe um emprego na corte dos Habsburgos. Mas seu biógrafo Graham Dixon é da opinião que a saúde precária o impediu de aceitar tanto essa função quanto o convite que Luís XIV lhe fez para visitar Versalhes. O cargo de *maestro di cappella* em S. Maria della Fava, em Veneza, trampolim para que conseguisse cargos melhores em São Marcos, lhe pareceu mais adequado, até mesmo porque o mantinha mais perto dos teatros.

Eteocle e Polinice é importante para a História da Ópera, porque nela, pela primeira vez, aparece a chamada "ária lema" (a *Devisenaria* alemã, que os ingleses chamam de *motto-aria*). Trata-se da página que tem um falso início: a voz ataca um determinado tema, segue-se um breve interlúdio instrumental, depois do qual o tema retorna, aí sim plenamente desenvolvido. Há 26 árias que começam dessa maneira nesta ópera. E vários compositores, Cesti, Pallavicino, P. Ziani, vão lançar mão dessa forma que, mais tarde, há de se transformar num verdadeiro maneirismo nas mãos de Steffani, Fux ou Scarlatti.

Os fragmentos preservados de *La Divisione del Mondo*, encenada com grande luxo em 1675, demonstram que ela foi composta visando a explorar todos os recursos de maquinaria disponíveis no SS. Giovanni e Paolo. É o típico *opéra à clef* que, girando em torno da disputa sobre a conquista dos favores da deusa Vênus, faz cada um dos deuses olímpicos representados no palco corresponder a um nobre veneziano conhecido, referindo-se a aventuras amatórias que deveriam ser de domínio relativamente público. O conteúdo potencialmente escandaloso da peça, que atendia aos instintos mexeriqueiros do populacho e lisonjeava os retratados sem desmascará-los demasiado, contribuiu para a boa acolhida da ópera.

O próprio Legrenzi colaborou no projeto dos efeitos especiais de *Germanico sul Reno* (1677), de que ficaram numerosos desenhos, mostrando os engenhosos sistemas de roldanas e alavancas usados para fazer nuvens abrirem-se e fecharem-se, sobretudo na apoteótica cena final. *Germanico* marca época também por ser a primeira vez que se introduzem solos de violino dobrando a linha vocal, devido à popularidade crescente desse instrumento que, no século XVIII, com Vivaldi e seus contemporâneos, conheceria em Veneza uma fase de esplendor.

Em Legrenzi encontramos o mesmo gosto de Sartorio pelo *melodramma guerriero* de fundo histórico tratado com bastante liberdade. A esse gênero pertence a sua ópera mais famosa, estreada em fevereiro de 1677. Matteo Noris conta, em *Totila*, a versão fantasiosa do saque de Roma por um rei godo que desperta devoradora paixão na filha de um senador do império, com quem ele acaba se casando. Barroquíssima em sua estrutura, *Totila* recorta, contra um fundo deprimente de guerra, fome e devastação, tortuosas intrigas sentimentais, ora sérias ora cômicas. A mais estranha delas – cheia daquela ousadia comum no Barroco, que o século seguinte vai coibir – é a história do cônsul Publícola, que enlouquece ao acreditar ter perdido a mulher e o filho. A insanidade faz aflorar seus instintos homossexuais, e ele se apaixona por um jovem criado que toma por Narciso. Depois canta "Aprite i cardini del basso Tartaro" – paródia da *aria di scongiuri* de Medéia no *Giasone* de Cavalli –, um dos mais antigos protótipos que se conhece da "cena de loucura" que, no Romantismo principalmente, há de se transformar num apreciadíssimo clichê operístico.

A primeira cena de *Totila* ficou tão famosa que foi posteriormente imitada por vários compositores. Vendo os godos entrarem em Roma, Clélia, a mulher de Publícola, pensa em matar o filho e depois se suicidar. Mas depois de cantar "Dolce figlio che posi e dormi" para que ele adormeça, fica tão enternecida com sua indefesa beleza, que desiste de seu intento. Mas Clélia é uma mulher cheia de coragem, pois, mais adiante, para defender-se de Vitige, general de Totila, que deseja violentá-la, não hesita em vestir a couraça e empunhar a espada. É tão forte quanto Arianna, a mulher do imperador Anastasio que, em *Giustino*, desejada por Vitaliano, belicoso monarca oriental, canta a dificílima "Caderà, caderà chi mi fa guerra", acompanhada pela *tromba*, para deixar claro que não vai se deixar possuir. As árias marciais de Clélia e Arianna apresentam uma novidade: nelas temos alguns dos primeiros exemplos dos sinais de p (piano) e f (forte) para indicar gradações dinâmicas – prática que, na música instrumental dessa época, ainda era bastante difusa e não sistemática.

Outro passo inicial observado em Legrenzi é o aparecimento do soprano a que se dará mais tarde o nome de *soubrette* (do francês arcaico *soubret*, "astucioso"): a mulher jovem e leviana, de tipo malicioso e provocante mas que também sabe, quando quer, ter astúcia e ser voluntariosa. Assim é Eufemia, que se contrapõe a Arianna no *Giustino*; mas é principalmente por Marzia que Totila se apaixona. Ela o provoca, parece desprezá-lo, mas no fundo é a ele que prefere. Sua ária mais famosa, "Per deridere un cuore amante", será o ponto de partida de uma tradição que – sobretudo no domínio da ópera cômica – vai se estender, no século XIX, à Adèle do *Morcego*, passando por personagens mozartianas como Despina e Susanna, ou pela Marzelline do *Fidelio*, de Beethoven.

Totila é um bárbaro e um tirano, sim. Mas um tirano genuinamente apaixonado. E é por isso que, ao lado de uma *aria di furore* como "Arda Roma", ou de uma explosão sacrílega como "Di voi rido, o numi insani", é capaz de cantar "Son guerrier della beltà" em típico *stile grazioso* cestiano, cheio de delicadas

ornamentações. E é claro que, à medida que vai sendo conquistado e domado pelo amor de Marzia, sua expressão vocal vai se tornando mais suave, até as derramadas confissões amorosas do final.

De *Il Creso* e *Antioco il Grande*, ambas de 1681, *Il Pausania* e *Lisimaco Riamato*, do ano seguinte, e *I Due Cesari* (1683), sobraram apenas árias isoladas. Mas preservou-se *Il Giustino*, tão bem recebida ao estrear no S. Salvatore, em 12 de fevereiro de 1683, que Albinoni, Vivaldi e Haendel voltariam a musicar, no século seguinte, o mesmo libreto de Nicolò Beregan baseado na vida do imperador Justino I, tal como foi contada pelo cronista bizantino Procópio, em suas *Anekdota* de 553 d.C. Até os primeiros anos do século seguinte, continuavam-se ouvindo na Itália as árias mais populares do *Giustino*. O próprio Bach tomou de empréstimo temas dessa ópera. E Alessandro Scarlatti, muito influenciado por Legrenzi, costumava dizer que ela era ideal para testar a competência dos cantores.

A intenção dos autores do *Giustino* era protestar contra a frivolidade dos espetáculos venezianos na fase final do *Seicento*. Mas a história do plebeu Justino, que salva a vida do imperador Anastácio e é adotado como seu sucessor em gratidão pela sua lealdade, é contada com uma tal extravagância que o público a prezou mais pelo que oferecia de aspectos circenses do que por qualquer eventual tentativa de trazer a ópera aos antigos trilhos do tratamento consistente, cheio de ensinamentos morais. Basta dizer que, no ato II, dragões marinhos provocam uma tempestade que resulta num naufrágio; prisioneiros são atirados do alto de uma torre; e uma carruagem puxada por uma parelha de cavalos brancos cruza o palco, carregada de guerreiros – fazendo, sem sombra de dúvida, uma barulheira infernal, que tornava impossível ouvir uma nota sequer da música concebida para essa seqüência. Mas quem estava se importando com isso?

Legrenzi foi também professor influente: Gasparini, Caldara e Lotti estavam entre seus alunos. Apesar do peso que as passagens cômicas ou grotescas tinham em suas óperas, ele sabia construir cenas heróicas eficientes, em que se destacam vibrantes hinos militares.

Maquinaria necessária para simular o movimento das nuvens na cena da descida dos deuses, em *Germanico sul Reno*, de Legrenzi.

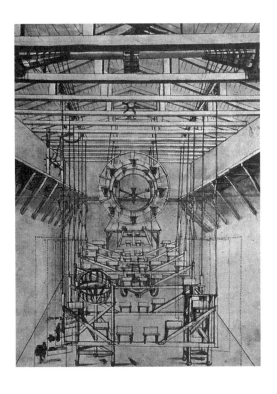 

Bebia muito igualmente nas fontes folclóricas, impregnando as árias alegres com ritmos de dança contagiosos, que acompanham melodias simples e diatônicas, contrastando com árias melancólicas ou reflexivas, languidamente cromáticas. O acompanhamento orquestral também ganha, em suas mãos, bastante complexidade.

Provenzale

A primeira referência biográfica que se tem ao napolitano Francesco Provenzale, morto em 1704, são os proclamas de seu casamento, de 5 de janeiro de 1660, em que se diz que ele tinha 33 anos – o que permite situar seu nascimento em torno de 1626-1627. Sabe-se também que ele deu aulas em dois dos quatro conservatórios napolitanos, sendo um dos primeiros a treinar os estudantes para fazer carreira como cantores ou músicos profissionais de ópera, atividade que só surgiu na cidade depois de 1640. Francesco Cirillo (1632-1656), outro compositor napolitano de quem se sabe muito pouco, teria sido um de seus alunos.

Provenzale compôs quatro óperas entre 1653-1658, mas delas sobrou apenas a primeira, *Il Ciro*, numa versão espúria em que já se demonstrou haver adições e alterações feitas posteriormente por outros compositores. A reputação de precursor da Escola Napolitana, tal como ela há de se desenvolver nos primeiros anos do século XVIII, baseia-se em três óperas do fim da vida que foram preservadas: as comédias *La Colomba Ferita* (1670), *Lo Schiavo di sua Moglie* (1671) e *La Stellidaura Vendicata* (1674), esta última escrita em honra ao marquês de Astorga, vice-rei espanhol de Nápoles. Duas óperas de tema sacro, escritas em 1672, desapareceram sem deixar rastro.

A remontagem de *Stelidaura* na Ópera de Bari, em setembro de 1996, dirigida por Antonio Florio, permitiu que se tivesse uma idéia clara da importância de Provenzale. O libreto de Andrea Perrucci conserva todos os elementos típicos do drama sério, mas recheia-os com elementos tomados de empréstimo à *Commedia dell'arte*. Stelidaura e seu namorado Armidoro, que o "vilão da história", o príncipe Ormidoro, está tentando separar, formam a

camada de alta linhagem e, por isso, expressam-se em "linguagem elevada". São ajudados por um par de criados, Giampetro – que canta em dialeto calabrês – e Armillo. Estes criam uma rede de intrigas e estratagemas, cartas trocadas, falso veneno, morte simulada, que acabam afastando Ormidoro e permitindo o final feliz. A expressão dialetal em Giampetro antecipa as preocupações vernaculares que, no século XVIII, caracterizarão a comédia napolitana.

No espetáculo de Bari, chamou a atenção da crítica – em especial Dino Foresio (revista *L'Opera* ano X, n. 101) – a riqueza da instrumentação, reconstituída por Antonio Florio e Dinko Fabris. Para obter a mistura de sonoridades que correspondem à convivência da linguagem folclorizante com o idioma convencional da ópera de tema sério, Provenzale usa uma orquestra muito rica, com violinos e *viola da gamba*, fagote, flauta doce, *teorba* e cravo, acrescentando a ela instrumentos de corda tangida, populares em Nápoles na época, como a *chitarrina* e o *colascione*.

Nunca é demais frisar a importância de Provenzale como precursor da escola napolitana de comédia. Duas das personagens de *Lo Schiavo di sua Moglie* (1674) falam o dialeto de Nápoles: os criados Lucillo e Sciarra. O primeiro é um misógino emburrado, cujo "Mala cosa in questi tempi ammogliarsi o innamorarsi" traça o divertido perfil do solteirão renitente. O segundo é mulherengo incorrigível, e seu "Vedimmo se sí femmena" transborda de meloso lirismo de veia popular.

Pallavicino

Demetrio e *Aurelimo*, as duas primeiras óperas de Carlo Pallavicino (1630-1688), foram encenadas no S. Moisè de Veneza, em 1666, na época em que ele era organista da Igreja de Santo Antônio, em Pádua. Mas foi em Dresden que ele começou a construir renome como operista. E agradou tanto a seus patrões da Saxônia, que estes não demoraram a chamá-lo de volta quando, em 1673, Pallavicino aceitou o cargo de maestro do coro no Ospedale degli Incurabili, em Veneza. A condição que impôs para assinar, em 1685, um novo contrato com Dresden foi que lhe permitissem retornar com regularidade à Sereníssima República para supervisionar pessoalmente a montagem de suas óperas.

Vespasiano (1678), encomendada para a inauguração do Teatro S. Giovanni Crisostomo, foi uma das raras óperas da época remontadas com muita freqüência. Musicalmente, as obras de Pallavicino são monótonas, com a predominância de árias sobre conjuntos e maneirismos cansativos: excesso de efeitos de eco, coloratura repetitiva e melodias e ritmos muito simples. A escrita é demasiado econômica. Freqüentemente a orquestra é reservada apenas para os ritornelos e sinfonias, ou para as cenas de maior impacto: sonhos, invocações mágicas e assim por diante. Mas há nele uma utilização de canções populares (barcarola, siciliana) que já prenuncia a assimilação de material folclórico a ser feita mais adiante por Alessandro Scarlatti.

Sua partitura mais bem acabada é a *Gerusalemme Liberata* (1687). Escrita para Dresden, ela representa um passo adiante no tipo de melodrama guerreiro praticado por Sartorio e Legrenzi, tanto do ponto de vista espetacular – os bailados, as tempestades, as cenas de combate – quanto dos tipos vocais, caracterizados com muita nitidez. A natureza ambígua da feiticeira Armida, perigosamente sedutora, é toda sugerida pela sua escrita vocal, ora belicosa e direta, ora vaga e misteriosa. Clorinda insere-se na linha das figuras heróicas de Legrenzi, e são freqüentes nela os elaborados vocalises sobre palavras como *guerreggiar* ou *del brando al lampeggiar*. A truculência das melodias de Argante fazem dele a figura típica do fanfarrão, a quem caberá cantar a obrigatória *aria con tromba*. Já Tancredi é a personagem de estampa patética monteverdiana, para quem Pallavicino escreve o dolorido lamento "Tessifoni d'abisso, volatemi nel cor", uma *aria di disperazione* que ele entoa ao descobrir que o guerreiro que acaba de ferir mortalmente é a sua amada Clorinda. Este é um importante exemplo precursor da utilização de estilos diferentes de escrita vocal para caracterizar cada personagem.

Pallavicino é muito irônico ao adotar o estilo da canção cortesã italiana para retratar *La Messalina* (1679): isso faz da personagem histórica romana uma graciosa e sedutora dama contemporânea, de costumes tão livres quanto o das aristocratas venezianas com quem ele convivia. É lânguido e desanimado o andamento que ele dá às "árias de ciúme" do imperador Cláudio, como uma forma de sugerir – com um conteúdo implícito de crítica social – a impotência do "corno manso" diante do comportamento dissoluto da esposa. Pallavicino é particularmente feliz ao traçar o perfil de mulheres jovens, vaidosas e levianas. Exemplo saboroso disso é "Dite il vero a queste lucci", a "ária de toucador", que Gilda canta diante do espelho, em *L'Amazone Corsara ovvero L'Alvilda, Regina de' Goti* (1686), extasiada com a sua própria beleza. Em peças assim, evidencia-se um senso de humor muito refinado.

A maior parte da obra de Pallavicino se perdeu. Além das óperas acima citadas, sobreviveram *Diocletiano* (1674), *Enea in Italia* e *Galieno*, ambas de 1675; *Le Amazoni nell'Isole Fortunate* (1679); *Bassiano ovvero Il Maggior Impossibile* e *Carlo, Rè d'Italia*, de 1682. Em sua *Storia del Belcanto*, Rodolfo Celetti confere a Pallavicino papel muito importante no "processo de conquista do grande virtuosismo que caracterizará o melodrama barroco na primeira metade do século XVII". Em relação a seus predecessores, a sua escrita denota a tendência a acentuar os efeitos ligados à rapidez e complexidade de execução. As passagens vocalizadas tornam-se mais longas – de nove a quatorze compassos em algumas árias da *Gerusalemme Liberata* – e, nelas, surgem esquemas de origem instrumental que fazem a voz reproduzir desenhos arpejados, ou projetar-se subitamente para o alto em saltos de uma ou até duas oitavas. Percebe-se nele também o germe de uma característica típica do Barroco Tardio: o tipo de repetição que vamos encontrar nas árias de coloratura.

A necessidade de escrever melodias de desenho cada vez mais amplo e simétrico força Pallavicino a adotar repetições que façam o texto acomodar-se à música. Em *Tancredi* (III, 12), por exemplo, ouvimos: "Accheta la tempesta/ che l'anima molesta/ con tante pene/ con tante, tante pene/ con tante pene alfin..." Esse tipo de repetição, que se tornará comuníssima nas árias do século XVIII, não existia na música de Monteverdi ou Cavalli, onde as iterações restringiam-se às necessidades expressivas do *stile concitato* (na *Incoronazione*, por exemplo, a repetição da expressão *allo sdegno* sugere a escalada da irritação de Nero; mas não tem a função decorativa de fazer a extensão do verso coincidir com a da frase melódica). Já aparecem também, nas partituras de Pallavicino, alguns sinais de expressão como o *tr* (trillo), o *f* (forte) ou o *p* (piano). Diz Celetti:

> Principalmente na *Jerusalém Libertada* que, em Dresden, teve a celebradíssima Margherita Salicoli no papel de Armida, Pallavicino documenta um progresso técnico, nos cantores da época, que se resolve em maior velocidade de execução. Paralelamentente, mediante a ampliação dos vocalises, prenuncia o que será um dos efeitos mais perseguidos pelos grandes cantores da primeira metade do século XVIII: um controle espetacular da respiração.

Draghi

Um dos maiores responsáveis pela disseminação do gosto pela ópera na Áustria, onde trabalhou de 1663 a 1699, Antonio Draghi (1635-1700) converteu-se numa das personalidades mais influentes no cenário teatral vienense a partir do sucesso, em 1666, de *La Mascherata*. Das 170 óperas que esse compositor hoje virtualmente esquecido compôs – a maioria com libreto de Nicolò Minato, poeta oficial da corte austríaca –, 23 se perderam. Ainda assim, descontadas as que sobreviveram em versão fragmentária, ou as que foram escritas em colaboração com outros autores, é impressionante o volume de sua produção ainda disponível em manuscrito.

Nascido em Rimini, Draghi parece ter estudado em Roma e Mântua. Há notícias de que fez carreira como cantor – possuía boa voz de baixo – nos palcos venezianos, antes de surgir o convite para ir trabalhar em Viena como libretista. Já estava na Áustria havia três anos quando a imperatriz Eleanor deu-se conta de seu talento musical e ofereceu-lhe a chance de compor a *Mascherata*, seguida um ano depois da *Comedia Ridicula* e de *Gli Amori di Cefalo e Procri*. A boa aceitação de seus dramas o fez desatar numa profusão inacreditável de óperas; só em 1699, estreou quatro: *Chi Più Sa Manco l'Intende ovvero Gli Amori di Clodio e Pompea, Achille in Sciro, Il Perseo* e *L'Atalanta*. As brilhantes encenações que Lodovico Burnacini fazia desses espetáculos e as ornamentadas árias *da capo* que ele escrevia, notáveis pelas passagens de bravura, o fizeram ser escolhido para a direção do teatro da corte em 1673. Nove anos depois, ele sucedeu a J. H. Schmelzer como o *Kappelmeister* imperial.

Leopoldo I, músico amador de talento razoável, ligou-se muito a Draghi e colaborou com cenas inteiras para várias de suas obras. Observar a evolução de Draghi é fundamental para entender a passagem do estilo de recitativo e arioso, herdado de Cavalli e Cesti, para a superação das formas estróficas primitivas em favor do *da capo* com passagens virtuosísticas, que vai imperar na primeira metade do século XVIII. A lista das óperas de Draghi, levantada por Rudolf Schnitzler e Herbert Seifert no *New Grove*, demonstra não só a variedade dos temas que abordou mas também sua velocidade de escrita (a ausência de alguns anos nesta enumeração significa apenas que todas as óperas nele compostas se perderam):

1670 – *Leonida in Tegea, L'Iphide Greca* e *L'Avidità di Mida*;

1671 – *La Prosperità di Elia Seiano, La Gara dei Genii* e *Cidippe*;

1672 – *Gl'Atomi di Epicuro, Gundeberga* e *Sulpitia*;

1673 – *Il Gioir della Speranza, Batto Convertito in Sasso* e *Gl'Incantesimi disciolti*;

1674 – *La Lanterna di Diogene, Le Stagioni Ossequiose, Il Ratto delle Sabine, Il Trionfatore de' Centauri* e *Il Fuoco Eterno Custodito dalle Vestali*;

1675 – *I Pazzi Abderiti, Pirro* e *Turia Lucrezia*;

1676 – *Scegliere non Potendo Adoprare*;

1677 – *Hercole Acquistatore dell'Imortalità, Adriano sul Monte Casio, Le Maghe di Tessalia, Rodogone* e *La Fortuna delle Corti*;

1678 – *La Conquista del Velo d'Oro, Leucippe Festia, Il Tempio di Diana in Taurica, Enea in Italia* e *I Favoriti della Fortuna*;

1679 – *Baldraca, La Svogliata* e *Mixtum Austriacum*;

1680 – *I Vaticinii del Tiresia Tebano* e *La Patienza di Socrate con Due Moglie*;

Cenário para uma apresentação de *Il Fuoco Eterno Custodito dalle Vestali*, de Antonio Draghi, em Viena (1674).

1681 – *Temistocle in Persia* e *L'Albero del Ramo d'Oro*;

1682 – *Gli Stratagemi di Biante, La Chimera* e *Il Tempio d'Apollo in Delfo*;

1683 – *Il Giardino della Virtù, Lo Smemorato* e *La Lira d'Orfeo*;

1684 – *Gl'Elogii* e *Il Finto Astrologo*;

1685 – *Anfitrione, La Più Generosa Spartana, Il Palladio in Roma* e *Il Rissarcimento della Ruota della Fortuna*;

1686 – *Lo Studio d'Amore, Le Sciocaggini delle Psilli, Il Nodo Gordiano, Le Ninfe Ritrose* e *La Grotta di Volcano*;

1687 – *La Vittoria della Fortezza* e *La Fama Addormentata e Risvegliata*;

1688 – *Il Marito Ama Più, La Moglie Ama Meglio, Tanisia* e *Psiche Cercando Amore*;

1689 – *Pigmalione in Cipro, La Rosaura ovvero Amore Figlio della Gratitudine, Il Riposo nelle Disturbi* e *Il Telemaco ovvero Il Valore Coronato*;

1690 – *La Regina de' Volsci*;

1691 – *La Chioma di Berenice, Il Ringiovenito* e *Il Pelegrinaggio delle Grazie all'Oracolo Dodoneo*;

1692 – *Fedeltà e Generosità, Le Varietà di Fortuna* e *Il Vincitor Magnanimo*;

1693 – *L'Amore in Sogno ovvero Le Nozze d'Odati e Zoriadre* e *La Madre degli Dei*;

1694 – *Pelopida Tebano in Tessaglia*;

1695 – *L'Industrie Amorose in Filli di Tracia, La Finta Cecità di Antioco il Grande* e *La Magnanimità di Marco Fabrizio*;

1696 – *Timone Misantropo*;

1697 – *Le Piramidi d'Egitto, L'Adalberto ovvero La Forza della Astuzia Femminile, La'Amare per Virtù ovvero La Tirannide Placata* e *La Tirannide Abbatuta dalla Virtù*;

1698 – *L'Arsace Fondatore dell'Imperio de' Parthi* e *La Forza dell'Amor Filiale*.

Naturalmente, por mais facilidade de escrita que tenha um músico, para manter essa média assustadora de produção é preciso recorrer a expedientes que, naquela época, eram considerados normais, aceitáveis e corriqueiros: reciclar árias passando-as de uma ópera para a outra; revisar óperas inteiras já encenadas há mais tempo, mudando-lhes o título, fazendo alterações no libreto, inserindo trechos novos e fazendo-as passar por obras inéditas;

ou pura e simplesmente saquear a obra de seus contemporâneos em busca de melodias ou até mesmo de árias inteiras, de que ele modificava a ornamentação, o esquema harmônico, a instrumentação. E isso não vale apenas para Draghi – são hábitos que se estendem a seus contemporâneos e que ainda vamos encontrar, no início do século XIX, em verdadeiras máquinas de compor, como Rossini ou Donizetti. Numa época em que a ópera era um objeto de consumo rapidamente descartável e as partituras, muito raramente publicadas; em que os libretos giravam invariavelmente em torno de um número relativamente pequeno de assuntos; e o apetite do público por novidades era insaciável, esse era o meio de atender à enorme demanda – complicada, na carreira de um músico de corte, pela necessidade de fornecer óperas para todas as solenidades possíveis e imagináveis: casamentos, batizados, assinaturas de tratados e aniversários dos soberanos.

Pasquini

Não se sabe exatamente o momento em que Bernardo Pasquini (1637-1710) saiu de Massa da Valdinievole, perto de Lucca, onde nascera, e mudou-se para Roma. No início da década de 1650, ei-lo exercendo o cargo de organista auxiliar em várias igrejas, até ser nomeado, em 1664, titular de Santa Maria in Aracoeli. Ali ficou até o fim da vida, mas trabalhou também para a Arciconfraternità del SS. Crocifisso. Sua habilidade como cravista o fez ser bem recebido por famílias aristocráticas romanas e o tornou muito chegado a Cristina da Suécia, que estava no exílio em Roma. Essas relações lhe trouxeram o cargo de diretor musical da corte do príncipe Giambattista Borghese e convites para escrever música secular para os palácios e teatros da cidade. Foi amigo íntimo de Arcangelo Corelli e Alessandro Scarlatti; e muitos músicos vinham estudar com ele.

La Sincerità con la Sincerità ovvero Il Tirinto (1672), cantada no Palácio Borghese, enfileira a habitual coleção de identidades trocadas, intrigas amorosas, travestimentos e cartas tiradas da manga no último minuto para permitir o *lieto fine*. Da mesma estirpe é *La*

Forza d'Amore, do mesmo ano, comédia romântica de que há, no selo Bongiovanni, uma gravação ao vivo (Ópera de Terni, 1987/Fabio Maestri). Já *L'Amore per Vendetta ovvero L'Alcasta*, dedicada a Cristina da Suécia e encomendada para a abertura da temporada do Carnaval de 1673 no Teatro Tordinona, é mais substanciosa, fiel às antigas tradições do teatro sério e moralizante. Mas as comédias *Trespolo Tutore* (1675) e *La Donna Ancora è Fedele* (1676), pedidas a Pasquini pelo Teatro Colonna, retornam ao tom frívolo e às vezes licencioso tão comum no teatro da segunda metade do século.

La Caduta del Regno dell'Amazzoni (1678), *Dov'È Amore È Pietà* (1679), de que sobrevive apenas uma ária, e *L'Idalma ovvero Chi la Dura la Vince* (1680) ainda puderam ser estreadas antes que diretrizes muito severas, emanadas do papado, restringissem as atividades dos teatros, visando a coibir os excessos profanos, provocando com isso o declínio da ópera romana. Ainda houve um período de transição, em que os espetáculos líricos eram tolerados no Carnaval – e nessa fase Pasquini pôde estrear *Il Lisimaco* (1681) e *La Tessalonica* (1683). Mas nesse último ano saiu o decreto de Urbano XII que bania definitivamente a ópera, fazendo a maioria dos teatros fechar as portas. Não se sabe sequer se *L'Arianna* (1685) chegou a ser encenada. Pasquini concentrou-se na composição de oratórios e, em 1692, montou dentro do Seminario Romano a sua última ópera, *L'Eudossia*, de tema sacro, cuja partitura se perdeu.

Pasquini também pertence à fase de transição em que a ópera está se afastando velozmente do recitativo expressivo e movendo-se em direção a uma maior ênfase nas árias – que ele gosta de tratar com base em ritmo *ostinato* (procedimento que vamos reencontrar em Stradella, muito provavelmente por influência sua). Mas o modelo ainda não adquiriu a rigidez da *opera seria* em que as cenas de conjunto praticamente desaparecem e há uma seqüência inalterada de recitativos secos e árias *da capo*. A estrutura ainda é mais fluida e oscila livremente do recitativo monódico para o arioso e a ária, apresentando um número grande de duetos e alguns conjuntos, especialmente em *L'Idalma*. Em Pasquini, percebemos também uma gradual expansão do papel da orquestra como comentarista.

Boretti

Eis um caso raro de compositor que escrevia para si próprio, pois Giovanni Antonio Boretti (1640-1672) era cantor e sempre concebia as suas óperas de modo a poder cantar o papel principal. Viveu pouco, mas era um artista promissor e, meses antes de morrer, com apenas 32 anos, acabara de ser nomeado vice-maestro de capela da corte de Parma. *Alessandro Amante* (1668) fez muito sucesso em Veneza, e *La Zenobia* chegou a ser ouvida em Viena em novembro de 1662. Boretti sabia agradar ao público de sua época. *Marcello in Siracusa* (1670) exige uma quantidade prodigiosa de trocas de cenários, incluindo fontes, rios e uma elaboradíssima cena de baile que se passava num palácio real com toda a sua colunata e um pátio cercado de balcões. Atendia também à preferência da platéia por um número grande de árias: no libreto do *Giulio Cesare* (1672) vem a recomendação de que deve haver tantas quanto possível, "para satisfazer aos caprichos do público e dos cantores". Além das obras citadas, sobraram dele *Eliogabalo* (1668), *Marcelo in Siracusa* (1670) e *Ercole in Tebe* (1671).

Stradella

A vida de Alessandro Stradella (1644-1682) foi tão aventurosa que o alemão Friedrich von Flotow o transformou, em 1844, na personagem título de uma *Romantische Oper*. Filho de uma família aristocrática de Viterbo, Stradella fez seus estudos musicais em Bolonha e ali deve ter ficado um bom tempo, pois, em alguns documentos de meados da década de 1660, é chamado de "Il Bolognese". Data de 1667 o primeiro sinal de sua estada em Roma, compondo um oratório em latim para a Arciconfraternità del SS. Crocifisso – onde teve contato com Pasquini. Até 1669, Stradella esteve muito ocupado escrevendo oratórios, serenatas, intermezzos e cerca de 250 cantatas. Nessa data, teve de andar sumido uns tempos, pois dera um desfalque nos cofres da confraria. E em 1677 foi definitivamente expulso dos Estados Pontifícios devido a outro escândalo ligado a desvio de dinheiro, sedução de menor e ruptura de promessa de casamento.

Pelo resto da vida, Stradella foi perseguido por assassinos pagos pelas famílias das donzelas com quem se envolvia periodicamente. Em Veneza, seduziu a noiva do nobre Alvise Contarini, fugiu com ela para Turim e, ali, escapou por pouco de um atentado promovido pelos sicários que essa influente família contratara. De Turim mudou-se para Gênova, onde a ópera dava seus primeiros passos e, em 10 de novembro de 1678, estreou no Teatro Falcone a aplaudidíssima *La Forza dell'Amor Paterno*. O libreto, de autor desconhecido, adaptava o *Seleuco* de Niccolò Minato, baseada na história do rei Seleuco, casado com a bela Estratonice – na ópera chamada Lucinda –, de quem se separa ao descobrir que seu filho Antíoco está apaixonado por ela. A proporção das árias e ariosos ainda é pequena em relação aos recitativos, mas a escrita já é bastante ornamentada.

Em 30 de janeiro do ano seguinte, o sucesso foi ainda maior com *Il Trespolo Tutore*, que Giovanni Cosimo Villifranchi adaptara da comédia de Giovanni Battista Ricciardi já musicada por Pasquini. Dois irmãos, Nino e Ciro, estão apaixonados pela mesma moça, Artemisia, e esbarram nas dificuldades criadas por seu tutor, o bronco e possessivo Don Trespolo. Situações inesperadas e divertidas se sucedem até a reviravolta final: a jovem está mesmo apaixonada é pelo tutor, e só a estupidez de Trespolo não lhe permitiu perceber isso. O texto de Villifranchi inclui duas paródias de cena de loucura para Nino que não existiam em Ricciardi.

A ópera cômica estava dando seus primeiros passos quando surgiu Don Trespolo, um dos primeiros exemplos do baixo bufo saído das tradições da *Commedia dell'arte* e que vai se tornar figura obrigatória na comédia italiana. Esse bisavô de Don Bartolo e Don Pasquale expressa-se num recitativo muito veloz e em árias curtas mas de ritmo esfuziante, em que abundam as semicolcheias. *Le Gare dell'Amor Eroico* (1679) é de tema sério, tirado do episódio romano da luta entre os Horácios e os

Curiácios, que inspirou a tragédia de Corneille; e ficou conhecida também como *L'Oratio ossia Cocle sul Ponte*. Stradella ainda teve tempo de compor a comédia romântica *Il Floridoro ovvero Moro per Amore* (1682), com libreto de estilo faustiniano; e a serenata *Il Barcheggio* (1681), que foi executada na baía de Gênova durante os festejos do casamento de um filho dos Spinola com a filha dos Brignole – duas riquíssimas famílias de armadores. Esteban Velardi fez de ambas, na Ópera de Gênova (1992 e 1990 respectivamente), apresentações de que existe o registro ao vivo no selo Bongiovanni.

É sugestivo que *Morro por Amor* tenha sido o título de sua última obra, pois o pendor incorrigível para as aventuras amorosas haveria de abreviar a sua vida. Em 1682, Stradella seduziu uma garota da família dos Lomellini; estes contrataram um assassino mais competente do que o dos Contarini, e o compositor foi apunhalado à luz do dia, em plena Piazza Bianchi, no centro de Gênova, com apenas 43 anos. As autoridades genovesas proibiram a execução de obras suas, mas as óperas que ele compusera ainda foram apresentadas durante algum tempo na corte de Módena e nos teatros romanos.

Linhas melódicas muito fluentes e progressões harmônicas ocasionalmente ousadas caracterizam a música de Stradella. Cuidadosíssimo com os recitativos, que já tende a fazer acompanhar com as cordas e não apenas com o contínuo, ele é um dos compositores que conseguem dar ao diálogo maior espontaneidade. Já nas árias, demonstra preferência por melodias com ritmo *ostinato*. No *Floridoro*, está evidente a inclinação para o uso, já em moda na década de 1680, de um número maior de árias A.B.A.' do que de recitativos ou ariosos. As partes instrumentais também são mais integradas e respondem melhor às exigências de uma linha vocal que está se tornando mais elaborada. *Moro per Amore* parece indicar o início de uma nova fase criadora que a morte não deixou se desenvolver.

O nome de Stradella voltou a chamar a atenção do público contemporâneo quando, em setembro de 1996, o Festival de Batignano encenou, sob a regência de Dominic Wheeler, *Salomè ovvero San Giovanni Battista*, escrito em 1675 para o Oratorio Sant'Orsola de Roma, mas concebido de forma a poder ser apresentado como uma peça de teatro. A encenação de Robert de la Mere acentuou a modernidade dramática da peça, que não recua diante dos aspectos mais escabrosos da história bíblica: a virtual defloração da princesa Salomé por Herodes e o banho de sangue em que é sufocada a rebelião do povo, revoltado com a execução de S. João Batista, cuja cabeça o rei prometera à sedutora princesa.

Gabrielli

As funções de Domenico Gabrielli (1651-1690) como violoncelista da Basílica de São Petrônio, em Bolonha – que o faziam ser apelidado de *Minghino dal violoncello* – entravam constantemente em choque com o seu desejo de escrever óperas para os teatros de Veneza. Os pedidos de licença que apresentava, para ir cuidar da encenação de seus dramas, eram tão freqüentes, que em 1687 ele foi demitido – embora apenas temporariamente, pois seus empregadores concluíram que ele estava fazendo muita falta na orquestra do templo. Sua carreira esteve de tal forma ligada aos teatros venezianos, que um historiador como Allacci chegou a pensar que esse bolonhês fosse nativo da Sereníssima República.

As óperas de Gabrielli são sempre de tema histórico e conseguiram ser bem aceitas, a ponto de, no final de sua vida, ele ter conseguido fazer com que fossem encenadas também em Bérgamo e Turim. Além de três oratórios e algumas cantatas profanas, sobreviveram *Flavio Cuniberto* (1682), *Il Gige in Lidia* (1683), *Il Rodoaldo Re d'Italia* e *Il Clearco in Negroponte*, ambas de 1685, *Le Generose Gare tra Cesare e Pompeo* (1686), *Il Maurizio* (1687), *Il Gordiano* e *Carlo il Grande*, as duas de 1688, e *Silvio Re d'Albani* (1689).

M. Ziani

Maestro di cappella na Igreja de S. Barbara, em Mântua, Marc'Antonio Ziani (1653-1715), sobrinho e aluno de P. Ziani, começou a colaborar com os teatros venezianos adaptando ao gosto do dia óperas de Cesti e Draghi e, depois, a partir de 1679, compondo obras originais. A primeira delas, *Alessandro Magno in Sidone*, foi levada com muito sucesso em Nápoles graças ao prestígio de seu tio. Seguiram-se *L'Alcibiade* e *Damira Placata*, ambas de 1680, *Tullio Ostilio* (1685) e *La Rosalinda* (1692). *La Flora*, de 1681, foi escrita a quatro mãos com Antonio Sartorio. De *La Costanza in Trionfo* (1696) sobreviveram apenas algumas árias. *Damira Placata* foi o primeiro caso de ópera composta para ser cantada em um teatro de marionetes.

Com o final da dinastia dos Gonzaga em Mântua, Ziani saiu à procura de novo emprego e, uma vez mais, graças ao renome granjeado por seu tio em Viena, conseguiu que Leopold I – a quem ele dedicara o oratório *Il Giudizio di Salamone* – o nomeasse vice-*Kappelmeister* da corte. Nos quinze anos que se seguiram, compôs para a nobreza austríaca uma enxurrada de títulos, de que muita coisa se perdeu. Sobraram *Il Gordiano Pio* (1700), *Caio Popilio* (1704), *L'Ercole Vincitor dell'Invidia* (1706), uma versão nova da *Flora* (1706) – em que substituiu por composições suas as partes escritas por Sartorio –, *Il Meleagro* (1706), *Il Campidoglio Ricuperato* e *Chilonida*, ambas de 1709, e *Andromeda* (1714).

Muito típicas do gosto barroco pelo interminável debate sobre temas ligados às questões amorosas são as duas cantatas cênicas compostas em 1706 para ilustrar duas "academias", as reuniões de artistas e intelectuais em que esses temas eram postos em discussão: *L'Introduzione per Musica al Problema della Prima Accademia: Se si Possi Trovare un'Amore Senza Speranza* (Se é possível encontrar um amor sem esperança) e *L'Introduzione per Musica al Problema della Seconda Accademia: Se Più Innamori bella Donna che Pianga o bella donna che canti* (Se nos enamoramos mais por uma bela mulher que chora do que por uma bela mulher que canta). Há nessas peças o mesmo tipo de retorcida elegância que encontramos no Preciosismo francês, de que as novelas de Mlle de Scudéry são o exemplo máximo.

M. Ziani foi muito criticado por um desleixo formal que faz a estrutura de suas óperas ser um tanto frouxa. Mas a sua escrita instrumental é particularmente colorida, e ele é muito feliz no uso dos instrumentos solistas *obbligati* que, àquela altura, estavam entrando na moda. Suas melodias têm uma leveza de toque que garantiram a sua popularidade tanto em casa quanto na Áustria. Como o tio, ele sabia caracterizar as suas personagens com traços vivos e econômicos.

Pollarolo

Supõe-se que Carlo Francesco Pollarolo (1653-1722) tenha nascido em Brescia, onde herdou do pai, em 1680, o cargo de organista na catedral. A primeira ópera sua de que se tem notícia é *Il Roderico* (1686), provavelmente encenada em Brescia. A carreira em Veneza, onde em 1690 fora nomeado segundo organista de São Marcos, começa dois anos depois com *Onorio in Roma*. Daí em diante, 85 óperas sucedem-se rapidamente, primeiro para o Teatro S. Giovanni Crisostomo, de que ele se tornou o principal compositor; depois nas principais cidades do norte da Itália e em Viena. Paralelamente, seu prestígio na área da música eclesiástica crescia, pois ele se tornou o vice-*maestro di cappella* de São Marcos.

Perderam-se 63 das óperas de Pollarolo, que muito popular durante certo tempo foi rapidamente esquecido após a sua morte. Outras ficaram de forma fragmentária ou são colaborações com Alessandro Scarlatti, Bononcini e outros. Sobreviveu o manuscrito integral de *La Forza della Virtù* (1693), *Alfonso Primo* (1694), *Ottone* (1694), *Il Pastore di Anfriso* (1695), *Gl'Inganni Felici* (1696), *La Rosimonda* (1696), *Il Faramondo* (1699), *Il Colore Fa' la Regina* (1700), *Le Pazzie degli Amanti* (1701), *Ariodante* (1716) e *Giulio Cesare nell'Egitto* (1720).

Pollarolo não merece o ostracismo em que mergulhou após a sua morte, pois é muito significativa a contribuição que deu ao desenvolvimento orquestral da ópera na fase a que pertence. Combinações desusadas de instrumentos, substituição do contínuo pela orquestra completa no acompanhamento das árias, uso freqüente de solistas *obbligati* e de pequenos conjuntos de instrumentos nos bastidores para obter efeitos de eco são características suas. Muito atento ao que Lully fazia na França, ele termina um dos atos de *Onorio in Roma* com uma solene chacona de estilo versalhês e, no final da ópera, há um elaborado *vaudeville* – um divertimento com entradas de balé entremeadas de canções – com texto em francês.

Foi o autor de uma das primeiras imitações do canto dos pássaros no acompanhamento – apenas com quatro violinos – da ária "Usignoli che cantate", de *Onorio in Roma*, em que os instrumentos evocam o chilreio dos rouxinóis. É comum nele, aliás, o abandono do contínuo. No lamento "In quel pie' legato ho il cuore", do *Onorio*, apenas uma *teorba*, duas violas e um violoncelo acompanham a voz da cantora que interpreta Placídia, dobrando a linha vocal de forma a imitar o seu timbre de contralto. Pollarolo era um compositor original que tinha o gosto da experimentação e estava sempre pronto a abandonar as fórmulas consagradas em busca de novas formas de expressar-se dramaticamente.

Os autores a que aqui nos referimos efetuam a transição entre Monteverdi-Cavalli-Cesti e a ópera de estilo mais virtuosístico de Alessandro Scarlatti, colocando as pedras fundamentais para um estilo de canto que vai se desenvolver plenamente no século XVIII. Vemos surgir com eles melismas mais elaborados na linha vocal e árias em que a voz dialoga com instrumentos solistas. Surgem as primeiras preocupações com a notação mais precisa do ritmo e da expressão: além do *tr*, do *f*, do *p*, vemos aparecer também a fermata ou *punto di corona* – o ponto colocado sob a nota, debaixo de um sinal de parêntesis deitado – indicando que o cantor pode prolongar o quanto quiser a sua duração. Nesta fase, as árias são curtas e numerosíssimas – de 60 a 70 por ópera –, mas já começam a ser freqüentes as que têm a reprise *da capo*; e a ampliação do campo expressivo dos intérpretes faz com que aos tipos tradicionais de monólogo – *lamento, scongiuro, apparizione, aria di sonno* – venha ajuntar-se uma porção de tipos novos: a ária de fúria, de sedução, de desprezo ou zombaria e, até mesmo, como vimos, a ária de toucador, que traz para o palco um momento prosaico de intimidade da personagem, que serve de pretexto para ela se soltar, sozinha consigo mesma, e fazer uma reflexão de tom inteiramente subjetivo.

SCARLATTI

É muito contestado, hoje, o título de "fundador da Escola Napolitana" atribuído a Pietro Alessandro Gaspare Scarlatti (1660-1725) – inegavelmente o mais importante operista de sua geração. Autores como Malcolm Boyd ou E. J. Dent chamam a atenção para o fato de que, nascido em Palermo, Alessandro Scarlatti passou boa parte de sua vida em Roma, escreveu também para teatros de Florença e Veneza, e parece ter tido pouca influência sobre a geração subseqüente de compositores napolitanos (Leo, Vinci, Porpora), embora Hasse tenha sido seu aluno por algum tempo. Na verdade, Scarlatti é mais o último representante de uma antiga tradição do que o iniciador de uma nova tendência.

À exceção do setor da comédia, de fato muito desenvolvido e com características individualizadas, a própria noção de Escola Napolitana hoje é questionada, na medida em que não parece ter havido diferença fundamental entre a produção operística (muito rica) dessa cidade e a do resto da Itália. Há, sim, em Scarlatti – mas também em outros compositores menores, seus contemporâneos –, um processo de transição entre as formas típicas da Escola Veneziana e as que vão caracterizar o Barroco Tardio.

Scarlatti saiu da Sicília em 1672 e instalou-se em Roma, onde a facilidade melódica de suas primeiras óperas chamou a atenção de protetores como a ex-rainha Cristina da Sué-

cia que, em 1680, o nomeou seu mestre de capela. Ela tinha se encantado com *Gli Equivoci del Sembiante*, encenada em fevereiro do ano anterior no teatro privado de Domenico Filippo Contini, autor do libreto. Trata-se de uma pastoral intimista, de estilo tipicamente arcádico, com um só cenário e o elenco reduzido a quatro personagens. As confusões provocadas pela semelhança entre dois pastores gêmeos levam a mal-entendidos e crises de ciúmes entre eles e suas namoradas. Essa operazinha foi um sucesso imediato em Roma e outras cidades onde foi cantada – e até mesmo em Viena, que a ouviu em 1681.

A natureza aristocrática da ópera que Scarlatti fará em Roma estará relacionada com as dificuldades que o gênero enfrentava na sede do papado, onde a dependência do patrocínio de alguns nobres decididos a subvencioná-lo como um prazer pessoal explica que tenha voltado a assumir formas menos espalhafatosas do que as do teatro veneziano. Ao subir ao trono em 1670, o papa Clemente X demonstrara imediatamente a sua hostilidade para com a ópera, ao recusar a Cristina da Suécia a permissão para que fosse estendida além do Carnaval a temporada no Teatro Tordinona, que acabara de ser inaugurado. E antes de autorizar o funcionamento dessa sala de espetáculos, fez um proclama que visava a coibir os "abusos" e a restabelecer o mais estrito decoro.

Ficavam proibidos os gritos, os assobios e todas as outras formas de interrupção do espetáculo; exigia-se que os cantores tivessem bom comportamento e não reagissem às provocações do público; ficavam proibidas a entrada de armas dentro do teatro e a admissão de prostitutas. Seu sucessor, Inocêncio XI, foi ainda mais rigoroso: baniu as cantoras – o que não chegou a ser muito respeitado –, proibiu cantores dos coros eclesiásticos de se apresentar também no teatro, e mandou demolir as divisórias entre os camarotes para impedir que eles se transformassem em locais para encontros galantes. Chegou a publicar um decreto coibindo especificamente a ostentação no camarote da rainha Cristina. Nessas condições, para continuar existindo, a ópera dependia da ajuda de pessoas como a ex-rainha da Suécia, os Pamphilli ou os Ottoboni e tinha, necessariamente, de refletir as suas preferências.

L'Honestà negli Amori (1680) e *Tutto il Mal non Vien per Nuocere* (1681), escritas para Cristina, precedem *Il Pompeo*, a primeira das muitas óperas de Scarlatti com tema extraído da história romana, estreada no palácio do cardeal Colonna em 25 de janeiro de 1683. Examinada hoje, essa ópera com libreto de Nicolò Minato – que não se privou do prazer de cruzar à intriga central personagens e situações saídas de sua imaginação – está longe de ser uma das melhores de seu autor. Mas foi imensamente popular em seu tempo. Prova disso é que Haendel a saqueou impiedosamente, retirando dela várias árias, que reutilizou em óperas e oratórios entre 1732-1744. E a ária "O cessate de piagarmi", do ato II, de melodia sem dúvida atraente e escrita muito gratificante para a cantora, é até hoje freqüentemente incluída em recitais de soprano.

O renome granjeado com *Pompeo*, e *La Guerriera Costante*, ambas de 1683, valeu a Scarlatti o convite para trabalhar como maestro *di cappella* do vice-rei espanhol em Nápoles – e aí, sim, em 1684, inicia-se o período napolitano da carreira do compositor, que até 1700 vai manter-se fiel ao modelo veneziano, tal qual ele era praticado e apreciado naquela cidade, desde os tempos em que o conde Oñate trouxera os primeiros espetáculos dos *Febi Armonici*. Óperas como *La Rosmene ovvero*

L'Infedeltà Fedele ou *Clearco in Negroponte*, ambas de 1686, *L'Amazzone Corsara ovvero L'Alvilda* (1689) e *Gl'Equivoci in Amore ovvero La Rosaura* (1690) ainda não estabelecem muitas diferenças entre a ópera e a cantata dramática: seus recitativos são simples, há grande número de árias curtas – às vezes mais de 50 – e uma quantidade bem menor de duetos. Atendendo à predileção do público napolitano pelas personagens cômicas, Scarlatti cria o hábito de terminar os dois primeiros atos de suas óperas de tema sério com um dueto bufo de tom bem animado, no qual reconhecemos o germe do *finale* da ópera cômica tal como ele vai se desenvolver mais tarde.

Dessa fase, destaca-se *La Statira*, com libreto de Pietro Ottoboni, escrita para a reabertura do Teatro Tordinona de Roma, em 5 de janeiro de 1690, após a prolongada lei seca imposta pelo pontificado de Inocêncio XI. O assunto escolhido pode ser entendido como um tributo à magnanimidade do novo papa, Alexandre VIII, tio-avô do libretista, a quem os teatros deviam a autorização para voltar a funcionar. Pietro Ottoboni vai buscar nas *Vidas de Homens Ilustres*, de Plutarco, e na *História Natural*, de Plínio, episódios reais que trança de maneira fantasiosa. Enquanto Alexandre, o Grande, se apaixona pela personagem título, filha do rei Dario e por este prometida ao príncipe persa Orontes, o pintor ateniense Apeles ama Campaspe, que, contra a sua vontade, tornou-se amante do conquistador macedônio. As intrigas usuais levam a uma cena final em que, agindo de forma magnânima, Alexandre permite à sua amante unir-se ao homem que ama, e Orontes renuncia a Statira para que ela possa ser feliz.

Edward J. Dent diz que *La Statira* é um belíssimo exemplo de *la grande maniera*, ou seja, da ópera de proporções mais ambiciosas, com árias longas, construídas de forma suntuosa, e com um maciço uso de coloratura que se desenvolve a partir de frases iniciais construídas com notas longas e intervalos amplos, o que lhes confere especial solenidade. Esse é um estilo que será desenvolvido em obras como *L'Eraclea* (1700) ou *La Principessa Fedele* (1710), de que sobreviveram apenas árias isoladas, mas também no *Tigrane*, de que falaremos mais adiante.

A fase napolitana é uma das mais férteis na obra de Scarlatti, o que justifica a associação que se estabeleceu entre o seu nome e o dessa cidade: *La Teodora Augusta* e *Gerone, Tiranno di Siracusa* (1692) *Il Pirro* e *Demetrio* (1694), *Le Nozze con l'Inimico ovvero L'Analinda* e *Massimo Puppieno* (1695), *L'Emireno ovvero Il Consiglio dell'Ombra* (1697). Aqui mencionamos, é claro, apenas as óperas de que se possui o manuscrito completo, excluindo tanto as de que sobreviveram apenas algumas árias quanto as que foram escritas em colaboração com outros músicos, Melani, Pasquini, Cesarini ou Caldara.

Em 15 de dezembro de 1697, a estréia, no Teatro San Bartolomeo, de *La Caduta de' Decemviri*, assume dupla importância. Esta é a primeira colaboração do compositor com Silvio Stampiglia, um dos dramaturgos mais talentosos da Arcádia, que a seguir escreverá para ele vários poemas e será um dos principais responsáveis pela reforma do libreto. Além disso, *A Queda dos Decênviros* assinala mudanças, no estilo scarlattiano, que serão de importância fundamental no desenvolvimento da ópera.

A Arcádia era mais uma das academias surgidas em Roma. Ao abdicar ao trono sueco e converter-se ao catolicismo, a rainha Cristina fixara residência nessa cidade e, à sua volta, reunira poetas, filósofos e cientistas com os quais debatia questões estéticas ou científicas. Quando ela morreu, em 1689, os freqüentadores de sua casa não quiseram se dispersar. Fundaram uma agremiação de "pastores" que tinha por patrono o Menino Jesus – símbolo de simplicidade – e era presidida por um Guardião Geral. Às propostas dos árcades retornaremos mais adiante, ao falar da reforma do libreto que leva à *opera seria* do Barroco Tardio. À Accademia degli Arcadi pertenceu também Pietro Trapassi, que haveria de ficar internacionalmente conhecido com o pseudônimo de Metastasio.

Stampiglia é um dos precursores do modelo metastasiano de libreto, com sua preferência por temas históricos, a eliminação dos episódios cômicos, e o refinamento da linguagem. Poeta da corte de Nápoles entre 1696-1702 e de Florença entre 1704-1705, foi como *poeta cesareo* em Viena (1706-1718) que se tornou mais famoso. Alguns de seus libretos foram musicados várias vezes: da *Partenope*, por exemplo – para só citar os autores mais conhecidos – existem as versões de Caldara, Haendel, Keiser, Vivaldi e Porpora.

Em *La Caduta*, que se passa em 451-449 a.C., na época em que Roma foi governada por um decemvirato – um colegiado formado por dez pessoas –, Stampiglia trabalha com quatro casais de personagens, trançando os seus destinos de forma caprichosa, até que, no final, as exigências do *lieto fino* fazem as peças do quebra-cabeças caírem no lugar certo e as afinidades eletivas levarem quem se ama a ficar junto – tudo de acordo com a clareza na organização das idéias e das emoções preconizada pelos árcades. Stampiglia aceitara o convite para ir trabalhar em Nápoles porque, naquele ano, Inocêncio XII, que sucedera a Alexandre VIII, opusera-se uma vez mais à profanidade da ópera e ordenara a demolição do Teatro Tordinona, "lugar onde a extravagância, a gula e todas as outras formas de intemperança triunfavam".

Na *Caduta*, ainda há um número muito grande (51) de árias curtas e de forma estrófica, mas elas já recebem acompanhamento das cordas, em vez de apenas do contínuo; e a antiga sinfonia veneziana já é substituída por um estilo novo de abertura, com a estrutura *allegro-lento-allegro*, que passará a ser conhecida como "abertura italiana" (por oposição à "francesa", de formato inverso, fixada por Lully). Os interlúdios cômicos vão, em breve, desaparecer de todo; mas na *Caduta* ainda há Servília e Flacco, dois empregados cujas maquinações cruzam-se com os dramas sentimentais dos patrões. Os cínicos comentários que eles fazem sobre "a filosofia moderna na arte de amar" funcionam como sátira dos costumes italianos contemporâneos. É notável, na paródia de cena de amor entre eles (ato I, 8), o uso do *colascione*, instrumento folclórico da família do alaúde que serve para sugerir sua simplicidade rústica.

La Donna Ancora È Fedele e *Il Prigioniero Fortunato*, ambas de 1698, *Dafni* (1700), *Laodicea e Berenice* e *Il Pastor di Corinto* (1701) já apresentam visíveis mudanças estruturais: a quantidade de árias diminui, e elas se tornam mais longas, ternárias, com coloratura

Cenário de Filippo Juvara para o *Giunio Bruto*, de Alessandro Scarlatti.

desenvolvida. O acompanhamento instrumental é rico e diversificado. É importante também o papel do recitativo acompanhado para obter maior profundidade emocional ou impacto dramático.

Em 1702, Scarlatti transferiu toda a família para Nápoles, na esperança de conseguir um emprego fixo na corte do príncipe Ferdinando de' Medici. Fracassou nesse intento mas, entre 1702-1706, recebeu encomendas de óperas – infelizmente não conservadas – a serem encenadas no teatro particular que esse soberano mantinha em seu palácio. Tendo sido mal sucedido na tentativa em Florença, jogou outra cartada: a dos teatros públicos venezianos, onde tentou impor-se como operista.

Mas Scarlatti era arrogante demais para que a xenofóbica Veneza o engolisse e, além disso, as nobres tragédias que Girolamo Frigimelica-Roberti escreveu para ele foram consideradas demasiado sérias. *Mitridate Eupatore*, cantada no S. Giovanni Grisostomo durante o Carnaval de 1707, foi um absoluto fracasso. E no entanto, com sua música solene e profundamente expressiva, esta é uma das partituras mais admiradas do compositor: em *Alessandro Scarlatti: his Life and Works*, Edward J. Dent considera-a "uma obra-prima digna das mais gloriosas tradições venezianas [...] talvez a melhor de todas as óperas escritas (por ele)."

É certamente uma das mais intensas, sem cenas cômicas nem intriga amorosa. Baseada nas duas *Electras*, a de Eurípedes e a de Sófocles, possui – *mutatis mutandis* – uma violência concentrada comparável à da *Elektra* de Richard Strauss. Não tinha, portanto, apesar da altíssima qualidade da música, condições de ser apreciada em sua época, tanto que só foi reprisada uma vez em vida do autor (Milão, 1717). É uma das óperas que tiveram de esperar pelo século XX – o concerto do Town Hall de Oxford, em 6.12.1961, por exemplo – para serem devidamente valorizadas. O selo MRF tinha o registro pirata de uma apresentação histórica, em Nova York (março de 1975), com Joan Sutherland e Monica Sinclair, regida por Richard Bonynge.

Mitridate Eupatore é expulso do Ponto depois que o rei, seu pai, é assassinado por Farnace, amante de sua mãe, Stratonica. Re-

fugia-se em Sinope, onde é acolhido por Ptolomeu, rei do Egito. Ali, assassinos enviados por Farnace tentam em vão eliminá-lo, até o momento em que ele volta à sua cidade e derrota o padrasto num duelo. Nesse meio tempo, também Stratonica é morta por Issicratea, a mulher de Mitridate, e o povo devolve o trono ao casal, coroando-os reis (essa história é nitidamente diferente da contada por Racine em sua tragédia *Mithridate*, de 1673, fonte do libreto de Zeno musicado por vários autores; e também do que, em 1770, V. Cigna-Santi vai escrever para Mozart).

O recitativo "O Mitridate mio", de Issicratea (ato IV), cuja declamação apaixonada é sustentada por uma sucessão de modulações repentinas que sugerem toda a tensão a que a personagem está sujeita, é um exemplo notável do amadurecimento teatral scarlattiano. Segue-se a ária "Cara tomba", em si menor, a que as volutas traçadas pela voz e o violino concertante conferem um caráter patético semelhante ao das melhores efusões líricas de Steffani.

L'amor Volubile e Tiranno, com texto de Frigimelica-Roberti, tampouco foi bem-sucedida. Diante disso, não restou outra opção a Scarlatti – que se sustentava fornecendo música sacra a igrejas de Roma, onde seu filho Domenico estava trabalhando desde 1708 – senão voltar para Nápoles, onde ficou até o fim da vida. Mas não perdeu o contato com a cidade onde iniciara a carreira de operista quarenta anos antes, e algumas das mais belas produções do fim de sua carreira foram concebidas para Roma, onde uma vez mais os teatros de ópera tinham sido reabertos.

La Fede Riconosciuta (1710) assinala a retomada do emprego napolitano. Depois dela vêm *Il Ciro* (1712), *Scipione nella Spagna* e *L'Amor Generoso* (1714) e, em 16 de fevereiro de 1715, no Teatro San Bartolomeo, *Il Tigrane ovvero L'Egual Impegno d'Amore e di Fede* – "uma das maiores, senão a maior das óperas de Scarlatti" (D. J. Grout). *Tigrane* foi muito admirada todas as vezes que a excelente edição de Michael Collins, publicada em 1983 em Harvard, foi levada ao palco neste século. Mas, ao contrário de *Mitridate*, já tinha sido um grande sucesso desde a estréia. Nela, o dramaturgo Domenico Lalli dá tratamento muito livre a fatos narrados por Heródoto, o historiador grego.

O príncipe de Messageta move guerra contra os persas, é derrotado, aprisionado e morto. Para vingá-lo, a rainha Thomyris, sua mãe, também declara guerra a Ciro, o rei da Pérsia, derrota-o e mata-o. A personagem título – como acontece freqüentemente nas óperas barrocas – é o filho mais novo de Thomyris, seqüestrado por piratas quando era criança. A verdadeira identidade de Tigrane só é revelada no final, para desembaraçar a intrincada teia em que as outras personagens estão enleadas. Em *Tigrane*, há cenas cômicas, mas elas não têm relação alguma com a ação principal, e já poderiam perfeitamente ser apresentadas no intervalo entre os atos, sob a forma de *intermezzi*, como haveria de se tornar costume logo depois.

Do último grupo de óperas de Alessandro Scarlatti, a que pertencem *Carlo, rè d'Allemagna* (1716), *Telemaco* (1718) e *Il Cambise* (1719), destaquemos três que se notabilizaram pela freqüência com que foram encenadas modernamente, obtendo do público contemporâneo uma acolhida bem mais calorosa do que a que se dá polidamente a uma curiosidade histórica e musicológica. Francesco Antonio Tullio é o autor do libreto de *Il Trionfo dell'Onore*, escrito para o Teatro dei Fiorentini, de Nápoles, e estreada em 26 de novembro de 1718. Essa sala era especializada em espetáculos cômicos e *Il Trionfo* é a única ópera bufa de Scarlatti que se conhece – razão de sobra que para que sobressaia no conjunto de sua produção. No fundo, a história, envolvendo as intrigas amorosas, mal-entendidos, frustrações e reconciliação final dos habituais quatro pares de namorados, não difere muito da de outras óperas de argumento sério. Mas a ação tem ritmo mais espevitado; os recitativos, espontâneos e coloquiais, são mais numerosos do que as árias; e, em vez de ser povoada por seres mitológicos, históricos ou alegóricos, a ópera apresenta personagens comuns, nas quais a platéia podia reconhecer-se, constituindo-se assim em ancestrais dos tipos que vão surgir na plenitude da comédia clássica. Carlo Maria Giulini fez dessa comédia, em 1953, uma excelente gravação, que existia no selo Cetra.

Il Trionfo dell'Onore é o melhor exemplo do folclorismo de Scarlatti. Aqui, mais ainda do que nas cenas cômicas inseridas em óperas de tema sério, sente-se o sabor das melodias e ritmos de derivação popular – em especial as lânguidas e insinuantes melodias em tonalidade menor e ritmo 12/8 a que, na época, dava-se o nome genérico de "siciliana". Autores como Dent ou Grout chamam a atenção para o fato de que as melodias assim construídas tornam-se um maneirismo característico do compositor.

Por muito tempo, atribuiu-se erroneamente a Mateo Noris a autoria do libreto de *Marco Attilio Regolo*, de poeta desconhecido. Estreada no Teatro Capranica, de Roma, no Carnaval de 1719, ela trata de um episódio ocorrido durante a I Guerra Púnica. As autoridades de Cartago permitem ao cônsul Marco Atílio Régolo, a quem tinham aprisionado, que retorne a Roma, desde que ele concorde em negociar com o Senado uma trégua nos combates e uma troca de prisioneiros. Mas ele faz exatamente o contrário: pede a seus compatriotas que não cedam às pressões do inimigo, depois volta, entrega-se aos cartagineses e aceita ser condenado à morte. Neste caso, é particularmente forçado o final feliz obrigatório, a clemência de que ele é alvo e que não corresponde à verdade histórica: o verdadeiro Atílio foi executado pelos cartagineses, furiosos com o seu gesto patriótico.

Marco Attilio ficou famoso por suas cenas cômicas que, destacadas, passaram a ser apresentadas, com o título de *Leonzio e Eurilla* – os nomes dos dois criados que as protagonizavam –, sob a forma de *intermezzo* inserido entre os atos de outras óperas de tema sério. O fim do ato I oferece um exemplo perfeito do gosto barroco pelo contraste. Depois da grande ária "Son qual nave", que foi introduzida por um solene recitativo dramático, vem uma cena bufa para contralto e baixo. O traço mais original dessa seqüência cômica são as duas árias que a constituem – "Finiscila ragazza" e "Da fine al disprezzo" – serem constantemente interrompidas por recitativos em tom de conversa.

Acredita-se que tenha sido o príncipe Ruspoli, protetor romano de Scarlatti, o adaptador do libreto da *Griselda*, que Apostolo Zeno escrevera em 1701 para Pollarollo. Boa parte do texto original foi conservada, mas algumas personagens foram eliminadas, outras acrescentadas, para ajuntar as costumeiras intrigas secundárias e reviravoltas à história da submissa camponesa que se casa com um rei e cuja constância e obediência são cruelmente testadas até o impiedoso marido dar-se conta de que é realmente amado. Boccaccio, no *Decameron*, e Chaucer, nos *Contos de Canterbury*, contam a mesma história e fornecem a Zeno as suas fontes de inspiração (veja, no capítulo sobre Vivaldi, uma sinopse mais detalhada da história).

Esta é a última das óperas de Scarlatti de que se possui toda a partitura; musicalmente, ela é uma das mais satisfatórias. O selo Nuova Era preserva uma transmissão radiofônica da RAI Italiana, de 1970, regida por Nino Sanzogno, com excepcionais interpretações de Luigi Alva e da jovem Mirella Freni. As qualidades de *Griselda* já chamam a atenção desde a abertura, onde percebemos a divisão – que será nítida no Classicismo – entre a função das cordas, encarregadas de fazer arpejos e tremolos, e a dos sopros, pois cabe aos oboés e trompas dobrar os acordes nos tempos fortes. Nesta ópera, desenvolveu-se muito também o diálogo antifonal entre a voz e a orquestra, baseado em ritmos de declamação muito livres e na recorrência de motivos melódicos que parecem acidentais.

A ária "Figlio! Tiranno!", do ato II, é um exemplo interessante das modificações que a estrutura da ária sofre ao ser combinada com inserções do recitativo acompanhado. Embora construída sobre um ritmo bem definido, a melodia da ária começa a dar a impressão de ser fragmentária a partir do momento em que as suas frases são repetidas pelas cordas ou interrompidas por rápidas escalas que contribuem para dar-nos a sensação de que a linha *cantabile* é, na realidade, um recitativo acompanhado. É um expediente original e de grande efeito dramático.

Na sua *Short History of Opera*, é este o julgamento que D. Jay Grout faz do compositor:

> Embora não fosse insensível aos acontecimentos de seu tempo, Scarlatti permaneceu fundamentalmente um conservador em suas óperas. Como seus contemporâneos, usou quase exclusivamente o *da capo* em suas árias. Existem, porém, provas de que deplorava os excessos para os quais estava tendendo a música dramática, principalmente na Itália. Essas provas, não é só em suas partituras que as encontramos, mas nas pressões que sofria por parte de seus protetores, decididos a fazer com que se adaptasse aos caprichos do público, e no fato significativo de que, em seus quatro últimos anos de vida, transcorridos em Nápoles, não tenha escrito uma única ópera, apenas cantatas e música sacra. Seu destino – como de resto também o de Bach – foi ser considerado obsoleto demasiado rápido, antes mesmo de sua morte, considerado "um grande mestre... esquecido por sua própria geração." A não ser sobre Haendel e Hasse, a sua influência só se fez sentir de modo parcial e indireto. Será preciso esperar até Mozart para encontrar, na música, combinação tão feliz de força e doçura, de paixão e humorismo.

Primeira Metade do Século XVIII:
O Barroco Tardio

A Itália no Início do Século XVIII

Os termos do Tratado de Utrecht, que pôs fim, em 1713, à Guerra da Sucessão Espanhola, garantiram ao duque de Anjou, do ramo dos Bourbons, o direito de subir ao trono, em Madri, com o nome de Felipe V. Mas entregaram Milão, Nápoles, a Sardenha e Mântua – da qual o último duque Gonzaga fora expulso durante o conflito – a seu rival, o arquiduque Carlos, da família Habsburgo. Com isso, a Áustria substituiu a Espanha no papel de potência dominante nos territórios italianos. Vittorio Amadeo, que tinha pretensões a apossar-se de Milão, teve de contentar-se com o ducado de Montferrat e a Sicília, da qual foi coroado rei. Uma vez mais, a Itália foi sacrificada aos jogos de poder das grandes nações européias, sem que se desse a menor atenção à sua história e tradições.

A partilha da Sicília e de Nápoles, e sua separação da Espanha provocaram grande insatisfação, amplamente explorada, no interesse de sua própria família, por Elisabetta Farnese, casada com Felipe V da Espanha. Nisso foi ajudada pelo primeiro-ministro de seu marido, Giulio Alberoni, natural de Parma como ela, que não poupou esforços para promover tentativas de invasão da Sardenha e da Sicília, todas frustradas. Para pôr cobro a essa estratégia desestabilizadora, a Áustria ocupou a Sicília em 1720, obrigando a Sabóia a aceitar em troca a Sardenha. Até tornarem-se reis da Itália unificada, em meados do século se-

guinte, os duques da Sabóia ostentaram o título de reis da Sardenha e do Piemonte.

Em 1735, ao estourar nova guerra entre os Habsburgos e os Bourbons – desta vez por causa da sucessão polonesa – a Itália foi invadida pelo príncipe Carlos, filho mais velho de Felipe V e Elisabetta Farnese. Esse nobre espanhol que, mais tarde, sucederia a seu pai com o título de Carlos III, fez-se coroar rei das Duas Sicílias, fazendo-se chamar Carlos VII de Nápoles. Mas não conseguiu obter a coroa de Parma, terra natal de sua mãe, onde tinha sido proclamado duque, como descendente da ali extinta linhagem dos Farnese. Fracassou também ao tentar apossar-se da Toscana, onde a dominação dos Medici chegara ao fim, em 1737, com a morte do grão-duque Gian Gastone.

A Toscana foi parar nas mãos de Francisco da Lorena; em troca, este entregou o seu ducado à França, que o anexou a seu território. Parma, por sua vez, foi acrescentada aos domínios austríacos na Lombardia. Mas esse joguinho de armar ainda estava longe de terminar, pois um outro conflito europeu em grande escala, a Guerra da Sucessão Austríaca, não deixou de ter repercussões muito fortes na península. Quando o imperador da Áustria Carlos VI morreu, em 1740, as famílias Bourbons reinantes na França, na Espanha e na Sicília uniram-se na tentativa de impedir sua filha e herdeira, Maria Theresa, de subir ao trono. Mas a rivalidade entre Carlo Emmanuele III da Sabóia e Carlo das Duas Sicílias fez com que essa aliança não tivesse solidez alguma e esteve na base do fracasso em deter a chegada ao poder daquela que estava destinada a ser a grande governante austríaca da primeira metade do século XVIII.

Durante a Guerra da Sucessão Polonesa, os dois Carlo tinham lutado lado a lado contra a Áustria. Mas Carlo Emmanuele ocupou durante três anos a cidade de Milão, que os duques da Sabóia nunca tinham deixado de ambicionar. Elisabetta Farnese, porém, que tinha planos de entregar a capital da Lombardia a um de seus filhos, jogou de tal forma o peso de sua influência contra Carlo Emmanuele, que este logo se deu conta de que não teria condições de sair vitorioso do cabo-de-guerra com a consorte do rei da Espanha. Optou, portanto, por romper a aliança com os Bourbons e bandear-se para o lado dos Habsburgos. O Tratado de Aix-la-Chapelle, que assinou em 1748, não lhe deu, como esperava, a posse de Milão ou Gênova; mas trouxe-lhe territórios na Lombardia que lhe permitiram estender as fronteiras orientais de seu reino até as margens do rio Ticino.

O principal ganho para os Bourbons, nessas jogadas agenciadas por Elisabetta Farnese, foi a coroação do segundo filho do rei da Espanha, o príncipe Felipe, como duque de Parma, Piacenza e Guastalla. Com isso, a Itália ingressou num período de paz relativa, sob o sistema de dominação familiar austríaca, presidido pela imperatriz Maria Theresa e seu príncipe consorte, Francisco da Lorena-Toscana – mais tarde também coroado imperador com o nome de Francisco I. No final da primeira metade do século XVIII – a fase de transição do Barroco para o Classicismo, com a qual se encerra o período abarcado por este volume – era a seguinte a situação nos territórios italianos:

– a Lombardia era governada pelo filho mais velho da soberana, que depois de sua morte, em 1780, subiria ao trono com o título de José II;

– o grão-duque da Toscana era seu segundo filho, Leopoldo, que também poria na cabeça a coroa imperial, após a morte do irmão mais velho;

– duas das filhas da imperatriz, Maria Carolina e Maria Amália, eram casadas com os primos Ferdinando das Duas Sicílias e Ferdinando de Parma, ambos pertencentes à família Bourbon (os laços dos Habsburgos com os Bourbons foram, de resto, estreitados com o casamento de uma outra filha de Maria Theresa, a desventurada Maria Antonieta, com o delfim da França, o futuro rei Luís XVI);

– um outro filho, o arquiduque Ferdinando, tinha se casado com Maria Beatrice d'Este e, dessa forma, tornara-se o governante de Módena;

– a proteção francesa garantia a Gênova a manutenção de sua independência;

– Veneza entrara numa fase definitiva de declínio político, mas o esplendor de seus teatros, o luxo de sua arquitetura, a licenciosidade de seus costumes ainda faziam dela a mais fascinante das cidades italianas para os visitantes estrangeiros;

– a república de Lucca tinha caído nas mãos de uma oligarquia fechada que conseguia mantê-la à margem dos joguinhos de armar das grandes potências européias;

– e perdida nos Apeninos, a pequena república de San Marino conseguia, devido às suas proporções diminutas e posição geográfica remota, preservar as formas constitucionais de uma cidade-Estado.

Contra esse pano de fundo desenrola-se a fase final do Barroco, que se estende pela primeira metade do século XVIII, já se confundindo, a meio caminho do *Settecento*, com as formas nascentes do Classicismo – que, na Itália, segundo a periodização estabelecida pelos historiadores peninsulares, ocupa um período que vai de 1748 a 1792 (ver o volume *A Ópera Clássica Italiana*).

A *Opera Seria*

Na transição do século XVII para o XVIII, o arioso contínuo proposto pela Escola Florentina sofreu um processo de transformação: dissociou-se em recitativo e ária nitidamente diferenciados. O recitativo acomodou-se a fórmulas melódicas e harmônicas restritas; e o acompanhamento, originalmente feito pelo baixo contínuo, tendeu a ser substituído por um cravo ou pelas cordas. Paralelamente, a ária se ampliou, ganhando melodia com *cantabile* expansivo, de corte simétrico e ornamentação elaborada, muitas vezes acompanhada por instrumento solista *obbligato* – ou seja, tornou-se mais brilhante, mas também mais artificial. Com o passar do tempo, como a ária era o grande atrativo do espetáculo, pois dava ao público a possibilidade de apreciar as virtudes canoras dos intérpretes, seu número aumentou, e uma proporção crescente delas passou a ter acompanhamento instrumental mais trabalhado.

A coloratura, cavalo-de-batalha dos cantores e objeto do fascínio das platéias, também se desenvolveu, a ponto de muitas vezes passar o texto para uma posição secundária. Tornava-se difícil compreendê-lo com todas as repetições de membros de frase, alargamento e compressão de sílabas e efeitos decorativos superpostos às palavras. A predominância das árias também fez com que os números de conjunto diminuíssem. Além disso, as introduções e interlúdios orquestrais, embora mais desen-

volvidos, passaram a ser intercalados à ação, não se misturando mais a ela como os antigos ritornellos.

Esse processo de enrijecimento da forma operística vai coincidir com a campanha pela reforma radical do libreto, iniciada pela Accademia degli Arcadi romana, visando a coibir os excessos da Escola Veneziana, cujos textos tinham se tornado desordenadamente complexos e freqüentemente obscuros. Desse duplo movimento nasce um novo estilo de drama musical – a chamada *opera seria* – que, durante a primeira metade do século XVIII, será praticado em toda a Europa (à exceção da França onde, apesar da crise por que passou após a morte de seu criador, a *tragédie lyrique* estabelecida por Lully continuava a preservar a sua individualidade).

A mudança no quadro histórico ajuda a compreender o processo de aparecimento e imposição da *opera seria* como a forma hegemônica de realização do *dramma per música*. Durante o século XVII, a Itália fora dominada pela autoridade inconteste da Igreja, que fizera predominar o espírito da Contra-Reforma, voltado para a preservação da ortodoxia católica. À Igreja e à nobreza interessava manter a grande massa da população dócil e ignorante, submissa a uma ordem social rigorosamente autoritária. Até o papado mais liberal de Benedito XIV (1740-1758), a educação esteve nas mãos dos jesuítas, que formavam uma barreira à infiltração de idéias heréticas vindas do Norte. Isso incluía o ensino musical pois, até o século XVIII, os melhores conservatórios de Nápoles e Veneza eram instituições eclesiásticas, e personalidades como o compositor Vivaldi ou o libretista Lorenzo da Ponte tiveram de fazer carreira na Igreja como caminho para a ascensão social.

Nessa fase, era muito forte a influência da Espanha sobre a Itália, não só porque ela controlava boa parte do território italiano, mas sobretudo porque era o grande esteio do papado no que se referia à Contra-Reforma: da Espanha emanavam o poder tentacular da Santa Inquisição e o enorme prestígio da Companhia de Jesus. Conseqüentemente, era forte o impacto do Barroco espanhol sobre o teatro italiano – em capítulos anteriores, tivemos a oportunidade de nos referir à freqüência com que os libretistas venezianos buscaram seus modelos nos dramas da Edad de Oro espanhola. Nas últimas décadas do século XVII, porém, esse equilíbrio se altera: a Espanha começa a perder terreno para a Áustria, que é católica também, mas comparativamente mais liberal.

Ao lado de Veneza, Roma ou Florença, uma cidade como Milão, diretamente influenciada por Viena, vai adquirir importância muito grande no conjunto da vida cultural italiana. Com isso, o país começa a mudar: torna-se mais cosmopolita e aberto a influências progressistas, sobretudo as que vêm da França. Um dos indícios dessa mudança no gosto é a freqüência com que os intelectuais passam a satirizar as óperas de estilo veneziano, acusando-a de ter feito degenerar os ideais do Classicismo, que a Camerata tinha querido preservar em seu *dramma per musica*. Essas críticas coincidem com o momento em que começa a se esgotar a curiosidade do público pelos grandiosos efeitos especiais, e os empresários, sempre prontos a economizar, sentem-se inclinados a reduzir o número de atores e o gasto com as máquinas.

Em *Le Rivoluzioni del Teatro Musicale Italiano dalla sua Origine fino al Presente*, de Stefano Arteaga, vemos refletida a atitude do Homem neoclássico diante do que considerava a fase de decadência do fim do *Seicento*:

Foi uma era de enorme caos, uma misturada de sagrado e profano, de histórico e fabuloso, de mitologia, coisas antigas e modernas, de verdadeiro e alegórico, de natural e fantástico, tudo confundido de tal maneira que a Arte só poderia envergonhar-se.

Nesse texto, publicado em 1785, está traduzido um sentimento de rejeição à arte barroca que já começara a se formar nos últimos anos do século XVII – e que é responsável pelo sentido pejorativo por muito tempo dado ao termo Barroco, entendido como um sinônimo de excesso e mau gosto.

Buscando uma forma de renovar o libreto, os poetas do fim do século XVII voltam-se para a tragédia clássica francesa, tal como tinha sido praticada por Corneille e Racine, vendo nela um modelo de teatro coerente e conciso, imitado dos exemplos greco-romanos. Uma das primeiras exigências que fazem, portanto, é a do retorno às unidades aristotélicas (tempo, lugar e ação), acreditando serem elas essenciais para que o pensamento do poeta se organize, evitando a dispersão em que os libretos venezianos tinham caído. E alegam, em defesa desse ponto de vista, o fato de os libretos da Camerata terem respeitado essas unidades.

Elas eram um ingrediente das óperas da Camerata, sim, mas em grande parte pelo fato de esses dramas serem breves e, por isso, impor-se naturalmente a eles uma ação simples que se desenrolava num espaço restrito, durante um período relativamente curto. Mas não havia nisso nenhuma tentativa consciente de acomodar-se a uma fórmula abstrata, como acontecerá na ópera da primeira metade do século XVIII – tanto assim que, ao se transferir para os teatros públicos e precisar contar historias mais complexas, que satisfizessem o gosto popular, a ópera renunciara espontaneamente às unidades clássicas, sem que isso fosse o resultado de uma decisão teórica. "Antes de mais nada, os autores sabiam que o público queria se divertir", comenta Ulderico Rolandi em *Il Libretto per Musica attraverso i Tempi*.

Na virada do século XVII para o XVIII, ao contrário, o retorno às unidades foi o fruto de um modismo, a conseqüência direta do sucesso que a tragédia francesa estava fazendo nos teatros italianos. Foi o resultado também da atitude de valorização da poesia renascentista – o lirismo de Petrarca, as composi-

Cenário desenhado por Ferdinando Bibbiena, o criador da "scena in angolo", que permitia elaborados efeitos de perspectiva.

ções bucólicas de Poliziano e Guarini – como uma forma de reagir às características típicas da literatura barroca. Isso explica porque, em seus primeiros libretos reformados – por exemplo *Gl'Inganni Felici*, que Apostolo Zeno escreveu em 1695 para Pollarolo –, os árcades tenham optado pelo retorno aos temas pastorais. Mais tarde, esse maneirismo também vai se tornar motivo de troça. Em seu *An Account of Manners and Customs of Italy* (1769), John Baretti diz:

> Qualquer um que tivesse fumaças de poeta metamorfoseava-se em pastor e metia-se a sair compondo sonetos rústicos, églogas, idílios e bucólicas.

Mas no início era genuíno o desejo dos árcades de encontrar na simplicidade pastoral um antídoto para os excessos da imaginação barroca. Um problema, porém, é apontado por David Kimbell:

> A longo prazo, as pastorais não podiam fornecer a variedade de paixões e de ação eletrizante de que a ópera precisa. Mas uma parte desse idealismo permaneceu. Sempre que, no melodrama heróico e didático do início do século XVIII, uma personagem renuncia às suas inclinações por dever, virtude ou lealdade, o sonho pastoral retorna. A Arcádia ficou como uma metáfora para um mundo governado pela verdade, a sinceridade e os impulsos mais espontâneos do coração.

Na dedicatória das *Rime degli Arcadi*, publicadas em 1706, Giovan Maria Crescimbeni afirmava que "reviver o bom gosto na literatura" era o objetivo máximo dos acadêmicos que se tinham originalmente agrupado em torno da ex-rainha Cristina da Suécia e decidiram permanecer unidos após a sua morte. Ou seja, eles desejavam valorizar o artesanato, o controle da forma, o retorno ao critério da imitação dos modelos clássicos, rejeitando o virtuosismo extravagante do *stile metaforuto* marinista. A Arcádia fez muito sucesso como ponto de reunião e de debates de temas literários e filosóficos. Por toda parte surgiram academias que a imitavam. Isso também contribuiu para disseminar o tipo de literatura pela qual os árcades se empenhavam e, em especial, o modelo de libreto reformado que propunham.

Os objetivos da Arcádia podem ser assim resumidos:

1. Reação contra o que se considerava o mau gosto do Barroquismo, propondo em seu lugar o retorno ao equilíbrio e à simplicidade: *Inutilia truncat*, era o lema dos árcades – "elimina tudo o que for inútil" –; princípio que retoma o conselho dado por Nicolas Boileau, o "legislador do Parnaso", cuja *Art Poétique* é uma tentativa de integrar o cartesianismo à poética aristotélica:

> *Hâtez-vous lentement et sans perdre courage,*
> *vingt fois sur le métier remettez votre ouvrage:*
> *polissez-le sans cesse et le repolissez;*
> *ajoutez quelquefois et souvent effacez.*

> (Apresse-se lentamente e sem se desencorajar, / recomece vinte vezes o seu trabalho: / dê-lhe sem cessar o polimento e torne a poli-lo; / acrescente às vezes, desmanche com freqüência.)

2. Culto dos modelos clássicos e, portanto, da teoria aristotélica da arte como imitação da natureza. A crença de que na natureza reside toda a beleza, pureza e espiritualidade, donde a prática do bucolismo com toda a sua carga estilizada de ingenuidade e inocência.

3. Predomínio da razão, da ordem, da disciplina; preocupação com a finalidade moral da arte, que deve sempre espelhar a superioridade da virtude. Isso confere muitas vezes à obra de arte um caráter didático e doutrinário, pois ela deve ter uma função social. Segundo R. Strohm em *Die italienische Oper im 18. Jahrhundert*: "Não bastava à ópera ser um mero entretenimento: ela tinha de se transformar em uma escola para a nação".

Por isso, um dos primeiros libretos árcades é *La Forza della Virtù*, que Domenico Davide escreve para Pollarolo: esse é um dos temas preferidos pelos dramaturgos, que desejavam dar a seus trabalhos um tom edificante e educativo. Diz Grout:

> O objetivo da ópera barroca tinha sido o de provocar a admiração e o espanto. *Far stupire* era o objetivo da riqueza cenográfica e das máquinas, da grande quantidade de personagens, das tramas incrivelmente complexas, da linguagem extravagante e dos episódios cômicos. O estilo sucessivo representou um passo adiante rumo a um redimensionamento e a um aperfeiçoamento. Os poetas transformaram o drama em uma escola das virtudes em que pudessem ser ensinados o senso do dever e o respeito aos impulsos mais elevados da natureza humana.

A OPERA SERIA

Não há de escapar ao leitor o fato de que, obedecendo à defasagem que é comum existir na evolução das artes, o libreto reformado já está apresentando características tipicamente neoclássicas, num momento em que a música ainda desenvolve formas ligadas ao período precedente, entrando na fase que a musicologia convencionou chamar de Barroco Tardio.

As regras fundamentais do libreto reformado foram estabelecidas por Apostolo Zeno (1669-1750). Ele expandiu e sistematizou idéias já presentes nos dramas de Silvio Stampiglia (1664-1725), um dos fundadores da Arcádia. E essas regras seriam aperfeiçoadas e transformadas no códice da *opera seria* por um jovem cantor chamado Pietro Trapassi, protegido do árcade Vincenzo Gravina, que o trouxera para a academia e lhe dera o pseudônimo de Metastasio (1698-1782) – nome literário que o tornaria internacionalmente conhecido.

Historiador, crítico e editor do *Giornale de' Letterati d'Italia* (1710-1719), Zeno fundou em Veneza a Accademia degli Animosi, que depois se fundiu com a Arcádia. Escreveu em 1700 seu primeiro libreto – *Lucio Vero*, para Pollarolo – e, em 1705, começou a colaborar com Pietro Pariati, que seria seu parceiro durante vinte anos. Acompanhou-o em 1718 a Viena, onde foi nomeado *poeta cesareo,* sucedendo a Stampiglia, e exerceu esse cargo até 1729, quando foi substituído por Metastasio. Zeno não tinha interesse nenhum por música e escrevia libretos apenas para demonstrar a superioridade artística italiana em relação aos franceses. Ele próprio, numa carta de 1720, lamenta ter de "fazer concessões ao gosto do público, ao espetáculo e à música". E como o que lhe interessava realmente era o drama, escrevia recitativos muito longos entre um número musical e outro, nos quais podia acomodar todas as reflexões filosóficas, morais e estéticas que, na sua opinião, agradariam aos *cognoscenti*. Com isso, tendia a empurrar as árias para os finais de cena, em que, no dizer de Paolo Gallarati, "terminada a ação dramática, elas se transformavam numa pura abstração poética, projetando os indivíduos numa esfera idealizada de expressão universal".

Ou seja, a esfera dos sentimentos ou emoções arquetípicos que cada um deles representava. Há, inclusive, cartas em que Zeno diz ter adotado esse formato porque ele facilitava a possibilidade de o libreto ser também apresentado como peça falada, "sem a interrupção das arietas". Mas a conseqüência dessa técnica de empurrar as árias para as extremidades das cenas foi que ela reforçou o hábito, já existente, de valorizar as "árias de saída" e criou uma situação muito artificial: na *opera seria*, todas as personagens estão só "de passagem" pelo palco, à procura de uma saída para os bastidores antes da qual possam entoar a sua virtuosística *aria di sortita*.

Mas Zeno reconhecia que o *dramma per musica* não era uma peça de teatro comum. Tinha de ser de um tipo muito especial, e a sua condição essencial era trabalhar com uma variedade muito maior de *affetti* do que a tragédia falada, para que essas emoções pudessem se traduzir em termos musicais. Essas emoções deveriam sobretudo ser do tipo delicado, que os críticos mais severos da época chamavam de *effeminatezze*. Por isso é tão oscilante a gangorra das emoções nas personagens da ópera do Barroco Tardio, pois o compositor precisa ter à sua disposição meios de caraterizar musicalmente o amor e o ódio, a saudade, a tristeza e a alegria, o desejo de vingança, o arrependimento e o perdão.

É claro que, se as personagens têm de demonstrar gama tão extensa de emoções e, ao mesmo tempo, estar todo o tempo saindo do palco, o ritmo da ação tem de ser muito rápido e baseado em artifícios – disfarces, identidades trocadas, revelações súbitas – que permitam ágeis reviravoltas e desenlaces tirados do bolso do colete. David Kimbell observa:

> Uma das conseqüências dessa fórmula estabelecida por Zeno – e um fator cuja profunda importância só foi reconhecida muito lentamente –, é o fato de que raramente se apelava às habilidades do compositor para iluminar os clímax dramáticos ou intensificar as crises, já que a música era confinada aos encerramentos de cena e Zeno desenvolvia os seus dramas, tanto quanto possível, sem qualquer referência às necessidades do músico.

Com a diminuição do número de árias e a padronização do lugar onde deveriam aparecer, seguindo-se à ação em vez de integrar-se a ela, era natural que elas começassem a ser tratadas como uma forma independente. Os

Gravura de Filippo Juvarra mostrando a representação de uma ópera no teatro da corte de Turim, em 1722.

A *Opera Seria*

poetas passaram a expressar as emoções nelas contidas de maneira cada vez mais generalizada e metafórica, chegando ao ponto em que uma "ária de perplexidade", por exemplo, podia ser tirada de uma ópera e passada para a outra sem grandes problemas. Desobrigados de dar à ária uma forma diretamente relacionada com a situação à qual estava ligada, os compositores começaram a cultivar formas cada vez mais desenvolvidas e acabadas – sobretudo a mais elaborada delas: a aria *da capo*. É D. J. Grout quem diz:

> Como as mônadas de Leibniz, isoladas umas das outras mas mantidas coesas pela "harmonia preestabelecida", as árias podiam ser invertidas, acrescentadas ou tiradas, sem que a unidade musical fosse realmente comprometida (embora esse dano fosse menos indolor no plano dramático). Os músicos substituíam as árias antigas por novas quando suas óperas eram reprisadas ou os cantores mudavam. Um compositor romano não hesitava em adaptar uma ópera veneziana ao gosto de seu público escrevendo árias novas, ou reutilizando nela peças concebidas para trabalhos precedentes, com textos completamente diferentes. O resultado, portanto, é que a ópera nunca era a mesma quando apresentada em duas cidades diferentes. E isso cria o tipo de ópera chamado de *pasticcio*, como o *Muzio Scevola* apresentado em Londres em 1721, cujo ato I era de Filippo Mattei, o II de Bononcini e o III de Haendel.

Dessa forma, cristalizaram-se diversos modelos diferentes de árias, cada um deles utilizado numa situação específica. Em *Letters on the Italian Opera* (1791), o viajante inglês John Brown menciona os cinco tipos mais comuns:

– a *aria cantabile*, "a que oferece imediatamente ao cantor a possibilidade de demonstrar ao máximo os seus recursos... a mais indicada para a expressão dos sentimentos ternos";

– a *aria di portamento*, "escrita com notas longas, com as quais o cantor pode trabalhar" (fazendo efeitos de passagem de uma nota para a outra, exibindo a sua técnica de *legato*)... "indicada principalmente para a expressão dos sentimentos dignos";

– a *aria di mezzo carattere* "que, embora não exprima nem a nobreza nem a intensidade emotiva das duas precedentes, ainda tem um tom sério ou agradável" (a ária com a qual se expressa, portanto, a chamada personagem de *demi caractère*, a meio caminho entre as figuras trágicas e as bufas);

– a *aria parlante* "não se preocupa nem com o uso de notas longas nem com os ornamentos durante a execução, e é muito movimentada, na proporção da violência das paixões que exprime... também é chamada de *aria di nota e parola* ou *aria agitata*";

– e a *aria di bravura* ou *d'agilità* "composta muitas vezes apenas para mostrar a capacidade que o cantor tem de superar os mais árduos obstáculos técnicos".

Também Charles de Brosses, nas suas *Lettres Familières sur l'Italie* (1740), faz uma enumeração menos sistemática ao falar

– das *arie agitate* "que visam a descrever temporais, tempestades, o fragor dos trovões, o leão perseguido pelos caçadores, o cavalo que ouve a fanfarra guerreira, o terror de uma noite silenciosa...";

– das *arie descrittive*, "quase sempre acompanhadas com instrumentos de sopro, muito eficientes quando se trata de evocar as tempestades em alto-mar";

– e das "graciosas cançonetas que contêm idéias inteligentes e delicadas e esmeram-se em descrever imagens agradáveis, zéfiros, o canto dos pássaros, o murmúrio dos regatos, a vida campestre..." De Brosses chama a atenção especialmente para as

> árias que têm por objetivo expressar um sentimento [...] e que Metastasio se preocupa em colocar nos pontos mais destacados e interessantes de seus dramas. O músico não deverá complicá-las com passagens difíceis ou ornamentos, buscando apenas dar do sentimento a descrição mais eficiente de que é capaz.

Assistimos assim ao apogeu do *belcanto*, em que a ária é o veículo privilegiado para a exibição do talento dos cantores, cuja presença dominava o palco. O reverso da moeda é a tirania do intérprete que, sabedor do prestígio de que desfrutava junto ao público, ditava as suas regras ao compositor, impondo-lhe o número de árias que queria cantar em cada ópera, fazendo-o sobrecarregá-las com coloratura exagerada, e determinando até mesmo a posição que essa ária deveria ocupar dentro do espetáculo – para que a sua apresentação pessoal não fosse empanada pela de um outro colega. É nessa fase que surge a prática condenável da chamada "ária de baú": um número no qual havia o tipo de ornamentação que o cantor considerava mais adequado para exibir as suas qualidades vocais específicas. Ele a levava consigo, "dentro do baú", quando viajava de um teatro para outro. A cada nova ópera que fazia, exigia do compositor que encaixasse em algum momento a "sua" ária. É compreensível que, nessas condições, só os músicos mais talentosos conseguissem produzir obras esteticamente duráveis, dentro de um gênero de convenções tão extravagantes.

Com Zeno, pois, a *opera seria* adquire uma forma definida que Metastasio vai tornar ainda mais rígida:

- As personagens são reduzidas a seis (no máximo oito), de caráter arquetípico – cada uma delas representa um determinado sentimento humano – e todas elas estão ligadas por vínculos amorosos.
- Nos libretos de Zeno, o número de atos ainda variam. Nos de Metastasio eles serão sempre três.
- O elemento miraculoso é totalmente eliminado e o desenvolvimento da intriga concentra-se na análise das emoções e dos conflitos íntimos e na interação psicológica das personagens, de acordo com a chamada "doutrina das afeições". *Affektenlehre* foi o nome que, no século XX, a musicologia alemã cunhou para essa teoria estética do Barroco Tardio, que na Alemanha teve seus defensores em Johann Mattheson, Friedrich Wilhelm Marpurg e Andreas Werkmeister. Ela separava as emoções em "afeições" bem definidas (tristeza, alegria, raiva, esperança), estabelecendo que, em cada uma das unidades musicais autônomas, apenas uma dessas "afeições" poderia ser tratada. Em cada ária *da capo*, portanto, um único estado emocional era abordado. Surge a chamada "ópera de estados de ânimo" ou *degli affetti*, que Grout assim descreve:

Seu objetivo era apresentar uma série de momentos expressivos, cada um deles centrado num estado de espírito específico. As situações são construídas de modo a suscitar a maior variedade e intensidade possível de estados de espírito, com a conseqüente indiferença pelo realismo ou pelo que se refere ao argumento em geral ou aos particulares da intriga.

– O respeito rigoroso às regras aristotélicas faz com que todas as *opere serie* tenham a tendência à abstração. Patrick Smith explica:

O desenrolar dos acontecimentos, se logicamente concatenado, pode ser colocado dentro de um só dia, do amanhecer até o crepúsculo (muitos libretos prendem-se a esse esquema); mas a impressão que muitos deles nos dão é a de que a ação está se desenvolvendo fora de qualquer colocação temporal.

Zeno tem a preocupação – que será menor em outros autores – de delinear os antecedentes da trama, dar todas as fontes históricas e justificar as modificações que introduzia na verdade dos fatos. No Prefácio a *Alessandro in Sidone*, ele explica: "Outras personagens e interesses amorosos foram introduzidos na história para que o entrecho fique mais completo". E se justifica, na introdução a *Antioco*:

É verdade que o modo como Selearco chega a conquistar o afeto de Antíoco é contado de outra forma na História que é mencionada acima; mas achei que poderia tomar a liberdade de modificá-la, sem incorrer em censura, porque é lícito alterar as partes intermediárias quando a conclusão fica inalterada.

Outros libretistas, a começar por Metastasio, não serão tão escrupulosos quando introduzirem modificações nos fatos reais.

Como tem formação de historiador, Zeno faz sempre questão de especificar as suas fontes:

- os historiadores antigos: Heródoto, Tucídides, Procópio, Cornélio Nepote, Plutarco, Tito Lívio;
- o memorialistas contemporâneos: *Histoires Générales de l'Empire du Mogol*, do jesuíta François Catrou; *Memorie di Niccolò Manunzio, Veneziano*; *Les Voyages de François Bernier*;
- mas principalmente os dramaturgos franceses, que ele se orgulha de conhecer muito bem. Numa carta de 1704 a seu amigo Magliabecchi, faz questão de enumerar os livros dos *tragédiens* que tem em sua biblioteca: os irmãos Corneille, Racine, Rotrou, Gauthier de la Calprenède, Houdar de la Motte, Prudon, Campistron, Quinault, Montfleury, Boursault, Palaprat e Passerat. Carlo Goldoni, o grande reformador da comédia veneziana no século XVIII, compa-

rava Zeno a Corneille, dizendo que "ambos tinham a mesma seriedade, profundidade e grau de instrução". De resto, a preocupação de Zeno e dos árcades com a ópera de tema histórico está diretamente ligada à viagem que o monge beneditino Jean Mabillon – o fundador do antiquariado crítico – fez à Itália em 1685, ensinando aos italianos as suas técnicas de avaliação e datação dos objetos antigos e difundindo entre eles a consciência da importância dos documentos históricos.

Zeno não era bom poeta, como Metastasio: seus versos são arrastados, com rimas óbvias e estão cheios dos clichês típicos do final do século XVII. Além disso, como recebia muitas encomendas – em média dispunha de uma semana para a entrega – contava com a ajuda de Pariati para aprontá-los: fazia o esboço geral do drama, definia o conteúdo de cada cena e, depois, ambos dividiam os trechos a serem versificados. Cabia a Pariati uma revisão final, tentando uniformizar o estilo poético. A parceria Zeno-Pariati apresenta características muito semelhantes à de Illica e Giacosa, que trabalharam para Puccini.

Mas as cenas nos libretos desse precursor ainda são bastante longas, as histórias, muito complicadas e o ritmo, um tanto arrastado. De um modo geral, ele rompeu com o estilo de drama praticado no início do século XVII e apresentou um modelo bruto, ainda imperfeito, que Metastasio iria aperfeiçoar, tornar mais expressivo – mas também, num certo sentido, mais convencional. É Patrick Smith quem diz:

> Já se falou muito da natureza rígida e esquemática da *opera seria* e de suas características abstratas. Mas obviamente, por baixo dessa couraça de formalismo, pulsava uma alma altamente dramática. Os libretistas da *opera seria* escolheram as suas fontes de inspiração por interesse humano ou patriótico, e também por causa das nobres ações que as suas personagens fictícias encarnavam, e essa é a razão para que muitas das historias contadas por Zeno e Metastasio sobrevivessem para ser contadas de novo no melodrama da primeira metade do século XIX, ainda que, sob muitos aspectos, este se situe no extremo oposto da *opera seria*.

– A separação dos gêneros: O sucesso do teatro clássico francês e de seus ideais de nobreza e pureza foram integralmente compra-

dos pelos árcades. Não deveria haver contaminação de classes, nem acontecimentos miraculosos que viessem deturpar a realidade, nem cenas cômicas que se misturassem à tragédia. Todos os temas deveriam ser grandiosos, as paixões mais nobres deveriam ser expressas com clareza de sentimentos, o *lieto fine* deveria conduzir a uma conclusão triunfal. O ideal árcade de depuração literária exigia que os versos fossem elegantes, de artesanato cuidadoso, em ruptura com os libretos intermináveis da ópera veneziana, onde não eram raros os "bifes" de centenas de versos. Os libretos dessa época têm, de fato, qualidade poética muito alta. Mas, na busca de um "bom gosto" que respondesse aos hábitos aristocráticos, aderiram à regra da *bienséance* – formulada pela tragédia francesa do século XVII – segundo a qual "não caía bem" mostrar no palco cenas violentas ou chocantes. Assim sendo, as cenas de batalha, os assassinatos, as representações de tempestades ou terremotos – que tornavam muito vivas as montagens venezianas, embora não raro deixassem a música em segundo plano – foram substituídas por narrativas, o que pasteurizou e igualou muito a ação de todas as *opere serie*.

– Foi eliminado o Prólogo alegórico do início do Barroco – em geral mero pretexto para lisonjear o soberano ou o nobre ao qual a peça era dedicada –; mas conservou-se a praxe do *lieto fine*, o "final feliz obrigatório", que permanecerá até o início do século XIX. O que, nas origens da ópera, efetuava-se mediante a intervenção divina – o *deus ex machina* que, na 25ª hora, descia dos céus, trazido pela maquinaria de palco, para salvar a pátria –, passou a ser o fruto de uma reviravolta nas "afeições": um súbito acesso de bom senso que se apoderava das personagens, levando-as ao perdão, à compreensão, à renúncia. Na segunda metade do século XVIII, esse final feliz obrigatório estava muitas vezes associado ao conceito do "déspota esclarecido": cabia ao soberano cheio de sabedoria compreender as fraquezas de seus súditos e perdoá-los no último minuto. O exemplo mais típico disso é a *Clemenza di Tito*, que Metastasio escreveu para Caldara em 1734. Tendo agradado muito ao público (e aos monarcas), essa história – em que o imperador Tito perdoa aos nobres que conspiraram contra ele tentando derrubá-lo – foi musicada cerca de cinqüenta vezes, de Caldara a Mozart (1791). Hasse, Gluck, Jommelli, Galuppi, Anfossi, Traetta e Mysliveček foram apenas alguns dos compositores que reutilizaram esse libreto. Era de resto prática comuníssima o mesmo libreto ser retomado por vários compositores, que pegavam carona no sucesso obtido com ele por seus predecessores.

Na *opera seria*, porém, não é imediata a adoção do *lieto fine*, usual desde os tempos da Camerata. Em seus primeiros libretos – *Didone Abandonata* (1724) e *Catone in Utica* (1728) –, decerto por querer manter-se fiel ao modelo da tragédia antiga, que se propunha a inspirar no espectador *phóbos kai éleos* (terror e piedade), Metastasio manteve o final trágico. Mas depois teve de ceder à tradição porque, segundo o testemunho de S. Arteaga, os "espetáculos sanguinários" não agradavam a Carlos VI, de quem ele era *poeta cesareo*.

Não que o público se opusesse ao final trágico por puro amor da evasão. Se recusava um desenlace como o de *Catone in Utica*, não era pelo fato de que a personagem título morria no final, e sim porque ela morria no palco. A tragédia francesa, com a sua exigência da *bienséance*, tinha "enobrecido" a morte, evitando que seu lívido rosto fosse mostrado em cena. Na segunda parte do século XVIII, Francesco Algarotti vai concordar com isso ao dizer:

> O efeito dramático da morte de um grande herói se enfraqueceria se ele morresse em cena entre trinados e ornamentações. Seria melhor deixá-lo expirar nos bastidores, confiando a um amigo o encargo de vir à cena para cantar o seu epitáfio em um sóbrio recitativo seco.

Mas a adoção do *lieto fine* radical fará com que o próprio Metastasio, numa versão posterior, altere *Catone in Utica*, eliminando a morte de sua personagem. Para justificar desenlaces assim, ele próprio diz:

> Pode-se perfeitamente admirar a virtude e odiar o vício, oferecendo deleite e instrução, sem condenar o espectador a estremecer de horror eternamente, ou chorar de aflição.

Ou seja, Metastasio troca a purgação e a catarse aristotélicas pela "edificação" e, em vez da tragédia, oferece ao público aquilo que chama de *sospensione*: um tipo de tensão que nasce do conflito entre a paixão e a virtude existentes na alma do protagonista.

– O coro limita-se a intervenções ocasionais ou a breves frases recorrentes, fáceis de recordar. Só nas *feste teatrali*, espetáculos organizados para as grandes comemorações e que não chegavam a ser óperas propriamente, o coro era mais amplamente utilizado.

– A abertura oscila entre o modelo francês (lento/*allegro*/lento) e o italiano (o inverso). Em Haendel ou Hasse, por exemplo, é bastante elaborada e bem escrita; outros autores a despacham de modo perfunctório, "até mesmo porque tinham a consciência de que o barulho na sala impediria que fosse ouvida" (Grout). A escrita orquestral, porém, era muito cuidadosa, pois tinha de sustentar a voz do cantor sem encobri-la. Em geral os primeiros violinos tocavam em uníssono com a voz e continuavam a tocar a melodia tal como era escrita a partir do momento em que o cantor começava a fazer as variações. Os instrumentos solistas *obbligati* forneciam o necessário contraste, bordando desenhos em torno da linha vocal e, muito freqüentemente, "competindo" com ela.

– Os números de conjunto tornaram-se raríssimos. No início do século XVIII, havia um apressado número de encerramento de que todo o elenco participava. Mais adiante, por influência da ópera bufa, os números de conjunto passaram a adquirir maior importância. Os duetos eram mais comuns, embora a sua escrita se baseasse mais na alternância do que na combinação das duas vozes. Em geral ficavam no fim das cenas, como as *arie di sortita*, e quase sempre tinham um *da capo*.

– Havia dois tipos básicos de recitativo: o *secco* e o *stromentato*.

a) O *recitativo seco* – a princípio acompanhado pelo baixo contínuo e, depois, só pelo cravo – servia para fazer a ação avançar mediante um diálogo rápido, com parâmetros melódicos limitados que, com o tempo, tenderam a se tornar repetitivos. Embora o público não lhe desse muita atenção, esse tipo

Quadro anônimo da Escola Veneziana (primeira metade do século XVIII), mostrando uma cena de *opera seria*.

de recitativo não era de todo irrelevante. Apareciam nele, com regularidade, certas convenções harmônicas e fórmulas melódicas que visavam a espelhar a emotividade flutuante do texto. Como os cantores lançavam mão de todo tipo de liberdade rítmica e melódica para obter o grau de expressividade mais "natural" possível, é bem provável que o seu impacto dramático fosse bem maior do que sugerem as referências da época à "monotonia do recitativo".

b) O *recitativo acompanhado*, ou *stromentato* – porque todas as cordas uniam-se ao baixo contínuo para comentá-lo – era reservado a determinados pontos climáticos, introduzindo monólogos que contivessem emoções muito violentas ou constituíssem guinadas importantes na história. A voz, declamando frases expressivas e de grande variedade, alternava-se com explosões orquestrais de acordes, tremolos ou outras figuras rítmicas. Mudanças inesperadas de estado de espírito faziam-se acompanhar de modulações igualmente bruscas. Escreve Grout:

> A função essencial da orquestra não era tanto a de acompanhar o cantor mas sim a de exprimir, entre as pausas de seu canto, as emoções que as palavras eram incapazes de transmitir; de sugerir, junto com as atitudes e gestos do ator, uma profundidade maior dos sentimentos que só podia ser fornecida pela música e o movimento, capazes de transcender as idéias e imagens demasiado definidas que o texto oferecia.

É compreensível, portanto, que o recitativo acompanhado tenha se tornado muito freqüente na obra de músicos como Hasse, Graun e Terradellas, Jommelli e Traetta, os primeiros a se esforçar para superar a rigidez da velha estrutura operística. Comentando as características dos dramas de Zeno, Stampiglia e Metastasio e, por extensão, dos libretistas que seguiram as fórmulas estabelecidas por eles, Grout afirma:

> Ao leitor moderno, as obras teatrais desses autores podem parecer amaneiradas e artificiosas, mais elegantes do que eficientes. Suas personagens assemelham-se mais a personagens do *Settecento* do que a antigos romanos, e as suas intrigas, não só as amorosas mas até mesmo as políticas, são governadas por complexos dilemas sentimentais. Levam quase sempre a um "final feliz", e a figura do tirano revela-se, no desenlace, amplamente magnânima. Porém, expostas estas premissas e levando-se em conta as convenções teatrais da época, hoje ainda pode-se ler com grande prazer alguns dos dramas de Metastasio. Reconhecemos a sua marca na criação de um mecanismo dramático em condições de satisfazer os ideais nacionalistas de sua época, mas também de conter os elementos líricos capazes de predispor a um encontro particularmente orgânico entre palavra e música.

– As mudanças musicais para as quais, uma vez mais, Grout nos fornece uma explicação:

> No estilo precedente de ópera, as harmonias eram ricas e mutáveis, os baixos bastante articulados, a melodia se espraiava em longas frases de dimensões variadas (à exceção dos trechos baseados em ritmos de dança), e as formas ainda eram bastante livres, apesar da tendência a um uso quase exclusivo do *da capo*. No estilo sucessivo, as harmonias foram reduzidas a poucos acordes fundamentais, com um baixo relativamente pouco mutável, e toda a tessitura harmônica converteu-se em simples suporte da melodia. Esta última, por sua vez, começou a organizar-se em frases simetricamente breves, embora dotada de considerável variedade de esquemas rítmicos. A grande variedade formal abriu lugar ao predomínio quase exclusivo da ária em cinco partes, com o *da capo*. O drama constitui-se com a alternância regular de momentos dinâmicos e estáticos, representando aqueles as razões do teatro (o recitativo) e estes as da música (as árias). No libreto, os momentos dinâmicos ocupam a maior parte da cena. Na partitura, os estáticos se desforram por causa da ampla estrutura musical da ária, embora habitualmente ela seja construída sobre duas estrofes de quatro versos cada uma. A alternância de tensão e repouso torna-se assim o esquema recorrente, pois todo recitativo, porta-voz de uma tensão emotiva, tem de encontrar o seu desafogo natural numa ária.

Ou como diz Willi Flemming em *Die Oper*: "O recitativo carrega o fuzil, a ária o faz disparar". Em Metastasio, porém, a rigidez desse esquema é mitigada pela naturalidade da transição do recitativo para a ária, pela musicalidade da linguagem nos recitativos e pela variedade métrica com que são construídas as árias.

– A regra da separação dos gêneros, também herdada do teatro seiscentista francês, eliminou a mistura de cenas sérias e cômicas que caracterizara a Escola Veneziana – daí o nome de *opera seria*. Os *sketches* cômicos, de que o público gostava tanto, não desapareceram: passaram a ser apresentados no intervalo entre um ato e outro, sendo por isso chamadas de "intermezzo". Mais tarde, as cenas do *intermezzo* foram agrupadas numa peça independente, dando origem à ópera bufa, que terá seus anos de ouro no Classicismo e início do Romantismo, de Mozart e Cimarosa a Rossini e Donizetti (ver o capítulo "A Comédia").

São estas portanto, em resumo, as principais fases de desenvolvimento da *opera seria*:

– Vimos em Alessandro Scarlatti, nascido em 1665 – sobretudo no período que ele passou em Roma, em contato direto com a Accademia degli Arcadi –, o grande precursor do tipo de *dramma per musica* que será praticado durante o Barroco Tardio. Em torno dele trabalham diversos músicos pertencentes à geração de 1660-1670, que dão um primeiro impulso a esse novo formato de ópera: Fux, Ariosti, Lotti, Gasparini, Caldara, Albinoni e os irmãos Bononcini. Nas mãos desses compositores, os libretos de Zeno, Stampiglia e outros são desenvolvidos de forma muito racional, geralmente envolvendo o conflito entre o amor e o dever – na linha da *Bérénice*, de Racine – e as personagens são elevadas, de origem histórica ou semi-histórica (mas tratadas com muita liberdade factual). A personalidade mais importante, dentro desse primeiro grupo, é a do padre Antonio Vivaldi, o renovador da ópera veneziana nos termos propostos por Zeno e seus seguidores.

– Na geração de 1680-1690, Hasse é o compositor com quem a fórmula metastasiana chega a seu apogeu, refletindo da forma mais clara os idéias estéticos do Barroco Tardio. Paralelamente, Haendel, na Inglaterra, modifica sutilmente a ortodoxia metastasiana, graças sobretudo ao aporte da ópera francesa, que lhe vem via Keiser, Mattheson e Telemann. Juntos, Hasse e Haendel constituem os dois pólos que demonstram plenamente o potencial dramático de um gênero freqüentemente descrito como estéril, frio e manietado pelo excesso de convenções – embora essa crítica não tenha muito sentido a partir do momento em que nos propomos a examinar a *opera seria* em seus próprios

termos, como o reflexo de uma época e de um ambiente mental. Ao lado deles, outros compositores – Conti, Domenico Scarlatti, Porpora, Vinci e Leo – trazem contribuições complementares a essa forma.

– Com os compositores nascidos após 1700 – di Capua, Graun, Galuppi, Pergolesi, Pérez, Terradellas, Anfossi e os tchecos italianizados Gassmann e Mysliveček – já estamos assistindo a uma fase de transição em que se estão buscando formas de renovar a ópera metastasiana. As experiências mais consistentes serão feitas por Jommelli e Traetta que, baseando-se no exemplo de Rameau, abrem mais espaço ao coro, dando-lhe papel funcional e não só decorativo, e simplificam as árias, aliviando-as das restrições da estrutura *da capo*. Abriram assim a trilha pela qual há de enveredar Gluck com a sua grande reforma. É ele quem vai formular o modelo da ópera clássica de assunto sério (tema tratado no volume *A Ópera na França*). Ao mesmo tempo, o processo de superação da *opera seria* deveu muito ao prestígio crescente da ópera bufa, do *opéra-comique* e, na Alemanha, do *singspiel*, que ocuparam lugar cada vez maior no palco, junto a um público mais amplo. Refugiada no mundo fechado da estética aristocrática, a *opera seria* extinguiu-se naturalmente com a Revolução Francesa e a conseqüente ascensão do gosto burguês.

Os compositores acima mencionados serão analisados, a seguir, em capítulos que os dividem em três grupos: o dos nascidos entre 1660-1670; entre 1680-1690; e o dos que surgiram após 1700, na primeira metade do século XVIII. Por sua importância, capítulos especiais são dedicados a Vivaldi e a Haendel. A obra de Mattheson e Telemann, Fux, Hasse e Graun será detalhadamente estudada no volume *A Ópera Alemã*, ao qual remeto o leitor. Antes de passar ao estudo dos compositores, porém, é preciso dar atenção a uma personalidade que, para a ópera do século XVIII, é tão importante quanto eles.

METASTASIO

A vida real do maior libretista do século XVIII foi tão romântica que, em 1903, Luigi dall'Argine chegou a transformá-lo numa personagem de ópera. O próprio poeta, aliás, teria podido inspirar suas tramas nas aventuras do menino de rua Pietro Trapassi (1698-1782), que tinha a sorte de possuir uma bela voz. Ao ouvi-lo cantar, o solteirão Vincenzo Gravina, advogado muito rico, membro da Accademia degli Arcadi, encantou-se com ela. Adotou o menino e pagou-lhe estudos que desenvolveram sua inata inteligência e deram-lhe sólida formação clássica – tanto que, aos 14 anos, Pietro escreveu a sua primeira tragédia em versos. Foi Gravina quem decidiu trocar o seu vulgar sobrenome de pobretão por um pseudônimo mais sonoro e com nobres ressonâncias greco-romanas: Pietro Metastasio. E ao morrer, legou toda a sua fortuna ao protegido, então com vinte anos.

A primeira providência de Metastasio – que em 1718 tornara-se membro da Accademia com o pseudônimo de Artino Corasio – foi cair numa vida de orgias que o fez, em pouquíssimo tempo, dissipar quase todos os bens deixados pelo pai adotivo. Foi tomado então de tamanho remorso que decidiu renunciar à poesia e ao hedonismo. Matriculou-se no curso de Direito, pronto a seguir a carreira de Gravina e a reconstituir sua fortuna. Mas errou ao escolher Nápoles como o local onde faria seus es-

tudos, pois a cidade estava cheia de teatros que exerciam sobre ele um fascínio incontrolável. E Pietro apaixonou-se não só pelo palco mas também pela célebre soprano Marianna Benti-Bulgarelli, conhecida como "La Romanina", com a qual teve intensa relação amorosa. La Romanina o apresentou a Porpora, com quem ele fez alguns estudos; e encorajou-o a escrever seu primeiro libreto, *Gli Orti Esperidi* (1721). Segundo Patrick Smith, "*Os Jardins das Hespérides* conseguiu fazer o público napolitano manter-se em silêncio a noite inteira (coisa, como sabemos, sem precedentes), para ouvir a poesia".

O sucesso de *Siface* (1723), para Francesco Feo, e principalmente da *Didone Abbandonata* (1724), para Domenico Sarri – cuja protagonista foi um dos grandes papéis na carreira da Romanina –, convenceu-o a abandonar definitivamente o Direito e a dedicar-se à dramaturgia. Em 1725, Metastasio voltou para Roma coberto de glória. Daí até 1729, a sua reputação se consolidou. Tanto o público quanto a elite árcade aplaudiram seus próximos libretos: em 1725, *Siroe* (Leonardo Vinci); em 1728, *Catone in Utica* (Vinci) e *Ezio* (Porpora); em 1729, *Semiramide* (Porpora) e *Alessandro nelle Indie* (Vinci). Esses poemas converteram-no em celebridade tão indiscutível que, ao aposentar-se, Apostolo Zeno o sugeriu como substituto no cargo de *poeta cesareo* do imperador Carlos VI.

Essa função tinha sido criada em 1701 para Pier Antonio Bernardoni; e Silvio Stampiglia já a ocupara antes de Zeno. Cabia ao "poeta imperial" escrever libretos e textos para oratórios, *azioni sacre*, serenatas e cantatas comemorativas, além de poemas laudatórios para batizados, casamentos, funerais. Era um emprego tradicionalmente exercido por um italiano: o último a quem o ofereceram foi Felice Romani, já no século XIX; e este o recusou por motivos patrióticos. Metastasio chegou a Viena em 1730, pensando em ficar ali só alguns anos. Mas a posição que granjeou como poeta, dramaturgo – e cortesão – o fez ficar na Áustria até o fim da vida, coberto de honrarias.

Nem todos o admiravam pelo *status* invejável que adquirira. Quando Vittorio Alfieri, o grande poeta iluminista, esteve em Viena na década de 1780, recusou-se a ir visitá-lo, porque não queria encontrar-se com um *leccapiedi mantenuto di un tiranno di Diritto Divino*" (um bajulador mantido por um tirano de direito divino). Durante cinqüenta anos, porém, a fama de Metastasio foi incalculável e, a partir do *Artaserse* – musicado em 1730 por Vinci e, logo em seguida, por Johann Adolph Hasse, que se tornou seu grande amigo e o perfeito tradutor dos ideais do poeta –, "libreto metastasiano" tornou-se o sinônimo perfeito de *opera seria*, a ponto de não haver compositor que não desejasse apresentar a sua versão dos dramas que ele escrevia.

Homem afável e gentil, Metastasio fez amizades em toda a Europa. Político hábil, soube juntar a essas amizades as pessoas influentes que contribuiriam para que suas concepções fossem disseminadas por todos os teatros europeus. Além disso, os conhecimentos cenotécnicos de primeira que possuía faziam com que fosse ele, muitas vezes, a instruir os cantores sobre a forma como os diversos papéis deveriam ser interpretados. E mais: as noções de música que a sua apurada educação lhe tinham dado "permitiam-lhe avaliar os seus versos, enquanto os escrevia, julgando em que medida seria fácil musicá-los" (P. Smith).

Onde melhor se sente a ascendência que adquiriu sobre os compositores é na carta que escreveu a Hasse, em 20 de outubro de 1749, enquanto estava preparando para ele o libreto do *Attilio Regolo*. Metastasio lhe descreve cada uma das personagens, explica o significado geral de seu trabalho, que considerava "a menos imperfeita de suas criações", e chega ao ponto de lhe sugerir a instrumentação para vários trechos e o lugar onde os interlúdios orquestrais devem ser colocados. A forma como, nessa carta, insiste em que à orquestra fosse confiada boa parte da expressão dos estados de ânimo das personagens demonstra, de resto, que já estava intuindo uma virada na ópera, que se cristalizaria, não muito tempo depois, na reforma gluckiana.

Metastasio foi um mestre da concentração da linguagem, capaz de delinear um argumento com um mínimo de palavras. Sua poesia é florida, pode estar cheia de metáforas, mas nunca é obscura. Isso fica muito claro num tipo de cena de que gosta muito: a de debate, em que duas personagens dialogam trocando perguntas e respostas, e as idéias se encadeiam com extrema clareza. Por outro lado, achando vulgares as cenas cômicas, baniu-as de seus libretos, como Zeno muitas vezes já fizera. Os únicos *intermezzos* que escreveu foram os da *Didone Abbandonata* que, depois, foram reunidos em uma pequena comédia intitulada *L'impresario delle Canarie*, que andou fazendo muito sucesso em Nápoles.

É uma pena que esse *intermezzo* tenha se constituído em experiência isolada, pois trata-se de uma arguta paródia aos meandros da política de bastidores, que antecipa obras como *Opera seria* (Calzabigi/Gassman, 1769) ou a dobradinha de 1786, *Prima la Musica e poi le Parole* (Casti/Salieri) e *O Empresário* (Stephanie/Mozart). *O Empresário das Canárias* demonstra que Metastasio teria a mão hábil para a comédia, se tivesse querido praticá-la. Mas ele próprio parecia ter-se esquecido disso pois, em carta de 10 de junho de 1747, garantiu a Giuseppe Bertinelli: "Nunca escrevi sátiras em toda a minha vida, e nunca as escreverei. Odeio esse gênero e não possuo mau humor suficiente para poder dedicar a ele o meu suor".

O *poeta cesareo* partia do princípio de que as personagens principais não deviam ser muito complexas, pois isso diminuiria o seu significado arquetípico, enquanto símbolos de um determinado sentimento ou emoção. Em 12 de setembro de 1763, escreveu à sua amiga Livia Accarigi:

É verdade que a Natureza está cheia de verdadeiros covardes, gente vulgar e violenta. Mas não podemos exprimir a sua bestialidade, e o teatro exige uma representação clara das personagens.

Esse é um ponto que suscitou as objeções tanto daqueles que desejavam a reforma da reforma quanto dos que a recusavam inteiramente, pois tais personagens unilaterais, movidas por uma única paixão, tornam-se estátuas desumanas, a menos que sejam traçadas com excepcional habilidade. Diz P. Smith:

Na encenação, essa impressão era duplamente reforçada pelos figurinos clássicos estilizados, pelas poses artificiais, as vozes sem colorido, o canto carregado de ornamentação e, muito freqüentemente, a ridícula obsessividade dos cantores.

Outro aspecto desse reducionismo na composição de personagens é a rigidez tipológica das árias, a que já nos referimos no capítulo precedente, de que a *aria di sortita*, já presente em Zeno, vai-se transformar, nas mãos de Metastasio, no exemplo acabado. Patrick Smith descreve as suas regras:

Nenhum cantor poderia cantar duas árias de saída em seguida e não mais do que duas poderiam pertencer à mesma personagem; eram poucas as cenas solistas (em geral antes da mudança de cena) e, dessas, uma era para a personagem principal que, de um modo geral, mas não necessariamente, aparecia na metade do ato I – a "entrada retardada" permaneceu uma característica constante de todas as épocas, seja como meio organizacional para criar a expectativa, seja como prerrogativa da "diva" ou do "divo". A forma da ária era também muito convencional: consistia em duas partes, ou idéias, colocadas lado a lado por semelhança, por oposição ou como silogismos, freqüentemente utilizando imagens da natureza (animais, flores, os fenômenos climáticos – especialmente no mar) expressas em simples versos arcádicos, em geral com oito versos, com a contagem de sílabas de 7-7-7-6.

Nada melhor do que um exemplo, tirado da cena 9 do ato I de *Siroe*, escrito em 1726 – cujas hipnotizantes ondulações rítmicas parecem solicitar naturalmente a música:

*L'onda che mormora
tra sponda e sponda,
l'aura che tremola
tra fronda e fronda,
è meno instabile
del vostro cor.
Pur l'alme semplici
de' folli amanti*

*sol per voi spargono
sospiri e pianti,
e da voi sperano
fede in amor.*

(A onda que murmura / entre uma margem e outra, / a brisa que tremula / entre uma fronte e outra / são menos instáveis / do que o teu coração. / E no entanto é só / por ti que as almas / simples dos amantes apaixonados / espargem suspiros e prantos, / e de ti esperam / a fidelidade no amor.)

Em Metastasio, ainda mais do que em Zeno, a *aria di sortita* transforma-se num momento de pausa e de reflexão, num instante de recapitulação do que acabou de acontecer, num balanço dos *affetti* que se manifestaram. São momentos introvertidos por natureza, em contraste com o confronto de sentimentos que o recitativo acabou de propiciar e, uma vez terminados, a personagem devia sair de cena para dar lugar a um novo choque de *affetti*. O problema, logo se percebe, é que essa técnica, mesmo nas mãos de um artesão consumado, torna o procedimento monótono e dá um ritmo excessivamente fragmentário ao desenvolvimento dramático. Se já se tem essa sensação lendo ou declamando as duas estrofes de quatro versos, isso é ainda mais evidente quando elas são cantadas e sobrecarregadas de ornamentos e reprises que às vezes as tornam intermináveis.

Embora Ovídio, Guarini e Tasso lhe servissem freqüentemente de inspiração, é no teatro francês que estão as fontes principais de Metastasio: não só em Corneille ou Racine, mas também nos *tragédiens* menores, Crébillon, du Ryer, Lagrange-Chancel e Houdar de la Motte. Neles, o libretista buscava um conjunto de situações fortes que pudesse revestir com os enfeites habituais das intrigas amorosas entrelaçadas. Deles tirou as intrigas que, combinadas, variadas, reelaboradas, resultaram nos melhores libretos de seus anos mais férteis: *L'Olimpiade* (1733), *La Clemenza di Tito* (1734), *Attilio Regolo* (1750). É inegável que, na última fase, seus dramas tornam-se repetitivos. Tendo conseguido criar uma fórmula eficiente, Metastasio contenta-se em reproduzi-la, em vez de se preocupar em enriquecê-la – mas isso também acontece, por exemplo, com Philippe Quinault, o grande libretista de Lully.

Seja como for, os textos metastasianos continuarão a fascinar os músicos até o século XIX: a *Semiramide* de Meyerbeer é de 1816; e a *Didone Abbandonata* de Mercadante, de 1826. A *Enciclopedia dello Spetacolo*, de S. D'Amico (1966), gasta cinco colunas com a lista completa de todos os compositores que usaram e reusaram os seus poemas. E essa lista se tornaria interminável se a ela se juntassem as revisões – como a de Caterino Mazzolà para a *Clemenza di Tito* de Mozart. Ou os inúmeros compositores – o Beethoven do "Ah, perfido!"; o Rossini do "Mi lagnerò tacendo" – que transformaram poemas seus em árias de concerto.

Caldara, Vinci, Hasse foram alguns de seus mais notáveis cultores. No final da carreira, esses músicos inclusive uniram forças ao *poeta cesareo*, na inútil tentativa de impedir que a *opera seria* fosse submergida pela onda reformista desencadeada por Gluck – um compositor que, em seus primeiros anos, pagara tributo à ópera tradicional, contribuindo para a lista dos libretos remusicados com as obrigatórias *Demofoonte, Ipermestra, La Semiramide Riconosciuta, Ezio, La Clemenza di Tito*. Da edição de 1992 do *Oxford Dictionary of Opera*, extraio a lista de seus libretos, indicando a data de redação e o autor da primeira versão (enumeração que ignora as peças dramáticas menores e as obras sacras). Percorrendo os capítulos seguintes, o leitor verá quantas vezes esses títulos vão retornar no catálogo das obras dos compositores mencionados:

1723 – *Siface*: Francesco Feo
1724 – *Didone Abbandonata*: Domenico Sarri
1725 – *Siroe*: Leonardo Vinci
1728 – *Catone in Utica*: Vinci
1728 – *Ezio*: Nicola Porpora
1729 – *Semiramide*: Porpora
1729 – *Alessandro nelle Indie*: Porpora
1730 – *Artaserse*: Vinci
1731 – *Demetrio*: Antonio Caldara
1732 – *Issipile*: Francesco Bartolomeo Conti
1733 – *Adriano in Siria*: Geminiano Giacomelli
1733 – *Demofoonte*: Caldara
1733 – *L'Olimpiade*: Caldara
1734 – *La Clemenza di Tito*: Caldara
1736 – *Achille in Sciro*: Caldara

1736 – *Ciro Riconosciuto*: Caldara
1736 – *Temistocle*: Caldara
1740 – *Zenobia*: Luca Antonio Predieri
1743 – *Antigono*: Hasse
1744 – *Ipermestra*: Hasse
1750 – *Attilio Regolo*: Hasse
1751 – *Il Re Pastore*: Giuseppe Bonno
1752 – *L'Eroe Cinese*: Bonno
1756 – *Nitteti*: Nicola Conforti
1762 – *Il Trionfo di Clelia*: Hasse
1765 – *Romolo ed Ersilia*: Hasse
1771 – *Rugiero*: Hasse

Compreender as circunstâncias em que Metastasio trabalhou, as exigências do público ao qual destinava seus dramas e os ideais estéticos de uma época a cavalo entre o Barroco e o Classicismo, é fundamental para entender o seu talento e o quanto são relativas as acusações de que suas peças eram pouco dramáticas, retorcidas e paralisadas por um excesso de convenções. Como vimos, quando ele começou a escrever, Stampiglia e Zenno já tinham estabelecido muitas das reformas que lhe são creditadas. Ele apenas as codificou, visando a mais pura e elevada expressão dos ideais do Iluminismo, embora permanecesse fiel a determinados procedimentos tipicamente barrocos – o que faz dele a ponte entre duas eras e o espelho nítido de um modo de conceber o mundo, o estilo de vida e as regras estéticas.

O conflito entre amor e dever que está sempre no centro de suas intrigas; o triunfo da consciência sobre as intermitências do coração, evitando a tragédia; o final feliz tantas vezes obtido mediante a intervenção de um tirano que um acesso providencial de bom senso torna finalmente magnânimo; a estrutura social e os padrões de conduta que ele glorifica – tudo isso é típico da visão de mundo proveniente da corte imperial. E o que melhor a sintetiza é a chamada *licenza*, um epílogo em que uma ária (ou uma ode coral) explicita a dedicatória da ópera ao soberano ou ao nobre de alta linhagem que a está patrocinando. Por outro lado, permanece barroca a prática da ária de estrutura formal muito rígida, com um molde determinado dependendo da emoção a ser expressa, estereotipada pela rígida imposição da seqüência ternaria A.B.A' (*da capo*).

Gerações posteriores vão recriminar a Metastasio o fato de essa construção tornar as árias intercambiáveis. Mas como instrumentos para a exibição vocal virtuosística elas são insuperáveis. E o seu verso, sempre elegante e encantador, marcado por um senso muito vivo da imagística – que tempera a pirotecnia metafórica barroca com a noção clássica do equilíbrio –, era considerado, em sua época, uma forma superior de arte, que valia a pena fruir por si mesmo (a ponto de, como conta Patrick Smith, ele ser capaz de calar a tagarelice do público napolitano, que se concentrava em desfrutar o ritmo de seus versos, a sonoridade de suas rimas).

A principal desvantagem da ópera metastasiana, repito, é a necessidade da ária de saída – já herdada de Zeno –, pois ela interferia radicalmente no progresso flexível da narrativa e abria espaço para o excesso de exibicionismo vocal, grande alvo das reformas que já se delineiam em meados do século XVIII e surgem claramente com Gluck. O que iniciara como uma resposta – que se queria refinada e flexível – ao declínio dos valores estéticos do século XVII,

acabou como uma fórmula congelada. De tal forma que os compositores mais inventivos – e Mozart é o exemplo mais perfeito – só se voltavam para a *opera seria* (*A Clemência de Tito*) quando premidos pelas circunstâncias (a cerimônia de uma coroação). A ela, preferiam cada vez mais as formas livres e ágeis da ópera bufa. Por esse motivo, é a comédia que terá, na segunda metade do século XVIII, os progressos mais notáveis, servindo de matriz para a evolução da ópera romântica, no século XIX, enquanto a *opera seria* fenece e morre lentamente. Para concluir, ouçamos Patrick Smith:

> O paradoxo da carreira de Metastasio é que ele foi, sem dúvida alguma, o maior libretista da história do gênero, tanto pela ascendência que exercia sobre os outros libretistas quando pela força moral e a relação de comando para com os compositores; mas foi exatamente durante os seus anos de maior esplendor que o poder do libretista começou a declinar. [...] Em sua tentativa bem-intencionada de purificar o libreto, Gluck outra coisa não fez senão acelerar a decadência de sua antiga supremacia, ao afastar a atenção das palavras em si mesmas para as palavras enquanto definidas pela música.

O Culto do Cantor

Conseqüência direta do grande relevo adquirido pela ária na *opera seria* é o surgimento de um fenômeno típico do século XVIII que, com modificações no espaço e no tempo, vai manter-se até hoje: o culto do cantor. Toda época tem ídolos, com seu cortejo de fãs, e as exigências dessa platéia ardorosa condiciona a produção e o desempenho desses artistas. O que os roqueiros são para os nossos dias e os grandes malabaristas do piano foram para a Era Romântica, os virtuoses do canto eram para o *Settecento* – e o prestígio invejável de que desfrutaram interferiu de forma decisiva na evolução do gênero de que participavam, fazendo florescer o estilo de escrita e de interpretação conhecido como *belcanto*, que predominará na ópera italiana até a primeira metade do século XIX.

Em seus *Studies of the Eighteenth Century in Italy*, de 1880, a musicóloga londrina Violet Page (que assinava com o pseudônimo de Vernon Lee), escreveu:

> Na vida musical do século XVII, o cantor era uma personagem muito mais importante do que é hoje. Não era apenas uma das engrenagens do mecanismo, mas a sua alavanca principal. Num país tão natural e espontaneamente musical como a Itália, o desejo de cantar precedia tudo o que pudesse ser cantado: os intérpretes não existiam porque o público desejasse ouvir esta ou aquela composição; a música é que era composta porque havia pessoas que desejavam cantar. Os virtuoses, portanto, não estudavam para executar um tipo particular de música; a esta é que cabia adequar-se aos recursos de que eles dispunham. Assim, desde o início do século XVII, quando a

música deixou as igrejas e os palácios e migrou para os teatros, as composições e as exibições vocais desenvolveram-se simultaneamente. Antes de começar a compor, os músicos aprendiam a cantar, e os cantores completavam sua formação estudando composição: Scarlatti e Porpora foram professores de grandes cantores, enquanto Stradella e Pistocchi o foram de grandes compositores. As duas praxes, em suma, integraram-se até tornar-se perfeitamente homogêneas e equivalentes.

O cantor, portanto, não era nem um violino que se pudesse tocar nem uma caixinha de música que se pudesse acionar por meio de um mecanismo. Possuía uma voz e uma mente desenvolvidas ao máximo e dotadas de uma organização perfeitamente equilibrada. Cabia-lhe interpretar a idéia do compositor e adaptar a forma ao pensamento e o pensamento à forma, conferindo existência real a uma abstração que só existia na fantasia do autor. Devia portanto assumir toda a responsabilidade por isso, mas era-lhe também concedida toda liberdade na execução. Na música do século XVIII, a partitura não trazia muito mais indicações do que um simples projeto para os arquitetos gregos. A música tinha de ser o resultado do encontro entre a abstração da notação musical e a realidade da voz, entre o ideal do compositor e a personalidade do intérprete. O compositor traçava uma linha geral e abstrata à qual o intérprete acrescentava o particular e o individual. O compositor estabelecia o núcleo fundamental, as notas principais, que constituíam uma forma essencial e imutável e definiam o caráter e os limites de uma personagem. O cantor acrescentava as notas de contorno, que completavam e enriqueciam aquela parte da forma que era susceptível de definições mais contingentes, assim exprimindo as sensações mais impalpáveis e mutáveis. Em suma, se o compositor representava o absoluto, o cantor a ele acrescentava o toque pessoal da individualidade.

Esse quadro corresponde ao da prática da ópera encarada muito mais como um pretexto para a reunião social do que um acontecimento musical. Era obrigatório, para toda pessoa de certo nível, ter um camarote num teatro para reunir-se com os amigos e assistir a espetáculos sempre muito longos, que começavam lá pelas sete horas e nunca terminavam antes de meia-noite. Observadores da época como Josse de Villeneuve (*Lettre sur le Mécanisme de l'Opéra Italien*, 1756) ou estudiosos como Philippe Monnier (*Venise au XVIIIe Siècle*, 1907) contam-nos que ninguém prestava atenção no que estava acontecendo no palco, a não ser quando se ouvia uma ária mais conhecida. Os camarotes eram ricamente mobiliados para permitir a seus ocupantes jogar cartas ou dedicar-se a outros prazeres. Em suas *Lettres Familières sur l'Italie*, Charles Brooses comenta ironicamente:

> O xadrez é extraordinariamente indicado para vencer a monotonia dos recitativos, enquanto as árias funcionam muito bem para romper a concentração excessiva no xadrez.

Já se falou muito dos abusos perpetrados pelos cantores durante a primeira metade do século XVIII, mas é preciso compreender que esses excessos foram a conseqüência inevitável de um sistema criado a partir do momento em que a ária assumiu o predomínio absoluto dentro da forma da ópera – e que dependia dos cantores e de seu grau de virtuosismo realizá-la da melhor maneira possível. Nem mesmo um artista da estatura de Haendel que, além de compositor era empresário, conseguiu controlar esses abusos. "E quando o fez", lembra Grout, "foi com uma extraordinária combinação de tato, paciência, senso de humor, força pessoal e até mesmo violência física" – como no episódio famoso com Francesca Cuzzoni, que ele ameaçou jogar pela janela da sala de ensaios, pois ela se recusava a cantar determinada ária do *Giulio Cesare*.

Mas de um modo geral eram os cantores que impunham aos músicos a sua dominação tirânica. Nas *Memoirs of the Life and Writings of the Abate Metastasio in Which are Incorporated Translations of His Principal Letters* (1796), Charles Burney conta que o *poeta cesareo* se lamentava porque os seus dramas eram mutilados por aqueles heróis e heroínas ignorantes e vaidosos que preferiam a imitação de flautas e rouxinóis à verdadeira expressão dos sentimentos humanos, transformando o teatro italiano numa verdadeira calamidade nacional.

Mas isso de nada servia para modificar uma situação que, segundo Grout, "ele próprio tinha contribuído para criar". A prova de que os próprios contemporâneos da *opera seria* tinham severas críticas a essas práticas é a quantidade de sátiras ao comportamento dos cantores e a seus maus hábitos adquiridos, que encontramos em *La Música* (1749) de Salvator Rosa; nos epigramas do marquês Lodovico Adimari (*Contro alcuni Vizi delle Donne e Particolarmente Contro le Cantatrici*) publicados em 1788; em *La Perfetta Poesia Italiana Spiegata e Dimostrata con Varie Osservazioni* (1724) de Lodovico Antonio Muratori; ou na ópera cômica *La Critica* (1766), de Jommelli – sem falar nas inúmeras menções ao problema com que nos deparamos nas memórias de testemunhas privilegiadas: Casanova, Lorenzo da Ponte, Goldoni e outros.

A mais famosa dessas sátiras foi o *Teatro alla Moda* publicado em 1720 por Benedetto Marcello. Membro de uma das famílias proprietárias do Teatro Sant'Angelo, o compositor vingava-se com esse panfleto do estilo de administração ali imposto por Francesco Santurini e seus sócios Orsatto e Modrotto, e mantido por Antonio Vivaldi, que se associara a eles em 1713. Os Marcellos lutavam contra eles na justiça, desde 1717, acusando-os de incompetência na gestão das salas e de não lhes pagarem as rendas devidas.

Estava claro para os leitores quem era o "Aldiviva" (anagrama de Vivaldi) cujas práticas como empresário e compositor eram tão censuradas. Mesmo porque, na folha de rosto do panfleto havia o desenho de um bote no qual viajavam um urso (Orsatto), um remador com a cara de Modrotto e, empoleirado no leme, um anjo com chapéu de padre, que tocava violino. O panfleto continha uma série de conselhos muito irônicos destinados a quem quisesse vencer como libretista, compositor, cantor, maquinista ou professor de canto no mundo da ópera; e continha observações venenosas do tipo (os destaques são do original):

O Culto do Cantor

Procurará fazer o Maestro di Capella com que as *Árias melhores* toquem sempre à *prima Donna* e, cada vez que se tornar necessário abreviar a Ópera, não permitirá que se eliminem *Árias ou Ritornellos*, preferindo cortar Cenas inteiras de *Recitativo*.

Se um cantor estiver em cena com outra Personagem, enquanto esta lhe fala por conveniência do drama ou canta uma Arietta, ele ficará *saudando as pessoas Mascaradas que estão nos camarotes próximos ao palco* e sorrindo para os Músicos e os Comparsas etc., para que todos saibam claramente que quem está ali é o signor Alipio Forconi, cantor, e não o príncipe Zoroastro, que ele está representando.

Enquanto se estiver tocando o *Ritornello* da sua *Ária*, o Virtuoso há de se retirar *para os cantos do palco, onde tomará Rapé e dirá a seus Amigos que hoje não está com boa voz, que está um pouquinho resfriado* etc., e, depois, na hora de cantar a sua *Ária*, fique bem claro que na hora da *Cadência* ele poderá *parar* por quanto tempo quiser, em cima dela compondo *passi* e *belle maniere* à sua vontade, pois nesse momento o Maestro di Capella também *há de erguer as mãos do cravo e aproveitar para tomar a sua pitada de Rapé* esperando o tempo que ele quiser. Da mesma forma o Cantor deverá, em tal caso, *retomar o fôlego mais de uma vez, antes de encerrar com um Trinado, que terá estudado para ser capaz de executá-lo velozmente, sem prepará-lo antes com uma messa di voce e procurando dar todas as formas possíveis de agudo.*

Não será mau que o compositor tenha sido durante algum tempo violinista. Mas é bom que, antes de montar as suas Óperas, ele visite as estrelas, prometendo a cada uma delas o papel principal, de acordo com o seu gênio. E as árias que escreverá para elas serão ora alegres, ora tristes, sem levar em conta o texto ou a situação dramática.

Ao receber a sua parte, a cantora mandará imediatamente as suas árias ao maestro Crica, para que este lhe escreva, sem o baixo contínuo, os ornamentos, as variações, as *belle maniere*. E o maestro Crica, sem saber quais são as intenções do Compositor quanto ao andamento e como serão concertados o baixo e os instrumentos, há de escrever, no lugar vazio do baixo, tudo o que lhe passar pela Cabeça, e em grande quantidade, para que a Virtuose possa variar todas as noites e, por mais que essas *Variações* nada tenham a ver com o *Baixo* nem com os *Violinos em uníssono* ou *concertados*. Isso não tem a menor importância, porque o Mestre de Capela *moderno* já se tornou *Surdo* e *Mudo*.

Os libretistas também lamentaram com freqüência – *et pour cause* – a importância desmesurada que se dava ao virtuosismo vocal, em detrimento do drama e da própria música. Burney transcreve as palavras de Metastasio:

Os cantores se esquecem de que lhes cabe imitar o discurso humano servindo-se das formas e das técnicas da música; pelo contrário, imaginam ser tão mais perfeitos quanto mais a sua interpretação se afasta da natureza humana... Quando executam com a garganta a sua sinfonia, acreditam ter realizado todos os deveres de sua arte. A conseqüência disso é que o público não é exposto a nenhuma tensão emocional e espera que os executantes solicitem apenas as suas orelhas.

E Burney comenta:

Se, há quarenta anos, Metastasio indignava-se tanto, o que diria hoje de um tipo de abuso que, de lá para cá, só aumentou?

Da técnica vocal setecentista, que atingiu um nível provavelmente nunca igualado em outras épocas, não ficou porém uma documentação muito exata, pois todas as grandes exibições de bravura eram improvisadas e, por isso, não há delas o registro em partitura. O que se pôde reconstituir baseia-se em escritos como as *Opinioni de' cantori antichi e moderni o sieno Osservazioni sopra il canto figurato*, de Pier Francesco Tosi, publicadas em Bolonha em 1723. Ou nos estudos de arqueologia musical conduzidos por Putnam C. Aldrich (*The Principal Agréments of the XVIIth and XVIIIth Centuries*), Robert Haas (*Die Musik des Barock*), Hugo Goldschmidt (*Die Lehre von der vokalen Ornamentik*), Franz Haböck (*Die Gesangkunst der Kastraten*) e outros. Em seus trabalhos pioneiros baseiam-se os esforços dos inúmeros cantores, regentes e musicólogos que, hoje em dia, dedicam-se ao resgate das técnicas de canto barrocas.

De um modo geral, pode-se dizer que eram dois os procedimentos mais comuns: a *coloratura*, com que se embelezava uma determinada linha melódica, e a *cadência*, com que se ornamentava – às vezes profusamente – os finais de frase. A coloratura, herdada do Renascimento, ganhou importância crescente à medida que a ária se desenvolvia e, na época das grandes escolas setecentistas de canto, chegou a seu apogeu, conservando por muito tempo esse brilho: suas últimas grandes manifestações datam do início do Romantismo, na primeira metade do século XIX. Quanto à cadência, cuja colocação natural era sobre um acorde de quarta e sexta, num final de frase importante, já em Scarlatti encontramos exemplos dela, refletindo uma técnica proveniente do concerto instrumental. Inseridas nas árias, para oferecer ao cantor a possibilidade de fazer uma demonstração de todo o seu repertório de truques, ela podia, se não fosse usada de forma judiciosa, assumir proporções ridículas.

Em *Le Brigandage de la Musique Italienne* (1777), Ange Doudar imagina, em tom de farsa, uma petição que "les eunuques italiens" (os *castrati*) teriam endereçado à direção do Opéra de Paris, afirmando:

> *Une cadence, pour être dans les règles, doit durer sept minutes & trente-six secondes, le tout sans prendre respiration, car il faut que cette tirade soit d'une seule haleine, l'acteur en dût crever sur la scène.*

(Uma cadência, para respeitar as regras, deve durar sete minutos e 36 segundos, tudo isso sem respirar, pois é preciso que esse trecho seja executado de um só fôlego, nem que para isso o ator tenha de morrer em cena.)

Tosi, nas *Opinioni*, também descreveu ironicamente as cadências:

> *Ogni* Aria *ha almeno tre* Cadenze, *che sono altrettanti finali. In generale, oggi i Cantanti si preoccupano di terminare la* Cadenza *della prima Parte tempestandoci di* Passagi *e* Divisioni *a piacere, mentre l'Orchestra attende; in quella della seconda Parte rincarano la Dose, mentre l'Orchestra si annoia; ma nell'ultima Cadenza la loro Gola lavora come una Banderuola durante una Tempesta, mentre l'Orchestra sbadiglia.*

(Cada ária tem pelo menos três cadências, que são outros tantos finais. Em geral, hoje, os cantores preocupam-se em terminar a cadência da primeira parte impingindo-nos a seu bel-prazer um monte de ornamentos e divisões, enquanto a orquestra espera; na segunda, aumentam a dose, enquanto a orquestra se aborrece; mas na última, a sua garganta trabalha como se fosse um estandarte durante uma tempestade, enquanto a orquestra boceja.)

Grout reproduz, em sua *Short History of the Opera*, um exemplo de cadência cantada pelo famoso castrato Farinelli – pseudônimo de Carlo Broschi – numa ária da *Merope* de Geminiano Giacomelli, encontrada num manuscrito dedicado à imperatriz Maria Theresa e guardado na Real Biblioteca de Viena. Na frase "Spiega del fato la crudeltà" ("Explica a Crueldade do Destino"), ao ser repetida pela primeira vez a palavra "crudeltà", a última sílaba é prolongada numa *roulade* de seis compassos; e na segunda repetição, a primeira sílaba se prolonga num floreio de dez intermináveis compassos. "Basta observar esse exemplo para compreender as razões do sarcasmo de Tosi", diz Grout.

Naturalmente essa explosão de virtuosismo está intimamente ligada ao fenômeno típico dos séculos XVII e XVIII, que é o *castrato*. A edição em português (Nova Fronteira, 1993) da *História dos Castrati*, de Patrick Barbier, colocou ao alcance do leitor brasileiro documentação de muito boa qualidade sobre a origem, as formas de recrutamento, as técnicas de formação, o papel social e artístico e o fascínio exercido – inclusive sobre as mulheres – por esses homens emasculados antes da adolescência para preservar, num corpo normalmente desenvolvido de adulto, a pureza da voz muito aguda de criança. A esse respeito, vale a pena citar extensamente o que diz Celetti em sua *Storia del Belcanto*. Ao falar do princípio codificado por Monteverdi de que a personagem mítica ou do mundo da fábula deve distinguir-se dos mortais expressando-se numa linguagem idealizada e não-quotidiana, ele acrescenta [os grifos são meus]:

> Tanto do ponto de vista do êxtase lírico quanto da vocalidade virtuosística, o belcanto logo sentiu a necessidade de uma outra estilização: a dos timbres. Sob esse aspecto específico, a voz fundamental do melodrama belcantístico é a do *castrato*, que exprime o amor dos séculos XVII-XVIII pelos timbres raros, estilizados e anti-realistas. Um amor que se complementa com a aversão pelos timbres mais difundidos e "vulgares": o tenor abaritonado – que se identifica na verdade com o nosso atual barítono –, o mezzo-soprano e, em certos períodos, o baixo, ora considerado voz estilizada (principalmente se é "profundo"), ora tido como voz comum. A simbiose, no timbre do *castrato*, de texturas e ressonâncias que participam da voz das crianças mas também lembram a da mulher (embora o *castrato* contraltista pudesse também ter inflexões andróginas), faz surgir sons irreais, fabulosos e, de certa forma, *correspondentes àquela ambigüidade sexual que atrai tanto ao Barroco* e que, embora de forma velada, revela-se na figura do protagonista do *Adone*, de Marino.
>
> Mas o *castrato*, por razões ligadas à sua condição física e psicológica (*desenvolvimento anormal da caixa torácica e dos pulmões, com o resultante volume de som e potência de fôlego*; excepcional adestramento tanto vocal quanto musical), leva ao canto faculdades tanto expressivas quanto virtuosísticas *que fazem dele o protagonista de uma verdadeira poética do maravilhoso vocal. Por isso, a ele competem os grandes papéis de heróis mitológicos ou históricos*; com a advertência, porém, de que dentro do clima fabuloso do melodrama belcantístico, essas personagens são retratadas sobretudo como figuras galantes e amorosas. É muito freqüente também que elas sejam interpretadas por mulheres (sopranos ou contraltos) usando roupas masculinas. Isso nos leva uma vez mais ao gosto barroco da ambigüidade se-

A cantora Teresa Lanti retratada por autor anônimo da Escola Bolonhesa (primeira metade do século XVIII).

Nesta caricatura da primeira metade do século XVIII, o inglês Rowlandson mostra as reações do público a uma ária heróica cantada por um *castrato*.

xual. O "travesti" – isto é, a mulher que faz papéis masculinos ou o homem ou o castrato que fazem papéis femininos – foram uma instituição comum até mesmo no teatro falado ou no *balletto*.

Mas os *castrati*, os sopranos e contraltos em "travesti" respeitam uma lei vocal que o *belcanto* aplicou rigorosamente até o início do século XIX: os êxtases líricos e as melodias delicadas, refinadas, sutilmente sensuais de certas árias ou duetos de amor, bem como as ousadas acrobacias das ornamentações, *não toleram o contato com as vozes masculinas* (tenor abaritonado, baixo), *que soam demasiado duras e rudes para um canto que exigia agilidade, flexibilidade, nuances e transparências de textura.*

O argumento, baseado na afirmativa encontrada na I Epístola de São Paulo aos Coríntios (14:34) de que "as mulheres devem manter-se em silêncio dentro do templo", serviu de justificativa à Igreja Católica para proibir a participação de mulheres no canto litúrgico. É em Florença, em 1534, que se tem a primeira menção à presença, num coro de igreja, de jovens cujos testículos tinham sido retirados antes da mudança da voz, para impedir que suas cordas vocais engrossassem e produzissem sons mais graves. Em 1562, eles foram incorporados ao coro da Capela Sistina, em Roma. No final do século XVI, apesar de alguns papas terem desaprovado esse costume, havia *castrati* nos coros de todas as igrejas italianas.

Na ópera, é com a *Favola d'Orfeo*, de Monteverdi, que eles aparecem pela primeira vez. Cada vez mais populares, tiveram entre 1650-1750 a sua fase de apogeu. Na segunda metade do século XVIII, a exigência de verdade dramática na ópera fez com que sua popularidade entrasse em declínio – sinal claro disso é o fato de o papel de Idamante, do *Idomeneo* (1781) mozartiano, ter sido reescrito para tenor quando a ópera foi reprisada em Viena cinco anos depois. Eles não deixaram de existir, mas sua existência ficou confinada à Itália. Arsace no *Aureliano in Palmira*, de Rossini, e Armando no *Crociato in Egitto*, de Meyerbeer, escritos para Giovanni Battista Velluti (que morreu em 1861) foram os últimos papéis importantes destinados a esse tipo de voz. Wagner chegou a pensar em utilizar, no *Parsifal*, o cantor Domenico Mustafá para fazer o papel do feiticeiro Klingsor, que se automutilou; mas acabou desistindo da idéia.

O último *castrato* profissional foi Alessandro Moreschi (1858-1922), que nunca se apresentou na ópera mas chegou a gravar, entre 1902-1903, dez discos com peças sacras.

Admirados como artistas, criticados por sua vaidade excessiva e sensibilidade à flor da pele, eles formaram uma subcultura no universo da ópera, cuja verdadeira natureza e mérito, hoje, são difíceis de avaliar. Restam-nos as opiniões entusiasmadas de seus contemporâneos. Charles d'Ancillon diz que o timbre de Pauluccio era "mais delicado do que o do rouxinol e quase sobrenatural"; quanto à voz de Jerônimo, ele a comparou "ao doce murmúrio de uma cascata". O poeta Alfred de Vigny chamou de "angelical" a voz de Crescentini; o filósofo Schopenhauer considerou-a "desumanamente bela". A única forma que temos de avaliar o brilho de sua técnica é pelos papéis diabolicamente difíceis escritos para eles e que hoje têm de ser interpretados por soprano, contralto ou contratenor.

Embora a prática da emasculação fosse oficialmente um crime punível com a pena de morte, ela era tolerada, e muitos pais, sobretudo os de família pobre, mutilavam os seus filhos pensando no que poderiam ganhar com isso. Em *The Present State of Music in France and Italy* (1771), Burney conta:

> Bastava o menor sinal de uma voz promissora para que mandassem castrar os seus filhos, e o resultado era que todas as grandes cidades abrigavam enorme quantidade daquelas criaturas patéticas ou sem voz nenhuma ou com voz insuficiente para compensá-los por perda tão grande.

Joseph Haydn foi um dos meninos que escaparam de ser submetidos a essa intervenção para preservar a sua bela voz de sopranista. Por outro lado, quando a operação era bem-sucedida e os *evirati* adquiriam, mediante um estudo longo e difícil, a bagagem necessária para dominar a técnica prodigiosa desses virtuoses de *voce bianca*, eram adulados pelo público com tanto fanatismo quanto os modernos cantores de *rock*, e não lhes estava nem sequer barrada a vida amorosa, pois a extração dos testículos os impedia de procriar mas não, na maioria dos casos, de manter relações sexuais. Eram muito populares com as mulheres não só pelo seu charme como artistas e beleza pessoal – o retrato de Farinelli deixado por Corrado Giacquinto mostra que ele era um homem bonito –, mas também porque as aventuras com eles estavam livres de riscos. Isso fez com que alguns dos *castrati* chegassem até a tentar se casar, embora isso não fosse sancionado pela Igreja.

Entre os *castrati* mais conhecidos estão Baldassare Ferri (1610-1680), *Siface* (Giovanni Francesco Grossi, 1653-1697), *Senesino* (Francesco Bernardi, 1680-1759), Antonio Maria Bernacchi (1685-1756), *Giovanni Carestini* (1705-1760), *Cafarelli* (Gaetano Majorano, 1710-1783), *Gizziello* (Gioacchino Conti, 1714-1761), Tommaso Guarducci (1720-1770), Giusti Ferdinando Tenducci (1735-1790). Mas nenhum deles igualou a fama de *Farinelli* (Carlo Broschi), que viveu entre 1705-1782.

Aluno de Porpora, Farinelli estreou em 1720 na serenata *Angelica e Medoro*, de seu professor. Foi derrotado por Bernacchi num concurso de canto, em 1727 mas, a essa altura, já era famoso em toda a Europa. Quando Carlos VI o acusou de querer "surpreender" mais do que "agradar", ele mudou de estilo e, em 1734, tornou-se a grande atração da companhia londrina de Porpora, rival da de Haendel. Contam que era comum as mulheres desmaiarem de emoção durante as suas apresentações

e, uma vez, Senesino beijou-o, durante um espetáculo, comovido com a sua interpretação. Em 1737, ele teve tanto sucesso ao cantar para o melancólico rei Felipe V, da Espanha, que lhe ofereceram 50 mil francos anuais para que ficasse em Madri – o que o levou a afastar-se dos palcos. Patrick Barbier faz um relato muito vivo e curioso dessa "musicoterapia", que o levou a tornar-se amigo e confidente do rei, para quem cantava, todas as noites, as mesmas quatro canções.

Ferdinando VI autorizou-o a criar um Teatro de Ópera Italiana em Madri e a importar os melhores cantores, bem como seu amigo, o libretista Metastasio; e utilizou seus serviços como diplomata pelo que, em 1750, ele recebeu a Ordem de Calatrava. A mudança de política o fez deixar a Espanha em 1759, quando Carlos III subiu ao trono; mas recebeu uma pensão que lhe permitiu instalar-se em Bolonha e aposentar-se. Burney ali o visitou em 1770 e descreveu-o como "um homem extremamente culto e agradável e um dos maiores cantores de todos os tempos". O carisma de Farinelli fez com que ele fosse o tema de óperas compostas por John Barnett (1839), Joaquín Espín y Guillén (1854), Hermann Zumpe (1886) e Tomás Breton (1903), e de um filme de muito sucesso dirigido por Gérard Corbiau (1996).

A Comédia

Depois da ópera, a maior contribuição italiana para a História do Teatro foi, sem dúvida alguma, a *Commedia dell'arte*, cuja influência estendeu-se muito além das fronteiras da terra que a viu surgir. Nascida no final do século XVI, numa época em que o drama estava nas mãos de amadores – os intelectuais das academias e os poetas que gravitavam em torno da nobreza –, a *Commedia* era praticada por gente *dell'arte*, isto é, profissionais, ligas de atores especializados em mímica, dança, declamação e números circenses.

Numa fase de decadência intelectual, em que o humanismo renascentista era substituído pelo dogmatismo da Contra-Reforma e o absolutismo começava a estender as asas sobre toda a Europa, a *Commedia* tornou-se a forma predileta de entretenimento popular, e não demorou para que outros países também adotassem as suas formas desenvoltas de expressão. O prazer de derrubar tabus num momento em que o ideário oficial era tão rígido explica o agrado com que o público assistia a essas historinhas simples em que mulheres chifravam os maridos, filhas contrariavam os planos matrimoniais de seus pais, e criados astuciosos passavam a perna em seus patrões.

Sátira neutralizada, em todo caso, pelo estilo da interpretação, que a tornava aceitável aos olhos das autoridades, pois as personagens eram arquétipos caracterizados com máscaras provenientes das tradições carnavalescas, e a ação parecia desenrolar-se num espaço idealizado, sem contato direto com a realidade. A regra da simetria comandava a estrutura dessas peças muito semelhantes entre si, com amplo lugar aberto à improvisação. As comédias apresentavam personagens aos pares – os dois velhos turrões, as duas mães tolerantes com o casal de namorados, os dois criados espertalhões, geralmente formando um par romântico complementar –; movimentação cênica de um formalismo quase geométrico; e paralelismo na organização das tiradas e dos *lazzi* (as *gags*, os clichês cômicos).

O caráter improvisatório dessa arte, que dependia exclusivamente do treino e do talento individual, torna muito difícil formar uma idéia precisa de seus detalhes de funcionamento. É mais fácil documentar-se a partir da abundante iconografia em que estão registradas as posturas, a coreografia dos atores no palco e as formas toscas de cenografia, do que a partir dos *canovacci*, roteiros muito sumários que se limitavam a enumerar as personagens e os atores que as representariam, fornecer a seqüência das cenas e pouquíssimas instruções de direção e a localização dos principais monólogos. Dos diálogos e da forma como o *timing* dos episódios era agenciado nada ficou, pois tudo isso dependia da inspiração do momento, auxiliada pela hábil combinação de uma série de ingredientes textuais preestabelecidos.

Se quisermos ter uma idéia do estilo de realização da *Commedia*, é nos libretos que ela inspirou que vamos encontrar seus ecos mais fiéis.

Flaminio Scala recolheu, em *Il Teatro delle Favole Representative* (1611), cerca de trezentos desses *scenarii*; outros tantos foram encontrados em bibliotecas de Veneza, Nápoles, Módena ou do Vaticano. Luigi Riccomboni que, no início do século XVIII, levou uma companhia de comediantes para Paris, a convite do duque de Orléans, mantinha um diário com o registro cuidadoso do repertório e dos elencos. Todo esse material disperso permitiu reconstituir as fontes variadas de um tipo de manifestação teatral que está na origem da ópera cômica. Suas raízes estão nas antigas comédias de Plauto e Terêncio; na poesia satírica dos menestréis e jograis; nas *soties* e farsas da Idade Média; no trabalho precursor de comediógrafos como Angelo Beolco, dito Il Ruzzante, cuja companhia esteve em atividade no fim da década de 1520.

A primeira companhia de *Commedia dell'arte* a se destacar, por volta de 1550, foi a dos *Gelosi*, dirigida por Francesco Andreini e sua mulher Isabella. Eles serviram de modelo para os *Uniti*, os *Confidenti*, os *Desiosi* e os *Fideli*, que proliferaram na virada do século e, em alguns casos, duraram várias gerações. Cada uma delas criou o seu grupo de *zanni* (ou tipos): Brighella, Arlecchino, Pedrolino, Scaramuccio, Pulcinella, Mezzottino, Scapino, Coviello, Burattino, o velho Pantalone e seu companheiro Dr. Gratiano, o capitão Fracasso fanfarrão, e os casais de namorados – Valerio, Flaminia, Ortensio, Silvia, Lelio, Violetta – e de criadinhas: Colombina, Smeraldina, Franceschina.

A *servetta*, em especial, foi desde o início um tipo muito popular, pela possibilidade que seu cargo lhe dava de circular entre dois mundos, convivendo com a camada mais baixa da população mas privando da intimidade da jovem patroa, de quem era confidente e mensageira. A Serpina da *Serva Padrona*, a Susanna das *Nozze di Figaro*; a Despina do *Così Fan Tutte*, todas as *soubrettes* da ópera bufa são descendentes desse modelo básico de empregadinha cheia de vivacidade e malícia, que habita as óperas italianas de Cavalli a Paisiello.

Os jovens enamorados, por manter o vínculo com as formas mais elegantes da comédia erudita, apareciam de rosto descoberto e falavam o toscano puro. As demais personagens usavam máscara e trajes típicos e falavam dialeto: vêneto para Pantalone, bolonhês para Gratiano, bergamasco para Brighella ou Tartaglia.

Desde o início, portanto, encontramos na *Commedia dell'arte* a divisão entre duas castas de personagens: as observadas da realidade (*parti serie*) e as caricaturadas (*parti buffe*). Essas categorias vão se manter na ópera cômica até o início do século XIX. Todas as figuras, mas as máscaras em especial, eram o que se poderia chamar de personalidades cumulativas, pois reuniam características que iam se acumulando e cristalizando ao longo das representações. Para animá-las e intensificar seus aspectos mais dinâmicos, a música era, naturalmente, um elemento de importância fundamental.

É de resto a um músico, Massimo Troiano, empregado da corte bávara, que devemos a mais antiga descrição de um espetáculo de *Commedia dell'arte* – reproduzida por K. M. Lea em *Italian Popular Comedy* (1934). Responsável pelo papel do jovem namorado, Troiano tinha ao seu lado, como Pantalone, ninguém menos que o grande compositor flamengo Orlando de Lasso,

vestido como um Magnífico, com a túnica de cetim encarnado, os calções de escarlata veneziana, um longo manto negro que se arrastava no chão e uma máscara que arrancava gargalhadas da platéia. Ele tocava alaúde e cantava: "Quem passa por esta rua e não suspira, feliz que ele é" e, depois de repetir essas palavras duas vezes, entoava seu lamento de amor: "Pobre Pantalone, não podes passar por esta rua sem encher o ar com teus suspiros e regar as pedras com tuas lágrimas".

O relato de Troiano dá a entender que a música era usada com três funções diferentes: nos intervalos entre os atos, para sugerir a passagem do tempo; como música de fundo de efeito naturalista, em cenas como a do casamento, no final da peça; e para intensificar o clima emocional de momentos como o lamento de Pantalone. É essa a técnica que será importada para a comédia madrigalesca que, como a *Commedia dell'arte*, tinha a estrutura de vinhetas autocontidas, dotadas de números musicais com as três funções: prólogos e interlúdios de efeito decorativo; danças e serenatas de caráter realista; e cantabiles nos momentos de expansão lírica. A esse respeito diz David Kimbell em *Italian Opera*:

> Se a música estava ajudando a dar forma e substância à *Commedia dell'arte*, estava também, por sua vez, sendo afetada por ela. A influência da comédia na prática e no estilo musicais é mais claro nos ramos popular e pseudopopular do repertório madrigalístico. A *villanella alla napolitana*, com as suas progressões harmônicas cheias de quintas paralelas, teve origem provável na execução solista de canções nas quais as harmonias eram improvisadas pelo cantor ao instrumento; e é muito significativo o fato de que a voga da *villanella* coincida com a época em que os napolitanos passaram a exercer papel ativo no desenvolvimento da *Commedia dell'arte*. À medida que o repertório da *villanella* foi-se tornando mais variado, seus reflexos no mundo da *Commedia* tornaramse mais claros. As *bergamasche* espelham o hábito de associar o dialeto vulgar de Bérgamo com as antigas *gags* dos *zanni*; as personagens dos *giustiniani*, geralmente escritos em dialeto vêneto, são com freqüência "homens velhos, dinâmicos e empreendedores, que têm muitos pontos em comum com a máscara de Pantalone", como diz N. Pirrotta em *Commedia dell'arte and Opera* (1955).

A *Commedia dell'arte* ofereceu, portanto, à ópera cômica o conjunto básico de temas e personagens, desde *Chi Soffre Spera* (1639), de Rospigliosi-Marazzoli-Mazzocchi, a que nos referimos no capítulo sobre a ópera cortesã. Nela já havia, ao lado das personagens nobres, máscaras originárias do teatro popular. Esses temas, porém, conviveram e se misturaram, desde o início, com os dos dramas semisérios de inspiração espanhola, muito populares a partir da década de 1620. Neles havia aventuras picarescas com pares românticos, criados astuciosos, feiticeiros e espíritos, personagens alegóricas. Como a *Commedia*, também o drama semi-sério tinha a estrutura episódica que vamos encontrar nos libretos da Escola Veneziana.

Por um lado, portanto, a *Commedia dell'arte* estava abrindo espaço cada vez maior à música, assim como ao uso de cenários elaborados e máquinas para efeitos especiais – no que se aproxima muito da ópera, tal qual era praticada nos teatros venezianos. Por outro, o teatro cantado dava ênfase crescente às *tirate* e aos *lazzi*, e misturava aos diálogos em estilo "natural" recitativos e cantabiles estilizados, encontrando nessa alternância a forma de obter a variedade de tom e o efeito de contraste caros ao espírito barroco. Mazzocchi, aliás, é muito claro quando, no Prólogo à *Catena d'Adone* (1626), diz ter introduzido os *lazzi* "para aliviar o tédio dos recitativos".

Idéia que Francesco Sbarra vai expressar, na geração seguinte, ao apresentar o libreto de *Alessandro Vincitor di se Stesso*, que escrevera para Cesti. Ao falar das arietas de tom muito leve e popular que intercalara às árias sérias, diz que "se o estilo recitativo não for alternado com esse tipo de *scherzi*, dará mais aborrecimento do que prazer ao público".

É soberano o domínio da *Commedia dell'arte* sobre o palco italiano na segunda metade do século XVI e na maior parte do XVII. Mas com o surgimento do movimento arcádico, na década de 1690, intensificou-se a atitude de crítica às suas formas e praxes – que, para dizer a verdade, tinha motivação mais moral do que estética. E um dos sintomas dessa crítica, aponta Kimbell, é a proliferação de peças sobre o teatro: textos como a *Dirindina* (1712) de Girolamo Gigli, *Il Teatro Comico* (1750) de Carlo Goldoni, ou *Le Convenienze Teatrali* (1794) de Simeone Antonio Sografi, que submetiam a exame meticuloso o mundo do espetáculo e pediam que a platéia tivesse diante dele atitude mais exigente pois, afinal de contas, o teatro era uma das mais importantes instituições intelectuais da época, plataforma ideal para a disseminação das virtudes e das grandes verdades.

É patente a hostilidade dos reformistas da Arcádia para com os moldes tragicômicos de origem espanhola e, sobretudo, para com as estilizações grotescas da *Commedia dell'arte*, que lhes pareciam totalmente incompatíveis com os princípios de Natureza e de Razão que norteavam suas propostas. Eles odiavam a vulgaridade de sua linguagem; desaprovavam o uso do dialeto, que contrariava o ideal de defesa da pureza idiomática; e consideravam de extremo mau gosto as tiradas maliciosas que beiravam a obscenidade. Ludovico Antonio Muratori torna-se o portavoz desse modo de pensar ao tentar demonstrar a inutilidade do esforço de alguns autores, que se propunham a escrever roteiros expurgados de *Commedia*. Na *Storia della Letteratura Italiana* (1968), W. Binni cita o veredicto de Muratori:

Hoje em dia, boa parte dessas comédias consiste em palhaçada e intriga lasciva, uma mixórdia de ações absurdas, nas quais não há um só vestígio da verossimilhança tão necessária ao drama. O teatro entregou-se de pés e mãos atados a ignorantes cuja única preocupação é fazer o público rir e não dispõem de outro modo de fazê-lo senão usando situações equívocas e obscenas, assumindo poses indecentes, fazendo brincadeiras tolas, usando disfarces e todo tipo de bobagem a que dão o nome de *lazzi* e que, freqüentemente, são frios, insípidos e requentados e, na maioria dos casos, improváveis, desligados do contexto, impossivelmente desligados da realidade.

O favor de que a *Commedia dell'arte* continua a desfrutar junto às camadas mais simples e os grandes atores que ela vai continuar produzindo não a impedirão de declinar no início do século XVIII. E com ela as formas cômicas com que dotara a ópera, impiedosamente expurgadas pela reforma metastasiana do libreto. Paralelamente, veremos surgir uma comédia literária que, da mesma forma que a *opera seria*, vai buscar na França os seus modelos. Exemplo típico desse novo gênero é *Don Pilone*, em que Girolamo Gigli adapta o *Tartufo* de Molière. Assim a descreve Kimbell:

> Suas palavras de ordem eram Natureza e Razão, seu objetivo, ajudar a sociedade italiana a amadurecer, proclamar os ideais de bom gosto, integridade e sociabilidade; inversamente, satirizar a afetação, a hipocrisia e a presunção, que viam como vícios.

"Escola dos homens respeitáveis" é o nome que Jacopo Angelo Nelli, um dos precursores do teatro de Goldoni, dá às suas comédias, nas quais afirma querer levar o espectador ao "riso honesto", oferecendo-lhe um "espelho real do quotidiano" – ao contrário da *Commedia dell'arte*, que o transportava para um mundo imaginário e estilizado. É o que vai ocorrer nas comédias do veneziano Carlo Goldoni (1707-1793), de quem voltaremos a falar no capítulo sobre Vivaldi. Formado em direito, como Metastasio, mas logo atraído pelo teatro, Goldoni começou a carreira escrevendo tragédias de estilo francês, com as quais não fez nenhum sucesso. Foi só quando voltou-se para a comédia que encontrou o seu tom verdadeiro. O dramaturgo italiano mais importante do século XVIII foi também um talentoso libretista e fonte perene de inspiração para os operistas não só de seu tempo mas também de nosso século (Wolf-Ferrari, Malipiero etc. – ver o volume *A Ópera na Itália entre 1870-1950*).

Goldoni e Gozzi

Goldoni compartilhava a convicção dos iluministas arcádicos de que à comédia incumbia exercer papel educativo, descrevendo o mundo como ele é, punindo o vício e tornando atraentes as virtudes morais e sociais. Mas nada disso faria de suas peças as eternas obras-primas que são se ele não tivesse sido um apaixonado retratista da vida quotidiana, capaz de captar o colorido e a vitalidade das ruas venezianas com a mesma arte de seu amigo, o grande paisagista Pietro Longhi, "cujo pincel convoca a minha musa, sua irmã, para buscar a verdade", como ele mesmo costumava dizer. Sinal desse fascínio pelo elemento popular é, de resto, a postura ambivalente que tem em relação ao antigo teatro cômico: admira seu ritmo, o talento de seus grandes intérpretes para a improvisação, chega a importar, como personagens, alguns de seus arquétipos – Arlequim no *Servitor di Due Padroni*, por exemplo – e a cultivar, como na *Commedia*, a arte do dialeto como uma das formas privilegiadas de perceber a mais íntima realidade veneziana.

Mas deplora a monotonia de seus enredos, que fazem "o público saber o que Arlequim vai dizer antes que ele abra a boca" (*Il Teatro Comico*, I, 2). E prega o abandono de tudo o que considera artificial: as tiradas diretamente dirigidas ao público, o tom falsamente retórico da declamação, a velha coleção de clichês metafóricos e alegóricos repetidos a torto e a direito. Em III, 3 da mesma peça, uma das personagens exclama:

> Comparar o homem apaixonado a um navio desgovernado e depois dizer "marinheiro dos meus pensamentos", quanta bobagem!

Como os reformadores da ópera séria, Goldoni também insistiu numa aderência maior dos atores ao texto escrito. Não eliminou totalmente a improvisação, velha e nobre arte tipicamente mediterrânea, mas buscou a coesão das diversas partes e – sobretudo na comédia falada, mas também na ópera – forçou atores e cantores a se submeter às decisões do autor.

Hoje sabemos ser absurda a acusação que lhe faziam os conservadores, na época, de ser o diluidor da tradição cômica. Goldoni na verdade optou por institucionalizar, dentro da ampla gama de possibilidades oferecidas por aquela antiga modalidade de teatro, os aspectos humanos, descartando os elementos mágicos ou fantásticos. Interessavam-lhe o *vicino di casa* e suas expressões vernaculares, os lugares reais e a sátira de alguns aspectos da vida social – como a moda muito curiosa do *cicisbeo*. (Fenômeno típico daquela época, o *cicisbeo* era o galanteador que acompanhava em público uma mulher casada, pois não era considerado de bom-tom o marido mostrar-se, na rua, ao lado da mulher. Nas casas dos novos ricos venezianos, era um toque de elegância ter à mão um desses *farfallini* [borboletinhas] especializados nos mais frívolos jogos de sociedade – a que Luigi Illica também se refere, em tom irônico, no libreto do *Andrea Chénier* de Giordano, que se passa na época da Revolução Francesa.)

Ninguém melhor do que Goldoni soube escrever tanto para o público culto quanto para o popular – os gondoleiros, por exemplo, a quem era costume ceder de graça os lugares vagos que tinham sobrado nos espetáculos de ópera, e que apreciavam imensamente os seus entrechos. Ninguém melhor do que ele retratou com calculada irreverência – colocada na boca dos Arlequins e Truffaldinos que continuavam a ser os criados maliciosos – a atmosfera permissiva da Veneza setecentista. Nesse mestre italiano que, em 1762, aceitou uma oferta de trabalho em Paris e escreveu várias comédias para o público francês, encontramos o grande modelo de Beaumarchais que, como ele, deixou na trilogia do Fígaro um dos maiores monumentos da literatura cômica e uma das grandes inspirações operísticas do século XVIII.

Os vários modos de empregar a língua dão um caráter distintivo aos libretos goldonianos – assim como às suas peças de teatro –, e não só no que se refere ao uso do dialeto, da gíria ou do falar infantil, mas também do italiano estropiado falado por estrangeiros, ou até mesmo de diálogos escritos em francês para refletir um hábito pedante da sociedade aristocrática. Isso fez com que a ópera cômica desenvolvesse uma linguagem própria, muito diferente da *opera seria*, não só no idioma mas também na forma. Para mostrar a interação psicológica entre as diversas personagens, Goldoni recorria sistematicamente aos concertatos, muito raros no modelo metastasiano. E abria seus libretos sempre com um coro, característica que vai se tornar típica do melodrama romântico.

Em *The Tenth Muse*, Patrick J. Smith, comenta a total separação entre o universo dramatúrgico goldoniano e o de Metastasio:

> O mundo de Goldoni era o da Itália contemporânea e, ao criá-lo no palco – com ruas venezianas reproduzidas com exatidão –, ultrajava não só os defensores da *Comédia dell'arte* tradicional como também os do teatro clássico, que consideravam a vida quotidiana abaixo da dignidade teatral. É esse o mundo que surge também em seus libretos, cheios de personagens burgueses, vendedores de pasta dentifrícia perfumada, porteiros dos banhos públicos, camponeses, operários, proprietários de café, caçadores. A linguagem que eles adotam é ainda mais imediata e é empregada com fins cômicos, e não por suas semelhanças poéticas com o vento ou as ondas. A bagagem de sonoros epítetos com que as personagens da comédia falada se insultavam – "Birboncella! Bricconaccia! Furbacchiotto!" – é transportado para a cena operística. Goldoni conhecia a validade cômica do rápido pingue-pongue verbal e seu vocabulário rico e multiforme era capaz de divertir tanto quanto as palhaçadas de suas personagens cômicas.

Contemporâneo de Goldoni é Carlo Gozzi (1720-1806), o fundador da Accademia dei Granelleschi, que se propunha a defender a pureza da língua contra a maré plebéia das peças em dialeto. Politicamente reacionário, esteticamente conservador, Gozzi era um defensor natural das tradições da *Commedia dell'arte*, cujas personagens sempre desempenham papel de destaque em suas peças. Na *Turandot*, por exemplo, os quatro ministros da impiedosa princesa são Pantalone, Brighella, Tartaglia e Truffaldino (que, no libreto pucciniano, vão se converter nas três máscaras, Ping, Pang e Pong). Gozzi escreveu as suas "fábulas", em que se misturam a sátira e o conto de fadas, para combater o que considerava as incongruências de estilo e a deterioração dos valores mais permanentes da arte italiana nas mãos de Goldoni. Diz Patrick Smith:

> O que Gozzi buscava na comédia eram as mesmas coisas que Goldoni recusava. Agradavam-lhe as qualidades de suas *maschere*, o aspecto mágico e fantástico, a falta de coerência, os modelos não raro carentes de lógica, a natureza extemporânea de seus momentos cômicos. Vangloriava-se de que, longe de terem sido superadas, essas concessões da comédia ainda podiam interessar o público e, para demonstrá-lo, escreveu "fábulas" em que expunha as suas teorias parodiando Goldoni e seus seguidores. Mas foi uma vitória de Pirro, pois as comédias de Goldoni e os ideais que ela propagandeava tinham obtido, na Itália e no exterior, um sucesso tão vasto que foi o mundo burguês, e não o da ilusão e da mágica, que dominou o palco daí em diante.

Na Itália, Gozzi não conseguiu fundar, como pretendia, uma escola de "fabulistas"; mas suas peças exerceram compreensível fascínio sobre a imaginação romântica alemã. Schiller traduziu suas peças e Goethe dirigiu pessoalmente a encenação de *Turandot* em Weimar, em 1804. Enquanto Goldoni é o homem típico do Classicismo, o Romantismo germânico vai identificar, na obra tardiamente barroca de Gozzi, o tipo de imaginação livre que lhe interessava cultivar. E Ernst Hoffmann é um dos primeiros a perceber o vínculo claro entre as "fábulas" e o drama lírico. Nos *Serapions-Brüder* (Os Irmãos Serapião), é o compositor Lothar quem diz:

> Pensem no incomparável Gozzi. Em suas fábulas dramáticas, ele foi perfeitamente bem sucedido naquilo que eu considero ser a arte do libretista e, por isso, é deveras incrível que uma veia tão rica de assuntos operísticos ainda não tenha sido explorada.

Para os caminhos por que enveredava a ópera cômica no século XVIII, ainda era cedo. Só no fim do século XIX e no início do XX as palavras de Lothar se tornariam realidade, ao surgirem óperas inspiradas em *La Donna Serpente* (Wagner/*As Fadas* e Casella), *L'Amore di Tre Melarance* (Prokófiev), *Il Corvo* (J. Hartmann), *Re Cervo* (Hans Werner Henze) e, principalmente, *Turandot* (Puccini, Busoni, além de sete outros compositores menos conhecidos).

Juntos, ainda que em campos opostos, Gozzi e Goldoni vão renovar a comédia italiana do século XVIII. E este último, como libretista, é o autor de obras-primas como *Il Mondo della Luna*, cheia de fantasia, ou *La Buona Figliuola*, de nítido sabor pré-romântico. Mas também de uma dúzia de textos para o gênero de espetáculo cômico mais característico dessa fase do século: *o intermezzo*.

Do Intermédio ao *Intermezzo*

Pode parecer pequena a ligação entre os intermédios renascentistas, de que falamos no capítulo sobre as origens da ópera, e os *intermezzos* que floresceram no início do século XVIII. Ambos tinham em comum o fato de serem intercalados entre os atos de uma outra peça – falada, no caso do intermédio; cantada, no do *intermezzo*. Mas o primeiro era um espetáculo luxuoso, misturando declamação, canto e dança e explorando temas mitológicos e alegóricos. O segundo, cenas simples, de humor direto, em estilo ágil e naturalista, entremeando recitativo seco a árias de feitura geralmente singela. Mas há uma linha tênue que percorre e unifica a tradição desse tipo de espetáculo. Os intermédios, tal como os montava Giovanni Bardi para a corte florentina, não tinham desaparecido de todo. Na primeira metade do *Settecento*, Carlo Maggi ainda os estava escrevendo para ocasiões que requeriam o seu tom antiquado: os dramas escolásticos jesuítas, a celebração de festividades políticas ou dinásticas.

O caráter espetaculoso do intermédio impregnou, desde as primeiras óperas, os episódios grotescos ou fantasiosos – como a "dança de selvagens" que havia na *Andromeda* (1637), de Manelli, com que foi inaugurado o Teatro Tron de San Cassiano. Mas da própria necessidade do contraste com esses elementos altamente estilizados nasceram as *contrascene*, os diálogos mais simples e de tom direto, bem-humorado, em que intervinham personagens de baixa extração social. Eles permitiam que se analisassem os conflitos dos protagonistas nobres de um ângulo diferente, mais terra-a-terra: esse é o sentido, por exemplo, da conversa dos dois sentinelas bêbados de sono que, na *Incoronazione*, são obrigados a montar guarda diante da casa enquanto Nero diverte-se lá dentro com Popéia.

Não demorou para que essas personagens populares se misturassem aos episódios ligados à tradição do intermédio, ora agindo como mestres de cerimônia para apresentar os cantores, ora participando deles de forma cômica. No *Clearco in Negroponte* (1686), de Alessandro Scarlatti, há uma cena em que a criada Filocla parodia a ária séria sobre os espectros infernais que acabou de ser cantada pela heroína. No século XVII, essas inserções cômicas podiam acontecer em qualquer ponto do ato; na virada do século, tenderam a ser deslocadas para o fim do ato – o que explica o fato de ter sido fácil desligá-las dele e colocá-las como um complemento independente, no intervalo, a partir do momento em que a reforma do libreto exigiu a separação de gêneros.

Nas primitivas *contrascene*, o travesti era freqüente – as amas eram cantadas por um tenor (a Arnalta da *Incoronazione*, por exemplo) e os pagens por um soprano –; o humor era muito cru, com troca de insultos e pancadaria, e os diálogos estavam cheios de alusões eróticas, não raro de uma vulgaridade total. Com o tempo, porém, o estilo dessas *contrascene* foi mudando e, no final do Seicento, tornou-se muito freqüente a combinação da mulher jovem, bonita e astuciosa com o velho pomposo e mal-humorado, mas sensível a seus encantos – reatando com as figuras da *servetta* e de Pantalone na *Commedia*. São personagens muito comuns, que chegarão até nós com os nomes de Vespetta e Pimpinone (nos *intermezzos* de Albinoni e Telemann), de Serpina e Uberto (na *Serva Padrona* de Pergolesi). Diz Kimbell, a esse respeito:

> O *intermezzo* cômico do século XVIII funde o material e o estilo das *contrascene*, seus enredos, personagens, idioma poético e musical, com o princípio do intermédio. Dada a tendência a concentrar as *contrascene* no final do ato, isso era muito natural e ocorreu assim que se completou o desenvolvimento de dois processos dramatúrgicos relacionados. De um lado, o vínculo das personagens cômicas como enredo principal da ópera foi ficando cada vez mais tênue e acabou se rompendo de todo; do outro, o intermédio abandonou a sua herança de superespetáculo e bailado para se concentrar em minicomédias, entremeando diálogos e canções com duas, às vezes três, personagens.

É em Alessandro Scarlatti que melhor se pode observar essa evolução. Em *Massimo Puppieno* (1695), Gilbo, o criado da patrícia Sulpizia, desempenha um papel de auxiliar nas intrigas amorosas em tudo semelhante ao do criado cheio de expedientes da *Commedia dell'arte*. Mas logo essa função de intermediário foi se tornando obsoleta. Na *Caduta de' Decemviri* (1697), há uma cena muito significativa, citada por Kimbell, em que os criados Servillia e Flacco lamentam a perda dessa tradição:

> Servilia – *Devi alla mia ragazza*
> *portar qualche ambasciata?*
> Flacco – *Oh, sei pur pazza;*
> *oggi in alcuna parte*
> *mezzano più non v'è.*
> *Questa in amore è un arte*
> *che oggi un la fa da se...*
> Servilia – *Questa in amar filosofia moderna*
> *più libera s'interna*
> *e a trattarne da norma*
> *la materia d'amore in miglior forma.*
> *Ceremonie io non pratico.*
> *Al costume dogmatico*
> *della presente età cede l'antico.*

> (– Deves trazer alguma mensagem à minha menina? – Oh, estás louca; hoje já não há mais mensageiro em parte alguma; o amor é uma arte que, hoje em dia, cada um pratica por si só... – Essa filosofia moderna do amor torna-se cada dia mais livre e dá forma melhor ao jeito de tratar a matéria amorosa. Eu não pratico cerimônias, o antigo cede ao costume dogmático da idade presente.)

E. J. Dent vê no cinismo de Flacco um precursor do Leporello mozartiano. Ele é de fato um *imbroglione de prima sfera* que, no ato III, antes de cair de bêbado, entoa uma deliciosa paródia de *aria di sonno*, em que o alongamento das vogais tônicas visa a sugerir o bocejo:

> *Mi stiiiiro, sbadiiiiiglio, mi sfreeeeego il ciiiiglio,*
> *son mooorto di sooonno, di soooooonno...*

> (Me estiiiro, boceeeejo, esfreeeego os oooolhos, estou mooooorto de soooono.)

Na *Principessa Fedele* (1710), ainda há *contrascene* de interesse secundário no meio do ato; mas as principais já foram mandadas para o fim. Em *Marco Attilio Regolo* (1719), esse processo já se completou: os diálogos cômicos foram levados para o final dos atos e têm a típica estrutura de *intermezzo* – a única diferença é que usam personagens que o espectador já viu aparecer acessoriamente no corpo da trama. Nessas *contrascene* ainda se sente o gosto da *Commedia dell'arte* pelos insultos. É o que acontece, em *Teodora Augusta*, no dueto "Tu troppo m'offensi" entre o pagem Niso e a velha Cleria, que o quer conquistar. E, numa situação similar do *Emireno*, no dueto "Tu mi vuoi bene? Signora, no!", entre a velha Niceta e o jovem Morasso. Esses embates amorosos temperados com desaforos são marcados por jogos de palavra e alusões cheias de segundos sentidos, em que o erotismo continua a desempenhar papel ativo.

Mas esse não é o único tema. As cenas leves exploram também velhos clichês cômicos: a paródia, a seqüência de metáforas absurdas, os efeitos musicais que visam a imitar risadas, gagueira, tremedeira e outras reações de perturbação emocional. Uma das árias mais apreciadas era a "de catálogo", em que o *dottore* pedante exibia a sua erudição com enumerações disparatadas nas quais se sente o gosto italiano em brincar com o som das palavras. Esse tipo de ária torna-se muito comum na ópera bufa. No *Speziale*, de Goldoni, por exemplo – musicado por Pallavicini e, depois, por Haydn – o boticário Sempronio enumera todos os remédios que tem em sua loja. No século XIX, ainda vamos encontrar exemplos desse tipo de pedantice cômica na tirada de Dulcamara (*L'Elisir d'Amore* de Donizetti), nas árias do Doutor Fabrizio (*Crispino e la Comare*, dos irmãos Ricci) ou no monólogo de Ali ebn Bekar (*O Barbeiro de Bagdá*, de Peter Cornelius).

O caráter dessas cenas exigia, naturalmente, o desenvolvimento de um estilo silábico de composição que garantisse a inteligibilidade do texto – o que o torna automaticamente mais realista, pois despido de ornamentações estilizadas. Diz Donald Jay Grout em *Short History of the Opera*:

> Percorrendo as partituras, ficamos impressionados com a absoluta fidelidade da música ao texto e como o canto parece apenas uma dútil e atenta declamação rítmica das palavras, capaz de colher e de ressaltar cada detalhe que possa provocar efeitos cômicos. Ao mesmo tempo, não se tem a impressão de que as palavras impeçam o livre fluxo da música. Até mesmo as repetições de

determinados fragmentos do texto, mesmo sendo um expediente usado continuamente, nunca dá a impressão de artifício. Resultado dessa simbiose perfeita de palavras e música podemos ver na extraordinária variedade de formas das árias dos *intermezzos*, em nítido contraste com o esquema fixo de *da capo* que vigora na *opera seria* da mesma época.

Ocorre assim, na comédia, um fenômeno no contrafluxo do que se passa com o drama: canto e encenação se aproximam e assimilam características mútuas, ao inverso do estilo elevado, em que a representação era estática, formal, de grande artificialismo. E essa naturalidade nos gestos e nos movimentos está ligada à herança da *Commedia*, é claro. Musicalmente, vai haver ainda repetições de palavra, para frisar determinadas graças do texto; discretos efeitos de ornamentação – por exemplo quatro compassos de floreios sobre a palavra *smorfie* (caretas) em "Mi conviene sapermi inchinare", cantada pela criada Lillia em *Massimo Puppieno* –; e o gosto pela declamação velocíssima, em estilo *scioglilingua* (quebra-língua), que vai sobreviver, séculos XVIII-XIX, nos silabatos vertiginosos das *Bodas de Fígaro*, de Mozart ("Se tutti i codici"); do *Barbiere di Siviglia*, de Rossini ("A un dottor della mia sorte"); ou do *Don Pasquale*, de Donizetti ("Cheti, cheti, immantinente"), sempre nos lábios do baixo bufo. Esses enfeites, entretanto, não impedem o idioma da ópera cômica de situar-se nos antípodas da *opera seria*.

No final do século XVII, as *contrascene* já estavam sendo criticadas em Veneza, que as vira nascer. Em seu estudo sobre a história do *intermezzo*, C. E. Troy cita as queixas do libretista Francesco Frugoni contra a "mistura indiscriminada de heróis, aristocratas e bufões", no Prefácio de *Epulone* (1675). E é a Domenico David e principalmente Apostolo Zeno que se atribui o início da eliminação das personagens cômicas, de 1690 em diante. A comédia não desapareceu: apenas transformou-se no *intermezzo*, a seqüência de diálogos entremeados de canções que punha em cena personagens sem relação alguma com os da história principal. Eram figuras tiradas do mundo burguês contemporâneo, no extremo oposto das personagens heróicas, históricas ou

O *intermezzo*, geralmente com duas personagens apenas, era apresentado nos intervalos entre os atos de uma *opera seria* (pintura da Escola Veneziana, primeira metade do século XVIII).

mitológicas da *opera seria*. Em 1706, deparamos com a publicação dos exemplos mais antigos de *intermezzos*, pelos teatros Sant'Angelo e San Cassiano, de Veneza (os anteriores a isso se perderam).

Em Nápoles, pelo contrário, a popularidade das inserções cômicas perdurou por mais tempo e, nos primeiros anos do século XVIII, ainda era comum adaptar ao gosto da cidade as óperas que vinham do Norte (inversamente, as *contrascene* eram cortadas quando uma ópera napolitana chegava a Veneza ou Roma e, em seu lugar, encaixavam-se os *intermezzos* entre um ato e outro). Só por volta de 1720 elas começaram a rarear também na ópera napolitana e passaram a apenas três, no fim dos atos I e II e antes do encerramento do III. Quando, finalmente, em meados dessa década, a cena cômica do ato III foi eliminada, as *contrascene* napolitanas estavam com uma estrutura muito semelhante à do *Pimpinone*, (ver, no capítulo "A geração de 1660/70", a parte referente a Tommaso Albinoni).

A batalha dos sexos era o tema invariável desses *intermezzos*, opondo o homem idoso e a mulher jovem, complementando a ação esquemática com uma terceira personagem, freqüentemente muda. Recitativos, árias e um dueto final definiam a estrutura dessas minicomédias, sem as quais nenhum espetáculo, fosse *opera seria*, drama sacro ou peça falada, passava mais. Veremos, no capítulo sobre Pergolesi, que seu *La Conversione e Morte di San Guglielmo* (1731) foi encenado tendo, nos intervalos, esses diálogos cômicos também chamados de *farse in musica, divertimenti musicali* ou *scherzi musicali* (em Veneza, fazia-se a distinção entre os *intermezzi comici* da peça falada e os *intermezzi drammatici* da ópera). Uma vez mais, porém, não faltavam os mal-humorados sempre prontos a reclamar: o que devia ser um mero complemento, estava atraindo demasiada atenção do público. Troy, na obra mencionada, transcreve as palavras do crítico veneziano Antonio Groppo, escritas em 1740:

> Hoje em dia, já não se presta atenção nenhuma às óperas. As platéias só se sentem atraídas pelos bailados e intermédios e consideram a ópera, que deveria ser a atração principal, uma espécie de interpolação para distraí-los dos números com os dançarinos e bufões.

C. E. Troy dá, em apêndice a seu *The Comic Intermezzo: a Study in the History of Eighteenth-century Italian Opera* (1979), uma lista detalhada dos principais *intermezzos* venezianos e napolitanos. Os mais importantes eram

– o *Pimpinone*, de Pietro Pariati, musicado pela primeira vez por Albinoni na temporada veneziana de outono de 1708;
– *Serpilla e Bacocco ossia Il Marito Giogatore*, de Antonio, provavelmente escrito para Giuseppe Maria Orlandini (1719);
– *Dorina e Nibbio ossia L'Impresario delle Canarie*, de Metastasio, musicado por Domenico Natale Sarri (1724);
– e principalmente os dois *intermezzos* de Pergolesi: *La Serva Padrona* e *Livietta e Tracollo ossia La Contadina Astuta*.

A *Serva Patroa* foi cantada em 28 de agosto de 1733, no Teatro San Bartolomeo de Nápoles, nos intervalos do *Prisioneiro Soberbo*. Gennarantonio Federico contava a história de Serpina, que vai trabalhar em casa do solteirão Uberto e mantém a casa com mão de ferro, trazendo o patrão num cortado e regulando até mesmo a hora de lhe servir o chocolate. Uberto pede a Vespone, seu criado, que lhe arranje uma esposa, mesmo que feia, desde que ela o trate com atenção. Serpina ouve-o dizer isso e pede-lhe que a despose, mas Uberto recusa. No segundo *intermezzo*, ela conspira com Vespone para conseguir o que quer. Diz a Uberto que pretende casar-se com o capitão Tempesta e, quando o patrão pede para ser apresentado a esse militar, traz-lhe Vespone disfarçado. Depois lhe diz que o taciturno capitão exige um dote pesado para desposá-la, ou então, insiste em que Uberto faça dela a sua mulher. Dos males o menor: Uberto concorda em desposá-la. Depois que ele prometeu casamento à criada, Vespone pode tirar o disfarce. A essa altura, Uberto já chegou à conclusão de que ama Serpina de verdade, e o futuro da criada está garantido.

Só o fato de *La Serva Padrona* ter feito muito sucesso na Itália e no exterior explica que tenha sido considerada o marco inaugural da ópera cômica setecentista. Na verdade, ela retoma – com muito charme mas sem lhes acrescentar ingredientes substancialmente maiores – elementos que já estavam presentes em obras anteriores. Teve apenas a sorte de causar grandes repercussões quando foi apresentada na França, em 1752 – dezesseis anos após a morte prematura de seu autor –, no auge da *Querelle des Bouffons*, sendo apontada por Jean-Jacques Rousseau como o modelo do que deveria ser a ópera bufa moderna (ele próprio a tomou como ponto de partida para seu *Le Devin du Village* – ver o volume *A Ópera na França*).

Na primeira parte, destacam-se a frívola "Sempre i contrasti", de Uberto, e a buliçosa "Stizzoso, mio stizzoso", de Serpina. Mais reflexiva é "A Serpina penserete", da segunda parte, que revela uma vertente terna da personalidade da criada. "Son imbrogliato io già" alterna elementos bufos e sérios, para mostrar a oscilação dos sentimentos de Uberto em relação à moça, e exige um baixo cantante que alcance de fá a fá – e até mesmo um mi bemol grave. Quanto ao dueto final "Per te io ho nel core", em 4/4, às vezes ele é substituído por "Contento tu sarai", em 6/8 (durante algum tempo, achava-se que esse dueto era uma inserção parisiense, de atribuição duvidosa; mas hoje sabe-se que ele já aparece num dos manuscritos anteriores a 1755). São as seguintes as gravações existentes da *Serva Padrona*:

Vox, 1949 – Maria Erato, Aldo Bacci/ Arrigo Pedrollo.

Cetra, 1950 – Angelica Tuccari, Sesto Bruscantini/ Alfredo Simonetto.

EMI/Angel, 1955 – Rosanna Carteri, Nicola Rossi-Lemeni/ Carlo Maria Giulini.

DGG/Archiv, 1955 – Giuditta Mazzoleni, Marcello Cortis/ Ferdinand Leitner.

RCA/BMG, 1956 – Fanny Colorni, Teodor Rovetta/ G. Serra.

Música et Litera, 1959 – Virginia Zeani, Rossi-Lemeni/ George Singer.

Ricordi, 1960 – Renata Scotto, Sesto Bruscantini/ Renato Fasano.

Club Français du Disque, 1960 – Mariella Adani, Leonardo Monreale/ Ettore Gracis.

RCA/BMG, 1962 – Anna Moffo, Paolo Montarsolo/ Franco Ferrara.

Deutsche Harmonia Mundi, 1969 – Maddalena Nimsgern, Siegmund Nimsgern/ Franzjosef Maier.

Teldec, 1970 – Olivera Miljakovic, Reiner Süss/ Helmut Koch.

Ensayo, 1973 – Carmen Bustamante, Renato Capecchi/ Antoni Ros-Marbá.

Quadrifoglio, 1974 – Annette Céline, Bruscantini/ Alberto Zedda.

Hungaroton, 1986 – Katalin Farkas, József Gregor/ Pál Németh.

Omega, 1989 – Juliane Baird, John Ostendorf/ Rudolph Palmer.

Arts, 1990 – Jeanne Marie Bima, Petteri Salomaa/ Hans Ludwig Hirsch.

Pierre Verany, 1995 – Isabelle Poulenard, Philippe Cantor/ Gilbert Bezzina.

Bongiovanni, 1997 – Elisabetta Scano, Bruno de Simone/ Marcello Panni.

Leitner e Franzjosef Maier – ambos existentes no catálogo brasileiro em Lp – são as grandes opções; mas Fasano é um concorrente muito forte (em especial por causa de Bruscantini) e Ros-Marbá é surpreendente (também devido a Capecchi). Estranhamente, Giulini é uma decepção (apesar de Carteri e Rossi-Lemeni serem bons intérpretes). Bezzina tem a opção bizarra de escalar um tenor para o papel de Uberto. Fasano, Gracis, Koch e Zedda usam "Contento" como finale; nas demais gravações, vem "Per te io ho nel core". O álbum mais completo é o de Németh que, além dos dois finais, traz em anexo quatro árias para soprano – de qualidade muito inferior às de Pergolesi – interpoladas em Paris às encenações de *La Servante Maîtresse*. A gravação de Panni é a única que traz o *intermezzo* acoplado ao *Prigionier Superbo*. No Brasil, existe em vídeo o filme dirigido por Carla Camuratti, a partir de uma montagem feita em 1977 em Belo Horizonte, sob a regência de Sergio Magnani – que usou um movimento instrumental de Pergolesi para dotar o *intermezzo* de uma abertura que ele não tem.

Como no caso da *Serva Padrona*, também *Livietta e Tracollo* acabou chamando mais a atenção do que *Adriano in Siria*, entremeado na qual foi estreado no Teatro San Bartolomeo em 25 de outubro de 1734 – a ponto de Pergolesi ter dito uma vez ao compositor Egidio Duni, – que fazia muito sucesso na França explorando a fórmula cômica napolitana:

Cartaz da apresentação parisiense, no outono de 1752, da *Serva Padrona* de Pergolesi.

O Adivinho da Aldeia, de Rousseau, foi o primeiro produto da influência, na França, do *intermezzo* de Pergolesi.

Minhas obras sérias são infinitamente superiores a essas bagatelas que me tornaram famoso.

O próprio Pergolesi parecia não ter a dimensão da originalidade de seus *intermezzos* e teria certamente se espantado se soubesse o que o venerável Jean-Philippe Rameau dissera:

Se eu fosse trinta anos mais novo, iria para a Itália, e as comédias de Pergolesi seriam o meu modelo.

Tommaso Mariani escreveu a história de Livietta que, para vingar-se do ladrãozinho Tracollo, que a assaltou vestido de mulher grávida, disfarça-se de cavaleiro francês. Livietta e sua amiga Fulvia apanham Tracollo e seu cúmplice, Faccenda, com a boca na botija, batendo uma carteira. Para apaziguá-la, Tracollo pede-a em casamento; mas a moça recusa e finge estar morrendo, para testar os seus verdadeiros sentimentos – e não fica muito convencida. Na segunda parte, Tracollo volta à carga, disfarçado como um astrólogo meio maluco, que diz à moça terem-lhe os astros destinado a mão do assaltante. Ela acaba se reconciliando com ele e aceitando seu pedido de casamento, depois de o rapaz ter prometido se regenerar.

Muito popular, esse *intermezzo* recebeu vários títulos nas ocasiões em que foi reprisado, entre eles *La Finta Polacca, Il Ladro Finto Pazzo* e *Il Tracollo*. Dentro de sua habitual estrutura de recitativos, árias e duetos finais, de tom exuberante, destaca-se "Eccolo il povero Tracollo", retrato que a personagem traça de si mesma na parte I: trata-se de uma elaborada paródia de ária *da capo*, com notas repetidas, acordes *staccato*, ornamentação profusa e a exigência para o cantor de uma extensão de duas oitavas. Havia, no selo Barclay/Fonit, a antiga gravação Gallini, feita na década de 50. Em 1985, o Bongiovanni lançou a de Marcello Panni ao vivo no Maggio Musicale Fiorentino.

Ao lado dos debates amorosos a que os autores eram levados até mesmo pelo fato de o *intermezzo* em geral contar com apenas dois cantores, surgiram também outros temas. Já vimos que o *Empresário das Canárias*, de Metastasio, satirizava o mundo da ópera he-

róica, de que o próprio autor era o grande especialista. *Vespetta e Lesbo* (1708) e *Il Pastor Fido Ridicolo* (1739) eram paródias do preciosismo pastoral arcádico. *Monsieur Petiton* (1748), de Goldoni, zombava da mania que havia, em certos meios com pretensão à elegância, de macaquear os modos franceses. A França, aliás, exerce nessa época um fascínio imenso sobre os intelectuais italianos. Já dissemos que o libreto reformado decalcava-se na nobreza da tragédia francesa seiscentista. E uma grande quantidade de *intermezzos* também vai buscar inspiração nas comédias de Molière.

No *intermezzo*, da mesma forma que na *opera seria* – se bem que sem a mesma profundidade e tom elevado – vamos reencontrar o gosto setecentista pela máxima sentenciosa. Mas são lições formuladas de maneira leve, contendo um elemento de senso comum, uma observação bem humorada sobre os fatos da vida, ou uma referência à sabedoria popular – como na primeira ária da *Serva Padrona*:

Aspettare e non venire,
stare a letto e non dormire,
ben servire e non gradire –
son tre cose da morire.

(Esperar por quem não vem, estar na cama e não dormir, servir bem e não aproveitar são três coisas de matar.)

Ou então a lição é ensinada de forma indireta, mediante a alusão crítica a um tipo de comportamento condenável. O melhor exemplo é "So quel che si dice", a ária em que Pimpinone imagina a nova esposa mexericando com as amigas a seu respeito: esse tipo de texto, com crítica implícita de costumes, vinha cheio de *lazzi* especiais, como os falsetes imitando os maneirismos da fala feminina.

Das *contrascene*, aliás, os compositores já tinham herdado todo um repertório de recursos musicais que se refinou e ampliou, quando o *intermezzo* se converteu em ópera bufa independente mas, na essência, permaneceu o mesmo, tal qual Albinoni e Orlandini o praticavam. A simplicidade melódica – fundamental para poder atingir um público amplo –, a sobriedade técnica e de orquestração eram compensadas pela vivacidade e o engenho com que os detalhes do texto eram trabalhados. A ária com acompanhamento de contínuo que, na ópera de modelo veneziano, já estava associada às personagens cômicas e de camada social inferior, manteve-se na comédia, embora já estivesse em desuso na *opera seria*. E isso é compreensível, pois ela permite ao cantor, mais do que a ária com acompanhamento orquestral pesado de cordas e sopros, enunciar o texto com clareza.

Os sopros só eram utilizados em casos especiais, para obter efeitos específicos. Em geral, confiavam-se às cordas efeitos de *pizzicato*, *tremolo* e *glissando* com valor onomatopaico ou imitativo. Eram raros os movimentos puramente instrumentais, mas há casos de *intermezzos* que se encerravam com números de dança – o que os liga à tradição do antigo intermédio. Os *intermezzi drammatici* nunca tinham abertura, é claro, pois vinham inseridos no meio de um espetáculo musical (e, nesse sentido, é um contrassenso a que foi acrescentada à montagem da *Serva Padrona* feita por Carla Camurati). Inversamente, nos *intermezzi comici*, intercalados em atos não de ópera mas de teatro de prosa, podia haver pequenas peças instrumentais introdutórias, pois não tinha havido música nenhuma no trecho do espetáculo que os precedera.

O estilo silábico de escrita da ária se enriquece com efeitos de descritivismo sonoro. No "Stizzoso, mio stizzoso", da *Serva Padrona*, as notas graves e longas de *star cheto*, a emissão em *staccato* de *non parlare*, são exemplos de como realçar auditivamente o significado das palavras. O ritmo da melodia vai ser ditado pelo modo como a frase é pronunciada; os motivos nascem das inflexões da fala, invertendo o procedimento da *opera seria*, onde o texto tinha de acomodar-se, como podia, a uma melodia de desenho simétrico, com torneados nem sempre coincidentes com a metrificação dos versos. Às flutuações de andamento, que compositores como Scarlatti já usavam nas *contrascene*, virão juntar-se os contrastes de altura, dinâmica, notas longas ou breves, sempre com intenções cômicas. Os ornamentos, as apojaturas, as nuances harmônicas cromáticas ficam reservados aos momentos mais líricos, às árias de caráter sentimental. Kimbell comenta:

Melodia e harmonia, textura e colorido eram as prioridades da ária de *opera seria*; por outro lado, no *intermezzo*, em que os compositores procuravam expressar o lado cômico das situações, a ênfase tendia a ser no ritmo ou, para ser mais preciso, no *timing*, talvez o ingrediente essencial da arte do comediante. Há um belo exemplo no dueto de encerramento da primeira parte do *Pimpinone* de Albinoni, "Lascia i complimenti". Pimpinone parece ter terminado a seção principal do dueto com uma cadência enfática; mas Vespetta entra com um "illustrissimo padron" que, na realidade, soa como um apartezinho zombeteiro, uma breve frase lírica sem cadência, que retarda o ritornelo. O efeito cômico da repetição ternária, que os atores da *Commedia dell'arte* conheciam tão bem, tornou-se um dos maneirismos favoritos do *intermezzo*: a forma frenética como Uberto a usa no início de "Son imbrogliato io già" é apenas um dos exemplos da miríade de formas de fazer graça que os compositores extraem desse procedimento. Acima de tudo há o prazer com que eles constroem as cadências que nos fazem sentar na ponta da cadeira e prestar atenção na maestria com que o músico domina os efeitos rítmicos. Nos padrões de extrema vivacidade e variedade criados pelos melhores compositores percebe-se o quanto eles aprenderam com a arte da cadência desenvolvida por Domenico Scarlatti em suas sonatas para cravo.

Veneza e Nápoles foram, portanto, os dois grandes centros de produção de *intermezzos*. Em Veneza, de forma um tanto errática, pois havia anos em que eles quase desapareciam; teatros como o San Giovanni Grisostomo os desprezavam e, na década de 1730, o crítico Giovanni Carlo Bonlini já falava deles como se fossem coisa do passado. Mas Veneza nunca deixou de produzi-los, e foi lá que surgiu G. M. Orlandini, o primeiro especialista no gênero, cujo *Marito Giogatore* foi um dos maiores sucessos em toda a Itália até quase o fim do século. Mas foi Nápoles o seu verdadeiro grande centro, a partir da *Brunetta e Burlotto* (1720) de D. N. Sarri – uma voga que só se encerrou quando, em 1735, o rei Carlos III decidiu que os *intermezzos* deveriam ser substituídos por balés.

Como já acontecera em Veneza, Sarri e Hasse, Mancini e Leo, os mesmos compositores de *opera seria*, ocuparam-se em também fornecer *intermezzos* aos teatros. O prestígio crescente da ópera napolitana nas décadas de 1720-1730, coincidindo com a fase em que um grande número de músicos formados nessa cidade espalha-se pela Europa, marca o apogeu do *intermezzo*, fazendo com que a idéia da ópera cômica fique intimamente associada, na consciência européia, às características estilísticas da música – tanto erudita quanto popular – praticada em Nápoles. E esse será um fato de importância fundamental para a aparição da grande comédia do Classicismo, a que será praticada por Piccinni, Mozart, Cimarosa, Paisiello e, no extremo da transição para o século XIX, por Rossini.

Do artista de *intermezzo*, exigia-se a mesma versatilidade que precisava ter um ator de *Commedia dell'arte*: ele precisava saber cantar, dançar, representar, fazer mímica e, se possível, acrobacia e números de circo. Mas só o Teatro San Bartolomeo, de Nápoles, possuía uma companhia estável, dirigida por Gioacchino Corrado, que ali trabalhou de 1700 a 1735. Trupes como a de Rosa Ungarelli e Antonio Ristorini eram muito admiradas, mas eram ambulantes, viajando não só por toda a Itália, mas levando o gênero também a Munique (1722), Bruxelas (1728) e Paris (1729). Importante foi o papel desempenhado pela companhia de Giovanni Alberto Ristori que, formada em Dresden em 1724, tornou-se a primeira a levar a ópera italiana à Rússia, onde apresentou o *Calandro* em 1731.

Depois de 1735, o *intermezzo* entrou em declínio, primeiro em Nápoles depois nas demais cidades, pois aumentava o interesse pela ópera bufa em maior escala. Troy dá as datas para as últimas encenações em Milão (1738), Roma (1740), Florença (1746) e Veneza (1750). Depois disso, os *intermezzi comici*, associados às peças faladas, ainda sobreviveram por algum tempo; mas daí evoluíram para a farsa: a ópera bufa em miniatura de que Rossini, no início da carreira, há de produzir alguns exemplos muito satisfatórios. Foi em Paris que o *intermezzo* viveu sua última hora de glória, com a excursão de 1752-1754 que revelou aos franceses Pergolesi e Orlandini. A irônica observação do barão Grimm, quando a trupe foi embora em março de 1754, permite-nos avaliar as repercussões por ela causadas no mundo intelectual parisiense:

> Felizmente agora os Buffons, os Diderot, os d'Alembert, todos os letrados de alguma reputação, todos os artistas, pintores, escultores, arquitetos a quem essa música enfeitiçou podem, finalmente, parar de ir à ópera e ter mais tempo para se dedicar a seu trabalho.

Encerremos estas observações com as palavras de David Kimbell:

> O *intermezzo* e a ópera bufa não foram estágios sucessivos de um mesmo desenvolvimento único. Serviram a objetivos bem diferentes, tiveram prioridades diferentes e, em certa medida, floresceram simultaneamente. Mas não está errado enfatizar a extensão do débito que a ópera bufa tem para com o *intermezzo* e o quanto foi influenciada por ele. Do ponto de vista temático estavam muito próximos, tanto que os libretos de *intermezzo* eram às vezes transformados em óperas bufas e vice-versa; e certas qualidades formais e estilísticas da ópera bufa madura refletem a influência de seu irmão mais modesto. É pelo menos sugestivo que a "nova ópera bufa" de Goldoni e Galuppi, que usava *parti serie* tanto quanto os tipos tradicionais de papéis, tenha emergido em Veneza exatamente na época em que a velha conjunção de *opera seria* com *intermezzo* estava sendo abandonada. Quanto à linguagem musical da ópera bufa, esse é um meio de expressão que devia virtualmente tudo aos experimentos e às realizações do *intermezzo*.

A Commedeja pe Mmuseca

Por mais que se influenciassem mutuamente, porém, os dois gêneros tiveram gênese e desenvolvimento paralelo, pois desde os primeiros anos do século XVIII, em várias cidades italianas – mas principalmente em Nápoles –, havia comédias de maior porte sendo apresentadas. Para efeito de recapitulação, relembremos as diferenças essenciais entre essas duas formas:

– o *intermezzo* era composto de duas partes e consistia em cenas curtas envolvendo duas ou três personagens, geralmente desenhadas de modo a ressaltar o traço caricatural; utilizavam vozes "naturais" (geralmente soprano e baixo) e, como eram apresentadas em grandes teatros, juntamente com *opere serie*, seus libretos eram em toscano, o italiano literário (embora não se excluísse a eventual utilização do dialeto);

– a ópera bufa tinha três atos, com seis a sete personagens representando figuras pertencentes à burguesia ou às baixas camadas da aristocracia e sua empregadagem; a classificação das vozes era mais variada e, não raro, havia nelas papéis cantados por *castrati* ou em *travesti*, como na *opera seria*; e a platéia popular a que era destinada fazia com que, em seus primórdios, fosse geralmente cantada em dialeto (o italiano culto só era usado para diferenciar as personagens de camada social mais alta ou "vindas de fora", não pertencentes à comunidade em que a história se passava).

Segundo P. Gallarati em *Musica e Maschera: il Libretto Italiano del Settecento* (1984), o nome de *commedeja pe mmuseca* que lhe era dado em Nápoles parece indicar que ela teve origem no teatro falado, em que números musicais eram a princípio intercalados com função meramente decorativa. Foi Bernardo Saddumene quem, no libreto de *Le Noce de Veneviente*, introduziu as primeiras personagens que se exprimiam em toscano, para aumentar as possibilidades de divulgação de um gênero que a barreira dialetal mantinha restrito a Nápoles. Esse desejo de fazê-la ultrapassar as fronteiras da cidade é o resultado do imenso sucesso que a *commedeja* fez muito rapidamente, não demorando a granjear adversários. Em seu estudo sobre a vida teatral napolitana nos séculos XVI-XVIII, Benedetto Croce registra a indignada reação do crítico Francesco Maria Zambeccari que, no final de dezembro de 1708, protestava:

> Os napolitanos estão dando a demonstração de possuir enorme mau gosto ao desertar o Teatro San Bartolomeo, onde a *Astarte* de Zeno e Pariati está sendo encenada de forma admirável, para encher o Teatro dei Fiorentini, onde estão representando uma coisa execrável, indigna de ser assistida e, o que é pior, em napolitano.

Sala especializada na apresentação de dramas espanhóis, o Teatro dei Fiorentini passara, em 1706, a encenar óperas cômicas também; e foi tão bem sucedido que, a partir de 1714, dedicou-se exclusivamente a esse gênero. O início da idade de ouro da comédia napolitana, diz o musicólogo Dinko Fabris, é 1719, data da estréia de uma partitura de Leonardo Vinci cuja página de rosto anunciava: *Lo cecato fauzo – commedeja pe mmuseca da rappresentarese a lo Teatro de li Sciorentini sta primmavera dell'anno 1719 addedecata alla llostrissima ed azzellentissima segnora Barbara d'Erbenstein contessa de Daun –* a esposa do vice-rei de Habsburgo de Nápoles. Do *Falso Cego*, ficaram apenas algumas árias; mas Reinhard Strohm, especialista na história da comédia italiana do século XVIII, é de opinião que seu libreto é um dos melhores do gênero.

Trabalho muito importante de recuperação desse repertório está sendo feito por Dinko Fabris e o maestro Antonio Florio que, em meados da década de 90, criaram o conjunto La Cappella de' Turchini – referência ao Conservatorio della Pietà de' Turchini, formador de músicos da estirpe de Leonardo Leo –, com o qual têm gravado, para o selo Opus 111, a série "Tesori di Napoli". O disco *L'Opera Buffa Napoletana*, de 1997, oferece árias do *Falso Cego* e de *Li Zite 'n galera* (As Mulheres no Barco, 1722), a única ópera de Vinci integralmente preservada; e também de *Le Fente Zengare* (As Falsas Ciganas, 1724) e *L'Alidoro* (1740). Florio fez também, em 1999, o registro integral de *Mulheres no Barco*.

O público formado pelo Teatro dei Fiorentini estimulou a aparição de dois outros auditórios, o Teatro della Pace e o Teatro Nuovo sopra Toledo. A "coisa execrável" de que falava Zambeccari no texto citado era a aplaudidíssima *Patrò Calienno de la Costa*, de Antonio Orefice, provavelmente com libreto de Nicolò Corvo (já prevendo as reações dos bempensantes, o poeta preferira assinar com o pseudônimo de Agasippo Mercotelis). *Patrò Calienno* ficou conhecida como o protótipo da ópera bufa dialetal napolitana, mas não foi a iniciadora do gênero. Antes dela, já se tinha notícia de *La Cilla*, do ano anterior, executada privadamente. E no século XVII Florença assistira às comédias de Jacopo Melani, com historinhas da vida quotidiana contadas por Giovanni Andrea Moniglia. O que a fez florescer, em Nápoles, exatamente naquele momento, foi a voga paralela da peça falada em língua local, iniciada por *Mezzotte*, de autor anônimo, encenada no Castel dell'Ovo em 1701. Ambas vão contribuir muito para o enriquecimento da vasta literatura dialetal napolitana do Settecento. E era natural que atraísse público muito vasto, pois seus microcosmos da vida contemporânea, suas vinhetas de situações familiares ocorridas em ambientes conhecidos – os bairros da própria cidade em que o público morava – ofereciam um grau de refinamento maior do que os improvisados *sketches* da *Commedia dell'arte* sem, contudo, cair no formalismo e na estilização da *opera seria*.

Por volta de 1720, porém, o sucesso das serenatas e dramas de Metastasio que nessa época, ainda morava em Nápoles, fez com que Saddumene, Gennarantonio Federico e outros libretistas desejassem emulá-lo. E o resultado foi aparecerem personagens – jovens amantes em especial – que se expressavam em toscano, com uma linguagem metafórica mais refinada, fazendo seus companheiros de elenco parecer capiaus incultos e rústicos. O contato com a vida real não chegou a se perder, mas a influência metastasiana introduziu na comédia um toque de artificialismo, pelo menos no que se refere ao par sentimental. Mais originais eram os tipos populares, as figuras observadas ali na esquina, cenas de rua como a que Saddumene descreve na rubrica inicial de *Li zite 'ngalera*:

Masto Col-Agnolo affelano Rasola nnanze a la Poteca soja; Cicariello che scopa e canta; Ciomma nnanze a la porta, che fa pezzille; Carlo da lontano, che paseja.

(Mestre Col-Agnolo afiando Navalha diante de sua Loja; Cicariello que está varrendo e cantando; Ciomma costurando diante da porta; e Carlo passeando ao longe.)

Mas era inevitável que em meados do século, quando Logroscino era o principal nome dentre os compositores de ópera bufa, tivesse se instalado a dicotomia nítida entre os papéis sérios, cantados em toscano, e o tom de farsa das figuras populares, que usavam a linguagem local, colorida com gíria e expressões vulgares, até mesmo levemente obscenas. O libretista Antonio Palomba foi um dos grandes responsáveis por isso: comparados à vivacidade de seus textos, os de Federico pareciam inanimados e envelhecidos; e os demais autores puseram-se a imitar os efeitos com que ele arrancava do público a gargalhada fácil. Essa vertente descontraída do libreto solicitava, naturalmente, um tipo de música sem formalismo e, por isso mesmo, é natural que servisse de porta para a entrada da rica música popular napolitana no teatro de ópera.

À exceção de relatos muito genéricos feitos por visitantes estrangeiros como o compositor alemão Johann Mattheson ou o ubíquo Charles Burney, não temos informações mui-

to precisas sobre as características da música popular da época, pois os musicólogos, por considerá-la inferior, a desprezavam. Só no século XIX a valorização do elemento nacionalista fará surgir os primeiros estudos consistentes a esse respeito. Mas é possível perceber a sua influência na utilização de instrumentos como o violão ou o *colascione* (uma espécie de alaúde rústico), e de formas como a barcarola, a que Leonardo Leo, em especial, era muito afeiçoado. Seja como for, os músicos conseguiam captar o tom espontâneo da canção de rua, pois M. Scherillo relata, em *L'Opera Buffa Napoletana durante il Settecento* (1916), que na década de 1880 ainda se ouvia cantar, na cidade, a ária "Anga Nicola", do *Patrò Calienno*, assimilada ao acervo popular como se fosse uma página folclórica ou anônima.

Em *Il Governatore*, de Logroscino, existe uma passagem onde é fácil perceber a diferença entre o estilo erudito e o popular, pois a própria situação assim o exige. Don Crispino veio fazer uma serenata à janela de Leonora, por quem está apaixonado. Mas ela zomba dos maneirismos afetados de seu canto e, para mostrar-lhe que pode ser uma pessoa simples e espontânea, ele entoa uma serenata em 12/8, de tom muito leve, acompanhada ao *colascione*. Comparando a melodia de uma e de outra, pode-se ter uma idéia clara de como eram as canções de rua napolitanas do *Settecento*.

Situações comuns nos antigos *canovacci* da *Commedia dell'arte* são às vezes transpostos literalmente para a ópera bufa. Numa cena de *Li zite 'ngalera*, o criado Cicariello, para se divertir, diz ao barbeiro Col-Agnolo que seu freguês Rapisto é surdo; e dá a mesma informação ao cliente a respeito do barbeiro. Depois, mata-se de dar risada aos ver os dois aos berros um com o outro. As dificuldades de comunicação num país como a Itália, em que cada cidade praticamente tem o seu dialeto, são uma fonte inesgotável de efeitos cômicos: na mesma ópera, a leitura que uma das personagens faz, no mais puro toscano, de uma passagem da *Gerusalemme Liberata*, presta-se a hilariantes equívocos de compreensão e à declamação estropiada dos belos versos de Tasso.

Tanto quanto no *intermezzo*, são muito apreciados na *commedeja* as árias ou cenas de conjunto com efeitos de onomatopéia. Na antologia de Florio citada acima, há um de seus melhores exemplos: o *concertato* "Fa l'alluorgio cammenare chi gli da la corda a tempo" (Faz funcionar o relógio quem lhe dá corda a tempo), de Leo, de que não se sabe procedência nem data precisas. A imagem da mulher que "dá corda" no homem e, depois de seduzi-lo, o despreza, é explorada mediante comparações sonoras com o relógio, os sinos, o tambor, cujos sons são reproduzidos pelas vozes com variados recursos imitativos. Dessa forma, fixa-se na comédia italiana um clichê que vai se repetir com muita freqüência. No século XIX, ainda o reencontraremos nas comédias de Rossini: por exemplo, no grande concertato do final do ato I de *L'Italiana in Algeri*, que é um verdadeiro festival de sons imitativos. No ato II do *Governatore*, de Logroscino, ao queixar-se de que uma personagem parece "ter mandado o cérebro pelo correio", deixando no lugar apenas um buraco que zumbe como um vespeiro, a jovem Leonora canta –

> *Il cervello per le poste, tù tù tù tù tù tù*
> *s'ai mandato in verità,*
> *che vesparo, zurre zurre zurre zurre...*

– mas a música dessas cenas de conjunto, não contente em apenas fornecer *gags*, assume formas cuja sofisticação e eloqüência nada ficam a dever à dos compositores sérios.

Porém, a própria natureza da comédia, em que é fundamental o texto ser compreensível, aliada aos recursos vocais bem mais modestos de seus intérpretes, fazia com que o canto cedesse menos ao brilho fácil do virtuosismo. O princípio de uma nota por sílaba predominava. Os melismas eram reservados para alguns raros momentos líricos. Ou para os clímax dramáticos, nos quais assumiam função de paródia: no final de *Li Zite 'ngalera*, por exemplo, a entrada do truculento capitão Federico, que vem como uma caricatura de *deus ex machina* botar ordem na confusão armada pela intriga, é feita ao som de uma elaborada ária *da capo*. Pelos mesmos motivos acima mencionados, a instrumentação também era discreta, transparente, dando um colorido próprio, facilmente identificável, a essas obras.

Da *Commedia dell'arte*, a ópera bufa importa a técnica da *licenza*, o momento, no final da história, em que se celebra a personalidade do mecenas, dedica-se o espetáculo a um homenageado, ou tira-se uma moral da historinha contada. Como no *vaudeville* de origem francesa, cada um dos atores vem, dá seu recado e retira-se do palco. Na *Commedia*, essa era uma cena bastante breve, com melodia simples sobre alguns acordes básicos em ritmo de dança. Na ópera bufa, esse final de peça vai tornar-se progressivamente complexo, convertendo-se finalmente na mais importante contribuição do gênero à História da Ópera: o *finale concertato*.

De início, ele é só um número de encerramento no final da ópera. Depois, como as possibilidades que oferece são muito boas, cada um dos três atos passa a ter o seu finale próprio: de um determinado ponto em diante, cessa a alternância de recitativo seco e número cantado; todas as seções cantabile encadeiam-se umas nas outras, sem interrupção, de um modo geral aumentando gradualmente o número de cantores que participam, até que se forme um animado número de conjunto com que a ópera termina. A princípio, essas seções cantadas são apenas justapostas umas às outras. Depois, passam a ser subordinadas por sutis relações de interdependência melódica, tonal ou de andamento. Ampliam-se, também, a ponto de às vezes o finale chegar a ocupar metade do ato. Nas mãos de Mozart – e, em especial, no grandioso finale do ato II das *Bodas de Fígaro*, de excepcional comprimento – o *finale concertato* chega a seu ponto culminante, pois é pensado em termos sinfônicos, com uma organicidade de concepção que lhe dá sólida estrutura arquitetônica.

Ora, quando quiserem fugir da fragmentada estrutura de recitativo-ária herdada do Barroco Tardio, é no *finale concertato* da ópera cômica que os compositores do futuro encontrarão o ponto de partida para solucionar o problema de dar à ópera uma seqüência contínua. É no *finale concertato* do século XVIII que está prefigurada a técnica, a ser desenvolvida durante o XIX, da "ópera de cenas", que virá a substituir a antiga "ópera de números" – para chegar, finalmente, à "ópera de atos inteiros", nos termos do conceito wagneriano de *Durchkomposition* (composição contínua).

É difícil reconstituir os estágios dessa evolução, pois não sobreviveram muitas partituras dos primórdios da *commedeja pe mmuseca*. O exemplo mais antigo de que dispomos é o dos *gliuòmmari* (entrelaçamentos) – termo cunhado pelo libretista Francesco Antonio Tullio –, série de canções muito agitadas que se sucedem rapidamente, em tom agressivo e confuso, quando a ação atinge o clímax e está prestes a se solucionar. Em *Naples and Neapolitan Opera*, M. F. Robinson transcreve integralmente um desses *gliuòmmari*, extraído de *La Semmeglianza di chi l'Ha Fatta*, de Leonardo Leo. E Kimbell cita o finale do ato I de *Li Zite 'ngalera*, "ao qual acrescenta-se uma preocupação com a caracterização das personagens e um uso criterioso da orquestra, laboriosamente funcional e profético na sua forma

de fazer a trama vocal combinar-se com o contínuo instrumental ininterrupto".

Já se falou muito na responsabilidade de Logroscino pela invenção do *finale concertato* – Hermann Kretzschmar foi um dos defensores desse ponto de vista, que outros estudiosos apoiaram –; mas a pequena parte da obra desse músico a ter sido preservada não autoriza que se dê crédito a essa tese. Até mesmo porque *Il Governatore*, a única comédia de Logroscino que sobreviveu inteira, tem o mesmo tipo de estrutura simples de canções justapostas dos primitivos *gliuòmmari*.

Seja como for, é dos rústicos *gliuòmari* que se desenvolverá, primeiro com um compositor de transição como Galuppi e, depois, com músicos já claramente pertencentes ao domínio clássico – Piccinni, Paisiello, Mozart, Haydn, Cimarosa e, finalmente, Rossini – o finale da comédia, em que a ópera romântica terá um de seus principais embriões formais.

A Geração de 1660-1670

Para a grande explosão de vocalismo da virada do século XVII para o XVIII, concorrem vários fatores: as grandes escolas de canto dos *castrati* Francesco Antonio Pistocchi e Antonio Maria Bernacchi, às quais virá juntar-se mais tarde a do compositor Nicola Porpora; a reforma arcádica do libreto; e a contribuição fundamental de alguns operistas aqui mencionados. Estes nomes formam a ponte entre o trabalho precursor de Alessandro Scarlatti e a fase áurea que será dominada por Vivaldi, Haendel e Hasse.

Perti

Sobrinho de Lorenzo Perti, *maestro di cappella* na Catedral de São Pedro em Bolonha, Giacomo Antonio Perti (1661-1756) fez seus primeiros estudos com ele e, no início da década de 1680, foi mandado para Parma, onde completou sua formação. Esteve toda a vida associado à Igreja, exercendo vários cargos em templos de Bolonha. Com isso, a maior parte de sua produção é de natureza sacra. Foi também professor muito respeitado, tendo entre seus alunos Torelli e Martini.

A carreira do operista iniciou-se em 1683 com um *Muzio Scevola* em que ainda há as características típicas da Escola Veneziana em sua fase final. Mas seu uso sistemático da ária *da capo*, o gosto pela escrita concertante com solistas *obbligati* e o uso de libretos dos poetas árcades o colocam como uma figura de transição, anunciadora da mudança da *opera seria*. Perti trabalhou principalmente para os teatros de Bolonha, mas recebeu também encomendas de Ferdinando III de' Medici para a corte toscana. Sabe-se que pelo menos uma de suas óperas, o *Nerone Fatto Cesare*, de 1693, foi apresentada com sucesso em Veneza, pois ao assumir, em 1713, a direção do Teatro Sant'Angelo, este foi um dos títulos que Vivaldi submeteu à técnica do *rifacimento*, acrescentando-lhe árias e apresentando-a como se fosse uma ópera nova.

Além dela sobreviveram, das 27 óperas compostas por Perti, seis partituras apenas: *Oreste in Argo* (1685), *La Flavia* (1686), *La Rosaura* (1689), *L'Inganno Scoperto per Vendetta* (1691), *Furio Camillo* (1692) e *Rosinda ed Emireno*, cuja data é desconhecida. Todas elas têm a mesma inventividade melódica fácil e atraente. Perti continuou a trabalhar para a Igreja até sua morte, aos 94 anos; mas renunciou relativamente cedo ao palco: a última colaboração sua para o teatro de que se tem notícia é de 1709.

Ariosti

Pouco se sabe da formação musical desse compositor bolonhês, batizado Attilio Malachia Clemente, mas chamado de Ottavio Ariosti (1666-1729), pois esse foi o nome que adotou ao ser ordenado frade da ordem servita. Embora hoje seja mais conhecida a coleção de seis cantatas e seis *lezioni* para *viola d'amore* publicada em 1724, ele foi um ativo compositor de ópera em Mântua e Veneza e, depois, em Berlim, Viena e Londres. Nesta última cidade, foi um dos membros mais destacados da Royal Academy of Music e um dos grandes rivais de Haendel.

A boa acolhida dada em Veneza a *La Festa del Himeneo* (1700), *La Fede ne' Tradimenti* (1701), *La Più Gloriosa Fatica d'Ercole* (1703), *Il Bene del Male* e *I Gloriosi Presagi di Scipione l'Africano*, ambas de 1704, chamou a atenção da eleitora de Brandemburgo, Sophie Charlotte, que estava à procura de um músico para organizar os entretenimentos da corte. Atendendo o seu pedido, o duque de Mântua, para quem frei Ottavio trabalhava desde 1696, concordou em cedê-lo. Embora a sua empregadora admirasse muito as suas qualidades como executante de *viola d'amore*, cantor e compositor, a permanência de Ariosti em Berlim foi curta, pois a sua condição de frade católico o fazia entrar constantemente em choque com as autoridades eclesiásticas dessa corte protestante.

Chegou a encenar ali *Marte Placato* e *La Gara delle Antiche Eroine ne' Campi Elisi*, ambas de 1707; e no início do ano seguinte estreou *Amor tra Nemici*. Mas logo depois preferiu rumar para Viena, corte católica onde se sentia mais à vontade e para a qual desempenhou funções diplomáticas junto ao governo de Mântua, além de compor *La Placidia* (1709), que foi bem recebida. Mas a notícia de que a Inglaterra abria um campo novo e extremamente promissor aos operistas o fez demitir-se de seu cargo nos teatros imperiais e rumar para Londres.

Ali, tendo começado como executante de *viola d'amore* na orquestra do Teatro Haymarket, não foi difícil fazer-se conhecer também como compositor. *Tito Manlio* (1717), com a qual se inicia a carreira, é a sua melhor ópera e também a mais original: apresenta nove longos recitativos acompanhados pelas cordas (em vez do cravo), cinco duetos e várias árias de formato desusado para a época. O sucesso desse drama lhe valeu o convite para trabalhar, ao lado de Haendel e Giovanni Bononcini, para a recém-fundada Royal Academy. Para ela compôs *Coriolano* (1723), seu maior sucesso, várias vezes reprisada; e *Vespasiano* que, encenada com Francesca Cuzzoni, Anastasia Robinson e o *castrato* Senesino, foi também aplaudidíssima.

Mas nas demais partituras escritas para a Academy, entre as quais *Teuzzone* (1727) e várias outras que se perderam, Ariosti não conseguiu repetir a originalidade de *Tito Manlio* nem os elementos que garantiram o apelo popular de *Coriolano*. Suas árias, de corte muito convencional e acompanhadas apenas pelo contínuo, foram desbancadas pelas de Haendel, dotadas de *obbligati* muito mais interessantes para instrumentos de sopro. E a simplicidade de seu estilo perdeu terreno também para a de Bononcini, muito mais espontânea. No final da década de 1720, completamente negligenciado pelas platéias, Ariosti morreu reduzido a um estado de extrema pobreza.

Lotti

Aluno de Legrenzi, Antonio Lotti (1667-1740) exerceu vários cargos na catedral de São Marcos antes de ser nomeado *maestro di cappella*, quatro anos antes de sua morte. Como apenas algumas de suas trinta óperas sobreviveram, fica difícil imaginar que o autor de música sacra tão convencional tenha sido um operista inventivo.

Sua carreira teatral começou em 1692, com *Il Trionfo dell'Innocenza*. A nomeada que grangeou com as óperas dos anos seguintes – de que restou apenas *La Tirsi* (1696), escrita em colaboração com Caldara e Ariosti – fez com que fosse convidado em 1706 a trabalhar em Dresden, onde a música italiana era muito apreciada. Lotti ainda escreveu para Veneza a série de *intermezzos* cômicos *Le Rovine di Troja* (1707), além de *Dragontana e Policrone* (1707), *Porsenna* (1712) e *Polidoro* (1714). Para a corte alemã, produziu *Costantino* (1716), em colaboração com Fux, Caldara e Matteis, *Foca Superbo* (1716), *Alessandro Severo* (1716), *Giove in Argo* (1717) e a *Festa Teatrale Ascanio ovvero Gli Odi Delusi dal*

Estréia do *Teofane*, de Antonio Lotti, no Hoftheater de Dresden, em 13 de setembro de 1719, para comemorar o casamento do príncipe Frederico Augusto II.

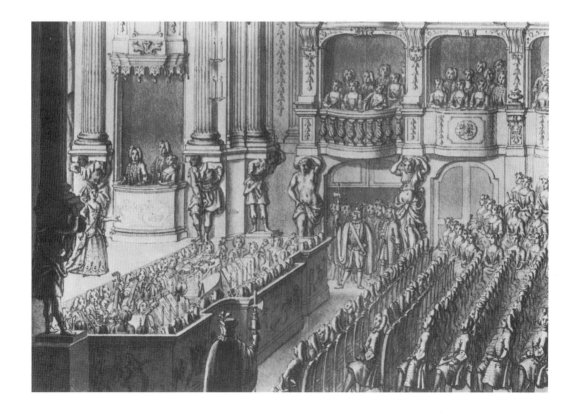

Sangue (1718), para o casamento do Eleitor da Saxônia com Maria Josefa da Áustria. Depois voltou para Veneza, onde, nos restantes vinte anos de sua vida, dedicou-se apenas às suas funções no âmbito eclesiástico.

Lotti tinha acentuada preferência pela declamação clara, com acompanhamento muito leve, e floreios ocasionais cada vez que era necessário reforçar determinados aspectos do texto. Seus recitativos são notáveis pela mistura de solenidade e tensão dramática. Os instrumentos são utilizados em ritornelos, introduções e interlúdios cuidadosamente escritos, destinados a contrastar vivamente com a linha vocal. Especialistas em sua obra, como Charlotte Spitz, demonstraram que essa técnica provém do concerto grosso do Barroco Tardio. Rodolfo Celetti afirma que muitas dessas árias de origem "instrumental" foram escritas para a soprano Santa Stella, mulher do compositor – o flautista Johann Quantz, que a ouviu em Dresden, disse dela que "era boa atriz, tinha voz robusta, um ótimo trinado e entonação impecável". Em suas *Memórias*, publicadas em 1755, Quantz diz ainda ter sido Lotti o primeiro a utilizar a expressão "tempo rubato" para designar a liberdade rítmica que visa a acentuar a expressão. Lotti tinha também a mão hábil para a comédia, como o demonstram os *intermezzos* das *Ruínas de Tróia*.

Gasparini

É possível que Francesco Gasparini (1668-1727), nascido em Camaiore, perto de Lucca, tenha sido aluno de Legrenzi em Roma, pois, em 1689, foi admitido na Accademia di S. Cecilia. Nessa cidade deve ter-se familiarizado com a música de Corelli e Pasquini, e certamente fez amizade com Scarlatti pois, quando mudou-se para Veneza, este mandou seu filho Domenico para estudar com ele. Ao ser nomeado maestro do coro no Ospedale della Pietà, em 1701, já tinha estreado três óperas em Roma e Veneza. Delas sobreviveu apenas *L'Ajace*, de 1697.

Até o retorno a Roma, em 1713, Gasparini trabalhou ativamente para o Teatro S. Cassiano, produzindo *Il Più Fedel Tra i Vassali* (1703), *La Fede Tradita e Vendicata* (1704), *Ambleto*

(1705) – a mais antiga adaptação operística da história do príncipe da Dinamarca –, *Friletta e Chilone* (1707), *Melissa Schernita, Vendicata e Contenta* (1707) e *Engelberta* (1708). Tinha colaborado também com Caldara na *Atenaide*, e com Lotti em *La Ninfa Apollo*, ambas de 1709. A intensa atividade como *maestro di cappella* em Roma não o impediu de continuar fornecendo óperas aos teatros de Florença, Nápoles, Turim e Viena. Perderam-se 43 das óperas que compôs. Do período final de sua carreira, antes que problemas de saúde o forçassem a aposentar-se em 1720, sobreviveram *Il Bajazet, L'Astianate* e *L'Oracolo del Fato*, as três de 1719, além de uma brilhante *Teodora ed Eudossa*, escrita a seis mãos com Fux e Caldara, para a corte alemã de Brunswick.

As décadas mais ativas na vida de Gasparini foram 1710-1720, em que ele trabalhou com os libretos reformados de Zeno-Pariati, e de Francesco Silvani, discípulo do mestre árcade. A sua fama espalhou-se muito rápido, pois *La Fede Tradita e Vendicata* foi uma das primeiras óperas italianas a serem cantadas em Londres, em 1711. Sinal da popularidade que esse drama alcançou é o fato de algumas de suas árias existirem em versão impressa. O mesmo aconteceu com *Ambleto*, embora, nesse caso, o interesse se explique pela fonte inglesa do libreto. Não se pôde comprovar, entretanto, a versão de que Gasparini teria visitado a Inglaterra entre 1710-1715. Sabe-se, isso sim, que ele era bastante conhecido da platéia londrina, pois atos inteiros de ópera suas foram usados para montar *pasticci* encenados no Haymarket.

As cenas cômicas de Gasparini foram bem recebidas, o que o encorajou a desenvolvê-las, transformando-as em *intermezzos*. O mais conhecido foi *Melissa e Serpillo*, que acompanhava a hoje perdida *L'Amor Generoso*, de 1707. De *Il Vecchio Avaro*, existe, no selo Bongiovanni, a gravação de Alessandra Bares (Piacenza, 1995). Na fase em que ele trabalhou, a ária com acompanhamento de contínuo ainda predominava; mas já ocorria o uso eventual de cordas ou de instrumento solista para realçar momentos especiais. As muitas cantatas profanas que produziu – preservadas em melhores condições do que as óperas – demonstram que possuía bom domínio da escrita vocal e habilidade para delinear claramente as personagens e suas emoções. No *Viking Opera Guide*, Graham Sadler lamenta que se possa ter hoje apenas uma idéia muito parcial da obra de um compositor que Charles Burney, em sua monumental *A General History of Music from the Earliest Ages to the Present Period* (1776), descreveu como "gracioso, elegante, natural e, com freqüência, comovente".

Caldara

A carreira de Antonio Caldara (1670-1736), provável aluno de Legrenzi, começou muito cedo: ele tinha 19 anos quando estreou *Argene*. E colaborou com Lotti, Ariosti e Pollarolo em óperas escritas a quatro mãos, antes de ir trabalhar em Mântua para o duque Ferdinando Carlo Gonzaga, para quem escreveu *L'Opera Pastorale* (1701), de estilo tipicamente árcade, *La Partenope* (1701), *Gli Equivoci del Sembiante* e *Farnace*, ambas de 1703, *L'Arminio* (1705), *Il Selvaggio Eroe* (1707) e *Il Più Bel Nome* (1708). Depois da morte de seu patrão, mudou-se para Roma, onde o estreito contato mantido com Scarlatti e Corelli influenciou muito o desenvolvimento de seu idioma musical.

Quando Roma se viu ameaçada de invasão pelas tropas do imperador, refugiou-se em Barcelona, na corte Habsburgo de Carlos III, ao qual agradaram muito *L'Imeneo* e *Sofonisba* (1708), *L'Ingratitudine Castigata* e *L'Inimico Generoso* (1709). Mas o desanuviamento da situação na sede do papado o fez preferir voltar para Roma, substituindo Haendel como músico residente da aristocrática família Ruspoli, de príncipes da Igreja. Nem bem ali chegou, ofereceram-lhe a chance de colaborar com Gasparini em *L'Atenaide* (1709). O ano de 1711, em que Caldara foi a Milão saudar seu ex-empregador espanhol, que estava a caminho de Viena para ser coroado imperador com o nome de Carlos VI, foi muito fértil, vendo nascer *L'Atenaide*, o *intermezzo Pimpinone e Vespetta* (1711) – sobre o mesmo tema da "empregada que se torna patroa", também tratado por Albinoni, Telemann e Pergolesi –, *Astrobolo e Lisetta* e um *Giunio Bruno ovvero La Caduta de' Tarquini* junto com Cesarini e Scarlatti.

Mas a esperança de que o imperador, grato pelos bons serviços que ele lhe prestara na Espanha, o nomeasse para um cargo permanente em sua corte, demorou muito a concretizar-se. *Tito e Berenice* (1714), *La Dulcinea e il Cuoco* (1715) e *Il Giubilo della Salza* (1716) ainda foram produzidos para os Ruspoli, em Roma, antes que Carlos VI se lembrasse de Caldara e o nomeasse *Vizekappelmeister* de Fux, com quem teve, de saída, de produzir *Il Costantino*. O resto da vida ele ficaria na corte austríaca, para a qual compôs outras sessenta óperas, a maioria delas preservada na Real Biblioteca de Viena.

Apesar de ter de trabalhar num ritmo alucinante, atendendo às encomendas da capital mas também de Salzburgo e Graz, para comemorar aniversários, dias santos e o Carnaval – o que o fez recair com freqüência em fórmulas mecânicas e repetitivas –, estes foram os anos mais férteis da carreira de Caldara, pois ele tinha o tipo de talento exigido por uma corte com a tradição de espetáculos muito suntuosos. Para o brilho de sua carreira contribuiu também a colaboração constante com Zeno, que acabara de ser nomeado *poeta cesareo* e empenhava-se em dar ao libreto de ópera a carta de nobreza de um gênero literário independente. A valorização da análise psicológica, proposta por Zeno, foi explorada por ele em árias que são concentrados momentos de reflexão. A redução das personagens também lhe foi benéfica, pois cada uma delas pôde ser desenvolvida de forma mais aprofundada. Foi ele o primeiro músico a utilizar 23 dos 25 libretos escritos por Zeno e seu sucessor, Metastasio.

Embora as funções de Caldara como músico da corte o obrigassem a tratar de assuntos predominantemente heróicos – *Mitridate* (1728), *Il Demetrio* (1731), *Adriano in Siria* (1732), *La Clemenza di Tito* (1734) – ele tinha também a mão hábil para pastorais de tom mais leve, que prenunciam o estilo galante. *Nigella e Tirsi* e *Ghirlande di Fiori* (ambas de 1726) ou *Il Natale di Minerva* (1729) são as mais bem-sucedidas nesse gênero. Seu renome fez com que o arcebispo Franz Anton von Harrach, de Salzburgo, o convidasse a escrever, para sua corte, *Camaïde, Imperatore della China* (1722) e *Il Finto Policare* (1724). Curiosamente, essas encomendas lhe valeram cachês mais generosos do que os do próprio Fux.

Hoje, as óperas de Caldara estão esquecidas, mas algumas de suas árias firmaram-se no repertório de concerto. A lista dos títulos que produziu na Áustria dá uma idéia da extensão e variedade de sua obra, em que se misturam óperas de tema histórico e mitológico, pastorais, comédias e histórias de tom exótico. Mesmo admitindo que, na época, muito material era reutilizado de uma partitura para outra, ou simplesmente tomado de empréstimo de outros atores, é admirável que, em um ano como 1726, por exemplo, ele tenha sido capaz de produzir cinco títulos diferentes:

1717 – *Il Tiridata ossia La Verità nell'Inganno*;

1718 – *Ifigenia in Aulide; Teodosio* (com Fux e Gasparini);

1719 – *Dafne; Sirita; Zaira; Lucio Papirio Dittatore*;

1720 – *Gli Eccessi dell'Infedeltà; L'Inganno Tradito dall'Amore; Apollo in Cielo; Psiche*;

1721 – *Atamo Huomo Vecchio e Palanca Giovine; Dorina e Grullo; Il Germanico Marte; Grespilla e Fanfarone; Ormisda Rè di Persia*;

1722 – *Camaïde Imperatore della China; La Marchesina di Nanchin; Nitocri; Scipione nelle Spagne*;

1723 – *La Contesa de' Numi; La Concordia de' Planeti*;

1724 – *Euristeo; Il Finto Policare; Andromaca; Madame e il Cuoco; Guianguir*;

1725 – *Astarto; Semiramide in Ascalona; Il Venceslao*;

1726 – *Amalasunta; Nigella e Tirsi; I Due Dittatori; Ghirlande di Fiori; L'Etearco*;

1727 – *Don Chisciotte in Corte della Duchessa; La Verità nell'Inganno ossia Arsinoe; Imeneo; Ornospade*;

1728 – *La Forza dell'Amicizia ossia Pilade ed Oreste* (com Reutter); *Mitridate; Ciro Riconosciuto; Amor non Ha Legge*;

1729 – *I Disingannati; Caio Fabbrizio; Enone*;

1730 – *Dialogo tra la Vera Disciplina e il Genio; Lisetta ed Astrobolo; La Pazienza di Socrate con Due Mogli* (com Reutter);

1731 – *Il Demetrio; Livia*;

1732 – *L'Asilo dell'Amore; Adriano in Siria*;

1733 – *Demofoonte; L'Olimpiade; Sancio Pansa Governatore dell'Isola Barattaria*;

1734 – *Le Lodi d'Augusto; La Clemenza di Tito*;

1735 – *Le Cinesi; Il Natale di Minerva Tritonia; Scipione Africano il Maggiore; Le Grazie Vendicate*;

1736 – *Achile in Sciro; Il Temistocle*.

G. Bononcini

Ao comentar a obra de Giovanni Bononcini (1670-1747) no *Viking Guide of Opera*, Lowell Lindgren escreve:

> Ele é freqüentemente lembrado pelo epigrama satírico de 1725 em que John Byrom ridicularizava seus ardentes partidários, e os de Haendel, concluindo:
>
> *Strange all this Difference should be
> 'twixt Tweedle-dum and Tweedle-dee!*
>
> (Estranho que deva haver tanta diferença entre Lara-rá e La-ra-ri!)

E, no entanto, a maioria dos músicos haveria de concordar com o compositor John Ernest Galliard que, em 1716, qualificara a música de Bononcini de *agreeable and easie* ("agradável e fácil"). Em grande parte é à graça e simplicidade de suas melodias que se deve o fato de sua música ter sido apreciada em toda a Europa: ele foi provavelmente o compositor italiano de ópera mais solicitado em seu tempo.

Nunca faltaram, tampouco, mecenas decididos a proteger esse prolífico autor de 32 óperas, sete oratórios, 25 serenatas e cerca de trezentas cantatas de câmara. Depois da morte, em 1678, de seu pai, o compositor e musicólogo Giovanni Maria Bononcini, o duque de Módena encarregou-se de sua formação, mandando-o estudar com Gian Paolo Colonna, em Bolonha. Ao terminar os estudos, o jovem músico pôs-se a serviço do embaixador espanhol, Luís de la Cerda, em Roma; e em sua casa conheceu Stampiglia, autor do libreto da *Eraclea* (1692), sua primeira ópera, de que sobreviveu apenas o ato II. Satisfeito com o resultado dessa primeira experiência, e do *Xerse, Tullo Ostilio* e *Muzio Scevola*, que se seguiram em 1694-1695, o diplomata encomendou à dupla uma nova ópera para comemorar sua nomeação como vice-rei de Nápoles.

O resultado foi *Il Trionfo di Camilla, Regina de' Volsci* (1696), uma das óperas mais

A GERAÇÃO DE 1660-1670

populares do Barroco Tardio: houve 23 encenações em diversos teatros italianos entre 1696 e 1719, ora usando a partitura do próprio Bononcini, ora apresentando versões remanejadas por outros autores. Montada em Londres em 1706 – cinco anos antes da chegada de Haendel à Inglaterra –, foi a grande responsável pela voga da ópera italiana naquele país, jogando uma definitiva pá de cal nas tentativas de criação de um drama lírico de estilo nacional, que o desaparecimento precoce de Purcell fizera morrer no nascedouro. Nos 22 anos seguintes, o público londrino assistiu a 111 reprises dessa grande favorita – número surpreendente para os padrões do século XVIII, em que as óperas eram objetos de consumo rapidamente descartados e esquecidos.

No entanto, *Camilla* não apresenta nenhuma novidade em relação ao estilo de Scarlatti ou de Steffani, nos quais Bononcini busca sua inspiração principal. É bem característica do seu gosto pelas frases simétricas, que tendem a desenvolver-se mediante um sistema bastante rígido de progressões, com predileção pelo desenho melódico baseado em modos conjuntos e em intervalos pequenos. Em árias como "Sì, sì, mi basta amor", "Io vo' cercando gioia e trovo affani" ou "Se vedi il mar senz'onda", que até hoje comparecem nos recitais de cantores dedicados ao repertório barroco, fica ilustrada a técnica que Celetti chama de *coloratura diminuta* e consiste em fazer com que, nos finais de frase, haja um arabesco de três ou quatro notas irregulares ornamentando a sílaba tônica.

Ao subir ao trono em 1705, José I fez de Bononcini o principal compositor de ópera da corte austríaca, cargo que ele manteve até a morte do imperador em 1711. São dessa fase alguns de seus dramas mais bem concebidos: *La Regina Creduta Re* e *Endimione*, ambas compostas em 1706 para agradecer ao soberano por sua nomeação; *Etearco* e *Turno Aricino*, de 1707, *Mario Fuggitivo* (1708), *Abdolomino* (1709) e *Caio Gracco* (1710). Em 1714, o conde Gallas levou-o consigo para Roma, onde ia prestar serviço na qualidade de embaixador do império. Os cinco anos em que trabalhou para esse nobre foram menos pródigos: o fato de ele ter composto apenas *Astarto* (1715) e *Erminia* (1719) indicam um cuidado artesanal maior e um certo vagar na reflexão.

Esse apuro deixará sua marca nas peças que Bononcini escreverá para a temporada de 1720-1722 em Londres, que o teve de volta após a morte de Gallas. Recebido de braços abertos pela Royal Academy, ele dominou o palco inglês durante esses dois anos. *Crispo, Muzio Scevola* e *L'Odio e l'Amore*, as três de 1721, e principalmente *Griselda* (1722), indiscutivelmente a sua ópera mais bem escrita, constituíram séria ameaça para Haendel. Os trechos desta última, que Joan Sutherland gravou para a Decca, em 1968, sob a regência de Richard Bonynge, comprovam o nível de segurança na escrita alcançado pelo compositor a essa altura (para a sinopse da ação, veja o capítulo sobre Vivaldi).

As qualidades do melodista simples, elegante e "fácil" se refinaram, principalmente porque agora ele tinha à sua disposição uma leva de intérpretes de primeira, entre os quais uma virtuose do porte de Francesca Cuzzoni. As tessituras são mais elevadas e as exigências, maiores, embora não se perca a tendência a um *legato* ondulante e aveludado e ao maneirismo dos vocalises em fim de frase. Até mesmo na *Griselda* esse tipo de escrita está presente. Mas o papel da orquestra é mais amplo, os ritornelos bem trabalhados e a ária ternária tem fôlego mais ousado. Algumas das árias da personagem título, "Parto, amabile ben mio" ou o lamento "Dal mio petto ogni pace smarrita", estão entre as melhores coisas escritas por ele, exemplos perfeitos de sua capacidade de plasmar o fraseado e as pausas a partir da respiração natural do executante.

Mas as ligações que Bononcini mantinha com membros do partido jacobita, responsáveis por conspirações antigovernamentais, o deixaram em situação muito desconfortável e ele teria sido obrigado a deixar a Inglaterra se a duquesa de Marlborough, outra poderosa e oportuna protetora, não o tivesse convidado para dirigir os concertos de câmara que oferecia em sua residência. Entre 1723 e 1732, ao mesmo tempo que fornecia cantatas e uma enorme coleção de *sonate da camera* à sua empregadora, Bononcini conseguiu fazer com que os teatros continuassem aceitando *Farnace* (1723), *Calfurnia* (1724) e *Astianate* (1727) – de que talvez já esteja ausente o frescor do apogeu da carreira.

O retorno ao continente foi difícil, pois seu prestígio já estava em declínio. Voltando a Viena, Bononcini sobreviveu graças a uma série de expedientes, e estreou apenas mais uma ópera, *Alessandro in Sidone* (1737), de estilo já totalmente superado, até que a imperatriz Maria Theresa lhe concedeu uma pensão com a qual pôde aposentar-se e terminar seus dias em relativa tranqüilidade. Do ponto de vista estritamente vocal, Bononcini é, nas primeiras décadas do século XVIII, o compositor que escreve melhor, e o próprio Haendel há de tomar de empréstimo a ele alguns esquemas rítmicos, harmônicos e – por que não dizê-lo? – até mesmo algumas melodias, que recompõe habilmente, à sua maneira.

Albinoni

O seu *Adagio em Sol Maior* para órgão e cordas, de extraordinária popularidade, basta para que se tenha uma idéia do soberbo melodista que era o veneziano Tommaso Giovanni Albinoni (1671-1751). As inúmeras sonatas e *concerti a cinque* deste mestre da grande música instrumental italiana do *Settecento* fazem esquecer que ele foi o autor de umas cinqüenta óperas – das quais pouco mais de dez foram preservadas – ouvidas nos teatros venezianos durante um período de quase meio século, façanha rara numa época em que as modas eram tão voláteis.

Filho de um fabricante de cartas de baralho, que o preparou para sucedê-lo nesse ofício e como gerente da papelaria familiar, Albinoni abandonou a profissão paterna, preferindo o canto e o violino – que tocava excepcionalmente bem. Ele é um caso raro na música de seu tempo: nunca exerceu cargos oficiais na corte ou na Igreja; preferiu trabalhar de forma independente, dando aulas e aceitando encomendas de peças instrumentais, cantatas e óperas para os teatros de Veneza, Roma ou Nápoles – com os quais o contato era facilitado pelo fato de ter-se casado, em 1705, com a eminente soprano Margherita Raimondi.

Zenobia, Regina de' Palmireni, cantada no Teatro S. Giovanni e Paolo durante o Carnaval de 1694, foi a ópera de estréia de Albinoni, cuja inexperiência fica patente no tratamento desajeitado do recitativo. Mas a habilidade do melodista faz com que a maioria das árias seja muito atraente. A impulsiva Sinfonia, contendo um dos exemplos mais antigos da técnica setecentista de escrita em uníssono para as cordas, sobreviveu como peça independente de concerto devido à sua forma de sonata para trompete. O libreto de Antonio Marchi, de origens pretensamente históricas – mas sem nada que corresponda à realidade – é poeticamente pobre mas tem uma certa urgência dramática. Traída por Ormonte, o governador de sua capital, que bandeou-se para o lado dos romanos, Zenóbia, a rainha de Palmira, é derrotada pelas forças do imperador Aureliano. Este apaixona-se por ela, mas quando a corajosa soberana recusa-se a entregar-se, condena-a à morte. Perdoa-a, porém, ao saber que Zenóbia não concordou com os planos de Ormonte para assassiná-lo e, num gesto magnânimo, devolve-lhe o trono.

A boa acolhida dada a essa ópera de estreante abriu a Albinoni as portas de vários teatros. Em rápida sucessão, ele escreveu *L'Inganno Innocente* (1701), *Rodrigo in Algeri* (1702), *Griselda* (1703) e outras partituras que se perderam. É do outono de 1708 a estréia, no Teatro S. Cassiano, de *Astarto*, marcante na História da Ópera por ter sido o suporte para uma das obras mais populares de Albinoni: o *intermezzo Pimpinone* – de que há, no selo Itália, uma excelente gravação feita em 1980 por Claudio Scimone. *Pimpinone*, com libreto de Pietro Pariati, é um dos exemplos mais bem-sucedidos do primitivo *intermezzo* veneziano. O modo ágil e cintilante como o libretista trata o velho tema – modelado em estereótipos da *Commedia dell'arte* – da "empregada que deseja tornar-se patroa" fez com que esta pecinha fosse ouvida mais de trinta vezes, entre 1708 e 1740, nas principais cidades italianas e em lugares distantes como Lubliana e Moscou. Seu sucesso foi tão grande que outros compositores – entre eles Caldara e Telemann – redigiram a sua versão do *Pimpinone*. A astuciosa empregadinha Vespetta e a personagem título, o solteirão de pedra e cal que ela quer conquistar, serviram também de modelo para o Uberto e a Serpina da *Serva Padrona* (1733) de Pergolesi que, por sua popularidade internacional, haveria de se firmar como o marco inaugural da ópera bufa na virada do Barroco para o Classicismo.

Nos três *intermezzos* que compõem a pequena comédia – e correspondem aos três intervalos entre os quatro atos de *Astarto* – Vespetta convence Pimpinone a contratá-la, com a promessa de organizar melhor a sua vida; depois força-o a casar-se com ela, alegando que está ficando mal falada por morar sozinha com um solteirão; e, finalmente, ao sentir-se segura de sua posição, demonstra a sua verdadeira natureza preguiçosa e aproveitadora. E o pobre Pimpinone nada pode fazer porque teme o escândalo... e não quer perder o dote que lhe deu.

Em *Tommaso Albinoni: the Venetian Composer and his World*, Michael Talbot chama a atenção para a riqueza do libreto de Pariati, sob a sua simplicidade aparente, dizendo que ele

toca num problema muito delicado da vida social veneziana naquela época: a adoção, pelas camadas mais baixas da sociedade, de padrões de comportamento que antes pertenciam exclusivamente à nobreza. O retrato de Vespetta tem, de resto, uma ambivalência deliberada: ao mesmo tempo que a admiramos pela prontidão de seus expedientes, não podemos deixar de condenar a sua ânsia de subir socialmente a qualquer custo. Da mesma forma, rimos da credulidade de Pimpinone, mas é impossível não respeitar o seu senso de decoro.

A partitura de Albinoni não tem a variedade de tom e as nuances de caracterização do *Pimpinone* de Telemann; mas suas árias são muito melodiosas e concebidas de modo a reforçar o efeito cômico. Bom exemplo disso é a ária de apresentação de Vespetta, "Chi mi vuol? Son cameriera", em que fica sugerido todo o lado malicioso de seu temperamento. Muito eficientes são também os duetos que encerram cada intermezzo, nos quais a música descreve claramente a diferença de caráter do ex-solteirão e de sua esposa à força.

A essa altura, Albinoni tinha conseguido fazer um nome bastante respeitado em várias cidades, e diversos teatros solicitavam os seus melodramas, dos quais salvaram-se *Il Tiranno Eroe* (1711), *Gli Eccessi della Gelosia* e *I Veri Amici*, ambas de 1722; *Laodice* (1724), *L'Incostanza Schernita* (1727) e *Ardelinda* (1732). Interessante é o caso da *Inconstância*

Escarnecida, que foi reapresentada em duas versões revistas posteriores, a de 1729, com o título de *L'Infedeltà Delusa*, e a do ano seguinte, chamada de *Filandro*. Típica das praxes barrocas é também a *Eumene* que, em 1717, baseava-se em um libreto de Antonio Salvi: em 1723, a mesma história foi reescrita por Apostolo Zeno, e Albinoni compôs para ela uma partitura nova, na qual, entretanto, reaproveitava grande parte do material da anterior.

Importante por constituir uma das precursoras, na Itália, do estilo galante, caracterizado por uma escrita melódica extremamente ornamentada e ritmicamente intrincada, é *La Statira*, estreada no Teatro Capranica de Roma durante o Carnaval de 1726. A versificação castigada de Pariati e o gosto de Zeno pelas situações cheias de volutas e reviravoltas fazem do libreto um claro exemplo da literatura dramática pré-rococó. Barsina, filha do rei Ciro, que foi deposto, e Statira, filha de Artaxerxes, que o destronou, lutam pelo poder na Pérsia. Intrigas amorosas secundárias, trançando-se às maquinações políticas, contribuem para fazer do drama o jogo de xadrez em que a *opera seria* freqüentemente se constitui. No final, Statira ganha a partida e é coroada; mas, como prêmio de consolação, é dada a Barsina a coroa de um pequeno reino vizinho.

Se compararmos os recitativos da *Statira* aos da *Zenóbia*, veremos o quanto Albinoni amadureceu e o controle que adquiriu da fluência do discurso. Eles são muito mais rápidos, imitando o ritmo normal da frase falada, e têm um corte melódico que se adapta mais naturalmente à metrificação. Os números cantados também são de alta qualidade, com um nível muito homogêneo de invenção melódica. Destaca-se, como uma verdadeira jóia, o trio com que se encerra o ato III, em que Albinoni investiu toda a sua maestria contrapontística.

Aldovrandini

A vida dissoluta que o bolonhês Giuseppe Antonio Vincenzo Aldovrandini (1671-1707) levava foi o principal obstáculo para que sua carreira não se desenvolvesse na medida de seu talento. Aldrovandini chegou a ser bastante conhecido nos primeiros anos do século XVIII, mas morreu aos 26 anos, afogado, pois caiu na água inteiramente bêbado. Ainda assim, os excessos de comportamento desse aluno de Perti não impediram que ele tivesse algumas honrarias: *maestro di cappella* da Igreja de S. Pedro de Bolonha e, depois, a título honorário, da capela do duque de Mântua; *maestro* da Academia Filarmônica de Bolonha e da Accademia dello Santo Spirito de Ferrara – resultados consideráveis para quem viveu tão pouco. Além de sua cidade natal, suas obras chegaram a ser representadas em Turim, Gênova, Nápoles e até mesmo Veneza.

Aldovrandini é um típico representante da escola bolonhesa de música vocal e instrumental. A maioria de suas óperas se perdeu e é pena, principalmente, que não se tenham conservado as do início da carreira, que refletiam o gosto de seus conterrâneos pelo humor dialetal. Mas o estilo delas pode ser claramente inferido a partir das cenas cômicas de *Cesare in Alessandria* (1699), cheias de vivacidade. Nas *opere serie*, usava o *da capo*, com predileção pela ária de lema; mas, nele, os melismas eram sempre uma forma de refletir os estados de ânimo e não apenas uma exibição vocal. Dez das óperas escritas por esse jovem promissor mas indisciplinado se perderam. De *L'Odio e l'Amore* (1704) ficaram apenas oito árias. Sobreviveram apenas *César em Alexandria* e também *Semiramide* e *Mitridate in Sebastia*, ambas de 1701, e *L'Incoronazione di Dario*, de 1707.

Mancini

Organista no Conservatorio della Pietà dei Turchini, onde tinha estudado, o napolitano Francesco Mancini (1672-1737) só fez fama como operista em 1702, ao estrear *Ariovisto*. Devido à reputação granjeada com *Lucio Silla* (1703), *La Costanza nell'Onore* (1704), *Gli Amanti Generosi* e *La Serva Favorita* (1705) e *Alessandro il Grande in Sidone* (1706), foi nomeado diretor musical da corte napolitana em 1707. Mas foi afastado desse posto quando Scarlatti voltou de Roma em 1708. Desse momento em diante, Mancini e Scarlatti tor-

naram-se ferrenhos rivais, lutando pela preferência do público local. Nomeado diretor do Conservatorio di Santa Maria di Loreto (1720-1735), Mancini foi chamado de volta ao cargo na corte em 1725, depois que Scarlatti morreu.

Das óperas que escreveu entre 1701-1732, a mais famosa é *Idaspe Fedele*, de 1710, um dos primeiros títulos italianos apresentados no Haymarket Theatre de Londres. Além de colaborações com Orefice e Albinoni (*Engelberta ossia La Forza dell'Innocenza*, de 1709) e com Sarri e Leo (*Il Demofoonte*, de 1735), Mancini contribuiu com onze números para a *Agrippina* (1713), de Haendel. De estilo em geral heróico, suas óperas são decididamente de estilo metastasiano, fazendo alternar recitativos secos e árias *da capo*. Na fase final da carreira, sente-se que ele está sofrendo a influência de compositores mais jovens – Leo, Logroscino – com os quais mantinha estreito contato.

Don Aspremo, de 1733, é a única ópera bufa de Mancini. As demais são de assunto sério, obedientes às regras estritas do libreto reformado: *Turno Aricino* (1708), *Mario Fugitivo* (1710), *Selim Re d'Ormuz* (1712), *Artaserse Re di Persia* e *Il Gran Mogol* (1713), *Il Vincislao* (1714), *Alessandro Severo* (1718), *La Fortezza al Cimento* (1721), *Il Trajano* (1723) e a tardia *L'Orontea*, composta em 1729, depois de a morte de Scarlatti ter posto fim à rivalidade, encerrando o ciclo de suas produções sistemáticas para o palco.

Badia

Em 1692, ano em que foram encenadas as primeiras óperas do veneziano Carlo Agostino Badia (1672-1738), a princesa imperial Eleonora Maria o convidou a trabalhar como compositor de sua corte em Innsbruck. Um ano depois, ele a acompanhou quando sua empregadora mudou-se para Viena. Nomeado compositor da corte imperial em 1694, Badia manteve esse cargo até o fim da vida, compondo óperas e oratórios, que foram apresentados também na Itália. O mais famoso de seus dramas foi *Gli Amori di Circe con Ulisse*, escrito em 1709 para uma visita do rei da Dinamarca a Viena. Em reconhecimento por seus longos anos de serviço, o imperador Carlos VI o manteve no posto, embora preferisse composições de um estilo mais atual; em conseqüência disso, encomendou-lhe muito pouca coisa na fase final da vida.

Quando Badia assumiu o cargo, a corte vienense estava acostumada a um estilo de melodrama antiquado e repetitivo, trazido de Veneza por Antonio Draghi. Ele manteve os temas mitológicos, que agradavam a seu auditório, mas infundiu sangue novo no drama vienense. A formação que tivera, em Veneza, na área da escrita para cordas, permitiu-lhe revitalizar o acompanhamento orquestral, mediante o emprego de técnicas provenientes do concerto grosso. A sua escrita para as cenas de conjunto é também imaginativa e cheia de contrastes muito vivos. Supõe-se que Badia tenha composto cerca de vinte óperas, das quais sobreviveram *Bacco Vincitore dell'India* (1697), *La Costanza d'Ulisse* (1700), *Il Telemaco ovvero Il Valore Coronato* (1702), *Ercole Vincitore di Gerione* (1708) e a já mencionada *Os Amores de Circe e Ulisses*.

Orlandini

Tendo estudado com seu pai, o compositor Domenico Scorpioni, o florentino Giuseppe Maria Orlandini (1675-1760) iniciou a carreira de operista por volta de 1708 (a primeira partitura sua de que se tem notícia é a *Innocenza Giustificata*, de 1714). Em 1723, foi nomeado *maestro di cappella* do grão-duque da Toscana e, dez anos depois, assumiu o mesmo cargo na catedral de sua cidade natal. As 44 óperas que compôs foram, numa certa época, extremamente populares. Entre elas, há diversas *opere serie* – *Merope* (1717), *Antigona* (1718), *Ormisda* (1722), *Orontea* (1724), *Temistocle* (1737), compostas para teatros de Veneza, Bolonha, Milão e Florença –; mas é na comédia que encontramos o melhor de sua produção: em especial o *intermezzo Il Marito Giocatore*, com libreto de Salvi (Veneza, 1716), uma das partituras mais freqüentemente executadas em toda a Itália na primeira metade do século XVIII. Com seus toques leves e maliciosos, *O Marido Jogador* contribuiu de forma fundamental para o desenvolvimento da ópera bufa.

A. M. Bononcini

Durante muito tempo, atribuiu-se erradamente a Antonio Maria Bononcini (1677-1726) a autoria do *Triunfo de Camilla*, a ópera que fez a nomeada internacional de seu irmão mais velho, Giovanni. Na opinião de Lowell Lindgren, especialista na obra desses dois operistas de transição, isso é duplamente injusto,

pois as melodias da *Camilla*, com seu acompanhamento leve, estão muito distantes do estilo de Antonio, cujo contraponto se assemelha ao das *sonate da chiesa* de Corelli

– texturas muito complexas, de que o seu *Stabat Mater* oferece o melhor exemplo. Foi pequena a contribuição de Antonio Bononcini para o palco: apenas onze títulos, dos quais dois estão perdidos. Mas ficaram em seu catálogo quatro oratórios, várias serenatas e um grande número de cantatas.

A carreira de Antonio segue *pari passu* a de Giovanni, até o momento em que o Bononcini mais velho vai para Londres em 1720. Ele também estudou em Bolonha com Colonna e tornou-se um violoncelista bem equipado. Foi para Roma junto com o irmão em 1696, também andou peregrinando por Viena e Berlim entre 1702-1711 e, depois, voltou para casa. Nessas andanças, graças à influência do irmão, conseguiu encomendas de obras dramáticas para a corte vienense e, entre elas, estava a ópera *Tigrane Rè d'Armenia*, em que se sente a nítida marca dos mestres com quem privara em Roma, Corelli e Scarlatti, vazada em moldes típicos do drama arcádico. Os contatos feitos em Viena abriram-lhe as portas dos grandes teatros das cidades sob controle austríaco: Nápoles, Milão, Reggio Emilia, Módena.

O estilo mais leve e alegre das peças escritas depois de 1715, em que se sente a influência da escrita instrumental de Vivaldi, agradou muito ao público; mas ele só escreveu para o palco até 1721. A partir dessa data, dedicou-se integralmente às suas funções como *maestro di cappella* do duque de Módena. Um último trabalho cênico é conhecido depois disso: a revisão do *Mitridate Eupatore* de Scarlatti para a apresentação em homenagem a seu empregador.

Il Tiranno Eroe (1715), *Sesostri Rè d'Egitto* (1716), *Astianatte* (1718), *Merope* e *Endimione* (1721), *Rosiclea in Dania* (1721) são algumas das óperas de Antonio Maria Bononcini de que ficaram guardados os manuscritos. Duas delas, em especial, mereceriam ser tiradas do esquecimento: *La Conquista del Vello d'Oro* (1717) que, segundo L. Lindgren, que lhe dedicou um estudo, é a sua partitura mais bem acabada; e *Griselda* (1718), pela curiosidade de verificar o tratamento dado por ele ao mesmo libreto musicado pelo irmão.

Sarri

Nascido em Trani, na Apúlia, Domenico Natale Sarri (1672-1744) fez seus estudos no Conservatorio Sant'Onofrio, em Nápoles. Foi funcionário da corte entre 1704-1707 e de 1720 até o final da vida. Neste último período foi maior a sua atividade como operista. Tem sido subestimada a importância dessa figura de transição, anunciadora da grande leva de compositores napolitanos nascidos entre 1680/90, influentes na primeira metade do século XVIII. Produto muito significativo de um sistema de ensino que dava particular importância ao adestramento para o palco, Sarri tem, em sua obra, características precursoras de contemporâneos mais jovens como Vinci ou Leo.

De início, é claro, baseou-se no modelo de Alessandro Scarlatti. Mas por volta de 1720, já tinha abandonado as texturas contrapontísticas de seu predecessor, preferindo uma escrita mais transparente, em que a melodia ganha proeminência, e as demais vozes funcionam apenas como acompanhamento. Abre-se assim o caminho para o tipo de virtuosismo vocal que terá em Porpora um de seus expoentes. São portanto de estilo muito conservador as óperas anteriores a 1720 que sobrevivem: *Le Gare Generose tra Cesare e Pompeo* (1706), *Il Vespasiano* (1707), *I Gemelli Rivali* (1713), *Armida al Campo* e *Arsace*, ambas de 1718. Não se conservou muito da parte mais importante de sua produção – cerca de quinze títulos se perderam – mas mereceriam reavaliação, para determinar as inovações técnicas que prenunciam, *Ginevra Principessa di Scozia* (1720), *Lucio Vero* e *La Partenope* (1722), *Didone Abbandonata* (1724), *Tito Sempronio Gracco* (1725), *Il Valdemaro* (1726), *Siroe Re di Persia* (1727), *Artemisia* (1731), *Berenice* (1732) e *Achille in Sciro* (1737).

VIVALDI

Um dos compositores mais apreciados pelo público de hoje era, até o fim da década de 40, praticamente desconhecido. Só em 1927 a aquisição, pela Biblioteca de Turim, da coleção de manuscritos que pertencera ao conde Giacomo Durazzo, embaixador imperial em Veneza entre 1764-1784, permitiu ao violinista francês Marc Pincherle iniciar a primeira pesquisa sistemática sobre a obra de Antonio Vivaldi (1678-1741) – até então descrito pela historiografia musical como "um mestre do concerto italiano" a quem se faziam reservas por sua "extravagância" e "falta de conhecimento do contraponto". Mas o Fascismo e, em seguida, a guerra criaram dificuldades a esse trabalho. Só em 1948 Pincherle pôde publicar *Vivaldi et la Musique Instrumentale*, a que dedicara a vida inteira. Seus estudos foram completados por Mario Rinaldi, Antonio Fanna e, principalmente, pelo dinamarquês Peter Ryom, que, em 1974, publicou o mais atualizado catálogo da obra de Vivaldi – o RV que vem diante do número de cada composição é a abreviatura de *Ryom Verzeichnis*, Catálogo Ryom.

Hoje, as *Quatro Estações* estão entre as obras mais gravadas de toda a história do disco e existem sob todas as formas de arranjos e adaptações. Já em seu tempo esta série de concertos grossos, pertencente a *Il Cimento dell'Armonia e dell'Invenzione* (1725), era de imensa popularidade: a peça estrangeira mais executada nos famosos Concerts Spirituels, era tão apreciada pelo público francês que, em 1766, Michel Corrette reutilizou a música da "Primavera" no grandioso salmo *Laudate Dominum*. De 1950 para cá, a obra instrumental de Vivaldi recuperou integralmente a reputação que tinha na época em que foi composta. Comparada a ela, porém, é muito pequeno o conhecimento que se tem da imensa produção vocal sacra e profana de Vivaldi. E dentro dessa última, apesar do aumento recente da divulgação discográfica, as óperas ainda constituem o setor menos explorado. No entanto, diversos fatores contribuem para a importância de Vivaldi como operista.

Para começar, a alta produtividade de um compositor que escrevia em ritmo vertiginoso até mesmo para os prolíficos padrões barrocos: tem-se notícia de cinqüenta óperas escritas por ele. Além disso, o alto nível de sobrevivência de sua obra: 16 óperas completas foram preservadas, a maioria delas na Biblioteca de Turim, sem contar aquelas de que se possui fragmentos do manuscrito ou apenas árias esparsas. E esse setor de sua produção é de grande riqueza musical, não só porque Vivaldi tinha grande domínio do colorido e das texturas instrumentais mas também porque ele foi um dos maiores compositores vocais de sua época. Além disso, foi muito importante a sua atividade como empresário, só comparável, em seu tempo, à de Haendel.

A carreira operística de Vivaldi começa tarde: ele já tinha 35 anos quando *Ottone in Villa*, seu primeiro *dramma per musica*, foi cantado em Vicenza, em maio de 1713. Ao estreá-lo, ele já possuía reputação internacional como violinista e um dos mais ilustres compositores europeus de peças concertantes. Mas a relação de Antonio Lucio com o teatro começara muito cedo. Seu pai, o barbeiro e peruqueiro Giovanni Battista Vivaldi, tocava violino, foi um dos fundadores da Sociedade de Santa Cecília – o que mais se aproximava, na época, de um sindicato, empenhado em lutar pelos direitos dos músicos – e freqüentava os meios musicais de vanguarda. Era amigo de Legrenzi, e foi este que, em 1685, o convidou para tocar violino na orquestra da capela ducal, de que acabara de ser nomeado "primo maestro".

Curiosamente, foi com o nome de "Gio: Battista Rossi" que Vivaldi pai assinou esse contrato. Havia tempos que os cabelos de fogo da família faziam os vizinhos chamá-los de "os vermelhos" – da mesma forma que, mais tarde, valeriam a Antonio o apelido de *il Prete Rosso*, o Padre Vermelho. E foi como Giambattista Rossi que ele estreou, em 1688, num teatrinho de subúrbio, a sua única ópera, *La Fedeltà Sfortunata*. Era carinhosíssima a relação de Giambattista com o filho mais velho, em quem logo percebera a tendência para a música e de quem fora professor. Um documento de setembro de 1729 mostra-o, já com 70 anos, pedindo licença a seus empregadores para acompanhar o filho famoso numa viagem à Alemanha. E a *Guida de' Forestieri*, um dos mais antigos guias para turistas, publicado por Vincenzo Coronelli em 1713, coloca-o ao lado do filho como um dos melhores violinistas de Veneza.

Giambattista sempre levava Antonio consigo para a capela ducal e, a partir dos 10 anos de idade, o menino já costumava ser chamado cada vez que havia necessidade de músicos extra para reforçar os violinos. Depois, veio o teatro. Em 1689, Vivaldi pai arranjou emprego na orquestra do Grimani, no bairro de S. Giovanni Grisostomo e, com a poeira dos palcos, Antonio assimilou a paixão pelo universo feérico das óperas de Cavalli, Cesti e Legrenzi. A vertente mundana, de força tão grande em

sua produção musical, já estava firmemente enraizada nele antes mesmo que se iniciassem – pelos costumeiros motivos de ascensão social – os seus estudos de seminário, feitos em S. Giovanni in Oleo e S. Geminiano. Recebendo a tonsura em setembro de 1693, Vivaldi foi ordenado em março de 1703 e, em setembro desse mesmo ano, viu-se nomeado professor de violino no Ospedale della Pietà.

Os *ospedali* eram instituições religiosas subvencionadas pela nobreza e a alta burguesia, nas quais se asilavam crianças bastardas, ou abandonadas, que tivessem sido encontradas à beira dos canais, onde era costume deixar os frutos indesejados de alguma aventura galante. O orfanato da Pietà, reservado às moças, era o mais importante deles naquele início de século XVII; e o fato de Vivaldi ter sido escolhido para ensinar ali demonstra como tinha se firmado cedo o seu prestígio, numa cidade onde o que não faltavam eram bons músicos.

Começa em 1703 uma carreira de compositor que o tornará internacionalmente conhecido. E não será perturbada pelas funções sacerdotais, pois a estas o padre Antonio nunca deu muita importância. Alegando uma *stretezza di petto* de nascença – provavelmente asma ou bronquite crônica –, que o forçava a "viver sempre dentro de casa e só sair de gôndola ou carruagem", ele conseguia que seus superiores o dispensassem de celebrar a missa e cumprir outros deveres eclesiásticos. Curiosa doença essa: houve quem visse nela mero pretexto para não perder tempo com a rotina da vida sacerdotal – para a qual nunca teve vocação –, já que ela nunca impediu esse homem, que viveu até os 63 anos, de trabalhar num ritmo vertiginoso, compondo uma quantidade prodigiosa de obras para o teatro, a Igreja e a sala de concertos, e viajando por toda a Europa.

Michael Talbot oferece, em apêndice a seu estudo da obra do compositor, na coleção *The Master Musicians*, a lista completa das óperas que ele escreveu. Reproduzo-a para que o leitor tenha idéia da extensão e importância desse setor em sua produção. As óperas vêm, segundo o critério adotado por Ryom, em ordem alfabética e por número de catálogo, seguida do nome do libretista, da data e local da estréia. Estão em ***itálico negrito*** os títulos das que se conservaram; as demais se perderam, total ou parcialmente. Sempre que houver, entre parêntesis, a indicação (P), trata-se de um *pasticcio*, ou seja, de uma ópera que foi montada com música de Vivaldi e outros compositores. Dois nomes de libretista separados por uma barra significa que um libreto escrito anteriormente foi revisto e adaptado para Vivaldi por um outro poeta.

695 – *L'Adelaide* (A. Salvi – Verona, 1735)

696 – *Alvilda, Regina de' Gotti* (A. Zeno, Praga, 1731)

697 – *Argippo* (D. Lalli – Praga, 1730)

698 – *Aristide* (C. Goldoni – Veneza, 1735)

699 – *Armida al Campo d'Egitto* (G. Palazzi – Veneza, 1718) – desta ópera perdeu-se o ato II

700 – *Arsilda Regina di Ponto* (Lalli – Veneza, 1716)

701 – *Artabano Rè de' Parti* (A. Marchi – Veneza, 1718)

702 – *L'Atenaide* (Zeno – Florença, 1729)

703 – *Bajazet* ou *Tamerlano* (P) – (A. Piovene – Verona, 1735)

704 – *La Candace ossia Li Veri Amici* (F. Silvani/ Lalli – Mântua, 1720)

705 – *Catone in Utica* (P. Metastasio – Verona, 1737) – desta ópera perdeu-se o ato I

706 – *La Costanza Trionfante degl'Amori e degl'Odi* (Marchi – Praga, 1716)

707 – *Cunegonda* (Piovene – Veneza, 1726)

708 – *Doriclea* (Marchi – Praga, 1732)

709 – *Dorilla in Tempe* (A. M. Lucchini – Veneza, 1726)

710 – *Ercole sul Termodonte* (G. F. Bussani – Roma, 1723)

711 – *Farnace* (Lucchini – Veneza, 1727) – os atos I e II conservados são os de uma versão revista para Ferrara, de 1739

712 – *La Fede Tradita e Vendicata* (Silvani – Veneza, 1726)

713 – *Feraspe* (Silvani – Veneza, 1739)

714 – *La Fida Ninfa* (S. Maffei – Verona, 1739)

715 – *Filippo, Re di Macedonia* (Lalli – Veneza, 1721)

716 – *Ginevra, principessa di Scozia* (Salvi – Florença, 1736)

717 – *Giustino* (N. Berengan/P. Pariati – Roma, 1724)

718 – *Griselda* (Zeno/ Goldoni – Veneza, 1735)

719 – *L'Incoronazione di Dario* (A. Morselli – Veneza, 1717)

720 – *Gli Inganni per Vendetta* (Palazzi – Vicenza, 1720)

721 – *L'Inganno Trionfante in Amore* (M. Noris/ G. M. Ruggieri – Veneza, 1725)

722 – *Ipermestra* (Salvi – Florença, 1727)

723 – *Montezuma* (G. Giusti – Veneza, 1733), durante muito tempo perdida; recentemente reconstituída, com base numa cópia do libreto, sob a forma de um *pasticcio* feito com fragmentos de outras óperas do próprio Vivaldi, de acordo com a prática setecentista

724 – *Nerone Fatto Cesare* (P) – (Noris – Veneza, 1715)

725 – *L'Olimpiade* (Metastasio – Veneza, 1734)

726– *L'Oracolo in Messenia* (Zeno – Veneza, 1714)

727 – *Orlando Finto Pazzo* (G. Braccioli – Veneza, 1714)

728 – *Orlando Furioso* (Braccioli – Veneza, 1727)

729 – *Ottone in Villa* (Lalli – Vicenza, 1713)

730 – *Rosilena ed Oronta* (Palazzi – Veneza, 1728)

731 – *Rosmira* (P) – (S. Stampiglia – Veneza, 1738)

732 – *Scanderberg* (Salvi – Florença, 1718)

733 – *Semiramide* (Silvani – Mântua, 1732)

734 – *La Silvia* (P. P. Bissari – Milão, 1721)

735 – *Siroe, Re di Persia* (Metastasio – Reggio Emilia, 1727)

736 – *Teuzzone* (Zeno – Mântua, 1719)

737 – *Tieterberga* (Lucchini – Veneza, 1717)

738 – *Tito Manlio* (Noris – Mântua, 1719) – perdeu-se um *pasticcio* de 1720, apresentado em Roma, em que ao ato III de Vivaldi juntavam-se um ato I de G. Boni e um ato II de G. Giorgio

739 – *La Verità in Cimento* (Palazzi e Lalli – Veneza, 1720)

740 – *La Virtù Trionfante dell'Amore e dell'Odio ovvero Il Tigrane* (Silvani – Roma, 1724)

A *Agrippina*, de um jovem saxão, Georg Friedrich Haendel, que viera de Roma e Florença precedida das mais elogiosas referências, o influenciou muito quando Vivaldi decidiu-se a dar os primeiros passos no terreno da ópera. Ele a vira em dezembro de 1709, no S. Giovanni Grisostomo, e ficara muito impressionado com sua riqueza melódica e instrumental. O exemplo de Haendel o inspira em *Ottone in Villa*, estreado em maio de 1713 no Teatro di Piazza, de Vicenza, um sucesso para o qual concorreu muito também a boa qualidade do libreto de Domenico Lalli – pseudônimo do aventureiro napolitano Sebastiano Biancardi, procurado pela polícia de sua cidade devido a um desfalque que dera no Banco da Anunciação, onde tinha trabalhado. Lalli era um poeta sensível e um dramaturgo cheio de imaginação, e será o autor de alguns dos melhores libretos musicados por Vivaldi.

Cleonilla, amante do imperador Ottone, é cortejada por Caio, o que causa grande angústia em Tullia, a noiva desse jovem patrício. Disfarçada de homem com o nome de Ostilio, ela se apresenta a Cleonilla e tenta seduzi-la, na tentativa de demonstrar ao homem que ama o quanto ela é volúvel e frívola. Acaba sendo bem-sucedida em seu intento mas, naturalmente, é desmascarada. Cleonilla quer que seja castigada, mas Ottone, sensibilizado com a demonstração de fidelidade que ela deu, perdoa-a e ordena a Caio – cheio de remorsos pela forma fútil como a tratou – que se case com ela. Jogando com as eternas situações de ambigüidade sexual, tão apreciadas pelo Barroco, o libreto faz um retrato bastante irônico dos costumes venezianos – muito permissivos e tolerantes, pois a promíscua Cleonilla, cujo comportamento beira a ninfomania, não é punida pelo amante no final.

Musicalmente, *Ottone* chamou de saída a atenção pela riqueza de sua instrumentação, muito mais sofisticada do que a média das óperas apresentadas na época. Para ficar só com um exemplo: Vivaldi esconde dois violinos e duas flautas doces no palco para, no acompanhamento à ária "L'ombre, l'aure e ancora il rio", de Caio, sugerir o murmúrio do riacho e o doce sopro da brisa. "Porgimi il manto, caro", a cena do final do ato I, em que "Ostilio" deixa-se seduzir pois sabe que Caio, às escondidas, está observando seu encontro com Cleonilla, é um primor de sensualidade maliciosamente sugerida. Existem duas gravações dessa primeira experiência de palco: a de Flavio Colusso e o

Ensemble Seicentonovecento (Bongiovanni, 1996) e a de Richard Hickox (Chandos, 1998).

Embora se tratasse de um dramaturgo estreante, era tão evidente a vocação do Prete Rosso para esse gênero, que foi logo procurado pelo empresário Francesco Santurini, com o convite para ir trabalhar com ele no Teatro Sant'Angelo. Esta era uma sala que, por não receber subvenções da nobreza, tinha de sobreviver trabalhando com um público popular pagante, mais interessado no luxo das encenações do que na beleza da música. Santurini não dispunha de recursos para contratar operistas renomados como Albinoni, Gasparini ou Lotti. Seu libretista oficial, Grazio Braccioli, jovem advogado de Ferrara recentemente chegado a Veneza, sabia montar intrigas cheias das reviravoltas que agradavam ao público, mas não tinha um grande refinamento de linguagem.

Quando Vivaldi iniciou a associação com o Sant'Angelo, Santurini passava por um momento difícil pois, tendo encomendado a um jovem compositor alemão, Johann David Heinichen, duas novas óperas para o Carnaval de 1713 – *Calfurnia* e *Le Passioni per Troppo Amore* – tentara pagar-lhe menos do que os 200 ducados prometidos. Mas Heinichen o processou, e o tribunal condenou-o a pagar-lhe 1600 ducados de indenização. Ameaçado com a bancarrota, Santurini propôs ao Prete Rosso assumir a gerência do teatro durante a temporada de 1713-1714, pois confiava em seu jeito habitualmente dinâmico e intempestivo de agir.

Mas a primeira experiência do Prete Rosso como compositor para o teatro que geria foi menos afortunada do que ele esperava. Na temporada de outono de 1713, produzira *Orlando Furioso* de Braccioli e Giovanni Alberto Ristori, tão bem recebido pelo público que resolveu capitalizar esse sucesso dando-lhe uma continuação. Mas o *Orlando Finto Pazzo* que Bracioli lhe preparou já começou mal desde os ensaios: Don Antonio teve de substituir diversas árias devido a protestos dos intérpretes. No topo do manuscrito da terceira versão de uma delas, o desarvorado operista iniciante escreveu: "Se esta não agradar, desisto de ser compositor." A ópera foi à cena no outono de 1714 e, como era de se esperar, fracassou redondamente.

VIVALDI

Na situação em que estava o teatro, os revezes não podiam se repetir. O jeito foi reprisar uma partitura de retorno garantido e – à boa maneira barroca –, remanejá-la, trocar algumas árias, mudar o elenco, e reapresentá-la. O *Orlando Furioso* de Ristori voltou à cena arrancando do público os aplausos costumeiros. Cauteloso, Vivaldi preferiu reescrever, para fevereiro de 1715, o *Nerone Fatto Cesare* que Giacomo Antonio Perti compusera em 1693 para o Teatro San Salvatore. Acrescentou-lhe doze árias novas e fez com que a platéia do Sant'Angelo saísse satisfeita. A primeira oportunidade de mostrar o que realmente podia fazer como operista só veio no Carnaval de 1716, quando o San Moisè, teatro mais importante do que o Sant'Angelo, o convidou a escrever *La Costanza Trionfante dell'Amore e degl'odii* para a abertura da temporada. E em novembro, no teatro que dirigia, ele foi finalmente aplaudido com *Arsilda, Regina di Ponto*. Isso ocorreu no momento em que outra benvinda reviravolta sucedia em sua vida profissional.

Em fevereiro de 1709, quando o contrato com o Ospedale della Pietà expirara, o conselho diretor, insatisfeito com o temperamento explosivo e intratável de um músico muito brilhante mas de relações extremamente difíceis com seus superiores, tinha decidido não renová-lo. Logo deram-se conta de seu erro e, em 1711, readmitiram-no como professor. Pouco depois, Francesco Gasparini, diretor da casa, desligou-se do cargo pretextando problemas de saúde (na realidade, ia assumir função muito mais prestigiosa em Roma, na corte do príncipe Ruspoli). Não demorou, e os senhores do conselho tiveram de se conscientizar que Don Antonio era o mais indicado para assumir os pesados encargos do *maestro de' concerti* do Ospedale. Depois de quatro desastradas tentativas de substituir Gasparini, renderam-se à evidência e, em maio de 1716, entregaram o posto ao Padre Ruivo.

Para o retorno ao Ospedale contribuiu muito o sucesso de *Judita Triumphans* que, embora não pertença nominalmente ao gênero operístico – a partitura a designa como um "oratório sacro-militar" –, merece ser mencionada aqui pela riqueza de seus elementos dramáticos. Na verdade, foi apenas o tema bíblico de *Judita* e o fato de que ela foi escrita para

ser executada, em novembro de 1716, no Ospedale, que levaram Vivaldi a escolher a forma do oratório. Mas esta é uma verdadeira ópera sacra e poderia perfeitamente ser encenada em vez de ser apenas executada em forma de concerto. Confirma-o a excepcional gravação de Vittorio Negri (Philips, 1975) – lançada em 1998 numa coleção das Edições Altaya, que circulou no Brasil em bancas de jornal.

Judite Triunfante – com texto em latim de G. Cassetti – faz alusão à sexta guerra de Veneza contra o Império Otomano, que se arrastava desde 1714. Mal comandadas e perturbadas por constantes motins, as forças da República tinham sofrido sérios revezes em 1715 e, desde julho do ano seguinte, eram assediadas pelos turcos na estratégica ilha de Corfu. Embora as referências diretas à circunstância histórica se confinem ao epílogo, em que o sumo-sacerdote Ozias, de Betúlia, profetisa a vitória veneziana, o prefácio ao oratório dá a chave para a interpretação alegórica. Judite representa Veneza em luta contra o sultão (Holofernes); a serva Abra é um símbolo da fé do povo na vitória; o comandante Vagaus se identifica com Ali Paxá, o general turco, famoso por sua crueldade; e Ozias personifica a união dos cristãos para defender o Ocidente contra os gentios. União que, concretamente ajudada pela aliança que Veneza firmou com a Áustria em 25 de maio de 1716, tornou realidade a profecia de Ozias: Ali Paxá foi morto em Petrovaradin, em 5 de agosto, e o cerco a Corfu foi suspenso.

Ao ser estreado, o oratório de Vivaldi correspondia portanto, de forma muito oportuna, ao jubiloso clima geral. E essa euforia se reflete no brilho de uma instrumentação exuberante, em que é empregado todo o arsenal de recursos disponível na Pietà: pares de flautas doces, oboés, clarinetes e trompetes, quatro teorbas, *chalumeau*, bandolim, órgão, cinco *viole all'inglese* e *viole d'amore*, além das cordas e contínuo usuais. Não há duetos, mas em compensação os coros – representando os guerreiros assírios e o povo de Betúlia – são mais numerosos. Grupos específicos de instrumentos são usados para caracterizar cada personagem: o tom "feminino" das violas, bandolim e *chalumeau* para Judite; as frases

231

ondulantes dos oboés, flautas e *teorbe* para o traiçoeiro Vagaus; a energia das cordas em uníssono para Holofernes – exceto na ária "Noli, o cara", em que ele se declara a Judite, num repente de ternura, acompanhado pelo oboé e o órgão *obbligati*.

Um dos melhores momentos do Vivaldi compositor dramático ocorre quando Vagaus entra na tenda onde Holofernes passou a noite com Judite e encontra seu chefe decapitado. A forma sorrateira como ele se aproxima, sem querer ser indiscreto, o horror com que reage ao ver o cadáver e a furiosa *aria di vendetta* "Armatae face", que entoa a seguir, fariam ótima figura em qualquer ópera. Páginas como essa convivem, é claro, com outras mais difusas e de menor efeito – a preparação para o assassinato do general assírio não apresenta um crescendo de excitação muito convincente, e o recitativo acompanhado com que Judite executa a sua tarefa é decepcionante –; mas isso não impede *Judita Triumphans* de ser uma obra significativa no conjunto da produção dramática de Vivaldi.

Foi uma fase áurea na carreira de Don Antonio. Superada a oposição, o Ospedale abria-lhe de novo as portas. Suas óperas estavam sendo apresentadas nos melhores teatros venezianos. E seu hábil modo de administrar o Sant'Angelo estava tirando o teatro do vermelho. É verdade que ele o fazia de modo ditatorial, mandava e desmandava sem prestar contas aos verdadeiros proprietários, os nobres das famílias Marcello e Capello, estabelecendo os programas e orçamentos, assinando ou cancelando contratos, escolhendo os cantores em função de serem adequados aos papéis e não de corresponderem à preferência do público. Mas o fazia de forma discreta, ficando sempre à sombra, deixando que as providências fossem assumidas publicamente por seus auxiliares, os empresários Modotto, Santelli, Mauro e Orsatto, que se curvavam docilmente aos humores impetuosos desse sacerdote de temperamento tão fogoso quanto a cor de seus cabelos. Agora tudo ia bem em sua carreira de operista. Só uma coisa lhe ficara atravessada na garganta: o insucesso do *Orlando Finto Pazzo,* que, na sua opinião, tinha sido injustamente tratado pelo público e pelos próprios cantores. Só treze anos depois Antonio Vivaldi conseguiria – e dessa vez com toda a seguran-

ça da maturidade – superar essa frustração de início de carreira.

É desse período uma de suas óperas musicalmente mais coloridas: *L'Incoronazione di Dario*, cantada no Sant'Angelo durante o Carnaval de 1717. O libreto de Adriano Morselli fala do bem-sucedido esforço de Dario para conquistar a mão de Statira, filha mais velha de Ciro e, com ela, o trono da Pérsia – de um ângulo diferente, é a mesma história que Zeno e Pariati vão contar na *Statira* de Albinoni, em 1726. Na versão de Morselli, a princesa é pobre de espírito; os planos de Dario esbarram nas maquinações de Arpago e Oronte, dois outros pretendentes à sua mão; nos ciúmes de Argene, a ambiciosa irmã mais jovem de Statira; e nas intrigas de Nicena, o tutor das duas princesas. O papel de Nicena, um baixo bufo, fornece aliás uma rara ocasião para que Vivaldi demonstre sua propensão para a comédia. A gravação de Gilbert Bezzina, feita para a Harmonia Mundi em 1986, é unanimente considerada pelos críticos o melhor registro de ópera desse autor já feito.

O poema de Morselli, escrito em 1684, já era um tanto antigo quando Vivaldi o reutilizou e, por isso, ainda continha um número grande de árias curtas, segundo o modelo típico da Escola Veneziana, em vez de um número menor de *arie di sortita* com estrutura ternária. A isso Vivaldi respondeu fazendo dessas miniaturas o pretexto para ágeis caracterizações de personagem. A variedade musical que isso traz e a rapidez do desenvolvimento da ação fazem com que a *Coroação de Dario* tenha melhores condições de agradar a platéias contemporâneas do que os solenes dramas típicos do Barroco Tardio em seu apogeu.

Ao expirar, em 24 de abril de 1718, o contrato que assinara com o Ospedale, Don Antonio não se candidatou à renovação, pois dessa vez tinha um convite muito mais interessante, para trabalhar no vizinho ducado de Mântua. Politicamente, iam longe os dias de glória dos duques mantuanos da dinastia Gonzaga. A aliança do último deles, Ferdinando Carlo, com os franceses, durante a Guerra da Sucessão Espanhola, fora considerada um ato de traição pela Áustria, de quem Mântua era um feudo.

Os Gonzagas tinham sido depostos e, em seu lugar, o imperador austríaco nomeara governador o príncipe Felipe de Hesse-Darmstadt. Mas a vida cultural, sob esse interventor estrangeiro, permanecera ativa e brilhante.

Vimos, em capítulos anteriores, que era tradicional a troca de artistas entre as duas cidades: Vincenzo Gonzaga perdera Claudio Monteverdi para Veneza em 1613; mas Ferdinando Carlo abrilhantara a sua corte ao contratar Antonio Caldara em 1700. As boas condições oferecidas aos músicos pelos senhores mantuanos tornavam muito tentadoras as possibilidades de ir trabalhar naquele ducado. O principal encargo do novo *maestro di cappella* era compor, para seus patrões aristocratas, cantatas laudatórias: *O mie Porpore più Belle*, por exemplo, para comemorar a nomeação do novo bispo, Antonio Guidi di Bagno; ou *Qual in Pioggia Dorata*, celebrando as virtudes de seu nobre empregador.

Mas sobrava tempo para que Vivaldi, velocíssimo compositor, continuasse escrevendo óperas, encenadas não só em Mântua como em várias cidades italianas. Nem mesmo Haendel foi capaz de uma proeza como a dele, que na página de rosto do manuscrito de *Tito Manlio* registrou: *Musica del Vivaldi fatta in cinque giorni* (Música de Vivaldi escrita em cinco dias) É verdade que partes de óperas escritas anteriormente foram reutilizadas na montagem desta suntuosa partitura, encomendada a ele em 1718 para a celebração do casamento do governador. Mas como a cerimônia foi cancelada, a ópera acabou só sendo cantada no Carnaval do ano seguinte, no Teatro Arciducale. *Tito Manlio* foi uma das primeiras óperas de Vivaldi a se beneficiar do renovado interesse contemporâneo pela obra do compositor. Vittorio Negri, que já a tinha gravado em 1977 para o selo Philips, dirigiu uma marcante encenação no Piccola Scala, em Milão, em 16 de fevereiro de 1979, no 260º aniversário de sua criação.

É opulenta a orquestração, em que se destacam muito os sopros – o que é compreensível dado o caráter festivo da música. Matteo Noris evoca, em seu complicado libreto, cheio de reviravoltas sentimentais, a rivalidade entre os romanos e seus aliados latinos, na fase republicana. Os latinos, cansados da situação de dependência em que vivem, exigem a igualdade. Como esta lhes é recusada, sublevam-se, e o cônsul Tito Manlio é encarregado de sufocar a revolta. Tito condena à morte o seu filho Manlio, porque este desobedeceu à sua ordem de não entrar em combate durante uma expedição de reconhecimento no acampamento dos inimigos. Essa escaramuça resultou na morte de Geminio, o líder dos latinos, que estava pronto a depor as armas e firmar a paz em troca da mão da romana Vitélia, a quem amava.

Manlio reconhece ter errado e aceita nobremente o seu destino. Seu amigo Lúcio, que é latino, visita-o na prisão e diz que seu povo está disposto a marchar sobre Roma e libertá-lo se ele aceitar ocupar o posto de comando deixado vago pela morte de Geminio. Manlio recusa, indignado, pois prefere a execução a ser o responsável pela derrota de Roma. O *lieto fine* obrigatório o salva de uma morte que parecia inevitável, minutos antes de o pano baixar no fim do último ato: impressionada com sua nobreza de caráter, a legião encarrega o jovem centurião Décio de interceder por ele. Diante do argumento de que Manlio pertence ao exército e não pode ser condenado pelo poder civil, Tito o perdoa.

Este breve resumo não leva em conta a intrincada rede de intrigas amorosas que ligam as personagens e tornam a história bastante complicada – fornecendo ao compositor o pretexto para que explore, em suas árias *da capo*, a mais variada gama de *affetti*. Este é, de resto, um aspecto marcante de *Tito Manlio*: a capacidade que tem Vivaldi de tirar os mais brilhantes efeitos de uma estrutura dramática em princípio monótona, conseguindo que a seqüência de árias *da capo* não se torne cansativa.

Os compromissos de Vivaldi com a corte de Mântua se encerraram em 1720, e ele voltou a Veneza, onde *La Verità in Cimento* foi o grande sucesso da temporada de outono. A essa altura, porém, as línguas ferinas, que se deliciavam com as particularidades da vida íntima das figuras públicas, encontravam um prato cheio na amizade que ligava Don Antonio a Anna Girò – ou Giraud, sendo francesa a origem de sua família –, contralto que aparentemente ele conhecera em Mântua (tanto que, ao se apresentar em Veneza, na *Laodice*, de Albinoni, ela foi chamada de "La Mantovana"). Mas o dramaturgo Carlo Goldoni, que a conheceu pessoalmente, dizia que *L'Annina del Prete Rosso* era veneziana, filha de um peruqueiro francês – provavelmente amigo do Vivaldi pai.

Goldoni a descreve mais graciosa do que bonita, com "um corpo bem-feito, olhos e cabelos atraentes e uma boca encantadora". Tinha a voz pequena mas era uma atriz muito desenvolta – coisa rara entre os cantores daquela época. Por isso, Vivaldi, que sempre lhe reservava papéis de destaque em suas óperas, preferia lhe confiar *arie d'azione*, que poderiam valorizar seus talentos dramáticos, em vez de *arie cantabili*, que exigiriam dela recursos vocais de que não dispunha. Não demorou para o fato de Anna e sua irmã Paolina morarem em casa de Don Antonio, "exercendo a função piedosa de cuidar de sua saúde", provocar escândalo. O núncio apostólico chegou a protestar, pois o Padre Ruivo "não celebrava a missa e vivia em companhia de uma cantora".

Numa carta de 16 de novembro de 1737 a seu protetor, o conde Guido Bentivoglio d'Aragona, de Ferrara, Vivaldi defendeu-se dessas acusações. Havia quatorze anos que viajava por toda a Europa com as irmãs Girò, dizia ele, e ninguém jamais duvidara de sua virtude. Admitia a amizade profunda que o unia a Anna, sim, mas garantia que elas moravam em uma casa bem distante da sua. O biógrafo Michael Talbot comenta:

> É justamente a quantidade de argumentos que Vivaldi usa em sua própria defesa que o faz parecer pouco persuasivo. É interessante a técnica de distrair a atenção de seu relacionamento com *uma* das irmãs Girò concentrando-se na discussão sobre a moral ilibada de *ambas*. Além disso, não é preciso ser muito cínico para concluir que, tendo cortejado o escândalo por tanto tempo, Vivaldi acabaria forçosamente colhendo alguns de seus frutos.

O fato de as ausências de Anna Girò de Veneza sempre coincidirem com as estréias de óperas de Vivaldi em outras cidades trazem água para o moinho das especulações sobre seu relacionamento íntimo. Mas é injusto afirmar que ela deveu sua carreira ao fato de talvez ter sido sua amante. Prova disso é que compositores como Baldassare Galuppi e Johann Adolph Hasse a convidaram com freqüência para cantar em suas óperas. E La Girò, de quem o abade Antonio Conti, um exigente crítico de opera, escreveu que "ela fazia maravilhas no palco", continuou fazendo sucesso mesmo depois da morte de seu protetor.

Mas a fama internacional de Vivaldi, os rumores sobre sua vida pessoal, a acolhida que lhe foi dada quando retornou ao Sant'Angelo e o fato de suas óperas continuarem a ser solicitadas pelos teatros de outras cidades o transformaram num alvo fácil de críticas e ataques. Não é de se espantar que ele fosse o principal visado pelo venenoso panfleto *Il Teatro alla Moda*, da autoria de Benedetto Marcello, a que nos referimos anteriormente, no capítulo sobre "O Culto ao Cantor". O injusto panfleto causou bastante rebuliço no mundo musical veneziano e encontrou apoio em certas fatias do público, deixando Vivaldi bastante decepcionado. Tanto assim que, depois do *Filippo Rè di Macedonia*, que escreveu a quatro mãos com Giuseppe Boniventi, para a temporada do Carnaval de 1721 no Sant'Angelo, ele se manteve alguns anos afastado dos palcos venezianos. Mas não da ópera, pois Florença, Milão, Roma continuavam a amar suas partituras.

Para o Carnaval romano de 1723-1724, Vivaldi produziu duas de suas óperas mais famosas: *Ercole sul Termodonte* e *Il Giustino*. Nesta última, Pietro Pariati reviu um antigo libreto em que Niccolò Beregan reconstituía a versão lendária da ascensão ao trono do imperador Justino, de Bizâncio. A deusa Fortuna aparece para o camponês Justino e lhe diz que há ser ele o líder militar que levará o exército bizantino à vitória na luta contra os cítios, comandados pelo general Vitaliano. Isso de fato acontece, mas o herói cai em desgraça aos olhos do inseguro imperador Anastácio: ele suspeita que Justino quer seduzir Arianna, sua mulher, e apoderar-se do trono. No final, todas as intrigas são desfeitas e Justino é aclamado imperador pela multidão.

O brilho da escrita instrumental e vocal torna *Il Giustino* uma das óperas mais atraentes do Prete Rosso. Além disso, a partitura está cheia de detalhes pitorescos. No início da ação, a Fortuna desce dos céus, em sua carruagem, no meio do campo onde Justino está apascentando suas ovelhas, como toda personagem árcade que se preze (não nos esqueçamos que, em sua forma original, o libreto de Beregan data do auge dos *dramme per musica* de inspiração pastoral). Para enfatizar a natureza rústica da cena, Vivaldi a constrói sobre um tema muito conhecido: o do primeiro movimento da "Primavera" no ciclo das *Quattro Stagioni* – que, a essa altura, ainda não tinha sido publicado. Um outro elemento original é o extenso coral em forma de chacona com que a ópera se encerra: é a peça mais elaborada do gênero em sua produção lírica.

A carinhosa acolhida em Roma o consolava da hostilidade de que era vítima em sua cidade natal. Ao amigo Bentivoglio, contou, numa carta, que o papa o recebera em seus aposentos privados e pedira para ouvi-lo tocando violino. A volta para Veneza, depois de tantos aplausos na capital dos Estados Pontifícios, foi triunfal. Veio cheio de idéias novas, entre elas a de pagar o cachê do cantor em três prestações, a primeira na estréia, a segunda no meio das récitas programadas e a última no final da temporada – prática que pareceu extremamente atraente aos artistas e facilitou a tarefa de atrair grandes nomes para o seu teatro. O contrato que o *diretore delle opere* do Sant'Angelo assinou em outubro de 1726 com Lucrezia Baldini inaugura essa praxe, até hoje usada em todo o mundo.

Era o clima ideal para estimular um *workaholic* como ele. Numa carta de fevereiro de 1727 ao abade Antonio Conti, Vivaldi revela que, em cinco meses, preparara *Dorilla in Tempe* e *Farnace* para Veneza e *Ipermestra* para Florença (da *Dorilla*, há uma gravação ao vivo de 1993 no selo independente Pierre Vérany). E naquele mesmo ano, para a temporada de outono, haveria de produzir a sua ópera hoje mais conhecida, o *Orlando Furioso*.

Farnace, com libreto de Antonio Maria Lucchini, estreou no Sant'Angelo durante o Carnaval de 1727, com um elenco estelar. Ana Girò e o tenor Pietro Mauro, sobrinho do compositor, criador do papel título, foram particularmente aplaudidos. Logo a ópera transformou-se no cavalo-de-batalha da fase final da carreira de Vivaldi. Foi um de seus espetáculos que mais viajou. Depois de reprisada no outono em Veneza, *Farnace* foi levada em

Livorno (1729), Praga (1731), Mântua (1732) e Treviso (1737). O Prete Rosso pretendia encená-la em Ferrara, durante uma excursão de que falaremos mais adiante; e ficou profundamente mortificado quando circunstâncias externas o impediram de fazê-lo. Para essa ocasião, tinha inclusive preparado extensa revisão da partitura, da qual possuímos apenas os manuscritos dos atos I e II. O selo Arkadia tem o registro ao vivo da apresentação regida por Massimo de Bernart na Ópera de Gênova (1982); e no Nuova Era, há o de Massimiliano Carrara em Martina Franca (1995).

Berenice, rainha da Capadócia, odeia Farnace, rei do Ponto e, por extensão, a mulher deste, a rainha Tamiri – sem saber que ela é a sua filha perdida desde pequena. Aliada ao exército romano, Berenice ataca o Ponto tentando destronar Farnace e destruir a sua família. Quase o consegue mas, no último momento, a verdadeira identidade de Tamiri lhe é revelada, o sentimento maternal é mais forte, e ela se reconcilia com seu inimigo. A esta altura, Vivaldi chegou à plena maturidade e está pronto para a obra-prima que virá a seguir com *Orlando Furioso*. É extremamente rica e variada a partitura de *Farnace*. A ária do protagonista *Nell'Intimo del Petto* traz, no acompanhamento, um desenho insólito: um longuíssimo e ininterrupto pedal tocado por duas trompas em uníssono. Os apreciadores das *Quatro Estações* hão de reconhecer uma vez mais o tema do "Inverno" que, na ária "Gelido in ogni vena", é usado não para descrever o clima mas a sensação de frio interior que há na alma da personagem. Mas a página mais notável de *Farnace* é o quarteto "Io crudel? Giusto rigore", ponto culminante da trama, em que as personagens se defrontam.

Relativamente curto, esse quarteto exemplifica à perfeição o soberbo controle de *timing*, o dom para a caracterização sucinta e o seguro senso de forma que Vivaldi possui. A página se abre com as invectivas de Berenice contra o detestado Farnace, agora seu prisioneiro. Seguem-se as palavras mais comedidas de Pompeo, seu conselheiro, que ecoa seus sentimentos mas, ao mesmo tempo, a aconselha a não cair em extremos de crueldade. Tamiri, por sua vez, está quase histérica e suplica à rainha – que ainda não conhece a sua

A Ópera Barroca Italiana

verdadeira identidade – que poupe a vida de seu marido. A linha melódica ofegante e totalmente instável que ela canta – escrita na medida para a excelente atriz de recursos vocais restritos que era La Girò – descreve graficamente o seu estado de espírito. Quanto a Farnace, o último a entrar, a sua melodia serena e equilibrada traduz a coragem com que enfrenta seu destino.

A princípio, ouvem-se as vozes separadamente. Depois, as superposições começam a ocorrer e vão se tornando mais freqüentes, aumentando a intensidade emocional e o senso de urgência. No trecho do dueto equivalente à seção B de uma ária *da capo*, as vozes são acopladas em pares (Berenice-Pompeo, Tamiri-Farnace), delimitando claramente os dois grupos que se defrontam. Na peroração, as quatro finalmente são ouvidas juntas e, em vez de fazer a reprise da primeira seção, Vivaldi conclui o movimento com um *ritornello*. Este movimento é de extrema importância histórica – numa fase em que as cenas de conjunto tornaram-se raras na *opera seria* – por ser um precursor a distância do chamado "*concertato* psicológico": a cena de conjunto em que várias personagens expressam idéias e sentimentos conflitantes. Surgindo sistematicamente com Mozart, na segunda metade do século XVIII, esse tipo de *concertato* será uma das pedras de toque do estilo romântico (o sexteto da *Lucia di Lammermoor*, de Donizetti, por exemplo) e constituirá o grande definidor do perfil estilístico de um compositor como Giuseppe Verdi.

Chegara a hora de acertar contas com o passado. Em 1724, para o Teatro Italiano de Praga, Vivaldi já tentara fazer um remanejamento de seu desafortunado *Orlando finto pazzo* de 1714. Sabe-se que esse *remake*, com libreto adaptado de um certo Bioni, foi também ouvido em Breslau no ano seguinte. Mas nada sobrou da partitura e não se sabe ao certo qual foi a reação da platéia a ele. Agora, em 1727, o Prete Rosso decidiu recomeçar de zero. Retomou o libreto de Braccioli e escreveu para ele música inteiramente nova, mudando inclusive a distribuição dos registros, a começar pela personagem-título, originalmente cantada pelo barítono Antonio Francesco Carli, e agora con-

fiada à contralto Lucia Lancetti – dotada de temperamento dramático excepcional, a julgar pelas árias que lhe foram destinadas.

Orlando estreou no Sant'Angelo no outono de 1727. O sucesso que obteve nessa ocasião não é nada comparado ao que alcançou todas as vezes em que foi encenado modernamente. Claudio Scimone o exumou, em julho de 1977, num álbum da RCA que se tornou um *best-seller* graças à qualidade da música e à excelência do elenco: Marilyn Horne, Victoria de los Angeles, Lucia Valentini-Terrani, Carmen Gonzales, Lájos Kozma, Sesto Bruscantini, Nicola Zaccaria. O próprio Scimone e Horne foram responsáveis por vitoriosas apresentações da ópera no palco, desde o espetáculo de 15 de junho de 1978 no Teatro Filarmonico de Verona. Da encenação da Ópera de São Francisco, com Marilyn Horne, regida por Randall Behr e dirigida por Pier Luigi Pizzi, existe um vídeo que já foi exibido mais de uma vez no Brasil pela TV a cabo. Todas as vezes que montou a ópera, Scimone optou por devolver-lhe o título original do libreto de Braccioli, *Orlando Furioso*, embora em 1727 Vivaldi tivesse eliminado o adjetivo para dissociar a ópera nova do antigo fracasso de treze anos antes.

Braccioli construiu seu libreto com elementos extraídos dos cantos 6 a 8, 23 e 39 do poema épico de Ariosto. Mas superpôs a ele elementos e personagens que aparecem em outras partes da narrativa. Submeteu porém ao rigor das unidades clássicas esse tratamento muito livre do original. No Prefácio ao Leitor ele se explica:

> A ilha de Alcina é o único lugar onde a ação se passa, embora no vasto épico as numerosas proezas ocorram praticamente no mundo inteiro. Limitamos tais ações, no início, no meio e no final da história, à paixão, à loucura e à recuperação de Orlando. Os amores de Bradamante e Ruggiero, Angelica e Medoro, as diversas inclinações de Alcina e as várias paixões de Astolfo servem para acompanhar a ação principal e ajudá-la a chegar a um desenlace.

Orlando, perdidamente apaixonado por Angelica, só decide não matar Medoro depois que a feiticeira Alcina o convence de que seu rival é o irmão e não o namorado da mulher que ele ama. Enquanto isso, Bradamante liberta Ruggiero do feitiço que Alcina lançara sobre ele e o perdoa por ter sido involuntariamente infiel a ela no período em que esteve sob o poder da maga. Angelica e Medoro conseguem que Orlando caia em uma das armadilhas de Alcina e, aproveitando que ele está enfeitiçado, celebram seu casamento. Ao escapar, Orlando enlouquece ao ter diante de si a prova irrefutável de que eles se amam. A loucura o leva a uma série de atos descontrolados. Mas, finalmente, recupera a razão, destrói o reino mágico da feiticeira e, magnanimamente, perdoa Angelica e Medoro por o terem enganado.

O tema central da ópera – a loucura de Orlando – é desenvolvida basicamente em recitativos, a ponto de não haver praticamente árias no ato III. Normalmente competente para escrever recitativos, Vivaldi aqui se supera. Em nenhuma outra de suas óperas consegue tamanha variedade e originalidade de declamação, fazendo o recitativo tradicional ganhar enorme riqueza de efeitos melódicos, rítmicos e harmônicos, para diferenciar os longos monólogos que reconstituem, nos atos II e III, o processo de ensandecimento da personagem.

A princípio, Orlando é tomado de uma violenta explosão de furor e ataca com sua espada os rochedos, para libertar-se da prisão em que o feitiço de Alcina o colocara. Depois, enlouquece de vez ao ler, gravada no tronco de uma árvore, a frase

> *Vivan sempre amorosi*
> *Angelica e Medoro,*
> *amanti e sposi.*

Livrando-se do elmo e da couraça, despindo-se de suas vestes, ataca as árvores e as plantas tentando vingar-se nelas de "Angelica sleale, spergiura, donna ingrata, infedel, cor traditore". É de uma extraordinária exaltação o diálogo que, nesse momento, se estabelece entre a voz e a orquestra.

Na cena 4 do ato III, no auge da insanidade, Orlando mantém com as outras personagens uma conversa totalmente desconexa, na qual os seus sentimentos de frustração estão sempre presentes. Vivaldi diverte-se ao escrever, para este trecho, um acompanhamento que oscila bruscamente entre a melancolia desconsolada e a ironia desabrida, quando surge a citação do conhecido tema das *Folies d'Es-* *pagne* (que Corelli usou em sua sonata *La Follia* e ele próprio utilizara na Sonata op. 1 nº 2). O desvario cresce até um paroxismo de violência que leva Orlando a destruir os domínios de Alcina – outra cena recitada que o compositor realiza com toques dramáticos de extrema inventividade.

Mas as árias também contêm verdadeiras jóias. A misteriosa abertura do concerto para flauta *La Notte* é retomada na primeira aparição de Orlando, "Nel profondo cieco mondo", que tem uma seção virtuosística espantosamente difícil. O elaborado *obbligato* de "Sol da te, mio dolce amore" é um dos primeiros exemplos do uso concertante da flauta no teatro veneziano. E a arte vivaldiana do contraste está lindamente demonstrada no choque entre o diálogo de Angelica e Medoro (I, 2) e a subseqüente entrada de Orlando, cego de ciúmes (I, 4); ou na forma como ele opõe, no ato III, a solene passagem em que Ruggiero e Astolfo lamentam a presumível morte de Orlando e prometem vingança, ao instante em que o cavaleiro desperta do sono, com a razão recuperada, e abençoa o casal de noivos. Notável é também como em suas serenas palavras se entremeia o monólogo "O ingiusti numi, o fati, o avverse stelle", com os protestos de Alcina, a única a sair realmente derrotada.

Mas a boa acolhida dada a *Orlando* não impedia Vivaldi de perceber que sua carreira como operista estava entrando no ocaso, pois uma nova geração de compositores – os napolitanos Leonardo Leo, Leonardo Vinci, Nicola Porpora, ou o veneziano Baldassare Galuppi – estava surgindo, e sua linguagem dramática começava a ficar tradicional. Veneza e os outros grandes centros, Roma, Florença, Milão, já não se sentiam mais tão atraídos por suas peças. Restavam-lhe os teatros de província, Reggio Emilia, Treviso, Livorno, para os quais partiu, de 1728 em diante, em busca de novas platéias, menos expostas aos modismos e, por isso mesmo, ainda receptivas às formas conservadoras.

É dessa fase *La Fida Ninfa*, escrita para a inauguração do magnífico Teatro Filarmônico de Verona. A encomenda fora feita ao bolonhês Giuseppe Maria Orlandini, *maestro di cappella* do grão-duque de Florença mas, não se sabe

A ÓPERA BARROCA ITALIANA

como, o Prete Rosso mexeu os seus pauzinhos e conseguiu que a ele coubesse a tarefa de musicar o celebrado libreto de Scipione Maffei. A situação instável na Sereníssima República, em cujas fronteiras concentravam-se tropas alemãs, retardou para 6 de janeiro de 1732 a estréia da ópera. O próprio Maffei cuidou da encenação, contratou o renomado cenógrafo Francesco Galli-Bibbiena para desenhar os cenários e gastou a soma fabulosa de 20 mil ducados na montagem desse *dramma per musica*, que combinava características de pastorais clássicas, como *Aminta* e o *Pastor Fido*, a ingredientes típicos do teatro barroco. Vale a pena oferecer um resumo detalhado da complicadíssima ação, exemplo acabado de um tipo de peça que, em plena vigência da *opera seria*, ainda tinha um pé nas retorcidas intrigas da Escola Veneziana.

O pirata Oralto raptou o pastor Narete, de Sciros, e suas duas filhas, as ninfas Licori e Elpina. Assedia a mais velha, a quem deseja, mas ela permanece fiel ao namorado de infância, Osmino, a quem nunca mais viu, pois ele foi seqüestrado por soldados trácios quando adolescente. O que ela não sabe é que Osmino, sob o nome falso de Morasto, juntou-se aos piratas e, hoje, é o homem de confiança de Oralto. Mas Osmino tampouco sabe que, entre os piratas, está Tircis, o seu irmão mais novo; e a situação se complica porque, depois que ele desapareceu, seus pais deram a Tircis o nome de Osmino, em sua memória.

Osmino/Tircis apaixonou-se também por Licori mas, como ela só pensa em um misterioso namorado que teve no passado, ele tenta despertar seus ciúmes fazendo a corte a Elpina. Enquanto isso, Oralto encarrega Morasto/ Osmino de convencer a reticente Licori que deve aceitar a corte que o chefe dos piratas lhe faz. Quanto ao velho Narete, ele fica muito surpreso quando encontra, gravados nos troncos das árvores das vizinhanças, os nomes entrelaçados de Osmino e Licori. A ninfa fiel, a essa altura, acredita ter reconhecido em Tircis o homem por quem sempre esperou e mostra-se decidida a ceder a ele. Oralto, despeitado com o desinteresse de Licori por ele, e irritado com a recusa de Narete em lhe pagar um resgate para ser posto em liberdade junto com as filhas, resolve vender os três como escravos ao sultão.

Nesse meio tempo, Morasto/Osmino compreendeu quem é Licori e começa a fazer-lhe a corte; mas ela está dando atenção a Tircis, que começa a declarar abertamente os sentimentos por ela – o que enfurece Elpina, que o acusa de ter abusado de sua boa fé. Narete, que percebeu as intenções de Oralto e sente em Morasto um aliado, pede-lhe que os ajude a se salvar, e o rapaz promete que os tirará da ilha. Oralto tenta novamente possuir Licori e, como esta se recusa, perde o controle e lhe diz que venderá toda a sua família como escravos se ela não se entregar. A moça decide então fingir que se suicidou mas, na realidade, resolve fugir e esconder-se em algum ponto remoto da ilha, para se proteger.

Na fuga, tropeça, e seu véu cai dentro de um rio, onde é encontrado por Narete. O pastor, desolado, mostra-o a Oralto, como a prova de que a sua filha se afogou para não ser violentada. O chefe dos piratas vai negociar com o sultão a venda dos escravos e deixa seu homem de confiança no comando. Licori pode então sair de seu esconderijo e Morasto revela a sua verdadeira identidade, ouvindo dela a renovação de seus votos de amor. Tircis decide casar-se com Elpina. Todos embarcam alegremente no navio que os levará de volta a Sciros, mas são surpreendidos por terrível tempestade. Quando a embarcação está a ponto de soçobrar, Juno vem em socorro ao amor indestrutível dos jovens e pede a Éolo que, soprando sobre as ondas, afaste a borrasca e acalme o oceano.

O hábito barroco de transplantar para uma obra trechos de outra resulta em algumas das melhores páginas da *Ninfa Fiel*. A Sinfonia do ato III retrabalha o primeiro movimento do conhecido concerto para violino *La Tempesta di Mare*, antecipando a cena culminante do temporal em alto-mar. E de uma obra litúrgica, o *Confitebor RV 596*, sai o trio "S'egli è ver che sua rota". Aqui, como no *Orlando*, há um perfeito equilíbrio entre o recitativo, em que são usados recursos variados, que vão do *parlando* ao arioso, e as árias, de formato muito diversificado. A solenidade da ocasião e a generosidade dos recursos investidos por Maffei permitiram a Vivaldi reunir um elenco em que havia grandes estrelas: Giovanna Gasperini (Licori), Gerolama Madonia (Elpina), Francesco Venturini (Oralto), Giuseppe Valentini (Osmino), Stefano Pasi (Tircis) e Ottavio Sinalco (Narete). O alto nível dos cantores se percebe pela extrema dificuldade das árias que lhes foram confiadas. Havia, no selo Turnabout, a gravação de Paolo Monterosso, feita no fim da década de 60.

A repercussão da estréia da *Fida Ninfa* fez com que, no retorno a Veneza, o Prete Rosso fosse muito bem recebido embora, naquele momento, a grande novidade fossem as óperas dos compositores napolitanos, ouvidas com todo o interesse pelos freqüentadores do S. Giovanni Grisostomo. Vivaldi não concordava com o que eles faziam, afirmando que, com o pretexto de satisfazer as exigências do virtuoso e do público, eles estavam na realidade traindo as exigências dos dramaturgos que tinham proposto a reforma do libreto. Para demonstrar o que dizia, escolheu um dos mais típicos exemplos da nova vertente – a *Olimpiade* de Caldara, com libreto de Metastasio, cantada em Viena em 28 de março de 1733 – e fez dela a sua própria versão, para a temporada do Carnaval de 1734, no Sant'Angelo.

Vivaldi não tinha grande afinidade com os libretos de Metastasio. O único outro drama do *poeta cesareo* que musicou, na primavera de 1737, foi o *Catone in Utica*, por encomenda do Filarmônico de Verona, para um espetáculo em homenagem ao eleitor Carlos Alberto da Baviera, que estava em visita oficial – obra escrita às pressas e que está longe de contar entre as suas melhores (mas de que existe um registro de 1984 no selo Erato). É bem típica da época a maneira como um adaptador anônimo alterou o desenlace desse esplêndido drama, o único de Metastasio que termina de forma trágica. Na primeira versão, a personagem título suicidava-se em cena aberta, depois de profetizar a queda de Júlio César. O grande árcade já fora convencido, numa segunda versão, a deixar que Catão saísse decorosamente do palco para ir apunhalar-se nos bastidores. Em Vivaldi, ele se rende a César, e quem faz a profecia é Emilia, a sua mulher.

Pela *Olimpiade*, porém, o Prete Rosso tinha muito apreço, tanto que em 1739 fez dela uma nova adaptação, a ser encenada na Accademia dei Rozzi, de Siena. A essa revisão acrescentou algumas árias extraídas da *Dorilla in Tempe*, de 1726. Em seu estudo sobre Vivaldi, Michael Talbot analisa a distribuição das árias pelas personagens, nas duas versões, encontrando nela um modelo da técnica setecentista de "repartir equitativamente as árias entre os cantores, variar o caráter de cada uma delas e espaçá-las de modo a que nenhum dos intérpretes ocupasse tempo demais o centro da cena".

As duas gravações existentes da *Olimpiade* – a de Szekeres (Hungaroton, 1977) e a de Clemenčíć (Nuova Era, 1990) – baseiam-se no original de 1732.

Clistene, rei de Sicyone, promete a mão de sua filha Aristea ao vencedor dos Jogos Olímpicos – o que entristece a moça, pois ela está apaixonada por Megacle. O jovem Licida deseja a mão de Aristea mas, sabendo que nunca será capaz de ganhar as Olimpíadas, pede a Megacle que concorra em seu lugar. Este acaba de chegar de uma viagem a Creta, não sabe ainda qual é o prêmio e concorda só para agradar ao amigo. Ao descobrir o que aconteceu, luta por Licida com toda a lealdade e, tendo vencido, deixa Aristea desesperada, pois tenta convencê-la a aceitar a mão do amigo em nome do qual combateu. Nesse meio tempo, Argene, com quem Licida tinha prometido se casar, chega de Creta, descobre estar sendo traída e denuncia a Clistene o que aconteceu. O soberano condena Licida ao exílio, e este, furioso, revolta-se e tenta matar o rei.

Licida é preso e condenado à morte. Argene decide oferecer a sua vida a Clistene em troca da dele e apresenta-se ao rei ornamentada com todas as jóias que deveria usar no dia de seu casamento. Entre elas há um colar, que lhe foi oferecido por Licida quando eles ficaram noivos. Clistene o reconhece: era de seu filho, atirado ao mar quando menino, porque um oráculo tinha previsto que, ao crescer, ele mataria o pai. Chamado, Licida confirma que, quando pequeno, fora salvo das águas do mar por um pescador. Aristea, portanto, é sua irmã, e ele deverá casar-se com Argene. A filha de Clistene sai correndo à procura de Megacle e ainda tem tempo de impedi-lo de se matar, desesperado por ter perdido a mulher que ama. O duplo casamento é celebrado com toda a pompa no final da ópera.

Fiel a seu estilo de melodrama, Vivaldi dá, na *Olimpiade*, tratamento muito rico e diversificado ao recitativo. Mas isso não exclui a presença de números de uma grande intensidade lírica. Um dos melhores é o grande dueto de Aristea e Megacle, com que se encerra o ato I, em que eclode o conflito entre a paixão e o senso do dever, dentro da melhor tradição do Classicismo francês. Notável também na linha do conflito íntimo é a ária de Clistene, "Non so donde viene", no ato III. O rei acaba de condenar Licida à morte, mas algo lhe diz – é a voz do sangue, só que ele ainda não sabe – que está cometendo um sério erro. Ela já tem a estrutura ampla e formalmente desenvolvida típica das grandes árias *da capo* que vão predominar na obra do compositores nascidos nas décadas de 1680-1690.

A temporada de 1733-1734, em que *L'Olimpiade* foi estreada, marcou o início da colaboração de Vivaldi com Carlo Goldoni, um dos mais importantes dramaturgos italianos do século XVIII. É o próprio teatrólogo que, em suas *Memórias*, evoca o primeiro encontro. Domenico Lalli tinha sugerido o seu nome para revisar *Griselda*, um antigo libreto de Apostolo Zeno. Vivaldi pretendia compor para ele nova música, visando a uma apresentação no Teatro San Samuele, da família Grimani, em maio de 1735. E precisava de um poeta que escrevesse novas árias adaptadas ao tipo de voz e interpretação de Anna Girò. Goldoni conta:

> Don Antonio recebeu-me muito friamente, tomando-me por um noviço, pouco versado na arte de mutilar velhos dramas, e não escondeu a vontade de me dispensar. [...] Mas a relutância em desapontar Sua Excelência Grimani e a esperança de assumir a direção do magnífico Teatro S. Giovanni Grisostomo, fizeram-me esconder meus sentimentos e quase implorar ao Prete Rosso que me deixasse tentar. Ele deixou-se finalmente convencer e, pegando o libreto, disse-me: "Veja, por exemplo, depois desta cena de amor, há uma *aria cantabile,* mas, como Annina não... não gosta desse tipo de ária" (o que significava que ela não conseguia cantá-las), "precisamos aqui de uma *aria d'azione*... para expressar a paixão sem ser necessário o tom patético ou o *cantabile*".

Desafiando o velho músico, que não acreditava em sua habilidade, Goldoni pediu-lhe papel e um tinteiro, sentou-se a um canto e, ali mesmo, escreveu o novo texto – pelo menos é assim que ele o conta.

Mostrei-o a ele; com o breviário em uma mão e minha folha de papel na outra, leu em voz baixa. Ao terminar, jogou a um canto o breviário, levantou-se, me abraçou e correu até a porta chamando a signorina Annina, que veio com Paolina, a sua irmã. Após ler para elas o texto, exclamou: "Ele o escreveu aqui! Foi aqui mesmo que o escreveu!" Abraçou-me de novo, dando-me os parabéns, e eu me tornei seu amigo querido, seu poeta e confidente e, daí em diante, ele nunca mais me abandonou. Assassinei o drama de Zeno o quanto ele quis, a ópera foi apresentada e obteve um grande sucesso.

A prova de que Goldoni diz a verdade é que, logo em seguida, foi ele que Vivaldi escolheu para escrever o texto de *Aristide*, uma ópera herói-cômica apresentada no San Samuele. Como havia, provavelmente, problemas contratuais que os impediam de, abertamente, oferecer obras a essa sala, ambos assinaram com transparentes anagramas: o libreto era atribuído a Calindo Grolo e a música, a Lotavio Vandini – brincadeira adicional que devia diverti-los muito.

Griselda, que Zeno escreveu originalmente para Pollarolo em 1701, inspira-se numa história tradicional que serviu de inspiração a outros libretistas. Gualtiero, rei da Tessália, casou-se com a personagem título, mulher de origem muito humilde. Para aplacar a ira de seus cortesãos, que o acusam de ter feito uma aliança indigna de seu trono, esconde deles que tiveram uma filha, Costanza, e manda-a às escondidas para ser educada num país estrangeiro. Anos mais tarde, como a rejeição da corte a Griselda continua, Gualtiero anuncia que vai repudiá-la e casar-se com Costanza, a quem apresenta como a filha do rei de um país vizinho. Griselda resiste a todas essas provações com tanta nobreza e lealdade, que seus adversários se arrependem e pedem a Gualtiero que a confirme como sua verdadeira rainha.

Griselda é um exemplo típico do estilo híbrido que Vivaldi imprime à produção de final de carreira, na tentativa de adaptar-se às mudanças por que a ópera passava na década de 1730. À exceção dos *ritornelos*, é raro os instrumentos terem proeminência. Em compensação, a linha vocal tornou-se muito mais trabalhada. As árias visam a expressar os *affetti* de forma abstrata e generalizada, em vez de fazer retratos específicos e individualizados; mas, dentro dos limites dessa convenção – que será a da *opera seria* em seu apogeu – são absolutamente eficientes. As cenas de conjunto já se tornam mais raras; mas o trio "Non più regina ma pastorella" (ato II), para Gualtiero, Griselda e Costanza, é uma página do melhor Vivaldi, à altura das cenas mais felizes do *Orlando* ou da *Fida Ninfa*. Para conhecer esta ópera, existe a gravação ao vivo de Francesco Fanna no selo Arkadia (1992).

Apesar da glória e do reconhecimento internacional de que estava coberto, muitas decepções ainda esperavam o Prete Rosso nessa fase final – justamente em decorrência do tipo de vida livre e dinâmica que sempre levara, responsável por suas mais belas realizações como artista. No final de 1736, decidiu investir o dinheiro ganho com suas bem-sucedidas atividades profissionais numa grande temporada em Ferrara, onde contava com a proteção de um amigo, o marquês Bentivoglio. Empreendimento de retorno seguro, que lhe teria permitido dobrar o dinheiro empregado, se não esbarrasse num obstáculo imprevisto: a oposição do cardeal de Ferrara, Tommaso Ruffo, a que Vivaldi se apresentasse na cidade, sob a alegação de que era um padre que não celebrava missa e, além disso, cultivava amizade suspeita com uma cantora (a esse período pertencem as cartas a Bentivoglio, anteriormente citadas, em que Vivaldi tenta defender-se das acusações de que La Girò era sua amante).

Aliás, a sua correspondência dessa fase com o marquês é um repositório de preciosas informações sobre o incidente com o cardeal, as condições como desenvolvia seu trabalho empresarial, e a consciência que tinha do rigor com que essa função devia ser cumprida. O que Ruffo exigia – que nem Annina nem ele participassem dos espetáculos – era inaceitável pois, sem a presença de ambos, as apresentações perderiam muito de seu brilho; além disso, muito exigente no que se referia aos padrões dos resultados artísticos, Vivaldi não se arriscava a confiar a ninguém mais a tarefa de reger os espetáculos.

De Verona, onde *Catone in Utica* tinha sido "levada às nuvens pelo público", pediu ao marquês que explicasse a Ruffo: "A companhia que montei é de tal porte que, por muitos anos, outra igual não se apresentará em Ferrara." Entre as estrelas contratadas, chamou

a atenção para o fato de ter conseguido a Coluzzi, a mais famosa bailarina veneziana, a quem estava pagando um cachê de cem luíses. Porém, o peso da proteção de Bentivoglio não impediu Ruffo de, no fim de novembro, proibi-lo de ir a Ferrara. Tinham sido 6000 ducados de investimento, lembrou ele, advertindo, quando se tornou claro que o projeto fracassaria: "A proibição será, para mim, a ruína total. Se eu não montar a ópera aí, terei de levá-la para outra cidade, que não encontrarei de uma hora para outra, ou então de pagar do meu próprio bolso todos os compromissos assumidos."

Seus 34 anos de sacerdócio irregular, a amizade com Anna, a vida mundana de padre mais preocupado com o palco do que com o altar não eram, porém, a única razão para Ruffo não desejar sua presença em Ferrara. Ao cardeal, ferrenho defensor dos pontos de vista muito conservadores da Cúria romana, não agradavam as idéias liberais e patrióticas expressas em *Judita Triumphans* e *Catone in Utica* – as declarações sobre liberdade e progresso feitas pela personagem título desta última ópera tinham sido consideradas muito tendenciosas pela censura. Pontos de vista, de resto, compartilhados pelo resto do clero ferrarês pois, mesmo depois que Ruffo se aposentou, em junho de 1738, seu sucessor continuou se opondo à ida de Vivaldi à cidade. Diante disso, o próprio Bentivoglio se desinteressou e, com desculpas esfarrapadas, retirou a sua proteção. Nas *Lettres Critiques et Historiques sur l'Italie* (1740), Charles de Brosses comenta, desiludido, a respeito da indiferença com que, nesse momento de dificuldade, Veneza reagia às suas dificuldades:

> Descobri, para minha grande surpresa, que Vivaldi, um velho compositor que ainda é capaz de escrever um concerto novo mais depressa do que um copista o passa a limpo, não era tão estimado quanto merecia nesta cidade onde tudo é moda, onde parece que todos já se cansaram de ouvir as suas obras, e onde a música do ano passado já não dá mais lucro.

Vivaldi, porém, não se desencorajou. Se já não contava mais com o apoio de seus compatriotas, havia sempre a boa acolhida que lhe era dispensada no exterior, onde ainda esperava ganhar o suficiente para saldar as suas dívidas. Continuou a trabalhar no Sant'Angelo, onde abriu a temporada de Carnaval de 1738 com *L'Oracolo in Messenia*, mais um libreto de Zeno remanejado. Continuou a dar seus concertos no Ospedale della Pietà, onde o último hóspede importante que recepcionou foi o rei Frederico da Polônia, no início de 1740. Ao mesmo tempo, não recusava convite algum para apresentar-se fora. Foi ele quem regeu, em janeiro de 1738, o concerto comemorativo do centenário de construção do Real Teatro de Amsterdã.

Vendeu aos curadores da Pietà, pelo preço irrisório de 70 ducados e 23 *grossi*, a partitura de vinte novos concertos, para poder custear a viagem até Viena, onde pretendia pedir a proteção de Carlos VI. Mas o imperador tinha acabado de morrer quando chegou à cidade, em outubro, e a Áustria mergulhara numa tortuosa batalha sucessória. A esperança de que Francesco Stefano, grão-duque da Toscana e príncipe consorte da nova imperatriz, Maria Teresa, lhe estendesse a mesma mão amiga que o antigo soberano não se concretizou. Pouco se sabe do que foi feito dele nesses dias pois, estranhamente, Vivaldi não procurou os amigos ilustres que tinha na cidade. O único traço de sua passagem pela capital austríaca é o recibo da venda de algumas composições a Antonio Vinciguerra, conde de Collalto, nobre veneziano que se instalara em Brtnice, no sudoeste da Morávia. Mas a esperança de poder recompor suas finanças se frustraram.

A morte o surpreendeu em Viena, na sexta-feira, 28 de julho de 1741. O atestado de óbito fala em *innerlicher Brand* (inflamação interna), ou seja, o Prete Rosso foi vítima de gangrena provocada por algum tipo de infecção. Morreu numa Satlerisches Haus, uma fábrica de selas que, após a morte de seu proprietário, um certo Wahler, fora transformada pela viúva numa miserável casa de cômodos. Nesse modestíssimo albergue de subúrbio, próximo ao Kärntnertor (o portão da Caríntia), Vivaldi morreu praticamente sem socorro médico. O estado de penúria a que se vira reduzido fez com que apenas 19 florins e 45 *kreutzers* fossem gastos num enterro quase de indigente, no Cemitério do Hospital – que já não existe mais –; uma cerimônia tão simples que lhe dava direito somente a um *Kleingeläut* (pequeno toque de sinos). O homem que, em seus dias de glória, chegara a ganhar 50 mil ducados por ano, morrera reduzido à mais total pobreza. E a cidade cujo brilho a sua música ajudara a realçar começou imediatamente a esquecê-lo.

Hoje, a edição da primavera de 1998 do catálogo *Schwann Opus*, guia de referência para colecionadores do mundo inteiro, dedica oito páginas às gravações de sua música. Após duzentos anos de gaveta, ressurgiu radiosa a obra desse anticonvencional sacerdote de flamejantes cabelos e explosivo temperamento; desse homem doentio que mal conseguia andar mas compôs uma obra espantosamente longa; desse artista espontâneo que nos impressiona, ainda hoje, pelo frescor de sua fantasia e o gênio com que consegue retomar 494 vezes a mesma fórmula – a do concerto para solista e orquestra – sempre renovando-a, nunca se repetindo. Ressurgiu a obra desse homem angustiado, inquieto, impiedoso nas exigências que fazia aos que trabalhavam com ele, mas generoso com os amigos; uma música que reafirma, em cada uma de suas notas, a alegria de viver do eternamente jovem Don Antonio Vivaldi.

HAENDEL

Ao chegar à Itália no outono de 1706, George Friedrich Haendel (1685-1759) já era um autor encenado. Iniciara a carreira no Teatro do Mercado dos Gansos, onde trabalhara com Reinhard Keiser, que aceitara montar as suas primeiras óperas: *Almira, Nero* e uma terceira tão extensa que precisara ser dividida em duas noites, com os títulos de *Florindo* e *Dafne* (essa primeira fase da vida musical de Haendel será descrita no volume *A Ópera Alemã*). Mas as intrigas e ciumeiras hamburguesas o tinham feito desejar ir em busca de ares mais respiráveis. Estimulado por um protetor, o príncipe Giovanni Gastone de' Medici, pediu demissão do teatro, reuniu os 200 ducados que conseguira economizar, e partiu para Florença.

Ali, Scarlatti estava a serviço do grão-duque Ferdinando, irmão de Gastone. E a influência do grande mestre italiano é visível no primeiro trabalho que Haendel fez para a corte desse príncipe – onde pôde ouvir a música de Orlandini e Perti e fazer amizade com o libretista Antonio Salvi, médico do soberano e poeta amador. Talvez tenha sido Salvi o autor do poema de *Rodrigo ossia Vincer se stesso È la Maggior Vittoria*, cantada no Teatro Cocomero de Florença durante a temporada de outono de 1707. O libretista anônimo reaproveitara o texto de *Il Duello d'Amore e di Vendetta*, escrito por Francesco Silvani, em 1699, para M. A. Ziani.

Rodrigo foi o último rei visigodo da Espanha. Na ópera, ele é o rei de Castela e está em guerra com Aragão, cujo príncipe herdeiro, Evanco, é derrotado e aprisionado pelo general Giuliano. Mas Giuliano quer vingar-se de Rodrigo, que seduziu Florinda, a sua irmã, e a abandonou depois de ela ter tido um filho. Alia-se a Evanco, ajuda-o a rebelar-se e a derrubar Rodrigo, que é condenado à morte. Quem o salva, porém, é Esilena, mulher de Rodrigo. Colocando nos braços de Florinda o filho que ela teve com seu marido, convence-a a suplicar a Evanco e Giuliano que o perdoem. Segue-se a reconciliação geral exigida pelo *lieto fine*: Rodrigo perdoa a traição de Giuliano e reconhece a devoção de sua esposa; Evanco descobre-se enamorado de Florinda, desposa-a, e ambos sobem ao trono de Aragão; e o filho que ela teve do mau passo anterior é nomeado herdeiro do trono de Castela.

Rodrigo ainda não exibe a expansividade melódica que será a marca registrada das óperas de Haendel na maturidade; mas o passo dado em relação a *Almira* e às demais óperas da fase alemã é considerável, sobretudo em termos de fluência dramática. O domínio adquirido da técnica de escrever recitativos em italiano é sensível; mas ainda há predomínio destes sobre as árias – mais adiante, veremos que Haendel saberá encontrar o equilíbrio natural entre as duas coisas. "Empio fato", que Esilena canta no ato II, é o primeiro exemplo daquelas árias de tom trágico às quais Haendel sempre dará instintivamente o tom mais convincente. Todo o início do ato I está faltando no manuscrito publicado por F. W. Chrysander (*G. F. Haendels Werke: Ausgabe der Deutschen Haendelsgesellschaft*, Leipzig, Bergedorf bei Hamburg, 1858-1894); por isso, remontagens modernas como a do Sadler's Well de Londres (17.7.1985) – ou a do Staatstheater de Karlsruhe (1987), da qual existe uma gravação extraída de uma transmissão da Rádio de Stuttgart – só são possíveis com a reconstrução, utilizando trechos de outras obras do compositor. Porém, não há problema nenhum nisso, já que o próprio Haendel reaproveitou, nesta primeira ópera italiana, diversas páginas da *Almira*.

Ferdinando gostou muito de *Rodrigo*. Recompensou Haendel com cem cequins de ouro e um jogo de porcelana. Mas Florença não lhe oferecia as vantagens esperadas e, tendo obtido do príncipe uma carta de recomendação para o cardeal Pietro Ottoboni, um dos grandes mecenas da nobreza clerical, o compositor seguiu para Roma. Nos meses seguintes, a ópera esteve ausente de sua produção, pois a sede do papado vivia outra daquelas fases de austeridade em que os teatros tinham sido fechados. Mas foi um período de contatos importantes com Bernardo Pasquini, Arcangelo Corelli e Domenico Scarlatti. Este último desafiava-o sempre para torneios públicos de instrumentos de teclado, nos quais o público sempre concluía que Haendel o superava ao órgão, mas não tinha a mesma habilidade do italiano ao cravo. Foi também o período dos primeiros oratórios, *La Ressurezione, Il Trionfo del Tempo e del Disinganno*.

Mas o risco de que os Estados Pontifícios, envolvidos na Guerra da Sucessão Austríaca, fossem submetidos a um cerco militar o fez preparar correndo as malas e ir para Nápoles, munido de uma carta de recomendação para o duque d'Alvito. O casamento desse nobre protetor foi comemorado com *Acis, Galatea e Polifemo*, pastoral mitológica de gosto arcaizante que demonstra com que facilidade Haendel estava assimilando as características da escrita italiana. Nápoles, ainda que apenas uma breve passagem, foi a ocasião para o aparecimento de uma dessas raras e misteriosas mulheres que, de vez em quando, pontuaram a vida do solteirão Georg Friedrich.

Em Florença, já tinha havido uma certa cantora chamada Vittoria – Vittoria Tesi, talvez? Ou Vittoria Tarquini. Aqui, na Nápoles ainda dominada pelos espanhóis, parece ter havido uma dama de origem ibérica. O reverendo John Mainwaring, primeiro biógrafo do compositor, chama-a de Donna Laura – mas nada existe de concreto que nos permita saber quem era ela.

No ano seguinte, ei-lo em Veneza. A facilidade em ligar-se às pessoas e estabelecer relacionamentos duradouros, que teria durante a vida toda, levou-o a fazer amizade com o compositor Antonio Lotti, na época organista de São Marcos. Por intermédio dele, conseguiu a encomenda de sua primeira ópera realmente importante, aquela em que estão prefiguradas as grandes características do estilo maduro. O frontispício do libreto publicado por Marino Rossetti anuncia: *Agrippina – Dramma per musica da rappresentarsi nel famosissimo Teatro Grimani di S. Gio: Grisostomo* – e foi nesse palco que ela estreou em 26 de dezembro de 1709, sendo representada 27 noites seguidas – um recorde para aquele tempo.

O excelente libreto desta comédia satírica e anti-heróica é do cardeal Vincenzo Grimani, o vice-rei de Nápoles – um dos poucos a serem expressamente escritos para Haendel (de um modo geral, os libretos que musicou eram adaptados de textos já existentes). As personagens são tratadas de forma muito viva, com traços leves e irônicos; mas a seriedade das motivações e os resultados que produzem não são escamoteados, e isso causa inegável tensão dramática. Grimani baseou-se em acontecimentos reais dos anos 40-50 d.C., tal como relatados nas crônicas de Tácito e Suetônio. De *Agrippina*, existem as seguintes gravações disponíveis: Nicholas McGegan (Harmonia Mundi, 1991); John Eliot Gardiner (Philips, 1995); e um excelente vídeo do Festival de Schwetzingen (Ostmann, 1985).

Ao receber o comunicado de que Cláudio, seu marido, se afogou, Agripina apressa-se em fazer com que Nero, seu filho, seja proclamado imperador. Mas a cerimônia é interrompida pela notícia de que Cláudio foi salvo por Oto e, em sinal de gratidão, nomeou-o seu sucessor. Inconformada com essa decisão, Agripina diz a Popéia, que está apaixonada por Oto, que seu namorado aceitou a sucessão em troca de entregá-la a Cláudio, que também a deseja. Ao mesmo tempo, intriga Oto com Cláudio, tentando convencê-lo de que é Nero que deve escolher para subir ao trono depois dele. Tendo descoberto os estratagemas de Agripina, Popéia arma uma cilada para Nero, fazendo Cláudio ficar furioso ao imaginar que seu enteado lhe está fazendo a corte.

Confrontada pelo marido, Agripina lhe diz que agiu contra Popéia pensando nos interesses de Roma e do trono, pois é maléfica a influência que ela exerce sobre o imperador. Ela acusa Oto de ser o amante de Popéia; mas Claudio acredita ser Nero o homem que lhe disputa os favores. Chama todos eles à sua presença, ordena a Nero que se case com Popéia e designa Oto seu sucessor. Este, porém, renuncia ao trono, pois prefere ficar com a mulher que ama. Comovido com a sinceridade de seus sentimentos, o imperador invoca a ajuda de Juno, a deusa do casamento, que desce do céu para abençoar o casal (esta cena aparece no libreto mas foi cortada da partitura).

Pelo tom irônico, a boa poesia e a complexidade das motivações, o libreto de Grimani lembra o de Busenello para a *Coroação de Popéia*, com a qual tem personagens e época em comum. Mainwaring descreve o sucesso da primeira noite:

> A quase cada pausa, o teatro ressoava com gritos de *Evviva il caro Sassone!* Estavam todos maravilhados com a grandeza e o sublime de seu estilo: nunca tinham visto, até então, a harmonia e a modulação utilizados de forma tão poderosa e combinadas com tanta força.

De acordo com o hábito veneziano do início do século XVII, que prolongava as tradições do Barroco pleno, *Agrippina* contém grande número de árias mais curtas, nem todas elas dotadas de *da capo*. Mas isso beneficia o andamento do espetáculo e, no que se refere ao equilíbrio entre recitativos e árias, percebe-se que "o caro Saxão" deu grandes passos adiante em relação a *Rodrigo*. Na forma de caracterizar a ardilosa imperatriz, já sentimos a mão do homem que, anos mais tarde, escreverá o *Giulio Cesare*. E os quiproquós do ato III, quando Cláudio surpreende Nero atrás de uma cortina na alcova de Popéia, demonstram que ele sabe ter muito senso de humor quando isso é necessário.

Do ponto de vista da escrita vocal, *Agrippina* é a primeira ópera em que se manifesta o imenso talento de Haendel para a coloratura não apenas como mero enfeite, mas como elemento expressivo, tanto nas árias de *stile patetico e agitato* – "Pensieri, voi mi tormentate", da protagonista – quanto em passagens líricas mais serenas ou sensuais. Bom exemplo disso é a ária de toalete "Vaghe perle, eletti fiori", que Poppea canta diante do espelho, para as suas jóias. Em vez dos efeitos mecânicos, de rigidez geométrica, das primeiras óperas, as *fioriture* já estão tendendo para passagens mais livres e variadas. Mas ainda estão presentes traços de uma maneira de escrever solene e pausada – por exemplo "Cade il mondo", longa e pomposa, com que Cláudio descreve sua expedição contra os germânicos – que tem vínculos com um estilo de escrita que já estava ficando envelhecido.

Quem caiu de amores pela *Agrippina* foi o conde de Manchester, embaixador britânico na Sereníssima República. Ele fez de tudo para convencer "l'Orfeo del nostro secolo", como os italianos já o estavam chamando, a ir instalar-se em Londres. Mas ainda era cedo para Georg Friedrich cumprir o seu destino. Em vez da Inglaterra, preferiu voltar para casa: aceitou o convite do príncipe Ernesto de Hanôver para ser *Kappelmeister* em sua corte, com o convidativo salário de mil táleres anuais. Substituía o renomado Agostino Steffani que, tendo sido promovido a bispo, vira-se obrigado a abandonar o cargo de diretor de música da cidade. Assumiu o cargo, porém, com a garantia de seu empregador de que lhe seriam concedidas licenças generosas, para poder dar prosseguimento, em outras praças, à sua carreira de operista.

Não demorou a tomar o rumo da cidade que há tempos vinham-no convidando a visitar. Em setembro de 1710, partiu para Londres. A fama de sua música o precedera: trechos do *Rodrigo* tinham sido convertidos em música incidental para uma apresentação de

The Alchemyst, de Ben Jonson; e uma das árias da *Agrippina* fora enxertada no *Pirro e Demetrio* de Alessandro Scarlatti. O envolvente saxão logo caiu nas boas graças de John James Heidegger, diretor do Queen's Theatre. Este o apresentou à sociedade local e lhe fez a primeira oferta de trabalho, boa demais para ser recusada. Aaron Hill, um dos administradores do teatro, redigiu o argumento, baseando-se na *Gerusalemme Liberata* de Tasso; e Giacomo Rossi escreveu o libreto do *Rinaldo*, que Haendel musicou em apenas 14 dias – usando o expediente de reaproveitar, habilmente maquiadas, várias das árias de suas óperas anteriores.

Fiel à moda dos espetáculos extravagantes, com cenas mágicas e de transformação, *Rinaldo* assentou as bases do prestígio de Haendel na Inglaterra, ao ser cantada em 24 de fevereiro de 1711. O *Spectator* de 6 de março dizia: "A ópera *Rinaldo* está cheia de Trovões e Relâmpagos, efeitos de Iluminação e Fogos de artifício".

Mas não havia apenas isso. Haendel tinha querido – como explicou Aaron Hill no Prefácio ao libreto – esperar para conhecer o elenco disponível, antes de começar a escrever a música, pois as óperas italianas ouvidas até então em Londres tinham o defeito de "terem sido compostas para Gostos e Vozes diferentes dos que as cantariam e ouviriam no Palco Inglês". *Rinaldo* representa, portanto, uma novidade revolucionária em termos do teatro lírico produzido na Inglaterra: não só recuperava efeitos de cena característicos da *masque* inglesa, como era musicalmente pensada em função das qualidades específicas dos artistas que a iriam cantar.

E entre eles havia artistas capazes de valorizar as melodias haendelianas: Francesca e Giuseppe Maria Boschi, o *castrato* Nicolò Grimaldi, conhecido como il Cavalier Nicolino. Este último, um celebrado intérprete de Scarlatti, deu início ao hábito de os papéis haendelianos de herói apaixonado serem normalmente confiados a um contraltista. Na delicadeza de algumas das árias e na extensão muito específica que a voz deve abranger, do lá[2] ao mi[4], reconhecem-se não só as características da voz desse artista como também as influências estilísticas do mestre italiano em que

ele era especializado. O mesmo se observa em relação ao casal Boschi, que Haendel conhecia bem, pois ambos tinham cantado na estréia da *Agrippina*.

O resultado foi tão bom que a ópera obteve 37 récitas e, depois, foi levada em Dublin, Hamburgo e Nápoles. Desde a sua primeira remontagem moderna – Halle em 1954, cantada em alemão – tem sido um sucesso onde quer que seja apresentada. Tendo Marilyn Horne no papel título, foi a primeira ópera de Haendel a ser cantada no Metropolitan de Nova York em 1984, ano do centenário do teatro, sob a regência de Mario Bernardi. Dela existem duas gravações: a de Jean-Claude Malgoire (Sony Classics, 1977) e a de J. Fisher, ao vivo no La Fenice de Veneza (Nuova Era, 1989).

A feiticeira Armida, rainha de Damasco, apaixonou-se pelo cavaleiro Rinaldo e quer separá-lo de Almirena – a filha de Goffredo, chefe dos cruzados –, de quem ele é noivo; e a carrega numa nuvem negra no momento em que os amantes, num bosque encantado, estão se declarando um ao outro. Goffredo e seu irmão Eustazio propõem a Rinaldo ir pedir ajuda a um santo eremita para derrotar a feiticeira. À beira-mar, porém, ignorando as advertências de seus companheiros, o jovem cruzado entra num bote conduzido por uma bela desconhecida, que lhe diz ter condições de levá-lo até Almirena.

Esta se encontra presa no jardim mágico de Armida, onde Argante, o amante da feiticeira, tenta inutilmente seduzi-la. Rinaldo também é levado para lá, mas resiste a todas as tentativas de sedução de Armida, até mesmo quando ela assume a forma de Almirena para enganá-lo. Ao ver reaparecer Argante, Armida mantém-se disfarçada como a filha de Goffredo, para testar seus sentimentos e, ao perceber que ele a está traindo, rompe a aliança com ele e jura vingança. Enquanto isso, guiados pelo santo eremita, Goffredo e Eustazio fazem diversas tentativas de combater os espíritos do mal mobilizados pela feiticeira, mas acabam aprisionados no alto de um rochedo, em pleno oceano.

Em seu jardim, Armida tenta apunhalar Almirena. Rinaldo saca a espada para impedila, mas é retido por dois espíritos. Nesse momento, Goffredo e Eustazio, que conseguiram se libertar, chegam em sua ajuda. A feiticeira invoca as Fúrias para destruí-los mas, com uma vara de condão que lhes foi dada pelo eremita, os cruzados fazem o jardim desaparecer. Eles são transportados para os portões de Jerusalém. Quando Armida volta a ameaçar Almirena com o punhal, Rinaldo a ataca com sua espada e ela se desvanece.

Reconciliando-se com Argante, Armida ataca os cruzados com seu exército pagão. Mas os cristãos, liderados por Rinaldo, são vitoriosos, e o casal de feiticeiros é capturado. Rinaldo e Almirena se unem. Compreendendo que o céu foi magnânimo e a perdoou, Armida abjura de suas artes mágicas e quebra sua vara de condão. Argante e ela convertem-se ao cristianismo e são postos em liberdade por Goffredo.

Trabalhando com um libreto tão episódico, Haendel não podia contar com a coesão do movimento dramático e sim com a variedade, o contraste e o efeito especial de cada cena isoladamente. Nesse sentido, é como se, apesar de todos os progressos feitos nos seis anos anteriores, ele tivesse sido obrigado a regredir ao universo de *Almira*, esmerando-se em conseguir o máximo de impacto em cenas individuais como a da chegada de Armida, no ato I, descendo do céu numa carruagem de fogo. É eletrizante a introdução orquestral, em ritmo exótico, quase de bolero; e a ária de entrada, "Furie terribili", lenta e majestosa, caracteriza a personagem de forma imediata e econômica. De Armida, Haendel vai exigir tanto uma tessitura agudíssima – o dó^5 que ela tem de alcançar em "Molto voglio, molto spero" – quanto a intensidade do *stile patetico* em "Ah crudel, il pianto mio". O recitativo acompanhado também requer grande concentração emocional.

Rinaldo está cheio de melodias memoráveis, ainda que requentadas de ocasiões anteriores. E uma das mais célebres é a belíssima "Lascia ch'io pianga", que Almirena canta no ato II, pedindo a Argante que pare de importuná-la: ela é reaproveitada da cantata *Il Trionfo del Tempo e del Disinganno*, apresentada em Roma em 1707. Igualmente bem-sucedidas são "Venti, turbini", do ato I, em que Rinaldo invoca a tempestade em seu auxílio; o adagio de Almirena "Augeletti che cantate", de inspiração pastoral, com flauta concertante;

ou a empolgante marcha do exército cristão no ato III.

Em alguns pontos, o libreto teve de ser adaptado e até mesmo distorcido, para encaixar árias já prontas – o que não tinha a menor importância, pois tinham sido cantadas na Itália ou na Alemanha, e ninguém na Inglaterra as conhecia. Mas sempre que se torna necessário fazer caracterizações específicas de personagens, Haendel é muito feliz: o melhor exemplo é a seqüência com que se encerra o ato II, quando Armida confirma que Argante a está traindo. O trecho que vai do recitativo acompanhado "Dunque i lacci d'un volto" até a feroz ária "Vò far guerra" é uma daquelas páginas virtuosísticas que explicam a popularidade mantida por *Rinaldo* durante várias temporadas.

Georg Friedrich seguia, nesta ópera, a tendência vigente na Itália a afastar-se do modelo seiscentista veneziano, compondo um número menor de árias – apenas dezoito e quatro duetos – e muitos recitativos acompanhados, e usando um número relativamente pequeno de personagens: dez, incluindo as secundárias. Mas ainda mantinha intacta a tendência ao espetaculoso, multiplicando as oportunidades para fazer surgir em cena desfiles de soldados, carruagens puxadas por dragões que soltavam fumaça da boca – elementos que, na Itália, já caíam de moda mas na Inglaterra, onde o público estava começando a descobrir o melodrama mediterrâneo, agradavam plenamente.

O fato de *Rinaldo* ter sido reprisado tantas vezes é o responsável pelas diferenças textuais existentes nos diversos manuscritos disponíveis, pois a partitura teve de ser adequada aos tipos de elenco utilizados em cada ocasião. A distribuição de 1711 – Goffredo, soprano; Armida, soprano; Argante, *castrato* contralto –, por exemplo, mudou para tenor-contralto-baixo na revisão de 1731 (em sua gravação, Malgoire usa a partitura de 1711, mas mantém o registro de baixo para Argante). Quanto ao papel título, escrito para Nicolino, foi o famoso Senesino, mais virtuosístico ainda, quem o interpretou em 1713; com isso, fixou a moderna necessidade de que o faça uma cantora, com agilidade suficiente para enfrentar as exigências de sua diabólica ornamentação.

O sucesso de *Rinaldo* abriu a Haendel as portas dos mais seletos salões londrinos, como o de Clerkenwell: a casa de Thomas Britton, próspero mercador de carvão que era também bibliófilo, químico amador e mecenas da música. Era muito tentadora a oferta que lhe faziam de permanecer na Inglaterra, mas seu tempo de licença se esgotara, e seus patrões já davam sinais de impaciência. A impressão que se tem, porém, é a de que Georg Friedrich saíra da Inglaterra já pensando na volta pois, no outono de 1712 – depois de ir à sua Halle natal para assistir ao batizado de uma sobrinha – conseguiu da corte de Hanôver novo período de licença, desde que "se comprometesse a voltar num espaço de tempo razoável". Mas dessa vez – talvez nem ele próprio soubesse – estava indo para ficar.

O Haymarket abriu-lhe os braços; mas não dispunha de recursos para montar espetáculos tão dispendiosos quanto *Rinaldo* e não contava mais com Nicolini, que voltara para a Itália. Era necessário recorrer a um tipo de peça mais intimista, e a escolha recaiu sobre a famosíssima *Il Pastor Fido* (1584), de Giovanni Battista Guarini. Ainda assim, Giacomo Rossi, encarregado de adaptá-la, reduziu drasticamente o número de personagens e simplificou bastante as situações; e Haendel, como de hábito, usou suas técnicas de transplante, trazendo muito material de obras anteriores para esta segunda ópera inglesa que estreou – sem o mesmo sucesso do *Rinaldo* – em 22 de novembro de 1712. Há duas gravações disponíveis do *Pastor Fiel*: a de Gerelli (Cetra, 1969) traz a versão original de 1712; a de N. McGegan (Hungaroton, 1988) usa a versão revista para a reapresentação no King's Theatre em 29 de maio de 1734 – mas elimina o balé especialmente composto para essa ocasião, de que falaremos mais adiante.

O oráculo anunciou que o povo da Arcádia só se livrará do dever de sacrificar anualmente uma virgem a Diana se promover a união de "dois seres de raça celestial", e os sacerdotes já decidiram casar Amarilli com Silvio. Mas este está mais interessado em caçar do que em perseguir as donzelas, e nem percebe que Dorinda o ama. Quanto a Amarilli, é do pastor Mirtillo que ela gosta e, com isso, atrai o ódio de Eurilla, que está apaixonada por ele. Usando um estratagema, Eurilla consegue que os dois enamorados se encontrem dentro de uma caverna, onde quer que sejam surpreendidos e desmascarados. Dorinda esconde-se atrás de um arbusto, perto da caverna, para ver o que está acontecendo, e Silvio, acreditando tratar-se de um animal feroz, a fere com uma lança. Esse acidente faz com que, finalmente, ele passe a vê-la com interesse.

Surpreendida nos braços de Mirtillo, Amarilli é condenada à morte por ter traído o juramento de casar-se com Silvio. Mas Mirtillo diz que não poderá viver sem ela e oferece-se para ser imolado em seu lugar. O sumo-sacerdote Tirenio anuncia então que o furor de Diana se aplacou e o sacrifício não é mais necessário. A deusa comunicou-lhe também que Mirtillo é de linhagem divina e que acabam de se cumprir os termos do oráculo: "A Paixão exaltada de um Pastor Fiel cancela o antigo Crime de uma pérfida Donzela." Amarilli pode finalmente casar-se com Mirtillo. Silvio pede para desposar Dorinda. Para garantir um irrestrito *lieto fine*, Eurilla é perdoada.

Lembrando-se talvez da opulência do *Rinaldo*, o comentarista do *Spectator* registrou: "A Cena representava apenas o País da Arcádia, os Figurinos eram antigos e a Ópera, muito Curta".

É compreensível a decepção do público, mas nem por isso ele deveria ter desdenhado esta obra intimista de caráter tão gracioso. As possibilidades de caracterização de algumas das personagens são limitadas pela utilização profusa de material já pronto; mas Eurilla, a figura mais forte, é desenhada com traços extremamente marcantes. Quanto a Mirtillo, a escrita de suas árias é mais cautelosa, pois o *castrato* Pellegrini, que entrara no lugar de Nicolini, estava longe de possuir as mesmas habilidades.

Em maio de 1734, já em plena maturidade – no ano anterior à *Ariodante* e à *Alcina*, duas de suas maiores óperas – Haendel voltou ao *Pastor Fido*; mas desta vez transformou-a numa obra inteiramente nova. Das 32 árias originais, apenas oito foram mantidas. Muitas páginas continuam a ser reaproveitadas mas, desta vez, enriquecidas com coloratura magnífica, pois Mirtillo passara a ser interpretado

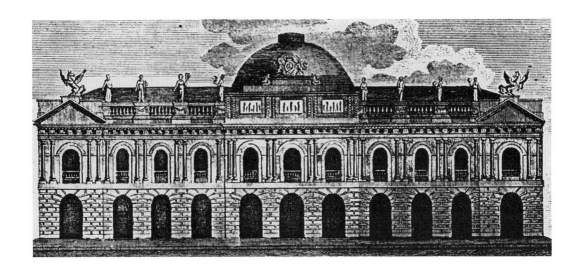

Fachada do King's Theatre, no Haymarket de Londres, onde foram estreadas várias óperas de Haendel. O teatro foi destruído em 1789.

pelo talentoso Giovanni Carestini. Em compensação, houve sensível redução no papel de Eurilla, pois sua intérprete – o contralto Margherita Durastanti, a criadora de Agrippina – estava envelhecida e assumira proporções imensas (o libretista Paolo Antonio Rolli chamava-a de "l'elefante"). A adição de números corais também deu mais solidez à estrutura.

Houve nova revisão, bastante extensa, para a apresentação de 9 de novembro daquele mesmo ano, no Covent Garden. Nessa ocasião, estava em Londres a companhia de balé da francesa Marie Sallé e, para aproveitar sua presença, foram incluídos bailados nos finais dos três atos. Haendel compôs também um Prólogo em forma de *opéra-ballet*, intitulado *Terpsicore*, imitando uma peça do mesmo gênero de François Colin de Blamont. Em 1932, sir Thomas Beecham fez com algumas dessas danças uma suite que, batizada de *The Faithful Shepherd*, tornou-se muito popular no repertório de concertos. No selo Dutton, existe uma gravação de valor histórico dessa peça, regida pelo próprio Beecham. *Terpsicore* foi eliminada do registro de McGegan; mas há dela gravações com John Elliot Gardiner (Erato, 1985) e Jeanne Lamon (Sony Classics, 1995).

Vendo que as preferências do público pendiam para o espetaculoso, para as cenas de grande efeito, foi esse o tipo de ópera que o Queen's Theatre encomendou em seguida a Haendel. *Teseo*, que estreou em 10 de janeiro de 1713, foi a sua primeira colaboração com o experiente Nicola Francesco Haym que, no futuro, seria um de seus libretistas mais freqüentes. E eles fizeram a experiência, não inteiramente bem-sucedida, de converter em ópera italiana uma *tragédie lyrique* francesa, adaptando o *Thésée* que Philippe Quinault escrevera, em 1675, para Jean-Baptiste Lully. No poema de Haym, as personagens mitológicas são usadas de maneira ainda mais livre do que no de Quinault.

Teseu está lutando incognito no exército de seu pai, Egeu, rei de Atenas. Está apaixonado por Argilea, princesa confiada à guarda de seu pai; mas não sabe que Egeu tem planos de se casar com a moça. E prometeu a mão do filho à feiticeira Medéia, em troca da ajuda que ela poderá lhe dar, em seus planos militares,

com os poderes sobrenaturais de que dispõe. Medéia nunca consegue fazer-se amar por Teseu, mas usa uma porção de estratagemas maléficos para impedir seu casamento com Argilea. Quando acredita ter conseguido, isso, desaparece em meio a uma tempestade cheia de trovões e relâmpagos. Mas o final infeliz é impedido pela aparição de Minerva, que, descendo do céu numa nuvem radiosa, devolve o bom senso a Egeu, desfaz os malfeitos de Medéia e promove a união dos amantes.

Não funciona muito bem a conversão de uma forma como a ópera versalhesa – com muitos recitativos acompanhados, poucas árias, inúmeros balés e freqüentes cenas de representação dos fenômenos naturais – numa ópera de modelo italiano, com sua alternância de recitativos secos e árias *da capo*. Apesar de alguns números individuais bem realizados e da caracterização muito eficiente de Medéia, *Teseo* é uma das óperas mais irregulares de Haendel, como se pode verificar mediante a gravação de Marc Minkowski com Les Musiciens du Louvre (Erato, 1992). Muito habilmente, porém, ele a tinha dedicado ao jovem conde de Burlington que, ao atingir a maioridade, haveria de se tornar um importante protetor da música, ajudando a consolidar a reputação do compositor naquele fim de reinado da rainha Ana.

Foi a Burlington também que Haendel dedicou *Silla*, com libreto de Rossi, provavelmente apresentada no Queen's Theatre em 2 de junho de 1713. Já se sugeriu a idéia de que, na figura repulsiva de Lúcio Cornélio Silla, ditador romano do século II – personagem título também de óperas de Mozart e J. Ch. Bach – o libretista e o compositor tenham querido fazer alusão ao duque de Marlborough, desafeto de Burlington. Nunca se pôde comprovar tampouco a tese de que a ópera teria sido apresentada primeiro num espetáculo semiprivado, em homenagem ao embaixador francês, a quem o libreto é dedicado.

Silla é um homem violento, impiedoso e mulherengo, habituado a possuir à força as mulheres que deseja e a condenar à morte os que se opõem a ele. Metella, a sua mulher, defende as suas vítimas e as salva; mas quando uma rebelião o derruba, ela fica ao seu lado e não deixa que o condenem à morte. Comovido com a sua abnegação, ele concorda em abdicar, e a liberdade lhe é restituída. Parece que o libreto de Rossi é a redução de um texto italiano anterior, que não pôde ser localizado. Apesar das ocasionais páginas bem concebidas, a partitura foi escrita às pressas e é uma das obras mais fracas de Haendel; por isso mesmo, uma das poucas que ainda não mereceram uma remontagem moderna.

George Frideric Handel, como agora o chamavam os ingleses, tornara-se cidadão londrino e nem pensava mais no "espaço de tempo razoável" dentro do qual prometera ao príncipe Ernesto voltar a Hanôver. Freqüentava os melhores concertos, encontrava-se com os coralistas da Catedral de São Paulo, na taberna Queen's Arms, fizera amizade com o arquiteto William Kent, o poeta Alexander Pope, os escritores Jonathan Swift e John Arbuthnot. Contente por ter recebido dele, em fevereiro de 1713, a bela *Ode de Aniversário para a Rainha Ana*, a soberana encomendou-lhe o *Te Deum* e o *Jubilate*, cantados em 7 de julho de 1714 para comemorar a paz de Utrecht. Inebriado com a sofisticada vida social da capital britânica e com a pensão de 200 libras que a rainha mandara lhe pagar, muito satisfeito com os lucros que obtinha investindo o seu dinheiro nas sociedades comerciais inglesas, Haendel nem pensava em voltar a Hanôver.

É claro que seus empregadores ficaram muito irritados, ainda mais por ele estar servindo a uma soberana abertamente contrária às pretensões do ramo de Hanôver à sucessão do trono inglês. E a situação de Haendel tornou-se inesperadamente delicada pois, em 1º de agosto de 1714, a rainha morreu de repente. E seu sucessor foi justamente o irmão do príncipe Ernesto, coroado em 20 de outubro com o nome de Jorge I. Mas sua apreensão durou pouco. Jorge I tinha mais coisas a fazer do que vingar-se de um empregado negligente de seu irmão. E em companhia de uma de suas amantes, foi prestigiar no Haymarket, agora rebatizado como The King's Theatre, a remontagem do *Rinaldo* e a estréia de *Amadigi*, que marcou o retorno do "caro Sassone" ao palco lírico em 25 de maio de 1715.

Haym não desistira, com o fracasso do *Teseo*, da idéia de aclimatar o superespetáculo da ópera versalhesa aos moldes do melodrama italiano tal como praticado em Londres. Desta vez, reduziu para três atos o *Amadis de Grèce* que Antoine Houdar de la Motte escrevera, em 1699, para André Cardinal Destouches. Essa peça fora escolhida devido às suas semelhanças com o bem-sucedido *Rinaldo*, cuja fórmula se queria repetir. Era fundamental tentar levantar o Haymarket que, durante a temporada do *Teseo*, quase fora à bancarrota devido à má administração do irlandês Owen MacSwiney. E para ter certeza de que a nova ópera atrairia o público, Nicolino foi chamado da Itália para fazer o papel principal, secundado por duas boas cantoras, a soprano inglesa Anastasia Robinson e a contralto veneziana Diana Vico.

A feiticeira Melissa seqüestra Oriana e a aprisiona numa torre encantada, para separá-la de seu noivo, o cavaleiro Amadigi, pelo qual se apaixonou. Para procurar a noiva, Amadigi pede a ajuda de seu amigo Dardano; mostra-lhe um retrato da moça, e Dardano descobre ser ela a desconhecida pela qual há tempos está apaixonado. Sabendo disso, Melissa deixa que Amadigi liberte Oriana; em seguida faz com que ele tenha a falsa visão da noiva, ao lado da Fonte do Verdadeiro Amor, aceitando a corte de Dardano. Ao mesmo tempo, faz com que este último assuma a forma de Amadigi e vá se encontrar com Oriana, que se deixa enganar. Mas ambos são surpreendidos pelo verdadeiro Amadigi que, num duelo, mata o amigo. Agora, Melissa tem os dois amantes em suas mãos e pode vingar-se deles. Mas uma estranha força a impede de erguer a espada contra Amadigi ou Oriana. Invoca o espectro de Dardano, e este lhe diz que o casal está sob a proteção do céu, que aprova a sua união. Desesperada, Melissa se mata – um vestígio do final da *tragédie lyrique*, mantido por Haym, embora ele fosse contrário aos hábitos da *opera seria* italiana.

A força emocional da música de Haendel, maior no *Amadigi* do que em qualquer de suas óperas escritas até então, compensa qualquer deficiência na adaptação do libreto francês. A paixão frustrada de Melissa pelo cavalheiro é descrita em termos absolutamente verossímeis, e o conflito criado quando Amadigi e Dardano, amigos de longa data, descobrem estar apaixonados pela mesma mulher, recebe tratamento de grande tensão dramática. Haym fez bem em eliminar todas as figuras secundárias e acessórias que havia em Houdar de la Motte, fechando o foco das emoções em apenas quatro personagens. Mas a origem francesa do libreto fica evidente na permanência de alguns números de balé, entre eles uma "Dança dos Cavaleiros e Damas Enfeitiçados", no final do ato I, que agradou muito ao público.

Sente-se, nesta ópera, que Haendel deixa-se influenciar pela fórmula do melodismo simples de Bononcini, baseado em temas que se desenvolvem em graus conjuntos, ou tendendo a fazer a ornamentação incidir sempre sobre a última palavra da frase: "Non sa temere questo mio petto", de Amadigi, é um exemplo típico. Mas encontramos aqui também o uso de um recurso aprendido com Steffani e Scarlatti: o da "palavra lema" – uma palavra chave do texto depois da qual há uma pausa de dois compassos, seguida da enunciação completa do tema da ária. "Vado, corro al mio tesoro", de Amadigi, exemplifica isso claramente. Mas nem tudo é simplicidade na escrita do *Amadigi*: o lamento "O rendetemi il mio bene", de Orianna, é de uma complexidade típica do Scarlatti mais maduro; e a coloratura vigorosa comparece em "Desterò dell'empia Dite", de Melissa, com *obbligato* de trompa, ou na agressiva "Agitato il cor mi sento", de Dardano, com a propulsão de uma seqüência vertiginosa de escalas ascendentes.

Amadigi é importante porque nele encontramos as primeiras manifestações de uma tendência, que irá se acentuando com a maturidade, a especificar alguns detalhes da coloratura, em vez de deixar tudo a cargo dos cantores que, na época, decidiam, em função de seu repertório pessoal de efeitos, as *fioriture* com que desejavam embelezar a linha melódica. Em "Gioie venite a me", cantada por Oriana, já encontramos fórmulas ornamentais de estilo gracioso, cujos contornos são definidos pelo próprio compositor. Marc Minkowski fez em 1991 a gravação dessa ópera existente no selo Erato.

Se ainda havia algum constrangimento entre Jorge I e o compositor, este foi certamente dissipado com a pensão de 200 libras suplementares a ele concedida pelo novo rei, que o

convidava constantemente a tocar na corte de Saint James (quando Geminiani apresentou-se no palácio, declarou que não aceitaria ser acompanhado ao cravo por nenhum outro músico senão Haendel). Nesta fase, alguns de seus biógrafos situavam a composição de uma de suas peças mais conhecidas, a *Suite Música Aquática*. Pesquisas mais recentes demonstraram, porém, que ela foi escrita um pouco mais tarde, para um passeio de barco que o rei fez pelo Tâmisa, em 17 de julho de 1717.

Ocorre aqui um hiato de quase dois anos na vida do operista. A companhia do Haymarket tinha se dissolvido em junho de 1717, em parte devido ao esgotamento artístico e ao cansaço de Heidegger como administrador; em parte devido aos desentendimentos entre Jorge I e o príncipe de Gales. Dois anos depois, um grupo de nobres proporia a Haendel assumir a direção da recém-criada Academia Real de Música – ela estaria sob a supervisão do duque de Newcastle e, entre os membros da diretoria, contaria com os duques de Portland e Queensberry e com o conde de Burlington, todos eles pessoas com quem o compositor mantinha ótimas relações de amizade.

Encarregado de viajar pelo continente europeu para contratar cantores que pudessem integrar o elenco da nova companhia, Haendel foi a Düsseldorf, Hanôver, Dresden e, nessa ocasião, deixou por um triz de ficar conhecendo Johann Sebastian Bach. Este soube que o saxão estava em Halle – onde fora visitar o cunhado Michaelsen, viúvo de sua irmã Dorothea, que morrera de tuberculose no início daquele ano –, e saiu de Cöthen, onde trabalhava, para ir procurá-lo. Mas chegou a Halle tarde demais: Haendel já tinha partido para dar prosseguimento à caça de cantores. Dessa forma, deixou de acontecer o encontro entre os dois maiores nomes do Barroco Tardio.

Os resultados da busca não foram maus, pois Haendel contratou nomes importantes: Benedetto Baldassari, Margherita Durastanti, Matteo Berselli e o *castrato* Senesino (Francesco Bernardi). Este último estava destinado a reforçar a tradição do contraltista haendeliano heróico e apaixonado. Dono de uma voz de belo timbre, potente, flexível, já era famoso como intérprete de Gasperini, Pollarolo, Scarlatti e Lotti, que tinham escrito para ele vários papéis. Tinha muita agilidade, mas era excelente sobretudo no gênero nobre e patético, favorecidos pela elegância de sua dicção e sua elevada estatura.

De volta a Londres, Haendel vinha tão confiante no sucesso da Academia que decidiu instalar-se por conta própria, em vez de continuar dependendo da hospedagem dos mecenas: alugou a casa no nº 57 da Lower Brook Street, em que moraria até o fim da vida – e que existe até hoje, transformada em museu. Assim que se instalou, começou a preparar a primeira temporada da Academia, que se iniciou em 2 de abril de 1720 com o *Numitore* de Giovanni Porta, que ele conhecera em Roma. Seguiu-se o *Narciso*, de Domenico Scarlatti.

Para a estréia de seu *Radamisto*, preferiu esperar até o dia 27, quando estava definitivamente consolidada a reconciliação entre o rei e o príncipe de Gales, que compareceram juntos ao espetáculo. No programa vinha impressa uma epístola em que Haendel dedicava a Jorge I a sua nova ópera. Haym a adaptara do *Amor Tirannico* de Domenico Lalli, musicado em 1710 por Francesco Gasparini. A afluência do público à estréia de *Radamisto* foi tão grande que, à porta, houve briga pelos ingressos, e algumas damas tiveram seus vestidos rasgados e as perucas arrancadas pelos candidatos mais afoitos a entrar no teatro.

No século I d.C., o tirano Tiridate, da Ásia Menor, apaixonou-se por Zenóbia, sua bela cunhada – ela é casada com Radamisto, irmão de Polissena, sua esposa. Para possuí-la, Tiridate não hesita em atacar os domínios do cunhado, contando para isso com a aliança do chefe militar Tigrane. Mas a situação é complicada pelo fato de que Tigrane ama Polissena e está disposto a tudo para conquistá-la. As duas esposas são fiéis ao marido: Polissena tenta insuflar um pouco de bom senso em Tiridate, e Zenóbia demonstra ser um modelo de esposa disposta a todos os sacrifícios por devoção conjugal. Quando Radamisto está para ser derrotado, ela lhe pede que a mate para que não corra o risco de cair nas mãos de Tiridate. Radamisto não tem coragem de matá-la, mas fere-a ligeiramente, ela cai dentro do rio e é salva pelos homens de Tiridate. A princípio, Radamisto acha que ela morreu; depois, infiltrando-se disfarçado na corte do cunhado,

descobre cheio de alegria que Zenóbia ainda está viva. Nesse meio tempo, uma revolta liderada por Tigrane derruba Tiridate. O final traz a reconciliação geral esperada: Radamisto e Zenóbia são deixados em paz; Tigrane reconhece a fidelidade de Polissena e deixa-a partir com o marido, a quem devolveu a liberdade.

Para uma ópera destinada a inaugurar um teatro patrocinado pela nobreza, Haendel escreveu uma música cujo estilo elevado corresponde ao perfil social do público a que se destinava. É um de seus dramas mais graves e heróicos, no qual demonstra a variedade de recursos de que se pode lançar mão, para caracterizar as emoções humanas, mesmo ficando dentro dos limites formais restritos da *opera seria*. Radamisto tem páginas notáveis, como o lamento "Ombra cara", que o protagonista canta ao se convencer de que sua esposa morreu afogada. E o coro final é o mais longo e elaborado de todas as suas óperas.

Em 27 de abril, *Radamisto* foi feito pela Durastanti. Em dezembro, quando a ópera foi reprisada, ela se encarregou de Zenóbia, e o papel título foi totalmente reescrito, com muito mais brilhantismo, pois Senesino acabara de chegar para assumir a função de primeiro cantor da companhia. Ao revisar a parte, Haendel preocupou-se em valorizar sobretudo as amplas sonoridades do registro grave de Senesino – em "Qual nave smarrita", a voz mantém-se quase todo o tempo abaixo da pauta – e o seu talento para o fraseado amplo, de tom épico (a segunda redação de "Ombra cara" é ainda mais nobre e pausada). As duas versões de 1720 são igualmente interessantes do ponto de vista musical. Numa combinação de ambas baseia-se a gravação Margraf, feita em 1961, pelo selo Eterna, durante o Festival Haendel de Halle. A revisão de 1728 é mais desigual: ficou dramaticamente desequilibrada devido à necessidade que o compositor teve de multiplicar as árias de exibicionismo vocal para satisfazer as duas grandes estrelas da companhia, as sopranos Francesca Cuzzoni e Faustina Bordoni (esta última, mais tarde, casada com Hasse).

Mas os problemas logo começaram a surgir. O conde de Burlington fizera vir da Itália um de seus compositores favoritos, Giovanni Battista Bononcini, cujo estilo elegante e superficial seduzia a parte do público que tinha dificuldade em sintonizar com a complexidade da obra de Haendel. Não demoraram a surgir facções entre os freqüentadores da Academia: a dos partidários de *Radamisto* e a dos que preferiam *Artasto*, de Bononcini, apresentada no Natal. A administração da Academia tentou então uma saída diplomática. Sugeriu que os três compositores residentes do teatro, Haendel, Bononcini e Filippo Amadei, compusessem uma ópera a seis mãos, acreditando estar assim agradando a gregos e troianos. O futuro demonstraria que a emenda saiu pior do que o soneto.

Paolo Antonio Rolli, o secretário da Academia, foi encarregado de modernizar o libreto de *Il Mutio Scevola*, que Niccolò Minato escrevera para Cavalli em 1665. Amadei incumbiu-se do ato I de *Muzio Scevola*, estreado em 15 de abril de 1721. O ato II é de Bononcini; Haendel encarregou-se da abertura – uma bela peça em estilo francês – e do ato III dessa confusa história baseada em episódios contados por Tito Lívio, envolvendo o tradicional conflito entre o amor e o dever, a atração sexual e a honra romana. Os especialistas foram unânimes em reconhecer a superioridade da música do saxão; mas ao grande público interessavam mais as possibilidades que a florida escrita do italiano abria ao virtuosismo dos cantores. Além disso, as condições disparatadas da composição e a má qualidade de um libreto rabiscado às pressas militavam contra qualquer possibilidade de construção dramática coerente. As qualidades isoladas e o conjunto disparatado desse trabalho podem ser aferidos na gravação que Rudolph Palmer fez em 1991, para o selo Newport Classics.

Haendel não podia deixar-se superar pelo italiano, cuja *Griselda* alcançava grande popularidade. Pediu logo a Rolli que lhe preparasse novo libreto, baseado em *La Costanza in Trionfo* (1696), de Francesco Silvani. No original, a história passava-se na Noruega. Mas como a ambientação européia poderia levar algumas pessoas a acreditar que, na intriga, havia alusões aos conflitos internos ingleses –

a disputa dos jacobitas com os hanoverianos, os desentendimentos do rei com o príncipe de Gales –, Rolli apressou-se em transferir a ação de *Floridante* para a longínqua e segura Pérsia. A ópera foi estreada em 9 de dezembro de 1721.

O rei Nino, da Pérsia, foi derrotado por Oronte, que se apossou do trono. Mas ao fazê-lo, adotou Elmira, a única filha sobrevivente do vencido, e educou-a junto com Rossane, a sua própria filha. As duas meninas cresceram ligadas por profundo afeto e lealdade. Floridante, o príncipe da Trácia, apaixonou-se por Elmira, e Oronte promete conceder-lhe a mão da filha adotiva se este o ajudar a vencer a campanha naval contra o rei de Tiro. Essa situação militar e política cria sérios problemas para Rossane, que está apaixonada pelo príncipe Timante, filho do rei inimigo.

Floridante retorna vitorioso da batalha naval e pede que lhe seja entregue a sua recompensa mas, nesse meio tempo, o próprio Oronte apaixonou-se por Elmira e recusa-se a entregá-la. Enquanto isso, Timante foi trazido prisioneiro para a corte persa e Rossane declara seu amor por ele. É Timante que, aliado a Coralbo, um velho sátrapa que trabalhara para o rei Nino, lidera a revolta contra as crueldades de Oronte – este, além de fazer ameaças a Elmira, tinha mandado prender Floridante e tentara envenená-lo. Derrubado Oronte, o trono é devolvido a Elmira, que terá Floridante como seu consorte. Rossane e Timante ficam livres para se casar e reinar sobre Tiro.

Floridante confirma o que *Radamisto* já prenunciava: o abandono dos moldes espetaculosos das primeiras óperas inglesas, em benefício do estilo, fiel às convenções metastasianas, que caracterizará o drama lírico haendeliano durante vários anos. Em vez das personagens sobrenaturais que entravam em cenas em carruagens de fogo ou montadas num dragão, intrigas interiorizadas, tratando das relações psicológicas de personagens envolvidas em redemoinhos sentimentais e políticos. Nesse sentido, as criaturas haendelianas refletem – como acontecera com a ópera cortesã em Florença, Roma ou Versalhes – o gosto, a personalidade e os interesses da platéia aristocrática a que se destinavam prioritariamente.

Haendel exibe toda a sua habilidade em opor musicalmente um casal atormentado e perseguido (Elmira-Floridante) a um outro cujo afeto se expressa de modo mais leve e sereno (Timante-Rossane).

Floridante contém a primeira das "cenas de prisão" que Haendel escreverá para Senesino, mestre na interpretação dos sentimentos patéticos de personagens em crise. No repertório de soprano ficou, desde muito cedo, a ária "Notte cara", cantada por Elmira enquanto espera, no jardim, pela chegada do namorado. Uma das mais belas páginas da ópera é também o dueto de amor que eles cantam no fim do ato I. Haendel gostava muito dessa ópera, pois submeteu-a a revisões para reprises em 1722, 1727 e 1733, adequando-a aos elencos de que dispunha em cada uma dessas ocasiões. A gravação de Alan Curtis (CBC Records, 1982) tem excelentes intérpretes mas é muito cortada; os cantores de N. McGegan, no selo Hungaroton (1990) são menos convincentes, mas a leitura é integral.

Floridante não chegou a ser um sucesso retumbante. Mas deu condições a Haendel de recuperar junto do público um pouco do prestígio que parecera ameaçado. Ainda mais que Bononcini, embriagado pelo sucesso, tornara-se muito arrogante e estava fazendo exigências cada vez maiores, que o indispunham com a direção do teatro. Mas a pá de cal na efêmera celebridade londrina do italiano só seria atirada no ano seguinte. Em agosto de 1722, Haendel já tinha terminado uma nova ópera, quando soube que, em dezembro, Francesca Cuzzoni chegaria a Londres. Só o seu nome faltava num elenco estelar que incluía Senesino, a Durastanti, Anastasia Robinson, o baixo Boschi e um bom segundo *castrato*, Gaetano Berenstadt. Sendo assim, ele reescreveu boa parte de *Ottone, Re di Germania* para dar à grande estrela as melhores possibilidades de brilhar e, em 12 de janeiro de 1723, jogou o King's Theatre no chão com essa partitura.

Ao visitar Dresden, em 1719, para contratar cantores, Haendel gostara muito de *Il Teofane*, de Antonio Lotti. Foi esse libreto, escrito por Stefano Benedetto Pallavicino, que ele pediu a Haym para rever. Já contava com a

vantagem de Senesino, Durastanti e Boschi estarem familiarizados com as personagens, pois eram eles que as tinham criado na obra de Lotti. E principalmente havia La Cuzzoni, uma veneziana baixinha e feia como o diabo, com um temperamento típico de *prima-donna*, mas que "tinha um ninho inteiro de rouxinóis dentro da barriga", segundo o próprio Haendel dizia. Assim a descreve Celetti em sua *Storia del Belcanto*:

> Passando à história como uma das mais belas vozes do século XVIII, pela ressonância, a homogeneidade, o timbre doce e tocante, La Cuzzoni obtinha efeitos sonoros admiráveis. Capaz de belas sugestões de fraseado no *stile languido-elegiaco* e no *patetico*, era também nítida e flexível nas passagens que exigiam agilidade, embora não se notabilizasse na coloratura em andamento rápido. Dispunha de uma extensão notável (parece que do dó³ ao dó⁵) e foi provavelmente a primeira cantora italiana com características de soprano agudo, o que não acontecia com a Durastanti, para a qual Haendel vinha escrevendo até então.

Não que os contatos do compositor com La Cuzzoni fossem fáceis, pois ambos eram geniosos e autoritários. Ficou famosa a história do ensaio de *Ottone* em que Francesca recusou-se a cantar a ária "Falsa immagine" por julgá-la inadequada para a sua voz. Com seu pesado sotaque saxão, Georg Friedrich rebateu em francês: "Madame, ouvi dizer que a senhora é um verdadeiro diabo. Mas saiba que eu sou Belzebu em pessoa, o chefe de todos os diabos." E agarrando-a no colo, levou-a até a janela aberta, ameaçando atirá-la na rua. Diante disso, La Cuzzoni achou melhor capitular. E era Haendel quem tinha razão, pois "Falsa immagine", com seus ritmos pontuados e seus desenhos inesperados, que jogam a voz de repente para o registro agudo, privilegiavam o que havia de mais aéreo e gracioso no timbre da cantora.

O *Ottone* a que se refere o título é Oto II, que reinou em Roma no século X; mas algumas das ações a ele atribuídas foram na verdade realizadas por seu pai, Oto I. Esses senhores teutônicos derrubaram o tirano Berengario, de origem italiana, para apossar-se do trono. Adalberto, filho do ex-ditador, foi insuflado por Gismonda, sua mãe, a liderar uma bem-sucedida revolta contra o usurpador, forçando-o a refugiar-se fora de Roma. Adalberto está noivo de Matilda, a prima de Ottone que, na sua ausência, governa Roma em seu lugar. Ottone, por sua vez, assinara um contrato de casamento com o imperador de Constantinopla, que lhe concedera a mão de sua filha Teofane. Mas quando esta chega a Roma, é Adalberto quem se apresenta a ela como se fosse o seu noivo. O casamento quase chega a realizar-se; mas a cerimônia é interrompida, no último minuto, pela notícia de que Ottone está retornando com suas tropas e vai recuperar a cidade.

Adalberto foge com Teofane num barco pirata, mas uma tempestade os força a aportar. Em terra, ele fica sabendo que o chefe dos piratas é Emireno, o irmão de Teofane, sob disfarce. Ao descobrir a identidade de sua irmã e perceber o que está acontecendo, Emireno prende Adalberto. Este admite ter sido derrotado e, juntamente com Gismonda, pede perdão a Ottone. Ambos juram lealdade ao imperador que, para celebrar o seu casamento com Teofane, concede-lhes a liberdade e permite a união de Adalberto com Matilda.

Para o público inglês, pouco familiarizado com os meandros da história romana no período medieval, a ação de *Ottone* devia ser um pouco difícil de acompanhar, ainda mais porque o prolixo libreto em cinco atos de Pallavicino tinha sido condensado numa típica *opera seria* em três atos, em que a ação dava saltos inesperados, as transições eram efetuadas de forma menos flexível, e as personagens tinham sido reduzidas para que todos tivessem a oportunidade de cantar varias árias *da capo*. Mas nada disso tinha importância, e *Ottone* tornou-se uma das favoritas do público. Muitas de suas árias foram publicadas separadamente e, desde o século XVIII, integraram-se ao repertório dos recitais de canto. A preferência que a platéia manifestava por ela levou Haendel a revisá-la em 1723, 1726, 1727 e 1733; e *Ottone* foi a ópera escolhida quando o elenco do Haymarket apresentou-se privadamente em Paris em 1724. A gravação de McGegan (Harmonia Mundi, 1992) é o resultado da edição Chrysander, que mistura trechos das diversas versões. Existe também, no selo Hyperion, a de Robert King (1995).

Flavio Re de' Longobardi não teve fortuna igual à de *Ottone*. Mas o libreto que Haym adaptara do *Flavio Cuniberto* de Matteo Noris, musicado em 1682 por Partenio, tinha os ingredientes para fazer brilhar Senesino e La Cuzzoni – esta agora convertida em estrela máxima da companhia, pois Anastasia Robinson estava se retirando gradualmente do palco, a pedido do amante, o conde de Peterborough, um dos membros da diretoria da Real Academia de Música. Estreada em 14 de maio de 1723, *Flavio* é de tom intimista e dá mais importância ao jogo dos sentimentos do que às intrigas políticas. Não se pode dizer que seja uma comédia, mas não deixa de haver uma empostação irônica no tratamento da história – a começar pelo estratagema dos senhores lombardos de nomear governadores da Bretanha as pessoas indesejadas, que eles queriam ver longe de si, referência a uma mistura de honraria e castigo que o público inglês não deixava de ver com bom humor.

O rei lombardo tem dois velhos conselheiros: Ugone, pai de Guido e Teodata; e Lotario, pai de Emilia. Teodata namora o nobre Vitige às escondidas e o convida a assistir ao noivado de Guido com Emilia; mas as obrigações cortesãs do rapaz o impedem de aceitar. Depois da cerimônia de noivado, Ugone apresenta Teodata a Flavio e o rei fica encantado com a moça. Lotario então o convida para assistir ao casamento de Guido e Emilia.

O governo da Bretanha está vago. Flavio pensa que, se nomear Ugone para esse posto, o afastará de Teodata e, assim, durante a ausência do pai, terá o caminho livre para tentar seduzir a filha. Mas Lotario considera uma ofensa ter sido preterido, desentende-se com Ugone e o fere; e este pede a Guido que vingue a ofensa de que foi alvo. Sabendo que terá de ferir o pai de sua noiva, Guido pede a Emilia que lhe dê uma prova de seu amor; e a moça não entende a necessidade que ele tem de lhe exigir isso. Enquanto isso, sem saber que Vitige é o namorado de Teodata, Flavio lhe revelou que se sente atraído por ela.

Teodata está conversando casualmente com Flavio e, quando seu pai aparece, visivelmente perturbado, ela acha que Ugone descobriu seus sentimentos secretos por Vitige. Este fica horrorizado quando Flavio lhe pede que

O *castrato* Senesino, La Cuzzoni e Berenstadt na estréia do *Flavio*, de Haendel.

arranje um encontro amoroso entre ele e Teodata. Revela à moça as intenções do rei, mas pede-lhe que simule aceitar para que este não se enfureça. Nesse meio tempo, irritado pela ofensa contra seu pai e pelo fato de Lotario ter proibido seu casamento com Emilia, Guido o desafia para um duelo e o fere mortalmente. Mas o velho, antes de morrer, tem tempo de dizer a Emilia quem o matou.

Diante de Flavio, comparecem Emilia e Ugone. Uma pede justiça contra o assassino de seu pai. O outro defende o seu filho, que estava lavando a sua honra. Mas Flavio não lhes dá muita atenção, pois só consegue pensar no encontro que terá com Teodata e no pedido que fez a Vitige – sem saber que eles se amam – de defender seus interesses junto a ela. Emilia, confrontada com Guido, denuncia-o como o matador de Lotario; o rapaz desembainha a espada, coloca-a em suas mãos e pede-lhe que o mate, mas ela não tem coragem de fazê-lo. Embora Teodata lhe tenha dito que aceitaria ser sua rainha, Flavio a surpreende nos braços de Vitige, e os dois admitem que se amam.

É chegada a hora de o déspota esclarecido ser tomado pelo providencial acesso de bom senso, sem o qual a ópera não conseguiria acabar bem. O rei permite que os dois se casem e a Emília, que está chegando nesse momento, diz que Guido acaba de ser decapitado e seu pai está vingado. Como a moça chora e se descabela, ele percebe que seus sentimentos pelo noivo não mudaram. Melhor: haverá dois casamentos em vez de um só. Em seguida, manda Ugone para o seu posto de governador da Bretanha.

Uma ária como "Amor nel mio penar", de Guido (Senesino), é um belíssimo exemplar do estilo patético. Mas o importante em *Flavio* – cuja história decalca-se parcialmente na do *Cid* de Corneille – é a variedade dos episódios e a riqueza das reviravoltas dramáticas, mais do que a introspecção. A situação em que as personagens são colocadas, dizendo o contrário do que sentem ou pedindo o contrário do que desejam, cria uma ambigüidade que se manifesta em termos de fina ironia. O lado sentimental tampouco é descurado: no início e fim da ópera há um bonito dueto de amor para cada par de namorados.

O modesto sucesso de *Flavio*, reprisado apenas uma vez em 1723, nada tem a ver com suas qualidades musicais ou dramáticas, como o prova a gravação de René Jacobs e do Ensemble 451, feita para o selo Harmonia Mundi em 1989 (existente também em vídeo). O relativo desinteresse que a cercou reflete, na verdade, o gosto da platéia inglesa por intrigas menos sofisticadas. Haendel chegara porém à plena maturidade e, no verão de 1723, pouco depois da última recita do *Flavio* (15 de junho), começou a trabalhar na que seria a mais famosa de suas óperas, encenada até hoje com regularidade, disponível em diversas versões de disco e vídeo.

O original de *Giulio Cesare in Egitto* foi escrito em 1677, por Giacomo Francesco Bussani, para Antonio Sartorio. Ao adaptá-lo, Haym não só conservou suas proporções grandiosas de ópera heróica, como fez, de comum acordo com o compositor, uma série de modificações no texto para lhe dar maior coerência dramática e aumentar a acuidade de caracterização. Conseqüentemente, esta é uma das partituras mais longas e elaboradas de Haendel. Os intérpretes tinham o dobro de árias a cantar, em relação ao espetáculo anterior, e duas vezes mais oportunidades de brilhar aos olhos do público – que não poupou aplausos a Senesino e Cuzzoni, a Durastanti, Robinson e Berenstadt quando a ópera subiu à cena em 20 de fevereiro de 1724. Com todas as suas qualidades, porém, *Giulio Cesare* não alcançou mais do que treze récitas; e número semelhante nas reprises de 1725 e 1730. Os musicólogos são unânimes em considerar que as revisões posteriores enfraqueceram a concepção da obra, razão pela qual, nas apresentações integrais contemporâneas – ver Discografia abaixo – tem-se sempre dado preferência à versão de 1724.

Giulio Cesare foi uma das grandes responsáveis pela redescoberta do teatro de Haendel que, no final do século XIX, considerava-se totalmente superado e incapaz de satisfazer as platéias modernas. A encenação de Göttingen, em 1922 – na revisão de Oskar Hagen, com o barítono Wilhelm Guttmann no papel título – desmentiu essa opinião. No pós-guerra, esta foi uma ópera apresentada por toda parte, tanto na Alemanha quanto na Itália. O contratenor Russell Oberlin foi o primeiro a cantar a parte de César no registro original – Nova York, 1956, em versão de concerto –, tendo ao seu lado a suntuosa Cleópatra de Leontyne Price. Foi muito corajosa a decisão do New York City Opera de encenar *Giulio Cesare* em 1966, com Beverly Sills no papel de Cleópatra, e a regência de Julius Rudel. É totalmente injusto o julgamento de Winton Dean, que chamou a montagem de "um travesti" porque o papel de César era feito pelo baixo Norman Treigle. Para o grande público da década de 60, que mal começava a redescobrir o teatro do Barroco Tardio, este foi um espetáculo que marcou época e – com todos os seus pontos polêmicos – a gravação que foi feita dele é um documento precioso.

Cuidadosamente organizado em termos teatrais, o libreto do *Giulio Cesare* é um dos mais bem escritos que Haendel teve a musicar. Seu extremo equilíbrio faz com que cortes, nas montagens contemporâneas, lhe sejam extremamente prejudiciais. Pompeu e Júlio César, ex-membros de um triunvirato, estão em luta pelo poder absoluto em Roma. A ação passa-se no Egito, para onde Pompeu fugiu, depois de ter sido derrotado por César na Batalha de Farsala, na Grécia. O general vitorioso chega a Tebas depois de ter feito a Cornelia e Sesto, mulher e filho do derrotado, a promessa de que assinará com ele um tratado de paz. É aclamado pelos egípcios e recebido por Achillas, chefe dos exércitos do faraó Ptolomeu que, juntamente com sua irmã Cleópatra, governa o Egito. Entre os presentes que Achillas traz a César, está a cabeça decapitada de Pompeu.

Enquanto Cornelia ameaça suicidar-se de dor e Sesto jura vingança, César manda Achillas de volta, com uma mensagem para Ptolomeu, cheia de irritação e desprezo. Horrorizada com a brutalidade do assassinato de Pompeu, Cleópatra decide aliar-se a César contra o irmão. Enquanto isso, Achillas promete a Ptolomeu matar o chefe romano desde que, em recompensa, o faraó lhe dê a mão de Cornélia. Cleópatra disfarça-se com o nome de Lídia e vai à tenda de César – onde ele está refletindo sobre a transitoriedade da grandeza humana. Diz-lhe que é uma nobre egípcia cuja fortuna foi confiscada por Ptolomeu, e pede justiça. É claro que ele fica encantado com a sua beleza e promete ajudá-la.

Na cerimônia de última homenagem às cinzas de seu marido, Cornelia e Sesto arrancam sua espada dos troféus e juram vingá-lo. O rapaz desafia Ptolomeu para um duelo, mas o faraó manda prendê-lo e condena sua mãe a trabalhar no jardim do serralho. Achillas se oferece para libertá-los se Cornelia concordar em casar-se com ele; mas a matrona romana recusa, cheia de desprezo. Enquanto César prepara-se para um encontro com "Lídia", que prometeu apresentá-lo a Cleópatra, Cornelia repele as tentativas de sedução de Achillas e Ptolomeu, mas acaba sendo arrastada para o harém do faraó.

Durante o encontro de César com "Lídia", vêm-lhe lhe avisar que o povo se revoltou e pede a sua morte. Cleópatra revela a sua verdadeira identidade e tenta acalmar os rebelados. Fracassa e quer ajudar César a fugir, mas este prefere enfrentar a multidão, deixando Cleópatra desarvorada, pedindo aos deuses que a protejam. O conflito entre Ptolomeu e Achillas, por causa de Cornelia, faz com que este último se alie a Cleópatra contra o faraó. Mas as tropas de Ptolomeu saem vitoriosas e Cleópatra, a quem disseram que César se afogou, é feita prisioneira e lamenta a sua sorte. Porém, o general romano escapou e está à procura de seus homens. Ele vê quando Achillas, mortalmente ferido, entrega a Sesto o selo que garante a lealdade de suas tropas e lhe diz onde fica a passagem secreta que permite entrar no palácio de Ptolomeu.

César toma o selo das mãos de Sesto e, reunindo seus homens, vai resgatar Cleópatra, que já se acreditava perdida e estava se despedindo de suas damas de companhia. Enquanto isso, Sesto vai à procura da mãe, encontra-a tentando defender-se do faraó, desafia Ptolomeu para um duelo e mata-o. A cena final passa-se no porto de Alexandria, onde todos celebram a volta da paz. César e Cleópatra proclamam a força de seu amor e abrem os braços a Sesto e Cornélia, acolhendo-os como amigos e aliados.

É notável a precisão com que, em cada ária, Haendel retrata as suas personagens. A indignação de César em "Empio, dirò, tu sei", quando se dá conta da crueldade de Ptolomeu, que atraiçoou Pompeu, ou a coragem que ele expressa em "Qual torrente che cade dal monte", no ato III, são tão eficientemente traçadas quanto a cautela de "Va tacito e nascosto", quando diz a si mesmo que com o faraó egípcio todo cuidado é pouco. "Qual torrente" é a ária mais virtuosística até então escrita para Senesino. Há nela longas passagens vocalizadas com velozes seqüências de semicolcheias intercaladas com pausas bruscas, *staccati*, arpejos, exigindo do cantor uma técnica de precisão extraordinária. Janet Baker, no vídeo da English National Opera, faz dela uma interpretação de tirar o fôlego.

A Cleópatra cabem algumas belíssimas árias: a meiga e sensual "V'adoro pupille", a oração aos deuses "Se pietà di me non senti", o lamento "Piangerò la sorte mia". E a cativante simplicidade melódica do "È sí vago e bello il fior del prato", cantado por César, ou da narrativa que ele faz de como escapou do afogamento – "Dall'ondoso periglio... Aure, deh, per pietà" – fazem dessas árias verdadeiras jóias no conjunto da obra de Haendel.

É extremamente original a cena do início do ato II em que, tendo convidado César a seu palácio, Cleópatra espera conquistá-lo com a visão da Virtude entronizada no Parnaso ao lado das nove Musas. O uso de uma fanfarra tocada em cena por quatro trompas, no início e no fim da ópera, também é um recurso desusado. *Giulio Cesare* é a ópera de Haendel de que existem mais alternativas em áudio e vídeo:

Guilde International du Disque, 1952 – Elisabeth Roon, Otto Wiener/ Hans Swarowsky (muito cortada e musicalmente insatisfatória; leitura de estilo ultrapassado);

Verona, 1965 – Lucia Popp, Walter Berry/ Ferdinand Leitner (ao vivo em Munique; solistas melhores, mas mesmas características musicais).

RCA/BMG, 1967 – Beverly Sills, Norman Treigle/ Julius Rudel (documenta a montagem do New York City Opera em 1966);

Deutsche Grammophon, 1969 – Tatiana Troyanos, Dietrich Fischer-Dieskau/ Karl Richter (completa mas sem ornamentações; distribuição convencional de registros, regência monótona e sem imaginação);

Mondo Musica, 1971 – Boris Christoff/ Nicola Rescigno (ao vivo no La Fenice de Veneza; muitos cortes e leitura convencional).

EMI/Angel, 1984 – Valerie Masterson, Janet Baker/ Charles Mackerras (espetáculo da English National Opera, existente também em vídeo, com excelentes intérpretes e regente; mas a versão é abreviada e cantada em inglês – uma tradução bem feita de Brian Trowell);

Nuova Era, 1989 – Patrizia Orciani, Martine Dupuy/Marcello Panni (ao vivo no Festival della Valle d'Itria; respeita os timbres originais, mas faz cortes substanciais, principalmente nos recitativos);

Astrée, 1990 – Lynne Dawson, Guillemette Laurens/ Jean-Claude Malgoire (gravação de maior cuidado musicológico, com muito bons intérpretes)

Harmonia Mundi, 1991 – Barbara Schlick, Jennifer Larmore/ René Jacobs (a mais satisfatória do ponto de vista textual e de interpretação).

A versão Rudel, ainda que musicologicamente superada, tem um grande valor como documento. Mackerras (mesmo em tradução inglesa, mas com uma Janet Baker absolutamente fantástica), Malgoire e Jacobs são os melhores caminhos para conhecer a ópera. Além da versão da English National Opera, existem em vídeo a montagem de Viena (1985), regida por Harnoncourt, e um espetáculo de Nunique, da década de 70, cantado em alemão, com um pesadíssimo Theo Adam no papel título.

Numa fase em que os *castrati* imperavam como prediletos do público, cabiam aos tenores apenas papéis secundários (só no século XIX esse registro vai adquirir a proeminência que tem hoje). É raro, portanto, um caso como o de *Tamerlano*, em que uma das partes principais foi escrita para um tenor: o italiano Francesco Borosini, que se integrou à companhia do Haymarket em setembro de 1724. Quando Borosini chegou a Londres, Haendel estava trabalhando com Haym na revisão de *Il Tamerlano*, de Agostino Piovene e Francesco Gasparini, encenada em Veneza em 1711. Ora, o tenor trazia consigo a partitura da versão revista dessa ópera, intitulada *Il Bajazet*, que Piovene e Gasparini tinham apresentado em Reggio Emilia, em 1719, e na qual ele fizera o papel título. Comparando as duas versões e constatando as novidades contidas na segunda, Haendel decidiu remanejar sua partitura. E o resultado foi o papel do sultão turco Bajazet I ter ganho importância bem maior.

Borosini era um tenor de timbre abaritonado. Tinha trabalhado antes em Viena, onde Fux compunha para ele em clave de baixo (em Haendel, sua extensão vai do dó^2 ao lá^3). Em suas mãos, portanto, Bajazet vai se converter no pai nobre com características épicas. Em algumas de suas árias, encontraremos um tipo de declamação silábica e de vocalise com andamento arpejado em que já existe um prenúncio distante do *tenore di forza*, que só vai se desenvolver plenamente no século XIX.

Quanto à personagem do conquistador tártaro Tamerlão, ela já era bem conhecida do público londrino. Era costume encenar, em novembro, no aniversário da Revolução Gloriosa, a peça *Tamerlane* (1701), na qual o dramaturgo Nicholas Rowe fizera um retrato alegórico de Guilherme III e de seu desembarque em Torbay em 1688. Além disso, Londres já ouvira com muito agrado óperas de Porpora, Vivaldi e Scarlatti sobre essa personagem, que era explorada também no palco de outros países europeus – tanto assim que Piovene baseara-se numa tragédia francesa: *Tamerlan ou La Mort de Bajazet* (1675), de Jacques Pradon que, por sua vez, tivera no *Bajazet* de Jean Racine o seu modelo. À hipótese de que o tema foi escolhido por permitir alguma alusão política tem-se respondido que, na realidade, Haendel estava interessado apenas num assunto que, por ser familiar para o público, garantia-lhe boa resposta de bilheteria.

Tamerlano estreou com sucesso no King's Theatre, em 31 de outubro de 1724. Também merece destaque a montagem de Hamburgo, no ano seguinte – traduzida para o alemão por Johann Philip Praetorius, revisada e dirigida por Telemann em Hamburgo –, pois foi nos intervalos entre seus atos que se cantou pela primeira vez o intermezzo *Pimpinonne*, do próprio Telemann, decalcado na obra homônima de Albinoni, e destinado a se tornar imensamente popular em terras alemãs. Representada pela última vez em Londres, numa versão condensada, em 1731, *Tamerlano* reviveu em 1924, na Ópera de Karlsruhe, traduzida e editada por A. Rudolph e Hermann Roth. Na Inglaterra, havia 232 anos que não era escutada quando Anthony Lewis a regeu na Ópera de Birmingham, em 1963, traduzida por Brian Trowell.

O chefe tártaro Tamerlão, noivo da princesa Irene de Trebizonda, apaixonou-se por Astéria, a filha de Bajazet I, o sultão turco que ele derrotou e capturou em 1402. Tamerlão não sabe que seu aliado, o príncipe grego Andrônico, também está perdidamente apaixonado por Astéria. A ação passa-se em Prusa, a capital da Bitínia, a primeira cidade que as tropas tártaras ocuparam depois de derrotar as forças turcas.

Bajazet despreza o conquistador e pensa em se suicidar, mas desiste quando Andrônico o adverte que, se o fizer, deixará Astéria sozinha. Tamerlão tem a esperança de que Andrônico – que decidiu ficar ao seu lado para ganhar maior experiência guerreira – seja capaz de convencer Bajazet a conceder-lhe a mão de sua filha; e em troca, pretende casar o grego com Irene. Bajazet recusa a liberdade em troca de ter Tamerlão como genro; e Astéria diz a Andrônico que não o ama mais, pois descobriu que ele defende os interesses do tártaro pensando em obter a mão de Irene e, com ela, o trono de Trebizonda. Quanto a Irene, qual não é a sua surpresa ao chegar a Prusa e descobrir que seu noivo decidiu casá-la com outro homem.

A conselho de Andrônico, Irene disfarça-se de mensageiro mandado pela corte de Trebizonda e acusa Tamerlão de ter traído sua promessa. O tártaro responde que se casará com Irene se Astéria demonstrar não ser a esposa adequada para ele. A essa altura, tanto Andrônico quanto Astéria concebem projetos assassinos contra o conquistador, e Bajazet está disposto a tudo fazer para impedir o sacrifício de sua filha. Tamerlão chama o sultão à sua presença e o humilha diante de sua filha, fazendo-o prostrar-se para que Astéria suba ao trono usando seu corpo como escada. Ela se recusa a fazê-lo, mas Bajazet também vira-lhe as costas quando ela lhe pede perdão.

Sempre disfarçada de mensageiro, Irene vem dizer que a princesa de Trebizonda só aparecerá quando puder sentar-se no trono de Tamerlão. Bajazet ordena a sua filha que renuncie à união com o tártaro, caso contrário ele porá fim à própria vida. Ela obedece e Tamerlão condena ambos à morte. Mas o tártaro ainda ama Astéria e pede a Andrônico que o diga à moça. Em vez de fazê-lo, o grego declara-se a ela e é correspondido. Tamerlão submete Astéria à indignidade de servi-lo, à mesa, como se fosse uma escrava. Ela envenena a taça de vinho que ele vai tomar, mas Irene o impede de beber, revelando assim a sua identidade. Astéria nega que haja veneno na taça, e Tamerlão lhe diz que beberá o vinho se Bajazet e Andrônico o fizerem primeiro. Em vez disso, é Astéria quem decide se envenenar, mas, quando a leva aos lábios, Andrônico arranca de suas mãos a taça mortífera.

Tamerlão ordena que Astéria seja levada como escrava para o serralho e diz a Irene que se casará com ela. Humilhado com a degradação imposta à sua filha, é Bajazet quem toma o veneno: ele se despede da filha e morre em seus braços, amaldiçoando o tártaro. Andrônico prepara-se para se matar também, mas Tamerlão o impede: já houve morte e sofrimento demais. Agora que ele concluiu que é Irene a mulher com quem deve se casar, deseja que o seu aliado despose a princesa turca, a quem ama.

Levando em conta a quantidade de peripécias e reviravoltas do libreto – e a qualidade excepcional da música de Haendel – é de se estranhar que *Tamerlano* nunca tenha sido uma de suas óperas mais populares; tanto que, como já foi dito anteriormente, só mereceu uma reprise em 1733, e assim mesmo condensada. O fato de ela exigir um excelente tenor, tipo de voz de que, na época, não havia muitos artistas do nível de Borosini, pode explicar essa reaparição limitada. Uma ou outra ária, como "Bella Asteria", em que Andrônico declara-se à filha de Bajazet, circulou como *favourite song* durante o século XVIII, integrada ao repertório dos saraus. Mas só no século XX concedeu-se a *Tamerlano* a importância que ela tem como uma das maiores criações haendelianas.

Não se trata apenas do refinamento de páginas isoladas como a linda "Se non mi vuol amar", em que Astéria mostra-se triste ao acreditar que Andrônico a está entregando nos braços do tártaro. Há também uma bem pensada construção dramática, como os finais dos atos II e III, muito poderosos como seqüências

musicais e dramáticas – com o traço original, herdado da tragédia francesa, de incluir a morte de Bajazet, infringindo parcialmente a lei do *lieto fine*. No final do ato II, particularmente, é muito interessante o processo cumulativo obtido: tendo de escolher entre o casamento ou a prisão, Astéria apela para a piedade de seu pai, de Andrônico e de Irene – e os três lhe respondem com curtas e incisivas árias de saída. O efeito é o de uma pessoa que cada vez mais é abandonada à própria sorte.

No papel de Andrônico, concebido para Senesino, volta a manifestar-se um tipo de simplicidade melódica proveniente das óperas de Bononcini, do qual o contraltista era reputado intérprete (e não está excluída a possibilidade de que o próprio cantor tenha sugerido ao músico a adoção desse caminho para valorizar determinadas qualidades de sua voz). Percebe-se, em especial, na famosa "Bella Asteria" ou num andante como "Benchè mi sprezzi l'idol che adoro", o cuidado em não interromper a frase com vocalismos, reservando a coloratura para a última palavra. Numa frase como "Benchè mi sprezzi l'idol che adoro,/ mai non potrei cangiar, amor", os quatro compassos de ornamentos, com seqüências de trinados, incidem todos na palavra "cangiar" – e a ondulação caprichosa da linha vocal frisa naturalmente o sentido do verbo "mudar".

Tamerlano tem uma orquestração bastante econômica, mas com algumas novidades. No dueto *Vivo in te*, do ato III, em que Andrônico e Astéria declaram-se um ao outro, as vozes são dobradas por flautas doces e flautas transversais. E na ária de Irene "Par che mi nasca in seno", que Winton Dean considera "um milagre de beleza e de caracterização psicológica", há um insólito *obbligato* de clarineta que, na partitura, foi erradamente chamada de "cornetto" (só mais tarde, graças às pesquisas de sonoridades feitas pela orquestra-laboratório do eleitorado de Mannheim, esse instrumento se integraria plenamente à orquestra clássica).

Antes da estréia, Haendel fez um corte substancial na partitura, eliminando os números existentes entre a cena da morte de Bajazet e o trecho final, cantado pelos solistas, em que se anuncia que as tochas do amor dissiparam as trevas da noite. Nessa passagem estava a bela ária "Padre amato", cantada por Astéria. Em sua gravação para o selo Erato, que documenta a primeira montagem francesa do *Tamerlano*, na Ópera de Lyon, em 11 de março de 1985, John Elliot Gardiner abre esse corte. Além desse registro, existem também o de John Moriarty, feito com a Orquestra de Câmara de Copenhague na década de 60 (selo Cambridge), e o de Jean-Claude Malgoire e o conjunto La Grande Écurie et la Chambre du Roy (Sony Classics, 1983).

A necessidade de um bom tenor – Borosini foi, uma vez mais, o criador do papel de Grimoaldo, o vilão – deve explicar a raridade das reapresentações de *Rodelinda*. Haym adaptou, desta vez, o libreto que Antonio Salvi escrevera em 1710 para Giacomo Antonio Perti, baseando-se na tragédia *Pertharite* (1652) de Corneille. O mesmo elenco da ópera anterior criou-a no Haymar-ket em 13 de fevereiro de 1725. Revivida apenas uma vez em 1731 e encenada em Hamburgo três anos depois, foi ela quem marcou o início do "renascimento haendeliano" ao ser encenada em Göttingen, em 1920, na tradução alemã de Oskar Hagen. Entre as apresentações no início do século XX, tem especial destaque a da Handel Opera Society, no Sadler's Well de Londres, sob a regência de Charles Farncombe, de que existe uma gravação ao vivo (ver Discografia).

A ação de *Rodelinda Regina de' Longobardi* refere-se uma vez mais à história lombarda: a personagem título é a mãe do rei Flavio, o protagonista da ópera de 1723 que, aqui, aparece ainda menino, num papel mudo. Para que a ação pudesse ser entendida, o libreto tinha de ser precedido de um longo *antefatto*. Em 681, quando Ariberto da Lombardia morreu, o seu reino foi dividido entre seus filhos Bertarido e Gundeberto, que entraram imediatamente em luta pela posse das terras. Mortalmente ferido, Gundeberto pediu a ajuda de Grimoaldo, duque de Benevento, prometendo-lhe a mão de sua irmã Eudige, caso saísse vitorioso. Grimoaldo, contando com o apoio de Garibaldo, duque de Turim, que se rebelara contra Bertarido, iniciou o ataque. Deixando para trás Rodelinda, a mulher e o filho Flavio, Bertarido fugiu para a Hungria, espalhando a notícia de que tinha

morrido, pois assim poderia voltar disfarçado e salvar a sua família.

Ao iniciar-se a ópera, Grimoaldo propõe a Rodelinda – que está lamentando a suposta morte do marido – devolver-lhe os seus bens se ela aceitar casar-se com ele; mas é rejeitado. Garibaldo afirma amar Eudige – rejeitada pelo noivo – mas, na realidade, está interessado em sua fortuna. Disfarçado, Bertarido vê sua mulher ser ameaçada: Flavio será morto se ela não aceitar se casar com Grimoaldo. E fica horrorizado ao vê-la concordar, sem saber que ela pretende apenas assumir uma posição de influência para poder exigir o castigo da traição de Grimoaldo.

Dizendo-lhe que não pode ser a mãe do rei verdadeiro e, ao mesmo tempo, a mulher de um usurpador, Rodelinda pede a Grimoaldo que mate Flavio diante de seus olhos, mas ele, embora encorajado por Garibaldo, não tem coragem de fazê-lo. Nesse meio tempo, Eudige reconheceu Bertarido e descobriu que ele deseja apenas resgatar a família, e não recuperar o trono, que ela está reclamando como seu após a morte dos dois irmãos. Unolfo, amigo de Bertarido, garante-lhe que sua mulher continua fiel a ele e promove o encontro dos dois; mas os esposos são surpreendidos por Grimoaldo, que manda prender e condenar à morte o inimigo.

Enquanto Grimoaldo hesita em aceitar o conselho de Garibaldo de que deve executar Bertarido, pois isso afastaria definitivamente Rodelinda, Unolfo e Eudige estão planejando a fuga de Bertarido. Ela consegue contrabandear uma espada para dentro do calabouço, mas é a Unolfo que o rei deposto fere, quando ele vem ajudá-lo a fugir. Ainda assim, o amigo lhe mostra uma passagem secreta para sair da fortaleza. Vindo visitar o marido na prisão, Rodelinda encontra seu manto manchado com o sangue de Unolfo e acredita que ele tenha sido assassinado.

Atormentado pelo ciúme, o amor e o remorso, Grimoaldo adormeceu no jardim, onde é surpreendido por Garibaldo. Este toma da espada e prepara-se para assassiná-lo quando chega Bertarido, duela com ele e o mata. Rodelinda aparece e se espanta ao ver que o marido ainda está vivo. Quando Grimoaldo desperta e percebe que Bertarido lhe salvou a vida, segue-se a inevitável série de reconciliações: o duque de Benevento anuncia que vai casar-se com Eudige, reinando sobre os territórios do falecido Gundeberto, renunciando assim a reivindicar à herança de Bertarido, que estará livre para viver em paz com a mulher e o filho.

Bertarido é um exemplo típico de como, dispondo de um grande cantor, Haendel escreve para ele uma grande personagem, de uma intensidade que acena a distância para o Romantismo. A cena em que, dado como morto, Bertarido entra na cripta dos reis longobardos, encontra o monumento funerário que lhe foi erguido por sua própria família e, depois do recitativo "Pompe vane di morte", introduzido por oboé e violinos, entoa o doce lamento "Dove sei amato bene", é um modelo marcante da técnica de construção de personagem do compositor, com traços diretos, incisivos, que deixam no ouvinte impressão indelével. "Dove sei" ficou muito famosa na tradução inglesa, "Art thou troubled"; e popularizou-se também com versos de teor religioso, "Holy, holy Lord God Almighty" – "exemplo curioso da tendência dos ingleses, no século XVIII, a transformar tudo em oratório", comenta Lord Harewood no *Kobbé: O Livro Completo da Ópera*.

Todas as personagens desta ópera, de resto, são bastante complexas e bem desenhadas, tanto a esposa fiel e capaz de estratagemas astuciosos para se defender, quanto o vilão que não é inteiramente malvado, pois hesita em matar uma criança e, em seguida, na torturada ária "Prigionera ho l'alma in pena", descreve todo o seu conflito. Para Senesino, sempre notável no *stile patetico*, Haendel escreveu mais uma comovente cena de prisão, "Chi di voi fu più infedele, cieco Amor", de uma intensidade prenunciadora de Florestan no *Fidelio* beethoveniano. A esse tipo de vocalidade solene e introvertida opõe-se, para atender ao gosto do público, fascinado pelas exibições canoras, "Se fiera belva ha cinto", que exibe saltos descendentes explorando a sonoridade do registro grave do contraltista; ou o *allegro* vertiginoso de "Scacciata dal suo nido", em que os trinados rápidos da voz e dos violinos em uníssono seguem-se com uma velocidade impressionante.

Com sua história cheia de episódios pitorescos, *Rodelinda* permite encenações muito

imaginosas, como já o demonstraram montagens que marcaram época. Uma das mais famosas foi a do Festival de Edimburgo, em 1982, com o elenco da Welsh National Opera regido por Julian Smith. São as seguintes as gravações disponíveis dessa ópera:

Westminster, 1964 – Teresa Stich-Randall, Maureen Forrester/ Brian Priestman.
Memories, 1959 – Joan Sutherland, Janet Baker/ Charles Farncombe.
Bella Voce, 1973 – Sutherland, Huguette Tourangeau/ Richard Bonynge.
Decca, 1985 – Sutherland, Tourangeau/ Bonynge.
Harmonia Mundi, 1990 – Barbara Schlick, David Cordier/ Michael Schneider.

Há também um vídeo do Festival de Glyndebourne, regido por William Christie, com uma excêntrica encenação de Jean-Marie Villégier, que ambienta a ação na década de 30, durante o Fascismo.

A trinca *Giulio Cesare-Tamerlano-Rodelinda* é constituída de típicas *singer's operas*, destinadas a explorar as melhores qualidades dos artistas com que Haendel contava, oferecendo-lhes, pelas dificuldades de escrita, estimulantes desafios. Ainda assim, a cada dia aumentavam as dificuldades da Academia com os atritos entre suas estrelas e os partidários deste ou daquele soprano, deste ou daquele *castrato*. Para complicar as coisas, a direção do teatro tinha feito vir da Itália, com o extravagante salário de 2 mil libras anuais, a cantora Faustina Bordoni, tão famosa quanto Francesca Cuzzoni, e com quem esta entraria inevitavelmente em rota de colisão.

As qualidades da Cuzzoni tinham feito desenvolver-se, na obra haendeliana, um tipo de ária para soprano de fôlego e fantasia muito mais amplos do que qualquer coisa que, na época, tivesse sido criada por Bononcini ou Porpora. Heroínas como Cleópatra ou Rodelinda não eram apenas perfeitas caixinhas de música mas, unindo a volúpia da sedutora à profundidade real do sentimento, eram personagens de carne e osso, mulheres multidimensionais. Esse leque de possibilidades psicológicas vai abrir-se ainda mais quando o saxão tiver, em seu elenco, outro grande ídolo dos palcos como Faustina Bordoni. Ouçamos o que Celetti tem a dizer sobre ela:

A veneziana Bordoni já tinha, ao chegar a Londres, dez anos de carreira, durante os quais, partindo de Gasparini e Lotti, e chegando a Leo e Vinci, afirmara-se como o principal expoente, no campo feminino, do *stile brillante*. Definida por alguns como contralto, era na realidade uma mezzo-soprano dotada de elegância e extraordinária agilidade. Notabilizava-se especialmente pela rapidez de execução dos vocalises e pela execução dos trinados. Alguns contemporâneos diziam que ela executava também com muita expressão os adagios de *stile spianato* mas, nesse campo, a supremacia ficava com Cuzzoni, que era superior, além disso, pela beleza e homogeneidade do som.

Haendel já tinha começado a trabalhar no *Alessandro*, quando soube que La Bordoni estava para chegar. Interrompeu-o, então, e pediu que Rolli lhe preparasse novo libreto em que pudesse trabalhar enquanto a esperava. O *Scipione*, que este escreveu às pressas é um exemplo típico de como se praticava, no século XVIII, a arte do poema para o palco lírico: é o remanejamento do *Scipione nelle Spagna* que Apostolo Zeno escrevera em 1710 para Caldara, extraindo-o, por sua vez, de um *Publio Cornelio Scipione* ainda mais antigo, de Antonio Salvi (1704). Esse tapa-buraco foi musicado a toque de caixa (em apenas dois meses) e estreou em 12 de março de 1726.

Cipião o Antigo foi o procônsul romano na Espanha encarregado de chefiar, em 210 a.C., o cerco a Nueva Cartago. Terminada a conquista, ele se apaixona por uma das cativas, Berenice, filha de Ernando, o rei das Ilhas Baleares. Já prometida em casamento ao príncipe celtibero Lucejo, ela permanece fiel a seu noivo. Disfarçado de soldado romano, Lucejo entra no palácio para vê-la. Temendo pela sua segurança, Berenice lhe pede que vá embora. Encoraja-o também a procurar reunir os homens que ainda são fiéis a ele e a Ernando, para tentar resgatá-la. Lucejo é identificado e preso mas, para ganhar as boas graças de Berenice, Cipião lhe promete que nenhum mal será feito a seu noivo. O chefe romano pede formalmente a mão da princesa a Ernando, mas este lhe responde que não tem poderes para liberá-la do voto firmado com Lucejo. Impressionado com o senso de honra do espanhol, Cipião liberta Lucejo e abençoa sua união com

Berenice. O celtibero jura fidelidade a Roma, e todos louvam a magnanimidade do general.

Cipião é mais uma daquelas óperas que, a despeito das paginas isoladas muito brilhantes – em especial a belíssima ária para Berenice com que se encerra o ato II –, não mantém o mesmo nível de inspiração musical e coerência dramática de suas três brilhantes predecessoras; e isso se deve atribuir às condições atropeladas da composição. Existe um desnível flagrante de tratamento entre a intriga principal e a secundária: a história da paixão do capitão romano Lélio por Armira, uma das damas espanholas em cativeiro. Pouco antes da estréia, Haendel fez algumas alterações de última hora, eliminando uma personagem secundária e modificando o ponto de divisão entre os atos II e III. Ainda assim, esta é uma de suas óperas menores, como se pode verificar em duas gravações existentes: a do selo FNAC Rappel (1979), com a Handel Opera Society regida por Charles Farncombe, cantada em inglês; e a do FNAC Music (1992), com o conjunto Les Talens Lyriques regido por Christophe Rousset, no original. A única reprise foi em 1730 e, nessa ocasião, a partitura foi submetida às revisões costumeiras.

Alessandro tinha sido escolhido por estar associado às tradições operísticas da corte de Hanôver. O libreto original, *La Superbia d'Alessandro*, escrito para Agostino Steffani, em 1690, por Bartolomeo Ortensio Mauro, fora uma das primeiras óperas encenadas no teatro daquela corte – certamente na presença do príncipe Georg Ludwig que, agora, com o título de rei Jorge I da Inglaterra, voltaria a assisti-la no King's Theatre. Talvez compositor e libretista visassem às costumeiras associações entre a figura do rei e a do grande conquistador macedônio e, nas figuras femininas da peça, quisessem fazer alusão aos bem sabidos problemas do rei com as suas amantes.

Tendo conquistado a cidade indiana de Ossidraca, Alexandre é cortejado pela escrava Roxane, a quem ama, e por Lisaura, princesa da Cítia, cujas pretensões não quer desiludir inteiramente. Tassile, o rei da Índia, ama Lisaura, mas não se declara a ela, pois deve ao macedônio a autorização para que permaneça no trono. Por sua vez, o capitão Cleone, do

A Ópera Barroca Italiana

exército macedônio, ama Roxane, mas não lhe confessa os seus sentimentos porque teme a ira de seu chefe. Este enfrenta um outro problema: Clito, um outro capitão de seu exército, não está disposto a aceitar a sua reivindicação de que é de origem divina e, durante uma cerimônia no templo, contesta a homenagem que lhe está sendo feita como descendente do próprio Júpiter.

No jardim do palácio, Lisaura ouve Roxane conversando com Alexandre e percebe que é a escrava que o macedônio realmente deseja. Roxane pede ao conquistador que lhe conceda a liberdade, como prova de que a ama, e ele o faz, após alguma hesitação. Mais tarde, Alexandre acusa Clito – que continua negando-se a reconhecer a sua divindade – de ter sido o responsável pela destruição do dossel de seu trono e, apesar dos protestos de lealdade desse militar, manda prendê-lo. Tassile vai reunir os seus homens, para o caso de Alexandre necessitar apoio. Temendo pela segurança de Alexandre, Roxane admite finalmente que o ama também. Enquanto isso, chega Leonato, um dos líderes macedônios, com a notícia de que foi anunciada a morte do conquistador e os indianos estão se reunindo para tentar retomar a cidade.

É Leonato quem toma a decisão de pôr Clito em liberdade por acreditar que, naquele momento, seu soberano precisa de um comandante experimentado e leal. Em seu lugar coloca o falso Cleonte que, sublevando os homens de sua legião, os faz derrubar os portões da prisão e decide enfrentar Alexandre. Após uma penosa cena de confrontação entre Roxane e Lisaura, a princesa da Cítia pede ao macedônio que retribua o amor que sente por ele; mas Alexandre responde que, ao fazê-lo, estaria traindo Tassile, que tem por ela os mais ternos sentimentos – o que deixa Lisaura muito comovida com a generosidade de seus sentimentos. Com a ajuda de Tassile, Alexandre derrota os rebeldes. Leonato e Clito demonstram seu valor em combate, e o traiçoeiro Cleone é capturado. Todos se reúnem no templo de Júpiter para celebrar a união dos dois casais e agradecer pela paz.

O melhor momento de *Alessandro* é a cena do jardim, no ato II, em que transparece toda a ironia de que Haendel às vezes é capaz. Roxane e Lisaura ouvem Alexandre conversando pri-

meiro com uma e depois com a outra e, ao falarem a ele, cada uma delas cita as melodias que ele estava cantando para a sua rival. Um dos melhores momentos da ópera é a cena do ato III em que essas Aída e Amneris *avant la lettre* se confrontam – pode-se imaginar o que deve ter sido, no palco, o duelo entre Cuzzoni e Bordoni, dois típicos *monstres sacrés*. A necessidade de escrever árias que valorizassem as vozes das duas cantoras é a melhor qualidade e o maior problema do *Alessandro*: por um lado, há páginas de incrível beleza como "Lusinghe più care", cantada por Roxane no ato I, que desde o século XVIII firmou-se no repertório de concerto; por outro, a necessidade de dar a ambas número igual de oportunidades faz com que a ópera se alongue desnecessariamente em mais de uma passagem.

Com isso, o próprio Senesino não chegou a ter, nesta partitura, o destaque que se costumava lhe dar; embora Haendel tenha escrito para ele cenas como "Fra le stragi e fra le morti", de ímpeto marcial, que tem a profusão de trinados em seqüência que o *castrato* já demonstrara, na *Rodelinda*, ser capaz de executar com grande habilidade. O público, porém, não se preocupava muito com as *longueurs* do espetáculo. O que queria era presenciar o verdadeiro campeonato de canto das grandes estrelas. E isso não lhe foi negado. *Alessandro* assinala a aberta adesão do compositor ao *stile brillante* típico do Barroco Tardio. Nenhum outro músico escreveu para Bordoni coloratura tão fantasiosa e complexa; nem mesmo Hasse, de quem, pouco tempo depois, ela se tornaria esposa.

As progressões rápidas de trinados interrompidas por floreios da voz ("Un lusinghiero dolce pensiero"); a imitação do canto de um pássaro que, em "Alla sua gabbia d'oro", se estende por meia dúzia de intrincados compassos; os grupos mistos de vocalises sobre grupos de quatro e seis semicolcheias que há em "L'armi implora" exemplificam o tipo de emissão leve, rápida e transparente que Haendel exigia de sua intérprete. É compreensível que a ópera tenha sido remontada com o mesmo sucesso na temporada seguinte. Em 1732, preparou-se uma versão condensada, pois, a essa altura, as cantoras disponíveis eram outras, de exigências menores como estrelas. E na década de 1740, Haendel consentiu em que a companhia de ópera de Middlesex montasse uma versão simplificada intitulada *Rossane*. Do ponto de vista do rigor musicológico e da escolha dos intérpretes, a gravação que Sigiswald Kuijken fez com La Petite Bande para o selo Harmonia Mundi, em 1984, é um dos melhores registros de ópera haendeliana já realizados.

O desejo de explorar os talentos peculiares de suas duas divas condiciona também a composição de *Admeto*, fruto de mais um dos remanejamentos de libreto típicos do Barroco Tardio. Em 1660, Aurelio Aureli escrevera *L'Antigona Delusa d'Alceste* para M.A. Ziani; em 1679, Ortensio Mauro o transformara em *L'Alceste* para um certo Trento; foi esse o poema adaptado, desta vez, não se sabe se por Rolli ou por Haym. Haendel escreveu a música com todo o cuidado, pois interessava-lhe, naquele momento, ser muito bem acolhido pelo público: achava que tinha chegado o momento de regularizar a sua situação como súdito britânico e enviara à Câmara dos Lordes um pedido de naturalização. E de fato, em fevereiro, pouco depois da estréia – em 31 de janeiro de 1727 –, o decreto foi assinado por Jorge I, transformando oficialmente George Frideric Handel em cidadão inglês.

Admeto está muito doente, e a estátua de Apolo, a quem sua mulher Alceste dirige uma prece, lhe responde que ele morrerá, a menos que alguém se sacrifique por ele. A ex-noiva de Admeto, a princesa troiana Antígona, chega disfarçada de pastora, acompanhada de Meraspe, a sua aia. Ela o acusa de infidelidade, e é reconhecida por Trasímede, o irmão de Admeto. Alceste se mata para salvar a vida de seu marido, e Hércules, comovido com a prova de fidelidade dada por ela, desce ao Inferno, enfrenta as fúrias e a traz de volta. Nesse meio tempo, mostraram o retrato de Antígona a Admeto, que se lembra dela e sente-se atraído mas, ao mesmo tempo, tem saudades da esposa. Percebe a semelhança entre o retrato e a "pastora", mas dizem-lhe que a princesa Antígona morreu na destruição de Tróia.

Alceste volta disfarçada de soldado e surpreende Antígona admirando, com ar enamorado, o retrato de seu marido. Revelam a Admeto a identidade da pastora e, quando Hércules lhe diz que fracassou no intento de resgatar a sua

mulher do reino dos mortos, ele não parece importar-se muito. Decide casar-se com Antígona e manda fazer os preparativos para a cerimônia. Mas Trasímede, que deseja a troiana para si, resolve matar o irmão. Esconde-se no lugar por onde Admeto deve passar com Antígona, ao ir para o templo, mas não percebe que Alceste também está ali por perto. Quando avança, de punhal erguido, para feri-lo, é interceptado pela cunhada. Dando-se conta do inabalável amor de Alceste por ele, Admeto acolhe-a de volta, estimulado até mesmo por Antígona, que reconhece a nobreza da rival. Assim o caminho fica livre para que Trasímede conquiste o coração da mulher que ama.

Alessandro e suas grandiosas cenas no templo de Júpiter já dera indicações de que a Academia estava revertendo ao tipo de espetáculo luxuoso, centrado em problemas de relacionamento pessoal, político e dinástico, que fizera a fortuna de Haendel no início da carreira. *Admeto* confirma essa tendência, em especial na elaborada cena do ato II, em que Hércules visita o Inferno e derrota as fúrias com sua clava. Um cuidado todo especial é dado, naturalmente, às seqüências em que aparecem Alceste e Antígona, vocal e dramaticamente contrastadas, em função da personalidade da Cuzzoni e da Bordoni. Allan Curtis e o Complesso Barroco gravaram, para o selo EMI, em 1978, a versão do *Admeto* existente em disco.

Nenhum dos cuidados tomados por Haendel, porém, serviu para amenizar a guerra surda entre as duas divas. Em seu estudo sobre o compositor, Jean-François Labie cita um panfleto da época em que John Arbuthnot comenta ironicamente:

> Hoje em dia já não se fazem mais as mesmas perguntas de antigamente: sois pela Igreja Alta ou Baixa, *whig* ou *tory*? Sois pela corte ou pela nobreza de província, pelo rei Jorge ou pelo pretendente à sucessão, o príncipe de Gales? Mas sois pela Faustina ou a Cuzzoni, por Haendel ou Bononcini? É isso o que arrasta toda a boa sociedade londrina a discussões inflamadas e, se os sons suaves da ópera não tivessem modificado e diminuído em boa parte a inflexibilidade dos ingleses, crimes sangrentos teriam ocorrido.

Chegou-se muito perto das vias de fato, de resto, quando o clã dos "cuzzonisti", liderado pela condessa de Pembroke, quase pegou-se de tapa com o dos "faustinisti", encabeçado

beçado pela condessa de Burlington, após um incidente que deu o que falar na cidade. Espicaçadas por seus fãs ardorosos, ambas estavam irritadíssimas também com as críticas de que eram alvo por parte de jornalistas moralizadores, que viam nelas instrumentos de perversão e indecência (Ambrose Philipps chamara La Cuzzoni de "sereiazinha do palco... digna sedutora de uma época ociosa... corruptora de toda arte viril"). A tensão estourou, em abril de 1727, na estréia do *Astianatte* de Bononcini: a platéia divertiu-se com o espetáculo circense das duas grandes divas trocando sopapos em cena aberta e estraçalhando a peruca empoada uma da outra. O teatro de variedades de Drury Lane malhou o ferro enquanto estava quente. Semanas depois, o comediógrafo Theophilus Cibber estreava a farsa *The Rival Queens*, explorando o episódio, que se tornara um prato cheio para os mexericos da cidade.

Em 11 de junho de 1727, Jorge I morreu de apoplexia, aos 67 anos, durante uma viagem a Osnabrück, na Alemanha. Quatro dias depois, seu filho foi coroado com o título de Jorge II.

Essa fase de troca de soberanos foi extremamente atarefada para Haendel que, a toda a pressa, teve de escrever seus quatro magníficos *Coronation Anthems*. Esses hinos ficaram tão intimamente associados à cerimônia que, quase dois séculos depois, Jorge V haveria de escolher o primeiro deles, *Zadok, o Sacerdote*, para a sua própria sagração na Abadia de Westminster. Mas não pararam aí as tarefas: foi preciso compor vários números de dança para os bailes da corte; preparar o *Admeto* para uma reapresentação no Haymarket; e compor uma ópera nova, alusiva à subida do novo rei ao trono.

Rolli tomou o *Isacio Tiranno*, que Francesco Brianni escrevera em 1710 para Antonio Lotti. Esse libreto inspirava-se livremente num episódio da vida de Ricardo Coração de Leão, ocorrido em 1191 durante a III Cruzada. Foi-lhe dado o novo título de *Riccardo I Re d'Inghilterra*. Jorge II deu grande demonstração de apreço ao recém-naturalizado compositor, indo assistir à estréia em 11 de novembro de 1727.

Destinada a casar-se com Ricardo Coração de Leão, a princesa Costanza – nome que na ópera é dado a Berengaria da Navarra – está indo ao seu encontro; mas o navio em que viaja naufraga perto da costa de Chipre, e ela é obrigada a pedir refúgio, sob um nome falso, na corte do tirano Isacio. Ali, é assediada pelo próprio dirigente cipriota e por Oronte, príncipe da Síria. Sabendo que sua noiva encontra-se na ilha, Ricardo aproxima-se de Chipre com suas tropas para libertá-la e, ao pedir que ela lhe seja entregue, revela a sua verdadeira identidade. Mas Isacio sabe que o inglês nunca viu a sua noiva e, por isso, no lugar dela, manda-lhe Pulcheria, a sua filha.

A princípio o estratagema funciona e Ricardo acolhe carinhosamente a sua falsa noiva. Mas Oronte fica sabendo do engodo, avisa o Coração de Leão que ele foi enganado e oferece-se para dar-lhe seu apoio contra Isacio. Uma embaixada de paz é enviada ao tirano; mas este a rejeita e prefere a guerra. Na batalha que se segue, Isacio é derrotado e Costanza, posta em liberdade. Dão-lhe uma espada para que mate o homem que a manteve em cativeiro. Ela atende, porém, às súplicas de Pulcheria e poupa o seu pai. Ricardo I desposa Costanza. Oronte aceita a mão da princesa Pulcheria, que o inglês lhe oferece, e os dois sobem ao trono cipriota, no lugar do tirano deposto.

Ainda mais do que em *Admeto*, existe aqui uma preocupação com as seqüências de grande efeito – a tempestade, a cena da batalha – que liga *Riccardo Primo* à antiga tradição dos superespetáculos operísticos. É notável, do ponto de vista da técnica de escrita, a cena inicial, em que o mar turbulento é representado pelas cordas e oboés acompanhados pelos tímpanos. A ópera nunca mais foi reprisada, mas isso não se deve atribuir à qualidade de sua música – até mesmo porque foram muito bem sucedidas as onze récitas que teve no final de 1727 – mas sim às condições financeiras da Academia, que, a essa altura, já estavam se tornando precárias e, dentro em breve, entrariam definitivamente em parafuso. No início da década de 70, circulou no Brasil a antiga gravação Weissenborn (Selo Accademia di Santa Cecilia), com bons intérpretes, mas muitos cortes e cantada em alemão. Em 1998, foi lançada a elogiada integral de Christophe Rousset com Les Talens Lyriques (Oiseau-Lyre), tida pela crítica inglesa como uma das melhores contribuições recentes à discografia haendeliana.

Pouco antes de Haendel terminar a partitura da ópera seguinte, ocorreu um fato que marcou profundamente a História da Ópera na Inglaterra e abalou ainda mais a posição da Academia, coberta de dívidas. Em 29 de janeiro de 1728, estreou uma comédia cantada em inglês que, de um momento para outro, polarizou a atenção de todo o público. Tratava-se de *The Beggar's Opera* (A Ópera do Mendigo), com texto de John Gay e música que o organista Christoph Pepusch compilara usando temas de várias canções populares inglesas – donde o nome de *ballad opera* dado a esse gênero que, mais tarde, seria amplamente praticado por compositores como Thomas Arne. Para a maioria do público, que não entendia italiano, só podia agradar uma peça musical cantada em sua própria língua, com melodias extremamente acessíveis – e reconhecíveis – e impostação irreverentemente satírica. Não é de se espantar que uma multidão enorme tenha comparecido ao Lincoln's Inn Fields, teatro inaugurado em 1715 para fazer concorrência ao Haymarket. A *Ópera do Mendigo* foi representada 62 vezes, o que nenhuma obra de Haendel ou Bononcini jamais conseguira.

O público deliciava-se com as alusões a personagens e situações contemporâneas. A cena da briga de Polly Peachum com Lucy Lockitt, em especial, não deixou de lhes lembrar os tapas trocados por La Cuzzoni e La Bordoni. O sucesso foi tanto que – o público dizia – *"The Beggar's Opera* made Gay rich and Rich gay", ou seja: o libretista John Gay ficou rico e Rich, o empresário, ficou alegre com os lucros. Foi no meio desse verdadeiro vendaval que, em 17 de fevereiro de 1728, subiu à cena *Siroe Re di Persia*. Pela primeira vez, Haym adaptou, para Haendel, um libreto de Metastasio – na época ainda jovem e sem a fama de que se cobriria com o tempo. *Siroe*, originalmente escrita para Leonardo Vinci (1726), agradara tanto ao público da primeira apresentação em Veneza que, nos dois anos seguintes, já tinha sido musicada por cinco outros compositores. Em Londres, ficou longe de ser um fracasso; mas teria tido outra recepção não fosse a concorrência desleal de Gay e Pepusch.

O rei Cosroe II, da Pérsia, nomeou Medarse, o filho mais novo, seu sucessor em detrimento de Siroe, o mais velho. Este se apaixonou por Emira, a princesa de Cambaja, que está na corte persa disfarçada de homem – com o nome de Idaspe –, procurando uma forma de vingar-se da morte de seu pai, assassinado por Cosroe II. Ela pede a Siroe que seja o instrumento dessa vingança. O príncipe recusa-se a fazê-lo mas, assim mesmo, vítima de uma conspiração armada por Medarse e Laodice, amante de Cosroe, é acusado de traição e escapa por pouco de ser executado. Indignados com a forma injusta como ele está sendo tratado, homens fiéis a Siroe se rebelam, tomam o palácio e destronam Cosroe II. Emira tem finalmente a possibilidade de se vingar, mas Siroe a impede de erguer o punhal contra seu pai. Dando-se conta da nobreza do filho mais velho, o rei abdica em seu favor e ele sobe ao trono tendo ao seu lado a mulher que ama.

Siroe é a típica *opera seria* do auge do Barroco Tardio, com árias muito longas, implacavelmente dotadas de *da capo*, sem duetos ou números corais, e com extensos recitativos. À exceção de um ou outro momento – a costumeira cena de prisão para Senesino – a ópera é estática e limita-se a contrapor personagens que externam seus variados *affetti*. Isso explica o fato de ter sido uma das óperas haendelianas que mais tempo levaram para ser redescobertas: o registro de Rudolph Palmer (Newport Classics) é de 1989, e sua primeira execução moderna, em forma de concerto, deu-se em Nova York, em 1º de novembro de 1990. *Siroe* tem todos os atrativos do teatro haendeliano – uma bela abertura, melodias atraentes, orquestração competente –, mas também todos os problemas do rígido esquema dramático metastasiano.

Um cronista da época, que assistira ao ensaio geral de *Riccardo Primo*, dissera: "A Academia está à beira do último suspiro". E manifestara dúvidas de que a companhia conseguisse chegar até o fim da temporada. Pois com o patrocínio diminuindo a olhos vistos, as dívidas se amontoando de forma assustadora e o interesse do público secando velozmente – nem mesmo as brigas dos *cuzzonisti* e dos *faustinisti* eram mais tão intensas –, Haendel conseguiu a proeza de fechar a temporada de

1727-1728 com *Tolomeo Re di Egitto*, que é bem menos elaborada do que as suas predecessoras, mas nem por isso deve ser considerada um mero tapa-buraco costurado às pressas para retardar a agonia da trupe. Com ela, o compositor retornava a um gênero de ópera que, no início da história da Academia, tivera muito boa acolhida. Para esse drama estreado em 30 de abril de 1728, Haym usara o *Tolomeo et Alessandro* de Carlo Sigismondo Capeci, musicado por Alessandro Scarlatti em 1711.

As personagens de *Tolomeo* têm nomes históricos, mas nada há nelas que as aparente a seus equivalentes reais – o libreto é uma daquelas puras obras de fantasia de que é rico o Barroco. Por favorecer o filho mais novo, Alexandre, como sucessor, a rainha Cleópatra forçou o mais velho, Ptolomeu, a sair do Egito, tomando-lhe inclusive Seleuce, a sua mulher. Esta sai à procura do marido; mas o navio em que viaja naufraga perto de Chipre, e ali ela se refugia sob disfarce, apresentando-se como uma pastora chamada Délia. O que Seleuce não sabe é que Ptolomeu também está escondido em Chipre, fazendo-se passar por um pastor e assumindo o nome de Osmin.

Alexandre sai do Egito à procura de Seleuce e, ao chegar a Chipre, apaixona-se por Elisa, a irmã de Araspe, o rei da ilha. Mas Elisa está interessada em Osmin, e Araspe caiu de amores por Délia. Os dois esposos, porém, continuam fiéis um ao outro e rejeitam a corte de seus pretendentes. Quando a verdadeira identidade dos dois é revelada, Araspe fica furioso por ter sido enganado e manda aprisionar Ptolomeu. Nesse meio tempo, Alexandre encheu-se de remorsos com os injustos planos dinásticos de sua mãe e, ao receber a notícia de que ela morreu, dispõe-se a libertar o irmão e restaurá-lo como o sucessor. Para vingar-se, Araspe tinha decidido mandar envenenar Ptolomeu, mas este se salva porque, no último minuto, Elisa consegue trocar o veneno, colocando em seu lugar um remédio para dormir. Isso dá tempo a Alexandre para libertá-lo, tomar Seleuce das mãos de Araspe e colocar o irmão no trono do Egito. A sua recompensa, naturalmente, será o amor de Elisa, admirada com sua grandeza de coração.

Dentre as cenas de prisão escritas para Senesino, a de *Tolomeo* é uma das melhores: a ária "Stille amare" tem um acompanhamento rítmico que representa as batidas de seu coração, cada vez mais lentas, à medida que o sonífero faz efeito, até se interromperem antes que ele tenha tido tempo de completar o *da capo* – e a forma deliberadamente inconclusa da ária confere-lhe grande originalidade. É muito bem construída também a cena "Dite che fa", do ato I, passada num bosque, em que Ptolomeu e Seleuce procuram um pelo outro: as suas frases ecoam ou se respondem de modo dramaticamente muito eficiente. E "Non lo dirò col labro", cantada por Alexandre no início do ato I, é uma daquelas árias que ficaram famosas no repertório inglês de concerto, embora com um texto meio pomposo, "Silent Worship", que lhe foi imposto durante o século XIX. O que desequilibra um pouco a obra é o fato de o papel de Elisa (a contralto Bordoni) não ter a mesma dimensão dramática de Seleuce (a soprano Cuzzoni). *Tolomeo* também foi redescoberta tarde: pela companhia estudantil de ópera da Universidade de Maryland, em 11 de abril de 1987; e a única gravação existente é a de Richard Auldon Clark (Vox Classics), ao vivo na Igreja de São João Batista, de Nova York, em março de 1995.

Com o fechamento da Academia, Haendel associou-se a James Heidegger para continuar tocando a companhia por conta própria. Conseguiu um contrato de aluguel do King's Theatre por cinco anos mas, como suas estrelas estrangeiras tinham preferido voltar para Veneza, teve de fazer nova viagem à Itália, à procura de cantores. Desta vez, voltou trazendo o tenor Annibale Fabri, os contraltos Antonia Merighi e Francesca Bertolli, o *castrato* bolonhês Antonio Bernacchi e a soprano Anna Strada del Pò – de voz espetacular, com uma extensão que ia do dó^1 ao dó^3, mas com uma figura ridícula que fez o impiedoso público londrino logo pespegar-lhe o apelido de "The Pig" ("A Porca").

É essa, por sinal, a cantora que Leoš Janáček menciona no *Caso Makrópulos*, ópera que conta a história de Ellina Makrópulos: por ter tomado um elixir da longa vida fabricado por seu pai, ela viveu mais de 300 anos. Com o tempo que teve para aprimorar a sua técnica, tornou-se uma grande cantora e, hoje, com o pseudônimo de Emilia Marty, é famosa no mundo inteiro. No ato II dessa ópera, quando o jovem Vítek compara sua voz à da famosa diva barroca, Emilia, que a conheceu pessoalmente, diz, muito irritada, que La Strada "cantava fora do tom" – o que é um típico exemplo de temperamento de prima-dona ciumenta dos sucessos de suas rivais.

De Hamburgo, Haendel trouxe também o baixo Gottfried Riemschneider. E lá estando, aproveitou para dar uma chegada a Halle, onde se encontrou, pela última vez, com a mãe, a essa altura já cega e paralítica. Estava em sua cidade natal quando foi procurado por Wilhelm Friedemann Bach, que o convidou a ir visitar seu pai em Leipzig. Georg Friedrich, pretextando suas múltiplas ocupações, declinou o convite. Habituado à sofisticação dos ambientes aristocráticos de toda a Europa, diz seu biógrafo Percy Young, devia achar tediosa a perspectiva da entrevista com um provinciano músico de igreja. Perdeu-se, assim, definitivamente a possibilidade de um encontro pessoal entre os dois gigantes do Barroco alemão.

De volta a Londres, cheio de esperanças com as novas contratações, Haendel já parecia ter deixado para trás os aborrecimentos que levaram ao fechamento da Real Academia. Mas o novo empreendimento não foi, de início, tão auspicioso quanto esperava. Bernacchi tinha sido um grande cantor nos primeiros anos do século, representante masculino daquele estilo, entre o acrobático e o brilhante, que era a especialidade da Bordoni; mas já estava com 44 anos, idade avançada para um *castrato*. Fabri tinha a voz bonita mas pouco volumosa, não muito adequada para o palco. La Strada cantava muito bem mas a sua figura desgraciosa provocava o riso do público. La Bertolli, sim, era muito bonita, mas não tinha voz nenhuma. Nessas condições, é compreensível que Haendel não se sentisse muito inspirado ao compor *Lotario*, baseado em mais um episódio da história lombarda. Sem grande entusiasmo, Giacomo Rossi remanejou a *Adelaide* de Antonio Salvi (música de Torri, 1722), e a nova companhia iniciou suas atividades – meio que com o pé esquerdo – em 2 de dezembro de 1729.

A ação de *Lotario* está ligada à de *Ottone* e, de certa forma, fornece os antecedentes para ela. O reino da Itália foi dividido: o usurpador Berengario instalou sua capital em Milão; Adelaide, a viúva do rei que ele destronou, governa a partir de Pavia as terras que lhe restaram. Insuflado por sua mulher, Matilda, Berengario está cercando Pavia, pois deseja apossar-se do resto do país. Mas Idelberto, seu filho, está apaixonado por Adelaide. Lotario, o rei da Alemanha, vem em ajuda da soberana atravessando os Alpes com suas tropas. Mas Berengario toma a cidade antes que seus reforços cheguem. Adelaide rejeita o pedido de casamento de Idelberto pois aceitou unir-se a Lotario e, por isso, o usurpador manda colocá-la na prisão, onde ela fica à mercê de Matilda.

Lotario ataca Pavia, derrota as tropas de Berengario e o aprisiona. Ao saber disso, Matilda tenta matar Adelaide, mas Idelberto a impede. Ainda assim, ela a usa como refém para defender-se de Lotario, que está atacando a cidade uma segunda vez. Desta vez, os vilões são definitivamente derrotados, mas são tratados com clemência devido à devoção de Idelberto em relação a Adelaide, e ao senso de honra de que ele deu provas. Lotario casa-se com a rainha de Pavia e coloca Idelberto no trono de seu pai.

Não faltam páginas excepcionais a essa ópera. Mas outras são pura rotina, reaproveitamento apressado de música composta anteriormente. Sente-se às vezes o desleixo e a visível falta de entusiasmo. Os doze floridos compassos da seção *allegro* de "Vedrò più liete e belle" dão uma pálida idéia do que deveria ter sido Bernacchi no apogeu; mas a gama restrita das notas utilizadas (do dó^3 ao mi^4) demonstra suas limitações àquela altura da carreira. Matilde é uma personagem muito forte, da estirpe da Lady Macbeth verdiana; mas a mecânica repetição dos esforços de seu filho para frustrar os planos que ela urde contra Adelaide cria efeito involuntariamente cômico. O que há de melhor na ópera são as árias escritas para Fabri, de tessitura mais elevada do que as de Borosini, e com trinados, notas *staccati* e longos vocalises bem virtuosísticos. Berengario é um dos papéis para tenor mais difíceis do Barroco Tardio, só superado pelas partes que Hasse escreveria, alguns anos depois, para Angelo Amorevoli. *Lotario* conseguiu ser apresentada onze vezes, mas nunca mais foi reprisada. Não tenho notícia de remontagens e, tanto quanto sei, nunca foi feita dela uma gravação. As melhores páginas – árias como "Scherza in mar la navicella" ou "Se il mar promette" – retiradas dela e passadas para outras óperas, costumam comparecer em recitais de canto.

Só *Agrippina*, na obra anterior de Haendel, iguala o tom sério-cômico de *Partenope*. E essa aproximação é interessante porque, muito provavelmente, na época em que esteve em Veneza, Haendel assistiu a *La Partenope*, de Caldara (1708), baseada num libreto de Silvio Stampiglia originalmente escrito para um certo Manzo (1699). Não se sabe quem fez para ele a revisão desse poema, pois o texto tinha sido estudado e rejeitado nos tempos em que a Real Academia de Música ainda estava funcionando; mas tudo indica que, ao contrário do que acontecera com a ópera anterior, Haendel sentiu-se muito motivado pelo retorno a esse antigo projeto, estreando-o em 24 de fevereiro de 1730.

Rainha da cidade que tem o seu nome – a Nápoles de hoje –, Partênope é cortejada por três príncipes: Arsace, Armindo e Emílio. Em outros tempos, porém, Arsace foi noivo de Rosmira, a princesa de Chipre que, disfarçando-se de soldado e adotando o nome de "Eurímenes", segue-o até a corte de sua rival. Ali, revela ao príncipe a sua verdadeira identidade, chamando-o de traidor e, em seguida, apresenta-se à rainha como se fosse mais um pretendente à sua mão. Isso leva Partênope a admitir mais claramente os sentimentos que nutre por Arsace. Sentindo-se rejeitado, Emílio ameaça atacar a cidade se Partênope não concordar em casar-se com ele. Convencida de que Emilio está blefando, a rainha decide chefiar pessoalmente as suas tropas para defender o reino. Armindo chama "Eurímenes" e o recrimina por ter-se apresentado como pretendente; mas recebe "dele" a garantia de que isso não passa de um estratagema, pois é a outra pessoa que ama.

Emilio é derrotado e feito prisioneiro. Arsace apresenta-se como o responsável pela sua captura; "Eurímenes", porém, contesta essa reivindicação e o desafia para um duelo – mas é impedido de lutar por Partênope, que reafirma o amor por Arsace. A rainha sente-se perplexa diante da inflamada defesa que Arsace faz do "soldado" que o ofendeu; mas concorda em libertá-lo, desde que ele concorde em sair imediatamente da cidade. A Armindo, que vem lhe declarar uma vez mais o seu amor, a soberana responde que lamenta não poder retribuir esse sentimento.

Eurímenes pede então para falar com Partênope e explica-lhe que desafiou Arsace em nome de uma princesa cipriota a quem ele atraiçoou, depois de ter-lhe prometido casamento. Chamado pela rainha, o rapaz admite que isso é verdade. Partênope então o rejeita, aceita o pedido de casamento de Armindo e autoriza o duelo com Eurímenes. As armas são escolhidas mas, na hora de começar a lutar, Arsace diz que duelará com o peito nu. A tradição exige que seu adversário faça o mesmo. Não resta alternativa a Rosmira senão revelar a sua verdadeira identidade e dizer que assumiu o disfarce para cobrar do noivo a promessa rompida. Diante dessa prova de constância, o coração de Arsace finalmente se enternece. O duplo casamento se realiza, e ao pobre Emilio, que ficou desemparelhado e derrotado, os dois casais estendem a mão oferecendo-lhe eterna amizade.

A necessidade de escrever, para as duas atrizes principais, grande número de árias *da capo* longas e elaboradas não impede *Partenope* de ser uma das óperas haendelianas de ação mais ágil, com um *timing* extremamente preciso, que requer toque muito leve na encenação. A seqüência de árias e recitativos alterna-se com números que lhe dão bastante variedade: vários movimentos em forma de coro, cantados pelos solistas, intercalam-se com sinfonias, especialmente nas cenas de batalha; há um trio muito vivo para Arsace e as duas damas; e um "quarteto de perplexidade", no ato III – quando se descobre que Eurímenes é uma mulher – de tipo insólito para uma *opera seria* (números dessa natureza eram mais comuns no gênero bufo). A deliciosa gravação de Sigiswald Kuijken e La Petite Bande (Harmonia Mundi, 1979) baseia-se numa revisão feita por Haendel para a reprise de 1730.

Por mais que a nova companhia se esforçasse, uma grande estrela fazia falta. Donde a fabulosa proposta feita a Senesino de voltar a Londres com o cachê de 1400 guinéus por temporada. A essa altura, com os altos lucros que lhe davam seus investimentos numa companhia de comércio exterior, Haendel tornara-se um homem rico e podia permitir-se esses riscos. *Partenope* era uma peça que cativava o público pela agilidade da ação e não exigia cantores de primeiríssimo time. Mas para devolver Senesino ao palco do Haymarket, era necessária a típica *singer's opera*, em que houvesse muitas possibilidades de exibição das suas virtudes canoras. Foi por isso que Georg Friedrich retomou, com algumas pequenas alterações e modificando-lhe o título, o *Alessandre nelle Indie* que Metastasio escrevera, em 1729, para Leonardo Vinci, em parte inspirando-se no *Alexandre le Grand* (1665) de Racine. O público que compareceu, em 2 de fevereiro de 1731, para rever Senesino, aplaudiu *Poro* como nos áureos dias da Academia.

Derrotado por Alexandre, o Grande, o príncipe indiano Poro assume falsa identidade para infiltrar-se na corte do macedônio, onde vê sua irmã Erissena, feita prisioneira, ser tratada com muita generosidade pelo conquistador. Alexandre é também muito severo com Timagene, o capitão grego que estava noivo de Erissena e a atraiçoou. A princesa indiana Cleofide tenta aproximar-se de Alexandre para defender a causa de Poro, por quem está apaixonada. Mas Poro, equivocando-se quanto aos objetivos de sua amada, duvida de sua fidelidade e tenta matar o macedônio no momento em que, atendendo ao pedido da princesa, este vai ao seu encontro. Desarmado e preso pelos homens de Alexandre, logo em seguida é posto em liberdade por Timagene, que quer fazer dele o chefe da oposição aos invasores da Índia.

Como Erissena trouxe a notícia da morte de Poro, Cleofide aceita o pedido de casamento de Alexandre. Mais adiante, com grande surpresa, Erissena descobre que seu irmão não só ainda está vivo como insiste em que ela participe de nova tentativa de matar seu vencedor. Poro planeja esconder-se atrás de uma coluna, no templo, e apunhalar Alexandre no momento em que este pedir ao sacerdote a mão de Cleofide. Mas quando o macedônio formula esse pedido, a princesa indiana lhe diz que já mandou preparar sua pira funerária, pois pretende acompanhar seu bem-amado no outro mundo. Ao ouvir essas palavras, Poro surge diante dela e lhe pede perdão por ter duvidado de sua lealdade. Comovido com a nobreza dos derrotados e a devoção de um para com o outro, Alexandre pede ao sacerdote que os case e, em seguida, devolve-lhes os territórios que lhes tinha conquistado.

Poro é organizada segundo as regras metastasianas mais ortodoxas; mas a variedade de tom das árias e a precisão com que Haendel caracteriza as suas personagens não fazem dela uma ópera rígida e monótona. Burney não poupou elogios a "Dov'è? S'affetti per me la morte", cantada pela personagem título; e o lamento "Spirto amato", que Cleofide canta ao acreditar que seu noivo morreu, é Haendel da melhor safra. Há sempre alguns achados que introduzem alguma novidade na fórmula rígida da *opera seria*. No final do ato I, ao duvidarem do amor um do outro, Cleofide e Poro cantam, invertidos, os temas que um e outro tinham usado, antes, para expressar o amor que sentiam. E ao dueto "Se mai turbo il tuo riposo", em que se desentendem, corresponde simetricamente um outro em que celebram a sua união. Além do antigo registro Margraf (selo Eterna), documentando uma apresentação no Festival Haendel de Halle em 1958, existe também a gravação de Fabio Biondi com o conjunto Europa Galante (Opus 111, 1992).

A fórmula bem-sucedida de *Poro* repetiuse com *Ezio*, escolhido depois de Haendel desistir de um *Tito* baseado na *Bérénice* de Racine. Foi mais fácil musicar, praticamente sem modificações, o libreto metastasiano de que Pietro Auletta produzira a primeira versão em 1728. Tudo indica que esse era um dos poemas que trouxera na bagagem ao voltar da viagem à Itália para contratar o novo elenco. A estréia foi em 15 de janeiro de 1732.

Em 451, o general Ezio, chefiando as tropas do imperador Valentiniano, derrota Átila, o Huno. Fulvia, a noiva de Ezio, é filha do patrício Massimo, inimigo do imperador. Valentiniano ama Fulvia e gostaria de se casar com ela; quanto a Onoria, irmã do imperador, é a Ezio que ela ama. A conspiração armada por Massimo para assassinar Valentiniano fracassa, mas as suspeitas recaem sobre o general, pois seu futuro sogro, para defender-se, o descrevera ao imperador como um homem ambicioso e sem escrúpulos. No princípio, Fulvia fica lisonjeada com a corte que Valentiniano lhe faz mas, depois, conclui que é a Ezio que realmente ama. Quando se descobre que a tentativa de assassinato foi feita por Emilio, que estava a soldo de Massimo, o patrício reúne a multidão no Capitólio e tenta sublevá-la contra o imperador; mas a vida de Valentiniano é salva pela corajosa intervenção de Ezio. Percebendo o erro que estava sendo levado a cometer, o imperador renuncia à mão de Fulvia e a entrega a seu salvador; condena Massimo à morte mas, a pedido de Ezio, poupa a sua vida.

Para esse espetáculo tinham sido preparados cenários e figurinos novos, muito bem cuidados; mas *Ezio* não agüentou mais do que cinco récitas em cartaz e nunca mais foi reprisada durante a vida de Haendel. Embora tenha sido revivida em 11 de maio de 1959, no Gate Theater de Nova York, esta é uma das óperas menos conhecidas do compositor: a única gravação disponível é a de Richard Auldon Clark (Vox Classics), feita ao vivo, em março de 1994, na Igreja de São João Batista. Mesmo não tendo a homogeneidade de inspiração e o nível de qualidade de *Poro*, a partitura merecia destino melhor, pois contém páginas apreciáveis. É verdade que as árias, todas elas com *da capo*, são de tipo muito convencional; e há alguns erros de cálculo, como "Già risonar d'intorno", que Haendel viu-se forçado a incluir para o baixo Antonio Montagnana, intérprete de um papel secundário, o de Varo, amigo do protagonista. A ária é uma esplêndida peça de virtuosismo; mas fica numa posição em que atrasa desnecessariamente o desenlace do ato III.

Senesino, como não podia deixar de ser, foi a grande estrela do espetáculo com "Ecco alle mie catene", mais uma cena de prisão que fazia virem lágrimas aos olhos do público. Show de virtuosismo ainda maior dava o compositor com a orquestração brilhante e o exuberante *obbligato* de trompa e flauta doce de "Se la mia vita", no ato III, quando sua inocência e lealdade são finalmente reconhecidas.

Durante as temporadas subseqüentes como empresário, Haendel continuaria a montar as partituras que outros compositores tinham escrito a partir das *opere serie* metastasianas. Mas *Ezio* foi o último libreto do *poe-*

ta cesareo que ele próprio musicou. Na ópera seguinte, *Sosarme*, cantada em 15 de fevereiro, preferiu voltar aos libretos venezianos com clima de contos de fada, com os quais sentia-se tão à vontade. Ao começar a trabalhar na nova partitura, pretendia conservar as linhas gerais do *Dionisio, Re di Portogallo*, de Antonio Salvi, musicado por Giacomo Antonio Perti em 1707. Mas mudou de idéia no meio do caminho, provavelmente para não melindrar os aliados portugueses do trono inglês. Achou mais prudente mudar todos os nomes e transferir a ação para Sardis, no reino da Lídia – ou, como dizia cautelosamente a sinopse, no programa: "far away and long ago" ("longe daqui e muito tempo atrás").

Argone revoltou-se contra seu pai, o príncipe Haliate, da Lídia, pois suspeita que este pretende nomear Melo, um filho natural, herdeiro do trono; e com suas tropas rebeldes, ocupou Sardis, a capital do reino. Haliate está sitiando a cidade com a ajuda de Sosarme, o rei da Media, a quem prometeu como recompensa a mão de Elmira, a sua irmã. Na verdade, Sosarme planeja reconciliar pai e filho uma vez a vitória alcançada; mas não sabe que Haliate está cheio de rancor e só pensa em vingança. Uma noite, Argone sai da cidade tentando conseguir víveres para reabastecê-la, e traz de volta a espada suja com o sangue de Sosarme a quem feriu e capturou.

Vendo que o filho aprisionou o seu aliado, o príncipe conclui ser melhor negociar um acordo de paz e manda Altomaro, seu conselheiro, para parlamentar. Mas Altomaro é o pai da mulher de quem, no passado, Haliate foi amante e com quem teve o filho natural. Ele deseja ver Melo, seu neto, subir ao trono e, por isso, mente a Argone. Diz-lhe que o príncipe só assinará um tratado de paz se o filho o derrotar num combate singular. A Haliate, quando volta, afirma que Argone não só rejeita qualquer solução negociada como também o desafia para um duelo. Melo, porém, descobre o jogo duplo que o avô está fazendo e fica horrorizado. Na hora do duelo, atira-se entre o pai e o meio irmão, pedindo-lhes que o matem antes de cometer aquela carnificina absurda. O gesto corajoso de Melo faz o bom senso retornar imediatamente aos parentes inimigos (Altomaro, nesse meio tempo, fugiu e suicidou-se discretamente nos bastidores). Há uma reconciliação geral, Haliate entrega o trono a Argone, que reinará tendo Melo como o seu homem de confiança, e Sosarme une-se a Elmira, como ambos desejavam desde o início.

Os dois duetos de amor que Sosarme e Elmira – interpretados por Senesino e Anna Strada – cantavam no início e no final da ópera tornaram-se sucesso imediato. Era comum o segundo deles, "Per le porte del tormento", ser interpretado como um número separado, nos intervalos das peças de teatro, nas temporadas dos teatros londrinos em 1733-1734. Mas as árias também são muito bem escritas e o libreto, por mais forçados que pareçam alguns de seus detalhes, permite um espetáculo fluente, com aquele tipo de peripécia que entusiasma a platéia. Depois do semifracasso de *Ezio*, Haendel percebera que valia a pena abandonar o estático modelo da ópera com longas árias e recitativos verborrágicos, e retornar ao estilo da *Partenope*. Deve-se reconhecer, entretanto, que no afã de dar a *Sosarme* um ritmo mais apressado, Haendel podou demais os recitativos originais e, em alguns pontos, a ação fica um tanto desconjuntada. A gravação de Anthony Lewis (Oiseau-Lyre, 1954), embora consideravelmente cortada, é um dos primeiros bons exemplos de reconstituição séria das praxes operísticas barrocas. Além dela, existe a de Edward Brewer (Newport Classics, 1995), cujos intérpretes não têm a mesma qualidade vocal.

Esta era, finalmente, uma fase de prosperidade, em que Haendel podia entregar-se a seu gosto pela boa comida – responsável pela silhueta volumosa que serviu de inspiração ao caricaturista Joseph Goupy – e a prazeres como o de colecionar quadros: tinha muito orgulho de seus dois Rembrandt e de várias telas de Balthazar Denner. O sucesso empresarial fizera-o de novo ser bajulado pela melhor sociedade e ele passava seus fins de semana na casa de campo de sir Wyndham Knatchbull, ou em Leicestershire, na propriedade de Charlie Jennens, que viria a ser seu colaborador mais tarde em obras não operísticas.

O lugar predileto, porém, era a casa de Mrs. Mary Pendarves, de grande sensibilidade artística e musical, com quem as más-línguas diziam haver um relacionamento algo mais do que platônico. Naquela era jorgiana de costumes muito livres, isso não era impossível, pois Haendel, como muitos de seus amigos – os poetas Pope e Gray, o dramaturgo Congreve, o ensaísta Francis Atterbury –, era um solteirão que não desdenhava as aventuras galantes. Numa carta de Mrs. Pendarves de 1734 à sua amiga Anne Granville encontramos uma das raras descrições do compositor em um de seus momentos de intimidade:

> A noite passada, Mr. Haendel estava com o melhor humor do mundo. Tocou peças ao cravo e acompanhou La Strada e todas as outras senhoras que quiseram cantar, das 7 até as 11 horas da noite. Servi-lhes chá e café e, meia hora antes das 9, trouxe-lhes uma bandeja com chocolate, vinho branco e biscoitos. Todos estavam muito à vontade e pareciam satisfeitos.

Essa é a fase em que, com *Esther* e a nova versão de *Ácis e Galatea*, Haendel firma-se também como um bem-sucedido compositor de oratórios em estilo inglês – gênero que, dentro em breve, vai ocupar lugar cada vez mais importante em sua produção. É confiante e otimista, portanto, o clima que preside a composição de *Orlando*, uma de suas óperas mais originais. Abandonando o tipo de drama em que as personagens, ainda que atormentadas pela paixão ou o ciúme, comportam-se racionalmente, ele retorna, nesta ópera baseada em Ariosto, à fórmula tipicamente barroca de vinte anos atrás: personagens impulsivas, dominadas por sentimentos contraditórios; dimensão sobrenatural; cenas de transformação ou artes mágicas.

Desde o *Alessandro*, elementos de superespetáculo tinham voltado a se insinuar em sua dramaturgia. No *Admeto*, havia a cena do combate de Hércules com as Fúrias, que exigira grande número de figurantes. Para as óperas recentes, em que havia cenas de batalha, o King's Theatre construíra uma muralha que podia ser demolida com aríetes, durante o assédio. No caso do *Orlando*, também foi necessário um grande número de figurantes, que representavam os gênios a serviço do mago Zoroastro, papel especialmente escrito para Montagnana, o único baixo da companhia.

Como *Tolomeo*, também *Orlando* baseia-se num texto de Carlo Sigismondo Capeci: *L'Orlando ovvero La Gelosa Pazzia*, redigido

A Ópera Barroca Italiana

em 1711 para Domenico Scarlatti. Mas o libreto anterior tinha sido conservado em suas linhas gerais, enquanto, desta vez, foram feitas profundas modificações por um colaborador anônimo – desde a morte de Haym, em 1729, não se sabe quem fazia para Haendel esse trabalho de adaptação; mas é bem possível que, a essa altura, a experiência já lhe permitisse participar da elaboração do texto de forma muito mais ativa do que no início da carreira. O fato de, naquele início da década de 1730, a prática da ópera cantada em inglês estar desfrutando de nova fase de popularidade, pode explicar o retorno a um modelo semelhante ao do *Rinaldo*, em que são freqüentes cenas reminiscentes da antiga tradição inglesa da *masque*.

Embora o cavaleiro Orlando afirme pretender consagrar-se à Glória guerreira, o mago Zoroastro vê nas estrelas que ele será perturbado pelo Amor. É a paixão que ainda sente por Angelica, rainha de Cathay (a China), que o abandonou ao apaixonar-se pelo príncipe africano Medoro. Este, por sua vez, rompeu por causa dela com a pastora Dorinda, que ainda o ama. Zoroastro protege o casal de amantes, fazendo surgir uma fonte para esconder Medoro, de modo que o cavaleiro não o surpreenda com Angelica; mas Dorinda acaba contando a Orlando quem é o atual namorado de sua ex-noiva, e isso o deixa seriamente perturbado – agitação que se torna ainda maior quando vê os nomes de Angelica e Medoro gravados no tronco de uma árvore.

Quando Orlando encontra Angelica dentro do bosque, Zoroastro faz descer uma nuvem mágica que a envolve e carrega para longe. Isso faz Orlando perder definitivamente a razão, e ele se imagina descendo ao Inferno, onde encontra Medoro nos braços de Proserpina. Zoroastro aparece, a essa altura, em sua carruagem, carregando-o nela pelos ares. Nesse meio tempo, Medoro refugiou-se na cabana de Dorinda, a quem confessou que está apaixonado por Angelica. A pastora conta à sua rival que Orlando está completamente louco, lutando com inimigos imaginários e, em plena insanidade, destruiu sua cabana, deixando Medoro soterrado sob os escombros.

Orlando consegue arrastar Angelica para a caverna horrenda que Zoroastro fez surgir e que se transforma no Templo de Marte; mas, exaurido, cai desmaiado. O mago conclui ter chegado então a hora de libertá-lo dos poderes destruidores do Amor e, agitando a sua vara de condão, faz descer do céu quatro gênios que carregam uma jarra de ouro. O licor nela contido o faz reviver, tendo recuperado a razão. Quando Dorinda lhe diz que ele matou Angelica e Medoro, Orlando enche-se de remorsos e decide matar-se. Mas os dois amantes surgem a tempo, e ele, declarando-se "em paz consigo mesmo e com o Amor", aceita a união dos dois. Dorinda também se resigna à perda de Medoro e convida a todos para o Festival do Amor que há de se celebrar em sua cabana.

É notável a forma como, na cena inicial, entre Orlando e Zoroastro, recitativos e números cantados fluem naturalmente, convergindo uns para os outros com uma integração que desmente o caráter fragmentário da *opera seria*. Brilhante é também a cena da loucura de Orlando, no ato II, quando ele se imagina no Hades: são muito marcantes a melodia em 5/8 do momento em que se vê avançando para o trono de Plutão; a ária "Vaghe pupille" em forma de gavota, descrevendo sua luta para recuperar a coerência; e uma melodia recorrente sugere a idéia fixa que o faz delirar. Ao lado disso, porém, há árias *da capo* bem escritas mas de feitura tradicional. Os duetos, porém, são muito eficientes. E no ato I, quando Dorinda surpreende Medoro com Angelica e esta lhe dá uma jóia para que se console com a perda do namorado, há um trio muito original, "Consolati, o bella", explorando o tema do triângulo amoroso.

Voltando a aplicar com muita habilidade os ingredientes que tinham feito o sucesso de *Partenope* e *Sosarme*, Haendel escreveu uma ópera que contém momentos empolgantes de espetáculo – transformações, carros alados, caverna mágica –, sem no entanto se descuidar das possibilidades de exibição vocal para Senesino, Montagnana e Strada del Pò. É pena que o estado de crise em que mergulhou a sua companhia, na fase final de funcionamento, não lhe tenha permitido reprisá-la, pois as remontagens modernas demonstram o bom rendimento que *Orlando* pode ter no palco. Disso dão provas também as gravações existentes: a de Geoffrey Simon (RCA, 1971); e a de Christopher Hogwood (Oiseau-Lyre, 1990).

Mas os tempos difíceis aproximavam-se outra vez. Os desentendimentos entre Jorge II e seu filho Frederick, o príncipe de Gales, comprometeram a estréia de *Debora*, o oratório com texto de Samuel Humphreys que Haendel preparara para a Quaresma. Estando o rei presente com seus partidários, todos os adeptos do príncipe deixaram de comparecer. E as coisas pioraram quando, em junho de 1733, associando-se ao duque de Marlborough, o príncipe decidiu abrir um novo teatro – The Opera of the Nobility –, para concorrer com o King's Theatre. Salários atraentes fizeram com que Senesino e Montagnana se bandeassem para a sala rival, no Lincoln's Inn Field. E da Itália foi trazido Porpora que, em 29 de dezembro de 1733, ali estreou a sua *Arianna in Nasso*.

Havia compensações: a amizade de John Arbuthnot que, pelos jornais, defendeu-o, condenando o jogo sujo dos rivais; e o convite da Universidade de Oxford para um festival de obras suas que incluiu apresentações de *Esther*, *Debora*, o *Te Deum de Utrecht* e uma peça nova, o oratório *Athalia*, que Humphreys extraíra da tragédia de Racine. As 3700 pessoas que, segundo o *Gentleman's Magazine*, assistiram às duas récitas de *Athalia* em Oxford foram a prova de que Haendel estava se revelando um mestre nesse gênero de drama sacro construído em forma de concerto.

Mas era preciso enfrentar os concorrentes, que lhe disputavam palmo a palmo o terreno sem o menor escrúpulo. Além da Ópera da Nobreza, havia a *ballad-opera*, que conquistava multidões cada vez maiores: ao triunfo da *Ópera na Aldeia*, de Charles Johnson, seguiu-se o do *Amor na Aldeia*, de Isaac Bickerstaff, e logo depois o da *Rosamunda*, de Thomas Arne filho. No Drury Lane, o empresário Henry Carey entrara no páreo encenando uma *Amelia* toscamente composta pelo fagotista Johann Friedrich Lampe. E John Christopher Smith – por ironia o filho do velho Schmidt que Haendel trouxera da Alemanha, como secretário, ao emigrar para a Inglaterra – rabiscava às pressas uma *Teramina* e conseguia ser aplaudido. A maior parte do público mal se dava conta de como eram mal ajambradas essas partituras, interessado apenas no prazer de um espetáculo acessível e desopilante. Até no oratório havia quem lhe puxasse o tapete:

Maurice Greene, por quem Georg Friederich tinha a mais solene antipatia, acabara de estrear uma *Canção de Débora*, grosseiramente calcada em sua partitura.

Arianna in Creta foi a resposta à ópera de Porpora. Em 1721, Pietro Pariati escrevera para Leonardo Leo o libreto da *Arianna e Teseo* que, em 1729, já fora ouvida no Haymarket, sob a forma de um *pasticcio* para o qual o próprio Haendel colaborara. O novo elenco girava em torno do nome da gorda Strada, a única que lhe permanecera fiel; dos *castrati* Giovanni Carestini e Carlo Scalzi, que ele trouxera correndo da Itália; e da Durastanti, a velha amiga dos tempos de *Agrippina* e *Radamisto*, que concordara em voltar a se integrar à sua companhia.

Depois de Farinelli, em cuja voz fundiam-se tanto o contralto gravíssimo quanto o soprano mais agudo, Carestini era o maior representante da escola da vocalidade acrobática. Começou como sopranista mas, com a idade, evoluiu para contraltista, mantendo porém uma extensão excepcional. A julgar pela tessitura daquilo que Haendel escreveu para ele, devia ter uma voz equivalente à dos nossos mezzo-sopranos agudos. Mais tarde, na última fase da carreira, cantou como um verdadeiro contralto.

Por causa de uma disputa com o rei Minos, a cada sete anos Atenas tem de mandar sete rapazes e sete moças a Creta, onde serão sacrificados ao Minotauro. Esse holocausto só terá fim no dia em que um herói ateniense entrar no labirinto, matar o Minotauro, conseguir sair e ainda derrotar Tauride, o general cretense, filho de Vulcano. Teseu, o filho de Egeu, rei de Atenas, vai para Creta pensando não só em libertar seus compatriotas da maldição como também em libertar a mulher que ama: Ariadne, que todos pensam ser uma princesa tebana mas, na realidade, é a filha de Minos, desaparecida quando menina.

Tauride tem a certeza de que ninguém conseguirá vencer o Minotauro ou sair com vida do labirinto e, por isso, designa a virgem ateniense Carilda como a primeira a ser sacrificada. Mas ela é amada por Alceste, amigo de Teseu, que a convence a tentar a fuga. Furioso, Minos escolhe Ariadne para o holocausto. Teseu entra no labirinto, mata o Minotauro e, recolhendo o fio que ele próprio desenrolou à entrada, acha a saída. Encontra então Ariadne e declara-se a ela. Defronta-se em seguida com Tauride, consegue atirá-lo ao chão e forçá-lo a entregar o cinturão mágico que o tornava invencível. Minos reconhece a vitória de Teseu e liberta as reféns atenienses. O herói grego revela a verdadeira identidade de Ariadne, fazendo pai e filha abraçarem-se comovidos. A ópera termina com o duplo casamento de Teseu e Ariadne, Alceste e Carilda.

Há duas cenas de construção original: a do sonho de Teseu, imitando as características das *scènes de rêves* comuns nas óperas de Lully ou Rameau; e a da batalha com o Minotauro dentro do labirinto – com o traço curioso de que é o próprio Teseu, e não a filha de Minos, que tem a idéia de desenrolar o fio que lhe permite achar a saída. No mais, *Arianna* é uma *opera seria* de estrutura bastante convencional, com as habituais árias *da capo* – embora elas sejam de feitura razoavelmente variada e com muito cuidado artesanal. Precisando valorizar o elenco novo que montara, para enfrentar a concorrência da Ópera da Nobreza, Haendel preocupou-se particularmente em fornecer a cada um dos intérpretes grandes chances de brilhar.

As melhores árias, naturalmente, são as de Teseu, concebidas para Carestini: a lírica "Sdegnata sei con me", em que o herói lamenta o fato de Ariadne ainda não se ter dado conta de quanto é amada; a vigorosa "Nel pugnar col mostro audace", que é uma ária de combate em *stile marziale*; e a elegante "Bella sorge la speranza", que encerra a ópera com uma daquelas memoráveis melodias haendelianas que têm tudo para se tornar uma das favoritas do público. "Nel pugnar" explora a capacidade que tinha Carestini de executar vocalises arpejados entremeados, sem pausa, com trinados ora breves ora longos, numa extensão que vai do si^2 ao sol^4.

Cena capital é a do labirinto (III, 3): depois do recitativo acompanhado "Ove son? Qual orror!", talhado na medida para Carestini, que tinha a fama de ser um ator muito impetuoso, vem a extrovertida ária "Qui ti sfido, o mostro infame". No trecho em que Teseu exclama "Non pavento la tua rabbia" (Não temo a tua raiva), Haendel escreve uma veemente sucessão de escalas ascendentes que levam a voz do si bemol^2 ao lá bemol^4. Mas não ficam

atrás as páginas escritas para La Strada (Ariadne) e sobretudo La Durastanti, que fazia o papel de Tauride. É empolgante a ária "Qual leon", do ato II, com *obbligato* de trompa, em que já parece palpitar integralmente o ímpeto heróico do "The trumpet shall sound" do *Messias*. É pena que de *Arianna* não exista – salvo engano – nenhuma gravação disponível.

Ao lado de *Arianna*, deve-se colocar a serenata *Parnasso in Festa*, que não é estritamente uma ópera, mas foi apresentada no King's Theatre, em 13 de março de 1734, com o mesmo elenco, para comemorar o casamento da princesa Ana, filha mais velha do rei, com o príncipe Guilherme de Orange. Ana tinha sido aluna de Haendel que, para ela, escreveu uma brilhante série de *Lições* para cravo. A essa discípula dileta, e de nobilíssima linhagem, ele tinha todo o empenho em oferecer a mais brilhante das celebrações. Mas, como dispunha de pouquíssimo tempo para preparar essa *festa teatrale*, reaproveitou nela a música da *Athalia*; e o libretista (desconhecido) teve de acomodar como pôde os versos à música já existente – com resultados nem sempre excelentes. Em todo caso, o compositor fez alguns ajustes a essa partitura requentada, incorporando-lhe dez números novos. *Parnasso in Festa* – da qual tampouco tenho notícia de gravação – é um perfeito exemplo da arte barroca de combinar material antigo e novo dando ao resultado aspecto unitário e original.

Apolo conclama as Musas para que celebrem o casamento de Peleu e Tétis. Clio lembra-lhe a história de Dafne, transformada em loureiro para escapar à sua perseguição. O deus afasta essa recordação desagradável cantando o elogio de Baco e do vinho. A segunda parte é dedicada a Orfeu e ao poder regenerador da música. A ninfa Clori tenta reanimá-lo liderando um coro em louvor aos prazeres da caça, mas ele está desconsolado com a perda de Eurídice. Apontando-o como o modelo da devoção conjugal, Apolo faz aos tritões o apelo a que saiam do mar para celebrar as bodas de Peleu e Tétis. Na terceira parte, finalmente, Marte canta em homenagem à raça de heróis que resultará dessa união. Ninfas, pastoras e faunos vêm pedir às deusas Íris e Aurora que ofereçam em tributo ao casal as suas frutas e flores. E a serenata termina com o pedido de que as bênçãos divinas caiam sobre o amor de ambos.

As desordens financeiras do King's Theatre determinaram seu fechamento temporário, logo após a apresentação do *Parnasso in Festa*. E Haendel viu-se, de repente, relegado à pequena sala do Lincoln's Inn Fields, trabalhando com o empresário John Rich, que não tinha muitas razões para estimar. Somava-se a isso a perda de sua ex-aluna e protetora que, depois do casamento com Guilherme de Orange, mudara-se para a Holanda. No novo teatro, Haendel limitou-se a remontar trabalhos antigos. E, em 18 de dezembro, conseguiu transferir-se com sua trupe para o Covent Garden, que, nessa época, ainda não tinha a fama de hoje. Ali remontou, como dissemos antes, *Il Pastor Fido*, com números de dança destinados a Marie Sallé, a bailarina parisiense que acabara de fazer, em sua cidade natal, a bem-sucedida criação das *Indes Galantes* de Rameau.

No Covent Garden estreou, em 8 de janeiro de 1735, uma de suas mais belas óperas: *Ariodante*. O libreto de Antonio Salvi, *Ginevra, Principessa di Scozia*, escrito em 1708 para Perti, também tinha sido extraído de um dos episódios do *Orlando Furioso* de Ariosto – uma história cujas peripécias tinham sido incorporadas por Shakespeare à sua comédia *Much Ado about Nothing* (Muito Barulho para Nada). O adaptador anônimo optou por manter a ambientação escocesa escolhida por Salvi. Esta foi umas das primeiras óperas haendelianas revividas no século XX: Stuttgart assistiu a ela em setembro de 1926, na tradução alemã de A. Rudolph. A princípio, o papel título, escrito para *castrato*, era transposto para tenor: foi assim que Gerhard Unger o cantou em Berlim Oriental (1959), sob a regência de Horst Tanu. Janet Baker foi a primeira a fazê-lo no registro de mezzo, no espetáculo de 1964 no Barber Institute de Birmingham, sob regência de Anthony Lewis.

Ginevra, filha do rei da Escócia, rejeita a corte que lhe é feita por Polinesso, o duque da Albânia, pois está apaixonada pelo príncipe Ariodante, vassalo de seu pai. Dalinda, dama de companhia da princesa, dá a entender a Polinesso que o ama, e o duque pensa em utilizar seus sentimentos como um meio de despertar o interesse e os ciúmes de Ginevra. O rei aprova o namoro de sua filha com Ariodante e dá o consentimento a que se casem. Mas Polinesso convence Dalinda a vestir-se como Ginevra e, aquela noite, deixá-lo entrar no apartamento da princesa. Enquanto isso, a dama de companhia rejeita a corte de Lurcânio, o irmão de Ariodante, que está apaixonado por ela.

Polinesso diz a Ariodante que pode provar a infidelidade de Ginevra. O príncipe responde que o matará se a acusação for falsa – mas se suicidará se ela for verdadeira. O que eles não sabem é que Lurcânio, escondido no jardim onde se encontraram, ouviu a conversa e, instantes depois, quando Ariodante vê Dalinda, vestida como Ginevra, levar Polinesso para o quarto da princesa, impede o irmão de ferir-se com o punhal desembainhado. Lurcânio convence Ariodante de que tem de se vingar dessa traição. O rei está proclamando Ariodante seu herdeiro e sucessor quando o nobre Odoardo chega com a notícia de que ele se atirou ao mar e morreu. Ginevra desmaia ao saber disso, e Lurcânio conta o que viu no jardim, fazendo o rei castigar a filha, que não entende por que está sendo deserdada. Lurcânio chega até mesmo a dizer que está pronto a lutar com o cavaleiro que se decidir a defender a honra da princesa.

Fora do palácio, Ariodante salva Dalinda, perseguida por assassinos a soldo de Polinesso, preocupado em impedir que ela revele o seu estratagema. Ambos se aliam contra o vilão que os enganou e vão para o palácio, onde Polinesso está se oferecendo para lutar em defesa de Ginevra. Esta não quer aceitar, mas o rei decide que o combate há de se realizar. Lurcânio fere Polinesso mortalmente – o que parece indicar a condenação da princesa pelo céu –, mas surge um cavaleiro com a viseira do elmo baixada, que se propõe a defendê-la. Ele diz que demonstrará a inocência de Ginevra se, antes disso, o rei perdoar Dalinda. Antes que a nova luta se realize, Odoardo vem dizer que, antes de morrer, Polinesso confessou o seu crime. O cavaleiro desconhecido ergue então a viseira, e a princesa reconhece seu amado. A dupla união de Ariodante e Ginevra, Dalinda e Lurcânio é celebrada com grandes festividades.

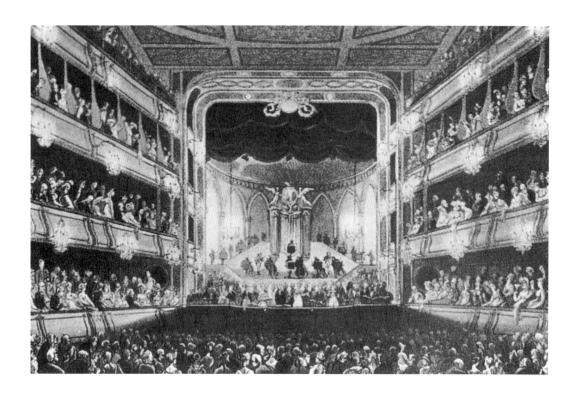

Interior da primeira sala do Covent Garden, em Londres, onde estreadas algumas óperas de Haendel.

Eis um dos melhores exemplos da capacidade que Haendel tem de combinar o tom intimista das cenas envolvendo o conflito de sentimentos com as exigências das seqüências heróicas, de natureza grandiosa e extrovertida. Os recitativos são curtos e as árias, muito elaboradas, refletindo de maneira exata a intensidade de uma ação que se desenrola rapidamente e a profundidade dos efeitos psicológicos que produz em todos os envolvidos. Carestini, para quem foi escrito o papel título, tinha a cantar as mais belas árias: "Con l'ali di costanza", "Cieca notte" e sobretudo "Scherza infida", em que culmina a cena no jardim, do ato II, quando o cavaleiro acredita ter visto a sua amada nos braços do rival. Essa cena, aliás, uma das mais bem construídas em toda a obra dramática de Haendel, é precedida pela sinfonia dita *Do luar*, breve introdução de apenas dez compassos, mas que cria admiravelmente o clima para o que vai se seguir.

Em *Ariodante*, é visível a preocupação de Haendel não com os dotes acrobáticos de seu *primo castrato* mas com a pureza que ele pode imprimir aos trechos *cantabile* de tom lírico. A coloratura de "Se tanto piace al cor" existe mas é extremamente delicada. E o andante "Dopo notte atra e funesta" impressiona pela melodia solene e interiorizada que vai se iluminando aos poucos, até a personagem exprimir a alegria que se apossa gradualmente dela mediante uma coloratura muito contida. Só no final Haendel permite-se uma eletrizante explosão sobre a palavra "gioia" ("alegria"): treze compassos em 3/4, com o salto de lá[3] a quatro lá[4] em síncope seguidos, uma brusca descida ao lá[3] e de novo a subida arpejada a um sol[4].

Nesta ópera também já aparece a propensão pela melodia de estilo pastoral, comum nos primórdios da influência arcádica, que será freqüente em suas últimas criações. "Qui d'amor nel suo linguaggio", escrito para Carestini, é um exemplo disso. Muito original é o dueto de amor "Prendi, prendi" do ato I, entre Ariodante e Ginevra, interrompido pelo rei, que vem abençoar sua união, exatamente no momento em que os cantores se preparam para atacar o *da capo*. Também as danças, indispensáveis numa ópera como esta, que tem um lado exteriorizado e festivo, são muito bem integradas, especialmente no final dos atos II

e III. É neste último que está a solene "Dança das Damas e Cavaleiros", que ficou conhecida como peça de concerto.

Ariodante tem um dos melhores libretos musicados por Haendel, mas foi reapresentada apenas uma vez, em 1736, porque o papel título exigia um intérprete de grandes habilidades técnicas. O *castrato* Gizziello (Gioacchino Conti), que a reprisou, era um dos mais competentes sopranistas da nova escola, mas estava longe de ter a habilidade técnica de Carestini. Por isso, Haendel fez na partitura extensas revisões. Há quem considere musicologicamente superada a edição de Raymond Leppard (Philips, 1979) mas, do ponto de vista teatral, a leitura é muito envolvente e Janet Baker faz do protagonista uma interpretação maravilhosa. Mais moderna, do ponto vista do resgate das praxes barrocas, é a gravação de Nicholas McGegan (Harmonia Mundi, 1992). A de Marc Minkowski com Les Musiciens du Louvre (DG Archiv) foi considerada pela crítica inglesa um dos melhores lançamentos de 1998; um de seus pontos fortes é a interpretação de Anne Sophie von Otter no papel título.

Ariodante foi muito bem recebida. Ainda assim, o elenco do teatro rival, onde Porpora continuava imperando, era superior em quantidade e nível de qualidade. Por esse motivo, Haendel preferiu dedicar-se à reedição de seus oratórios, de grande apelo junto ao público, entremeando a execução de obras desse gênero com concertos para órgão, em que ele próprio se apresentava como solista, nos intervalos. Obras curiosas, essas, pois não possuem um único tema original: escritas às pressas, para uso imediato, são costuradas com melodias saqueadas a torto e a direito, na obra de seus contemporâneos; mas retrabalhadas com tal arte que além de estilisticamente uniformes têm aquele inequívoco tom pessoal haendeliano.

O músico não descurava o palco, sua velha paixão, mas preparava agora os seus dramas em função dos efetivos disponíveis, compensando com os elementos feéricos as deficiências do elenco. Trabalhando com essas limitações, produz uma de suas obras mais perfeitas – *Alcina*, a última de suas óperas derivadas de Ariosto – demonstração cabal de que um artista em pleno domínio de seus meios de expressão é perfeitamente capaz de superar os obstáculos, por mais adversas que sejam as condições em que trabalha. *L'Isola d'Alcina* era um dos libretos que Georg Friedrich trouxera na bagagem após a viagem à Itália para contratar novos cantores. Fora escrita em 1728, provavelmente por Antonio Fanzaglia, para o compositor Riccardo Broschi, o irmão mais velho de Farinelli. Tudo indica que foi Antonio Marchi o adaptador da versão londrina, com recitativos mais curtos e árias concebidas em função das possibilidades dos artistas disponíveis. Como em *Rinaldo* e *Orlando*, uma das personagens principais é uma feiticeira, e a ilha encantada onde a ação se passa dá ensejo às cenas de transformação que agradavam tanto ao público. Além disso, Marie Sallé participou uma vez mais do espetáculo, enriquecendo-o com seus bailados.

O papel título foi criado em 16 de abril de 1735 por Anna Strada que, com a Adelaide do *Lotario*, a Elmira do *Sosarme* e a Ginevra de *Ariodante*, tornara-se a principal cantora da companhia, assumindo, em relação a Haendel, o mesmo papel que, anos antes, fora da Bordoni. Extremamente versátil, era capaz de encantar o público tanto num *largo* dulcíssimo e melancólico como "Rendi sereno il ciglio" (*Sosarme*) quanto numa daquelas árias com a imitação do canto de pássaros: a pirotécnica "Se nel bosco resta solo" da *Arianna*, por exemplo. Tinha tudo, portanto, para dar vida à figura da feiticeira que o compositor delineara de forma tão expressiva. Desde o princípio, *Alcina* foi um sucesso. E conquistou o público moderno, ao ser redescoberta no século XX.

Hans Roth traduziu-a para o alemão, em 1928, por encomenda da Ópera de Leipzig. Quando a Handel Opera Society a recriou no original, em 1957, no St. Pancras Town Hall de Londres, sob a regência de Charles Farncombe, a feiticeira foi cantada pela primeira vez por Joan Sutherland, a mais fantástica intérprete do papel em nosso século. Dame Joan participou também da produção de Veneza, em 1960, dirigida por Franco Zeffirelli. Entre as encenações marcantes de *Alcina* neste século, está também a do Festival de Aix-en-Provence, dirigida por Jorge Lavelli e regida por Raymond Leppard. Existem dela três gravações: a de Ferdinand Leitner ao vivo em Colônia, na década de 70, com Sutherland, Norma Procter, Nicola Monti e Fritz Wunderlich, de estilo antiquado mas tendo a diva ladeada por dois ótimos tenores (selo Melodram); a de Richard Bonynge (Decca, 1962), um pouco cortada mas com elenco excepcional: Sutherland, Graziella Sciutti, Mirella Freni, Teresa Berganza, Luigi Alva, Ezio Flagello; e a de Richard Hickox (HMV, 1985), integral e musicologicamente mais autêntica.

A feiticeira Alcina apaixonou-se pelo cavaleiro Ruggiero e o mantém prisioneiro em sua ilha encantada. Bradamante, a noiva do rapaz – disfarçada como se fosse Ricciardo, o seu irmão – vai tentar salvá-lo, auxiliada por Melisso, o seu guardião. Ambos são descobertos por Morgana, a irmã de Alcina, que se sente atraída por Ricciardo e os leva à presença da feiticeira, dona da ilha. "Ricciardo" pergunta a Ruggiero se se lembra dele, o irmão de Bradamante, mas o cavaleiro, enfeitiçado, não tem recordação alguma de sua vida anterior. Oronte, comandante das tropas de Alcina, cheio de ciúmes de Ruggiero, adverte-o de que corre o risco – agora que outro homem jovem e bonito apareceu na ilha – de ser transformado em rocha, rio, árvore ou animal, como aconteceu com seus predecessores, depois que a feiticeira se desinteressou deles. Alcina desmente isso, dizendo que ainda se sente atraída por ele. Bradamante revela a sua verdadeira identidade, mas Ruggiero acha que isso não passa de mais um dos truques mágicos da feiticeira.

Melisso disfarça-se então como Atlante, o tutor de Ruggiero, e dá-lhe um anel mágico que o faz recuperar a razão. O cavaleiro redescobre o amor por Bradamante, mas decide esconder isso de Alcina. Encontra-a diante da estátua de Circe, fazendo passes mágicos para transformar Ricciardo em fera, mas a dissuade disso. É ajudado nessa empresa por Morgana, que se sente atraída por Ricciardo e está convencida de que o recém-chegado a ama também. A essa altura, chega à ilha Oberto, o sobrinho de Bradamante, que está à procura de Astolfo, o seu pai, misteriosamente desaparecido. Ele pede ajuda a Alcina, e esta lhe diz que em breve ele há de rever Astolfo. É Bradamante quem revela a Oberto que seu pai, atraído para a ilha, foi transformado num animal. Nesse meio tempo, Oronte denuncia a

Morgana a traição de "Ricciardo" e esta, a princípio incrédula, se enfurece ao surpreender Bradamante nos braços de Ruggiero. Alcina também se dá conta de que seu prisioneiro está lhe escapando e tenta detê-lo, mas o anel mágico o protege.

Morgana reconcilia-se com Oronte que, no passado, foi seu amante. Alcina tenta em vão dissuadir Ruggiero e Bradamante de partir mas, quando a nave que deve levá-los embora chega, a moça diz que só irá embora depois de terem-se desfeito os sortilégios da ilha. Embora Alcina e Morgana tentem detê-lo, Ruggiero usa o seu anel mágico para quebrar a urna que contém "todo o poder do Encantamento". Assim que a urna se parte, "toda a Cena desaparece, transformando-se no Mar, que é visto através de uma vasta Caverna subterrânea em que muitas Pedras se transformam em Homens e entre elas está Astolfo, que abraça Oberto: eles formam o Coro e dão início às Danças."

Contam que Carestini recusou-se a cantar "Verdi prati" – a delicada ária em ritmo de sarabanda com que, no ato II, Ruggiero expressa a sua relutância em abandonar aquela ilha encantadora, onde tem se sentido feliz – alegando que ela não era suficientemente brilhante. Pois este haveria ser um dos maiores sucessos de sua carreira, tão cara ao público londrino quanto o "Lascia ch'io pianga" do *Rinaldo* que, passados tantos anos, todo mundo ainda tinha nos lábios e na lembrança. A elegância dessa página dá a medida do alto nível de inspiração de *Alcina*, o maior sucesso da carreira de Haendel, nesses anos difíceis de competição com a Ópera da Nobreza. Ao lado do *Giulio Cesare* ou do *Tamerlano*, ela é uma de suas obras mais bem-acabadas para o palco.

É notável o equilíbrio que ele obtém entre os elementos realistas e sobrenaturais da intriga. E não se perturba tampouco com o fato de o libreto apresentar um problema técnico: por volta do final do ato II, Alcina já está virtualmente derrotada, e isso poderia transformar o ato III num anticlímax. Mas Haendel consegue construí-lo com extrema habilidade, explorando a angústia da maga com a iminência da perda de Ruggiero – a ária "Ma quando tornerai" – que vai culminar na desiludida "Mi restano le lagrime", na qual revela-se, por trás da feiticeira habituada a fazer da sedução um mero jogo de poder, a mulher ferida em seus sentimentos amorosos verdadeiros. A seqüência de vitoriosas árias que levam ao trio, coro e às danças de encerramento também compensam a falta efetiva de ação nova no ato III.

Naturalmente, para Alcina e Ruggiero, cantados por Strada e Carestini, foram escritas as árias mais importantes. Mas as demais personagens não deixam de ter seus grandes momentos. Até mesmo Oberto, papel escrito para o "young Mr. William Savage", um tenorino de 15 anos de idade, tem uma parte bastante desenvolvida, em que há uma ária difícil como "Tra speme e timore", do ato II. É difícil dizer que momento de *Alcina* é mais envolvente: se a vigorosa "Semplicetto! A donna credi" em 12/8, com que Oronte zomba de Ruggiero por confiar nas mulheres; se a ária de bravura de Bradamante, "Vorrei vendicarmi", quando ela revela a sua verdadeira identidade.

Haendel não reprisou mais *Alcina* ao voltar para o King's Theatre em 1738. Mas retomou-a na temporada de 1736-1737, embora sem os bailados de Mlle Sallé. Muito aplaudida no momento em que tinha começado a colaborar com o compositor, a coreógrafa e bailarina francesa passou a ser alvo dos impiedosos epigramas da imprensa londrina, e a causa para isso parece ter sido o papel de Cupido, que ela insistiu em fazer no *divertissement* final de Alcina. Essa caracterização não agradou aos ingleses, eles a criticaram duramente por ter pretendido, com sua silhueta já madura, fazer-se passar por um adolescente, e Marie Sallé, desgostosa, pôs fim à colaboração com Haendel.

Depois de *Alcina*, sentindo os efeitos crescentes da competição com a Ópera da Nobreza, Haendel decidiu adiar até fevereiro de 1736 o início de nova temporada. Nesse meio tempo, compôs o oratório *Alexander's Feast or The Power of Music*, com texto adaptado por Newburgh Hamilton de uma das *Odes a Santa Cecília* de John Dryden; e reapresentou *Acis e Galatea* e *Esther*. Para o casamento do príncipe de Gales, em 27 de abril de 1736, com a princesa Augusta de Saxe-Coburgo, escreveu o hino *Sing unto God* – e isso diminuiu consideravelmente a tensão entre ele e o aristocrata. Animado pela chegada a Londres do *castrato* Conti, que viria substituir Carestini como a estrela principal de sua companhia, remontou *Ariodante* e, em 12 de maio de 1736, estreou nova ópera com libreto em italiano.

Esta era a ocasião para conquistar a simpatia do príncipe, até então identificado com o grupo que apoiava a Ópera da Nobreza. *Atalanta* foi escolhida porque seu tema estava normalmente associado às celebrações nupciais. Da mesma forma que *Parnasso in Festa* dois anos antes, este espetáculo foi uma homenagem ao casal principesco. E a idéia deu certo, pois o príncipe de Gales compareceu à primeira récita, cercada de grande aparato e, no dia seguinte, o *Daily Post* descreveu em detalhes o cenário suntuoso, no centro do qual havia um arco do triunfo encimado pelas armas de sua Alteza Real, com os nomes Fredericus e Augusta. Abaixo desse arco, a figura de uma mulher deitada numa nuvem representava a Fama cantando as glórias do feliz casal.

O libreto de *Atalanta* baseia-se em *La Caccia in Etolia*, que Belisario Valeriani escrevera em 1715 para Fortunato Chelleri. Meleagro, rei da Etólia, pediu em casamento Atalanta, filha do rei da Arcádia; mas ela recusou para "não perder o Prazer que sentia em caçar Animais selvagens". O rei apaixonado, porém, sabe que ela costuma caçar, em companhia das ninfas e pastoras do bosque, disfarçada com o nome de Amarilli. Apresentando-se como um pastor e dizendo chamar-se Tirsi, ele vai procurá-la. Só Nicandro, um velho pastor, sabe quem ele é realmente. Este é o *antefatto* da ópera.

Irene, a filha de Nicandro, flerta com Tirsi para fazer ciúmes em Aminta, que está apaixonado por ela; e, apesar das advertências de seu pai, provoca-o dizendo que ele está mais interessado em seu dote do que nela mesma. Após uma caçada em que captura um javali selvagem, Atalanta diz a seus companheiros não ter certeza de conseguir dominar seu coração da mesma forma que o faz com suas armas. Diz isso porque está apaixonada por Tirsi, mas tem de esconder esses sentimentos, pois é de sangue real e ele, apenas um pastor. Meleagro ouve suas reflexões e decide contar-lhe a verdade; mas o faz mediante um conto alegórico tão complicado que a princesa se impacienta e não o ouve até o fim.

Meleagro pede então a Irene que leve um xale de presente para Amarilli; mas a garota, ao encontrar-se com Aminta, diz-lhe que o xale é o presente de um admirador, deixando-o furioso de ciúmes. Atalanta também faz Aminta de mensageiro: pede-lhe que leve uma flecha de presente para Tirsi, mas sem lhe dizer quem o mandou. Meleagro volta a se encontrar com Atalanta e tenta acabar de lhe contar a sua história. Entendendo finalmente o que ele está tentando lhe dizer, a caçadora o interrompe abruptamente, com medo de revelar o que realmente sente.

Os presentes foram entregues como provas de amor. Ouvindo Atalanta dizer "Aminta carrega o segredo de meu coração", Irene interpreta errado a frase e conclui que agora é de Amarilli que ele gosta. Ao perceber que ela está enciumada, Aminta aproveita esse equívoco a seu favor; mas agora é Tirsi quem se entristece, pois Irene vai lhe contar que Aminta tem uma ligação com Amarilli, e ele se convence de que Atalanta é uma mulher volúvel. Ele está se sentindo inteiramente perdido quando Atalanta vem procurá-lo e, além de negar qualquer interesse por Aminta, confessa que só o orgulho de aristocrata a impediu, até agora, de admitir a paixão por um simples pastor. É a hora de Nicandro intervir revelando a verdadeira identidade de Tirsi. Enviado por Júpiter, Mercúrio desce numa nuvem, para celebrar as bodas reais – e também as de Irene e Aminta. O coro deseja longa vida ao casal nobre e prevê para eles uma ilustre linhagem.

É curioso observar, nessa última cena, a contaminação da *opera seria* com um desenlace típico do *masque*, gênero de entretenimento cortesão que os ingleses não tinham deixado de apreciar, mesmo com seu relativo declínio após a morte de Purcell: a descida da divindade, o coro, as danças e – como está especificado no libreto – um espetáculo final de fogos de artifício (que deveria realizar-se fora do teatro). *Atalanta*, mais curta do que a média das óperas haendelianas, apesar de sua intriga retorcida, marca o retorno do compositor ao molde da comédia pastoral, que ele não praticara mais desde *Il Pastor Fido*. Não faltam, em meio de páginas que visam antes de mais nada ao brilho e à variedade, momentos musicalmente substanciosos como "Non sarà poco se il mio gran foco", a ária de Meleagro no fim do ato I (com um dó[5] agudíssimo destinado a demonstrar as habilidades de Conti). E principalmente "Lassa! ch'io t'ho perduta", de Atalanta, um lamento de intensidade comparável a "Lascia ch'io pianga" ou "Verdi prati" – e, como eles, firmemente enraizada, desde cedo, no repertório dos recitais de canto.

Embora fosse dono de uma voz de extensão fabulosa, Conti não tinha a agilidade de Carestini nem a força de Farinelli e, por isso, os seus papéis não se notabilizavam pelo canto acrobático. Mas ele passou à história como um intérprete de grande sentimento, suavidade e graça. Burney atribui a essas qualidades a encantadora simplicidade da ária "Care selve", com escalas ascendentes e descendentes muito graduais, andamento pausado e exigências de legato que conferem à frase uma ondulação de extremo refinamento.

A ópera tinha tudo para agradar ao público. Depois das oito récitas previstas para a comemoração das bodas reais, Haendel a remontou, com muito sucesso, no segundo semestre do mesmo ano. Embora criticado do ponto de vista da autenticidade, pelas modificações que faz na orquestração, o registro de Nicholas McGegan com a Cappella Savaria (Hungaroton, 1985) é extremamente vivo e capta bem o frescor e o tom despreocupado dessa música.

Reanimado pela deferência com a qual era agora tratado pelo príncipe de Gales, Haendel lançou-se com todo o entusiasmo à temporada de 1736-1737, para a qual compôs três óperas novas: *Arminio, Giustino* e *Berenice*. Com esses espetáculos, encerrou a estada de sua companhia no Covent Garden, antes do retornar ao Haymarket.

Reaproveitando quase sem modificações o libreto de Antonio Salvi, musicado por Alessandro Scarlatti em 1703, *Arminio* assinala o retorno ao modelo de ópera em que tramas amorosas entrelaçam-se com as intrigas políticas e dinásticas. É curiosa a boa aceitação que essa ópera tivera em Florença, ao ser cantada no início do século XVIII. O nó central da ação, a derrota de um latino – o general romano Varo –, na Batalha do Reno, por um bárbaro germânico – o príncipe Arminio (Hermann) – tinha tudo para açular a xenofobia dos italianos que,

sempre vítimas de invasões e intervenções estrangeiras, não morriam de amores pela gente de além Alpes. A estréia da versão haendeliana foi em 12 de janeiro de 1737.

Traído por Segeste, o seu sogro, Arminio foi derrotado pelos romanos, que invadiram o vale do Reno e o capturaram. Varo, o comandante das tropas invasoras, apaixonou-se por Tusnelda, a mulher do derrotado. Ao mesmo tempo, Sigismondo, o irmão de Tusnelda, caiu-se de amores por Ramise, a irmã de seu cunhado. Segeste fracassa em suas tentativas de convencer o genro a render-se aos romanos; não consegue tampouco que ele pressione Sigismondo para que deixe de fazer a corte a Ramise. Ao saber que Arminio foi condenado à morte, o ambicioso Segeste faz planos de casar sua viúva com o general Varo.

Pensando em criar um obstáculo de honra que afaste o romano de sua esposa, Arminio chama Tusnelda e Varo à sua cela e confia a guarda da mulher ao general romano; mas ela não aceita ser protegida pelo inimigo; e este nega pretensões amorosas sobre a mulher do vencido. Quando Arminio está para ser executado, chegam notícias de que os germânicos estão iniciando novo ataque. Aproveitando a saída de Varo, à frente de suas tropas, para rechaçá-lo, Sigismondo consegue organizar a fuga do irmão. Enfurecido, Segeste prende Sigismondo e Ramise em seu palácio. Arminio toma a frente das tropas germânicas rebeladas e derrota Varo, que morre em combate. Ao saber disso, Segeste pensa em suicidar-se; mas seu genro chega a tempo de impedi-lo, perdoá-lo e promover o casamento de Sigismondo com Ramise.

Assim como *Lotario*, a pressa com que foi escrita faz de *Arminio* uma ópera extremamente desigual, com uma ou outra página convincente – em especial para os dois irmãos germânicos – flutuando num mar de rotina e reaproveitamento mecânico de trechos anteriormente compostos. O fato de a personagem título passar a maior parte da ação no calabouço suscita, naturalmente, uma *scena di prigione* comovente no início do ato II, escrita para o contraltista Domenico Annibali, que criou o papel título. Para ele também foi concebida "Fatto scorta al sentier della gloria", com um sol[4] que demonstra a extensão dos agudos desse contralto masculino.

Embora se trate de ópera menor dentro do conjunto da produção haendeliana, *Arminio* apresenta uma cena de grande importância: a seqüência de recitativos e *cantabiles* intercalados do ato III quando Tusnelda, desesperada, pensa em se matar, mas desiste ao ficar sabendo que seu marido ainda está vivo. A cena da loucura de *Orlando* já prenunciava esse tipo de construção flexível, que foge ao molde ortodoxo do recitativo seguido de uma ária de saída. Melhor desenvolvido aqui, esse é um formato de cena que se tornará muito comum nas óperas da última fase do compositor. *Arminio* teve apenas seis récitas em 1736. Foi remontada na Inglaterra em 1972; mas não tenho notícia de que exista dela documentação discográfica.

O estado de saúde de Haendel, dizem biógrafos como Percy Young ou Christopher Hogwood, pode explicar a qualidade inferior dessa partitura. A essa altura, com 52 anos e alquebrado pelos tempos difíceis que vinha enfrentando, ele sofria de um reumatismo infeccioso que, em breve, começaria a manifestar-se sob a forma de uma paralisia do lado direito, acompanhada de distúrbios nervosos que interferiam seriamente em seu comportamento e em sua capacidade criativa.

Niccolò Beregan escrevera *Giustino* para Legrenzi em 1683. Em 1724, Pietro Pariati o revisou para Vivaldi. Esse foi o poema adaptado por uma mão anônima para a versão que Haendel estreou em 16 de fevereiro de 1737. Na verdade, a elaboração da partitura se iniciara antes do *Arminio*, mas foi interrompida porque o compositor não sabia ao certo com que cantores poderia contar. Retomou-a depois da chegada a Londres do *castrato* Domenico Annibali e da soprano francesa Elisabeth Duparc, conhecida como *La Francesina*. O pequeno papel da deusa Fortuna também indica que William Savage, atraído por uns tempos pelos melhores salários da Ópera da Nobreza, decidira voltar à companhia do Covent Garden.

Ariadne, viúva do imperador grego Xenon, escolheu Anastásio como o sucessor. Ela o está coroando com os louros imperiais quando Polidarte, comandante das tropas de Vitaliano, tirano da Ásia Menor, vem anunciar que seu amo tem planos de seqüestrá-la. Anastásio o manda de volta com uma mensagem de desa-

fio. Enquanto isso, no campo, a deusa Fortuna visita em sonhos o lavrador Giustino, dizendo-lhe que ele está destinado a realizar feitos heróicos e a ter um futuro brilhante. Essas proezas não demoram a se materializar: Giustino salva Leoncasta, irmã do imperador, que está sendo perseguida por um urso selvagem; e mata um monstro marinho mandado por Vitaliano contra Ariadne, para vingar-se por ela ter repelido o seu assédio amoroso.

Giustino captura Vitaliano e entrega-o a Anastásio; este o coloca na prisão, de onde ele é resgatado por Polidarte. Nesse meio tempo, cheia de gratidão, Ariadne presenteia Giustino com um cinturão de diamantes que lhe fora dado por Anastásio. Este, ao saber disso, sente-se preterido pela imperatriz e manda aprisionar Giustino; mas desta vez é ele que é posto em liberdade por Leoncasta. O lavrador está perambulando pelas colinas quando se encontra com as tropas de Vitaliano, que manda executá-lo. Mas uma voz do céu suspende a mão do carrasco, dizendo a Vitaliano que o lavrador é seu irmão: uma marca de nascença o confirma. Agora é Giustino quem convence Vitaliano a aliar-se a ele para libertar Anastásio, Ariadne e Leoncasta, aprisionados por Amanzio, general rebelde que deseja de apoderar-se do trono. O usurpador é derrotado e executado. Arrependido de ter duvidado da lealdade de Giustino, Anastásio oferece-se para dividir com ele a coroa e promove seu casamento com Leoncasta.

Mesmo sem ter o nível de qualidade musical das melhores óperas haendelianas, *Giustino* compartilha com *Partenope*, por exemplo, o tipo de intriga cheia de reviravoltas e *coups de théâtre*, desenvolvida em ritmo muito ágil. Desde *Rinaldo*, nenhuma outra ópera exigira tantas mudanças de cenário: dez ao todo. E a partitura está, conseqüentemente, menos preocupada em explorar verticalmente os sentimentos das personagens do que em frisar, com muito brilho, a variedade das situações e o inesperado de algumas cenas – como a providencial descoberta de que herói e vilão são irmãos, levando à "conversão" de Vitaliano ao bem e ajeitando as coisas para que o final possa ser feliz.

O fato de que *Giustino* dependia de recursos específicos de maquinaria existentes no Covent Garden explica que, após as nove récitas de estréia, ele não tenha sido reprisado, pois no fim de 1737 a companhia trasladou-se para o Haymarket. Mas um sinal de que a ópera chamara a atenção do público foi o empresário Henry Carey ter escrito para John Frederick Lampe o libreto de uma paródia, *The Dragon of Wantley*, levada à cena no Little Theatre em 10 de maio de 1737. Uma demonstração do caráter de Haendel é que, sem se ofender, ele foi assistir a essa farsa, que transferia a ação do *Giustino* para o Yorkshire; e cumprimentou Carey efusivamente por algumas de suas piadas mais ferinas. A gravação existente é a de Nicholas McGegan, feita em 1996 para o selo Harmonia Mundi.

A última temporada no Covent Garden encerrou-se com *Berenice*, tirada da ópera de Perti (1709) intitulada *Berenice Regina d'Egitto*, com libreto de Salvi. A notícia no *Daily Post*, pouco antes da estréia – 27 de janeiro de 1737 –, de que o compositor estava indisposto, "com uma Desordem Paralítica, não tendo atualmente o controle da Mão Direita", leva a crer que não lhe foi possível reger, sentado ao cravo, como era seu hábito, a primeira récita desse drama.

A rainha do Egito apaixonou-se por Demétrio, príncipe da Macedônia; mas este ama Selene, a irmã de Berenice. Temendo uma aliança da Macedônia com o Egito, Silla, o ditador romano, manda dois de seus tribunos, Fabio e Alessandro, com a missão de tentar conquistar a rainha. Este último interessa-se muito por Berenice; mas ela o rejeita, defendendo o seu direito de escolher o homem a quem ama. Recorre então à ajuda de um de seus vassalos, o príncipe Arsace: sabe que ele está apaixonado por Selene e pede-lhe que tente conquistá-la, afastando-a assim de Demétrio. Seguem-se várias intrigas e equívocos, mas nada consegue modificar o amor que Demétrio e Selene sentem um pelo outro.

Incapaz de seduzir o homem que deseja, a rainha Berenice se enfurece e manda prendê-lo. Selene então promete a Arsace que se casará com ele se conseguir colocar Demétrio em liberdade. Berenice está preparando o holocausto do macedônio à deusa Ísis, e Selene veio lhe dizer que se oferece para morrer no lugar dele, quando Arsace chega anunciando que conseguiu libertá-lo. Berenice decide então conceder a sua mão a Alessandro. Fiel à sua promessa, Selene diz a Arsace que se casará com ele; mas o príncipe, generosamente, liberta-a de sua palavra, pois sabe que ela nunca conseguirá amá-lo. O duplo casamento é celebrado: Amor e Política andam finalmente de mãos dadas.

Tornou-se muito conhecido, no repertório de concertos sinfônicos, o chamado *Minueto de Berenice*, a seção final da abertura de estilo francês. Mas a ópera em si foi raramente revivida nos tempos modernos, embora o selo Newport Classics ofereça uma apresentação ao vivo regida por Rudolph Palmer. Esse álbum demonstra ter sido imerecido o relativo esquecimento em que ela caiu pois, embora não haja na partitura momentos tão memoráveis quanto os de uma *Rodelinda* ou um *Ariodante*, não há tampouco irregularidades flagrantes e concessões à rotina como as do *Arminio*: o drama é bastante homogêneo do ponto de vista da inspiração, e variado no que se refere à alternância de duetos, recitativos acompanhados e sinfonias descritivas com os recitativos secos e as árias *da capo* tradicionais.

A sinfonia que precede o ato III de *Berenice* é uma curiosa antecipação da introdução exuberante à *Música para os Fogos de Artifício*, que seria encomendada a Haendel para o grandioso espetáculo pirotécnico nos Jardins de Vauxhall com que, em 27 de abril de 1748, foi comemorada a assinatura do Tratado de Aix-la-Chapelle, que pôs fim à Guerra da Sucessão Austríaca. E as árias estão cheias de achados originais, entre os quais as onomatopéias vocais para imitar os ruídos das abelhas e das pombas em "Vedi l'ape", de Fabio, e "Tortorella", cantada por Selene. "É quase como se, em *Berenice*, Haendel estivesse fazendo um gesto de despedida, realizando bem um trabalho convencional, pois já prevê que, no ano seguinte, terá mudado para um estilo mais irônico de ópera, no qual os grandes gestos já não farão mais muito sentido" (David Brown no *Viking Guide of Opera*).

A Ópera da Nobreza encerrou suas atividades em junho de 1737. Há tempos ela também vinha passando por uma crise, resultante do esgotamento do prestígio de que a *opera seria* desfrutara na Inglaterra, em outros tempos (sinal claro disso era a freqüência com que surgiam as paródias, ironizando os pomposos artifícios de encenação do melodrama metastasiano). Porpora e Farinelli tinham voltado para a Itália. Também Conti e Annibali tinham desertado a companhia de Haendel. Antes mesmo do fim, Georg Friedrich já fizera um acordo com os rivais para empresariar, juntamente com Heidegger, a temporada seguinte.

Naquele verão de 1737, porém, a paralisia produzida pelo reumatismo agravara-se tanto que lhe foi recomendada uma cura de águas em Aachen. O efeito das águas sulfurosas foi quase milagroso pois, em novembro, Georg Friedrich estava de volta a Londres com a saúde razoavelmente recuperada. Chegou a tempo de compor, para o enterro da rainha Carolina, um hino fúnebre cantado em 17 de dezembro por um coro de oitenta vozes e uma orquestra de cem instrumentistas – número impressionante para os padrões da época. Com isso, foi necessário adiar para o ano seguinte a abertura da temporada, para a qual já estava preparando uma ópera nova. O libreto utilizado, desta vez, era o do *Faramondo*, de Apostolo Zeno, escrito em 1699 para Carlo Francesco Pollarolo. Quando ela estreou, em 3 de janeiro de 1738, a companhia já estava de volta ao King's Theatre.

Gustavo, rei dos Cimbros, jurou se vingar de Faramondo, rei dos Francos, porque este foi o responsável pela morte de Sweno, o seu filho mais novo. Os soldados francos estão assediando o castelo de Rosimonda, filha de Gustavo, mas é o próprio Faramondo quem a salva. Entre os dois nasce uma instantânea atração mútua, que desconhece as barreiras políticas e de rixas familiares. Essa paixão súbita, porém, faz de Faramondo o rival involuntário de Gernando, rei dos Suevos, que fora seu aliado. Para complicar as coisas, o rei dos Francos tem uma irmã, Clotilde, pela qual se apaixonaram tanto Gustavo quanto Adolfo, o seu filho mais velho.

Faramondo está sendo vítima de misteriosos atentados. Depois do segundo, Rosimonda protege-o, escondendo-o em seus aposentos. O general Teobaldo, comandante das tropas de Gustavo, tenta ali entrar e, ao fazê-lo, revela estar também querendo se vingar do soberano franco pela morte de um de seus filhos. Aliando-se a Gernando, Teobaldo rebela-se contra Gustavo e o ataca. O rei dos Cimbros é salvo pela intervenção de Faramondo, que lhe ofe-

rece a própria vida para pôr fim à disputa absurda. A nobreza do adversário impressiona Gustavo mas, como ele está preso a um juramento, manda executar Faramondo. No último minuto, porém, chega Childerico, o filho mais novo de Teobaldo, que revela a verdade: como queria que seu filho subisse ao trono, foi ele quem matou Sweno, colocando-o em seu lugar. O rapaz que morreu em luta com Faramondo, portanto, era o filho do general. Isso põe fim às antigas inimizades, e Faramondo pode casar-se com Rosimonda.

Foi certamente para adaptar-se ao gosto aristocrático dos patrocinadores da extinta Ópera da Nobreza que Haendel decidiu musicar um dos libretos mais retorcidos e episódicos de Apostolo Zeno. Mas, para ajustá-lo a seu estilo que, a essa altura, tendia para os recitativos breves e as árias extensas, fez nele cortes tão drásticos que uma história já difícil de engolir ficou próxima do sem pé nem cabeça. A gravação de Rudolph Palmer (Vox Classics, 1996) demonstra como é apressada a feitura de uma obra escrita em condições adversas e quão superficial é a caracterização das personagens. Como sempre, há aqui e ali árias abençoadas com a inconfundível melodia haendeliana; mas falta à maioria das cenas a fluidez de construção das melhores partituras do autor. Visivelmente, porém, Haendel está se adaptando às características de sua nova companhia. E não demorará a reencontrar o tom exato, pois está à beira de criar mais de um dos grandes títulos de seu teatro.

Para a temporada de 1737-1738, no Haymarket, além do *Faramondo* e da reprise dos maiores sucessos no repertório da extinta companhia rival, foi preparado também um *auto pasticcio*: um drama intitulado *Alessandro Severo*, feito da colagem de árias extraídas de várias óperas anteriores. O fato de não terem sido remontadas óperas do próprio Haendel pode significar, na opinião de David Brown, que desta vez não cabia a ele exclusivamente o controle artístico da programação. Outra explicação é que ele preferiu não se envolver na composição apressada de um título para estréia imediata, pois preferia dedicar-se com mais vagar à partitura seguinte – que estreou em 15 de abril de 1738.

Niccolò Minato escrevera *Il Serse* para Cavalli em 1654. Quarenta anos depois, Silvio Stampiglia usara esse antigo poema como base para um novo *Xerse*, musicado por Giovanni Bononcini. Se Haendel escolheu esse texto para adaptação, foi porque desejava retornar ao mesmo espírito e estilo de espetáculo da *Partenope*, com a qual obtivera resultados tão gratificantes. *Serse* teve apenas cinco récitas, ao ser estreada; mas estava destinada a transformar-se numa das óperas haendelianas de maior sucesso, desde que foi remontada em Göttingen, em 1924, na tradução alemã de Oskar Hagen. Curiosamente, nessa ocasião, o papel título, originalmente escrito para o *castrato* Cafarelli, foi cantado pelo tenor heróico Gunnar Graarud que, mais tarde, faria *Tristão e Isolda* no Festival de Bayreuth.

A transposição efetuada na versão Hagen fez com que, durante bastante tempo, Xerxes fosse considerado um papel escrito para tenor: Alexander Young, por exemplo, interpretou-o várias vezes em espetáculos montados pela Handel Opera Society. Só em 1979 a personagem foi recriada pelo contra tenor James Bowman, numa montagem que Charles Farncombe regeu na França, no Festival da Grange de la Besnadière. Em 1985, finalmente, no tricentenário de Haendel, a mezzo Ann Murray interpretou o papel na English National Opera, sob a regência de Sir Charles Mackerras. São as seguintes as gravações disponíveis do *Serse*:

Verona, 1962 – Ingeborg Hallstein, Fritz Wunderlich/ Rafael Kubelik

Westminster, 1965 – Lucia Popp, Maureen Forrester/ Brian Priestman.

Sony Classical, 1979 – Barbara Hendricks, Carolyn Watkinson/ Jean-Claude Malgoire.

Além disso, existe em vídeo um espetáculo da ENO, em tradução inglesa, com Valerie Masterson e Ann Murray, sob a regência de Sir Charles Mackerras; essa montagem foi apresentada no Teatro Municipal de São Paulo, em julho de 1992, tendo Ivor Bolton como regente.

Xerxes, rei da Pérsia, desfruta a sombra de um plátano em seu jardim e canta para a árvore uma canção de amor que demonstra ser ele um tanto simples de espírito. A voz de Romilda, que ele ouve cantando no jardim, desperta nele sentimentos amorosos; mas seu irmão Arsamenes, que está apaixonado pela moça, tenta dissuadi-lo de interessar-se por ela dizendo que Romilda é filha de Ariodate, um de seus vassalos e, por isso, indigna das atenções reais. Mas fica consternado quando Xerxes lhe diz que não se importa com isso e o encarrega de transmitir a Romilda o seu afeto. Atalanta, a irmã da moça, que está interessada em Arsamenes, ouve quando ele vai levar a Romilda a mensagem do rei. Mas o amor de Xerxes é rejeitado e, quando ele tenta impor o casamento a Romilda, é impedido por Arsamenes, a quem, furioso, bane de sua corte. A essa altura, chega Amastris, a noiva de Xerxes, disfarçada de homem: ao ouvi-lo dizer que pretende romper o compromisso que tem com ela para desposar Romilda, decide agir para impedi-lo. Arsamenes manda seu criado, Elvino, entregar a Romilda uma carta de amor, pedindo um encontro. Atalanta tenta convencer Romilda de que Arsamenes é inconstante; embora admita que é incapaz de amar um homem infiel, sua irmã a adverte de que não tente roubar o homem por quem está apaixonada.

Disfarçado de florista, Elvino conta a Amastris o que acontece entre seu amo, Romilda e o rei. Atalanta intercepta a carta de Arsamenes para a sua irmã e convence Xerxes de que é ela a destinatária daquelas declarações. O rei decide então obrigar o irmão a casar-se com Atalanta e mostra a carta a Romilda como prova da infidelidade do homem que ela ama. Mesmo morta de ciúmes, a jovem recusa-se a se casar com o rei, decisão fortalecida pelos protestos de Arsamenes de que é a ela que ama, e não a Atalanta.

Entremeadas a esses acontecimentos estão as alusões ao projeto visionário de Xerxes de mandar construir uma ponte de barcos sobre o Helesponto, para unir a Ásia à Europa. Ponte essa que é destruída por uma tempestade a que Elvino assiste fazendo uma serie de comentários muito irônicos. Logo depois desse episódio, Xerxes encontra-se com Amastris, ainda disfarçada de soldado, e tenta alistá-la em seu exército, mas a conversa dos dois é interrompida por Romilda. Quando o soberano volta a reafirmar o desejo de desposá-la, Amastris intervém e oferece-se para defender a moça contra as pressões indesejadas a que está sendo submetida.

Romilda procura Arsamenes, acusa-o de ter escrito para Atalanta, e o estratagema de sua irmã é desvendado. Encostada na parede, Atalanta inventa uma desculpa: Xerxes ficara tão irritado ao descobrir a carta que, para proteger Romilda, ela tivera de lhe dizer que era a destinatária. Quando o soberano volta a assediar Romilda, esta lhe diz que não pode lhe dar uma resposta sem o consentimento de seu pai. O rei então procura Ariodate, a quem diz que a sua filha terá "um consorte de sangue real"; e o pai, acreditando que Xerxes está se referindo a Arsamenes, aprova o casamento e diz estar disposto a receber o pretendente em sua casa. Logo em seguida, o rei se encontra com Romilda, e esta lhe diz que, por vontade do pai, ficou noiva de Arsamenes. Furioso, Xerxes manda que seu irmão seja preso.

Quando Arsamenes é mandado ao templo para ser sacrificado, encontra-se com o desajeitado Ariodate, e este, acreditando que foi Xerxes quem o mandou para a cerimônia nupcial, celebra seu casamento com Romilda. Vai em seguida agradecer a Xerxes pela honra que concedeu à sua família unindo-a a um membro de sangue real. Percebendo ter caído numa armadilha involuntariamente armada por ele mesmo, o rei acusa Ariodate de traição. Nisso, chega um pagem trazendo uma carta de Amastris, que está ameaçando suicidar-se para punir o noivo por sua infidelidade. No auge da fúria, Xerxes chama Arsamenes, dá-lhe uma espada e ordena que mate a esposa. O "soldado" desconhecido então irrompe na cena, toma a espada das mãos de Arsamenes e vira-a contra o peito do próprio rei. Dá-se a reconhecer, e Xerxes, caindo em si, pede-lhe perdão. Compreende que vem agindo como um tolo e tem de honrar o compromisso assumido com Amastris. Resignado, abençoa a união de Arsamenes com Romilda.

Mesmo tendo sido revisto por Stampiglia nos primórdios da reforma arcádica do libreto, o poema conservou o tom irônico que havia no original de Minato e a mistura de sério e cômico característica do Barroco pleno. Não chega a haver, como nas óperas da Escola Veneziana, episódios bufos intercalados ao drama; mas o diálogo é de tom muito leve, as situações heróicas e as grandes causas políticas estão ausentes, e não há como levar a sério uma

personagem como Xerxes, que desde a primeira cena, ao aparecer declarando-se a uma árvore, é descrito como um tonto. De resto, o criado Elvino, cujas aparições sempre têm efeito irônico, é uma reminiscência das personagens bufas originais do libreto veneziano.

No início do libreto, em vez do "Argumento" usual, há uma breve advertência "Ao Leitor" que já dá o tom satírico, mostrando que se faz ali uma paródia das justificativas históricas e literárias que precediam os textos das *opere serie*:

> O contexto deste Drama é tão fácil que estaríamos aborrecendo o leitor se lhe déssemos um longo argumento para explicá-lo. Algumas tolices e a temeridade de Xerxes, coisas tais como enamorar-se de um plátano ou querer construir uma ponte sobre o Helesponto, para unir a Ásia à Europa, são a base da História; o resto é ficção.

Poucas óperas haendelianas exibem variedade maior no formato das árias. A mais famosa delas – "Ombra mai fu", que Xerxes canta no início do ato I para o seu plátano bem-amado – é lânguida e sensual. Submetida aos mais diversos tipos de arranjo e popularmente chamada de "O *Largo* de Haendel", converteu-se numa das melodias mais conhecidas do compositor e, nas coletâneas de favoritas do Barroco, faz companhia ao *Adagio* de Albinoni, ao *Cânon* de Pachelbel e às *Quatro Estações* de Vivaldi. É interessante, porém, observar que esse tema, ao qual o nome de Haendel ficou tão intimamente associado, não é de sua autoria: foi tirado do *Serse* de Bononcini; embora, como sempre acontecia, tenha recebido em suas mãos tratamento muito mais sofisticado.

Notáveis são as árias de bravura com *da capo* arrebatado, escritas para o *castrato* Cafarelli, que criou o papel título: "Più che penso", em que Xerxes celebra a força do amor recém-descoberto por Romilda; "Se bramate d'amar", em que reage à veemência com que a moça recusa suas declarações e, no final, "Crude furie", em que ele expressa sua frustração ao perceber que nunca terá a mulher desejada. Mas a forma ternária convencional, neste caso, não predomina, pois diversas árias têm apenas uma seção longa e elaborada. É o caso de "Anima infida", com que Amastris se lamenta por ter sido abandonada; ou "Voi mi dite", a *arietta* em que Atalanta fala de seu amor por Arsamenes. De um modo geral, a necessidade de imprimir à ação um ritmo ágil faz com que Haendel opte por formas breves e incisivas, como é "O voi che penate", de Romilda.

La Strada já não cantava mais na companhia desde o *Giustino*. Mas La Francesina inspirou ao compositor páginas de feitura cuidadosíssima, ora nostálgicas ("O voi che penate"), ora voluptuosas, como é o caso de "Vo godendo, vezzoso e bello", melodia pastoral de gosto preciosista, com *obbligato* de flauta, entrecortada por misteriosos ecos instrumentais. Romilda é a digna conclusão de um ciclo que consagrou à voz de soprano páginas extremamente variadas. O agrado com que, ainda hoje, o público acolhe essas árias é a prova da maturidade alcançada pelo músico, capaz de criar formas de uma beleza intemporal.

Os duetos também fogem ao estilo convencional da confissão amorosa. O original "Troppo oltraggi la mia fede", do ato III, é uma briga de namorados em que Arsamene e Romilda expressam os mal-entendidos que há entre ambos e depois partem em direções opostas; mas retornam em seguida, continuando a discussão, no mesmo dueto, e interrompendo os preparativos de Ariodate para – eles logo descobrirão – aquilo que será o seu próprio casamento. "Gran pena è gelosia", do ato II, nem chega a ser um dueto no sentido estrito. São, na verdade, dois solilóquios paralelos: Xerxes e Amastris estão pensando em sua situação e um não percebe que o outro está presente. Muito interessante é também a estrutura da cena inicial do ato II, em que Elvino se disfarça de florista para entregar a carta de Arsamenes a Romilda. Sua canção é entrecortada de pregões em dialeto – um efeito que infelizmente se perde quando a ópera é traduzida para o inglês, como é o caso do vídeo da English National Ópera, ou do espetáculo trazido a São Paulo por essa companhia britânica.

Elvino, de resto, não é a única personagem a introduzir um toque mais leve na intriga. Para isso concorrem também Atalanta, mulher inescrupulosa, que não hesita em lançar mão dos truques mais reprováveis; Ariodate, o típico militar bronco que nunca entende muito bem o que lhe está sendo dito; e o próprio Xerxes, cujos enfatuados sentimentos amorosos têm uma ponta de exagero que faz com que não possamos levá-lo muito a sério. Nunca é demais insisitir no fato de que, apesar de todas as revisões a que o texto de Minato foi exposto ao longo do tempo, no libreto do *Serse* haendeliano, cantado em 1738, ainda permanece muito do humor tipicamente barroco da versão veneziana original.

Numa ópera em que as conotações políticas e históricas são mínimas – e além disso têm tom satírico –, Haendel pôde concentrar a atenção no desenho das personagens, de suas motivações e da interação de seus sentimentos. Em *Serse* está presente a capacidade do compositor de encontrar os meios musicais exatos para expressar tanto as características psicológicas dos seres humanos quanto as inúmeras reviravoltas da intriga. A ópera foi apresentada apenas uma vez, na temporada de 1738, e não foi mais reprisada, apesar da boa acolhida que teve do público. A razão para isso, comenta David Brown, é que "provavelmente Haendel nunca mais conseguiu reunir os sete solistas na igualdade de condições que ela exigia".

Tempos difíceis se seguem em que, para enfrentar seus crescentes problemas financeiros, Haendel foi obrigado a compor muita música de circunstância – concertos, suítes de dança – para os concertos ao ar livre que o empresário Jonathan Tyers organizava nos Jardins de Vauxhall. A temporada de ópera que Heidegger tentou montar em maio de 1738 não chegou a concretizar-se por falta de assinantes. Nesse meio tempo, Georg Friedrich fizera amizade com o excêntrico Charles Jennens, rico proprietário de Leicestershire, dono de indústrias em Birmingham e poeta amador. Foi Jennens o autor do texto de *Saul*, que dá tratamento shakespeariano à figura do velho rei obcecado pela inveja do jovem Davi; e de *Israel no Egito*, dois oratórios de escrita inovadora, que prenunciam as sublimes criações do fim da vida. Foi com essas duas peças não-operísticas mas de magistral densidade dramática, que Haendel se manteve no King's Theatre entre janeiro e abril de 1739.

Depois, achou melhor mudar-se para o Theatre Royal, do Lincoln's Inn Fields, pensando inicialmente em apresentar oratórios,

A Ópera Barroca Italiana

serenatas e odes que não exigissem um elenco operístico de primeira. Foi esse o local onde estreou *L'Allegro, il Penseroso e il Moderato*, o poema alegórico em que Jennens contrapõe os extremos da alegria e da melancolia ao ideal clássico do equilíbrio na moderação. Mas a chegada do *castrato* Andreoni o animou a encenar *Imeneo*, que iniciara em 1738, para a temporada planejada por Heidegger, que morrera no nascedouro. O elenco que reuniu incluía também William Savage, agora com 20 anos, La Francesina e o contralto Maria Monza, muito apreciada na Itália apesar de sua desgraciosa aparência física de mulher baixinha, muito gorda e meio corcunda.

Imeneo reaproveita um libreto de Stampiglia, o *Imeneo in Atene*, escrito para Porpora em 1720. As condições anômalas de uma composição interrompida e retomada mais tarde explica o fato estranho de o papel título ter sido escrito para tenor nos dois primeiros atos e, no III, para uma voz mais grave. John Ostendorp, o baixo que interpreta o papel na gravação de Rudolph Palmer (Vox Cum Laude/MMG, 1986), é o autor do substancioso ensaio de apresentação desse álbum. É ele quem fornece a explicação: destinada a Savage que, aos 18 anos, tinha um timbre bem leve de tenor, a partitura reflete, dois anos depois, o escurecimento que a idade trouxera à voz do cantor. Em suas remontagens modernas – por exemplo a da Universidade de Princeton, em maio de 1965, sob a regência de Anthony Lewis; ou a gravação de Palmer, em que Ostendorp canta – o papel de Imeneo tem sempre sido feito por um baixo.

O ateniense Tirinto lamenta a ausência de Rosmene, sua noiva, que foi junto com um grupo de outras donzelas da cidade participar dos rituais em honra à deusa Ceres. Chegam boatos de que o navio em que elas viajavam foi capturado pelos piratas, e Tirinto está se preparando para organizar uma expedição de resgate quando é interrompido pela chegada de Imeneo. Ele também ama Rosmene e, para estar junto dela, disfarçou-se de mulher e embarcou no navio. À noite, quando os piratas dormiam, ele os matou e libertou as moças; e por esse motivo, agora, pede a mão de Rosmene como recompensa. O senador Argenio, cuja filha Clomiri viajava no navio,

concorda com o pedido. Mas duas pessoas ficam muito insatisfeitas: Tirinto e Clomiri, que se apaixonou por Imeneo. Quando lhe pedem que escolha entre os dois rivais, Rosmene dá respostas evasivas que tornam a situação ainda mais confusa.

Argenio procura Rosmene e lhe diz que os atenienses apóiam Imeneo, mas deixam a escolha nas mãos da moça. E acrescenta que, na sua opinião, ela deveria casar-se com seu salvador, mesmo que isso signifique romper a palavra já empenhada a Tirinto. Mas o coração da donzela está dividido, e a declaração de Imeneo de que não será capaz de casar-se com outra mulher senão ela faz Clomiri revelar seus sentimentos. Rosmene diz então que vai anunciar publicamente a sua decisão. Simulando um transe ou um ataque de loucura, diz estar descendo ao Hades, onde se vê diante do grande juiz Radamanto, que tem uma espada na mão e uma balança na outra. Quando este a fere com a espada, sua alma voa para longe do corpo. Parece que Rosmene vai desmaiar mas, quando os dois pretendentes à sua mão correm a ampará-la, ela afasta Tirinto, pedindo-lhe que aceite calmamente a sua decisão; e é o braço de Imeneo que toma. Os atenienses comentam, no coro final, que o coração deve sempre ceder aos imperativos da razão.

O ouvinte de *Imeneo* familiarizado com o *Messias* terá a atenção despertada pelo fato de que, nesta ópera de fim de carreira, aparecem duas árias reaproveitadas no grande oratório de 1742. "Di cieca notte", do ato I, reaparece como "The people that walked in darkness". E a enérgica melodia de "Sorge nell'alma mia", do III, ressurge acompanhando as palavras "Why do the nations so furiously rage together?" Deve-se lamentar que *Imeneo* seja tão pouco conhecida, pois a sua escrita é da mão de um mestre que está produzindo as suas obras mais sublimes.

Constate-se isso em "Se potessero i sospir miei", por exemplo, em que as suspensões, as frases ascendentes e descendentes a partir de uma melodia de oito notas, descrevem exatamente a angústia de Tirinto, que suspira de amor em um dos mais belos lamentos haendelianos. A auto citação, de que Haendel tanto gosta, comparece no uso que ele faz de um dos movimentos do *Concerto Grosso em Lá Menor Op. 6 nº 4* na ária "È sì vaga", cantada no ato II por Clomiri. Escritos para os concerto no Vauxhall, essas brilhantes peças instrumentais tinham sido publicadas justamente no início de 1740, na época em que o músico estava retomando a partitura interrompida dois anos antes; e é natural que o sucesso obtido por esses concertos grossos junto ao público o tenha levado a reciclar, na ópera, um de seus temas mais atraentes.

Imeneo é um "drama doméstico" de tom intimista, com características que o singularizam. Não exige nenhum efeito cênico especial, até mesmo porque as possibilidades com que a companhia contava no Theatre Royal eram limitadas. Em vez da multiplicidade de incidentes e sentimentos cruzados que caracterizam a *opera seria*, o drama concentra-se num problema único – a escolha que Rosmene terá de fazer –, que é colocado desde o início do ato I e não sofre modificação substancial até o fim. Mas o mais curioso é que a moça não parece ter atração especial por nenhum de seus pretendentes, o que situa a decisão num plano não de conflito entre sentimento e dever, mas de choque entre a razão (atender a vontade dos atenienses) e a honra (faltar à promessa feita ao noivo). Como conclui o coro, externando sentimentos típicos de um europeu da metade do século XVIII:

> *Se consulta il suo dover,*
> *nobil alma, ò nobil cor,*
> *non mai piega a' suoi voler,*
> *ma ragion seguendo va*

(Se consulta o seu dever, a alma nobre, o nobre coração nunca se inclina ao desejo, mas vai seguindo a razão).

A categoria vocal, a quantidade e o nível de dificuldade de suas árias parecem indicar que Tirinto – escrito para Andreoni – é a personagem principal. E, no entanto, ele é desbancado por Imeneo, uma das raras personagens principais masculinas não-*castrato* no teatro de Haendel. Não lhe cabem exibições vocais tão impressionantes quanto as de Tirinto, mas a gama de emoções amorosas que expressa em "D'amor nei primi istanti" ou "Se la mia pace" é mais ampla e aprofundada. Quanto ao trio "Consolami mio bene", com

que se encerra o ato III, a sua feitura é de intensa originalidade. Chamando a atenção para o fato de que só em *Tamerlano* e *Berenice* há páginas de estrutura semelhante, Winton Dean diz que esse trio, em que os dois homens pedem à mulher amada que escolha entre eles, "expõe o conflito entre as personagens da forma como Mozart ou Verdi o teriam feito".

É Dean também quem comenta o aspecto inusitado da chamada "Cena da Decisão": o longo recitativo acompanhado "Miratela, che arriva cinta di negro manto" e culmina no arioso "Al voller della fortuna", em que a protagonista explica a Tirinto: "Non haver più speme alcuna./ Fui costretta a dir di sì" (Não tenha mais esperanças. Fui obrigada a dizer sim). Para Dean,

essa cena de loucura é ao mesmo tempo uma brilhante paródia de um antigo clichê operístico e a revelação do estado real de perturbação emocional em que se encontra o coração de Rosmene. O recitativo acompanhado, com suas modulações e lancinantes fragmentos melódicos, tem uma ambigüidade quase hamletiana.

O lançamento no Brasil, em 1997, do álbum da MMG colocou ao alcance de nosso público essa pequena obra-prima – cujo valor parecia estar muito claro para Haendel, pois ele a reapresentou, em 24 de março de 1742, em Dublin, como uma serenata (isto é, em forma de concerto), traduzida para o inglês e intitulada *Hymen*. Nessa ocasião, Rosmene foi feita pela espetacular soprano italiana Cristina Avoglio, que cantaria logo depois na estréia do *Messias*. E no papel de Tirinto estava a atriz e meio-soprano Susanne Arne Cibber, irmã do compositor Thomas Arne, esposa do já mencionado Theophilus Cibber, de quem se separara porque ele era alcoólatra e a espancava freqüentemente. Mrs. Cibber era uma mulher inteligente, viva, por quem provavelmente Georg Friedrich experimentou um reconfortante surto de paixão outonal. Aplaudidíssima como a Polly Peachum da *Beggar's Opera*, ela não era uma cantora excepcional – "possuía um fio de voz", diz Charles Burney – mas tinha tal presença cênica que Haendel, incapaz de se enganar quando se tratava de palco, não hesitou em confiar-lhe o papel. E insistiu em que, no mês seguinte, ela cantasse no *Messias*. Falando da sua interpretação em "He was despised", o crítico do *Dublin Journal* proclamou: "Woman, for this thy sins be forgiven thee" ("Mulher, que por isso os teus pecados te sejam perdoados").

As coisas em Londres andavam insatisfatórias, e a idéia de mudar de ares passou-lhe pela cabeça: em setembro de 1741, Georg Friedrich chegou a ir a Berlim, para examinar a proposta do rei da Prússia de ali se instalar. Mas já não conseguia mais adaptar-se à austeridade das cortes germânicas e, em outubro, voltou à Inglaterra. Ainda não sabia, mas estava prestes a despedir-se do gênero ao qual dedicara, durante 35 anos, o essencial de sua força criadora. Cerca de um mês e meio lhe bastou para terminar a partitura de *Deidamia*, estreada no Theatre Royal em 10 de janeiro de 1741. Três meses depois, seu primeiro espetáculo com a Royal Academy of Music estaria fazendo 21 anos.

Sabe-se que foi Rolli o adaptador do *Achille in Sciro* de Metastasio (1736), provavelmente utilizando também a versão anterior, de Bentivoglio (1663). Não foi possível determinar, porém, se o compositor tinha reatado, nessa época, o contato com o antigo secretário da Academia, ou se este era um libreto preparado há mais tempo e só agora desengavetado. Embora revivida modernamente – no St. Pancras Town Hall, de Londres, em 3 de junho de 1955; e em Hartford, nos EUA, em 25 de fevereiro de 1959 – não tenho notícia de nenhum registro discográfico dessa última ópera.

O oráculo profetizou que, se Aquiles for mandado à guerra de Tróia, há de ser morto, apesar de sua invulnerabilidade. Para protegê-lo, Peleu, seu pai, mandou-o para Scyro, uma ilha no mar Egeu. E Licomedes, rei dessa ilha, o fez disfarçar-se de mulher, com o nome falso de Pirra. Mas Deidâmia, a filha do rei, descobriu quem ele é e apaixonou-se por ele. Chegam à ilha três embaixadores gregos: Fenice, Nestor e Ulisses (este último fazendo-se passar por Antíloco, o filho de Nestor). Vêm pedir a Licomedes que os ajude com suas embarcações na expedição contra Tróia. Mas querem sobretudo averiguar a suspeita de que ali se encontra escondido Aquiles, sem o qual os deuses disseram que Tróia nunca será derrotada.

Ulisses e Fenice não demoram a fazer a corte a Deidâmia e a Nerea, sua melhor amiga. Licomedes organiza uma caçada para distrair os seus hóspedes, e, na floresta, Ulisses observa que uma das "ninfas" é uma caçadora particularmente aguerrida. Desconfiando dela, anuncia publicamente que é por Pirra, e não por Deidâmia, que bate o seu coração. Fenice também faz-lhe declarações de amor e, pela forma como "a moça" responde, os dois se convencem de que não se trata de uma mulher. Diante disso, levam presente para as mulheres e, entre eles, há um elmo e uma espada. Ao vê-los, "Pirra" não resiste à tentação de envergá-los e denuncia-se. Já que foi descoberto, Aquiles aceita entusiasticamente o convite que os gregos lhe fazem de participar da campanha contra Tróia.

Quando Ulisses revela a sua verdadeira identidade, Deidâmia o acusa de ter arruinado a sua felicidade ao lhe tomar Aquiles. Este lhe diz então que vai pedir sua mão em casamento ao rei Licomedes. Mas a moça o rejeita, dizendo não amar quem é capaz de colocar o desejo de glória acima dos sentimentos. Fenice pede a mão de Nerea, dizendo-lhe que ela reinará em Argos ao seu lado. Quando Licomedes pede a Ulisses que celebre o casamento de Aquiles com a sua filha, ela finalmente aceita; mas faz uma promessa ambígua: a de que lhe será fiel porque respeita o seu valor como guerreiro. E o coro com que a ópera se encerra fala, sintomaticamente, sobre a transitoriedade do amor.

Musicalmente, *Deidamia* é mais uma das partituras irregulares de Haendel, fruto das condições apressadas em que nasceu: no meio de muita coisa rotineira, sobressaem boas páginas, como a cena inicial, em que a chegada dos embaixadores é acompanhada por uma banda no palco, composta de trompetes, trompas e tímpanos. Mas é teatralmente interessante, graças à ironia, cinismo e conclusão indefinida de um daqueles libretos que, no fim da vida, o Haendel maduro e cheio de experiência da vida parecia preferir. A idéia convencional de que as exigências do dever devem triunfar sobre as do amor é praticamente neutralizada pelo amargor – ou, na melhor das hipóteses, a falta de entusiasmo – com que Deidâmia aceita unir seu destino ao de Aquiles. Da mesma forma que Rosmene no *Imeneo*, é como se ela o fizesse não por opção emocional, mas apenas porque é isso que se espera de uma heroína de *opera seria* no último ato. Parodiando o verso famoso de T. S. Eliot, David Brown diz:

> *Handel concludes Deidamia neither with a bang nor a whimper, but with a sidelong glance.*

> (Haendel não conclui *Deidamia* nem com um estrondo nem com um suspiro, mas com um olhar de esguelha).

Era melancólico permanecer em Londres e assistir ao fim de uma era, a da ópera de modelo italiano, de que ele fora o mestre incontestado. Por isso, foi com entusiasmo que Haendel aceitou o convite do lorde-tenente William Cavendish para ir instalar-se em Dublin. A cidade estava em pleno desenvolvimento: começavam a surgir nela os prédios de James Gandon que, em breve, fariam da capital irlandesa um modelo de invenção arquitetônica. E essa expansao era acompanhada por grande efervescência social e cultural – o lugar indicado, portanto, para o irriquieto saxão iniciar uma fase nova de sua carreira.

Foi no Neal's Music Hall que o público irlandês ouviu pela primeira vez, em 13 de abril de 1742, um dos maiores monumentos da história da música sacra: o *Messias*. O efeito dramático desse oratório foi tão grande que chegou-se a falar, na época, de um retorno de Haendel ao palco lírico. Mas a ópera era um capítulo definitivamente encerrado em sua vida. A experiência da doença acentuara nele a religiosidade e a consciência do significado espiritual do que escrevia. Após a estréia do *Messias*, comentou:

> Lamentaria se soubesse que apenas diverti o público. O que eu queria era torná-lo melhor.

Uma capacidade de trabalho que a idade e os problemas dc saúde não conseguiam abater fez os oratórios se sucederem entre 1743-1457: *Sansão, Semele, José e seus Irmãos, Hércules, Belshazzar, Judas Macabeu, Josué, Alexander Balus, Susana, Salomão, Teodora, A Escolha de Hércules, Jeftá, O Triunfo do Tempo e da Verdade.* Alguns deles, pela sua estrutura – *Sansão, Hércules, Semele, Salomão* – são semi-óperas, poderiam em rigor ser encenados. Mas o espírito que os anima é muito distante daquele que, por tantos anos, fez Haendel reinar como o soberano dos palcos ingleses. O que há neles é a devoção sincera do homem que, no dia 11 de abril de 1759, já inteiramente cego, escreveu em adendo a seu testamento:

> Desejo morrer na Sexta-feira da Paixão, para reunir-me a meu Salvador no dia da Ressurreição.

E foi atendido: morreu três dias depois, no Sábado de Aleluia. Três mil pessoas assistiram a seus funerais no Canto dos Poetas, da Abadia de Westminster, onde hoje ele repousa ao lado de Charles Dickens. No monumento sobre o seu túmulo, esculpido por L.-F. Roubillac, foi gravado um verso de Boécio, filósofo e músico do século VI:

> *Tellus superata, sidera donat*

> (Dominada a matéria, ele cria as estrelas).

Começou muito cedo, na década de 20, com estudiosos da estirpe de Hugo Leichtentritt ou Bruno Flögel, a revisão da tendência, vigente por muito tempo, a encarar o drama haendeliano como a aplicação mecânica de uma fórmula por pura obediência à moda de seu tempo e com objetivos antes de mais nada pecuniários. Leichtentritt foi o primeiro a identificar nele a preocupação barroco tardia – já contaminada pelo espírito racionalista do Arcadismo – de representar os "sentimentos puros" não alterados – ou contaminados por emoções antagônicas, como na vida real –, fazendo de suas personagens a encarnação de um determinado estado de ânimo ou de uma certa condição afetiva. Dessa forma, a imagem completa da personagem resultará da síntese dos diversos momentos em que os seus "afetos" se expressam isoladamente, mais do que da análise de sentimentos complexos e contraditorios que se chocam dentro da mesma cena, como acontece no drama moderno.

Em vista de uma concepção estética dessa natureza, tornam-se de importância secundária a consistência e a verossimilhança que seriam cobradas de Haendel pelas eras posteriores. Além disso, a música, livre de ter de explicar a sua função peculiar de veículo de uma emoção não-contaminada, pôde expandir-se livremente, em formas que serão condicionadas apenas pela sua natureza intrínseca, e não por limitações impostas pelo chamado naturalismo teatral. A distância que o teatro barroco tem de nossas modernas leis dramatúrgicas é o que dificulta a percepção desse princípio fundamental. Mas não é possível jogar o jogo sem aprender as regras. Por mais difícil que seja assumir o ponto de vista de um espectador de teatro setecentista, esse é exercício indispensável para quem quer ver na ópera haendeliana mais do que a aplicação repetitiva de regras arbitrárias.

Na realidade, vista em seu conjunto, essa é uma obra de prodigiosa variedade, capaz de realizar, com gênio inimitável, a proeza da diversidade dentro da unidade. Da mesma forma que Bach em relação à música sacra ou instrumental, Haendel não revolucionou a ópera de seu tempo; mas transfigurou e levou à máxima perfeição todas as formas herdadas da tradição. A técnica francesa da abertura, por exemplo – que já na *Agrippina* nos oferece um de seus mais belos exemplos. É incrível a evolução por que o modelo estabelecido por Lully passa nas mãos de Haendel. Na abertura do *Ottone*, por exemplo, ao *allegro* segue-se uma gavota, e a peça encerra-se com um andamento em estilo de concerto grosso, com passagens solistas dos dois oboés.

Dependendo dos efetivos disponíveis ao longo de sua variável carreira como compositor e empresário, é flutuante o uso do coro, maior em óperas como *Ariodante* ou *Alcina*, mas às vezes inexistentes. O mesmo vale para as sinfonias de introdução a atos e cenas, ou aos bailados, só mais freqüentes na curta fase em que ele colaborou com Marie Sallé. Os números de conjunto são poucos e, de um modo geral, Haendel prefere o dueto, técnica aprendida com Steffani.

É engano pensar que os recitativos haendelianos sejam a charamela de realejo em que essa forma pode se transformar nas mãos de músicos menos dotados. De extraordinária riqueza harmônica, eles sabem explorar todas as possibilidades da modulação e, em especial, as qualidades expressivas de determinados acordes de sexta ou de sétima diminuída, para frisar o clímax teatral. Nos recitativos acom-

panhados estão às vezes imbricados verdadeiros ariosos, que se encadeiam à ária de maneira livre, atenuando a regularidade da alternância recitativo/*cantabile*.

Mesmo permanecendo fiel à estrutura do *da capo*, Haendel consegue variá-la de modo inesgotável. É Donald Jay Grout quem diz:

> O princípio do desenvolvimento musical de suas árias consiste em elaborar um ou dois motivos de base, executados pela voz juntamente com os instrumentos, num fluxo contínuo cujo fraseado interno seja regulado por um esquema tonal claro e um uso sistemático das seqüências. Nas árias mais longas, pode-se perceber, na seção principal, uma forma binária bastante evidente. Com freqüência a seção intermediária usa material igual ou semelhante, mesmo costumando ser mais breve do que a primeira e contrastar com ela do ponto de vista do estado de espírito, do acompanhamento e da tonalidade. Mesmo quando, à primeira vista, parece que a parte central de uma ária *da capo* contrasta completamente com a primeira seção, é possível descobrir relações temáticas sutis. Em suma, pode-se dizer que a ária haendeliana atinge, de um refinado ponto de vista formal, um vértice estilístico que mergulha as suas raízes na arte de Keiser e de Steffani.

Não é apenas nas aberturas, sinfonias ou ritornelos que a orquestra cumpre papel importante. Expandindo o que também já estava prefigurado em Steffani e Keiser, ela faz parceria completa com o cantor. Às cordas e baixo contínuo, ela junta solistas *obbligati* – violino, flauta, oboé, fagote, trompa – de acordo com a ambientação que se queira criar. É observado o princípio barroco tradicional do contraste entre o *ripieno* (o grosso da orquestra) e o *concertino* (o grupo de instrumentos solistas). Em geral, cabe ao grupo mais restrito acompanhar o canto; a orquestra inteira só intervém nas cadências ou nos ritornelos. Trompas, trompetes, trombones, muitas vezes reforçados pela percussão, são usados nos trechos corais ou para obter efeitos especiais: nas *arie di tempesta* ou nas que têm caráter marcial.

As árias breves têm acompanhamento de contínuo e de um ou dois instrumentos solistas; ou de contínuo com violinos em uníssono; mas podem até ser economicamente secundadas apenas pelo contínuo, quando o tom que se deseja dar a elas é mais intimista. De maneira geral, a parte do cravo vem anotada, nos manuscritos, de forma muito sumária. Como era o próprio Haendel quem o executava, ele se limitava a escrever algumas notas como lembrete. Em outros passos, onde há apenas a palavra "cembalo", supõe-se que o acompanhamento era totalmente improvisado.

Em Haendel encontramos também o descritivismo ou simbolismo musical tão apreciado pelos barrocos (e de que vão perdurar exemplos fascinantes, Classicismo adentro, na obra de Haydn, por exemplo: basta pensar nos efeitos imitativos que há em várias de suas sinfonias, ou na sugestão do rugido do leão, do turbilhão dos insetos, do rastejar dos vermes em "Logo abre-se o ventre da Terra", o movimento nº 21 de *A Criação*). Ora é a simples e brincalhona reprodução dos sons da natureza – o canto dos pássaros em "Augeletti che cantate", do *Rinaldo* (I, 6) –, ora a ornamentação que sugere o clima dramático do texto: os desenhos da trompa na violenta "Stragi, morti", do *Radamisto* (I, 3). Ou então a escala descendente até o ré grave que, em "Cade il mondo", da *Agrippina* (II, 4), pinta sonoramente o significado da palavra "cai".

Mas é nas árias que não se preocupam com efeitos externos e pitorescos, e desejam expressar de forma abstrata as flutuações da psicologia de suas personagens, que Haendel dá a plena medida de sua genialidade. Elas são tão numerosas e variadas que já se disse não haver sentimento humano que ele não tenha retratado musicalmente. "Ombra mai fu" (*Serse*, I, 1), "Cara sposa" e "Lascia ch'io pianga" (*Rinaldo*, I, 7 e II, 4) são títulos que vêm imediatamente à lembrança. Mas a ópera haendeliana é uma verdadeira caverna de Ali Babá de gemas preciosas, seja de tom elegíaco: "Con saggio tuo consiglio", da *Agrippina* (I, 1), de elegante ritmo 12/8 inspirado nas sicilianas de Scarlatti; seja de tom idílico ou pastoral: a descrição de uma paisagem amena e solitária em "Se in un fiorito ameno prato", do *Giulio Cesare* (II, 2); seja ainda de conotação irônica: "Un cenno leggiadretto" do *Serse* (I, 15).

Freqüentes são as árias ornamentadas que davam a seus intérpretes notáveis possibilidades de exibir seus talentos. Mas raras são aquelas em que as *fioriture* são apenas pura ostentação. A coloratura haendeliana flui naturalmente da tensão musical, ou de determinadas metáforas do texto que ela ajuda a ilustrar e colorir. Uma ária enérgica e apaixonada, como o "Perfido", do *Radamisto* (I, 6), com uma martelada figura recorrente de três notas, insere-se de maneira extremamente orgânica dentro da estrutura musical e teatral. E o motivo marcado "languido", no ritornelo com violino *obbligato* que abre "Se pietà di me non senti", do *Giulio Cesare* (II, 8), não é apenas uma introdução elegante à ária: nele já estão prefigurados os sentimentos que Cleópatra confessará nessa página belíssima.

Grout diz que, no libreto de Haym, Júlio César é uma personagem de palco, como se costumava criá-las no início do século XVIII; mas quando se veste com a música de Haendel, transforma-se numa figura de carne e osso. Isso é verdade e pode ser dito tanto dele e Cleópatra quanto de Radamisto e Zenóbia, de Bajazet e Tamerlano, de Rodelinda e Bertarido, de Poro e Cleofide: todos eles são personagens universais, tipos humanos idealizados que se movem num plano de grandeza comparável ao da grande tragédia barroca francesa de Racine e Corneille – e essa capacidade faz Georg Friedrich perfilar-se com Monteverdi e, depois dele, Mozart, Gluck, Verdi, Wagner, os picos mais altos na majestosa cordilheira da História da Ópera.

A Geração de 1680-1690

Nápoles, no século XVII, transbordava de música. Ouçamos o relato de Joseph Jérôme Lefrançais de Lalande, na *Voyage d'un François en Italie Faict dans les Années 1765 & 1766*:

> A música é aquilo que os napolitanos sabem fazer melhor. Parece que nesta cidade as membranas dos tímpanos são mais sensíveis a tudo o que é sonoro e harmonioso do que em qualquer outro lugar da Europa. Todos cantam; os gestos, o tom da voz, o ritmo das sílabas, até mesmo a conversação, tudo transpira música e harmonia. Dessa forma, na Itália, Nápoles é a principal fonte de música, de grandes compositores e de óperas extraordinárias. É aqui que Corelli, Vinci, Rinaldo di Capua, Jommelli, Durante (harmonicamente mais sofisticado do que todos os outros), Leo, Pergolesi, Galuppi, Perez, Terradellas e tantos outros famosos compositores deram à luz as suas obras-primas.

Dentre os compositores mencionados por Lalande, só Arcangelo Corelli e Francesco Durante não foram operistas. Mas já vimos como a técnica concertante do primeiro exerceu larga influência sobre a escrita instrumental de vários autores; e o segundo foi professor de alguns dos mais importantes autores italianos de melodrama do Settecento. Nápoles ocupa, portanto, na primeira metade do século XVIII, papel semelhante àquele que coubera a Veneza no século precedente. E os autores aqui mencionados, mesmo quando não originais dessa cidade, nela fizeram seus estudos. Nascidos nas duas últimas décadas do século XVII, a eles caberá dar continuidade e conso-

lidar o drama metastasiano, tal como fora praticado por Haendel e Hasse.

Porsile

Filho de um músico, o napolitano Giuseppe Porsile (1680-1750) iniciou os estudos com o pai antes de ser matriculado no Conservatorio dei Poveri di Gesù Cristo. Trabalhou muitos anos em Barcelona, na corte de Carlos III. Em 1713, quando seu patrão subiu ao trono do Sacro Império Romano com o título de Carlos IV, mudou-se com a família real para Viena e lá permaneceu até o fim da vida, desempenhando papel muito ativo na vida musical do palácio. Teve contato estreito com os poetas Zeno e Metastasio, os compositores Draghi, Fux e Bononcini e o cenógrafo Galli-Bibbiena.

Entre as 21 óperas que compôs, a mais popular foi *Spartaco* (1726) que, embora um tanto antiquada pelos padrões italianos da época, convinha ao gosto conservador dos vienenses. Porsile ainda elabora frases longas e solenes, apoiadas num acompanhamento muito ágil do baixo contínuo, reminiscentes do estilo de predecessores como Fux e Caldara; e tem predileção por passagens contrapontísticas ou em estilo imitativo. Dá preferência também ao formalismo da abertura francesa, mais bem aceita em Viena do que a extrovertida sinfonia de estilo italiano. Essas características, porém, combinam-se com um certo frescor melódico, em que está muito patente a sua origem napolitana.

Sobreviveram poucas óperas desse autor das primeiras décadas do século XVII: *Il Ritorno d'Ulisse alla Patria* (1707), *Il Giorno Natalizio dell'Imperatrice Amalia Wilhelmina* e *La Virtù Festeggiata* (1717), *Alceste* (1721), *Meride e Selinunte* (1721), *Spartaco* (1726), *Telesilla* (1729), *Sesostri Re d'Egitto ovvero Le Feste d'Iside* (1737).

Conti

Empregado como executante de teorba na corte dos Habsburgos em 1701, o florentino Francesco Bartolomeo Conti (1681-1732) logo firmou sólida reputação como instrumentista, exemplificando a excelência do treinamento no Conservatório de Nápoles, onde fizera os seus estudos. Tornou-se um músico tão apreciado pelo imperador que, em 1711, quando Fux foi promovido a *Vize-Kappelmeister*, Carlos VI o nomeou compositor oficial da corte, cargo que ele ocupou até o fim da vida.

É provável que a primeira ópera de Conti, *Clotilde*, tenha sido composta para o Carnaval de 1706; mas dela sobrevivem apenas árias soltas (publicadas em 1709), provenientes de uma apresentação posterior em Londres, em data indefinida. Entre 1714-1725, as partituras de Conti sempre constituíram o ponto alto da temporada carnavalesca vienense e eram esperadas com muita ansiedade; tanto assim que algumas delas – as cômicas em particular – chegaram a ultrapassar as fronteiras da capital austríaca e a ser apresentadas em Hamburgo. *Don Chisciotte in Sierra Morena* foi adaptada e revisada por Telemann para encenação no Gänsemarkt, dessa cidade, e é visível a influência de Conti sobre *Dom Quixote nas Bodas de Camacho*, a ópera cômica que esse compositor alemão compôs inspirado na personagem de Cervantes (ver *A Ópera Alemã*, desta coleção).

Embora a obra de contemporâneos mais conhecidos, como Fux e Caldara, tenha obscurecido a sua, Conti é um autor importante por seu gosto pela experimentação, senso dramático genuíno e pela forma original como reagia às sugestões oferecidas pelo texto, criando óperas cuja música tinha muito frescor – o que explica a popularidade de que desfrutou, no auge da carreira, numa cidade de público exigente como Viena. Hermine Williams, a autora do estudo sobre sua obra na enciclopédia *Grove*, chama a atenção para a sua maestria no desenho das personagens, a variedade da orquestração e a boa escrita contrapontística dos coros (melhor exemplificada nos oratórios do que nas óperas, onde a fórmula da *opera seria* já estava tornando mais raro esse recurso).

Além dos títulos já mencionados, são as seguintes as óperas de Conti que sobreviveram: *Il Trionfo dell'Amicizia e dell'Amore* (1711), *Circe Fatta Saggia* (1713), *Alba Cornelia* (1714), *I Satiri in Arcadia* (1714), *Ciro* e *Teseo in Creta* (1715), *Il Finto Policare* (1716), *Sesostri Re d'Egitto* (1717), *Amore in Tessaglia* e *Astarto* (1718), *Galatea Vendicata* e *Cloris und Thyrsis* (1719), *Alessandro in Sidone* e *La Via del Saggio* (1721), *Archelao Re di Cappadocia* e *Pallade Trionfante* (1722), *Creso* e *Il Trionfo della Fama* (1723), *Penelope* e *Meleagro* (1724), *Griselda* (1725), *Il Contrasto della Bellezza e del Tempo* e *Issicratea* (1726), *Issipile* (1732).

Orefice

Não se possuem muitas informações biográficas sobre Antonio Orefice (1685-1727). Aparentemente ele estudou Direito e exerceu a advocacia; mas a segurança com que esse diletante compunha indica que deve ter tido boa formação musical. Sua primeira ópera, *Il Maurizio* (1708), era de tema heróico e imitava conscienciosamente o modelo scarlattiano. Mais importante, porém, é *Patrò Calienno de la Costa*, do ano seguinte, a primeira comédia em dialeto napolitano representada naquela cidade, marco inaugural de uma prática que teria seguidores notáveis em compositores como Vinci (ver o capítulo "A Comédia").

Embora se saiba que Orefice compôs umas quinze operas, muito pouca coisa dele sobreviveu. A partitura mais completa é a de *Engelberta ossia La Forza dell'Innocenza*, de 1709, em que colaborou com Mancini e

A Geração de 1680 - 1690

Albinoni. De resto, ficaram oito árias de *Le Finte Zingare* (1717), outro documento dos primórdios da comédia napolitana; e o *intermezzo Melissa e Serpillo* (1708), igualmente escrito em colaboração com Mancini.

D. Scarlatti

As brilhantes gravações de Vladímir Horowitz, que foi seu cultor fervoroso, popularizaram no século XX o monumento do teclado que são as 550 *Sonatas para Cravo* de Giuseppe Domenico Scarlatti (1685-1757), escritas para sua empregadora, a rainha Maria Bárbara da Espanha. Mas a enorme importância desse aspecto de sua produção fez com que ficassem à sombra as suas composições vocais: inúmeros motetos, missas, cantatas seculares e óperas, que ajudam a entender o processo de consolidação da *opera seria*, de que seu ilustre pai foi o precursor.

Quando Domenico nasceu – no mesmo ano de Bach e Haendel – Alessandro trabalhava como *maestro di cappella* do vice-rei espanhol em Nápoles e já era respeitado como um dos maiores operistas de seu tempo. Foi naturalmente com o pai que ele fez os primeiros estudos musicais, demonstrando para eles aptidão tão natural que, aos 16 anos, já fora contratado como executante nos quadros dos instrumentistas da corte. Pouco depois, o pai recebeu o convite para ir trabalhar em Roma, e Domenico ficou em seu lugar: na temporada de 1703-1704, já teve a oportunidade de demonstrar do que era capaz ao ser encarregado do *rifacimento* de três óperas anteriormente exibidas: *L'Ottavia Ristituita al Trono, Il Giustino* e *L'Irene*.

Após curto período em Veneza, também mudou-se para Roma, onde ficou durante onze anos. A maior parte desse tempo, esteve ocupado como funcionário da Igreja, sendo nomeado em 1713 maestro da prestigiosa Cappella Giulia, no Vaticano. Mas desde 1710 começara a colaborar com o libretista Carlo Sigismondo Capece e o cenógrafo Filippo Juvarra na preparação de óperas a serem apresentadas no teatro privado que a rainha da Polônia, Maria Casimira, instalara em sua residência romana, da Piazza della Trinità de'

Monti. Ali subiram à cena *Tolomeo e Alessandro* (1711), *Tetide in Sciro* (1712) e *Amor d'un Ombra e Gelosia d'un Aura* (1714). Da primeira e última sobreviveram o libreto e árias isoladas; mas a partitura de *Tétis em Sciro*, localizada em 1963 na Polônia e publicada pela Polskie Wydawnictwo Muzyczne, dá uma idéia bem clara da arte do Domenico Scarlatti operista a essa altura de seu desenvolvimento. Uma antiga gravação de 1958, feita pelo conjunto Angelicum de Milão, existe no selo independente Angelum.

Capece trabalha, em seu libreto, com os habituais travestimentos e mal-entendidos ao contar a história de Tétis, que, desejando salvar seu filho Aquiles da morte que o destino lhe reserva, caso ele vá para a guerra contra Tróia, leva-o para a ilha de Sciro, disfarça-o de mulher e esconde-o no gineceu. Sua identidade será descoberta por Ulisses, que foi à ilha pedir ao rei Licomedes a mão de Deidâmia para seu filho Telêmaco. Mas a situação é complicada por dois fatores: a paixão de Deidâmia por Aquiles, cujo disfarce ela desvendou; e a chegada à ilha de Antíope, a filha de Teseu, disfarçada de homem – ela está convencida de que Licomedes é o responsável pela morte de seu pai, e foi para lá decidida a vingá-lo. Após inúmeros qüiproquós, a situação se deslinda: é provada a inocência de Licomedes, que se reconcilia com Antíope; o rei abençoa a união de Aquiles com Deidâmia; em compensação, Ulisses desmascara o disfarce de Aquiles que, obrigado a seguir para Tróia, vê cumprir-se o seu destino.

Já existem, nesta ópera, as elaboradas árias *da capo* que formarão o cerne do drama de estilo metastasiano; mas ainda estão presentes, principalmente no ato I, cenas de conjunto extremamente vivas. De resto, é nos momentos em que D. Scarlatti se afasta do formalismo da ária ternária que a sua caracterização de personagens torna-se mais precisa.

O retorno de Maria Casimira para seu país natal, a França, em 1714, pôs fim à colaboração com Capece e Juvara. Mas do *Amor d'un Ombra* tem-se a documentação indireta sob a forma de uma revisão feita em 1720 para apresentação, em 20 de maio, no King's Theatre de Londres. Ao remanejar o poema de Capece, Paolo Rolli transformou-o num *dramma boschereccio* intitulado *Narciso*. Não é possível, porém, saber o que permanece, nessa partitura, da mão de Domenico Scarlatti e o que foi objeto de *rifacimento* por parte de um autor não creditado.

Baseado em episódios narrados por Ovídio nas *Metamorfoses*, o libreto fala da rivalidade entre Aristeu, Céfalo e Narciso pela mão da princesa Prócris. Terá direito a ela quem conseguir livrar Atenas de um monstro que a ameaça. É Céfalo o vencedor e, com isso, ganha a mão de Prócris, que está apaixonada por ele. Quanto a Narciso que, no início, enamorado apenas de sua própria beleza, desdenhava as mulheres, ele acaba descobrindo o amor nos braços da ninfa Eco. Há no libreto e na forma de tratá-lo – ainda que a revisão londrina tenha alterado o formato original – visíveis sinais do estilo pastoral resgatado pelos árcades na fase inicial da reforma do libreto.

Depois da partida de sua protetora, D. Scarlatti ainda escreveu, para as temporadas de Carnaval do Teatro Capranica, entre 1714-1718, duas outras óperas, uma das quais em colaboração com Nicola Porpora; mas delas ficou apenas uma notícia vaga. Não se sabe de qualquer outro envolvimento com o palco nos demais 40 anos de sua vida, passados primeiro em Lisboa, a serviço do rei D. João V e, em seguida, em Madri, onde morreu, como professor de Maria Bárbara de Bragança, a filha do rei.

A outra única obra cênica de D. Scarlatti que se possui é a ousada "farsetta in musica" *La Dirindina*, que compôs sobre libreto de Girolamo Gigli, para ser executada como um *intermezzo* em duas partes, no Teatro Capranica, durante o Carnaval de 1715, nos intervalos entre os três atos do *Ambleto*, de seu pai. Mas os cantores encarregados de apresentá-lo acharam-no tão escandaloso, que se recusaram a cantá-lo, e o *intermezzo* foi substituído por uma pastoral inócua, de autor não registrado. A partitura foi localizada em Veneza em 1965: tudo indica que tenha sido apresentada em 1725, no Teatro S. Samuele. De uma remontagem moderna, feita no Teatro Sannazzaro de Nápoles em 18 de maio de 1985, existe uma gravação ao vivo no selo Bongiovanni.

Gigli faz uma arrojada sátira dos costumes dos cantores, professores e empresários de ópera, precursora da que virá mais tarde em obras de Salieri (*Prima la Musica poi le Parole*), Mozart (*O Empresário*), Fioravanti (*Le Cantatrici Villane*) ou Donizetti (*Le Convenienze e le Inconvenienze Teatrali*). Mas é muito mais contundente do que qualquer um deles ao contar a história do lúbrico professor de canto Don Carissimo, apaixonado por sua aluna, a soprano Dirindina. Mas esta não lhe dá a menor atenção, pois está tendo um caso com o *castrato* Liscione. Um dia, ao ouvir Liscione preparando-a para fazer o papel da rainha Dido, o ciumento Don Carissimo enfia na cabeça, não se sabe como, que ela está grávida do *castrato* (!), e envolve o empresário do teatro na tentativa de afastá-lo da moça – para, no final, é claro, ser ridicularizado por todos. Até para os padrões contemporâneos, o texto de Gigli, na corda bamba entre a malícia e a vulgaridade, parece ousado. A música de Scarlatti é bem leve e divertida, mas não chega a estar à altura de um libreto como esses, que exigiria temperos muito mais fortes.

Malcolm Boyd, especialista na obra do autor – é ele o autor de *Domenico Scarlatti, Master of Music* (1980) – é de opinião que se avaliou de forma equivocada a produção cênica pequena mas consistente desse compositor. Na verdade, diz ele, as óperas escritas para a rainha Maria Casimira foram elogiadas como algumas das melhores coisas apresentadas em Roma naquele início de século XVII. No *Viking Guide of Opera*, escreve:

Alguns historiadores não lhes deram atenção, considerando-as meras imitações pálidas das óperas de seu pai. Mas o que esse ponto de vista reflete é a falta de um conhecimento adequado de primeira mão das suas partituras e a ausência total de experiência do rendimento que elas podem ter no palco. Quando Ralph Kirkpatrick publicou, em 1953, a sua famosa monografia sobre o compositor" [*Domenico Scarlatti*, que saiu pela Princeton University Press], "não se tinha ainda a idéia de que alguma de suas óperas tivesse sobrevivido integralmente. [Lembremo-nos de que só em 1963 *Tetide in Sciro* foi redescoberta na Polônia.] "Agora, podendo julgar a partir de quatro óperas completas e de trechos substanciais de algumas outras, é possível perceber que ele possuía um senso tearal muito desenvolvido e com freqüência demonstrava uma abordagem original até mesmo da estrutura mais convencional da ópera no Barroco Tardio, a ária *da capo*.

Porpora

Um dos alunos mais brilhantes do Conservatorio dei Poveri di Gesù Cristo, de sua Nápoles natal, onde estudou entre 1696-1706, Nicola Antonio Porpora (1686-1768) foi também um dos mais notáveis professores de canto de seu tempo. É difícil dizer o que tinha mais prestígio, no Settecento: se as óperas e cantatas escritas por um autor solicitado tanto na Itália quanto na Áustria; se as técnicas de adestramento do mestre de Regina Valentini Mingotti e dos *castrati* Porporino, Cafarelli e Farinelli (que estreou em 1720 na cantata *Angelica* de seu mestre). Comparada com a produção de outros contemporâneos, porém, a obra de Porpora não é das mais extensas, justamente porque ele ficou dividido entre as colaborações para o palco e o magistério.

A primeira fase da obra de Porpora mostra um autor aprendendo conscienciosamente a aplicar as fórmulas herdadas da tradição e à procura de seu próprio idioma. Desse período temos *Agrippina* (1708), *Flavio Anicio Olibrio* (1711), *Basilio Re d'Oriente* (1713), *Arianna e Teseo* (1714) e *Berenice Regina d'Egitto* (1718), a quatro mãos com Domenico Scarlatti. Por volta de 1718, seu prestígio estava suficientemente firmado para que suas óperas já fossem apresentadas em vários lugares, dentro e fora da Itália. A fase de apogeu da carreira foi entre 1718-1742, antes que seu estilo ficasse fora de moda e o público começasse a perder o interesse por ele.

Examinadas na partitura, as óperas de Porpora parecem muito monótonas e musicalmente pouco gratificantes. É pequeno o número de canções breves, cenas de conjunto ou recitativos acompanhados. Multiplicam-se as longas árias *da capo* com linha vocal aparentemente simples e um acompanhamento rítmico repetitivo. É que o compositor sabia que os bem treinados cantores – muitos deles formados por ele próprio – se encarregariam de acrescentar à melodia ornamentos improvisados muito expressivos e de uma grande variedade formal. Uma ária nunca seria a mesma de uma récita para a outra, a versatilidade dos intérpretes saberia confiar a cada uma delas feição permanentemente cambiante. É Porpora quem sistematiza o uso da *messa di voce* – a técnica que consiste em atacar uma nota *pianissimo*, levá-la gradualmente até um *fortissimo* e, depois, num efeito de *smorzando*, deixá-la recair até o *piano* e atacar, sem tomar fôlego, a frase seguinte. Até hoje esse é um efeito que provoca arrepios nos espectadores.

As óperas do período napolitano são ricas em páginas de um virtuosismo espetacular, nos quais – como o descreve Celetti na *Storia del Belcanto*:

> Porpora recorre a longas passagens vocalizadas em que as sucessões de *quartine* ou grupos irregulares de notas são enfeitadas com uma constelação de trinados ou então interrompidas por bruscos saltos ou pequenas escalas ascendentes ou descendentes reiteradas. Muito freqüentes são as *acacciature* simples, as notas duplas, os *mordenti*, os extensos *gruppeti*.

Pertencem a essa fase *Temistocle* (1718), *Faramondo* (1719), *Eumene* (1721), *Adelaide* e *Amare per Regnare* (1723), *Damiro e Pittia* e *Semiramide Regina dell'Assiria* (1724), *Didone Abbandonata* e *Siface* (1725), *La Verità nell'Inganno, Meride e Selinunte* e *Imeneo in Atene* (1726), *Siroe Re di Persia* e *Arianna e Teseo* (1727), *Ezio* (1728), *Semiramide Riconosciuta* (1729), *Mitridate* e *Tamerlano* (1730), *Poro* – que foi um dos maiores sucessos na carreira de Farinelli – e *Annibale* (1731), *Germanico in Germania* (1732).

Em 1733, Porpora foi contratado como compositor principal da Ópera da Nobreza, criada para competir com a companhia dirigida por Haendel. Encarregado de superar um músico que era um mestre dos efeitos teatrais eficientes, o italiano propôs-se a enriquecer seu próprio estilo com a adoção dos maneirismos de escrita de seu adversário, cuja superioridade reconhecia. As óperas compostas em Londres entre 1733-1736 possuem, portanto, uma variedade formal muito maior do que as anteriores. Ao cabo de três anos, porém, ele próprio deu-se conta de que a competição com Haendel seria desvantajosa a longo prazo, e voltou para a Itália. Seja como for, aos anos londrinos pertencem suas criações mais satisfatórias e, na opinião de Michael F. Robinson, que as estudou detidamente em *Porpora's Operas for London*, se algum dia se desejar resgatar do esquecimento qualquer uma de suas obras, estas são as primeiras que deveriam ser levadas em consideração.

Esse dia parece ainda não ter chegado pois, até 1999, não havia notícia de nenhum registro discográfico das óperas compostas para a Ópera da Nobreza: *Issipile* e *Arianna in Nasso* (1733), *Enea nel Lazio* (1734), *Polifemo* – que Farinelli transformou em um sucesso retumbante – e *Ifigenia in Aulide* (1735), *Mitridate* (1736). Ao retornar à Itália, o tipo de melodrama que Porpora sabia escrever estava começando a declinar, e os títulos de seus anos finais como operistas são exemplos típicos da *opera seria* na fase crepuscular: *Lucio Papirio* e *Rosbale* (1937), *Carlo il Calvo* (1738), *Il Barone di Zampano* e *L'Amico Fedele* (1739), *Il Trionfo di Camilla* e *Tiridate* (1740), *La Statira* e *La Rosmene* (1742), *Temistocle* (1743), *Le Nozze d'Ercole e d'Ebe* (1744).

A essa altura, sentindo-se superado como dramaturgo, Porpora estava decidido a mudar de atividade. Em 1747, aceitou o emprego de professor de canto da princesa Maria Antonia em Dresden. Ao aposentar-se desse cargo, recebeu uma pensão que lhe permitiu instalar-se em Viena, onde continuou a dar aulas de canto. Nessa época, teve como aluno, acompanhante ao cravo e secretário o jovem Joseph Haydn que, mais tarde, reconheceria dever-lhe muito, no que se refere à técnica da escrita vocal. Em 1759, a Guerra dos Sete Anos o fez perder a pensão que lhe era paga pela corte da Saxônia e ele teve de voltar a Nápoles onde, a essa altura, era mal conhecido. O músico antes coberto de honrarias viveu até 1768 em condições extremamente modestas.

Vinci

Aluno de Gaetano Greco no Conservatório dei Poveri di Gesù, o calabrês Leonardo Vinci (1696-1730) foi um dos mais típicos representantes da ópera surgida em Nápoles na primeira metade do século XVIII. Foi um dos primeiros a escrever óperas bufas no dialeto local; mas também um dos primeiros em cuja obra se reconhecem os traços da *opera seria* em sua fase de plena consolidação: muito cuidado no desenho melódico, em que transborda a espontaneidade dos *cantabiles* típicos dos napolitanos, simplicidade da linguagem harmônica, leveza do acompanhamento orquestral em que predominam as cordas e há, apenas nos pontos mais importantes, alguns ornamentos dos sopros para reforçar a expressão.

O primeiro emprego de Vinci foi como *maestro di cappella* do príncipe de Sansevero. Quando Scarlatti morreu, em 1725, ele foi nomeado vice-maestro da Capela Real, em Nápoles e, três anos depois, tornou-se o diretor do Conservatório onde estudara. Das óperas cômicas em dialeto com que iniciou a carreira, sobrou apenas *Le zite 'ngalera* (1722), resgatada e editada em 1979. Das demais, possuímos apenas o nome e o testemunho dos contemporâneos de que eram peças extremamente vivas, com personagens bem observadas colocadas numa sucessão muito rápida de situações, que extraíam a comicidade de seu caráter equivoco. O fato de, entre 1719-1724, ele ter produzido uma após a outra *Le Doje Lettere* (1719), *Lo Cecato Fauzo* (1719), *Lo Scagno* e *Lo Scassone* (1720), *Lo Barone di Trocchia* e *Don Ciccio* (1721), *Lo Castiello Sacchiato* (1722), *Lo Labberinto* (1723) e *La Mogliera Fedele* (1724) atestam a boa receptividade que essas comédias tiveram.

Intercaladas a elas, porém, Vinci já estava apresentando *opere serie*, com os costumeiros temas mitológicos, romanos, orientais ou medievais: *La Festa di Bacco* e *Publio Cornelio Scipione* (1722), *Semiramide* (1723), *Turno Aricino* (1724) – caracterizadas por árias ritmicamente exuberantes, de formato muito elegante, tendendo sempre para um equilíbrio e uma simetria na construção dos períodos que aponta já para a regularidade da linguagem clássica e a superação do gosto barroco pelos contrastes. Charles Burney, em sua *História da Música*, falou da forma como Leo

simplicava suas bem polidas melodias, chamando a atenção da platéia principalmente para a linha vocal, livrando-a de todos os procedimentos laboriosos e complicados como a fuga.

É justamente na mão de compositores como Vinci, ou seu contemporâneo Leo, que vai desenvolver-se plenamente essa tendência, já perceptível em Alessandro Scarlatti, a pro-

Neste quadro, Giovanni Paolo Pannini representa a estréia, no palácio do cardeal Melchior de Polignac, em Roma, de *La Contesa de' Numi*, de Leonardo Vinci e Metastasio, em 27 de novembro de 1729, para comemorar o nascimento do Delfim francês.

O *Arsace*, de Francesco Feo, representado no Teatro Regio de Turim em 1741.

A Geração de 1680 - 1690

duzir texturas bem transparentes, que coloquem a ênfase na melodia, fazendo da harmonia apenas um apoio discreto.

A partir de 1725, com *Ifigenia in Tauride*, *La Rosmira Fedele* e *Il Trionfo di Camilla*, Vinci passou a dedicar-se exclusivamente ao melodrama sério de corte metastasiano, com o modelo praticamente imutável de breves recitativos secos muito simples e longas árias bastante melodiosas. Raras foram as fugas a essa fórmula, como a cena final da *Didone Abbandonata* (1726), toda em recitativo acompanhado, que o ensaísta Francesco Algarotti – cujos escritos haveriam de influenciar muito Gluck – apontava como um exemplo do caminho a seguir para superar o estilo rígido e, já na segunda metade do Settecento, obsoleto de *opera seria*.

O título mais popular de Vinci foi, por coincidência, o último. *Artaserse* (1730) é historicamente muito importante, por se tratar da primeira versão musical do libreto em que Metastasio cristalizou definitivamente, e com toda a clareza, as suas propostas, estabelecendo uma série de regras que, daí em diante, reproduziria sistematicamente. Musicado logo em seguida por Hasse (1730), esse famigerado poema – cuja última versão é a de Nicolai, em 1830 (em pleno Romantismo!) – serviu a mais de cem autores diferentes. Gluck, Graun, Jomelli, Galuppi, J. C. Bach, Piccinni, Paisiello, Cimarosa foram alguns dos músicos que o utilizaram na versão original ou remanejado. Pois o de Vinci, talvez por ter sido o revelador do drama ao público, foi por longos anos de extrema popularidade.

Durante a décadas de 1730-1740, muito tempo após a morte precoce de seu autor, *Artaserse* continuava sendo encenado em Nápoles, Ferrara e Macerata. Em 1734, foi reprisado em Londres – se bem que, nessa ocasião, o *rifacimento* preservava apenas cinco ou seis das árias originais. Foi ele o escolhido para um espetáculo de gala no San Carlo de Nápoles, em 1738; e para a inauguração do primeiro teatro público de Dresden em 1746.

Entre *Didone* e *Artaserse*, foram as seguintes as óperas produzidas por Vinci, nem todas integralmente conservadas: *Siroe Re di Persia*, *L'Asteria e Ermelinda* (1726), *Gismondo* e *La Caduta de' Decemviri* (1727), *Catone in Uttica*,

Medo e *Flavio Anicio Olibrio* (1728), *La Semiramide Riconosciuta, Alessandre nell'Indie* e *Farnace* (1729).

Feo

Colega de Leonardo Leo no Conservatorio di S. Maria della Pietà dei Turchini, Francesco Feo (1691-1761) foi aluno de Nicola Fago. Ali, teve de passar pelo exame final instituído por Provenzale: para criar nos estudantes o respeito pelas tradições operísticas, exigia que compusessem um drama sacro, como condição indispensável para receber o diploma. Com isso, *Il Martirio di S. Caterina* (1714) foi sua primeira ópera encenada. No ano anterior, porém, já escrevera *L'Amor Tirannico ossia Zenobia*, que só viria a ser montada mais tarde.

Como todo compositor napolitano de seu tempo, Feo respondeu às solicitações do público praticando a comédia dialetal; mas, a partir de 1719, voltou-se exclusivamente para a *opera seria* por perceber que, com ela, podia alcançar também os teatros de Turim e Roma. Não deixou obra dramática muito grande pois concentrou-se na carreira do magistério, ensinando em vários conservatórios napolitanos (Jommelli foi o seu aluno mais ilustre). Um dos maiores professores do século XVIII, o padre Martini, dizia que ele era "um teórico digno de estima e veneração". Em 1740, depois de *Arsace*, Feo abandonou o palco e dedicou-se exclusivamente à música sacra.

Fascinado pelas possibilidades da voz, Feo deu importância cada vez maior à ária *da capo*: é um dos compositores desta fase a quem se deve a simplificação do tecido orquestral de modo a permitir que a exibição vocal reinasse soberana. Charles Burney, que esteve em Nápoles entre 1770-1772, coletando material para escrever a sua *General History of Music*, analisou detidamente os seus manuscritos e descreveu-o como

um dos maiores mestres napolitanos de seu tempo, [...] cheio de fogo, invenção e força na melodia e no tratamento expressivo das palavras.

Estas são as óperas de Feo de que se possui a documentação: *Siface Re di Numidia*

(1723) – juntamente com o *intermezzo Morano e Rosina*, também de sua autoria –, *Ipermestra* (1728), *Andromaca* (1730), *Issipile*, de 1733 ou 1735, e *Oreste* (1738). Ao optar pela carreira de compositor no âmbito eclesiástico, Feo deixou *Polinice* inacabada.

Ristori

Filho de um ator e de uma musicista, Giovanni Alberto Ristori (1692-1753) iniciou a carreira de operista com *Pallide Trionfante in Arcadia* e *Orlando Furioso*, cantadas em Pádua e Veneza durante 1713. A boa acolhida o fez produzir, para essas mesmas cidades, no ano seguinte, *Euristeo* e *Pigmalione*. Sabe-se que em 1717 trabalhou como compositor no Teatro de Comédia Italiana de Dresden e, em seguida, foi *maestro di cappella* na corte do duque Augusto de Saxe, rei da Polônia-Lituânia. Para ele formou uma pequena companhia de ópera integrada por um baixo, um contralto, atores especializados em técnicas de *Commedia dell'Arte* e cinco instrumentistas.

Convidada pela imperatriz Anna a visitar a Rússia em 1731, essa diminuta trupe cantou ali a pastoral *Calandro*, que Ristori compusera em 1726 – foi essa, portanto, a primeira ópera italiana ouvida na Rússia. Esse grupo passou a visitar regularmente o país e, em 1735, levou consigo o napolitano Francesco Araja que, ali, desempenharia papel de destaque no processo de implantação do gênero (ver *A Ópera na Rússia*, desta coleção).

São bastante imprecisas as informações biográficas sobre Ristori. Tem-se notícia de uma encenação, em 1723, em Verona, da *Cleonice* que ele compusera logo após chegar a Dresden. Sabe-se que em 1733 ele era organista em Dresden e, três anos depois, por ocasião de uma festa na corte, estreou *Le Fate*. Provavelmente acompanhou a princesa Maria Amália da Saxônia em sua viagem a Nápoles, pois suas óperas *Didone Abbandonata* (1737), *Temistocle* (1738) e *Adriano in Sciro* (1739) ali foram estreadas. E em 1750, em reconhecimento pelos serviços prestados durante muitos anos à corte, foi nomeado *Vize-Kappelmeister* de Dresden, onde morreu.

No início da carreira ou em suas últimas óperas, Ristori musicou libretos metastasianos. Mas sentia-se muito mais à vontade escrevendo pastorais ou obras cômicas como o *Calandro* ou *Un Pazzo ne Fà Cento ovvero Il Don Chisciotte* (1727), encenada diversas vezes na Alemanha com muito agrado do público. Suas árias são sempre muito simples e – denotando o gosto natural do compositor pelo gênero leve – pouco amaneiradas; mas sente-se que ele tem um senso de caracterização bastante seguro e é hábil no manejo dos coloridos orquestrais.

Auletta

Aluno de Porpora no Conservatorio di Sant'Onofrio, Pietro Auletta (1698-1771) fez, em 1725, a clássica estréia de compositor napolitano com a comédia *Il Trionfo dell'Amore ossia Le Nozze Tra Nemici*. Esse foi o gênero em que sempre se deu melhor, graças à sua capacidade de caracterizar as personagens com recursos muito econômicos: melodias simples e fáceis de memorizar, acompanhamento orquestral discreto e eficiente. Sabe-se que compôs *opere serie* também, mas quase toda a sua obra se perdeu e possui-se apenas uma *Didone* de 1759.

Destino curioso foi o de sua obra mais popular, *L'Orazio*, de 1737: foi apresentada em praticamente todas as grandes cidades italianas e em países estrangeiros, mas sempre sujeita a tantas revisões que, ao chegar a Londres, em 1748, com o nome de *L'Impresario Abbandonato*, convertera-se num *pasticcio* em que quase nada era mais de Auletta. E em 1752, ao ser levada em Paris, recebeu o título de *Il Maestro di Musica* e foi atribuída a Pergolesi – a essa altura, só quatro dos 34 números pertenciam à partitura original.

Outro grande sucesso de Auletta foi o *intermezzo La Locandiera*, encenado em Nápoles, em julho de 1738, para celebrar as bodas da princesa Maria Amália com o rei Carlos III.

Leo

Foi na Apúlia que Leonardo Leo (1694-1744) nasceu, na aldeia de San Vito degli

Schiavi, hoje chamada San Vito dei Normanni. Mas aos quinze anos esse menino, cuja vocação musical manifestara-se precocemente, já estava estudando com Nicola Fago em Nápoles, no Conservatorio di Santa Maria della Pietà dei Turchini. Nessa escola, chamou muita atenção seu drama sacro de diplomação, *Santa Chiara*, executado em 1712. Antes de completar vinte anos, Leo já tinha iniciado ativa carreira profissional como autor de música sacra, figura dominante na produção teatral napolitana e solicitado professor que, entre seus alunos, teria Jomelli e Piccinni.

Desde 1713, além de ser freqüentemente convidado a tocar órgão na Capela Real, Leo foi responsável pela música no palácio do marquês Stella e na Igreja de Santa Maria della Solitaria. Nomeado primeiro organista da Capela Real em 1725, após a morte de Scarlatti, foi escolhido para suceder a Vinci como vice-maestro, quando este morreu em 1730. Promovido uma vez mais, na capela, em 1737, com a morte de Francesco Mancini, galgou um último degrau em 1744, ao substituir Domenico Sarri, *maestro di cappella* da corte napolitana. A essa altura, além de ser apreciado autor de óperas e oratórios, respondia também pela direção dos conservatórios de Sant'Onofrio e da Pietà dei Turchini, onde estudara.

Aos vinte anos, Leo estreou *Il Pizzistrato* no Palácio Real. Mas só em 1725 começou a atender regularmente às encomendas da corte e do teatro S. Bartolomeo, aos quais fornecia *opere serie* e comédias em dialeto napolitano – das quais sobreviveu apenas *La 'mpeca scoperta*, de 1723. Mas a concorrência de Vinci e a vinda de Hasse para Nápoles fizeram com que, no gênero metastasiano, ele permanecesse em segundo plano. Suas criações bufas, porém, eram enormemente estimadas pelo público. Curiosamente, *Zenobia in Palmira* (1725), *Il Trionfo di Camilla, Regina de' Volsci* (1726) ou *Catone in Utica* (1729) tiveram melhor acolhida em Roma e em Veneza do que em sua própria cidade.

Logo depois da morte de Vinci, em 1730, Hasse foi embora de Nápoles, e isso deixou o campo praticamente livre para Leo que, além de consolidar suas posições como músico da corte, teve o prestígio de operista reforçado. O número de vezes que seus reais empregadores lhe concederam licença para que se ausentasse e fosse cuidar da encenação de seus dramas em outras cidades, e o fato de que até da Espanha vieram encomendas de novas óperas atestam a popularidade de óperas como *Emira* (1735), *Farnace* (1736), *La Simpatia del Sangue* e *L'Olimpiade* (1737), *Il Ciro Riconosciuto* e *Amor Vuol Sofferenza* (1739), *Achille in Sciro* (1740), *Demetrio* (1741), *L'Ambizione Delusa* e *Andromaca* (1742). No *Viking Opera Guide*, David Butchart escreve a seu respeito:

> Estilisticamente menos inovador do que Vinci, Leo parece também mais fora de moda devido a seu uso de texturas e mais detalhes contrapontísticos do que era a norma entre os seus contemporâneos.

Ao comparar a sua *L'Olimpiade* com a de Pergolesi, cantada em Roma dois anos antes, Edward J. Dent afirma que, apesar de sua sólida construção melódica, ele não possui "a graça nem o senso dramático de seu contemporâneo mais jovem". Essa é uma opinião compartilhada por D. Kimbell que, ao analisar as *Olimpiade* desses dois compositores, e também as de Galuppi, Jommelli e Cimarosa, observa:

> Do ponto de vista de todas as qualidades que caracterizam um dramaturgo musical, a versão de Leo é inferior. Os dois partem das mesmas convenções sobre a correspondência entre metrificação e ritmo musical, mas Leo parece adotá-las de maneira mais mecânica, em vez de se preocupar em realçar a enunciação do texto [...]; cada vez que ele varia a correspondência métrica/ritmo, não é possível sentir algum motivo retórico ou expressivo para essa variação. [...] As virtudes da ópera de Leo são puramente musicais, e suas páginas mais memoráveis o são devido à concepção melódica [...] [pelas] passagens seqüenciais habilmente estruturadas que exploram ricas suspensões harmônicas ou texturas em que vozes e instrumentos se entrelaçam com muita clareza. E, no entanto, o seu uso da orquestra é mais habilidoso, confinando-a menos aos ritornelos e envolvendo-a mais em diálogos com as vozes.

Ou seja: a *Olimpiade* de Pergolesi – de que falaremos mais adiante – é obra de um dramaturgo; a de um Leo, a criação de um músico preocupado sobretudo com a beleza das melodias. Como esta citação de Kimbell já dá a entender, uma das contribuições mais importantes de Leo está no campo da orquestração, no qual, apesar de restringir-se aos acompanhamentos simples e básicos que eram costumeiros em sua época, ele demonstra a consciência muito nítida dos resultados que se podem obter jogando com os coloridos instrumentais. Para o desenvolvimento da música puramente orquestral da segunda metade do século XVIII, teve importância considerável a preocupação de Leo com os contrastes dinâmicos e o cuidado que ele teve em encontrar notações que os indicassem precisamente para os executantes. Além disso, como em Vivaldi, é visível o fato de que, nele, a linha vocal tem uma origem instrumental. A maior parte do tempo, Leo pensa o canto como se a voz fosse um instrumento privilegiado que, no limite, chegasse a prescindir do texto – o que faz dele um caso extremado de compositor "belcantístico".

Essas observações, contudo, são mais aplicáveis às *opere serie*, cujo modelo rígido e abstrato prestava-se a essa visão do drama em termos puramente musicais, do que à comédia – onde a sua contribuição foi sem dúvida alguma mais interessante. A descoberta e edição, pela Società di Storia Patria per la Puglia, de Bari, da partitura de *L'Amor Vuol Sofferenza*, gravada por Daniel Moles – Festival de Martina Franca, 1995 (selo Nuova Era) –, ofereceu-nos um dos melhores exemplos do que era a comédia napolitana na década de 1730:

– o uso muito irreverente do dialeto local misturado ao italiano, para caracterizar as diversas faixas sociais a que as personagens pertenciam;

– a mistura de canções simples, estróficas e de caráter folclórico, para as personagens populares, com formas nobres e heróicas (ou parodiando o heróico), para as figuras elevadas (ou com falsas pretensões à nobreza);

– a introdução de duetos ou trios para terminar os atos – o que é um elemento muito importante, pois nesse hábito está o embrião do *finale concertato*: o encerramento musicalmente mais contínuo que surgirá na ópera cômica clássica (ver o capítulo sobre "A Comédia").

Leo certamente tinha consciência da importância de *L'Amor Vuol Sofferenza* dentro do conjunto de sua obra; e a prezava muito

pois, em meados de outubro de 1744, dispôs-se a fazer nela uma extensa revisão, visando à reprise em Nápoles. Mas não teve condições de terminá-la: um súbito ataque cardíaco o surpreendeu, no dia 31, e ele foi encontrado morto, sentado ao cravo, tendo a partitura à sua frente.

Sammartini

Filho do oboísta francês Joseph Saint-Martin, o milanês Giovanni Battista Sammartini (1700?-1775) hoje em dia é mais lembrado como professor e compositor de música sacra e instrumental. Um dos músicos mais influenciados por ele foi Gluck, que, no início da carreira, adaptou movimentos de peças sinfônicas suas nas aberturas de *Le Nozze d'Ercole e d'Ebe* (1747) e *La Contesa dei Numi* (1749) – seguindo, nesse procedimento, o exemplo do mestre, que fizera o mesmo transformando trechos de suas obras instrumentais nos prelúdios para os atos II e III de Memet (1732). A rua, aliás, é de duas mãos pois, na *Agrippina*, de 1743, percebe-se que Sammartini está imitando o *Demofoonte*, escrito no ano anterior por seu aluno alemão.

Sammartini escreveu apenas três óperas, fidelíssimas ao modelo metastasiano ortodoxo. Delas, a mais bem recebida foi *L'Ambizione Superata dalla Virtù* (1734). Ao organizar, em 1976, o catálogo temático de suas obras vocais e instrumentais, Newell Jenkins e Bathia Churgin demonstraram que, embora ele seja um compositor típico do Barroco Tardio no que se refere às árias desses três dramas, elementos pré-clássicos nítidos já se insinuam na escrita das páginas orquestrais: sinfonias, interlúdios, ritornelos.

Logroscino

Já houve quem atribuísse a Nicola Bonifacio Logroscino (1698-1765-1767) o papel de criador da ópera cômica napolitana. Mas como apenas duas de suas 36 óperas sobreviveram – e da terceira, a séria *Il Leandro*, possui-se apenas o final do ato I – é muito difícil

A Geração de 1680 - 1690

fazer uma avaliação exata de sua importância histórica. Sabe-se, sim, que ele foi um dos compositores mais ativos nesse gênero em Nápoles, entre 1744-1754.

Aluno do Conservatorio di Santa Maria di Loreto, organista do bispo de Conza durante três anos na província de Avellino, ele voltou para Nápoles em 1731 e ali parece ter apresentado uma série de comédias em pequenos teatros de subúrbios. A primeira ópera sua de maior relevo de que se tem notícia é um *Quinto Fabio* de tema sério, cantado em Roma em 1737. Daí em diante, fez nome em Nápoles como um especialista no gênero cômico. Em algum momento, após 1740, Logroscino aceitou um cargo de professor em Palermo, onde passou o resto da vida e encenou algumas óperas também. O último registro que se tem de encenação de um título seu em Nápoles é de 1756. A última ópera de Logroscino, a comédia *La Gelosia*, foi cantada em Veneza em 1765.

Dentro do desenvolvimento da ópera napolitana, Logroscino faz a ponte entre Leonardo Leo e Niccolò Piccinni, que já pertence ao Classicismo. David Butchard cita a descrição que um contemporâneo francês fez dele como "o deus do gênero cômico... modelo para quase todos os compositores desse gênero de obra". Muitas vezes atribuiu-se a ele a criação do *finale concertato* construído com uma seqüência de cenas de conjuntos; mas esse hábito já existe em Leo e, a julgar pela única comédia dele que sobreviveu inteira, *Il Governatore*, de 1747, são poucos os avanços técnicos que faz em relação a esse antecessor. A caracterização de personagens de Logroscino é muito viva, e ele é um hábil orquestrador. O que lhe faltava, porém, era um dom mais apurado de invenção melódica.

A Geração Posterior a 1700

A tendência a desprezar o Barroco como uma fase de declínio – "um episódio necessário mas aborrecido", como diz Grout –, bem como a negligência que a musicologia italiana do fim do século XIX manifestou em relação ao patrimônio operístico do *Settecento*, fizeram com que, por muito tempo, se tivesse uma visão distorcida da primeira metade do século XVIII e da importância do que acontecera naquela fase. Poucos foram os nomes, como o de Pergolesi, a que se deu um pouco mais de atenção. E assim mesmo, de Pergolesi, o que se reteve foi apenas o fato de ele ter composto a *Serva Padrona*, negligenciando-se a contribuição que dera para a evolução e transformação da ópera de tema sério. São muito recentes tentativas como a de Francesco Degrada, nos *Studi Pergolesiani* (1986), ou a de Marvin Paymer e Hermine Williams, em *Giovanni Battista Pergolesi: a Guide to Research* (1989), de devolver-lhe o lugar que realmente lhe pertence no quadro da evolução da História da Ópera.

Com isso, havia a impressão de que a reforma operada por Gluck na segunda metade do século XVIII – o *Orfeo ed Euridice* é de 1762 – tinha representado uma ruptura com o passado muito mais radical do que ela foi na realidade. A reforma gluckiana é de extraordinária importância, não resta a menor dúvida; mas foi a cristalização e a síntese de uma série de mudanças que vinham ocorrendo homeopaticamente, de caminhos novos que estavam sendo procurados. Buscava-se a saída para o impasse da *opera seria* que, tendo atingido o apogeu com Haendel e Hasse, via-se inapelavelmente condenada a girar no vazio e a se repetir. Se o papel de Gluck foi superdimensionado, é porque os estudos sobre o Classicismo ficaram, por muito tempo, em mãos de musicólogos alemães que tinham a tendência natural a valorizar seus compatriotas. Como na Itália só em décadas muito recentes começou um esforço concentrado para providenciar edições modernas das partituras (e assim mesmo, em grande parte, esse trabalho ficou na mão de musicólogos estrangeiros, ingleses principalmente), retardou-se o levantamento das informações que permitiram ter uma idéia clara de como os princípios da reforma surgiram, fruto das contradições internas da própria fase final do Barroco Tardio.

A reforma da ópera, portanto, não é uma invenção exclusiva de Gluck. Aliás, todas as fases da História da Ópera assistiram a esse jogo de reformas e contra-reformas na medida em que – como diz Martin Cooper em sua biografia do autor da *Alceste* (1935):

não existem dois países ou épocas que tenham se posto de acordo sobre a função relativa que a música, a literatura ou o elemento espetacular deveriam desempenhar idealmente dentro do *dramma per musica* para que se pudessem obter resultados orgânicos.

A Ópera Barroca Italiana

Tendo a melodia e o virtuosismo vocal se desenvolvido tanto durante o século XVIII, era natural que se verificasse uma reação visando a restabelecer o equilíbrio. O primeiro sinal da opção pela austeridade, por uma densidade expressiva maior, vem da França, onde se inicia um movimento de repúdio à superficialidade que caracterizara a Regência – o período de 1715 a 1723, que se segue à morte de Luís XV. Tendo o delfim, o futuro Luís XV, apenas cinco anos de idade quando o Rei Sol desapareceu, subiu ao trono o regente Philippe d'Orléans, homem frívolo e libertino. Os anos em que ele esteve no poder foram marcados pela dissolução dos costumes e a inconseqüência de uma administração absolutamente incoerente. À Regência estão associados os aspectos mais exteriorizados e puramente decorativos do chamado estilo Rococó.

Ao movimento de reforma, que visa a substituir a superficialidade do Rococó por uma exploração mais aprofundada dos sentimentos, a historiografia alemã deu o nome de *Empfindsamkeit* (sensibilidade). Paralelamente, houve também o enriquecimento do tecido harmônico e uma atenção maior à variedade dos acordes e das vozes internas, de uma maneira que prepara claramente a estrada para o Estilo Clássico, que há de se impor no fim do século. A ópera francesa, em que a seqüência dos recitativos e árias era muito mais informal e havia um papel de destaque reservado ao coro, ao balé e aos aspectos espetaculares da representação, passou a exercer grande influência sobre os compositores estrangeiros – em especial os italianos. Por outro lado, a ópera cômica, cuja popularidade crescia a olhos vistos, servia de exemplo do que se poderia obter lançando mão de recursos mais simples e variados. Submetidos ao bombardeio dessas tendências novas, os compositores ortodoxos de *opere serie* tiveram de dar-se conta de que os tempos estavam mudando e o público novo tinha exigências novas.

A essas influências musicais juntam-se as literárias, que vão marcar os libretos da fase de transição para o Classicismo:

– o nascimento, com o inglês Samuel Richardson – autor de *Pamela or Virtue Rewarded* (1740) –, do romance sentimental, com histórias centradas em emoções básicas e terra-a-terra, que já aponta para o Pré-romantismo;

– e o culto do *état de nature*, o amor às coisas simples e a crença na bondade intrínseca do ser humano, que pode ser preservada se ele não for corrompido pela vida social, de que fala Jean-Jacques Rousseau em seus escritos.

É compreensível que essas influências se exerçam de início sobre a ópera bufa, regida por regras menos inflexíveis, e só mais tarde passe dessa para o domínio do drama. Neste último, continuou-se por muito tempo a usar os libretos de Metastasio, embora ele só tivesse escrito mais quatro entre 1754 e a data de sua morte, em 1782: *Nitteti, Il Trionfo di Clelia, Romolo ed Ersilio* e *Ruggiero*. Sinal de que as coisas estavam mudando, porém, era a freqüência com que esses textos eram remanejados, modificados, adaptados, cortando-se ou abreviando-se os recitativos, substituindo árias por cenas de conjunto ou coros, de modo a conseguir que os números cantados também fizessem progredir a ação, em vez de se constituírem simplesmente em momentos de reflexão.

A distinção recitativo/ária permanece; mas os recitativos acompanhados tornam-se mais longos e começam a surgir timidamente cenas em que se alternam livremente recitativo, arioso, ária ou cena de conjunto. A clássica ária *da capo* vai sendo substituída por diversas variantes mais compactas, entre elas a que possui apenas dois movimentos (em geral *adagio-allegro*). A música tende a organizar-se em frases mais longas e complexas, a ser menos fragmentada do que no apogeu da *opera seria*. A escrita orquestral é enriquecida com as possibilidades cromáticas de instrumentos mais modernos e com a busca de uma independência temática maior. A abertura italiana adquire seções mais longas e elaboradas; ou então converte-se num movimento único, bem condensado, com a forma de sonata.

O exemplo de Gluck em suas primeiras óperas reformadas fará também difundir-se o hábito de ligar a coda da abertura ao início da ação, tentando sugerir o clima geral da primeira cena, ou enunciando um tema que, mais tarde, será utilizado em um momento climático da trama. Afastamo-nos, assim, a passos largos, da fórmula vigente no início do século XVIII, em que a abertura era uma composição neutra e independente que podia, sem maiores danos, ser transferida de uma ópera para a outra. É claro que páginas de introdução dessa natureza não vão desaparecer de uma hora para hora. Comuns em Mozart (*As Bodas de Fígaro*, por exemplo), ainda estarão sendo praticadas, no início do século XIX, por Rossini (a abertura do *Barbeiro de Sevilha* é um caso típico). Mas, neste fim de Barroco, assistimos à busca de uma estrutura mais integrada, em que já está prenunciada a abertura romântica, que funcionará como uma síntese da ação.

A maioria dos compositores reunidos neste capítulo está esquecida. Quando muito, são relembradas de vez em quando obras isoladas, como *La Zingara*, de Rinaldo di Capua, ou o *Barone di Rocca Antica*, de Pasquale Anfossi – e assim mesmo no quadro de festivais especializados. Mas é importante que repassemos a lista de seus nomes pois, ao longo do levantamento do que fizeram, recolheremos uma série de subsídios para entender o processo que levou à reforma gluckiana (estudada em detalhes no volume *A Ópera na França*, já que a parte mais substancial do trabalho de Gluck foi realizada em Paris). Aqui estão músicos menores e de transição, nascidos entre 1700-1750, e que permaneceram fiéis ao modelo barroco de ópera – embora já estivessem de alguma forma procurando superá-lo e apresentassem, em suas composições, traços prenunciadores do Classicismo.

Neste grupo, destacam-se três figuras que, pelo porte de sua obra e seu significado como figuras de transição, merecem capítulos separados:
- *Baldassare Galuppi*, o primeiro comediógrafo não-napolitano a se tornar responsável pela enorme popularidade do gênero, graças à sua associação com Carlo Goldoni;
- *Giovanni Battista Pergolesi*, que deixou seis óperas, um drama sacro e dois *intermezzos* – produção extremamente alentada para quem viveu apenas 26 anos;
- e *Johann Christian Bach*, o filho mais novo de Johann Sebastian e o único operista dentro dessa notável família de compositores.

Encerra este bloco um capítulo em que se estuda a obra dos pré-reformistas *Niccolò*

Jommeli, Tommaso Traetta e *Gian Francesco di Majo*, nascidos nas décadas de 1710-30, que constituem o elo entre o fim do Barroco Tardio e o início do Classicismo.

Di Capua

São muito confusas e contraditórias as informações de que se dispõe sobre Rinaldo di Capua (*c.* 1705-1780) – a começar pelo sobrenome: ele é assim conhecido porque muito provavelmente nasceu em Capua; mas ignora-se o nome de sua família. Não se sabe tampouco onde estudou; supõe-se que em Nápoles porque, em sua *General History of Music*, Charles Burney referiu-se a ele como "um antigo e excelente compositor napolitano". Mas passou a maior parte da vida trabalhando em Roma, onde, em 1737, estreou no Teatro della Valle com uma comédia cujo nome não foi conservado.

Essa mesma sala assistiu, no ano seguinte, a seu primeiro grande sucesso, *La Commedia in Commedia*, tão bem recebida que Florença, Veneza, Londres e Munique a quiseram ver também. A fama de *Vologeso Re de'Parti* (1739) fez vir de Lisboa o convite para que ele se tornasse o compositor residente do Teatro da Rua dos Condes. Di Capua ficou em Portugal até 1742, voltando, em seguida, a Roma, de onde não mais se ausentou. Nessa segunda fase, compôs sua ópera mais famosa, *La Zingara* (1753), de que havia no selo Turnabout uma antiga gravação feita em 1963 (e que, no final de 1999, a Dynamic estava programando lançar remasterizada em CD).

O sucesso de *A Cigana* decidiu-o a dedicar-se exclusivamente ao gênero cômico, que continuou praticando até o fim da vida. Nome capital para se compreender a evolução da ópera bufa no século XVIII, Rinaldo di Capua foi um dos autores cujas óperas foram calorosamente discutidas, em Paris, durante a *Querelle des bouffons*; e é inegável o impacto que suas peças tiveram sobre o desenvolvimento do *opéra-comique* francês. *La Zingara* foi especialmente revista, em 1755, para a apresentação francesa, sendo cantada com o título de *La Bohémienne*. Num estudo comparativo, Claudio Gallico demonstrou de que forma, ao recompor a ópera, Di Capua soube adaptá-la ao gosto francês.

É notável o cuidado que Rinaldo di Capua tem com o tratamento dado às palavras, preocupado com a clareza de sua enunciação – dado fundamental na ópera cômica, onde o efeito engraçado depende a maior parte do tempo de se entender o que está sendo dito. Mas fez também experiências muito interessantes com a forma da ária tradicional. O contemporâneo Burney já registra:

> Ele é um dos primeiros a introduzir longos ritornelos entre os recitativos da *opera seria* que expressavam sentimentos de paixão ou desespero.

O que se pode observar das poucas óperas que sobreviveram leva-nos a lamentar que 25 partituras de Di Capua se tenham perdido e não exista das demais a documentação discográfica – o próprio registro da *Zingara* estava havia muito tempo fora de catálogo. Além das óperas mencionadas, possui-se apenas *Il Bravo Burlato ossia Il Capitan Fracasso* (1745), *Gli Impostori* (1751), *I Finti Pazzi per Amore* (1770) e *La Donna Vendicativa e l'Erudito Spropositato* (1771).

Bernasconi

Filho de um militar francês de origem italiana, Andrea Bernasconi nasceu em Marselha entre 1706-1712. Sua família instalou-se em Parma depois que o pai retirou-se do exército. Nada se conhece dos seus estudos musicais ou das condições iniciais da carreira. Sabe-se apenas que até 1753 ele trabalhou nessa cidade, produzindo *opere serie* no estilo napolitano padrão, em geral usando libretos de Metastasio e respeitando as regras do códice por ele estabelecido: *Flavio Anicio Olibrio* (1737), *Didone Abbandonata* e *Alessandro Severo* (1738), *Temistocle* (1740), *Demofoonte* (1741), *Il Bajazet* (1742), *Germanico* (1744), *Antigono* (1745), *Artaserse* (1746), *Ezio* (1749).

Em 1747, Bernasconi casou-se com a viúva de um camareiro do duque de Württemberg e tornou-se o padrasto de sua filha Antonia que, adotando o seu sobrenome, fez carreira como uma excelente cantora de ópera. Para ela Gluck

haveria de escrever o papel título da *Alceste* em 1767. Convidado a trabalhar na corte eleitoral da Baviera em agosto de 1753, Bernasconi foi a princípio nomeado *Vize-Kappelmeistere*, dois anos depois, promovido a titular. A reprise de suas óperas compostas em Parma marcou a inauguração do Residenztheater, erigido em Munique pelo arquiteto Cuvilliès (ver *Ferrandini*, mais abaixo). Para essa sala foram também compostas obras novas: *Adriano in Siria* (1755), *Agelmondo* (1760), *L'Olimpiade* (1764), *Semiramide* (1765), *La Clemenza di Tito* (1768), *Demetrio* (1772), de um modo geral retomando os já surrados libretos metastasianos.

Nos últimos doze anos de sua vida – Bernasconi morreu em Munique em 1784 –, ele se dedicou exclusivamente à composição de música sacra para a capela da corte. Mas nenhuma das 34 missas que escreveu foi preservada. O estilo de Bernasconi é convencional e não se afasta das regras preconizadas para a *opera seria*. Mas ele se distingue pela habilidade com que escreve recitativos eficientes e de declamação muito realista. Nesse sentido, musicólogos como Frederic Basil Rowley-Smallman já o compararam a Hasse.

Lampugnani

A primeira notícia que se tem de Giovanni Battista Lampugnani é a das óperas de tema heróico que escreveu para teatros de Milão no início da década de 1730. Era um músico bem aceito, pois recebeu encomendas de outras cidades após 1737. Mas o primeiro drama de Lampugnani de que se possui o manuscrito é *Didone Abbandonata*, de 1739. Ao todo, 21 partituras suas desapareceram. Mas já era o autor admirado de *Semiramide Riconosciuta* e *Arsace*, ambas de 1741, quando o convidaram a trabalhar no King's Theatre, de Haymarket.

Lampugnani chegou a Londres em 1743 e ali ficou três anos. Sua primeira experiência no palco inglês foi um *pasticcio* intitulado *Rossane*, que incluía música de Haendel. De tudo o que escreveu durante esse tempo, sobreviveram apenas *Alfonso* e *Alceste*, ambas de 1744. De volta à Itália, estava com o nome feito internacionalmente e tinha condições de fazer cantar um *Vologeso* (1753) em Barcelona e um *Siroe Re di Persia* (1755) em Londres. Abriu em 1758 uma procurada escola de canto em Milão e passou a trabalhar como cravista no Teatro Regio Ducal. Foi ele quem, em 1770, ajudou nos ensaios e apresentações do *Mitridate* de Mozart.

No final da vida, Lampugnani interessou-se pela comédia e, com libreto de Goldoni, produziu sua ópera mais bem-sucedida, *L'Amore Contadino*, cuja edição, feita em 1982, demonstra que ela teria perfeitas condições de agradar ao público contemporâneo. Seguindo o exemplo de Galuppi, o compositor varia o estilo das árias segundo a condição social das personagens, fazendo as de extração elevada entoarem árias *da capo* cheias de *fioriture* e entregando às demais canções simples, de sabor popular. Também utiliza seções de ritmos e andamentos contrastantes em dois de seus três finais.

Em sua época, Lampugnani era muito apreciado pelo público. Mas os críticos o recriminavam por redigir acompanhamentos orquestrais muito densos, considerados demasiado veementes – nos quais já se pode perceber uma promessa longínqua da ênfase romântica. Suas árias são de melodismo muito atraente e ele tinha bom gosto para a ornamentação vocal. Mas seus adversários diziam que, sobretudo nas óperas de tema heróico, o peso da orquestra interferia na clareza da linha de canto.

Ferrandini

O veneziano Giovanni Battista Ferrandini (1710-1791) estudou em sua cidade natal e ali, provavelmente, teve os primeiros sucessos – não documentados – que justificaram o convite para, em meados da década de 1720, ir trabalhar em Munique como oboísta e diretor da música de câmara da corte. Ainda não tinha completado vinte anos anos quando, em 1727, foi cantada na corte bávara *Il Gordio*, com libreto de Perozzo da Perozzi.

Seguiram-se várias óperas utilizando os habituais libretos de Zeno e Metastasio, muito bem recebidas pelo público aristocrático do eleitorado: *Il Sacrificio Invalido* e *Colloquio Pastorale* (1729), *Berenice* (1730), *Scipio nella Spagna* (1732), *Adriano in Siria* e *Demofoonte* (1737). Quando se inaugurou o Residenztheater (1753), a ele foi encomendada a ópera de estréia: *Catone in Utica*, retomando o célebre texto metastasiano. Depois dela, ainda escreveu *Diana Placata* (1755) e *Demetrio* (1756).

Professor de méritos reconhecidos, Ferrandini teve entre seus alunos a princesa Maria Antonia Walpurgis da Saxônia, que se notabilizou como competente compositora de óperas, e o tenor Anton Raaf que, em 1781, haveria de criar o papel título no *Idomeneo* de Mozart. Este último, aliás, admirava Ferrandini e, logo após a estréia do *Mitridate*, fez questão de ir visitá-lo em Parma. O compositor ali estava morando desde que se aposentara em 1758, e vivia de uma generosa pensão que a corte da Baviera lhe pagava, em reconhecimento pelos serviços prestados. Não estava de todo inativo, porém: em 1781, compôs, por encomenda da direção do Residenztheater, um *Amor Prigioniero*, ali estreado.

Bonno

Filho de um italiano que trabalhava na equipe de camareiros da corte imperial, Giuseppe Giovanni Battista Bonno (1711-1788) nasceu em Viena. O próprio imperador Carlos VI, impressionado com a vocação musical precoce de que dera mostras, decidiu mandá-lo estudar com Durante e Leo em Nápoles. Ao voltar para a Áustria, em 1736, Bonno logo recebeu encomendas de óperas feitas pelo imperador e membros da família real. Mas só em 1739 conseguiu ser nomeado *Kappelmeister* do príncipe de Sachsen-Hildburghausen, em cujo palácio conviveu com Gluck e Dittersdorf – este último deve-lhe muito como professor.

Em 1774, o imperador chamou-o para trabalhar como *Kappelmeister* da corte, e Bonno escolheu como assistente um jovem italiano de Legnano, que depois o substituiria no cargo: Antonio Salieri. Foi também regente titular da Tonkünstlersocietät e um dos primeiros a reconhecer o gênio de Mozart. Muito poucas óperas suas sobreviveram: *Il Re Pastore*

(1751) e *L'Eroe Cinese* (1752) são as mais importantes delas. Seu estilo é totalmente convencional mas, dentro desses limites, Bonno é um compositor competente. Sentia uma afinidade especial com Metastasio e estava muito à vontade musicando seus libretos e obedecendo aos preceitos por ele estabelecidos. No final da vida, abandonou o palco e concentrou-se na produção de música sacra para as funções oficiais na capela da corte.

Pérez

Os pais de Davide Pérez (1711-1778) eram espanhóis, mas ele nasceu em Nápoles e estudou no Conservatorio di S. Maria di Loreto entre 1723-1733. O empresário Angelo Carasale considerou que ele possuía um talento de "notável virtuosismo" quando estreou na corte, em 1735, com a primeira ópera – hoje perdida. Três anos depois, na mesma época em que estava estreando *Il Trionfo di Venere*, a primeira obra sua de que se possui a partitura, conseguiu emprego na Capela Palatina de Palermo, o que lhe garantiu a segurança financeira de que necessitava para arriscar-se como compositor dramático. Aos poucos, as *opere serie* que produzia para Palermo começaram a ser aceitas em outras cidades e, no fim da década de 1740, ele já tinha sido representado até em Viena.

Em 1752, o rei D. José I, de Portugal, o convidou para trabalhar em Lisboa, encarregando-o de organizar as atividades musicais da cidade. Escolheu-o porque, a essa altura, Pérez já era dono de considerável bagagem operística, sendo conhecido internacionalmente devido a *L'Atlanta* (1739), *L'Amor Pittore, I Travestimenti Amorosi* e *Siroe Re di Persia* (1740), *Demetrio* (1741), *Il Natale di Giunone* (1742), *Merope* e *Alessandro nelle Indie* (1744), *Artaserse* (1748), *La Semiramide Riconosciuta* (1749), *Farnace* (1750), *L'Amor Prigioniero, Didone Abbandonata* e *Zenobia* (1751), *Demofoonte* e *L'Adriano in Siria* (1752). Todos os recursos da corte portuguesa foram postos à sua disposição, e marcou época, na história da ópera em Lisboa, uma produção revista do *Alexandre nas Índias*, em 1755, em que entravam no palco um regimen-

to inteiro de cavalaria e a reprodução de uma falange macedônia completa.

Pérez deu tratamento original a seus dramas de tema sério, diminuindo a rigidez de algumas das regras metastasianas – em especial as que se referiam às unidades aristotélicas – e importando da comédia algumas técnicas de composição que amenizavam a monótona seqüência de recitativos secos e árias com *da capo* obrigatório. Tinha uma sensibilidade toda especial para expressar os sentimentos melancólicos, o que era do agrado do público português, cuja música sempre tendeu para o lirismo sentimental e interiorizado. Disso dão provas as suas duas melhores óperas da fase lisboeta: o *Solimano*, de 1757, e a versão revista do *Demetrio*, que apresentou em 1766. Além delas, foram escritas para a corte de D. João I: *L'Eroe Cinese* e mais uma das muitas versões da *Olimpiade* metastasiana (1753), *L'Ipermestra* e *Lucio Vero* (1754), *L'Eroe Coronato* (1775), *L'Isola Disabitata* (1767), *Creusa in Delfo* (1774) e *La Pace fra la Virtù e la Bellezza* (1777). Na verdade, esta é apenas parte da produção de Pérez, pois 22 manuscritos se perderam.

Latilla

Nascido em Bari, Gaetano Latilla (1711-1788) iniciou seus estudos com algum professor local; mas mudou-se para Nápoles em 1726, decidido a aperfeiçoar-se no Conservatorio de S. Maria de Loreto. Estreou como compositor de ópera em 1732, com a comédia dialetal *Li Marite a Forza*, cantada no Teatro dei Fiorentini. No outono de 1738, já era suficientemente conhecido para que seu *Demofoonte* fosse produzido num teatro de Veneza. A essa altura, tinha em seu catálogo *Angelica ed Orlando* (1735), *Temistocle* e *Il Gismondo* (1737) *La Giardiniera Contessa* e *Madame Ciana* (1738). Nesse mesmo ano, foi nomeado maestro assistente em S. Maria Maggiore, cargo a que renunciou em 1741 para poder concentrar-se em sua carreira teatral.

Em 1752, o *intermezzo Gli Artigiani Arrichiti*, apresentado em Paris, foi uma das peças, juntamente com obras de Pergolesi, Ciampi e Rinaldo di Capua, que se prestaram

A Geração Posterior a 1700

à polêmica sobre os méritos relativos da ópera de estilo italiano ou francês. Pouco depois, ele se instalaria em Veneza onde, em dezembro de 1753, foi nomeado maestro do coro do Ospedale della Pietà. Mas a franqueza com que costumava criticar o governo da República o fez perder esse posto em 1766 e, embora Galuppi o mantivesse como seu assistente em S. Marco, ele tinha caído em desgraça e acabou sendo exilado da cidade. Burney encontrou-se com ele em 1770 e descreve o "estado de profunda indigência" em que ele se encontrava. E acrescenta:

> O seu talento e o favor de que um dia desfrutara o faziam formular reflexões indignadas e melancólicas a respeito dos caprichos e da ingratidão do público.

Não fossem essas circunstâncias externas adversas e Latilla poderia ter feito nome muito maior, pois tinha considerável facilidade melódica e era um compositor de inata originalidade, não imitando, como fazia a maioria de seus contemporâneos, as obras de Galuppi ou de Pergolesi. Foi, entretanto, rapidamente esquecido pois, na década de 1760, nomes mais jovens como os de Piccinni e Sacchini estavam surgindo e ganhando importância. Mas estudos como os conduzidos por Mario Bellucci La Salandra levam a crer que há qualidades que valeria a pena resgatar em *L'Ambizione Delusa* e *Romolo* (1739), *Siroe* (1740), *Zenobia* (1742), *Don Calascione* (1749), *Griselda* (1751), *L'Olimpiade* (1752), *Ezio* (1758), *L'Amore Artigiano* (1761) ou *Antigono* (1775).

Terradellas

Como o seu conterrâneo Martín y Soler, o catalão Domènec Miguel Bernabé Terradellas (1713-1751) emigrou muito cedo para a Itália, pois sabia que ali estava o campo no qual poderia fazer carreira como operista. Aos 19 anos foi para Roma e, em 1736, já conseguira que um dos teatros dessa cidade aceitasse o seu *Giuseppe Riconosciuto*, com libreto de Metastasio. Não demorou para que a sua fama corresse mundo. Quando foi convidado a ir trabalhar em Londres em 1746, já tinha a

seu crédito várias óperas bufas e sérias: *Astarto* (1739), *Cerere* e *L'Intrighi delle Cantarine* (1740), *Issipile* (1741), *Artaserse* (1744) e *Semiramide Riconosciuta* (1745). Mas não ficou muito tempo na Inglaterra, produzindo para o King's Theatre apenas *Annibale in Capua* (1746), em colaboração com outros compositores, e um *Mitridate* (1746) que agradou muito, a ponto de ser reprisado no ano seguinte – o que acontecia com número muito restrito de óperas.

Voltou para Roma, onde passou o resto de sua curta vida. Tinha hábitos desregrados e circunstâncias mal explicadas cercam a sua morte. Segundo alguns autores, teria se suicidado, jogando-se no Tibre, decepcionado com o fracasso de *Sesostri, Re d'Egitto* (1751). Segundo outros, seu comportamento dissoluto teria feito com que fosse apunhalado por assassinos profissionais e, em seguida, atirado no rio. Charles Burney refere-se a ele de forma muito elogiosa, frisando em especial o cuidado que tinha com as notações de dinâmica, em especial os contrastes de *piano* e *forte*. As óperas romanas da fase final são *Bellerofonte* (1747), *Didone Abbandonata* (1750) e *Imeneo in Atena* (1750). Segundo Burney, teria sido ele o primeiro a importar para a ópera, no *Bellerofonte*, a técnica do "crescendo", que a orquestra de Mannheim desenvolvera para a escrita de música instrumental e que se transformaria num ingrediente fundamental do idioma de Cimarosa, Paisiello e, principalmente, Rossini.

Cafaro

Nascido em S. Pietro in Galatina, perto de Lecce, Pietro Cafaro (1716-1787) estudou em Nápoles com Leo. Diretor do Conservatório de S. Maria desde 1759, trabalhou também na corte a partir de 1768 e, em 1771, recebeu o encargo de dar aulas de cravo e canto à rainha Maria Carolina. Nada descreve melhor a música desse compositor pouco dotado do que a observação de um seu contemporâneo, que comparou suas óperas a um rio majestoso e plácido. Mas é importante que registremos o seu nome, pois ele serve de ponte entre seu mestre Leo e a geração mais jovem, já dentro do Classicismo, a que pertencerão Paisiello, Piccinni e Cimarosa. Das sete óperas que compôs, sobreviveram *Ipermestra* (1756), *La Disfatta di Dario* (1756) e *Creso* (1768).

Conforti

A primeira notícia que se tem de Nicola Conforti (1718-depois de 1788) é de 1746, quando fez sucesso em Nápoles com a comédia *La Finta Vedova*. Outros êxitos do mesmo tipo devem tê-lo encorajado, em 1750, a aventurar-se no domínio sério com *Antigono*. Foi suficientemente bem-sucedido a ponto de, cinco anos depois, receber o convite para instalar-se na Espanha, onde contribuiu muito para consolidar o gosto pela ópera de estilo metastasiano. Foi ele, aliás, o primeiro compositor a musicar o libreto de *Nitteti* (1756) e é também o autor, entre outras, de *L'Eroe Cinese* (1754) e *Alcide al Bivio* (1765). Não se sabe ao certo a data de sua morte e se ela realmente ocorreu em Madri; a última referência que se tem a ele é de 1788.

Ciampi

Aluno de Leo e Durante, foi também como compositor de ópera bufa que se estabeleceu a reputação de Vincenzo Ciampi (1719-1762), nascido em Piacenza. E foram as suas óperas cômicas que atraíram a atenção dos ingleses: indo para Londres em 1748, fez sucesso no ano seguinte com *I Tre Cicisbei Ridicoli* e ficou trabalhando no Haymarket até 1760. Ao retornar à Itália, granjeara reputação suficiente para que lhe oferecessem o cargo de maestro no Ospedale degli Incurabili, onde permaneceu até o fim da vida. Apesar das incursões que fez à *opera seria* com *Artaserse* (1747) e *Adriano in Siria* (1748) – ambas antes da fase passada no exterior – o forte de Ciampi eram as suas comédias, em especial *Da un Disordine Nasce un Ordine* (1737) e *Amore in Caricatura* (1761).

Do ponto de vista histórico, a mais importante delas é *Bertoldo, Bertoldino e Cacaseno*, de 1747, com libreto de Goldoni. Representada em Paris em 1753, no auge da *Querelle des Bouffons*, levou lenha para a fogueira dos que viam na ópera de modelo italiano a forma ideal de teatro cantado. Agradou tanto que, no ano seguinte, Simon Favart transformou-a num *opéra-comique* a que deu o título de *Ninette à la Cour*. Integrada ao repertório das companhias ambulantes francesas e ouvida em várias cidades européias, essa comédia de Ciampi/Favart tornou-se em 1767 a fonte de inspiração para *Lotte am Hofe* (Lotte na Corte), de Johann Adam Hiller, o pioneiro do *singspiel* alemão (ver o volume *A Ópera Alemã*, desta coleção).

Cocchi

Sempre se deu o apelido de *Il Napoletano* a Gioacchino Cocchi (1720-1788). Mas não há documento algum que comprove ter ele nascido nessa cidade, embora o Conservatorio di S. Maria di Loreto tenha sido o local de seus estudos. Foi em Nápoles também que ele colheu seu primeiro sucesso, em 1743, com *Adelaide*. Mas Cocchi fez a típica carreira eclética de seu tempo, compondo para os teatros de Roma, Veneza e Milão. Preferia as comédias: *L'ipocondriaco Risanato* (1746) e *Li Matti per Amore* (1754), ambas com textos de Goldoni. Mas praticava também o gênero sério: *Merope* (1748), *Siface* e *Arminio* (1749), *Siroe* (1750), *Semiramide Riconosciuta* e *La Rosmira Fedele* (1753), porque com ele era mais fácil colocar suas partituras fora de Nápoles.

Em 1757, tomou o rumo de Londres, tão freqüente para os músicos italianos de seu tempo. Dirigiu o King's Teatre, cuidando das produções, compondo *opere serie* e contribuindo para os *pasticci*. Era um administrador competente mas um músico de talento limitado: no dizer de Burney, tinha "invenção muito irregular" e "tudo o que tomava dos outros tornava-se frouxo em suas mãos" – exatamente o contrário do que acontecia com Haendel, mestre em dar um toque pessoal inequívoco a tudo o que saqueava na obra alheia. *Zenobia* e *Issipile* (1758), *Il Ciro Riconosciuto* (1759), *La Clemenza di Tito* (1760) e *Tito Manlio* (1761) atestam a veracidade do que Burney dizia.

Gravura de Marc'antonio Dal Re, mostrando o interior do Teatro Ducale, de Milão, na primeira metade do século XVIII.

Cocchi entregou o cargo a J. Ch. Bach em 1762, mas ainda ficou alguns anos na capital inglesa, dando aulas e dirigindo os concertos promovidos por Mrs. Cornelys, uma próspera mecenas, na Carlisle House, da Soho Square. Ali ficou conhecendo Mozart por volta de 1765. Não se sabe ao certo em que data voltou para Veneza, onde morreu; e suas últimas óperas, se ele as compôs, estavam entre as cerca de quarenta partituras que se perderam. O maior sucesso de Cocchi foi a comédia *La Maestra*, de 1747, apresentada em toda a Itália com os mais diversos títulos e nas mais variadas versões. É a obra que mais perto chega do objetivo, de que ele falava em 1763, de "obter aquela naturalidade simples que caracteriza a verdade". Uma "naturalidade simples" que já prenuncia o essencial da ideologia do Classicismo.

Bertoni

Um *Orfeo ed Euridice* (1776) usando o mesmo texto de Raniero da Calzabigi para Gluck foi o título que garantiu a Ferdinando Gasparo Bertoni (1725-1813) um rodapé nos manuais de História da Ópera. Isso e o fato de que o próprio Gluck, na versão parisiense de sua ópera (1774), lhe devolveu a gentileza incorporando uma ária do *Tancredi*, que ele compusera em 1766 para Veneza. Hoje, há duas gravações de seu *Orfeo*: a de Claudio Scimone (Arts Music, 1990) e a de Räto Tschupp (Jecklin, 1994). Ambas documentam o esforço de Bertoni para acomodar sua linguagem, formada na escola metastasiana, às exigências do libreto reformado e ao exemplo de Gluck, pelo qual tem assumida admiração.

Charles Burney, que o conheceu em Londres, onde Bertoni trabalhou entre 1778-1783, disse que sua música "era agradável mas carecia de verdadeira genialidade". Isso não impediu que, numa determinada época, as óperas desse aluno do padre Martini fossem muito populares em toda a Itália. *Quinto Fabio* (1778), por exemplo, foi encenada vinte vezes seguidas em Parma, graças também à interpretação do *castrato* Gasparo Paccierotti, que acompanhou o compositor quando este foi contratado pelo King's Theatre de Londres. Antes disso, Bertoni fizera atarefada carreira paralela como autor de ópera e música sacra, desde o sucesso da comédia *La Vedova Accorta* (1745) em Veneza, seguida da nomeação como primeiro organista de São Marcos (1752), onde, 33 anos depois, haveria de suceder a Galuppi como *maestro di cappela*.

É impressionante a quantidade de música litúrgica que deixou, à qual se juntam inúmeras óperas, muitas das quais – como verá o leitor – com libretos do *poeta cesareo* retomados ou adaptados: *Ipermestra* (1748), *Le Pescatrici* (1751), *Antigono* (1752), *La Moda* e *Sesostri* (1754), *Antigona* (1756), *Lucio Vero* (1757), *Il Vologeso* (1759), *Le Vicende Amorose* (1760), *La Bella Girometta* (1761), *Ifigenia in Aulide* (1762), *Achille in Sciro* e *L'Ingannatore Ingannato* (1764), *Il Bajazetto* e *L'Olimpiade* (1765), *Tancredi* (1766), *Ezio* e *Semiramide Riconosciuta* (1767), *Scipione nelle Spagne* (1768), *Alessandro nelle Indie* e *Il Trionfo di Clelia* (1769), *L'Anello Incantato* e *Andromaca* (1771), *Narbale* (1774), *Aristo e Temira, Orfeo ed Euridice, Artaserse* e *Telemaco ed Eurice nell'Isola di Calipso* (1776), *Medonte* (1777), *Quinto Fabio* e *Demofoonte* (1778), *La Governante* (1779), *Armida Abbandonata* (1780), *Caio Mario* (1781), *Il Convito or The Banquet* (1782), *Eumene* (1783), *Niteti* (1789).

Anfossi

As gravações ao vivo que o selo Bongiovanni lançou em 1988 de *Il Barone di Rocca Antica* e em 1989 de *La Maga Circe* chamaram a atenção, recentemente, para o nome de Pasquale Anfossi (1727-1797). Músico de orquestra durante muito tempo em Nápoles, onde tinha estudado no Conservatório de Loreto, só em 1763 ele conseguiu fazer encenar, em Roma, a bem recebida comédia *La Serva Spiritosa ossia I Ripieghi della Medesima*. A carreira de Anfossi imita os passos de tantos de seus contemporâneos: início de carreira em Roma e Veneza até ser notado pelo King's Theatre de Londres, do qual foi diretor musical entre 1782-1786. Depois, retorno a Veneza e a Roma para novo período de popularidade com a comédia *Le Pazzie e' Gelosi* (1787), cuja partitura se perdeu. Depois disso, foi à música sacra que ele se dedicou até o fim da vida. O

A Geração Posterior a 1700

oratório *La Nascita del Redentore* (1780), existente no selo Musicaimmagine, documenta esse aspecto de sua produção.

A meio caminho entre a *opera seria* e a reforma, Anfossi escreve árias *da capo* convencionais no início da carreira mas, com o tempo, suas texturas tornaram-se mais claras e a escrita menos ornamentada, atenta, sobretudo nas comédias, ao estilo de Piccinni, cuja influência se exerce sobretudo na maneira criativa como ele emprega os instrumentos de sopro. A partir de *Caio Marcio* (1771), ei-lo afastando-se rapidamente do modelo metastasiano ortodoxo, escrevendo árias mais curtas, com freqüência sem *da capo*, e arriscando-se um pouco mais a incluir cenas de conjunto nas óperas de tema sério. Foi ao ver sua *Finta Giardiniera* (1774) que Mozart decidiu-se a reutilizar esse libreto e, para a estréia vienense de *Il Curioso Indiscreto*, em 1783, escreveu árias adicionais – embora Wolfgang não tivesse se furtado de dizer, em carta ao pai, que sua música tinha agradado muito mais do que a de Anfossi.

Além da *Serva Spiritosa*, Anfossi compôs *Lo Sposo di Tre e Marito di Nessuna* (1763), *La Clemenza di Tito* (1769), *Armida* e *Caio Mario* (1770), *Quinto Fabio, Il Barone di Rocca Antica* e *Niteti* (1771), *Alessandro nell'Indie* e *L'Amante Confuso* (1772), *L'Incognita Perseguitata* (1773), *La Finta Giardiniera, Lucio Silla, Il Geloso in Cimento* e *L'Olimpiade* (1774), *La Contadina Incivilita, Didone Abbandonata* e *L'Avaro* (1775), *La Vera Costanza* e *Isabella e Rodrigo ossia La Costanza in Amore* (1776), *Il Curioso Indiscreto, Gengis Khan, Adriano in Siria* e *Lo Sposo Disperato* (1777), *Ezio, La Forza delle Donne* e *L'Americana in Olanda* (1778), *Cleopatra* e *Il Matrimonio per Inganno* (1779), *I Viaggiatori Felici* (1780), *Il Trionfo d'Arianna, L'Imbroglio delle Tre Spose* e *Gli Amanti Canuti* (1781), *Zemira* (1782), *La Maga Circe* e *Artaserse* (1788), *Zenobia in Palmira* (1789), *Gli Artigiani* (1794).

Guglielmi

Giacomo Puccini, o ancestral de quem o autor da *Bohème* herdou o nome, foi o primeiro professor de Pietro Alessandro Guglielmi (1728-1804), membro de uma família de músicos de Massa, perto de Lucca, que se iniciara em casa com o pai e o tio. Depois, foi mandado para Nápoles, onde se aperfeiçoou com Francesco Durante. Sabe-se que estreou como compositor em 1757, escrevendo comédias; mas não sobreviveu nenhuma partitura anterior a *I Cacciatori*, de 1762. Graças à influência dos mecenas napolitanos e romanos aos quais agradou, em 1763 teve a chance de compor sua primeira ópera metastasiana, *Tito Manlio*.

Quando os ingleses lhe fizeram, em 1767, o habitual convite para instalar-se em Londres como compositor residente do King's Theatre, Guglielmi já tinha em seu catálogo um número razoável de títulos cômicos e sérios: uma das muitas *L'Olimpiade* (1763) do século, *Siroe Re di Persia* e *Le Rivali Placate* (1764), *Il Tamerlano, Il Ratto della Sposa* e *Adriano in Siria* (1765), *Lo Spirito di Contradizione, Sesostri* e *Demofoonte* (1766), *La Sposa Fedele* (1767). Ficou até 1772 na Inglaterra, onde, segundo o testemunho de Burney, conseguiu pouco sucesso, até mesmo porque o tipo de *opera seria* que continuava produzindo estava em vertiginoso processo de desfavor. Ainda assim, estreou, no palco londrino, um número considerável de títulos: *Armida, Antigono, Il Re Pastore* (1767), *Ifigenia in Aulide, I Viaggiatori Ridicoli Tornati in Italia* e *Alceste* (1768), *L'Impresa d'Opera* e *Ruggiero* (1769), *Ezio, Il Disertore* (1770) e *Le Pazzie d'Orlando* (1771).

Diante da má receptividade do público inglês ao tipo de música que fazia, Guglielmi voltou para seu país, onde era mais apreciado: ao lado de Cimarosa e Paisiello, era considerado um dos mestres da comédia napolitana. Na *Vie de Rossini*, Stendhal cita a opinião do autor da *Cenerentola* de que era "impensável" ter a pretensão de escrever óperas bufas depois do que essa trindade fizera. E Hermann Abert, em seu estudo de 1956 sobre Mozart, não regateia elogios a Guglielmi dizendo ter sido com ele que Wolfgang Amadeus aprendeu "a técnica italiana de fragmentar o discurso melódico numa rápida seqüência de sílabas, escalas, pausas e fermatas para obter efeitos autenticamente cômicos".

Guglielmi sempre tentou adaptar sua linguagem aos desenvolvimentos por que a ópera estava passando. Dessa forma, se as suas primeiras composições são ortodoxamente metastasianas, as do fim da carreira refletem uma multiplicidade de influências que se podem atribuir a Jommelli e Traetta, ao influxo da ópera francesa do final do século e até mesmo a Gluck – pois ele viveu 76 anos e continuou compondo até 1797. A mesma busca da fluidez sente-se em suas comédias que, de início, trabalhavam com as formas fechadas tradicionais e, com o passar do tempo, foram adotando moldes mais flexíveis, de modo a obter uma expressão realista das emoções.

Pode-se medir a popularidade de *La Pastorella Nobile*, a sua comédia mais bemsucedida, pelo fato de que, estreada em Nápoles em 1788, ela foi adaptada por Martín y Soler e Cherubini para o palco francês: cantada no Théâtre Italien de Paris em 1807, *La Noble Bergère* ficou no repertório até 1822 e, sempre que era reprisada, recebia da platéia acolhida muito entusiástica. Em maio de 1793, Guglielmi foi nomeado *maestro di cappella* na Basílica de São Pedro. A importância do cargo o fez abandonar gradualmente o palco e concentrar-se, até o fim na vida, apenas na produção de música sacra. Eis as óperas escritas por este compositor após seu retorno à Itália: *Il Carnevale di Venezia ossia La Virtuosa* (1772), *Mirandolina* (1773), *La Contadina Superba ossia Il Giocatore Burlato* (1774), *Tamas Kouli-Kan nell'India* (1774), *Merope, Artaserse, Vologeso* e *Gli Intrighi di Don Facilone* (1775), *L'Impostore Punito, La Semiramide Riconosciuta* e *Il Matrimonio in Contrasto* (1776), *Ricimero* (1777), *Il Raggiratore di Poca Fortuna, La Villanella Ingentillita* e *Narcisso* (1779), *Le Nozze in Commedia* (1781), *La Semplice ad Arte* (1782), *La Quakera Spiritosa* (1783), *Le Vicende d'Amore* (1784), *Le Sventure Fortunate, La Finta Zingara, La Virtuosa di Mergellina* e *Enea e Lavinia* (1785), *L'Inganno Amoroso* (1786), *Laconte* (1787), *La Pastorella Nobile* (1788), *Alessandro nell'Indie* e *La Bella Pescatrice* (1789), *L'Azzardo* (1790), *La Sposa Contrastata* (1791), *Il Poeta di Campagna* e *Amor tra le Vendemmie* (1792), *La Lanterna di Diogene* (1793), *Admeto* (1794), *Il Trionfo di Camilla* e *Tomiri* (1795), *La Morte di Cleopatra* (1796) e *Siface e Sofonisba* (1802). Como se essa copiosa lista de títulos fosse pouco, Domenico Antonio d'Alessandro cita ainda, em *Opera in Naples from 1650-1670*, dezessete títulos de atribuição duvidosa, cantados entre 1766 e 1798; e informa que 37 das partituras comprovadamente escritas por Guglielmi se perderam.

Gassmann

Quando o boêmio Florian Gassmann (1729-1774) nasceu, sua cidade ainda se chamava Brüx e estava sob domínio austríaco; hoje, tendo recuperado sua denominação original de Most, ela pertence à República Tcheca. Atualmente, Gassmann é mais lembrado por suas sinfonias e peças de câmara; mas foi como operista que se tornou conhecido este musico que, em vez de tomar o caminho normalmente escolhido por seus compatriotas, e que levava a Viena, preferiu seguir para a Itália, onde se firmou como um dos fornecedores de óperas para os teatros venezianos na temporada de Carnaval. Foi principalmente no Teatro S. Moisè que conseguiu encenar, entre 1757-1762, uma série de comédias e de *opere serie* que contribuíram para estabelecer o seu prestígio: *Merope* (1757), de que apenas a abertura e uma ária sobreviveram; *Issipile* (1758), *Gli Uccellatori* (1759), baseada na comédia de Goldoni; *Filosofia ed Amore* (1760), *Catone in Utica* (1761), de que se possui apenas uma ária; e *Un Pazzo ne Fa Cento* (1762).

O renome granjeado em Veneza valeu-lhe o convite para substituir Gluck, em Viena, como o compositor oficial de balé da corte. Gassmann assumiu esse novo cargo, mas não cortou os contatos que mantinha com o S. Moisè ao qual retornou, em 1766, para uma luxuosa encenação de *Achille in Sciro*, baseada no libreto metastasiano já tantas vezes musicado. Viena também logo lhe solicitou que, além dos balés, compusesse óperas; e em 1764, o Kärntnertortheater encomendou-lhe uma *L'Olimpiade* para a reinauguração de sua sala, submetida a extensa reforma. O espetáculo agradou tanto à corte que, para o casamento do futuro imperador José II, foi-lhe requerida uma *festa teatrale* comemorativa: *Il Trionfo dell'Amore*. Tornou-se comum encarregar Gassmann de fornecer as óperas executadas em solenidades oficiais. A mais famosa delas, *La Contessina* (1770), que também baseia-se em uma fervilhante comédia de Goldoni, foi escrita para um encontro de José II com Frederico, o Grande, da Prússia.

Gassmann morreu jovem, aos 45 anos, em conseqüência da queda de uma carruagem. Estava no auge da maturidade como compositor e do prestígio como animador cultural: em 1772, ao ser nomeado *Kappelmeister* da corte, fundara a Tonkünstler-Sozietät, destinada a se transformar numa das mais renomadas associações de concertos sinfônicos européias. Embora as suas *opere serie* permaneçam fiéis ao modelo do Barroco Tardio, percebe-se nele a atenção às idéias reformistas de Gluck, pois preocupa-se muito com a integridade dramática da ação e faz um uso da orquestra que o distancia das praxes comuns no início do século, antecipando alguns traços pré-românticos – especialmente os momentos em que ele se permite desenvolver livremente o material melódico, chegando até a sobrepujar as vozes.

Dentre as comédias de Gassmann, destaca-se *L'Opera Seria* (1769), com libreto de Calzabigi, sátira aos clichês do modelo metastasiano. Escrita pelo poeta reformista com o qual Gluck trabalhara, essa peça extremamente sardônica encontrou nele, nessa metade de século XVIII em que o Classicismo suplantava o Barroco, o intérprete ideal pois, ao zombar dos rígidos costumes da ópera tradicional, o compositor boêmio estava parodiando formas que ele mesmo praticara fervorosamente no início da carreira. O fato de Robert Haas e Georg Donath, os dois maiores estudiosos da obra de Gassmann, terem localizado partituras suas em bibliotecas das mais diversas cidades européias, de Lisboa a Copenhague, atesta a popularidade que esse músico alcançou em sua fase de apogeu.

Gassmann foi o professor de Salieri; e com este último vieram trabalhar as duas filhas do compositor, Maria Anna Fux e Therese Maria Rosenbaum, que fizeram carreira, no teatro, como cantoras. São as seguintes as óperas compostas por Gassmann após 1766: *Il Viaggiatore Ridicolo* (1766), *L'Amore Artigiano* e *Amore e Psiche* (1767), *La Notte Critica* (1768), *L'Opera Seria* (1769), *Ezio* e *La Contessina* (1770), *Il Filosofo Inamorato, Le Pescatrici* e *Don Quischott von Mancia* (1771), *I Rovinati* (1772), *La Casa di Campagna* (1773) e *Arcifanfano, Re dei Matti* (1774), cantada postumamente em 1778.

Sarti

A ária "Come un agnello", de *Fra Due Litiganti il Terzo Gode* (1782), é um dos temas citados pela orquestrinha que, no último ato do *Don Giovanni*, de Mozart, toca para animar o banquete oferecido ao convidado de pedra. Esse é o principal motivo para que, hoje, seja lembrado o nome de Giuseppe Sarti (1729-1802), típico autor de transição que, em seu tempo, foi muito popular e, na atualidade, está totalmente esquecido. Sua carreira começou bem, com *Pompeo in Armenia* (1752), estreada no teatro de Faenza, onde nascera, e bem acolhida a ponto de Veneza aceitar *Il Re Pastore* (1753), que foi muito aplaudida. *Vologeso, Antigono* e *Ciro Riconosciuto*, que vieram logo em seguida, fizeram com que, em 1755, Sarti fosse convidado a trabalhar em Copenhague.

Com breve interrupção entre 1765-1768, ele ficou vinte anos na Dinamarca, dirigindo o teatro de ópera italiana da corte e contribuindo para a criação do *singspiel* em língua local com *Gram og Signe eller Kiaerligheds* (Gram e Signe ou O Amor, 1756), *Soliman den Anden* (O outro Solimão, 1770), *Tronfølgen i Sidon* (A Sucessão do Trono em Sidon, 1771) e *Aglae eller Støtten* (Aglae ou A Coluna, 1774). Ao voltar à Itália, seu renome internacional estava consolidado, e o cargo de que foi incumbido, de *maestro di cappella* na catedral de Milão, contribuiu para aumentar sua fama, atraindo vários alunos – entre eles Luigi Cherubini. Ortodoxamente metastasiana na estrutura, mas com um sabor melódico e um tratamento orquestral que já antecipa o Classicismo, *Giulio Sabina* (1781) foi uma das *opere serie* mais apreciadas da segunda metade do século XVIII, representada em toda a Europa e a primeira a ser levada no teatro do palácio de Esterháza – onde o seu sucesso contribuiu para que Haydn se decidisse a escrever a *Armida*.

Enorme sucesso fez também a comédia a que já nos referimos, *Quando Dois se Disputam o Terceiro É que se Diverte*, com texto de Carlo Goldoni, estreada no Scala de Milão em 14 de setembro de 1782. O público se encantou com a história da briga entre o Conde e a Condessa para saber quem deve se casar com a criada Dorina: o valete Titta ou o jardineiro Mingone? Dorina prefere fugir porque está apaixonada pelo fazendeiro Masotto, cujo pedido nem foi levado em conta, já que seus nobres patrões só conseguem pensar em quem conseguirá ganhar a aposta feita com o outro. Naturalmente, é Masotto quem consegue localizar Dorina, trazê-la de volta e, enquanto os dois se disputam, é ele o terceiro que desfruta do amor renovado que Dorina sente por ele. Diante dessa situação, Mingone não sabe o que dizer; com mais senso prático, Titta decide casar-se com Livietta, a outra criada, que gosta dele; e o casal aristocrata, percebendo finalmente a tolice que estava cometendo, consente no duplo casamento. A música exuberante de *Fra Due Litiganti* fez com que ela corresse toda a Europa e fosse adaptada e remanejada com outros títulos: *I Pretendenti Delusi, I Rivali Delusi, Le Nozze di Dorina*.

A fama granjeada por essa comédia e por *Giulio Sabina* levou o grão-duque Paulo a convidar Sarti, em 1784, a substituir Paisiello no cargo de maestro da capela imperial em São Petersburgo. Na ida para a Rússia, o compositor parou em Viena, onde uma apresentação dos *Due Litiganti* – assistida por Mozart, que gostou dela a ponto de citá-la em sua ópera – agradou tanto a José II, que ele ofereceu a Sarti a receita arrecadada com a récita. Na Rússia também foi muito bem-sucedido: na opinião de David di Chiera e Denis Libby, autores do verbete sobre ele no *Grove*, foi com Sarti que a ópera italiana atingiu o apogeu artístico em São Petersburgo. Em colaboração com Carlo Canobbio e Vassíli Pashkiévitch, ele compôs uma ópera de tema russo, *Il Primo Regno di Oleg* (1700). Decidiu voltar para a Itália em 1801, mas morreu em Berlim, onde tinha feito uma escala para visitar uma de suas filhas.

Apesar da habilidade técnica de que era inegavelmente dotado, a falta de originalidade no recorte melódico e de maior ousadia na construção dramática não garantiu a Sarti a sobrevivência. E, no entanto, estudiosos como Di Chiera ou Mario Baroni e Mara Gioia Tavoni que, em 1983, coordenaram um seminário, em Faenza, sobre a obra desse natural da cidade, são da opinião que haveria interesse em exumar do esquecimento algumas de suas partituras pois, mesmo nas *opere serie*, Sarti faz um uso limitado da ária *da capo* convencional, preferindo importar da comédia uma ária binária, com estrutura lento/rápido, que dá certa flexibilidade às suas composições. Di Chiera diz que no recitativo acompanhado estão as suas melhores páginas, os jogos harmônicos mais arrojados, a instrumentação mais rica. Insignificantes nas *opere serie*, os coros e as cenas de conjunto são muito freqüentes e extremamente variados nas óperas bufas.

Excetuando-se as óperas já mencionadas no corpo do texto, são as seguintes as obras de Sarti: *Anagilda* (1758), *Nitteti* (1760), *Alessandro nell'Indie* (1761), *Semiramide* e *Didone Abbandonata* (1762), *Cesare in Egitto* (1763), *Ipermestra* (1766), *La Giardiniera Brillante* (1768), *Demofoonte* (1771), *Le Gelose Villane* (1776), *Ifigenia, Medonte Re di Epiro* e *Il Militare Bizzarro* (1777), *L'Olimpiade, Scipione, I Contratempi* e *Adriano in Siria* (1778), *Mitridate a Sinope, Achille in Sciro* e *Siroe* (1779), *Didone Abbandonata, Alessandro e Timoteo* e *Fra Due Litiganti il Terzo gode* (1782), *Idalide, Erifile* e uma segunda versão de *L'Olimpiade*, totalmente diferente da primeira (1783), *Gli Amanti Consolati* (1784), *I Finti Eredi* (1785), *Armida e Rinaldo* e *Castore e Polluce* (1786), *Andromeda* (1798), *Enea nel Lazio* e *La Famille Indienne en Angleterre* (1799). Além disso, David Butchart refere-se, no *Viking Opera Guide*, ao fato de 33 de suas partituras terem se perdido.

Giordano

Desde menino Tommaso Giordano (1733-1806) conviveu com a ópera, pois seu pai, Giuseppe, era o proprietário de uma companhia ambulante de que faziam parte todos os membros da família. A primeira função do garoto dentro da trupe parece ter sido tocar o cravo para acompanhar os recitativos. Nos anais da ópera na Inglaterra, há referências abundantes à companhia dos Giordani e aos espetáculos que ela apresentava. Teve grande sucesso de público *Gli Amanti Gelosi*, de Cocchi, que eles cantaram em Londres, em 1753 e, três anos depois, em Dublin. Nessa ocasião, o clarinete foi ouvido pela primeira vez, na Irlanda, como instrumento de orquestra. Aos Giordani deve-se ainda a primeira versão em italiano da *Beggar's Opera*, de Gay e Pepusch, encenada no Smock Alley Theatre em 1754. O próprio Tommaso, nessa temporada, contou com a aprovação do público à sua opereta *Love in Disguise* (O Amor Disfarçado), em que o papel principal foi feito pelo famoso *castrato* Tenducci numa de suas raras incursões fora do domínio sério.

Giordano voltou a Londres em 1768, chamado pela direção do King's Theatre, onde trabalhou durante quatorze anos, fornecendo a música para cerca de cinqüenta óperas – a maioria delas *pasticcii* em colaboração com outros autores, como era o costume da época. Compôs também diversas canções para os recitais organizados nos Vauxhall Gardens e números musicais a serem inseridos em peças de teatro (principalmente as que escreveu para a comédia *The Critic*, de Sheridan). Todas as coletâneas de *Arie antiche* incluem a sua "Caro mio ben", que comparece com freqüência em recitais de canto. Mas a carreira de Giordano foi bruscamente interrompida pela falência (1783), quando fracassou sua tentativa de abrir em Dublin um teatro de ópera a preços populares. Ele morreu na capital irlandesa, reduzido à miséria.

Nenhuma das obras de Giordano foi integralmente preservada. Eis as peças de que sobraram números musicais esparsos: *The Elopement* (A Fuga), de 1767; *L'Omaggio*, contribuição para uma obra coletiva de 1781; *The Haunted Castle* (O Castelo Mal-Assombrado), de 1783; e *The Island of Saints or The Institution of Shamrock* (A Ilha dos Santos ou A Instituição de Shamrock), de 1785.

Mysliveček

Não há muita credibilidade na lenda de que teria sido Mozart quem deu ao tcheco Josef Mysliveček (1737-1781) o apelido de *il divino Boemo*; mas o simples fato de essa história ter surgido já atesta a popularidade que esse filho de moleiro, nascido em Horní Šárka, nos arredores de Praga, obteve na Itália. Os estudos musicais desse compositor – cujo nome também aparece grafado como Mysliweczek ou Myslivetchek – foram feitos em Praga, nas escolas de dominicanos e jesuítas, onde seu pai o colocou assim que percebeu nele mais vocação para a música do que para trabalhar no moinho. Em 1763, tendo reunido algum dinheiro trabalhando como violinista de igreja, o jovem foi estudar em Viena com Giovanni Pescetti. Dali, no ano seguinte, rumou para a Itália.

A ópera-cantata *Il Parnasso Confuso* (1765), estreada em Parma, trouxe-lhe outras encomendas, principalmente para o San Carlo de Nápoles, onde iniciou com uma *Medéia* de que só sobreviveu o libreto. Mas a ópera que o consagrou como dramaturgo foi *Bellerofonte*, cantada em janeiro de 1767 no San Carlo: Raaf criou o papel principal; e a *prima-donna* era a soprano Caterina Gabrielli, à qual Mysliveček ligou-se pessoal e profissionalmente. No selo tcheco Supraphon, existe uma gravação dessa ópera feita em 1987, sob a regência de Zoltán Peskó.

Nos anos que se seguiram, ele escreveu cerca de vinte óperas para Nápoles, Turim, Veneza e Milão, e conseguiu ser encenado na Alemanha: em 1777, Munique assistiu a uma reprise do *Ezio*, de dois anos antes, e à versão revista do oratório *Isacco, figura del Redentore* (Florença, 1776) que, para a apresentação bávara, ganhou o título de *Abramo ed Isacco*. É de outubro de 1777 a carta em que Mozart conta ao pai com que prazer tinha reencontrado o músico boêmio: ele o foi visitar num hospital de Munique, onde Mysliveček estava se tratando de uma doença venérea. Wolfgang Amadeus fala da amizade que sentia por esse homem com quem tivera um primeiro contato em Bolonha, sete anos antes.

Ao voltar para a Itália, Mysliveček já estava com a saúde muito abalada. Ainda estreou outras seis óperas, a última delas um *Medonte Re di Epiro* estreada em Roma um mês e meio antes de sua morte. Mas nenhuma delas obteve o sucesso do auge de sua carreira, em que, apesar de nunca ter-se desligado do modelo metastasiano ortodoxo, seu talento melódico inegável lhe garantia o favor do público. Mysliveček estava longe de ser um reformista. Nas décadas de 1760-1770, em que o Classicismo avança a passos largos, ele continua preso às fórmulas barrocas e, embora conhecesse a música de Gluck, pois regeu uma récita do *Orfeu e Eurídice* em Nápoles, em 1774, condenava as suas idéias e era favorável à montagem de balés, como *intermezzo*, entre os atos de suas óperas. A única vez que se afastou do molde metastasiano estrito foi em 1778, numa *Armida* adaptada do libreto de Ph. Quinault para Lully; mas este foi um de seus insucessos junto ao público.

Desde a década de 30, Josef Pěcman e outros estudiosos tchecos iniciaram o trabalho de coleta dos manuscritos da obra de seu compatriota, dispersos pelas bibliotecas de diversos países – o que atesta a sua popularidade –, conseguindo que execuções parciais do *Motezuma* e do *Ezio* fossem feitas em Praga. A montagem na Ópera de Opava (1961) do *Medonte Re di Epiro*, cujo manuscrito tinha sido localizado em Leningrado, assinalou um aumento do interesse pela figura desse compositor, cuja influência sobre Mozart foi inegável. Brno assistiu em seguida à montagem do *Tamerlano* (1967) e à apresentação, em forma de concerto, da *Ipermestra* (1970), do *Demofoonte* (1973) e do *Bellerofonte* (1987) – ocasião em que foi feita a gravação já mencionada.

São as seguintes as óperas de Myslivecek que sobreviveram: *Il Parnasso Confuso* (1765), *Bellerofonte, Il Farnace* e *Il Trionfo di Clelia* (1767), *Demofoonte* e *Ipermestra* (1769), *La Nitteti* (1770), *Motezuma* e *Il Gran Tamerlano* (1771), *Demetrio* (1772), *Romolo ed Ersilia* e *La Clemenza di Tito* (1773), *Antigona, Atide* e *Artaserse* (1774), *Ezio* (1775), *Adriano in Siria* (1776), *La Calliroe, Armida* e *L'Olimpiade* (1778), *La Circe* (1779), *Antigono* e *Medonte Re di Epiro* (1780).

Bernardini

Não se conhece ao certo a origem de Marcello Bernardini (1740?-1799), pois, embora o apelido de *Marcello da Capua* que ele tinha fizesse supor que era natural dessa cidade, nos libretos de sua ópera é comum ele ser descrito como *Bernardini il Romano*. Era um músico muito ativo, pois além de Roma, Turim, Nápoles e Veneza, há notícias de óperas suas sendo encenadas em Munique, e sabe-se que, na última década do século, estava a serviço do príncipe Lubomirski, na Polônia. Ele próprio escrevia seus libretos, preferia o gênero bufo e era criticado até mesmo por seus contemporâneos, por favorecer o pastelão, numa linha que liga suas óperas diretamente às mais antigas tradições da *Commedia dell'arte*. Isso fazia dele, naturalmente, um músico muito popular junto ao grande público e *Li Tre Orfei, Le Donne Bisbetiche* e *La Donna di Spirito* continuaram a ser representadas, em Roma, pelo século XIX adentro.

Da vasta obra de Bernardini, 21 óperas se perderam. Mas sobreviveram *Amore in Musica* (1773), também chamada de *L'Amore della Musica*; *L'Isola Incantata* (1778), revista seis anos depois com o título de *L'Isola d'Alcina*; *Il Basso Generoso* (1780), *Li Tre Orfei* (1784), *Le Donne Bisbetiche* (1785); *La Dona di Spirito* e *La Donna Bizzarra ossia Le Quattro Nazioni* (1787), *La Finta Galatea* (1788); *L'Amore per Incanto* (1791), também chamada de *L'Amore per Magia*; *La Statua per Puntiglio* (1792), *Don Simoncino ossia Furberia e Puntiglio* (1798).

Astarita

L'Orfana Insidiata, a primeira ópera bufa de Gennaro Astarita (1745?-1803?), foi escrita em colaboração com Piccinni, mas valeu-lhe um convite para ser *maestro di cappella* numa das igrejas de Nápoles. Sabe-se muito pouco sobre a vida deste compositor – a começar pela incerteza quanto às datas de seu nascimento e morte –, mas tem-se a informação de que sua carreira como operista não se restringiu apenas a Nápoles, pois há notícias da apresentação de *Didone Abbandonata* e das comédias *Il Marito Indolente* e *La Molinarella* em Turim e Milão. Em 1781, Astarita fez uma primeira visita à Rússia, à qual voltou, três anos depois, como regente titular da orquestra do Teatro Petróvski, de Moscou. Em 1786, foi trabalhar na capital russa, e em 1794 o príncipe Nikolái Iussúpov, diretor dos Teatros Imperiais, o encarregou de contratar e levar para o país uma companhia de ópera italiana, que ele dirigiu até 1799. Astarita morreu provavelmente em São Petersburgo, depois de 1803. Além das óperas mencionadas no texto, não se tem notícia de outras composições suas que tenham sobrevivido.

Alessandri

A carreira do romano Felice Alessandri (1747-1798) é, como a de muitos de seus contemporâneos, a de um *globe-trotter* que, além de escrever para Nápoles, Turim, Veneza e Verona, excursionou também por Londres, Viena e várias cidades alemãs, chegando até a Rússia. O ano de 1776 encontra-o em Paris como vice-diretor dos Concerts Spirituels e compositor convidado do Concert des Amateurs. Dois anos depois, foi tentar a sorte em São Petersburgo, ambicionando o cargo de compositor da corte no Eldorado russo; mas conseguiu apenas alguns alunos de canto nas casas aristocráticas e, em 1789, preferiu o emprego de vice-diretor da Hofoper em Berlim. Suas relações com Frederico Guilherme II e com os colegas músicos que trabalhavam para esse soberano eram muito tensas, e isso fez com que a recepção dada às suas óperas sempre fosse desigual. Depois do fracasso de *Dario* e *Vasco di Gama*, ambas de 1791, Alessandri foi despedido e, em julho do ano seguinte, voltou à Itália.

Ali, ainda conseguiu algum sucesso com *Virginia*, escrita para a temporada veneziana de outono em 1792, e *Zemira* e *Armida*, cantadas em Pádua no ano seguinte. Mas não vieram as novas encomendas que esperava de Viena e Berlim, e ele teve de retirar-se para Casinalbo, perto de Módena, onde terminou a vida modestamente. Além de óperas de corte muito tradicional, usando os velhos libretos de Metastasio – *Ezio* (1767), *Adriano in Siria* (1779), *Artaserse* (1783) –, Alessandri produziu comédias e óperas semi-sérias em que se expressa talvez com um pouco mais de espontaneidade: *Il Matrimonio per Concorso* (1767), *Creso* (1774), *La Novità* e *La Sposa Persiana* (1775), *Calliroe* (1778), *Attalo Re di Bittinia* (1780), *Il Vecchio Geloso* (1781), *La Finta Principessa ossia I Due Fratelli Pappamosca* (1782), *Il Ritorno d'Ulisse a Penelope* (1790), *L'Ouverture du Grand Opéra Italien à Nankin* (1790).

Zingarelli

Os estudos musicais do napolitano Niccolò Antonio Zingarelli (1752-1837) começaram muito cedo, no Conservatorio de S. Maria di Loreto, onde foi colega de Cimarosa. O público napolitano achou "demasiado erudito" o estilo de *Montezuma* (1781), a sua *opera seria* de estréia; mas a partitura agradou aos teatros do norte da Itália, e vieram encomendas, principalmente de Milão. Em 1785, o nome de Zingarelli chegou à Áustria, pois Haydn montou *Montezuma* no teatro de Esterhaza e, na temporada seguinte, estreou sua *Alsinda*. Para uma visita que fez em 1790 a Paris, onde tinham se imposto as óperas heróicas de estilo gluckiano, ele tentou aplicar à *Antigone* alguns dos princípios da reforma proposta pelo mestre alemão. Mas não obteve sucesso, e preferiu restringir-se às fórmulas já testadas, com que obtivera resultados comprovados em *Ifigenia in Aulide* (1787) e *Artaserse* (1789) – esta última a enésima versão do arquimusicado libreto metastasiano. A acolhida, como não podia deixar de ser, foi morna e restringiu-se às faixas mais conservadoras de público.

Ao estourar a Revolução Francesa, Zingarelli fugiu para Milão, onde conseguiu trabalho na catedral e, depois, como maestro de capela da prestigiosa Santa Casa de Loreto. Nesta fase, marcada por uma profusão de obras sacras, surgiram as comédias *Il Mercato di Monfregoso* (1792) e *La Secchia Rapita* (1793), que ainda estava sendo apresentada quase dez anos depois, pois Stendhal a apreciou muito quando a viu em 1811. Zingarelli sucedeu a Guglielmi no cargo de diretor musical da Basílica de São Pedro, em 1804. Em 1813, voltou para Nápoles, assumiu a direção do Real Colégio de Música, e sucedeu a Paisiello como maestro de capela da catedral. Embora fosse um compositor tradicionalista, um dos últimos herdeiros da tradição napolitana da *opera seria*, é em suas obras que vamos encontrar algumas das sementes do estilo de Bellini e Mercadante, que foram seus alunos e o respeitavam muito como professor. Pertencendo, portanto, mais à fase do Barroco Tardio agonizante do que ao do Classicismo, com o qual conviveu, Zingarelli é uma mão que se estende para ligar seu fim de século ao Romantismo.

Estas são as suas óperas que sobreviveram: *Montezuma* (1781), *Alsinda* (1785), *Ifigenia in Aulide* (1787), *Artaserse* (1789), *Antigone* e *La Morte di Cesare* (1790), *Pirro Re di Epiro* (1791), *Annibale in Torino* (1792), *L'Oracolo Sannita* e *Il Mercato di Montefregoso* (1792), *Apelle* (1793) – revista em 1795 com o título de *Apelle e Campaspe* –, *Quinto Fabio* e *Il Conte di Saldagna* (1794), *Gli Orazi e i Curiazi* (1795), *Giulietta e Romeo* (1796), *La Morte di Mitridate* (1797), *Ines de Castro, Carolina e Mexico* e *Meleagro* (1798), *Il Ritratto* e *Il Ratto delle Sabine* (1799), *Clitennestra* (1800), *Edipo a Colono* (1802), *Il Bevitore Fortunato* (1803) e *Berenice Regina d'Armenia* (1811). D. A. d'Alessandro consigna, na obra citada, quatro óperas de atribuição duvidosa, e refere ainda terem desaparecido as partituras de dezessete outras.

GALUPPI

Desde muito cedo a ópera atraiu Baldassare Galuppi (1706-1785). Em 1722, com apenas 16 anos, ele se arriscou a escrever, para o Teatro de Chioggia, uma *La Fede nell'Incostanza ossia Gli Amici Rivali*, que a sua inexperiência transformou, naturalmente, num redondo fracasso. Isso o levou a procurar Benedetto Marcello e Antonio Lotti, pedindo-lhes que lhe dessem aulas de composição. Mais bem aparelhado, voltou à carga e, no final da década de 1720, já conseguira impor-se como operista no competitivo mercado teatral veneziano – embora nada se tenha conservado dessa primeira fase: o primeiro manuscrito preservado é o de uma *Ergilda* de 1736.

Seu primeiro sucesso foi com *Alessandro nelle Indie*, encenado no Palácio Arquiducal de Mântua durante o Carnaval de 1738. Reintitulado ora *Cleofide* ora *Poro*, este é um dos libretos de Metastasio preferidos dos músicos do século XVIII, e dele há cerca de cinqüenta versões, da autoria de Porpora, Haendel, Hasse, Jommelli, Piccinni, Gluck, Cimarosa – e até mesmo Cherubini, já no início do século XIX. A ópera narra a história de Poro, rei da Índia, derrotado por Alexandre da Macedônia, e de sua amante, a rainha Cleofide, que intervém a favor do soberano destronado e consegue ganhar as boas graças do invasor. Comovido com a coragem de Poro e a fidelidade de Cleofide, Alexandre devolve ao indiano o seu reino e permite que ele se una à mulher que ama. Ao fazê-lo, agindo como o típico "déspota esclarecido", o macedônio conclui:

> *Chi seppe*
> *serbar l'animo egregio in mezzo a tante*
> *ingiurie del destino, degno è del trono*
> *e regni e sposa e libertà ti dono*
>
> (Quem soube conservar a nobreza de alma em meio a tantas injúrias do destino, é digno do trono e eu te dou o reino, a esposa e a liberdade.)

Em 1741, a fama de Galuppi como o autor de *opere serie* como *Gustavo Primo Re di Svezia* fez com que o conde de Middlesex o convidasse a abandonar seu emprego de maestro, no Ospedale dei Mendicanti, e ir trabalhar em Londres, para o King's Theatre, de Haymarket – onde ele ficou dois anos, obtendo junto ao público inglês, com *Scipione in Cartagine* (1742) e *Enrico* (1743), um sucesso que não se dissipou nem mesmo depois de seu retorno à Itália. Vice-maestro da Catedral de São Marcos (1748), da qual em 1762 haveria de tornar-se o maestro titular, Galuppi continuou mantendo o vínculo com os teatros venezianos por meio de óperas de modelo metastasiano como *Antigono* (146), *Evergete* (1747) *Demetrio* (1748), *Artaserse* e *L'Arcadia in Brenta*, ambas de 1749. Desta última, existe uma gravação ao vivo de 1980, que circulou pelo selo Fonit Cetra.

Desta fase, a composição mais importante é a *L'Olimpiade*, mais uma versão do libreto escrito por Metastasio, em agosto de 1733, para Caldara e, antes de Galuppi, já musicado também por Pergolesi e Leo. Aqui, ainda mais do que na versão de Leo, longas passagens de recitativo são sacrificadas, em nome do destaque que se quer dar às árias, sempre muito ornamentadas, mesmo que isso signifique eliminar informações importantes para a compreensão da história. Além disso, na partitura de Galuppi aparecem números sem relação direta com a história, o que permite a suposição de que se trata de "árias de baú" de alguns dos intérpretes – a estréia foi em Milão no Carnaval de 1747 –, que acabaram se integrando definitivamente à ópera.

Da mesma forma, tudo aquilo que, em Metastasio, tinha caráter placidamente meditativo, é substituído por textos que se referem a emoções fortes, com imagística mais colorida, sugerindo a idéia de que era necessário oferecer, a um público que já estava se cansando do modelo pouco variado da *opera seria*, temperos cada vez mais picantes. Em suas *Memoirs of Metastasio*, Burney cita a opinião do *poeta cesareo* de que "Galuppi era um bom compositor para os violinos, os violoncelos e os cantores, mas um artesão muito ruim no que se refere aos poetas".

Tal julgamento é confirmado pelo fato de que ele raramente se preocupa com a relação natural entre a metrificação e os ritmos musicais. Com freqüência é muito artificial a forma como adapta os versos à melodia, não hesitando, quando isso lhe convém, em submergi-los sob cascatas de *fioriture*. Seja qual for o *affetto* expresso pelo texto, Galuppi inclui coloraturas extensas sempre nos mesmos pontos de desenvolvimento de suas árias *da capo*. Parece portanto concebê-las como concertos vocais e não como a expressão dramática de uma idéia ou um sentimento.

Por outro lado, em suas mãos a orquestra está se emancipando, os ritornelos já não são mais confinados a um papel subsidiário de acompanhamento, e é aos instrumentos que às vezes cabe apresentar os temas, enquanto as vozes são momentaneamente reduzidas a proferir interjeições declamatórias. Ou seja, perto do término da primeira metade do século XVIII, começamos a ver as árias de Galuppi gravitarem em direção à forma emergente da sonata, um molde típico do Classicismo.

O que Metastasio, dramaturgo imbuído da importância de seu texto, não poderia de forma alguma compreender é que, em Galuppi, já se percebe uma tendência que vai se desenvolver mais adiante: a de os compositores encontrarem, na complexidade e sofisticação da construção musical, os meios específicos de expressar idéias dramáticas, psicológicas ou emocionais. O texto não se torna dispensável, mas a música converte-se numa narrativa paralela que pode ser tão rica quanto a dele. É Kimbell quem o diz:

> A profusão e o contraste das melodias, os esquemas tonais habilmente articulados em que a harmonia se baseia tornam-se ferramentas dramáticas muito eficientes nas mãos de um bom compositor, permitindo-lhe assumir cada vez mais o papel de liderança na empreitada músico-poética – mesmo quando o parceiro é Metastasio.

Ou um dramaturgo da têmpera de Carlo Goldoni, com quem Galuppi começou a colaborar a partir de 1749. Desse momento em diante, por motivos óbvios, a comédia ocupou-o cada vez mais, e Galuppi demonstrou, para ela, propensão mais natural do que para os dramas metastasianos – embora estes últimos não fossem totalmente abandonados. *Il Conte Caramella* (1749), *Il Mondo della Luna* e *Il Mondo alla Roversa ossia Le Donne che Commandano* (1750), *Antigona* e *Dario* (1751), *Le Virtuose Ridicole* e *La Calamità de' Cuori* (1753), *I Bagni d'Abano* e *L'Eroe Cinese* (1753), *Siroe* (1754) – sérias ou bufas, as óperas jorravam de sua pena, solicitadas pelos palcos de Milão, Viena, Madri, Nápoles, Roma, Turim. Do *Mundo da Lua*, o selo Bongiovanni tem a gravação Franco Piva (San Costanzo, 1997). É interessante compará-la com a versão tirada por Haydn da mesma peça. Mas foi com Goldoni que ele escreveu a ópera bufa que haveria de celebrizá-lo.

Ao lado da *Serva Padrona*, de Pergolesi, e de *La Buona Figliuola*, de Piccinni, *Il Filosofo di Campagna* constitui o tripé das óperas bufas mais populares na passagem do Barroco para o Classicismo. Não se sabe exatamente a época em que foi ouvida pela primeira vez. Convenciona-se dizer que foi no Teatro S.

Samuele de Veneza em 26 de outubro de 1754, porque essa é a data indicada na primeira edição do libreto; mas há quem defenda a hipótese de que a estréia foi em Bolonha, na temporada de Carnaval desse mesmo ano, e quem afirme ter sido ela apresentada ao público de Milão no Carnaval do ano seguinte.

No *Filósofo do Campo*, Goldoni monta um daqueles típicos quadriláteros amorosos da comédia setecentista. O próspero Don Tritemio aposentou-se e foi morar em uma casa que possui no campo. Ali, decidiu casar sua filha Eugenia com Nardo, um rico camponês a quem todos chamam de "filósofo", pois ele dá provas de não se interessar pelos bens materiais. Mas Eugenia está apaixonada por Rinaldo, um jovem proprietário de terras, a quem Tritemio recusa-se a dar a sua mão, por estar convencido de que Nardo é mais sábio. Lesbina, a camareira da moça, dispõe-se a ajudá-la: apresenta-se a Nardo como se fosse Eugenia e ganha o coração do pretendente.

Logo em seguida, Rinaldo conta a Nardo que o pai de Eugenia a está obrigando a um casamento contra a vontade; e o filósofo, favorável a que os verdadeiros sentimentos sejam respeitados, promete ajudá-los – ainda mais depois que descobre, cheio de satisfação, que apaixonou-se por Lesbina, moça simples e, portanto, muito mais próxima de seu temperamento de camponês. É a ela que pede em casamento, e a criada aceita com todo o prazer. Don Tritemio fica furioso ao ver seus planos serem modificados – ainda mais que, depois de casar a filha, pretendia reivindicar para si mesmo a mão da graciosa Lesbina. Mas não lhe resta alternativa senão aceitar que o filósofo despose a criada e abençoar a união de Eugenia e Rinaldo.

O enredo, a tipologia das personagens, a variedade e o formato das árias e cenas de conjunto, o estilo de orquestração, a estrutura dos finais de ato (em que os números se encadeiam diretamente, sem recitativos entre um e outro) definem um modelo básico que será o da ópera bufa durante todo o século XVIII. Nesta partitura, Galuppi demonstra uma liberdade de concepção de que não dá prova em suas composições sérias. Chega a saltar a sacrossanta barreira dos gêneros, dando cançonetas breves e ligeiras a Nardo e Lesbina, e

fazendo Rinaldo e Eugenia cantarem em estilo de *opera seria*, com coloratura elaborada e árias de saída. Mas essas são considerações técnicas que não explicam a popularidade de que o *Filósofo do Campo* desfrutou junto ao grande público desde a sua estréia e o agrado com que é recebido cada vez que o reprisam hoje em dia.

Todas as grandes cidades italianas quiseram vê-la e, em 6 de janeiro de 1761, ela triunfou no Haymarket, em Londres. Um dos indícios, típicos da época, do lugar que ocupava no repertório, é o número de *rifacimenti* a que foi submetida e a quantidade de vezes em que a converteram em *pasticci*. Roma a viu em 1757 como *La Serva Astuta*; em Bruxelas, ela se chamou *Il Tutore Burlato* (1759); em 1762, Dublin assistiu a uma versão traduzida com o título de *The Guardian Trick'd*; e Estocolmo, 26 anos depois da estréia, ainda estava se divertindo com *Il Filosofo Ignorante di Campagna* (1780). Depois da morte do compositor, ela caiu no esquecimento; mas a partitura usada na encenação do King's Theatre foi descoberta no início do século XX, na coleção de manuscritos do British Museum, por Theodor Wiel. E este a entregou ao compositor Ermanno Wolf-Ferrari.

Diretor, na época, do Liceo Benedetto Marcello, de Veneza, Wolf-Ferrari – que em suas próprias óperas inspirara-se várias vezes em peças de Goldoni – decidiu encenar a ópera em 28 de fevereiro de 1907, em comemoração aos 200 anos do nascimento do dramaturgo. Foi a pedra fundamental no processo de redescoberta de Galuppi. Uma versão mais completa e musicologicamente bem-cuidada do *Filosofo di Campagna* foi dirigida por Virgilio Mortari, em 28 de julho de 1938, nos jardins da Ca' Rezzonico, em Veneza. E em 1958, Renato Fasano e os Virtuosi di Roma, à frente de um elenco em que havia Anna Moffo e Rolando Panerai, realizaram a gravação – levemente abreviada – que hoje circula sob selo HMV.

Depois do *Filosofo* vieram *Attalo, Le Nozze* e *La Diavolezza*, todas de 1755, *Idomeneo* (1756), *Ezio* e *Sesostri* (1757), *Ipermestra* e *Adriano in Siria* (1758), *Melitte Riconosciuto* (1759) e mais uma das muitas utilizações da *Clemenza di Tito* metastasiana

Um dos luxuosos cenários da família Bibbiena, para teatros dotados de complexa maquinaria, que permitiam a realização de efeitos cênicos surpreendentes.

(1760). Mas só *L'Amante di Tutte* conseguiu êxito semelhante ao da comédia goldoniana, talvez porque seu libretista, Ageo Liteo – pseudônimo de Antonio Galuppi, filho do compositor – tenha sabido reproduzir com exatidão os maneirismos do grande dramaturgo veneziano nesta história cheia de qüiproquós.

O velho Don Orazio desconfia da honestidade de Lucinda, a sua mulher e, fingindo fazer uma viagem de negócios à cidade, esconde-se em casa do camponês Mingone. Constata que, aproveitando a sua ausência, Lucinda convidou para jantar o mulherengo conde Eugenio, o marquês Canoppio, homem pobre mas altivo, e Donna Clarice, vaidosa e com pretensões um tanto ridículas a ser uma grande dama. Orazio interrompe o jantar e expulsa os convivas, mas estes não podem partir, pois seu cocheiro desapareceu. Ao longo de uma série de peripécias complicadas, o velho surpreende Eugenio em colóquio com Lucinda, depois com Clarice e até mesmo com a empregada Dorina. Faz um escarcéu, mas no final, como todos imploram seu perdão e Lucinda ameaça abandoná-lo, acaba perdoando. A essa altura, Mingone, que andava pensando em pedir a mão de Dorina, desiste, pois não quer meter-se em desventuras conjugais semelhantes. *O Amante de Todas* foi muito aplaudida ao estrear no Teatro S. Moisè, de Veneza, em 17 de novembro de 1760, e também correu toda a Itália.

Da fértil pena de Galuppi continuavam a jorrar comédias, entremeadas com dramas históricos: em 1761, *Li Tre Amanti Ridicoli*, em dialeto veneziano, *Il Caffè di Campagna* – de que há no selo Hungaroton a gravação de Fabio Pirona – e *La Donna di Governo*; seis óperas seguidas – *Antigono, Il Marchese Villano, Viriate, Il Muzio Scevola, L'Uomo Femmina* e *Il Puntiglio Amoroso* – no ano inacreditavelmente pródigo de 1762; e depois *Arianna e Teseo* e *Il Re alla Caccia* (1763); *Sofonisba, Caio Mario* e *La Partenza e il Ritorno de' Marinari* (1764).

No auge da fama, veio da Rússia, em 1765, o convite de Catarina a Grande para que ele assumisse a direção musical da capela de sua corte. Galuppi ficou três anos trabalhando em São Petersburgo e Moscou. Desse período, preservaram-se várias peças sacras destinadas à liturgia ortodoxa, mas apenas uma ópera, a *Ifigenia in Tauride*, de 1768. Ao retornar a Veneza, foi recebido como o mais prestigioso compositor de sua geração. Além de reassumir o posto que ocupava em São Marcos, ofereceram-lhe novas e honrosas funções no Ospedale degli Incurabili. Ao morrer, com quase 80 anos, acumulara considerável fortuna. E ainda tivera tempo, nesta última fase, de compor *Il Villano Geloso* (1769), a popularíssima *L'Inimico delle Donne* (1771) – de que Hans Geyer-Kiefl fez, em 1986, uma cuidadosa edição, que contribuiu muito para a revalorização de sua obra –, *Gl'Intrighi Amorosi* e *Montezuma* (1772), assim como *La Serva per Amore* (1773).

Quando se examina a extensão e a variedade da obra de Galuppi, não se pode esquecer que temos dela apenas conhecimento parcial, pois quarenta partituras desapareceram e há pelo menos dez outras óperas a ele atribuídas que são de autoria duvidosa. E seu estudioso Graham Dixon acredita que esse número seja ampliado, pois ainda há, espalhados pelas bibliotecas européias, manuscritos que podem vir a ser exumados.

Embora já fosse, em Nápoles, um gênero amplamente praticado, tendo entre seus especialistas, como vimos no capítulo anterior, nomes de peso como Vinci ou Leo, foi graças à dupla Goldoni-Galuppi que a ópera cômica recebeu carta de nobreza, passando a ser encarada como uma obra de validade artística equiparável à da *opera seria*. As companhias ambulantes italianas já se encarregavam, havia muito tempo, de disseminar por toda a Europa o gosto pelas composições bufas. Mas havia, nas peças de Goldoni e Galuppi, algo que as distinguia das demais comédias: a capacidade de partir dos clichês tradicionais – envolvimentos sentimentais emaranhados, travestimentos, identidades equivocadas – para chegar a uma profunda análise do comportamento de seres humanos reais observados em situações perfeitamente verossímeis. Já existe nessas comédias, portanto, o germe de realismo que fermentará lentamente durante o Romantismo, para eclodir, no final do século XIX, nas fórmulas do Verismo.

Preocupado em preservar a clareza do texto, cujo entendimento era fundamental, Galuppi escrevia acompanhamentos muito leves e tinha o hábito de incorporar, após determinadas frases chave, breves comentários instrumentais que reforçavam o sentido das palavras. Ele é um dos primeiros cultores sistemáticos do chamado finale encadeado, de seções múltiplas que se justapõem, em vez de serem interligadas por recitativos. O acompanhamento orquestral é contínuo e, contra esse fundo instrumental, as vozes intervêm de maneira dramaticamente realista. Dessa trama contínua do finale de comédia evoluem formas mais amplas que, no final da vida, ele aplica também à ópera de tema sério, consciente de que é necessário libertar-se da ganga extremamente rígida imposta ao melodrama pelo molde metastasiano. A sua preocupação com a maior coerência do drama, principalmente depois de 1750, o situa como um dos precursores da reforma gluckiana.

Burney conta ter ouvido de Galuppi que a boa música consistia em "beleza, clareza e boa modulação". É a busca dessas qualidades que explica o número de admiradores que ele teve durante o século XVIII e a facilidade com que é aceito pelos ouvintes modernos. É também o que explica o comentário desse historiador setecentista inglês:

> Muitos dos refinamentos na melodia moderna e dos efeitos na música dramática parecem originar-se do gênio de Galuppi.

PERGOLESI

A fama póstuma que as apresentações parisienses de *La Serva Padrona*, em 1752, trouxeram a Pergolesi fez com que editores inescrupulosos lhe atribuíssem diversas obras apócrifas. Querendo aproveitar a reputação do jovem gênio em torno do qual armara-se a *Querelle des Bouffons*, inscreveram em seu catálogo diversas peças sacras, instrumentais ou vocais de outros autores, criando para os musicólogos atuais – o Francesco Degrada dos *Studi Pergolesiani* (1986-1988); Marvin Paymer e Hermine Williams de *Pergolesi: a Guide to Research* (1989) – a tarefa delicada de separar o joio do trigo.

Na verdade, nem haveria a necessidade de engrossar a lista dessa obra, pois é impressionante a produção de Giovanni Battista Draghi (1710-1736), que adotou o sobrenome de Pergolesi porque sua família era originária de Pergola, junto de Pesaro. Único sobrevivente dos quatro filhos de um agricultor de Jesi, perto de Ancona, Pergolesi viveu apenas 26 anos. Mas no curto espaço de seis anos, escreveu um drama sacro, quatro óperas sérias, duas cômicas e dois *intermezzos*, além de cantatas, música instrumental abundante, e o oratório *La Morte di San Giuseppe*, de autoria definitivamente comprovada a partir da descoberta de um manuscrito autógrafo, no início da década de 90. A produção teatral, aliás, foi a que menos problemas de autenticidade apresentou. Foi fácil demonstrar que o *intermezzo Il Maestro*

di Musica, a ele atribuído, é na verdade um *pasticcio* baseado no *Orazio* de Pietro Auletta; a ópera cômica *Il Geloso Schernito* foi composta em 1746 pelo veneziano Pietro Chiarini; e a abertura é posterior, escrita por Baldassare Galuppi.

Pergolesi ainda era menino quando foi mandado para Nápoles e matriculado no Conservatorio dei Poveri di Gesù Cristo, onde teve Greco, Vinci e Durante como professores. É muito provável que o drama sacro *Li Prodigi della Divina Grazia nella Conversione di San Guglielmo*, cantado no verão de 1731 no mosteiro de Sant'Agnello Maggiore, tenha sido um exercício apresentado a seus professores de composição. O texto de Ignazio Mancini tem como personagens principais S. Guilherme, o décimo duque da Aquitânia, que reinou de 1127 a 1137; e S. Bernardo de Clairvaux, o monge cisterciano que pregou a II Cruzada e foi responsável pela sua conversão.

Obedecendo às regras do auto sacramental, há também um Anjo e um Demônio entre os quais oscila a alma do protagonista, de início um libertino, depois um homem tocado pela graça divina. A influência profana faz-se sentir na figura do capitão Cuosemo, militar fanfarrão responsável pelas intervenções cômicas em dialeto napolitano. Além da seqüência habitual de recitativos e árias, há alguns duetos e, no fim da primeira parte, um quarteto intitulado "Cieco che non vid'io" de que partici-

A Ópera Barroca Italiana

pam os dois santos, o Anjo e o Demônio. Dois trechos da Sinfonia dessa primeira experiência teatral foram reaproveitados, mais tarde, nas aberturas de *Adriano in Siria* e *L'Olimpiade*. Desse drama sacro juvenil existem duas gravações, assinadas por Francesco Maestri (Bongiovanni, 1986) e Marcello Panni (Fonit Cetra, 1989).

Sinais de que havia ali um dramaturgo promissor manifestaram-se também no oratório *La Fenice sul Rogo ovvero La Morte di San Giuseppe*, do mesmo ano, levando a direção do Teatro San Bartolomeo a encomendar-lhe uma ópera para a temporada do ano seguinte. *La Salustia* baseava-se no *Alessandro Severo* de Apostolo Zeno, remanejado por S. Merelli. A personagem título é a mulher do censor Alexandre Severo, que governou Roma entre 222-235. Ela é detestada pela sogra, Júlia Mammea, que tem ciúmes doentios do filho e a calunia, fazendo tudo para convencer seu esposo a repudiá-la. Furioso com o tratamento injusto dado a Salústia, o patrício Adriano, seu pai, tenta matar Júlia. É preso e condenado a ser atirado às feras no circo, mas luta com um leopardo na arena, vence-o e é perdoado. Arrependida, Júlia admite suas mentiras e pede perdão à nora. Os esposos se reconciliam. A essa trama principal combina-se uma intriga acessória: a paixão do patrício Cláudio pela nobre Albina.

Desde o início, *Salustia* foi marcada pela falta de sorte. O *castrato* Nicolino (Nicolò Grimaldi), que deveria cantar o papel título, morreu em 1º de janeiro de 1732, dias antes da estréia, e adaptações de última hora tiveram de ser feitas para que Gioacchino Conti, de talento muito inferior, o substituísse. E o público reagiu com absoluta indiferença a essa *opera seria* de que não existe, tanto quanto sei, nenhuma documentação discográfica. Parte da culpa pelo fracasso cabe, certamente, à inexperiência do compositor, então com apenas 22 anos, em manejar as formas complexas do drama de assunto sério.

Depois desse início pouco auspicioso, era necessário ser cuidadoso e reconquistar as boas graças do público. Para consegui-lo, Pergolesi mudou radicalmente de gênero: optou pela comédia dialetal, com elementos de paródia da *opera seria* e aproveitamento extenso das melodias e ritmos do folclore napolitano. Decisão muito acertada, pois, ao subir ao palco do Teatro dei Fiorentini, em 27 de setembro de 1732, *Lo Frate 'nnamorato*, escrito por Gennarantonio Federico, arrebatou a platéia. Sucesso que se repetiu quando a ópera foi remontada, em 1989, no Scala de Milão: a gravação do espetáculo, regido por Riccardo Muti, existente em CD e vídeo, permite-nos entender por que *O Irmão Enamorado* tornou-se uma das comédias prediletas do repertório napolitano, diversas vezes reprisada nos anos que se seguiram.

As irmãs Nina e Nena estão ambas apaixonadas pelo mesmo rapaz. Mas Ascanio ama Lucrezia que, por estar prometida a Carlo – o tio de Nina e Nena –, não pode assumir os sentimentos que também nutre por ele. Esse quadrilátero de afeições desencontradas os torna muito infelizes. E excita o furor de Pietro, irmão de Lucrezia, que está noivo de Nena e morre de ciúmes de Ascanio. É Pietro, aliás, quem acaba trazendo a solução involuntária a esse qüiproquó, ao desafiar Ascanio para um duelo e feri-lo levemente. Ao socorrer o rapaz, Carlo descobre que ele traz no braço a marca de nascença de seu sobrinho, seqüestrado aos quatro anos de idade. Portanto, Ascanio é o irmão perdido de Nina e Nena. Essa revelação transfere para outro campo o afeto das duas por Ascanio. E dá ao moço uma posição social que lhe permite pedir e conseguir a mão da mulher que ama.

A intriga amorosa – reproduzindo os habituais clichês sentimentais do teatro barroco – é na verdade o que há de menos importante no *Irmão Enamorado*. Muito mais saboroso é o retrato realista da vida contemporânea nas ruas do bairro napolitano de Capodimonte, em que a ação se ambienta. Fiel ao modelo das comédias de costume goldonianas, Federico traz para o palco personagens de carne e osso, cuidadosamente observadas em sua maneira típica de agir e de falar; e isso explica a simpatia com que a platéia acolheu uma peça em cujas paisagens, figuras e situações se reconhecia. É deliciosa também a naturalidade com que o jovem dramaturgo faz cantar as personagens, colocando em sua boca melodias de um frescor expressivo muito próximo do idioma popular – o que fez com que algumas canções da ópera, trazidas do teatro para a rua, adquirissem na época *status* quase de folclore.

Diante desse sucesso, o San Bartolomeo aceitou Pergolesi de volta para a sua próxima temporada. Mas o espetáculo do dia 28 de agosto de 1733 haveria de constituir um marco na História da Ópera não pela ópera principal, *Il Prigionier Superbo* – ouvida com interesse apenas relativo – mas pelo que ocorreu nos intervalos entre um ato e outro. Foi nesse dia que estreou o *intermezzo La Serva Padrona*, destinado a assumir, na História da Ópera, o papel de pedra fundamental do gênero bufo (ver o capítulo "A Comédia"). A habilidade demonstrada por Pergolesi nessa partitura é tanto mais surpreendente porque tratava-se de sua primeira experiência com esse gênero cômico tão peculiar. Na *Collectanea Historiae Musicae* (volume IV, de 1966), F. Degrada desmentiu a teoria de G. Radicciotti de que ele já escrevera, antes, um outro *intermezzo*, *Amor Fa l'Uomo Cieco*, para representação nos intervalos da *Salustia*.

Durante muito tempo, *O Prisioneiro Soberbo* foi visto como uma espécie de apêndice supérfluo de sua pequena companheira muito mais ilustre. Foi preciso que Marcello Panni a encenasse e gravasse (Bongiovanni) no Teatro Comunale G. B. Pergolesi, de Jesi – a cidade natal do compositor –, em 1998, para que se compreendesse que a ópera não merecia ter ficado à sombra. Sua música é extremamente eficiente do ponto de vista dramático e, em alguns momentos – por exemplo a ária "Vado a morte", de Sostrate, no ato II –, já exibe o grau de profundidade emocional de que é capaz o autor das mais comoventes páginas do *Stabat Mater*. Sente-se nela também o desejo de fugir ao modelo metastasiano rígido, pois a peça começa e termina com números corais e, no ato III, há um dueto e um trio muito bem trabalhados.

Não se conhece o nome do poeta que preparou para Pergolesi a nova versão de *La Costanza in Trionfo*, escrita em 1696 por Francesco Silvani e já sujeita a duas revisões: a de 1706, quando foi musicada por Gasparini com o título de *La Fede Tradita e Vendicata*; e a de 1723, quando Paolo Rolli transferiu-a para o Oriente, convertendo-a no *Floridante* de Haendel. *O Prisioneiro Soberbo* conserva a ambientação original: passa-se na Noruega, no período em que, nesse país, assiste-se ao processo de afirmação da identidade nacional contra os invasores dinamarqueses. A personagem central é Sostrate, usurpador do trono norueguês, e a ação trança as habituais intrigas amorosas: Rosmene, a filha de Sostrate, amar Viridate, o príncipe da Dinamarca; e Micisda, príncipe da Boêmia, apaixonado por Ericlea, a herdeira do trono norueguês, empenha-se em devolver-lhe o reino perdido. Ele o conseguirá com a ajuda de Metalce, rei dos godos.

É também a Marcello Panni que devemos e reprise contemporânea, no Maggio Musicale Fiorentino de 1985, da próxima dobradinha pergolesiana: o drama metastasiano *Adriano in Siria* intercalado ao *intermezzo Livietta e Tracollo ossia La Contadina Astuta*. Essas duas partituras estrearam no Teatro San Bartolomeo, de Nápoles, em 25 de outubro de 1734, em comemoração ao aniversário da rainha da Espanha, mãe do infante Don Carlos, rei da Sicília. O libreto de *Adriano* tinha sido musicado pela primeira vez, dois anos antes, por Geminiano Giacomelli. Mas uma mão anônima lhe fez extensas revisões para que desse chances especiais de exibição virtuosística ao *castrato* Caffarelli (Gaetano Majorano), criador do papel de Farnaspe. Sobre o *intermezzo*, veja o capítulo "A Comédia".

Na luta contra Osroa, rei da Pártia, o imperador Adriano capturou sua filha Emirena e apaixonou-se por ela. Mas Farnaspe, um bravo guerreiro parto, ama a moça e tudo fará para obter sua mão, nisso sendo ajudado pela romana Sabina, de quem o imperador está noivo. Quase fracassa em seu intento, pois Aquilio, o confidente de Adriano, está interessado em que este conquiste Emirena, o que lhe deixará o caminho livre para tentar seduzir Sabina, a quem ama. Depois das típicas reviravoltas metastasianas, um súbito acesso de magnanimidade de Adriano faz todas as peças do quebra-cabeça caírem em seus devidos lugares. Dando-se conta da inabalável devoção de Sabina, o soberano percebe que é com ela que deve casar-se. Devolve Emirena a Farnaspe e o trono, ao velho Osroa. E de quebra perdoa Aquilio por todos os seus expedientes escusos.

Adriano in Siria é um veículo para o estrelismo de Caffarelli. Cada ato converge para a grande cena final em que lhe caberá cantar uma longa ária *da capo* de coloratura vertiginosa. "Lieto così tal volta", do ato I, com uma *cadenza* em que a voz compete com o oboé *obbligato*, já é impressionante. Mas empalidece diante do brilho da *aria di tempesta* com que o II se encerra: "Torbido in volto e nero", cheia de bruscos contrastes dinâmicos e com um acompanhamento que descreve o movimento agitado do mar. *Adriano* contém, de resto, excelentes exemplos do chamado *stile furioso*, a que os napolitanos estavam começando a se afeiçoar na década de 1730: árias em que a orquestra se encarrega de bordar um minipoema sinfônico, sobre o qual a voz declama silabicamente de modo bem enfático. "Tutti nemici e rei", que Adriano canta no ato III, recriminando os que conspiram contra ele, é um belo exemplo dessa técnica.

Também "Digli ch'è un infedele" com que, no ato III, Sabina anuncia estar a ponto de desistir de seu volúvel noivo imperial, anuncia uma tendência nova: a ária construída com frases curtas – versos de seis sílabas – e de ritmo nervoso, que permitem ornamentação muito agitada e cambiante. A influência da técnica pergolesiana dos episódios de transição em tonalidade menor, nesse tipo de ária, transcendeu o domínio puramente operístico: ao analisar o seu estilo de articulação temática, David Kimbell demonstra como Domenico Scarlatti encontrou nele um modelo a ser aplicado na evolução de suas sonatas para teclado.

Durante a temporada de Carnaval de 1735, o Teatro Tordinona, de Roma, assistiu à versão pergolesiana de *L'Olimpiade* de Metastasio, para a qual, como já vimos, há também partituras assinadas por Caldara, Vivaldi, Leo, Galuppi, Jommelli, Cimarosa e Paisiello. Considerando esses diversos *remakes* um exemplo típico do hábito barroco de musicar várias vezes o mesmo libreto, Kimbell dedica-lhes, em *Italian Opera*, todo um capítulo intitulado "Meio século de *L'Olimpiade*". No capítulo sobre Vivaldi, o leitor encontrará a sinopse desta favorita dos compositores. Even-

tuais modificações introduzidas no texto pelo autor anônimo que o revisou para Pergolesi não chegam a alterar as linhas gerais da ação.

Como o Tordinona não tinha coro, as passagens corais foram transformadas em árias solistas ou em cena de conjunto. Personagens secundários, que em Metastasio só dispunham de recitativos, ganharam árias. Houve também o traslado, para esta partitura, de material anteriormente concebido para outras. Árias do *Adriano na Síria* foram adaptadas a um texto novo; mas "Torbido in volto e nero" foi simplesmente inserida na *Olimpiade* com o texto original. Como já dissemos, as sinfonias dessas duas óperas são basicamente a mesma, ambas reaproveitando material do juvenil *San Guglielmo*.

A escolha dos registros fornece um exemplo típico da tipologia vocal do Barroco Tardio. Havia no elenco cinco *castrati*: quatro sopranistas – Licida e Argene, Megacle e Aristea – e um contraltista no papel secundário de Alcandro, o conselheiro do rei. As duas figuras paternas, Clistene e Aminta, o tutor de Licida, são tenores. A escrita instrumental repousa sobre as cordas, enriquecidas eventualmente com sopros que frisam o conteúdo metafórico do texto: flautas e oboé quando o clima é pastoral; trompas ou trompete com acompanhamento dos tímpanos num momento como "Talor guerriero invitto", para Aminta, de tom marcial; e assim por diante.

À exceção dos duetos de encerramento, a ópera constrói-se com a habitual seqüência de árias *da capo* de formato muito semelhante que, no dizer de D. Kimbell,

são o produto de uma estética que encorajava os compositores a pensar nas árias como objetos artísticos com validade em si mesmos, artefatos musicais que – apesar da rigidez de sua textura e de seu poder expressivo estar focalizado quase exclusivamente na voz do cantor – são de estrutura tão sofisticada quanto a de qualquer outra composição musical do período.

A detalhada análise de Kimbell em *Italian Opera* (pp. 257-266), a que remeto o leitor, constitui um precioso documento não só sobre a técnica de criação de Pergolesi mas também sobre a ária operística barroca,

monumentos da arquitetura musical, monumentos da retórica e da expressão musicais, artificiosamente concebidos como veículos para a arte do canto, única relíquia tangível do que somos tentados a descrever como a Idade de Ouro da música irreparavelmente perdida.

Dessa partitura essencial existe, no selo Arkadia, uma gravação ao vivo de 1992.

No outono de 1735, poucos meses antes de sua morte, Pergolesi estava de volta a Nápoles para estrear, no Teatro Nuovo, a comédia *Il Flaminio*. Como no caso do *Irmão enamorado*, o texto de Gennarantonio Federico, de estampa nitidamente goldoniana, traz personagens contemporâneas e se passa na própria Nápoles. Por esse motivo, sua penetração junto ao público foi muito maior do que a das *opere serie*. A gravação de Marcello Panni (Fonit Cetra), ao vivo no San Carlo de Nápoles em novembro de 1983, faz-nos entender as razões para isso. É fascinante a equilibrada mistura do idioma popular local – a *canzona* "Mentre l'erbetta pasce l'agnella", com acompanhamento de violão, com que a ópera se inicia – com os habituais ingredientes da ópera culta: por exemplo, a ária "Scuote e fa guerra", do protagonista, com *obbligato* de trompa, em que há arrojados saltos de oitava e melismas virtuosísticos. São extremamente elaborados, em especial, os três duetos de amor, o trio e a cena de conjunto para o encerramento que a partitura comporta.

Giustina é uma jovem viúva que aceitou o pedido de casamento de Polidoro, homem próspero e excêntrico. Este vem, em companhia de sua irmã Agata, instalar-se na casa onde Giustina mora em companhia de Checca, a sua empregada. Polidoro pretende negociar o casamento de Agata com o jovem Ferdinando. Acontece que Agata está apaixonada por Giulio, o secretário de seu irmão. Mas Giustina percebe, ao ver Giulio, que na verdade ele é Flaminio, o seu ex-namorado. Este finge não tê-la reconhecido mas, ajudado por Bastiano, o criado de Polidoro, típico intrigante de comédia, cria uma série de qüiproquós que levam ao final previsível e inevitável: Giustina dá-se conta de que nunca deixou de amar Flaminio; Agata compreende que Ferdinando é um par muito mais adequado para ela; e até Bastiano é recompensado pois, no final, ganha a mão de Checca.

Diversidade de estilo é o traço mais marcante da vasta obra, tanto vocal quanto instrumental, que Pergolesi produziu em seus pouco mais de seis anos de vida ativa como criador. A curiosidade intelectual que o fez experimentar o drama sacro, a *opera seria*, a comédia de costumes, e passar do estilo elevado da ária *da capo* para a desenvoltura da canção enraizada no folclore, é a mesma que o faz encontrar igual força de persuasão para a dramaticidade concentrada do *Stabat Mater* ou a exuberância extrovertida do *Concerto para violino;* para a simplicidade de texturas das sonatas para cordas ou a complexidade polifônica da *Missa em Fá Maior*. Ao lado de Purcell, Mozart e Bizet – mas desaparecido ainda mais cedo – Pergolesi é um dos grandes gênios da História da Música precocemente levados pela morte.

Feio, de nariz achatado, os lábios demasiado grossos e manco – assim o retratou o famoso caricaturista Pier Leone Ghezzi –, devastado desde a adolescência pela tuberculose, que o levaria precocemente, Giovanni Battista foi um homem infeliz. Não só porque o valor de suas criações só seria reconhecido após sua morte, mas também por ter vivido um amor sem esperanças pela princesa Maria Spinelli, que também desapareceu extremamente jovem. É Degrada quem assinala a cruel ironia de ter sido justamente ele o músico contratado para tocar o órgão nos funerais da mulher que amara em silêncio.

Durante muito tempo, Pergolesi foi lembrado apenas pela *Serva Padrona* e o *Stabat Mater*, duas obras que nunca deixaram de ser executadas desde a sua criação. Somente no final da década de 70 os estudos pergolesianos despertaram curiosidade maior pela parte esquecida de sua obra. Mas só em 4 de junho de 1983 a montagem do *Flaminio*, no Festival de Spoletto, fez descobrir que havia, além do bem conhecido *intermezzo*, outras peças de interesse apreciável em seu catálogo. O prestígio internacional de Riccardo Muti deu muito brilho à montagem do *Frate 'nnamorato* no Scala, em 1989. Mas é a Marcello Panni que devemos o trabalho mais consistente e empenhado de resgate e divulgação da obra operística desse pequeno gênio "em cujas melodias", diz Degrada, "já parece que ouvimos à distância a voz de Bellini".

J. Ch. Bach

Filho mais novo de Johann Sebastian, conhecido como "o Bach de Londres", Johann Christian (1735-1782) foi o único membro da família a se dedicar à ópera (Wilhelm Friedemann, seu irmão mais velho, nunca chegou a terminar *Lausus und Lydie*, iniciada no final da vida). Rompeu assim com a longa tradição dos Bach, cuja atividade musical sempre estivera ligada à Igreja; e seguiu a trilha de seus dois grandes predecessores saxões, Haendel e Hasse, que tinham se tornado cultores da tradição operística italiana.

Seus estudos de música iniciaram-se com o pai; mas também com o primo Johann Elias e com Johann Christoph Altnikol, aluno dileto de Johann Sebastian e, mais tarde, seu genro. Johann Christian tinha quinze anos quando o grande Bach faleceu, e o meio-irmão Carl Philip Emanuel levou-o para Berlim, onde era membro dos músicos de câmara da corte. O ambiente cosmopolita da capital prussiana sob o reino de Frederico II, o Grande contribuiu certamente para aumentar seu desejo de alargar os horizontes, fazendo dele o único membro da família que haveria de deixar as fronteiras de sua Alemanha natal. Já nas obras instrumentais desse período – concertos para cravo ou violoncelo, trios, sonatas – percebe-se a simpatia do jovem compositor pelo generoso estilo melódico italiano, com o qual travara contato por meio dos espetáculos de ópera, muito estimulados por Frederico.

Antes mesmo da declaração, em 1756, da Guerra dos Sete Anos, a mudança no clima político e cultural já o fazia querer sair da Prússia. Subvencionado por um mecenas amante da música, o conde Agostino Litta, o jovem Bach viajou para a Itália em companhia do compositor Johann Friedrich Agricole e de sua mulher, a cantora Emilia Molteni. Munido de boas cartas de recomendação, conseguiu fazer-se aceitar, em Bolonha, como aluno do solicitadíssimo padre Martini. Este impressionou-se muito com a facilidade – que ele trazia no sangue – para a escrita contrapontística aplicada às composições de caráter litúrgico. O talento precoce, aliado à oportuna conversão ao catolicismo (1757), fizeram com que, em 1760, Johann Christian obtivesse, com apenas 25 anos, o ambicionado cargo de primeiro organista da catedral de Milão.

Mas não era uma carreira ligada à Igreja, como a de seu pai, o que o "Bach de Milão" ambicionava. O teatro tentava-o muito mais. E a necessidade de retribuir a generosidade de seu protetor fornecendo-lhe peças instrumentais permitia que se mantivesse em contato com os ambientes profanos, tanto cortesãos quanto do espetáculo. A guinada decisiva veio em 1761: pedindo um ano de licença na catedral, decidiu tentar a sorte no palco. Para começar, colaborou com G. B. Ferrandini num *pasticcio* intitulado *Demofoonte* (1758). Depois, fez sua primeira experiência individual de *opera se-*

ria: compôs para o Teatro Regio de Turim um *Artaserse* (1760), usando o inevitável libreto metastasiano a que tantos compositores já tinham recorrido antes dele.

Catone in Utica, cantado no ano seguinte no San Carlo de Nápoles, agradou tanto que Pasquale Cafaro o convidou a compor a quatro mãos uma *Ipermestra*, revendo a que ele próprio escrevera seis anos antes. O prestígio veio definitivamente com a riqueza de invenção melódica e instrumental de *Alessandro nell'Indie* (1762), e com mais dois aplaudidos *pasticci* em que Johann Christian teve diversos parceiros: a comédia *Il Tutore e la Pupilla* e o drama heróico *Astarto*, ambos de 1762. Estava na hora de o "Bach de Milão" converter-se definitivamente no "Bach de Londres".

Atentos a qualquer nome que se destacasse no cenário peninsular e permitisse à ópera inglesa sair de sua permanente situação de crise com as lutas de influência entre os administradores e as intrigas entre cantores, os empresários londrinos não demoraram a identificar nele o operista promissor e a convidá-lo para cruzar o canal. J. Ch. Bach ficaria até o fim da vida na Inglaterra, convertendo-se no último nome importante do *dramma per musica* de estilo metastasiano – um gênero que, nas décadas de 1760-1770, em que trabalhou, já estava em declínio.

Ainda assim, ele produziu, para o King's Theatre, cinco grandes óperas de estilo italiano, a bela serenata *Endimione*, o oratório *Gioas Re di Giuda* e participou da confecção de *pasticci* com libreto em inglês (*The Maid of the Mill, Tom Jones, The Summer's Tale, The Flitch of Bacon*) e italiano (*La Calamità de' Cuori, Issipile, Ezio, Berenice, Sifari, Le Contadine Bizzarre* e mais uma das incontáveis versões de *L'Olimpiade*). Ajudou também Pietro Guglielmi a montar uma nova edição do *Orfeo ed Euridice* de Gluck (1770), para o qual escreveu números adicionais. A medida do prestígio que granjeou está no fato de lhe ter sido concedida licença real para imprimir suas obras, permissão que não se dava indiscriminadamente naqueles tempos de rigoroso controle de tudo o que se divulgava em forma impressa.

Giovanni Gualberto Botarelli foi o autor do libreto de *Orione ossia Diana Vendicata*,

estreada no King's Theatre em 19 de fevereiro de 1763. A deusa caçadora é inimiga da personagem título e tudo faz para prejudicar a sua paixão pela princesa Candíope. A ópera termina com a cena apoteótica em que, depois de morto, o herói é transformado na constelação de Órion. Como Haendel antes dele no *Rinaldo*, Bach quis estrear em Londres com uma produção luxuosa, em que os aspectos espetaculares suplantassem a habitual estrutura severa da ópera metastasiana e sua seqüência de árias *da capo* e recitativos secos. Ao contrário dos hábitos da época, *Orione* faz extenso uso do coro e a orquestra é bem ampla, incluindo grande seção de sopros com clarinetas e corne inglês. Além disso, a ópera previa vários números dançados, coreografados por Giovanni Gallini.

"Cada juiz da boa Música foi capaz de perceber as emanações do gênio presentes ao longo de toda a encenação", escreveu Charles Burney a respeito dessa primeira ópera criada para a Inglaterra, na qual já se manifesta a tendência de J. Ch. Bach a variar a forma das árias, eliminando de algumas delas o *da capo,* para torná-las mais ágeis e concisas. Não se possui de *Orione* a partitura integral: há várias árias e coros faltando. Mas dois manuscritos guardados na Biblioteca Britânica e na Biblioteca Bodleiana de Oxford permitiram a E. Warburton montar a edição publicada em 1989, à qual acrescentou alguns números que J. Ch. Bach publicara separadamente numa coletânea de *Favourite Songs*.

Logo em seguida, em 7 de maio de 1763, veio *Zanaida*, uma adaptação que Botarelli fez do *Siface* de Metastasio – uma daquelas fantasiosas histórias orientais ambientadas na Pérsia, trançando intrigas amorosas e palacianas. Um episódio famoso ocorreu durante a reprise, em 1764, dessa ópera luxuosamente montada. O empresário William Jackson tinha convidado para o espetáculo um menino prodígio de oito anos de idade, que estava se apresentando em Londres em companhia do pai. Durante o ensaio, sentado perto do poço da orquestra e lendo a partitura dos violinos de cabeça para baixo, o pequeno Wolfgang Amadeus percebeu que o copista cometera um erro na ária "Se spiego le prime vele", puxando o regente pela aba do casaco, avisou-o do problema.

O efeito desse encontro surgirá, na obra de Johann Christian, um pouco mais tarde, quando o menino austríaco começa a demonstrar efetivamente a sua genialidade. Na de Mozart, porém, ele é imediato. Quem ouve, hoje, a música de J. Ch. Bach, há de se surpreender ao constatar como ela se parece com a do jovem Mozart. É porque foi ele quem abriu ao jovem colega austríaco perspectivas novas, com sua linguagem em que, ao rigor germânico na construção harmônica e nas técnicas de instrumentação, alia-se a extroversão mediterrânea das sonoridades.

Zanaida tem a mesma riqueza de orquestração e virtuosismo no uso do coro que *Orione*. Já *Adriano in Siria* (26.1.1765), versão revista do libreto de Metastasio, não tem coro e retorna ao esquema tradicional da *opera seria*. Consolidado o prestígio do compositor junto ao público londrino, já não era mais necessário fazer gastos tão grandes, e os empresários de Haymarket podiam-se permitir reverter à fórmula mais econômica da ópera de árias, sem grandes efeitos de maquinaria. Embora esteja noivo da romana Sabina, o imperador Adriano apaixona-se por Emirena, a princesa da Pártia que foi capturada por seus exércitos, e tenta afastá-la de Farnaspe, o seu namorado. Enfurece-se com ele quando, aliado a Osroa, o rei da Pártia, Farnaspe tenta assassiná-lo. Mas a obrigatória reviravolta nos *affetti* garante o *lieto fine*: Adriano perdoa magnanimamente o seu inimigo, abençoa a união de Emirena e Farnaspe, e compreende que deve voltar aos braços de Sabina.

Talvez porque tivesse se acostumado ao estilo mais suntuoso das óperas anteriores, o público recebeu muito friamente esse *Adriano in Siria*, apesar da presença, no elenco, de Ferdinando Tenducci e Giovanni Manzuoli, dois apreciados *castrati*. O comentário de Burney de que, isoladamente, muitas das árias são excelentes mas, no conjunto, o espetáculo é desigual pode, de certa forma, aplicar-se ao conjunto da obra operística de Johann Christian. É comum, em suas óperas, nem todos os números terem o mesmo nível de inspiração; e no entanto sempre há entre eles verdadeiras jóias como "Cara

la dolce fiamma", do *Adriano*, que exige técnica de respiração apuradíssima; ou a exaltada *aria di tempesta* "Disperato in mar turbato".

Percebendo o erro que cometera ao se afastar do modelo inicial de ópera espetaculosa com que fizera sucesso em Londres, J. Ch. Bach voltou a ele logo a seguir. E estava visivelmente preocupado em lisonjear a platéia e os críticos ingleses ao pedir a Botarelli que extraísse, do capítulo XII dos *Anais* de Tácito, o episódio da revolta de um herói britânico contra os invasores romanos. O conteúdo patriótico, o porte épico da escrita coral – que um crítico comparou à dos oratórios de Haendel –, a riqueza da escrita orquestral e o luxo da encenação fizeram de *Carattaco* um sucesso quando ele estreou em 14 de fevereiro de 1767. Árias como a dramática "Sfida il ciel" ou a nostálgica "Amico mi chiami" são J. Ch. Bach da melhor safra. Nas *Favourite Songs*, aparece uma delas, que se transformou numa das páginas preferidas nos recitais de canção que se dava nos Vauxhall Gardens: a ária "Non è ver", com texto inglês adaptado, "Tender virgins shun deceivers".

Dez anos se passariam antes que Bach voltasse a produzir outra ópera para o Haymarket. Continuou ativo, escrevendo grande quantidade de concertos, sinfonias concertantes e peças de câmara de refinado estilo rococó; mas só em 1772 voltaria a compor para o palco inglês. Nesse meio tempo, o renome que adquirira permitia-lhe fazer outros vôos, visando uma sala cobiçada por todos os compositores sérios da Europa: o Hoftheater do eleitorado palatino de Mannheim, cuja orquestra de solistas excepcionais – "um exército só de generais", como dizia Charles Burney – tinha uma fama que corria mundo. Bach mandou de presente ao eleitor Carl Theodor a belíssima coleção dos *Quintetos Op. 11*. E foi recompensado com a encomenda de uma ópera nova para seu teatro.

Temistocle subiu à cena do Hoftheater em 4 de novembro de 1772. O poeta da corte, Mattia Verazi, tinha dado polimento novo em um dos poemas de Metastasio, escrevendo principalmente cenas de conjunto para os extensos finais dos atos II e III. O tratamento instrumental dado à história do rei grego Temístocles, que se exila na Pérsia, onde é magnanimamente acolhido por Xerxes, é de uma complexidade em que se espelham os recursos disponíveis em Mannheim, cuja orquestra destacava-se pela precisão de suas cordas e o virtuosismo de seus sopros. J. C. Bach explora todas as possibilidades que lhe eram oferecidas por esses artistas, escrevendo, por exemplo, uma ária com *obbligato* de *clarinetto d'amore*, instrumento de utilização muito rara.

Nesta corte alemã, onde ainda predominava o gosto pela ópera metastasiana convencional, o coro é relegado a papel secundário. Bach volta à forma da ópera de árias construídas como longas peças de concerto, mais preocupadas com a exploração das qualidades virtuosísticas de cantores e instrumentistas do que com a coerência dramática. Esse é o quadro da página mais célebre, o lamento "Non m'alletta quel riso", da personagem título, com elaborado acompanhamento de fagote. Para o sucesso do *Temistocle*, revivido em Mannheim no ano seguinte, contribuiu muito a interpretação do tenor Anton Raaf que, na época, já estava com 58 anos, mas ainda no auge da forma (anos mais tarde, Mozart não teria a mesma sorte ao escrever *Idomeneo* para Raaf, que já atingira os 67 anos).

A boa acolhida a esta ópera fez com que outra encomenda da corte eleitoral viesse imediatamente. Para o espetáculo estreado em 5 de novembro de 1775, Verazi adaptou o *Lucio Silla* de Giovanni de Gamerra, o mesmo texto que, em dezembro de 1772, Mozart musicara para o Teatro Regio Ducale de Milão. Raaf foi uma vez mais o intérprete de Silla, o ditador romano, que se apaixona por Giunia, a noiva de Cecilio, senador banido da cidade por se opor ao poder autoritário do governante. Cecilio conspira para derrubar Silla, mas é descoberto, preso e condenado à morte. Giunia prepara-se para morrer junto com ele. Ao se dar conta da devoção da moça para com seu amado, Silla se arrepende, abdica e devolve a liberdade a Cecilio, permitindo-lhe que se una à mulher que ama. Neste caso, o *lieto fine* obrigatório conforma-se à realidade histórica, pois o ditador Lucius Cornelius Sulla de fato abdicou em 78 a.C.

A orquestração é, uma vez mais, extremamente trabalhada. Mas o número de árias *da capo* é menor, e o caráter épico da ação leva Bach a utilizar uma proporção maior de intervenções do coro. *Lucio Silla*, porém, não teve a mesma sorte de sua predecessora: o gosto começava a mudar, as idéias reformistas de Gluck impunham-se cada vez mais e, por outro lado, o nacionalismo germânico nascente fazia com que o *singspiel* suplantasse rapidamente a ópera de estilo italiano. *Lucio Silla* foi a primeira peça de J. Ch. Bach redescoberta no século XX, mediante uma encenação da Ópera de Kiel, em 22 de março de 1929, em tradução alemã. O selo Voce possui dois registros ao vivo das óperas escritas para Mannheim: *Temistocle* (Delman/Teatro Alessandro Scarlatti de Nápoles, 1976); e *Lucio Silla* (Kehr/ Cappella Coloniensis, 1974).

O libreto da última ópera de J. Ch. Bach para o Haymarket é anônimo mas, segundo o relato de um contemporâneo, é da autoria de um diplomata estrangeiro acreditado junto à corte inglesa, que não desejava ver seu nome oficialmente associado a um espetáculo teatral. Deliberadamente vinculada ao estilo – já àquela altura obsoleto – de ópera que visava a agradar à realeza, oferecendo-lhe uma visão lisonjeira de si mesma, *La Clemenza di Scipione* foi a tentativa do compositor de se reequilibrar, num momento em que passava por extremas dificuldades. Pouco dotado para os negócios e cheio de projetos ambiciosos, tinha se endividado alugando uma sala na qual pretendia oferecer ao público concertos de música instrumental de alta qualidade. Mas diversas intrigas – pão de cada dia da vida artística londrina – fizeram com que esses concertos nunca fossem tão lucrativos quanto ele esperava. *A Clemência de Cipião* estreou em 4 de abril de 1778 e foi a única de suas óperas cuja partitura o autor se preocupou em publicar, naquele mesmo ano. O gesto magnânimo a que se refere o título da obra beneficia o nobre Luceius, que fracassa na tentativa de fazer sua noiva fugir de Cartagena, durante o cerco da cidade pelas tropas romanas. É uma pena não existir nenhuma gravação disponível desta ópera, uma das mais originais dentro da obra de Bach. Em suas árias, não há mais *da capi*

Quadro anônimo da Escola Veneziana (primeira metade do século XVIII), mostrando a saída do teatro.

obrigatórios, e o coro desempenha papel muito importante. É feita curiosa tentativa de integrar a abertura ao corpo do drama, pois seus temas reaparecem no coro com que a ópera se encerra, como se um círculo se fechasse. Segundo Stephen Roe, especialista na obra dos filhos de Johann Sebastian, existem curiosas relações recíprocas entre *A Clemência de Cipião* e as óperas de Mozart, que admirava Johann Christian desde os tempos de garoto.

Os dois tinham se encontrado em Paris, naquele ano de 1778, e é possível que nessa ocasião Bach tenha ficado conhecendo a partitura do *Rapto no Serralho*, pois a ária "Infelice invan m'affano", cantada pela noiva de Luceius, tem estrutura muito parecida com a de "Martern aller Arten" no *singspiel* mozartiano (e, coincidência ou não, Valentin Adamberger, o criador de Cipião, tinha sido o primeiro Belmonte em *Die Entführung aus dem Serail*). Mas a rua é de duas mãos pois, anos mais tarde, no "Ah! chi mi dice mai" de Donna Elvira, no *Don Giovanni*, encontraremos uma reminiscência nítida do trio "Tu mi dividi altero" do *Scipione* bachiano.

A encomenda seguinte veio de Paris. A Académie Royale de Musiqueria que Johann Christian musicasse *Amadis des Gaules*, revisão em três atos que Alphonse-Denis-Marie de Vismes fizera de *Amadis*, a *tragédie lyrique* em cinco atos que Philippe Quinault escrevera em 1684 para Jean-Baptiste Lully. Era uma experiência inteiramente nova para ele. Até então, vinha explorando os libretos de Metastasio, de ambientação histórica e organização clássica muito nítida e rigorosa, sempre com os mesmos emaranhados sentimentais e resoluções um tanto simplistas. E agora o que lhe pediam era que trabalhasse com uma estrutura muito mais complexa, em que eram necessárias as intervenções do sobrenatural, a descrição musical dos fenômenos da natureza e, principalmente, a presença de numerosos números de balé. Para quem não tinha prática nenhuma do tipo de ópera praticado na França, Bach até que se saiu muito bem, como o demonstra a gravação feita por Helmuth Rilling, em 1990, para o selo Hänssler Classics.

A intriga de *Amadis des Gaules*, extremamente complexa, fala do desejo dos feiticeiros Arcabonne e Arcalaus de vingar a morte de Ardan Canile, irmão de ambos, num duelo com o cavaleiro Amadis. Ao mesmo tempo, Arcabonne está apaixonada por um desconhecido que lhe salvou a vida, tirando-a das garras de um monstro, e há tempos o procura, sem conseguir localizá-lo. Os planos de vingança dos dois irmãos bruxos incluem separar Amadis da princesa Oriane, a quem ele ama. Arcalaus consegue emboscar o cavaleiro e sua noiva e colocá-los na prisão mas, quando Arcabonne se prepara para apunhalar o matador de seu Ardan Canile, reconhece nele o desconhecido que a salvou. Está pronta a perdoá-lo, mas Arcalaus reaviva o seu ódio, fazendo-a pensar em Amadis nos braços de Oriane. Quando os dois irmãos maléficos estão prontos para matar o cavaleiro, surge a maga benévola Urgande, que os petrifica e liberta os dois jovens amantes.

A grande orquestra da Académie Royale oferecia a um grande orquestrador como J. Ch. Bach os efetivos necessários para que ele obtivesse efeitos extraordinários em passagens como a música da aparição dos fantasmas, no ato II, já anunciada na abertura: é uma seqüência impressionante de crescendos e diminuendos sobre um acorde de sétima diminuída, escrita para trombone, fagote e trompa. Como esse tema retorna no ato III, quando Arcabonne invoca as potências infernais, ele tem sido considerado um precursor da técnica do motivo recorrente, que só no século XIX começará a ser usada de forma sistemática, levando mais tarde ao *leitmotiv* wagneriano.

Mozart, que estava em turnê em Paris, acompanhado de sua mãe, teve palavras muito elogiosas para "a ópera francesa de Monsieur Bach de Londres". Mas *Amadis des Gaules* teve o azar de estrear em 14 de dezembro de 1779, quando ainda eram muito fortes as repercussões da *Iphigénie en Tauride* de Gluck, que subira à cena em maio daquele mesmo ano. Seu estilo tradicional de composição fez dela alvo involuntário da acirrada polêmica entre gluckistas (partidários da reforma) e piccinnistas (defensores do modelo italiano herdado do Barroco Tardio). E os elogios que recebeu de alguns grupos foram neutralizados pela virulência com que outros a atacaram. A violenta controvérsia fez com que a ópera fosse retirada de cartaz após algumas récitas apenas. Nunca mais foi remontada antes da moderna redescoberta, na Staatsoper de Hamburgo, em 30 de janeiro de 1983.

Os últimos anos de J. Ch. Bach, consumidos por desgastantes intrigas e pelo esforço para sobreviver num mundo artístico muito volátil, onde a sua música já era tida como superada, foram entristecidos pela traição de seu aluno e amigo, o pianista Johann Samuel Schroeter, que não hesitou em lhe puxar o tapete para obter vantagens pessoais. O volúvel público londrino mal deu atenção à notícia quando ele morreu, em 1º de janeiro de 1782. À exceção de uma *Clemência de Cipião* encenada em 1805, nunca mais suas óperas voltaram ao palco antes do século XX. Mesmo hoje, apesar do trabalho de reavaliação feito mediante gravações e apresentações em forma de concerto, a verdadeira importância de sua obra ainda está à espera de ser totalmente revelada. Das óperas, o que se costuma ouvir, atualmente, são as aberturas – peças em três andamentos de construção tão elaborada que é comum executaremnas como se fossem pequenas sinfonias.

JOMMELLI, TRAETTA, DI MAJO

Pertencente ao grupo do chamado "novo estilo napolitano", Niccolò Jommelli (1714-1774) forma o elo de ligação entre Leo, Vinci e Hasse e a geração mais jovem a que pertencem Pergolesi e Mozart – que ouviu a sua *Armida Abbandonata* em Nápoles pouco antes de fazer, com o *Mitridate Re di Ponto* (1770), a sua primeira experiência de *opera seria*. As comédias *L'errore Amoroso* (1737) e *Odoardo* (1738), estreadas em Nápoles, valeram a esse aluno dos conservatórios Santo Onofrio e Pietà de' Turchini o convite para apresentar em Roma o drama *Ricimero Re de'Goti* (1740). E com isso ele conseguiu a proteção do cardeal Henry Benedict, duque de York. Esse mecenato fez vir encomendas de várias partes da Itália e contribuiu para que Jommelli fosse nomeado diretor musical do Ospedale degli Incurabili, em Veneza (1743-1747) e, em seguida, maestro assistente da Capela Papal, em Roma (1749-1753).

Segue-se uma série de dramas em obediente estilo tradicional: *Astianate, Ezio* e *Merope* (1741); *Semiramide Riconosciuta, Eumene*, a comédia *Don Chichibio*, uma nova *Semiramide* e *Tito Manlio* no ano incrivelmente pródigo de 1742; *Ciro Riconosciuto* (1743), *Alessandro nelle Indie* e *Antigono* (1744), *Sofonisba* e *Cajo Mario* (1746), *L'Amore in Maschera* (1748) e *La Cantata e Disfida di Don Trastullo* – esta última composta em 1749, ano em que, em Viena, Jommelli faz amizade com

Metastasio. Como todos os seus contemporâneos, ele também musicou vários libretos do *poeta cesareo*. O de maior sucesso foi *L'Olimpiade*, cantada no Hoftheater de Stuttgart em 11 de fevereiro de 1761. Na época, acabara de ser nomeado *maestro di cappella* do duque de Württemberg, após recusar convites de Lisboa e Mannheim (onde as sinfonias de suas óperas tinham impressionado muito bem Stamitz e seus companheiros, servindo-lhes de modelo para as suas próprias composições).

Depois da *Olimpiade* de Pergolesi, a de Jommelli foi, provavelmente, na segunda metade do século XVIII, a mais admirada das versões desta história tantas vezes levada ao palco. Tanto que, numa fase em que ainda eram raras as edições integrais de ópera, foi publicada dando início a um *Recueil des Opéra Composés par Nicolas Jomelli à la Cour du Sérénissime Duc de Wirtemberg* que, infelizmente, nunca passou desse primeiro volume (a grafia reproduz literalmente o francês aproximativo do título). A *Olimpiade* jommeliana é um documento precioso para que se compreenda o duplo movimento de respeito e rejeição que o músico de 1760 tem em relação à *opera seria*, pois se, de um lado, Jommelli é muito fiel ao espírito da poesia metastasiana, de outro trata com grande liberdade a estrutura de seu libreto.

Se compararmos sua *Olimpiade* à de Galuppi ou à de Leo, veremos que ele fez muito menos cortes tanto nos recitativos quanto nas árias (destas últimas, apenas três). E não há concessão alguma aos cantores que leve à inserção de árias que nada tenham a ver com a trama ou possuam qualidade literária inferior. Em compensação, oito cenas em recitativo seco são convertidas em recitativo acompanhado ou quase arioso. E na cena do ato III em que o rei Clistene, após ter condenado Licida à morte, permite que ele se despeça de Megacle, Jommelli transforma o diálogo no revolucionário trio "Dolce amico ai giorni tuoi".

Uma das razões para que, na partitura de Jommelli, as árias sejam menos numerosas do que nas de seus predecessores, é que ele concebe as cenas como movimentos em escala mais grandiosa. Do ponto de vista da estrutura, elas não diferem muito das de Galuppi ou Leo. Mas possuem introduções orquestrais de dimensões concertantes, seções intermediárias que ganham forma independente quase como um novo movimento em andamento contrastante e um entrelaçamento mais complexo das vozes e instrumentos na exposição dos motivos. Ao contrário do que acontece com os seus contemporâneos, são freqüentes em Jommelli os temas expostos pela orquestra, enquanto a voz declama de forma austera sobre a linha instrumental. Os efetivos que ele usa não são maiores do que os de seus contemporâneos: duas flautas, dois oboés, duas trompas, tímpanos e cordas. Mas o contato estreito que ele teve com a música alemã – inclusive em Mannheim – faz com que os detalhes de suas texturas harmônicas sejam muito mais refinados e haja maior independência entre as cordas e os sopros.

A *Olimpiade* mostra-nos o empenho de Jommelli em explorar todos os recursos retóricos e expressivos da música para valorizar a eloqüência da poesia metastasiana. Nos momentos em que outros compositores teriam simplesmente dobrado a linha vocal com os violinos, ele lança mão de filigranas instrumentais que sugerem uma energia de que a própria voz não é capaz. E pode acontecer de a orquestra simplesmente arrebatar à voz a função de contar a história. O melhor exemplo disso é a ária "Quel destrier", em que a impetuosa corrida do cavalo é descrita vivamente pela or-

questra em escalas impacientes que envolvem a voz num verdadeiro turbilhão.

É notável também a liberdade com que Jommelli usa as unidades rítmicas do verso metastasiano, reorganizando-as, formando com elas novos segmentos. "Del destin non vi lagnate", em que Clistene faz o elogio da ordem preestabelecida, da beleza que há em subordinar o amor à instituição do matrimônio, há uma curiosa indiferença pela cadência do verso, tratado num austero estilo declamatório que o faz soar quase como se fosse prosa – ou seja, como diz David Kimbell:

cria-se com isso uma seqüência de gestos retóricos que reduzem o texto a algo de não muito distante do ideal verdiano da *parola scenica.*

O que significa, portanto, um retorno instintivo à proposta da Camerata de *recitar cantando* a que, em última análise, a ópera aspira ao longo de toda a sua história.

Livre é também o tratamento dado a *Didone Abbandonata*, que estreou no Hoftheater de Viena em 11 de fevereiro de 1763; a começar pela revisão feita no texto, por autor anônimo, permitindo que a personagem título morra no final, quando tropas mouras cercam Cartago e a incendeiam, logo após a partida de Enéias e seus homens. Vários recitativos recebem acompanhamento instrumental e surgem um dueto no ato I e um trio no II. A excelência da orquestra que Jommelli conseguira montar em Stuttgart é a responsável pelo refinamento dos acompanhamentos *obbligati* e pela complexidade da escrita instrumental nas árias. O selo Orfeo tem a gravação dessa ópera, feita em Stuttgart por Frieder Bernius.

No período em que esteve sob a sua direção, a companhia de ópera do Hoftheater de Stuttgart foi uma das melhores da Europa, chegando a ter 47 instrumentistas, número muito elevado para os padrões da época. Cantores e cenógrafos italianos, dançarinos, coreógrafos e figurinistas franceses, os melhores instrumentistas que a Alemanha podia oferecer combinavam-se para dar ao conjunto um nível altíssimo de qualidade. Não lhe faltava nem mesmo o indispensável complemento de um poeta competente, com quem Jomelli pudesse colaborar em pé de igualdade: ele o encontrou em Mattia Verazi, cujas teorias assemelham-se muito às de Calzabigi, o libretista da reforma gluckiana. Não se tem certeza se foi ele quem adaptou o texto metastasiano do *Demofoonte* (Stuttgart, 11.2.1764); mas foi com Verazi que Jommelli escreveu duas de suas óperas mais bem-sucedidas: *Vologeso* e *Fetonte*.

Em *Demofoonte*, a jovem Dircea é escolhida para o sacrifício anual de uma virgem que os deuses exigem desde que o trono foi usurpado e o herdeiro desapareceu. Mas, como ela casou-se secretamente com Timante e teve com ele um filho, não pode mais ser oferecida aos deuses. Dircea não é castigada pelo seu "pecado", pois se descobre, a tempo, que é Timante o herdeiro do trono há tanto tempo procurado. Ele é coroado juntamente com sua esposa, e o povo se regozija, pois o sacrifício anual não será mais necessário. Uma vez mais, muitos recitativos recebem acompanhamento – das onze cenas do ato II, apenas duas têm recitativo seco – e, no final do ato I, comparece o trio. Os contrastes dinâmicos na orquestração, o cromatismo dos jogos harmônicos, e um rigoroso planejamento tonal, que dá à ópera uma estrutura bem amarrada, são os traços distintivos de *Demofoonte*.

Lucio Vero (1700) foi um dos libretos de Apostolo Zeno mais freqüentemente utilizado. O próprio Jommelli fizera dele uma primeira versão em 1754. Para o espetáculo, estreado em 11 de fevereiro de 1766 no novo Hoftheater, recém-construído em Ludwigsburg, Verazi o reescreveu, dando-lhe o nome de *Vologeso*, o chefe bárbaro derrotado pelo imperador romano Lucio Vero, e que todos acreditam ter morrido na batalha. Lucio apaixona-se por Berenice, a noiva de Vologeso, e tenta por todos os meios conquistá-la; mas ela é fiel à memória do homem que ama. Vologeso retorna, no final, com um novo exército, vence os romanos, e o imperador admite ter sido duplamente derrotado, nas armas e no amor. Além de fazer as conversões de recitativos e árias, o texto de Verazi prevê dois instantes de grande efeito – uma apresentação de animais selvagens no ato I e uma mudança inesperada de cenário no III – que traem a influência do modelo francês de ópera voltado para os aspectos espetaculares da encenação. Frieden Bernius gravou-a para o selo Orfeo.

É francesa também a inspiração de *Fetonte*, cantada em 11 de fevereiro de 1768 em Ludwigsburg: o texto adaptado por Verazi é o do *Phaëton* que Philippe Quinault escrevera para Lully em 1683, extraindo-o de um episódio no Livro II das *Metamorfoses* de Ovídio. *Fetonte* foi elaborada com muito apuro, pois era uma das últimas óperas escritas para o duque de Württemberg, já que Jommelli decidira voltar para Nápoles. Nela, uma intriga amorosa e política retorcida, de gosto italiano, é encaixada numa trama cheia de peripécias que permitiriam a mais rica utilização dos múltiplos recursos de palco disponíveis na bem equipada sala de Ludwigsburg.

São inúmeras as novidades existentes nesta ópera: várias árias são convertidas em cenas de conjunto de duração variada; há numerosos coros; o balé, em vez de ser apresentado no final, é incorporado ao drama, no estilo francês; e é a primeira vez que, numa *opera seria*, encontramos um finale em várias seções, como o que se praticava na comédia. Destaque especial deve-se dar à abertura. Não só ela se liga diretamente ao Prólogo – o que Gluck também fará mais tarde – como tem uma estrutura pouquíssimo convencional: possui uma brevíssima primeira seção *allegro* que conduz à primeira cena, um *andante* com coro que funciona como se fosse a sua segunda seção; vem em seguida a terceira, um *allegro* que descreve um terremoto. Esse é um procedimento que será retomado por Rossini na *Ermione* (1819), por exemplo, cuja abertura é interrompida por um coro que faz parte do Prólogo. Além disso, a abertura do *Fetonte* é a primeira, desde a do *Zoroastre* de Rameau (1749), a antecipar claramente as linhas gerais do drama.

A lenda conta que o mortal Faetonte, filho de Apolo, tentou guiar o carro do sol e, incapaz de controlar seus impetuosos cavalos, ficou totalmente desgovernado. Para salvar o céu e a terra de uma catástrofe, Júpiter o fulminou com um raio e o fez cair no mar. Na versão de Quinault-Verazi, a personagem faz esse gesto insensato para demonstrar que é digno de desposar Libia, a sua meia irmã, a quem ama. Essa união é aprovada pela rainha Climene, mãe dos dois, que deseja vê-los subir ao trono de seu falecido marido. Mas para isso ela tem de enfrentar as pressões de dois pretendentes: Orcane, rei do Congo, e Epafo, rei do Egito. Em vez de ser castigado por sua arrogância, Faetonte é poupado e, no fim, pode casar-se com Libia.

O próprio Jommelli admitia que o principal objetivo da ópera era "maravilhar o publico" e o compositor Christian Friedrich Schubart, que assistiu à estréia, declarou que eram realmente impressionantes os efeitos de música descritiva, em tudo fiéis à tradição francesa de Lully e Rameau. Mas *Fetonte* é algo mais do que um simples veículo para o super espetáculo. Já não há mais recitativos secos: todos eles são acompanhados. Árias como "Spargerò d'amare lagrime" recebem um tratamento harmônico pouco convencional. Nem na comédia da época há tanta flexibilidade na forma como se passa dos solos para um dueto ou um trio e, antes das óperas de Mozart, não há nenhum exemplo de drama em que o finale seja construído com tanta liberdade na passagem dos recitativos para o coro ou as intervenções solistas.

Fetonte exibe, em Jommelli, uma tendência ao universalismo que já é típica do Classicismo. Ao contrário de seus antecessores barrocos, que preservavam ciosamente a tradição peninsular, até mesmo quando iam trabalhar em outras terras, ele incorpora desenvoltamente as influencias francesas a que tem acesso em Stuttgart, onde o *maître de ballet* era Jean-Georges Noverre – o revolucionário autor da *Lettre sur la Danse* (1760), que propõe o retorno ao ideal grego da naturalidade dos movimentos, a simplicidade nos figurinos e a ênfase no conteúdo dramático em vez das figurações coreográficas abstratas e do virtuosismo dos bailarinos. Uma edição da *Carta sobre a Dança* saiu em português, em 1998, acompanhando a tese de Marianna Monteiro sobre Noverre.

O experimentalismo de Jommelli atinge novo patamar na última ópera escrita para Ludwigsburg (18.12.1768), o drama sério-bufo *La Schiava Liberata*, que reunia ingredientes de registros opostos de uma maneira que os teatros italianos teriam considerado impensável. Esta é uma ópera importante também por razões históricas: em 1777, Joseph Schuster remusicou em Dresden o libreto que

Gaetano Martinelli escrevera para Jommelli; em 1781, Bretzner traduziu-o para o alemão com o título de *Belmonte und Constanze* e converteu-o num *singspiel* de sucesso, apresentado em Leipzig com música de Johann André; no ano seguinte, finalmente, com libreto de Gottlieb Stephanie, a *Schiava Liberata* haveria de se converter no *Rapto do Serralho*, de Mozart.

Ao voltar de uma incursão marítima, Selim, filho de Solimano, o bei de Argel, traz consigo uma prisioneira ocidental: a nobre espanhola Dorimene e seus criados, Giulietta e Pallottino, que são noivos. Desobedecendo a vontade do pai, que quer casá-lo com Elmira, a filha de Albumazar, o chefe circassiano, Selim decide fazer a corte a Dorimene, por quem se apaixonou. Ordena a Pallotino que se disfarce de mercador armênio e finja desejar violentá-la para que ele possa protegê-la, caindo assim em suas boas graças. Mas o plano fracassa, pois Pallottino está mais interessado em impedir que Albumazar seduza Giulietta. Solimano fica muito irritado quando Pallottino e Albumazar são surpreendidos dentro do serralho, disfarçados de mulher.

Nesse meio tempo, chegou um emissário espanhol, Don Garzía, que oferece ao bei substancioso resgate em troca da liberdade de Dorimene. Elmira, furiosa por ter sido preterida, quer matar Selim, adormecido, mas Dorimene a impede, arrancando o punhal de sua mão. Quando ele acorda, vê a moça com o punhal na mão e acredita que partiu dela a tentativa de assassinato. Ainda assim, faz nova tentativa de sedução, ajudado por Pallottino, que se disfarça como o cônsul francês. Mas a impostura é descoberta, pois Albumazar teve a mesma idéia, e os dois são desmascarados. Finalmente, Elmira dá-se conta de que Dorimene deixará de ser uma ameaça à sua felicidade se Solimano deixá-la retornar à Espanha. Convence o bei a devolver-lhe a liberdade, a moça e seus criados vão embora com Don Garzía, e o caminho está aberto para um final feliz.

São especialmente bem escritas as árias destinadas ao *castrato* Giuseppe Aprile, a grande estrela da companhia de ópera de Stuttgart, que criou o papel de Selim. Tanto o virtuosismo de "Se il mio valor" quanto o lirismo intenso de "Dolce sono, amor pietoso" testemunham a qualidade e a versatilidade do intérprete. Mas as páginas bufas escritas para a dupla de trapalhões Albumazar e Pallottino demonstram que Jommelli sentia-se igualmente à vontade na comédia – e em especial na paródia, pois são muito engraçadas as cenas em que ambos aparecem disfarçados de francês, cantando numa mistura estropiada das duas línguas. Os finais mozartianos parecem prefigurados no cuidado com que Jommelli constrói os seus, dando especial atenção à armadura das tonalidades, o que lhes confere muita solidez estrutural. O *finale* convencional da ópera bufa, que era uma mera justaposição de números fechados independentes, é abandonado em favor de seções harmonicamente inter-relacionadas, com modulações refinadas e bruscas mudanças de andamento, de efeito dramático seguro. Com isso, estamos muito próximos do grande *finale* pensado como um bloco unitário, um movimento de peça instrumental.

> O compositor veio falar conosco e é um homem extremamente polido. A sua ópera é muito bem escrita e me agradou muito.

Este julgamento está numa carta que Wolfgang Amadeus escreveu de Nápoles, em 29 de maio de 1770, a Nannerl, sua irmã, e referia-se ao ensaio geral a que assistira de *Armida Abbandonata*, cuja estréia ocorreria no dia seguinte no Teatro San Carlo. Numa carta posterior, ele retificaria essa opinião, dizendo que a ópera era "bonita mas demasiado séria e de um estilo antiquado". Essa ambigüidade de avaliação reflete a polêmica causada pela primeira ópera produzida por Jommelli para a cidade onde iniciara a carreira e da qual estivera afastado durante treze anos. São contraditórios os relatos de quem esteve presente ao espetáculo. Leopold Mozart disse que "os aplausos não foram grande coisa", e houve quem achasse *troppo tedesco* o estilo do músico, que chegou a ser apelidado – mas com intenções irônicas – "o Gluck italiano". O poeta Saverio Mattei, porém, escreve anos mais tarde, em suas *Memórias*:

> Que outra ópera teve um sucesso tão grande quanto a *Armida Abbandonata*? [...] Quem se lembra do aplauso ininterrupto ao longo de toda a apresentação, aplauso universal, que vinha tanto dos velhos quanto dos jovens, dos ignorantes e dos conhecedores de música?

A julgar pelo número de vezes que *Armida* foi montada – reprises em Nápoles (1771 e 1780), apresentações em Lisboa (1773), para a qual Jommelli concordara em escrever duas óperas por ano, e Florença (1775) – e pelo número de cópias manuscritas existentes tanto da partitura integral quanto de números isolados, este foi um de seus títulos mais bem aceitos. Além disso, o libreto de Francesco Saverio de Rogatis, dramaturgo amador napolitano, é uma peça literária bem construída e serviu de modelo, naquele mesmo ano, a óperas escritas por Manfredini e Anfossi; e nos anos seguintes, por Salieri, Sacchini, Gazzaniga, Naumann, Cimarosa, Gluck, Astarita, Mysliveček e Cherubini. O último a usar o libreto de De Rogatis foi Haydn, em 1784.

De um modo geral, os libretos que até então tinham se inspirado no episódio, contado por Tasso na *Gerusalemme Liberata*, dos esforços que Tancredi faz para libertar Rinaldo do jardim encantado onde o aprisionou a feiticeira sarracena Armida, terminam com a soltura do cavaleiro e a reação furiosa da maga, que destrói o seu palácio e parte numa carruagem de fogo puxada por dragões alados. De Rogatis vai adiante: imagina um ato III em que Rinaldo enfrenta a ira de Armida, luta com os seus monstros, derrota-os e priva-a de seus poderes sobrenaturais. O *finale* escapa à regra do século XVIII, pois Armida não se arrepende de seus malfeitos. A gravação de Christian Rousset e do conjunto Les Talens Lyriques, lançada em 1995 pelo selo FNAC, dá acesso a esta partitura de Jommelli, em que se repetem as características inovadoras que apontamos nas suas óperas anteriores.

Um derrame sofrido em 1771 reduziu consideravelmente a capacidade de trabalho do compositor. Ainda assim ele conseguiu produzir outras óperas, em ritmo mais lento, até o segundo derrame, de que morreu três anos depois. Pouco antes de ser acometido pela primeira crise, ele estreara, no San Carlo de Nápoles, em 30 de maio de 1771, a sua última ópera importante, *Ifigenia in Tauride*. Esse libreto fora escrito, em 1764, por Verazi, destinado a Gian Francesco de Majo, que estreou sua versão na Ópera da corte de Mannheim. Nele Orestes, atormentado pelo remorso desde que matou a mãe, naufraga em Tauris e cai prisioneiro dos habitantes da ilha. É entregue ao tirano Thoas, que decide sacrificá-lo a Ártemis – cuja sumo-sacerdotisa é sua irmã Ifigênia, que ele acreditava morta. No drama escrito por Nicholas-François Guillard para Gluck em 1779, é Ifigênia quem apunhala Thoas para libertar o irmão. Aqui, ela foge com Orestes, e o déspota morre no incêndio do templo, assediado por seu ex-aliado, rei Merodate, a quem ele atraiçoou.

Jommelli pediu a Verazi que adaptasse seu texto às condições do teatro napolitano e aos hábitos de seu público; em conseqüência disso, foram cortados os coros e as entradas de balé e reduzidos os números de conjunto, o que fez *Ifigenia in Tauride* ficar com a forma da ópera de números tradicional, envelhecida até mesmo em comparação com as demais obras de seu autor. Mas ela retém dois momentos de grande interesse: o movimentado *finale* do ato III, com a cena da libertação e fuga de Orestes e da destruição do templo; e a Sinfonia, de caráter descritivo, cuja idéia foi tomada de empréstimo pelo próprio Gluck em sua *Iphigénie*, oito anos depois. É uma abertura italiana que, em suas três seções, evoca a tempestade em alto-mar que faz naufragar a embarcação grega (*allegro*), a chegada dos sobreviventes à praia (*adagio*) e a hostilidade com que eles são recebidos pelos nativos. Esta é uma das páginas mais originais do compositor.

É impossível não comparar a cena 4 do ato II, em que Orestes dialoga com o coro (as Fúrias), a passo semelhante na *Iphigénie* de Gluck; e a sensação que se tem é que o alemão lembra-se da partitura de seu antecessor italiano ao construir, vinte anos mais tarde, a sua cena. O que não impede que ele obtenha resultados de uma solenidade estatuária ainda maior.

Composta muito rapidamente, em apenas um mês, *Ifigenia in Tauride* foi um redondo fracasso, a ponto de ter sido necessário retirá-la de cartaz e colocar *Armida Abbandonata* em seu lugar. Esse revés, juntando-se ao estado precário de saúde, afetou Jommelli seriamente, e isso se sente na irregularidade das últimas óperas que compôs, *L'Amante Cacciatore* (1771), *Le Avventure di Cleomede, Cerere*

Placata (1772) e *Il Trionfo di Clelia* (1774), obras de um artista cujas faculdades criadoras estão declinando rapidamente. A morte o impediu de ver um autor como Saverio Mattei fazer da *Ifigenia* um julgamento mais equilibrado, dizendo que nela estavam algumas das mais belas páginas do Jommelli maduro – o que é verdade, pois árias como "Ombra cara", escrita para Anna de Amicis, a protegida de J. Ch. Bach, exibem grande concentração lírica e escrita muito complexa, marcada por refinados cromatismos e efeitos de instrumentação.

Além das óperas citadas no corpo do texto, Jommelli é também o autor de *Artaserse*, *Demetrio e Achille in Sciro* (1749), *La Villana Nobile, Ifigenia in Aulide, Ipermestra* e *Talestri* (1751), *I Rivali Delusi* (1752), *Attilio Regolo*, *La Clemenza di Tito e Bajazette* (1753).

Traetta

Também Tommaso Traetta (1727-1779) pertence ao grupo dos compositores que renovam a ópera italiana, entre 1750/1780, trazendo-lhe ingredientes novos, sobretudo de origem francesa – atração visível inclusive na origem gaulesa de seus libretos, que reaproveitam temas já tratados por Rameau ou Lully. Aluno de Porpora e Durante no Conservatório de S. Maria di Loreto, em Nápoles (1738-1748), Traetta iniciou a carreira como autor de comédias – tem-se notícia de um *Buovo d'Antona*, de 1750 – antes de receber, do San Carlo, a encomenda de seu primeiro drama, *Il Farnace* (1751).

Após uma fase inicial escrevendo comédias e *opere serie* para Milão, Roma e outras cidades do norte da Itália – *La Costanza, I Pastori Felici* (1752), *Le Nozze Contrastate* (1753), *Ezio* (1754), *L'Incredulo* (1755), *La Fante Furba* (1756), *Nitteti, Didone Abbandonata* (1757), *L'Olimpiade, Solimano* (1758) –, Traetta foi contratado como compositor pela corte de Parma – cujo teatro de ópera era dirigido pelo francês Du Tillot. Este tentava responder às críticas à *opera seria*, que já se tornavam freqüentes nos meios intelectuais mais avançados da Itália, combinando com ela elementos tirados à *tragédie lyrique* de estilo versalhês, o que era do total agrado de seus empregadores Bourbon. No Teatro Ducale, em 9 de maio de 1759, Traetta vai estrear sua primeira ópera importante.

Em *Ippolito ed Aricia*, o poeta cortesão Carlo Innocenzo Frugoni tinha traduzido e adaptado o libreto de Simon-Joseph Pellegrin para a primeira ópera de Rameau (1733). Escolhera esse texto orientado pelo filósofo e musicólogo Francesco Algarotti, que o aconselhou inclusive a inserir na ópera cenas tiradas diretamente da *Phèdre*, de Racine, fonte original de inspiração para Pellegrin. Pensador que haveria de exercer grande influência sobre Gluck, Algarotti publicara, quatro anos antes, o *Saggio sopra l'Opera in Musica*, em que fazia a crítica dos excessos da *opera seria*, condenando-a por ter-se convertido em mero veículo para a exibição da habilidade canora dos intérpretes. Partidário até mesmo de que as salas de teatro fossem expurgadas dos excessos decorativos barrocos, readquirindo a simplicidade de formas do teatro greco-romanos, Algarotti era também da opinião de que no teatro francês estava o caminho para a renovação da ópera italiana.

A ação segue muito de perto a tragédia raciniana, contrapondo a paixão furiosa de Fedra por seu enteado ao amor puro de Hipólito e Arícia. Acreditando estar sendo traído por seu filho, Teseu pede a Netuno que o castigue. E só depois que Hipólito é morto por um monstro que Netuno fez sair do mar é que Teseu descobre a verdade. Fedra se envenena, Teseu faz as pazes com Arícia e – como o *lieto fine* é necessário – Diana desce à terra para devolver a vida a Hipólito e permitir que ele se una à mulher que ama.

Estão em desacordo com o modelo metastasiano a estrutura em cinco atos, o número maior de personagens, a intervenção do *deus ex machina*, a cena que se passa no Hades, onde Teseu vai pedir a Netuno que o vingue, e os coros, bailados e sinfonias descritivas obrigatórias na ópera francesa. Retorna-se assim a um estilo de espetáculo semelhante ao da Escola Veneziana seiscentista. Mas *Ifigenia e Aricia* permanece fiel ao mundo da *opera seria*, na medida em que os atos se articulam em cenas fechadas de que participa um número limitado de personagens e a ação é constantemente interrompida para que a ária de saída

permita o instante de reflexão e o virtuosismo vocal. E ao contrário da ópera francesa, em que as cenas corais e os bailados integram-se à ação e a fazem avançar, aqui eles funcionam apenas como comentários laterais ou entreatos.

Traetta tinha grande admiração por Rameau e pediu a Frugoni que adaptasse para ele, em seguida, o libreto de *Castor e Pollux*, escrito em 1737 por Pierre-Joseph Justin Bernard, dando-lhe o título de *I Tindaridi* (1760). Em seguida, foi a vez de *Les Fêtes d'Hébé ou Les Talents Lyriques* (Antoine Gautier de Montdorge, 1739), rebatizada como *Le Feste d'Imeneo* (1760). Há na escrita instrumental de Traetta, em sua maneira de construir os coros, sinais evidentes de que ele conhecia muito bem as partituras do grande mestre francês. As óperas escritas para Parma, porém, são um produto híbrido: *opere serie* de tema mitológico, em vez dos habituais assuntos históricos, com coros e música programática que funcionam mais como recursos decorativos do que técnicas narrativas bem integradas.

Mas centros como Turim ou as cidades alemãs onde a francofilia era forte se interessaram muito por esse novo gênero e encomendaram espetáculos no mesmo estilo: por exemplo *Enea e Lavinia*, cantada no Reggio de Turim em 1760 – tratava-se na verdade do velho *Enea nel Lazio* de Verazi, recauchutado por Vittorio Amedeo Cigna-Santi (o libretista do *Mitridate* mozartiano) – para acomodar coros, balés e cenas espetaculares. O mesmo tipo de síntese entre os dois estilos nacionais era favorecido, em Viena, pelo conde Giacomo Durazzo, intendente do teatro da corte em Viena, com quem Gluck trabalhava desde 1748. Interessado no que Traetta vinha fazendo, Durazzo encomendou-lhe um espetáculo para a temporada de 1761 no Burgtheater.

Esse é um ponto importante de interseção, pois por intermédio de Traetta, amigo de Algarotti, Gluck chega aos textos do ensaísta, de grande relevância para a elaboração de suas próprias teorias reformistas. Ele assiste também à estréia de *Armida* no Burgtheater, em 3 de janeiro de 1761 e, num momento em que já conhece Raniero da Calzabigi e está discutindo com ele a possibilidade de produzirem juntos uma ópera nova, em que estejam contidas as suas propostas quanto a novos caminhos a serem trilhados, fica muito impressionado com os diversos duetos, desusados nas óperas italianas, com os bailados, os coros e as pantomimas (a ópera nova de Gluck-Calzabigi será, no ano seguinte, o *Orfeo ed Euridice*). O libreto de Durazzo e Gianambroggio Migliavacca para essa *Armida* era a tradução do poema de Philippe Quinault para Lully (1686) – o mesmo que, curiosamente, o próprio Gluck reaproveitaria, dezesseis anos mais tarde, em sua fase parisiense.

A *Armide* de Quinault-Lully era uma *tragédie lyrique* em cinco atos. A *Armida* de Traetta, devido às condições do teatro vienense, era uma *azione teatrale* muito mais condensada, com um ato único dividido em vinte cenas, que se seguem sem interrupção. A história se inicia no momento em que a feiticeira embosca, com seu regimento de sarracenos, um grupo de cruzados chefiado pelo cavaleiro Rinaldo, pelo qual ela se apaixona durante o combate. Envolvido pelas artes mágicas da gentia, também Rinaldo se encanta com ela, até ser libertado do feitiço por seus companheiros, que o resgatam. A ópera se encerra da forma tradicional: num acesso de fúria, Armida destrói seu jardim mágico, depois deixa o palco em grande estilo, envolta nas chamas e fumaça que saem das ventas dos dragões atrelados à sua carruagem voadora.

Também Mannheim tivera a atenção atraída pela música de Traetta. Tudo indica que o *Ippolito* de Ignaz Holzbauer, cantado em 1759, reaproveitava desenvoltamente boa parte do material de *Ippolito ed Aricia*, apenas reorquestrando-o à maneira dos companheiros de Stamitz. E lá foram encenadas com sucesso obras como *Stordillano, Principe di Granata* (1760), *Zenobia* (1761) e *Alessandro nelle Indie* (1762), conduzindo a uma encomenda do Hoftheater que lhe foi feita em decorrência da boa acolhida vienense à *Armida*. Mattia Verazi remodelou para ele o *Scipione nelle Spagne*, de Apostolo Zeno, fora de esquadro em relação ao libreto reformado, por ter um final trágico e centrar-se em um casal casado e de meia-idade, em vez de um par de jovens namorados. Reintitulada *Sofonisba*, a ópera estreou em 4 de novembro de 1762.

O romano Massinissa, o antigo noivo de Sofonisba, volta a fazer-lhe a corte por achar que Siface, seu marido, morreu numa batalha. Mas Siface foi apenas aprisionado e reaparece entre os cativos reclamando a sua mulher de volta. O casal foge, levando o seu filho, mas é capturado, e Siface morre. Temendo a humilhação de ser levada pelas ruas de Roma, numa parada de triunfo, Sofonisba se envenena e está agonizando quando chega a notícia de que Massinissa conseguiu a sua liberdade.

Também em *Sofonisba* a abertura é programática, descrevendo o assédio romano à fortaleza de Siface e a derrota de suas tropas. E ela tem uma seção *adagio* que retorna no quinteto da cena final – procedimento imitado do *Castor et Polux* de Rameau, escrito 25 anos antes. No ato I, há uma cena que se passa no circo, com luta de gladiadores, coros elaborados e um balé com pantomima. São muito tênues as linhas de separação entre os recitativos, ricamente acompanhados por toda a orquestra, e as árias, de sóbrio estilo declamatório: essa convergência faz com que haja, na partitura, uma sensação de continuidade incomum no drama musical do século XVIII. O final do ato II também tem uma estrutura original: começa como um trio que se interrompe bruscamente quando Siface e Sofonisba partem, deixando Massinissa sozinho para encerrar o ato com uma exaltada *aria di furore*. Donald Jay Grout comenta:

> Na *Sofonisba*, as cenas de batalha, as seqüências que se passam no templo e no palácio submarino de Tetis e as transformações de Proteu são reminiscências de Lully e Rameau. Francesas são também certas passagens pictóricas na música, tentativas de imitação da natureza [...] ou o realismo do *urlo francese* que, mais do que uma nota musical, era um grito de verdade para imitar o som de uma voz dominada pela emoção.

Quatro anos antes da *Alceste*, a primeira ópera em escala a ser apresentada em Viena, incorporando elementos do estilo sério francês, foi *Ifigenia in Tauride*, encomendada por Durazzo para encenação no teatro do palácio de Schönbrunn, em 4 de outubro de 1763. Aqui, o coro já não é mais um mero comentário anexado à ação: integra-se a ela estreitamente e, com freqüência, é associado ao balé, que deixou de ser um enfeite para tornar-se uma forma particular de contar a história – por exemplo numa cena de aparição de fantasmas ou quando assistimos à dança das fúrias que atormentam Orestes, enchendo-o de remorsos. Os números cantados variam da simples cavatina sem repetições à mais elaborada ária *da capo*. Notável é uma cena de tempestade com recitativos acompanhados entremeados de intervenções corais e ritornelos de caráter descritivo. A ópera fez muito sucesso e em 1767 foi reprisada: nessa ocasião, Gluck escreveu para ela uma nova abertura e três números adicionais.

Marco Coltellini conta, em seu libreto, a história da incursão de Orestes e seu amigo Pilades à ilha de Tauris, para recuperar a imagem roubada da deusa Ártemis. São presos pelos nativos e entregues à sumo-sacerdotisa Ifigênia que, juntamente com sua confidente Dori, decide-se a ajudá-los em sua busca. Mas o tirano Toante, alegando que a tempestade que se abateu sobre a ilha é um sinal da ira dos deuses, exige que Dori seja imolada para aplacá-los. Pilades, que se apaixonou pela moça, oferece-se para ser sacrificado em seu lugar, mas Orestes o salva do holocausto. Quando Ifigênia o quer punir pela sua ousadia, Pilades lhe revela que ele é o filho de Agamênon, o irmão com quem ela perdeu o contato desde a infância. Para salvá-lo, Ifigênia apunhala Toante e, reunindo o povo, anuncia-lhe que, com a morte do tirano, a fúria dos deuses foi saciada. No selo Adda existe o disco *The Great Opera Singers of the XVIII Century: the Castrato Giuseppe Guadagno*. Nele, além de páginas de Gluck, Haendel, Hasse e Piccinni, há uma seleção de trechos da *Ifigenia in Tauride* realizada por Daniel Cuiller com o conjunto Stradivaria e o Ensemble Vocal de Nantes. O disco é uma homenagem ao contralto masculino – "sem igual nos palcos europeus" – que criou Orestes, o *Orfeo* gluckiano, o *Sansão* e a *Teodora* de Haendel.

A única outra gravação existente de Traetta é a de sua mais bem-sucedida comédia, estreada no outono de 1766 no Teatro San Moisè de Veneza onde, no ano anterior, ele assumira a função de diretor do Conservatorio dell'Ospedaletto. A Bongiovanni distribui *Le Serve Rivali*, regida por Fernando Mainardi no Politeama Genovese, por ocasião do bicentenário de morte do compositor em 1979, e

gravada ao vivo pela Diapason Records. O libreto de Pietro Chiari, discípulo de Goldoni, traz a habitual quadrilha de amores desencontrados. Letanzio ama Giacinta, mas esta prefere Giannino que, por sua vez, é agressivamente perseguido por Palmetta. Além disso, há também Carlina, cuja mão foi dada a Don Pippo; mas ela prefere Don Grillo, o melhor amigo do noivo. São necessários muitos qüiproquós e reviravoltas antes que, no fim do ato III, tudo caia em seu lugar e os casais se formem de acordo com suas afinidades naturais.

As Criadas Rivais está longe de ser uma ópera bufa padrão: tem complexas árias de saída para as personagens mais elevadas, ao lado de cavatinas simples para as de camada social mais baixa; o casal principal canta um dueto muito trabalhado, em diversas seções, com mudanças de andamento; e os *finales* dos três atos são longos e encadeados. Muito original é a seqüência da tempestade, em que está imbricada uma ária para Giannino. Nessa *scena di tempesta* já se sente a promessa das páginas do gênero comuns nas comédias de Rossini. Da mesma forma, é curioso o efeito da ária de tom sério "Tenebrosa ombra vagante", no momento em que Giannino, embriagado, acredita estar vendo coisas. As formas trágicas, importadas para o gênero, criam um choque dramático eficiente.

São muito engraçadas árias como "L'amore è un chitarrone" ou "Benedette le galine", em que a linha melódica frisa o significado irônico das palavras: de um lado a comparação do amor com um violão que não precisa de pretexto para tocar – e o acompanhamento imita o som do instrumento –; do outro o comentário do amante dividido entre duas mulheres –

> *Benedette le galine*
> *che non hanno gelosia*
> *e d'un gallo, poverino,*
> *si san tutte contentar!*

(Abençoadas as galinhas que não sentem ciúme e sabem se contentar com um galo só, coitadinho!),

também com efeitos imitativos nas cordas. Ao lado da *Ifigenia*, estas *Serve Rivali* constituem um precioso exemplo do estilo maduro de Traetta.

Antigono (1764), *Semiramide* (1765), *Siroe Re di Persia* (1767) e *L'Amore in Trappola* (1768) seguiram-se antes de o músico aceitar o convite de Catarina, a Grande para trabalhar na corte russa, também altamente francófila e, portanto, simpática a seu estilo de composição. *L'Isola Disabitata* (1768), *Il Tributo Campestre* e *Fetonte* (1768) e *Astrea Placata* (1770) foram bem recebidas pelo público aristocrático de São Petersburgo. E o Teatro Imperial estava destinado a assistir, em 11 de novembro de 1772, à sua mais perfeita colaboração com Coltellini, a culminação do esforço que ambos vinham fazendo no sentido de renovar a *opera seria*.

A ação de Antígona inicia-se com o conflito entre Eteocles e Polinice, os filhos de Édipo, pelo trono de Tebas. Os dois morrem lutando um com o outro. Creonte, o irmão de Jocasta e tio dos dois, sobe ao trono, ordena que Eteocles receba funerais faustosos e que o corpo de Polinice seja deixado sem sepultura. As irmãs do rapaz, Antígona e Ismênia, desobedecem a essa ordem e preparam a pira funerária de Polinice. Hemon, filho de Creonte e noivo de Antígona, temendo que sua noiva seja castigada, torna-se cúmplice de seu crime ao levar a urna com as cinzas para o sepulcro. Antígona é condenada à morte e Hemon é deserdado. O casal decidiu morrer junto, mas a obrigação do *lieto fine* faz com que Coltellini, afastando-se do desenlace trágico de Sófocles, inspire a Creonte, no último momento, arrependimento e perdão.

A técnica utilizada em *Le Serve Rivali* é repetida aqui e aplicada a cada ato: os três se iniciam com uma cena de caráter espetacular em que se misturam canto coral e solista, dança e pantomima. Há longos trios nos atos I e II, várias árias que se fundem em cenas de conjunto e um dueto para as duas irmãs no encerramento do ato I. E mesmo as árias isoladas são de feitura muito cuidadosa: quem não sabe ser de Traetta o monólogo "Non piangete i casi miei", que a personagem título canta na segunda cena do ato III, imaginaria que ela foi escrita pelo jovem Mozart. É especialmente rico o uso dos instrumentos de sopro, com os quais Traetta obtém efeitos muito variados de colorido. A forma como ele utiliza a clarineta demonstra a familiaridade que tinha com as pesquisas da orquestra de Mannheim.

Falando de Jommelli e Traetta e, em especial da *Antigona* deste último, D. J. Grout faz um comentário que vale a pena reproduzir aqui:

> [Em ambos] identificamos o senso de teatralidade e de proporção e um domínio seguro dos princípios da forma musical e de suas relações com a forma dramática. A tendência dos dois é para a ruptura com os velhos e rígidos limites observados entre o recitativo e a ária. Freqüentemente encontramos neles cenas muito longas em que se alternam livremente recitativo, arioso, *cantabile*, trechos de conjunto e coro. A seção mediana da ária (a contrastante) adquire importância maior, sobretudo em Traetta e, na reprise, a seção principal é abreviada ou, então, sofre variações. São previstas também variações de estado de ânimo, metrificação e andamento e, no meio de uma ária, podemos deparar de repente com trechos declamados (recitativos). Acontece também de um recitativo acompanhado e a ária que o segue terem o mesmo material temático. Tudo isso são mudanças radicais em relação à velha ordem.

Amore e Psiche (1773) e *Lucio Vero* (1774) ainda foram escritos para a corte russa. Depois, o efeito desastroso do clima sobre a sua saúde já em declínio obrigou Traetta a voltar à Itália, onde a vivacidade da comédia *Le Quattro Stagioni e i Dodici Mesi dell'Anno* (1776) parece indicar que o sol meridional o fizera recuperar as forças. Tanto assim que, na temporada de 1776-1977, ele aceitou ir para Londres. Mas *Germondo* (1776), um dos raros libretos sérios de Carlo Goldoni, foi um tremendo fracasso e, desanimado, ele voltou para casa. Ainda estreou dois títulos, *La Merope* (1776) e *La Disfatta de Dario* (1778), que nada acrescentam à sua obra. *Gli Eroi dei Campi Elisi* foi terminada por G. Astarita quando ele morreu, em 1779. *Artenice* ficou inacabada.

Di Majo

Elementos que, mais tarde, identificaremos na obra de Gluck como pertencentes à linguagem "reformada" já são perceptíveis, por volta de 1770, na obra de Gian Francesco di Majo (1732-1770). Esse napolitano, filho do *primo maestro* da capela dos Bourbons, começou cedo a carreira: aos 15 anos, já era chamado para prestar serviços extra como organista e, em 1752, estreou simultaneamente nos dois

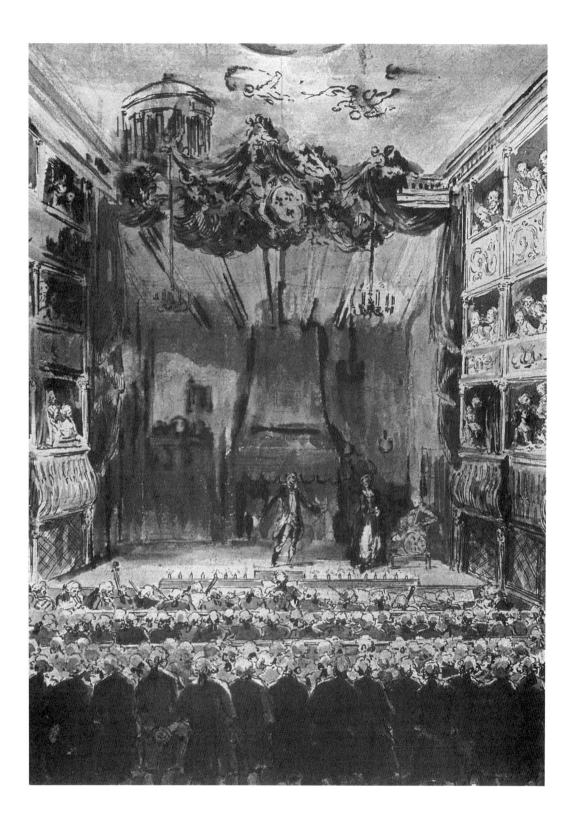

Cenário, orquestra e espectadores da Comédie Italienne, século XVIII.

campos que iriam ocupá-lo em sua breve existência: a ópera e a música sacra. Numa carta de maio de 1770, escrita de Nápoles a sua irmã Nannerl, Mozart elogiava a *bella musica*, a linha melódica doce e sensual das composições de Di Majo que ouvira na catedral da cidade. E suas óperas também foram encomendadas por vários teatros europeus. A tuberculose interrompeu precocemente uma carreira promissora, quando ele tinha apenas 38 anos.

O poeta Wilhelm Heinse transformou em personagem central de sua novela *Hildegard von Hohenthal* (1795) o jovem músico que, pelas características de sua escrita, merece ser posto ao lado de Jommelli e Traetta como um dos precursores da reforma de Gluck. As óperas que ele escreveu caracterizam-se pela estrutura pouco rígida; a freqüência com que ele recorre ao recitativo acompanhado e o arioso em vez do recitativo seco, para introduzir as árias; e o modo não sistemático como escreve árias com *da capo*, só o utilizando quando sente que se pode extrair dele um efeito dramático preciso. Além disso, Di Majo expandiu o uso do coro e das cenas de conjunto, e deu maior independência à orquestra, muitas vezes dotando-a de temas instrumentais, não presentes na linha vocal, a que recorre para frisar determinadas situações ou estados de espírito.

A visita a Mannheim, em 1764, foi a responsável por sua ópera mais interessante. Querendo demonstrar que era perfeitamente capaz de adaptar-se ao estilo dos compositores que ali faziam pesquisas de escrita orquestral, ele reviu inteiramente uma *Ifigenia in Tauride* de 1760, dando-lhe, nessa segunda versão, uma surpreendente flexibilidade, que a aproxima mais da *Alceste*, de Gluck – a essa altura ainda não composta – do que do *Orfeu e Eurídice*, que é de dois anos antes. No *Adriano in Siria*, que é de 1769, deparamos com estranha dualidade: do ponto de vista da estrutura geral, a ópera adere muito mais estreitamente às convenções do modelo metastasiano; mas nas inovações pontuais ela é a mais arrojada de suas partituras: no fim do ato II, há um longo dueto em lugar da ária de saída que se deveria esperar; e o cromatismo e as oscilações rítmicas de grande parte do material melódico haveriam de influenciar Mozart no momento em que este fosse escrever o *Idomeneo*.

Pouca coisa restou da obra de Di Majo. A primeira ópera de que sobreviveu à partitura foi *Ricimero Re dei Goti* (1758). Depois dela, vieram *Astrea Placata* e a primeira versão da *Ifigenia in Tauride* (1760), *L'Almeria* (1761), *Artaserse* (1762), *Demofoonte* (1764), *Alcide negli Orti Esperidi* e a segunda versão da *Ifigenia* (1764), *Ipermestra* (1768) e *Adriano in Siria* (1769). Ao morrer, Di Majo deixou inacabada a *Eumene*. David Di Chiera, que estudou detidamente a sua vida e obra, considera duvidosa a atribuição de seis outros títulos. A morte precoce do compositor e a pouca documentação que havia sobre ele explica que um precursor de Gluck do seu porte tenha sido negligenciado por tanto tempo.

Ao fazer o balanço da contribuição de Jommelli e Traetta a esta fase, Grout refere-se a eles em termos que os situam claramente como as personagens finais deste volume, dedicado ao Barroco:

> Mesmo apresentando grandes diferenças em relação à chamada linha ortodoxa da *opera seria* italiana do século XVIII, Jommelli e Traetta não conseguiram chegar à ruptura completa. Em Jommelli particularmente, mas também em Traetta, sentimos os vínculos representados pelo antigo tipo de libreto. A velha dicotomia entre poesia e música é em parte atenuada, mas não de todo superada. Apesar de algumas mudanças marginais, a ópera permanece um domínio principalmente dos cantores, com sua ostentação de virtuosismo, suas improvisações, suas cadências. Além disso, sobretudo se comparado ao de Gluck, o estilo de sua música ainda é essencialmente rococó. Na verdade, é um estilo mais refinado e elegante do que simples e apaixonado, no qual se dá maior peso ao brilho de superfície do que à profundidade. A melodia ainda prevalece sobre a harmonia, enquanto os ritmos incessantes e nervosos fazem pensar que o músico temia a deserção do público, caso não o espicaçasse constantemente com evoluções inesperadas. No conjunto – e de um ponto de vista essencialmente clássico – é uma música sobrecarregada, cheia de notinhas puramente decorativas, trilos, embelezamentos, acrobacias, apojaturas – em suma, um tecido coberto de enfeites pesados que, se comparado ao da música de Gluck, haveria de se assemelhar ao traje de um cortesão posto lado a lado com a despojada vestimenta de um camponês.

Ou seja: com Jommelli, Traetta e Di Majo colocamos um ponto final nos rebuscamentos ornamentais do barroquismo. E também nesta primeira etapa de nossa viagem pela história da ópera de modelo italiano.

GLOSSÁRIO

A

ABERTURA – a peça de introdução a uma ópera, balé, oratório ou música incidental; a princípio era apenas uma peça brilhante para preparar o espírito do espectador, depois converteu-se numa síntese do drama ao ser construída com os seus temas principais (cf. as aberturas do *Freischütz*, de Weber; da *Forza del Destino*, de Verdi); o termo serve também para designar a suíte barroca formada por uma seqüência de danças.

ABERTURA FRANCESA – nome dado à adaptação feita por Lully na abertura veneziana, em forma de *canzona*, com duas seções lento/rápido; a *ouverture française* tinha uma introdução lenta e solene, uma segunda seção rápida em *rythme saccadé*, e uma reprise da seção lenta no final.

ABERTURA ITALIANA – é Alessandro Scarlatti quem introduz, em *Tutto il Mal non Vien per Nuocere*, a chamada Sinfonia de estilo italiano, em que o movimento lento é enquadrado por dois andamentos rápidos; é dela que vai evoluir, mais tarde, a forma da sinfonia instrumental.

ABENDSPIELLEITER (*stage manager*) – na Alemanha, o responsável pelo funcionamento do palco, o contra-regra.

ABGESANG – (ver também *Bar*) parte complementar da estrutura poética medieval alemã chamada *Bar*: é cantada após as duas primeiras estrofes, com melodia diferente mas relacionada com a principal.

ACCADEMIA – instituição popular na Itália, do século XVI em diante, devotada à divulgação da literatura, da ciência, da música e das artes plás-

ticas; o *Orfeo* de Monteverdi foi executado, em 1607, na Accademia degli Invaghiti, em Mântua; a mais importante foi a Accademia degli Arcadi, fundada em Roma em 1692, a que pertenceram Stampiglia e Metastasio, os reformadores do libreto da *opera seria*.

ACENTO – a acentuação tônica do verso italiano, chamado *tronco* (oxítono) se ela cai na última sílaba; *piano* (paroxítono), se na penúltima; *sdrucciolo* (proparoxítono), se na antepenúltima; por extensão, designa a distribuição dos tempos fortes ou fracos na frase musical.

ADAGIO – nome de andamento: pausado, devagar.

AFFEKTENLEHRE – (ver Doutrina das Afeições)

ALEATÓRIO – termo usado em composições contemporâneas que envolvem elementos do acaso (escolhidos, por exemplo, jogando dados, utilizando as figuras do I-ching etc.).

ALLEGRO – nome de andamento: alegre, rápido.

ALLESTIMENTO – italiano: encenação, produção; um *nuovo allestimento* é uma produção nova de ópera já constante do repertório.

ALTO – (ver contralto)

ANDANTE – nome de andamento: não muito rápido, lento mas com mobilidade (como quem anda num ritmo normal).

ANTEFATTO – no *argumento* (ver este termo), a parte que se referia a fatos ocorridos antes do início da ação da ópera, cujo conhecimento é indispensável para que a história se tornasse compreensível.

ANTIMASQUE – parte da *masque* inglesa (ver este termo) que apresentava personagens grotescas, cômicas ou vulgares, em oposição às figuras centrais, mais nobres e elevadas.

APPALTATORE – italiano: auxiliar do *impresario*, o agente teatral responsável pelos contatos iniciais com os cantores e a negociação prévia dos contratos.

ARGUMENTO – o texto que precedia o libreto, nos séculos XVII-XVIII, apresentando a sinopse da ação e justificando a sua escolha.

ÁRIA – o número solista da ópera ou oratório, com uma forma organizada de canção, dotada de acompanhamento instrumental; nitidamente separada do recitativo na chamada "ópera de números"; progressivamente integrada ao tecido musical contínuo à medida que o ato vai se tornando *durchkomponiert* (ver o termo *Durchkomposition*). O Barroco tinha uma classificação cuidadosa para os diversos tipos de ária: *di carattere*, para definir personalidades (quando se tratava de uma personagem menos elevada, dizia-se *di mezzo carattere*); *di sentimento*, para as expansões líricas; *di strepito, agitata, infuriata*, para as manifestações de cólera; *di imitazione*, em que as vozes e instrumentos competiam umas com os outros, imitando sons da natureza; *di bravura, di agilità*, para demonstrar virtuosismo técnico; *di portamento* para demonstrar a capacidade de abranger grandes extremos de registro; *cantabile*, suave, tristonha, com ornamentação delicada; *di lamento*, para expressar a tristeza; *di sonno* para as cenas de sonho ou funcionando como canção de ninar; *parlante* ou *di nota e parola*, em estilo declamatório, quase falado; *declamata*, muito enfática, para expressar sentimentos apaixonados.

ARIA DA CAPO – ária de estrutura ternária (A.B.A'), predominante na *opera seria* durante o Barroco Tardio: a segunda seção tem estilo contrastante em relação à primeira, mas numa tonalidade relacionada, maior ou menor; e a terceira retoma a primeira, repetindo-a com ornamentações improvisadas pelo cantor (ver também *dal segno*).

ÁRIA DE BAÚ – peça muito comum durante o Barroco, que reunia todos os ornamentos que um cantor sabia fazer melhor; ele a carregava consigo, "dentro do baú", para todo lugar aonde fosse, e sempre dava um jeito de incluí-la nas óperas em que fosse cantar.

ÁRIA DE CATÁLOGO – página de caráter cômico que contém uma enumeração disparatada visando, por exemplo, à exibição de erudição; a mais famosa é a do *Don Giovanni*, em que Leporello mostra a Donna Elvira a lista das conquistas amorosas de seu amo.

ARIA DEL SORBETTO – diz-se da ária sem importância, cantada por uma personagem menor, que fornecia aos espectadores, no teatro dos séculos XVII-XVIII, o pretexto para sair e ir tomar um sorvete.

ARIA DI SORTITA (*exit aria*) – a convenção barroca estabelecia que o cantor saísse de cena após cantar a sua ária (para poder ser triunfalmente chamado de volta pelos aplausos), donde a tradição da ária "de saída" que forçava a colocação dos grandes *cantabiles* sempre no final da cena e criava grandes problemas para a progressão dramática.

ARIA IN RONDO – com a forma do rondó, dotada de duas seções, lenta e rápida, repetidas duas vezes (a.b.a.b.) ou com estrutura em cinco partes (a.b.a.c.a.) em que a segunda seção, ao ser repetida, o era de forma a contrastar com a primeira exposição.

ARIA CONCERTATA – a que recebia, em vez de acompanhamento simples do baixo contínuo, um comentário instrumental elaborado (ver também o termo *obbligato*); o contrário era a *aria senza accompagnamento*.

ARIA VARIATA – com a forma de tema e variações.

ARIETTA (*ariette*) – às personagens mais simples reservavam-se, em geral, árias de proporções menores e de feitura mais simples, a que se dava o nome de *arietta* ou *canzoneta*; na França, a *ariette* designava a canção de feição popular entremeada na comédia falada: a *comédie mêlée d'ariettes* que deu origem ao *opéra-comique*.

ARIOSO – forma de canto intermediária entre o recitativo e a ária; tem estrutura melódica mais elaborada do que a do recitativo acompanhado, mas sua organização formal não é tão complexa quanto a da ária, e o seu tom é mais despojado e coloquial.

ARPEJO (*arpeggio*) – do italiano *arpa*, um acorde cujas notas são tocadas consecutiva e não simultaneamente.

ATO – cada uma das divisões da peça teatral, da ópera, do balé ou do oratório; pode subdividir-se em "cenas" ou "quadros".

ATONAL – tendência da música do século XX que rompe com o sistema tonal; música escrita de modo a que não se possa discernir uma tonalidade predominante.

AUTO – o nome recebido, na Idade Média, pela peça de tema tanto profano quanto litúrgico (*auto sacramental*).

AZIONE SACRA – nome ocasionalmente dado na Itália dos séculos XVII-XVIII à ópera de tema religioso; um de seus aspectos mais típicos,

GLOSSÁRIO

principalmente na Alemanha, era a *azione sepolcrale*, ligada à tradição das encenações de Semana Santa; nos séculos XIV-XVI, assim era também chamada a *sacra rappresentazione*, peça de tema litúrgico com música intercalada.

AZIONE SCENICA – o mesmo que *azione teatrale*.

AZIONE TEATRALE – nome dado, nos séculos XVII-XVIII, ao tipo de ópera, geralmente em um ato, encenada com recursos muito simples, ou até mesmo cantada em forma de concerto, num teatro privado; tinha sempre um tema que homenageava as pretensas virtudes do dono da casa onde estava sendo representada; era também chamada de *componimento da camera*; quando realizada em escala maior, recebia o nome de *festa teatrale*.

B

BAIXO – a voz masculina mais grave, com extensão, em geral, de fá a fá (o baixo bufo ou o baixo cantante, mas também de ré a mi (o baixo profundo), com a possibilidade de atingir o sol grave (o baixo russo).

BAIXO-BARÍTONO – voz masculina intermediária entre os registros de barítono e baixo, abrangendo de lá bemol a fá; Wotan e Hans Sachs, nas óperas de Wagner, são exemplos bem típicos.

BAIXO CONTÍNUO – a linha instrumental básica que fornecia o acompanhamento à voz solista; ao surgir a escrita monódica, em reação à complexidade polifônica, os compositores enfatizaram a necessidade de um acompanhamento com acordes simples; com a gradual separação do recitativo e da ária, a linha do baixo contínuo adotou formas mais ágeis e variadas para os *cantabiles*, mantendo os padrões mais lentos, e de formas em geral estereotipadas, para os trechos recitados. Era comum o regente executar as harmonias, ao cravo, guiado por figurações que o compositor anotara na partitura (*baixo figurado*). Ao cravo juntavam-se instrumentos de corda (a *viola da gamba*, o violino, o violoncelo) e, às vezes, um fagote; nos ritornelos e trechos de instrumentação mais elaborada, o contínuo juntava-se à orquestra.

BALALAICA – instrumento folclórico eslavo de cordas, freqüentemente usado nas óperas russas de tema popular.

BALÉ (*ballet*) – a peça de teatro inteiramente dançada; surge como um entretenimento cortesão (o *ballet de cour*), depois assume formas narrativas mais elaboradas, como o *ballet-heroïque* dos séculos XVII-XVIII; tem seu auge no século XIX e início do XX com os grandes balés narrativos da escola romântica ou dos impressionistas; combina as suas formas com as da ópera num híbrido como o *opéra-ballet*; na França, onde o balé desfrutou sempre de imensa popularidade, era obrigatória a inclusão de cenas de dança em todas as óperas – a ponto de as grandes composições de Donizetti ou Verdi possuírem cenas de balé adicionais escritas visando a encenações em Paris.

BALLABILE – o termo usado para as cenas, na ópera italiana, que combinam canto e dança: a cena das bruxas no ato III do *Macbeth*, de Verdi; o *ballabile* dos aimorés no *Guarany*, de Carlos Gomes.

BALLAD OPERA – tipo de ópera popular que se desenvolveu na Inglaterra durante o século XVIII; era uma comédia falada entremeada de canções em que se adaptavam ao texto melodias populares conhecidas ou temas tirados da obra de vários compositores de sucesso (daí o seu nome de ópera-balada); *The Beggar's Opera* (*A Ópera do Mendigo*, 1728), de J. Gay e Ch. Pepusch, é o exemplo mais famoso; uma das mais conhecidas óperas-baladas, *The Devil to Pay* (1731), de Charles Coffey, exerceu papel importante no desenvolvimento do *Singspiel* em terras alemãs.

BALLATA – termo que designa as árias de ópera italiana escritas em ritmo de dança; por exemplo, "Son Pereda, son ricco d'onore", na *Forza del Destino*, de Verdi.

BANDA – o conjunto de instrumentos de sopro e percussão: a banda militar; a banda de palco era um costume comum em óperas italianas do século XIX (por exemplo, na cena da entrada do rei Duncan no *Macbeth*, de Verdi).

BANDORA – instrumentos de seis cordas de metal tangidas que se costumava usar no contínuo, na ópera do século XVII.

BAR – forma poética alemã que consiste em duas estrofes (*Stollen*) e um remate, a *Abgesang* (ver este termo); a Canção do Prêmio, nos *Mestres cantores de Nuremberg*, é um exemplo típico de Bar.

BARCAROLA – originada nas canções dos gondoleiros venezianos, imita ostensivamente o movimento do barco com seus ritmos ondulantes de 6/8, alternando tempos fracos e fortes; a mais famosa é a dos *Contos de Hoffmann*, de Offenbach.

BARÍTONO – a voz masculina intermediária, com uma extensão que vai em geral do dó ao lá bemol; costuma-se falar de barítono *brillante* e de ba-

365

rítono *cantante*, para referir-se ao colorido mais leve ou encorpado da voz; o uso alemão distingue entre o *Spielbariton* (o brilhante, lá bemol a sol); o *Heldenbariton* (o heróico, de dó a lá bemol) e o *Hoherbariton* (com a mesma extensão mas de um colorido mais metálico).

BARÍTONO-MARTIN – barítono agudo, de voz leve, com extensão próxima à do tenor, assim chamado em homenagem a Jean-Blaise Martin (1768-1837); o Pelléas da ópera de Debussy é um dos mais famosos exemplos de "barítono-Martin".

BARROCO – nome com que se designa o período que se segue ao Renascimento, no século XVII, e o estilo de época dele decorrente; na música, dá-se o nome de Barroco Tardio às manifestações ocorridas na primeira metade do século XVIII.

BASSE-TAILLE – termo francês, hoje em desuso, para a voz do barítono que, nas composições de Lully ou Rameau, abrangia uma extensão de sol a fá.

BELCANTO – a tradicional arte do "cantar bonito" italiana, que enfatizava a beleza do timbre, a elegância do canto *legato*, a técnica impecável; acredita-se que Nicola Vaccai tenha sido o primeiro a usar o termo em suas *Ariette da Camera* de 1840; mas já existem, na ópera veneziana do século XVIII, elementos embrionários desse estilo que atinge o seu apogeu na *opera seria* do Barroco Tardio e tem outro momento de glória na primeira metade do século XIX, com Bellini e Donizetti – e não deixará de estar presente em Verdi e até mesmo em Puccini.

BIGORNA – instrumento de percussão imitando a bigorna do ferreiro, usado pela primeira vez em *La Mort d'Adam* (1809), de Le Sueur; é utilizado por Berlioz no *Benvenuto Cellini*, Verdi, no *Trovatore*, ou Wagner no *Ouro do Reno* e *Siegfried*.

BOGENFORM (forma de arco) – estrutura ternária, A.B.A., derivada de uma forma popular de verso alemão da Idade Média; em *Das Geheimnis der Form bei Richard Wagner* (O Segredo da Forma em RW), Lorenz mostra que o *Bogenform* é um dos grandes princípios estruturais subjacentes ao drama lírico desse compositor.

BOMBARDONE – nome dado na Itália à tuba baixo.

BRINDISI – a cena de brinde, comum nas óperas românticas; a mais famosa é a cena do Brinde da *Traviata*, de Verdi.

BUFO – cômico (de *buffone*, comediante, provavelmente derivado do latim *bufo*, sapo); termo usado em expressões como ópera bufa, baixo bufo, estilo bufo.

BÜHNENFESTSPIEL – festival cênico; termo que Wagner empregou para designar o *Anel do Nibelungo*, a cuja encenação desejava dar um caráter ritualístico especial; o *Parsifal*, por seu tom místico, foi chamado de *Bühnenweihfestspiel*, "festival sagrado".

BURLESCA (*burlesque, Burleske*) – termo de origem francesa usado na Inglaterra para designar a comédia que parodiava a *opera seria*; gênero vinculado, na sua origem, à forma da *ballad-opera*.

BURLETTA – designa, no século XVIII, peças cômicas um pouco mais elaboradas do que os *intermezzos*, mas com uma estrutura menos complexa do que a das óperas bufas.

BYLINA – poemas anônimos russos narrando episódios guerreiros ou lendários, preservados por transmissão oral; o mais famoso é o poema épico *Slôvo o polkú Ígorieve* ("O Canto da Batalha de Ígor"), composto em torno de 1180, que narra a luta do príncipe Ígor Sviátoslavitch contra os invasores polovitsianos – foi esse texto a fonte do *Príncipe Ígor*, a obra-prima inacabada de Borodín.

C

CABALETTA – palavra de origem incerta: alguns autores afirmam que pode vir de *cavallo*, devido a seu ritmo usualmente rápido; mas já se ligou sua etimologia a *cobbola* (estrofe), vinda do latim *copula* – a mesma palavra que, em espanhol, dá *copla*. No início, designava a ária curta, de ritmo reiterado, em estilo popular (por exemplo "Le belle immagini" no *Paride ed Elena* de Gluck); depois, na ópera romântica, passou a designar a seção final de uma *scena* ternária, de estilo contrastante com o do *cantabile* anterior; além de trazer à scena a sua conclusão, a *cabaletta* fornecia também ao cantor o pretexto para uma exibição virtuosística; a forma atingiu o apogeu com Bellini, Donizetti e Pacini, chamado "o rei da *cabaletta*", e ainda teve exemplos notáveis no início da carreira de Verdi (a "Sempre Libera", da Traviata, e o "Di quella pira", do *Trovatotore*, são *cabalettas*).

CADÊNCIA – do latim *cadere*, cair: fórmula harmônica no final de uma frase musical (fala-se em "cadência conclusiva") que lhe traz a resolução, dando ao ouvinte a sensação de que o período se completou e, após uma tensão e um desenvolvimento, houve um repouso.

GLOSSÁRIO

CADENZA – uma passagem solista livre, vocal ou instrumental, em qualquer ponto de uma ária; originalmente, era improvisada a partir do penúltimo acorde da cadência e formava um apêndice ornamental antes do acorde de encerramento da frase; depois, passou a ser escrita pelo próprio compositor, como uma forma de controlar os abusos dos cantores que usavam as cadenzas como pretexto para intermináveis exibições de virtuosismo canoro.

CAIXA DE AREIA (ou *sand-machine*) – caixa cheia de areia que se agitava para simular o ruído de passos que se aproximam.

CAMERATA – nome dado ao grupo de intelectuais que se reunia em torno dos mecenas florentinos Giovanni de' Bardi e Jacopo Corsi, na virada dos séculos XVI-XVII; a ele pertenciam o poeta Ottavio Rinuccini e os compositores Jacopo Peri e Giulio Caccini, responsáveis pelas primeiras óperas; costuma-se chamá-la também de *Camerata florentina.*

CANTABILE – o trecho formalmente cantado da ópera, que se distingue do recitativo por possuir uma organização musical mais complexa, melodia simétrica, acompanhamento instrumental elaborado; na *scena* (ver esse termo) usa-se também a expressão *cantabile* para designar a *ária*, de estilo expressivo mais reflexivo, em oposição ao virtuosismo da *cabaletta*.

CANTATA – peça vocal em diversas seções ou movimentos, com acompanhamento instrumental e texto narrativo; surge no início do século XVII como uma das manifestações do *stile rappresentativo* e, desenvolvida a princípio por Carissimi, torna-se um gênero secular com formas próprias nas mãos de A. Scarlatti; embora não destinada à encenação, a cantata barroca tem muitos pontos de contato com a ópera; existe também a cantata sacra, que teve seu apogeu com Bach; em certos aspectos, é tênue a separação entre a cantata e o oratório.

CANTICA – as canções que, na comédia romana, eram interpoladas ao *diverbium*, ou diálogo falado; mais tarde, o termo passou a designar qualquer página cantada por um solista, em oposição a um número coral ou de conjunto.

CANTI CARNASCIALESCHI – canções provavelmente acompanhadas por pantomimas, escritas para as festividades do Carnaval florentino durante os séculos XV-XVI; são freqüentes os textos com segundos sentidos ou francamente obscenos; musicalmente a sua forma era muito semelhante à da *frottola* (ver esse termo).

CANTILENA – originalmente, a parte de uma peça coral em que era apresentada a melodia princi-pal; descreve um trecho particularmente melodioso, inclusive por oposição a um outro declamado de forma mais sóbria.

CANTO FIORITO – a melodia muito ornamentada; usa-se em oposição às linhas mais simples do *canto spianato.*

CANTO SPIANATO – a forma de cantar que utiliza melodias longas e emitidas em *legato* (ver esse termo), opondo-se à escrita com ornamentação cerrada.

CANZONA (*canzonetta*) – derivado do provençal *canzò*; descreve, na ópera, a canção que foi inserida na ação (e que seria cantada também se se tratasse de uma peça falada): "Voi che sapete" de Cherubino, nas *Bodas de Figaro*, é um caso típico: a ária é uma canção que o pagem escreveu pensando na Condessa.

CARNAVAL – do latim *carnem levare*, "privar-se de carne"; a semana que precedia a Quaresma era marcada por festividades, derivadas das Saturnálias romanas, marcadas pela licenciosidade; nos séculos XVII-XIX, a temporada de Carnaval, que começava no dia 26 de dezembro e estendia-se até a Quarta-feira de Cinzas, era tradicionalmente o momento de estréia das óperas novas; a temporada de Carnaval era a mais importante do ano.

CARTELLONE – o cartaz em que eram inscritos os títulos das óperas da temporada; os nomes dos artistas vinham em separado, no *elenco artistico*; o *teatro di cartello* é aquele que apresenta as chamadas "óperas de repertório", isto é, os títulos consagrados e da predileção do público.

CASTRATO – o soprano ou contralto masculino cuja voz aguda foi artificialmente conservada pela remoção dos testículos antes da mudança da voz; prática iniciada pela Igreja Católica, em cujos corais não se admitia a presença de mulheres e, a partir do século XVII, estendida ao teatro de ópera, onde eles se tornaram imensamente populares; à exceção da França, onde os *castrati* não eram apreciados, eles foram as grandes estrelas da ópera em toda a Europa; embora o último papel para *castrato,* o de Armando d'Orville no *Crociato in Egitto*, tenha sido escrito por Meyerbeer, para Giovanni Battista Vellutti, em 1824, eles continuaram existindo até o final do século XIX; o último *castrato*, Alessandro Moreschi (1858-1922), gravou dez discos entre 1902-1903.

CAVATA – do italiano "extraído de"; o arioso no final de um longo recitativo; curta e de caráter epigramático, essa *cavata* baseia-se em um tema extraído de algum ponto do recitativo.

CAVATINA – diminutivo de *cavata*; solo curto, de estilo simples, sem *da capo*, freqüentemente consistindo numa introdução instrumental breve e um texto curto; "Porgi amor" e "Se vuol ballare", nas *Bodas de Fígaro*, são exemplos típicos.

CENA DE CONJUNTO – o número envolvendo dois ou mais cantores, designado segundo a quantidade de solistas envolvidos, dueto, trio, quarteto etc.; acima de dez ou com um número grande de participantes, ao qual é comum somar-se a intervenção do coro, dá-se o nome de *concertato* (ver este termo).

CERCAR LA NOTA – o hábito de, ao afastar-se de uma nota, antecipar a seguinte, ligando as duas com uma nota de passagem ou, o que é mais comum, tocando na segunda como uma espécie de tempo fraco, antes que ela soe formalmente.

CERENI – de *cero*, o sebo das velas; nome que se dava a libretos pobremente impressos que se vendiam na porta dos teatros e os espectadores consultavam à luz de velas, durante o espetáculo; os exemplares que foram preservados com freqüência ostentam manchas da cera que pingou neles durante a utilização.

CHACONA (*chaconne, ciaconna*) – dança lenta de ritmo ternário construída como uma série de variações sobre uma linha de baixo contínuo.

CHIAMATA (*chamade*) – na ópera veneziana do século XVII, a peça que reproduz o apelo aos caçadores durante a caçada; um exemplo romântico de *chamade* está na "Chasse royale" dos *Troianos*, de Berlioz.

CHURCH PARABLE – (parábola eclesiástica) termo criado por Benjamin Britten para designar peças de tema sacro escritas entre 1964-1968, em que cruza as características do auto medieval com elementos provenientes do teatro Nô japonês.

CICLO – conjunto de canções, peças instrumentais ou até mesmo óperas reunidas em torno de um tema determinado; o mais famoso ciclo operístico é a tetralogia do *Anel do Nibelungo*, de Wagner.

CLARINETTO D'AMORE – instrumento que tinha a extremidade em forma de pêra, com o som levemente mais agudo, muito utilizado em ópera na segunda metade do século XVIII, principalmente por J. Ch. Bach; caiu em desuso por volta de 1810.

CLARINO – espécie de trompete muito usado, na era barroca, em fanfarras; o termo designa também a área mais brilhante do registro superior do trompete.

CLASSICISMO – nome dado ao estilo de época e de vida que se desenvolve basicamente durante o século XVIII, embora já com manifestações precursoras no final do século anterior; coincide com o Iluminismo; no caso da música, refere-se à reação ao Barroco da segunda metade do século XVIII.

CLAVE – o sinal que se coloca no pentagrama para indicar a escala utilizada: a clave de sol, a clave de dó; por extensão, a tonalidade em que a peça está escrita; *claves* designa também um instrumento de percussão feito de dois pedaços de madeira que se bate um no outro para obter um som seco e estalado.

COLASCIONE – um tipo rústico de alaúde com o braço longo, muito usado na música popular italiana dos séculos XVI-XVIII.

CÓDICE ROSSINI – nome dado aos elementos estruturais básicos, dramáticos e formais, da ópera italiana na transição do Classicismo para o Romantismo, tais como se apresentam na ópera de Rossini, sobretudo em sua fase napolitana (1815-1822).

COLLA VOCE – a instrução para que o acompanhamento instrumental mantenha-se sincronizado com a voz, normalmente dada nos momentos em que se espera que o cantor utilize efeitos de *rubato* (ver este termo).

COLORATURA – a ornamentação elaborada de uma melodia vocal; também chamada de *canto figurato* (ver também *fioriture*).

COMÉDIA MADRIGALESCA – forma de teatro musical renascentista em que a ação era representada por mímicos enquanto, por trás de um telão, o coro contava a história sob a forma de madrigais encadeados; o *Amfiparnasso*, de Orazio Vecchi, é o exemplo clássico.

COMÉDIA MUSICAL – forma de teatro musical contemporâneo, que teve grande desenvolvimento principalmente nos EUA; é uma peça falada entremeada com números vocais, instrumentais e de dança, em estilo popular, ou fazendo o *cross-over*, o cruzamento de formas eruditas e populares; além de florescer nos teatros, sobretudo na Broadway, de Nova York, alcançou também o cinema, constituindo-se num gênero específico, o "filme musical", que produziu títulos de grande valor estético e como entretenimento.

COMÉDIE-BALLET – comédia falada com entradas de balé intercaladas, muito popular na França durante o século XVII; a colaboração de Molière com Lully e, depois, Charpentier, foi a responsável pelos maiores exemplos do gênero, que declinou após a morte do comediógrafo em 1673.

GLOSSÁRIO

COMÉDIE MÊLÉE D'ARIETTES – peça de teatro em que são intercaladas canções, em geral de feitura simples, de estilo estrófico (ver este termo); originária do *drame forain* (ver este termo), a "comédia com arietas misturadas" está na base do *opéra-comique* (ver este termo).

COMMEDIA DELL'ARTE – gênero dramático de origem desconhecida, que floresceu na Itália a partir do século XVI e teve forte influência sobre o drama e também sobre a ópera. Consistia em *sketches* cômicos improvisados, seguindo um roteiro mas sem diálogos escritos, e interpretados por atores (os *zanni*) que representavam personagens estereotipadas e tinham um repertório de *gags* (*lazzi*) preestabelecidas.

COMMEDIA IN MUSICA – nome comumente utilizado, no século XVIII, para a ópera bufa, também chamada de *commedeja pe mmuseca* em Nápoles, onde, com freqüência, os libretos eram escritos em dialeto.

COMPARSA – o extra, ou figurante, que participa do espetáculo em papéis mudos.

COMPONIMENTO DRAMMATICO – ver *azione teatrale*.

COMPRIMARIO – o cantor secundário, o intérprete dos papéis acessórios, que tem recitativos, pode participar de cenas de conjunto, mas não canta árias.

CONCERTATO – no século XVII, o *coro concertato* era um conjunto pequeno de cantores, por oposição ao *coro ripieno*, de que participavam todos os coralistas; por extensão, designa as cenas de conjunto de que participam vários solistas; exemplo: o *concertato* do ato III do *Otello*, de Verdi.

CONCERTINO – dentro da orquestra barroca, o grupo de solistas, por oposição ao *ripieno*, o conjunto dos instrumentos; no concerto grosso do século XVIII, o *concertino* dialoga com o *ripieno*.

CONTINUO – ver *baixo contínuo*.

CONTRALTO – a voz feminina mais grave, com extensão de fá a fá².

CONTRATENOR – o falsete masculino muito agudo, também chamado de "soprano masculino" (não confundir com o *castrato* ou o *haute-contre* – ver estes termos); a voz de contratenor declinou, durante a segunda metade do século XVIII, até ser resgatada, no século XX, pelo cantor inglês Alfred Deller (1912-1979); depois dele, artistas como James Bowman ou Jochen Kowalski fizeram reviver essa arte em papéis das óperas de Haendel, Hasse, Gluck etc.

CONVENIENZE – as regras que estabeleciam a hierarquia dos cantores num período que se estende do fim do século XVII até meados do XIX, quando Verdi as altera de forma extremamente livre; as *convenienze* definiam não só os registros como o tipo de ária ou de *scena* a que cada um deles tinha direito; Donizetti zomba desses rígidos costumes em sua comédia *Le Convenienze e le Inconvenienze Teatrali*.

CORNAMUSA (*cornemuse*) – a gaita de fole, usada para obter efeitos de colorido de sabor folclórico.

CORNA DA CACCIA – a trompa natural dos séculos XV-XVIII, usada nas cenas de caçada ou para dar a cor local camponesa.

CORO (*coral*) – o conjunto de cantores que, nas óperas, representa a personagem coletiva – o povo, os soldados, os cortesãos, e assim por diante; sua origem está no *khoros* da tragédia grega, cuja função era comentar a ação ou fazer sobre ela reflexões de caráter lírico; divide-se normalmente em quatro naipes: soprano, contralto, tenor e baixo, a eles podendo-se acrescentar um coro infantil; seu tamanho varia, em função das exigências feitas pela partitura; as grandes casa de ópera têm coro próprio com um regente específico.

CORONA – (ver *fermata*).

COUP DE GLOTTE (*glottal stop*) – método de ataque da nota em que as falsas cordas vocais (duas membranas acima das cordas vocais verdadeiras) se fecham e abrem rapidamente, para liberar o som.

COUPLETS – a palavra francesa significa "estrofes"; na comédia e na opereta dos séculos XVIII-XIX, designa a canção estrófica (ver este termo) de tom em geral leve e bem-humorado; de Grétry e Auber a Strauss II e Lehár, passando por Offenbach – e até mesmo pelo Verdi de "Di tu se fedele" no *Baile de Máscaras* – os exemplos são numerosos.

CRESCENDO – a técnica do aumento do volume da música, desenvolvido pela orquestra de Mannheim, permitindo maior flexibilidade de transição em relação à técnica barroca da dinâmica "em plataformas", na qual havia saltos contrastados de um nível de volume para o outro; segundo Burney, Terradellas foi o primeiro operista a usar o crescendo em *Bellerofonte* (1747).

CSÁRDÁS – dança húngara composta de duas seções, uma lenta (*lassú*), a outra rápida (*friss*); deriva do *verbunkos* (ver este termo).

D

DA CAPO – abreviatura da expressão *da capo al fine*, que se coloca na partitura quando determinado trecho deve ser reprisado; em ópera, desig-

A Ópera Barroca Italiana

na o tipo de ária que se desenvolve a partir do final do século XVII e será a unidade formal básica da *opera seria*.

DAL SEGNO – chama-se de *aria dal segno* o modelo desenvolvido em meados do século XVIII em que, no *da capo*, ao retornar, a primeira seção era abreviada, iniciando-se não no começo mas em algum ponto mais à frente.

DECLAMAÇÃO – a relação, ao musicar ou interpretar um texto, entre as tônicas verbais e os acentos musicais; no *stile rappresentativo*, de caráter *declamatório*, as tônicas e os acentos eram muito próximos um do outro, ou seja, a música era cantada como se estivesse sendo falada; isso era típico do recitativo seco.

DEMI-CARACTÈRE (*mezzo carattere*) – diz-se da personagem intermediária entre o bufo e o sério, composta com uma mistura de elementos bufos e elevados.

DEUS EX MACHINA – a divindade que intervinha, no final da ópera barroca, para permitir o final feliz obrigatório; assim chamada porque o cantor que a representava descia do céu mediante um efeito de maquinaria de palco.

DESENVOLVIMENTO – a parte de uma peça musical que se encontra entre a exposição e a recapitulação, na qual os temas apresentados são ampliados, modificados, combinados ou decompostos.

DEVISENARIE (*motto aria, ária de lema*) – tipo de ária usado em primeiro lugar por Legrenzi no *Eteocle e Polinice* (1675) e, subseqüentemente, por vários outros compositores barrocos; seu nome deriva da prática de começar a ária com o motivo inicial – as primeiras notas da melodia; mas esse é um falso início, depois do qual há uma pausa; e aí a melodia é repetida integralmente; aquele "lema" inicial fica como uma célula a ser repetida pela orquestra durante a execução.

DIRETOR – (regista, *metteur en scène, producer*) O encenador, o responsável pelos aspectos teatrais do espetáculo; fenômeno típico do século XX, em que apareceram os grandes diretores de ópera: Visconti, Zeffirelli, Ponnelle, Peter Hall e outros.

DIVA – (do italiano "deusa") uma cantora extremamente celebrada; ver *prima-donna*.

DIVERTIMENTO – na ópera francesa, o *divertissement* era uma seqüência de números de cantos e dança não estritamente ligados à ação, acrescentados ao espetáculo, como mero entretenimento; geralmente ficavam no final, mas podiam também ser colocados entre um ato e

outro e, nesse caso, recebiam o nome de *intermède*. Designa ainda uma peça instrumental – às vezes também chamada de *serenata* – com número indeterminado de movimentos de caráter vivo e extrovertido, de andamento contrastante entre si.

DODECAFÔNICO – referente à técnica de escrita atonal desenvolvida por Schönberg em que cada uma das doze notas da escala cromática, só pode voltar a ser utilizada depois de todas as outras onze terem sido utilizadas para evitar que, polarizando a melodia, ela estabeleça a noção de tonalidade; um aspecto particular do dodecafonismo é a técnica *serial*, em que o autor trabalha com séries predeterminadas de notas, estabelecendo com elas diversas formas de combinação.

DOMINANTE – o quinto grau da escala maior ou menor (sol maior, por exemplo, é a dominante de dó maior), dotado de forte função de controle na estrutura harmônica da música tonal.

DOMRA – instrumento folclórico russo, de cordas tangidas.

DOUTRINA DAS AFEIÇÕES (*Affektenlehre*) – teoria estética barroca, exposta nos escritos de Werkmeister, Marpurg e Meister (embora o termo tenha sido cunhado pela musicologia alemã no início do século XX); definia as emoções como uma série de *afetos* específicos (tristeza, alegria, ódio, amor), estabelecendo o princípio de que apenas uma delas poderia ser expressa dentro de uma unidade musical determinada, fosse ela uma ária, um movimento de peça instrumental ou qualquer outro tipo de número. A ária *da capo*, da ópera barroca, acomoda-se a esse princípio; e como a expressão de cada uma das *afeições* estava ligada ao uso de um estilo musical próprio e de recursos específicos facilmente reconhecíveis, isso levou à criação de modelos estereotipados de árias que podiam ser removidos de uma ópera para outra sem maiores problemas.

DRAMA FÜR MUSIK – o equivalente alemão de *dramma per musica*, um dos nomes dados à ópera em sua origem.

DRAMA ESCOLÁSTICO (*drama litúrgico*) – peça didática, de conteúdo religioso ou moralizante, na qual eram intercalados números musicais: canções ou pequenas peças corais; é um dos antecessores da ópera e teve influência no aparecimento dos primeiros dramas sacros, como o *Eumelio* (1606), de Agazzari; particularmente importante foi o *drama jesuíta*, tal como praticado, com intenções apologéticas, nos estabelecimentos de ensino da Companhia de Je-

GLOSSÁRIO

sus, a partir de 1534; na Alemanha, os dramas escolásticos de Tobias Richter, Johann Michael Zacher e, principalmente, Johann Kaspar Kerll foram de importância fundamental para o desenvolvimento do *Singspiel* (ver este termo).

DRAMA LÍRICO (*drame lyrique, dramma lirico*) – um dos nomes dados à ópera; Wagner empregará este termo como uma forma de distinguir a estrutura de suas obras da ópera romântica convencional, da qual queria distanciar-se.

DRAME FORAIN – comédias leves e satíricas encenadas ao ar livre, ou em teatros improvisados, nas feiras de Saint-Germain (fev.-abr.) e Saint-Laurent (ago.-set.), e que estão na origem do *opéra-comique* francês; as canções intercaladas tinham de ser de feitura muito simples, pois as companhias eram integradas por atores sem treinamento de canto; quando a Comédie Française, tentando coibir a concorrência, os proibiu de usar diálogo falado, os atores passaram a usar cartazes nos quais inscreviam o texto de ligação entre os números cantados; é no teatrinho de feira que surge a estrutura do *vaudeville* (ver este termo).

DRAME LARMOYANT – estilo de peça sentimental que se desenvolve, tanto na ópera quanto no teatro falado, durante o Pré-Romantismo; reação à rigidez da tragédia clássica, o "drama lacrimejante" tem ambientação burguesa, personagens contemporâneas e uma temática voltada para as relações amorosas, que exercerá sensível influência sobre a ópera romântica; *La Buona Figliuola*, de Piccini, é um exemplo típico.

DRAMMA BOSCHERECCIO – gênero muito comum durante o Arcadismo, o "drama silvestre" deriva da antiga *favola pastorale*, com ambientação bucólica e personagens que são pastores e camponeses estilizados.

DRAMMA COMICO – termo usado, durante o século XVIII, para designar a ópera bufa.

DRAMMA EROICOMICO – a ópera de caráter bufo que incluía também alguns elementos heróicos: o *Orlando Paladino* de Haydn é o exemplo mais típico; sua invenção é atribuída ao libretista Giovanni Battista Casti.

DRAMMA GIOCOSO – é creditado a Carlo Goldoni o desenvolvimento, por volta de 1750, da ópera cômica a que se acrescentam *parti serie*. O mais famoso exemplo desse gênero é o *Don Giovanni* de Mozart.

DRAMMA PASTORALE – designação às vezes usada para a *favola pastorale* (ver este termo).

DRAMMA PER MUSICA (ou *dramma in musica*) – um dos nomes usados, no século XVII, para o texto teatral expressamente escrito para ser musicado; uma das designações da ópera no início de sua história; caiu em desuso ao se firmar, no início do século XVIII, a expressão *opera seria* – e, depois, apenas *ópera*.

DUETO – o número de conjunto escrito para duas vozes; pode ter, na ópera barroca, a mesma estrutura ternária da ária *da capo*; no Romantismo, sua construção pode seguir a da *scena* (ver este termo); no *grand-opéra* francês, populariza-se o dueto em seções múltiplas, de que o do ato IV dos *Huguenotes*, de Meyerbeer, é um dos melhores exemplos.

DUODRAMA – o nome dado por Mozart ao *melodrama* (ver este termo) de que participavam duas personagens.

DURCHKOMPOSITION (composição contínua) – o nome dado ao tipo de ópera em que não há diálogo falado nem recitativo e sim um comentário musical contínuo ao qual os "números" – árias, duetos, trechos corais – se fundem em grau maior ou menor; as óperas de Wagner são, na segunda metade do século XIX, a culminação da técnica *durchkomponiert*.

DUGAZON (*soprano*) – classificação da voz feminina usada na França, em homenagem a Louise Dugazon (1755-1821), cantora de grande versatilidade; distingue-se, de acordo com o colorido do timbre e a densidade da voz, a "jeune Dugazon", a "première Dugazon", a "forte première Dugazon" e a "mère Dugazon".

E

EINSTUDIERUNG – termo alemão para a *produção*, o conjunto de medidas que cerca a encenação de um espetáculo operístico.

ELENCO – o conjunto dos cantores que fazem parte de determinada produção ou temporada; quando esses artistas são contratados pelo teatro numa base regular, para a montagem das óperas de repertório, fala-se em *elenco estável*; hoje em dia, a expressão *elenco artístico* costuma se referir também à equipe formada pelo diretor, cenógrafo, figurinista, iluminador, regente e seus assistentes.

ENSEMBLE – nome genérico utilizado para as cenas de conjunto – duetos, trios etc. – desde o século XVII; restrita basicamente ao dueto, durante o Barroco, a cena de conjunto se enriquece, no Classicismo, com a ópera bufa e, no Romantismo, assume grande variedade de formas: os quartetos do *Fidelio* e do *Rigoletto*; o sexteto da *Lucia di Lammermoor*; o quinteto dos *Mes-*

A Ópera Barroca Italiana

tres Cantores de Nuremberg; o noneto do *Falstaff*. Relativamente desprezada pelo Verismo, em nome da fidelidade ao realismo – embora o dueto permaneça (em Puccini, por exemplo) –, a cena de conjunto ganha força nova com o Neo-Romantismo (o trio do *Cavaleiro da Rosa*). Ver também *finale*.

ENTE AUTÔNOMO – as corporações independentes que controlam grandes teatros italianos (o Scala de Milão, o San Carlo de Nápoles, por exemplo) pelo sistema de autogestão, por oposição ao sistema de concessão comercial do teatro a um empresário para a administração de uma determinada temporada, em uso nos teatros provinciais menores; o primeiro ente autônomo foi criado no Scala, durante o primeiro mandato de Toscanini como diretor artístico (1922-1929).

ENTONAÇÃO – a qualidade de quem canta ou toca afinado.

ENTREATO (*entr'acte*) – peça orquestral tocada entre os atos de uma ópera; também chamada de *interlúdio* ou *intermezzo*.

ENTRADA DE BALÉ (*entrée*) – cada uma das cenas nas formas de teatro que usam a dança como elemento narrativo: o *ballet de cour*, a *comédie-ballet*, o *opéra-ballet*, o *ballet-héroïque* e assim por diante; inicialmente, uma forma de dança definia cada uma das entradas: giga, minueto, passacalha, *rigaudon* etc.; depois, as entradas passaram a ter forma livre, de acordo com as necessidades narrativas do libretista e do compositor.

ENTREMÉS – semelhante ao *intermezzo* italiano (ver este termo), era um entretenimento curto e, em geral, de teor cômico, representado após o primeiro ato de uma peça séria; depois do segundo, representava-se a *jácara*; depois do terceiro, a *mojiganga* (ver também estes termos).

ESCALA – a série dos sons que se sucedem por graus conjuntos ascendentes ou descendentes; chama-se de escala maior de dó a série dó-ré-mi-fá-sol-lá-si que toma a nota dó como seu ponto de partida e de repouso (ou resolução); as escalas são todas semelhantes internamente, porque as distâncias (intervalos) entre as notas sucessivas são as mesmas, mesmo que a nota inicial seja diferente.

ESTRÓFICA – diz-se da ária ou outro número vocal em que todas as estrofes do texto são cantadas com a mesma melodia; chama-se de *variações estróficas* a forma de composição em que o baixo permanece inalterado enquanto a linha vocal é levemente variada de uma estrofe para a outra.

EVIRATO – ver *castrato*.

EXIT ARIA – ver *ária de saída*.

EXPRESSIONISMO – movimento pictórico surgido na Alemanha por volta de 1910 e que vai se desenvolver durante o pós-guerra; caracterizava-se pela deformação, a caricatura, a expressão de emoções intensas e imediatas, de impulsos subconscientes – nesse sentido, é fortemente influenciado pelas idéias freudianas; tem fortes repercussões na literatura, teatro, cinema e na música, onde a sua rejeição das formas e técnicas tradicionais logo será equacionada, nas mãos de Schönberg, com o abandono do sistema tonal.

EXTRAVAGANZA – forma de entretenimento combinando diálogo e música, com enredo exótico ou fantasioso, popular no final do século XVIII; muitas vezes dirigia-se ao público infantil.

F

FACH – na terminologia alemã, a gama específica de papéis que um cantor pode fazer em função do registro vocal que tem; assim, no caso dos papéis mozartianos, o *Soubrette Fach* permite a um soprano ligeiro interpretar Susanna, Zerlina e Despina; o *Lyrische Fach* lhe dá condições de cantar a Condessa e Pamina; e assim por diante.

FALCON – classificação da voz feminina usada na França, em homenagem a Cornélie Falcon, de timbre encorpado e rico em colorido, com extensão de si bemol a dó sustenido[3].

FALSETTO – método artificial de emissão vocal, usado pelos homens, mediante a vibração apenas parcial das cordas vocais, para obter sons muito agudos e delicados – o fim da romança dos *Pescadores de Pérolas* – ou para imitar a voz feminina: o "Io son di sir John Falstaff" com que, no *Falstaff*, a personagem título imita a voz de Alice Ford.

FALSO CANONE – tipo de cena de conjunto popular no século XIX, invariavelmente lenta, que se caracterizava por ter a forma de um cânon ou um rondó, mas por abandonar o padrão reiterativo após a entrada da última voz.

FAREWELL – nome dado ao espetáculo de gala com que geralmente um artista se despede do palco, a que os alemães dão o nome de *Abschied*; existe em vídeo, por exemplo, o espetáculo de despedida de *dame* Joan Sutherland, na Ópera de Sydney.

FARSA – na Itália, nome dado ao tipo de comédia em que havia diálogo falado interligando os

GLOSSÁRIO

números cantados; uma forma próxima, portanto, à do *opéra-comique* francês; no início do século XIX, o termo era usado de forma genérica para as comédias em um ato como *La Cambiale di Matrimonio*, de Rossini.

FAVOLA IN MUSICA (*favola per musica*) – "fábula musical"; no início do século XVII, uma das designações que se davam ao libreto que tratava de personagens mitológicas ou legendárias; o exemplo mais famoso é a *Favola d'Orfeo*, de Monteverdi.

FAVOLA PASTORALE – poema dramático concebido, nos séculos XVI-XVII, para leitura ou encenação, abordando temas bucólicos e apresentando personagens camponeses estilizados; os grandes cultores italianos desse gênero – Poliziano, Guarini, Tasso – inspiravam-se em modelos greco-romanos; a "fábula pastoral" contribui de maneira decisiva para os primeiros libretos, de Rinuccini e Striggio; a influência do gênero sobre a ópera vai permanecer até o século XVIII, com Scarlatti e Haendel.

FEBI ARMONICI – companhias ambulantes que, no século XVI, faziam turnês apresentando óperas em diversas cidades da Itália e dos países vizinhos; foram de importância fundamental para implantar o gosto pela ópera veneziana em Nápoles, cidade destinada a se transformar num dos grandes centros da produção operística mediterrânea.

FERMATA – indica a pausa numa nota ou acorde sustentados; ver também *corona*.

FESTA TEATRALE – espetáculo cortesão para comemorar um casamento, aniversário ou assinatura de tratado, cujo enredo alegórico permitia exaltar as virtudes do soberano; *Il Pomo d'Oro*, de Cesti, é o primeiro exemplo importante do gênero.

FIABA – "fábula"; peça de enredo mitológico ou fantasioso, prestando-se à encenação cheia de efeitos especiais; as fábulas de Carlo Gozzi – *Turandot, La Donna Serpente, L'Amore di Tre Melarance* – forneceram à História da Ópera os melhores exemplos do gênero.

FILATURA – o primeiro autor a utilizar este termo é B. Mancini em seus *Pensieri e Riflessioni Pratiche sopra il Canto Figurato* (1774) para se referir à nota longa e delicada sustentada por longo tempo, sem efeitos de crescendo ou diminuendo; o lá final do "Addio del passato", da *Traviata*, está marcado *con un filo di voce*; diz-se também *filar la voce* ou *il tono* e, em francês, *filer la voix* ou *le son*.

FIORITURA – figura ornamental escrita ou improvisada, para enfeitar a linha principal de uma melodia; também chamada de *coloratura* (ver este termo).

FINALE – desde o início da História da Ópera, existiu o costume de encerrar o espetáculo com um número de efeito: um coro ou uma cena de conjunto. Na *opera seria* do século XVIII, o finale costumava ser um número cantado por todo o elenco; mas na ópera bufa desenvolveu-se o chamado *chain finale* – final encadeado – ou *ensemble finale*: final de conjunto. A partir de determinado momento, desaparecia o recitativo seco, e os números justapunham-se uns aos outros de forma contínua até a coda. Nas mãos de Mozart, esse finale adquire grande complexidade, recebendo estrutura sinfônica, com relações tonais e formais rigorosas entre os números: o melhor exemplo é o finale do ato II de *As Bodas de Fígaro*. Esse *finale* encadeado da ópera bufa setecentista, que constitui um bloco unitário muitas vezes dotado de grande organicidade, será, no século XIX, o ponto de partida para que se dê, à ópera tanto séria quanto cômica, estrutura mais contínua.

FILARMÔNICA – "amigo da música"; na origem, o nome que se dava a orquestras integradas por amadores, por oposição à "sinfônica" (ver este termo); essa distinção hoje é meramente acadêmica, visto que algumas orquestras que, no momento da fundação, eram filarmônicas – a de Berlim, a de Viena – hoje tornaram-se altamente profissionalizadas.

FISARMONICA – instrumento portátil dotado de fole e teclado, o antecessor do acordeon.

FLAGEOLET – pequena flauta doce freqüentemente utilizada para criar a ambientação pastoril.

FLEXATONE – instrumento de percussão no qual faz-se vibrar uma longa barra de metal flexível para obter um som fantasmagórico.

FROTTOLA – "brincadeira"; canção ligeira italiana, de tipo amoroso, com estrutura estrófica, muito cultivada durante o século XVI.

G

GALANT – ver *style galant*.

GAMELAN – orquestra folclórica das ilhas de Bali e Java, na Indonésia, constituída essencialmente por instrumentos metálicos de percussão, aos quais se adicionam um ou dois instrumentos de corda tangida para fornecer a melodia; as orquestras indonésias de *gamelan* que Debussy ouviu na Exposição Universal, em Paris, exerceram sensível influência sobre sua escrita.

GEBET – ver *preghiera*.

GENERALINTENDANT – nome dado, na Alemanha, ao administrador do teatro de ópera, às vezes – mas não necessariamente – também seu diretor artístico ou musical.

GENERALMUSIKDIREKTOR – nome dado, na Alemanha, ao principal diretor musical de um teatro de ópera, responsável pela programação, contratação de pessoal, definição de repertório, e também regente titular.

GENERALPAUSE – na Alemanha, o intervalo principal em um espetáculo de ópera.

GENERALPROBE – ensaio geral; corresponde ao inglês *dress rehearsal* e ao francês *répétition générale*; primeira apresentação ininterrupta do espetáculo antes da estréia, geralmente aberta a críticos, colegas músicos e cantores, a clubes de ópera ou a escolares.

GÉOPHONE (*sand-machine*) – ver *caixa de areia*.

GESAMKUNSTWERK – "obra de arte total"; expressão cunhada por Wagner para designar a ópera, o espetáculo em que se conjugam a música, a literatura, a dança, a mímica, a pintura, a moda, para formar uma nova arte, mais completa; o termo foi usado pela primeira vez em *Das Kunstwerk der Zukunft* (*A Obra de Arte do Futuro*), de 1849.

GHAZAL – forma poética indiana – de origem urdu – normalmente associada à música; Bizet a utiliza em *Djamileh*.

GOPAK – dança rápida ucraniana em ritmo binário.

GORGHEGGIO – "gorjeio"; vocalização decorativa que consiste numa rápida seqüência de notas ascendentes e descendentes; muito popular, durante o século XVIII, como um efeito virtuosístico nas árias de bravura.

GRAND-OPÉRA – nome dado ao estilo de ópera que se desenvolveu em Paris a partir de 1820, caracterizado pelo gosto das montagens suntuosas com muitos efeitos espetaculosos; o *grand-opéra* tinha cinco atos, tema histórico que permitisse a reconstituição de época e de ambientes luxuosos e variados, com muitas mudanças de cenários e intrigas em que se multiplicassem os cortejos, grandes festas, cenas de tempestade ou outros fenômenos naturais; dava-se grande importância à criação de cor local e as seqüências de balé eram obrigatórias; Eugène Scribe, o principal libretista do *grand-opéra* é o formulador da chamada *pièce bien faite*, contendo todos os ingredientes capazes de despertar o interesse do público.

GRUPPETTO – ornamento em que a nota principal se alterna com duas outras subsidiárias, acima e baixo dela.

GRUPOS DOS CINCO – ver *Mogútchaia Kútchka*.

GRUPO DOS SEIS (*Groupe des Six*) – nome dado pelo crítico Paul Collaer, num artigo publicado na revista *Comoedia*, aos jovens compositores que se tinham reunido informalmente em torno de um mentor, o poeta, dramaturgo e cineasta Jean Cocteau: eram eles Arthur Honegger, Darius Milhaud, Francis Poulenc, Germaine Tailleferre, Georges Auric e Louis Durey.

GUERRE DES BOUFFONS – ver *Querelle des Bouffons*.

GUSLA – instrumento folclórico russo com a forma de um saltério ou de uma cítara.

H

HABANERA – canto e dança de origem folclórica, proveniente de Havana, em Cuba; o exemplo mais famoso é a ária "L'amour est un oiseau rebelle", da *Carmen*, cuja melodia Bizet acreditava pertencer ao folclore cubano; só mais tarde descobriu tratar-se da canção "El Arreglito", de Sebastián Yradier – e a creditou a ele na partitura.

HANDLUNG FÜR MUSIK – ação musical; termo utilizado por Wagner para designar o libreto do *Lohengrin*, visando a desvinculá-lo do modelo tradicional da ópera; seguindo seu exemplo, os wagneritas franceses utilizaram o termo *action musicale*.

HAUTE-CONTRE – na antiga terminologia francesa, o nome do tenor agudo, com extensão de ré a mi[1].; não deve ser confundido com o falsete nem com o *castrato*.

HARPA DE VIDRO – instrumento inventado por Bruno Hoffmann em 1929 e que consistia em um conjunto de copos de cristal que se tocava fazendo ressoar as suas bordas com as mãos.

HEITERE OPER – o termo alemão para "ópera ligeira", que pode ser de tema cômico ou sentimental.

HELDENTENOR – tenor heróico; é o tipo de voz geralmente requerido pelos papéis wagnerianos: Tristão, Siegmund, Siegfried, Parsifal; o termo é usado também para o *Heldenbariton*, barítono heróico.

HOFOPER – o nome que se dava, na Áustria e Alemanha, antes de 1918, aos teatros de ópera da corte.

I

IMBROGLIO – ponto culminante da intriga, na comédia, em que a confusão total se instala, expres-

GLOSSÁRIO

sa com grande variedade rítmica e melódica; embora o *imbroglio* fosse característico da comédia barroca, um de seus exemplos mais ilustres é o final do ato II dos *Mestres Cantores de Nuremberg*, de Wagner. O termo parece originar-se do Broglio, a arcada do palácio dos doges, em Veneza, onde se costumava apresentar esse tipo de comédia.

IMPRESARIO – o organizador e gerente de uma companhia de ópera; em geral eles arrendavam o teatro de seus proprietários e o administravam com toda a liberdade.

IN ALT – termo usado para designar as notas na oitava acima da linha mais alta da pauta, indo de sol^2 a fá^3. A oitava seguinte, de sol^3 a fá^4, era designada *in altissimo*.

INGÉNUE – desenvolvimento setecentista da *damigella* italiana do século XVII, a "ingênua" era uma garota de 15 ou 16 anos cuja inocência e sentimentalismo escondia uma boa dose de sensualidade; como a *ingénue* tinha sempre os sentimentos à flor da pele, ela foi a personagem que mais ajudou a desenvolver a *comédie larmoyante*: as personagens de *La Buona Figliuola* e *Nina Pazza per Amore*, de Piccini, são os exemplos típicos da *ingénue*.

INSERÇÃO (*added number*) – número escrito por outro compositor, a pedido de um cantor ou do regente, para ser acrescentado a determinada ópera.

INSZENIERUNG – termo alemão para encenação, produção: *Neuinszenierung* quando se trata de espetáculo inteiramente novo.

INTENDANT – intendente ou superintendente; o administrador ou diretor de um teatro de ópera alemão, embora não seja necessariamente o diretor artístico.

INTERLÚDIO – peça orquestral intercalada no decurso de uma ópera para sugerir a passagem do tempo – o da *Cavalleria Rusticana*, entre as cenas 8 e 9 – ou para sintetizar a ação, como se fosse um minipoema sinfônico: o da *Manon Lescaut*, o do *Werther*. Pode assumir a forma de uma cena relativamente independente da ação principal: o interlúdio coral entre os atos I e II do *Moisés e Arão*, de Schönberg.

INTERMÉDIO – suntuosos espetáculos cortesãos organizados em Florença, mas também em Mântua e Ferrara, para comemorar nascimentos, casamentos ou a assinatura de tratados; na peça falada, com a estrutura clássica de cinco atos, intercalavam-se seis intermédios formados por canções, números corais ou de dança, abordando em geral temas mitológicos.

INTERMEZZO – já no século XVII, havia o hábito de apresentar pequenas cenas cômicas no intervalo entre um ato e outro da ópera de tema sério: o exemplo mais antigo de que se tem notícia é *L'Amorosa Innocenza* intercalada nos atos de uma *Coronazione di Apollo*, apresentada em Bolonha em 1623; com a reforma arcádica do libreto, que propunha a separação dos gêneros, intensificou-se essa prática e, entre os três atos da *opera seria*, tratando de personagens nobres e heróicas, desenvolviam-se as duas partes de um *intermezzo* com personagens reais e intrigas prosaicas.

INTRODUZIONE – nome que se dá à cena inicial de algumas óperas, logo após a abertura ou prelúdio; a introdução do *Don Giovanni* é um exemplo típico.

INTRUSIVE H (h intruso) – nome que, na terminologia inglesa, se dá ao som aspirado que alguns cantores acrescentam, por defeito de respiração, à emissão de uma vogal, que passa a soar como ha-ha-ha, por exemplo; em 1933, o cantor inglês Steuart Wilson processou um leitor que, em carta à revista *Radio Times*, o acusara de ter esse problema, e ganhou £2.100 de indenização.

IRCAM (Institut de Recherche et de Coordination Acoustique/Musique) – instituto para pesquisas de música eletrônica fundado por Pierre Boulez em 1976.

ISCM (International Society for Contemporary Music) – sociedade de apoio e divulgação da música contemporânea, fundada em 1922, realiza a cada ano, num país diferente, um festival dedicado a revelar novos talentos.

J

JÁCARA – uma espécie de *entremés* (ver este termo) representado, na Espanha, após o ato II de uma peça de tema sério, geralmente tratando das aventuras amorosas de um canalha simpático.

JANÍZAROS, MÚSICA DE – os *yeniçeri* (do turco *yeni* "novo" e *çeri* "soldados") eram a guarda pessoal do sultão; a sua banda, formada por pífaros, diversos tipos de tambores, címbalos, triângulo e pratos, tinha um som muito característico que, no Ocidente, veio a ser associado à "música turca"; a partir da *Esther* (1680) de Strungk, melodias e ritmos "turcos" serão freqüentes em obras de Haydn, Gluck, Grétry e outros, culminando no *Rapto do Serralho*, de Mozart, que oferece o exemplo mais bem assimilado dessa influência.

K

Kammersänger(in) (cantor de câmara) – título honorífico concedido pelos governos da Alemanha e da Áustria a cantores que se destacaram em sua profissão; na época em que era concedido pelas cortes, o título era *Hofkammersänger.*

Kappelmeister (literalmente "mestre de capela") – título originalmente dado a um maestro de coro responsável pela música litúrgica na capela da corte; depois ampliou-se, passando a designar o regente de orquestra e, conseqüentemente, o diretor artístico de uma sala de concertos ou de um teatro de ópera; quando o cargo era na corte, o título era *Hofkappelmeister*; seu assistente era o *Vizekappelmeister*; equivalente ao italiano *maestro di cappella* e ao francês *maître de chapelle.*

Khorovód – dança russa tradicional semelhante à nossa ciranda.

Klangfarbenmelodie – melodia de timbres; termo aplicado a um estilo de composição, comum no início do século XX, em que as modulações da melodia são substituídas ou realçadas por freqüentes mudanças de colorido instrumental.

Kobzá – instrumento folclórico ucraniano, de cordas tangidas, semelhante ao violão.

Krakowiak – dança binária e muito sincopada, de tom alegre, da região de Cracóvia, na Polônia.

Kravattentenor – o tipo de cantor cuja emissão laboriosa dá a impressão de que ele está sendo estrangulado pela gravata.

L

Lazzi – palavra de etimologia incerta, mas provavelmente vinda de *l'azi*, forma abreviada de *l'azione*; *far l'azione* era, portanto, executar um número teatral; na *Commedia dell'arte*, o termo designa os números associados a cada uma das personagens, o conjunto altamente estereotipado de *gags* que as caracterizavam; exerceram grande influência sobre a ópera bufa e a farsa.

Legendas – John Leberg foi o primeiro a propor a utilização, no Metropolitan de Nova York, em 1983, da projeção de *slides* com legendas contendo a tradução do libreto, como se faz no cinema; essa projeção é feita numa tela colocada acima do proscênio.

Lehrstück – "peça didática"; texto falado entremeado de canções ou números corais de feitura simples, para poderem ser encenados por amadores: grupos escolares, corais de operários etc.; gênero proposto por Bertolt Brecht, que o usou como forma de doutrinação das massas nas décadas de 20-30; *Der Jasager (Aquele que Diz Sim)*, de Brecht e Kurt Weill (1930), foi criticado por aceitar o princípio do sacrifício do indivíduo em nome do bem coletivo.

Leitmotiv *(pl. Leitmotive)* – "motivo condutor"; o termo foi usado pela primeira vez por F. W. Jähns, em *Carl Maria von Weber in seinen Werken* (C. M. W. em sua obra), de 1871, para descrever uma figura musical curta que identifica, na ópera, uma pessoa, coisa, acontecimento ou idéia. Mais tarde Hans von Wolzogen e Heinrich Porges o usaram para descrever a técnica wagneriana do "motivo condutor", não como uma mera série de reminiscências mas como uma rede intrincada de temas sinfonicamente desenvolvidos e modificados de forma a constituir um arcabouço musical para a narrativa. O próprio Wagner não usava este termo; preferia chamar seus temas de *Hauptmotiv*: motivo principal.

Libreto – do italiano *libretto*, diminutivo de *libro*; nome dado ao texto da ópera, ao poema dramático musicado pelo compositor; pode basear-se numa peça de teatro (*Otello*), num romance (*Guerra e Paz*), num poema (*Ievguêni Oniéguin*), numa lenda (*Russalka*), numa idéia original (*Così fan tutte*), ou até mesmo em fontes insólitas como uma história em quadrinhos (*A Raposinha Esperta*, de Janáček); seu autor é o libretista; alguns compositores – como Wagner – são os autores de seus próprios libretos.

Licenza – na ópera barroca, uma espécie de epílogo que consistia em uma ária ou uma ode coral louvando o aristocrata a quem a obra era dedicada.

Liebestod – "morte de amor": termo usado pela primeira vez por Heilmann para descrever a união dos amantes na morte, na *Undine* de T. E. Hoffmann; hoje, a expressão é comumente utilizada para se referir à cena final do *Tristão e Isolda*, de Wagner.

Lied *(pl. Lieder)* – "canção"; termo usado para descrever a canção poética, gênero germânico típico, de que Schubert, Schumann, Hugo Wolf ou Richard Strauss deixaram ciclos notáveis; em ópera, refere-se a um número de estrutura menos elaborada do que a ária, ou de caráter mais próximo do popular.

Liederspiel – "peça em forma de canções"; gênero derivado do *Singspiel* e que consiste em can-

GLOSSÁRIO

ções intercaladas a diálogo falado; J. F. Reichardt, o popularizador do gênero, dava a seus números cantados uma estrutura de canção folclórica.

LIETO FINE – "final feliz"; até meados do século XVIII, considerava-se inadequado o desenlace trágico para a ópera, que visava a ser uma "escola das virtudes"; por conseguinte, a súbita intervenção das divindades (ver *deus ex-machina*), ou a conclusão a que o tirano chegava de que estava cometendo um erro e devia ser magnânimo, permitiam a conclusão positiva. Cicognini foi o primeiro a utilizar essa expressão para justificar o final do *Giasone*, de Cavalli.

LITERATUROPER – termo usado para designar o libreto que adapta uma obra literária preexistente – romance, conto, poema, peça teatral – por oposição àqueles que se baseiam em uma idéia original.

LORELEY – na mitologia germânica, a figura da ninfa das águas que se apaixona por um mortal; também chamada de Ondina ou, nos países eslavos, de Russalka.

M

MADRIGAL – composição polifônica a várias vozes, sobre texto poético, que teve grande desenvolvimento durante a Renascença e o período protobarroco, tendo em Orlando di Lasso, Luca Marenzio, Gesualdo da Venosa, Sigismondo d'India e Claudio Monteverdi alguns de seus maiores expoentes.

MAESTRO – o regente, o diretor musical de um teatro ou de uma sala de concertos.

MÁQUINA DE TROVÃO (*thunder-sheet*) – larga folha de metal que é sacudida ou percutida para simular o som de uma trovoada.

MÁQUINA DE VENTO (*wind-machine*) – instrumento que consiste geralmente em um cilindro girado com uma manivela, de forma a que ele roce numa superfície de seda muito esticada, produzindo com isso ruído semelhante ao de uma ventania.

MÄRCHENOPER – "ópera-conto de fadas"; nome dado, na Alemanha, ao tipo de ópera baseado no acervo de contos folclóricos; *Hänsel und Gretel*, de Humperdinck, é o exemplo mais famoso.

MARIONETE – teatro de bonecos no qual, com freqüência, eram apresentadas óperas; *La Damira Placata* (1680), de Ziani, é o exemplo mais antigo que se conhece. Haydn escreveu cinco óperas para teatro de marionetes. Moderna-

mente, o gênero foi praticado por Manuel de Falla (*El Retablo de Maese Pedro*) e Ottorino Respighi (*La Bella Dormiente nel Bosco*).

MASQUE – na Inglaterra dos séculos XVI-XVII, o tipo de espetáculo que combinava poesia, canto, dança e mímica, em geral contando histórias mitológicas, com encenação muito elaborada. Foi uma derivação do *ballet de cour* francês, mas na Inglaterra não se restringiu ao âmbito cortesão, sendo apresentada para público popular na Inns of Court. Ben Jonson foi o introdutor do *antimasque*, uma espécie de interlúdio grotesco comparável ao *intermezzo* italiano.

MAZURCA – dança polonesa, originária da região de Mazóvia, perto de Varsóvia, ternária com acento no segundo ou terceiro tempo.

MEIO-SOPRANO (*mezzo soprano*) – a voz feminina intermediária, caracterizada por um timbre mais escuro e uma extensão que vai de sol a si^2. Muitos papéis de *mezzo* que se situam no extremo superior do registro – Popéia, Dido, Cherubino, Charlotte, Eboli, Kundry ou a Kostelnička – podem ser eventualmente cantados por soprano dramático. É comum, hoje, confiar-se a mezzos os papéis originalmente escritos para *castrati*, como o *Júlio César* e o *Xerxes*, de Haendel, ou o *Orfeu*, de Gluck.

MELISMA – um desenho vocal expressivo feito em cima de uma única sílaba.

MELODRAMA – diz-se do texto falado com acompanhamento orquestral contínuo e eventual inserção de trechos corais. O primeiro foi o *Pygmalion* (1770), de Jean-Jacques Rousseau; imitando-o, Jiří Benda compôs a popular *Ariadne auf Naxos* (1775), que serviria de modelo para todas as experiências do gênero que se seguiriam. Como a palavra significa literalmente drama musical, é também usada, de forma mais genérica, como um sinônimo de ópera.

MESSA DI VOCE – a arte de aumentar ou diminuir o volume de emissão de uma nota; Caccini a menciona pela primeira vez, em 1602, no prefácio às suas *Nuove Musiche*, como importante para demonstrar o controle técnico de que o cantor dispõe; o termo francês *son filé* refere-se apenas ao recurso de diminuição (ver também *filar il tuono*)

METÁFORA (*ou simile*) – diz-se da ária, comum na *opera seria*, que parte de uma metáfora para ilustrar determinada situação dramática ou estado de espírito. Em Metastasio, são comuns as árias em que a personagem se compara a um leão enfurecido, seu coração a um mar tempestuoso, sua mente a um piloto que perdeu o controle da embarcação, e assim por diante. Esse tipo de ária dava a possibilidade da ornamentação do tipo imitativo: ruídos da natureza, onomatopéias reproduzindo as vozes dos animais. Em "Come scoglio", do *Così Fan Tutte*, embora descrevendo um sentimento genuíno, Mozart faz uma bem-humorada paródia dessa convenção.

MEZZA VOCE – "a meia voz": a indicação para que o cantor não utilize a plena potência da voz, cante obtendo nuances de colorido.

MEZZO-CONTRALTO – termo que foi aplicado pela primeira vez à cantora Rosine Stolz (1815-1903), cuja voz se caracterizava pelo amplo registro grave; descreve mais o timbre do que a extensão.

MEZZO-SOPRANO (*ver meio-soprano*).

MIMODRAMA (*ver pantomima*).

MINIMALISMO – Tendência contemporânea que se baseia na utilização de um material melódico reduzido e na repetição obstinada de células curtas. Às primeiras experiências de La Monte Young e Terry Riley, na década de 60, Steve Reich e Philip Glass – autor de obra operística considerável – acrescentaram a noção de modulações graduais e quase imperceptíveis. Os minimalistas rompem com a música atonal e optam por uma forma de neotonalismo.

MODAL – a música que utiliza os "modos" – as escalas – da música antiga e do início da Idade Média: o dórico (dó-ré-mi bemol-fá-sol-lá-si bemol-dó), o frígio (dó-ré bemol-mi bemol-fá-sol-lá bemol- si bemol-dó), o lídio (dó-ré-mi-fá#-sol-lá-si-dó), o mixolídio (dó-ré-mi-fá-sol-lá-mi bemol-dó). Muito comum na música folclórica é o modo pentatônico, com apenas cinco das doze notas (dó-ré-mi-sol-lá-si), utilizado por compositores tão diferentes quanto Dvořák, Mahler, Puccini, Bartók ou Messiaen. Confinando-se aos limites de uma escala imutável – em vez de combinar, como na música tonal, as notas iniciais da escala maior ou menor às da escala cromática, permitindo modulações variadas –, a música modal tem um efeito mais estático.

MODERNISMO – termo utilizado de forma genérica para as tendências vanguardistas desenvolvidas durante o século XX; foi às vezes utilizado com intenção pejorativa, ligando-se à noção de que a arte moderna é difícil, áspera, complicada e reservada a um grupo restrito de iniciados.

MODULAÇÃO – o procedimento, na música tonal, que consiste em mudar de tonalidade durante o desenvolvimento de uma peça.

MOGÚTCHAIA KÚTCHKA – literalmente "poderoso punhado"; o nome russo dos músicos nacionalistas – Balákirev, Mússorgski, Borodín, Cui, Rímski-Kórsakov – conhecido no Ocidente como o Grupo dos Cincos.

MOJIGANGA – termo espanhol para designar um tipo de mascarada intercalando canto e dança que, no século XVII e início do XVIII, era encenada no final das peças de teatro, apresentando elementos cômicos, satíricos ou grotescos.

MONODRAMA – melodrama (o *Pygmalion* de J. Benda) ou ópera (a *Voz Humana* de Poulenc) em que há apenas uma personagem.

MONÓDIA (*ver Stile rappresentativo*).

MOTIVO – sinônimo de tema; idéia melódica geralmente curta, que pode ser usada de forma recorrente como elemento unificador da partitura; ver também *Leitmotiv*.

MUSETTE – uma espécie de gaita de fole; designa também uma dança folclórica com acompanhamento marcado feito por esse tipo de instrumento; por extensão, as festas populares, no século passado, eram chamadas de *bals de musette*.

MUSICAL – ver comédia musical.

MUSIC-THEATRE – termo usado para obras em que há elementos musicais e dramáticos mas sem envolver necessariamente a representação: os instrumentistas podem ficar no palco, usando máscaras ou figurinos. Compositores contemporâneos como Goehr, Kagel, Henze, Ligeti, Birtwistle ou Maxwell Davies recorreram a essa fórmula, em parte por razões de economia, mas sobretudo para explorar em profundidade relações novas entre a música e o teatro.

N

NACHSPIEL – o termo alemão para "poslúdio".

NARÓDNI ÓPER – "ópera popular"; termo que na Rússia designa as óperas de tema histórico, com enfoque deliberadamente populista, proposto pelos nacionalistas do Grupo dos Cinco (*Borís Godunóv* e *Khovânshtchina* são os exemplos típicos).

NEOCLASSICISMO – movimento que se desenvolve no século XX – a *Sinfonia Clássica* (1917) de Prokófiev e o balé *Pulcinella* (1920) de Stravínski são alguns dos primeiros exemplos –, visando a resgatar formas e preceitos musicais dos séculos XVII-XVIII. No campo da ópera, em reação aos excessos vanguardistas, essa tendência fará surgir uma literatura muito rica: *The Rake's Progress*, de Stravínski, *Car-*

GLOSSÁRIO

dillac, de Hindemith, *L'Amour des Trois Oranges*, de Prokófiev, *La Donna Serpente*, de Casella, ou a *Ariane*, de Martinů.

NEO-ROMANTISMO – movimento de reação ao Verismo e de recuperação das características essenciais do melodrama da Idade de Ouro oitocentista, a que se assiste nas primeiras décadas do século XX. Fortemente influenciados pelas idéias wagnerianas, o Decadentismo, o Pré-rafaelismo, o Art-Nouveau, autores como Mascagni, Giordano, Zandonai na Itália; Strauss, Schreker, Zemlinsky ou Korngold na Alemanha escrevem óperas ambientadas num passado evocado poeticamente, mais do que reconstituído com precisão histórica, em histórias impregnadas de elementos típicos da ópera romântica.

NEOTONALIDADE – movimento que se desenvolve a partir do fim da década de 70, como busca de uma saída para a crise do esgotamento das técnicas de escrita dodecafônicas e seriais: visa a fazer a síntese entre as aquisições de vanguarda e os elementos de linguagem herdados da tradição; óperas como *Casanova's Homecoming*, de Dominick Argento, ou *The Ghosts of Versailles*, de John Corigliano, são exemplos típicos.

NEUINSZENIERUNG – "nova produção"; o termo utilizado, na Alemanha, para designar as montagens com novos cenários, guarda-roupa e direção.

NÔ, TEATRO – Vários elementos se combinam – as danças narrativas cortesãs de estilo Bugaku, as formas do teatro Gagaku importadas da Coréia em 612 – para formar o teatro Nô japonês, a peça de formas mais elaboradas e artísticas, por oposição aos elementos populares do Kabúki. Seu desenvolvimento situa-se entre os séculos XIV-XVI, e as últimas peças importantes foram escritas por volta de 1600. O Nô é uma fusão de *uta* (canção) entoada por um *ji* (coro) de oito a dez cantores, *kotoba* (declamação), *mai* (dança) e *hayashi* (música) executada por flautas e três tambores de afinação diferente. O teatro clássico japonês exerceu influência sobre autores contemporâneos como Weill e Brecht ou Britten.

NOVA OBJETIVIDADE *(Neue Sachlichkeit)* – termo usado na Alemanha para designar a reação de caráter realista, na década de 20, tanto ao subjetivismo neo-romântico quanto às deformações do Expressionismo; suas características confundem-se às vezes com as do Neoclassicismo; Hindemith, Krenek, Weill são seus representantes típicos.

NONETO – o número de conjunto a nove vozes: o noneto do *Falstaff*, por exemplo.

NÚMEROS – (ver *ópera de números*).

O

OBBLIGATO – "obrigatório"; designa-se assim o instrumento solista que, a partir do Barroco, acompanha a voz, dialogando com ela; o procedimento permanece durante o Classicismo e surge ainda no Romantismo (o uso da flauta na Cena da Loucura da *Lucia di Lammermoor*, por exemplo).

OBERSPIELLEITER – "diretor principal"; nome dado na Alemanha ao primeiro diretor teatral permanente de uma companhia de ópera; às vezes ele pode ser também o *Generalintendant*.

OMBRA – (ver *scene d'ombra*).

ONDES MARTENOT – instrumento eletrônico inventado por Maurice Martenot em que um teclado emite uma espécie de assobio que pode ser modulado; muito utilizado por compositores franceses: Honegger (*Joana d'Arc na Fogueira*), Messiaen (*Sinfonia "Turangalila"*), Landowsky (*Concerto para Ondas Martenot e Cordas*)

ÓPERA – "obra", abreviatura da expressão *opera in musica*; peça teatral cantada por um ou mais solistas acompanhados por instrumentos, podendo haver ou não a participação de um coro ou a inserção de números de balé; espetáculo encenado com cenários e guarda-roupa, com uma direção de cena específica; entre as partes cantadas pode haver *recitativos* (ver esse termo) ou diálogo falado (ver *opéra-comique* e *Singspiel*).

ÓPERA-BALÉ *(opéra-ballet)* – gênero de espetáculo popular na França na virada dos séculos XVII-XVIII, em que números de dança misturavamse à ópera propriamente dita; tomando como modelo *Le Ballet des Saisons*, de Pascal Colasse, André Campra inaugura o gênero, em 1697, com *L'Europe Galante*. Importada para a Itália, ela dá a *opera-ballo*, de que *Il Guarany*, de Carlos Gomes, é um exemplo típico.

ÓPERA BUFA – a ópera cômica; desde *La Morte d'Orfeo* (1619), de Landi, cenas cômicas são intercaladas às sérias, nos dramas, para obter o efeito de contraste caro ao espírito barroco; a partir de *Chi Soffre, Speri* (1639), de Mazzocchi, a comédia surge como gênero independente; a *commedeja per mmuseca* dialetal faz de Nápoles um grande centro da comédia na primeira metade do século XVIII; a comédia clássica vai

A Ópera Barroca Italiana

se desenvolver, no século XVIII, a partir do *intermezzo* (ver este termo).

ÓPERA-COMIQUE – surgida, em torno de 1660, a partir dos *vaudevilles* do *théâtre forain*, consistia de comédias com trechos cantados (*comédies mêlées d'ariettes*); revitalizada, durante a *Querelle des Bouffons*, pelos partidários da ópera de estilo italiano, desenvolveu-se com Philidor e Monsigny, mais tarde com Boïeldiru, Grétey e Auber; desde o início, na *ópera-comique*, os elementos sentimentais passaram a ter mais peso do que os bufos; com o tempo, a expressão passou a designar não um *gênero*, mas uma *forma*: o tipo de ópera em que os números cantados são interligados por diálogos falados e não por recitativos (por esse motivo, embora tenham assunto sério, o *Joseph*, de Méhul, a *Médée*, de Cherubini, ou a *Carmen*, de Bizet são *óperas-comiques*).

ÓPERA DE NÚMEROS – a estrutura típica da *opera seria* barroca, formada por uma seqüência de árias *da capo* fechadas, separadas por recitativos secos; dá-se esse nome porque cada uma das árias vinha numerada na partitura; de modo geral, designa-se assim a estrutura fragmentária que predomina nos séculos XVII-XVIII, antes de a reforma gluckiana preocupar-se em dar ao drama lírico maior continuidade.

ÓPERA DE RESGATE *(opéra de sauvetage, rescue opera, Rettunsgoper)* – subgênero surgido na virada dos séculos XVIII-XIX, em decorrência da Revolução Francesa; no Barroco, já eram comuns as histórias de cavaleiros aprisionados em castelos mágicos (Rinaldo e Armida, por exemplo), dali libertados pela namorada ou um amigo; as convulsões revolucionárias popularizam as histórias de presos políticos libertados da prisão por alguém que os ama – *L'Amour Conjugal*, de Gaveaux, inspiradora da *Leonora*, de Paër, e do *Fidelio*, de Beethoven –, ou de nobres perseguidos e ajudados a fugir por empregados que lhes ficaram fiéis (*Les Deux Journées*, de Cherubini).

OPERA DI OBBLIGO – "ópera obrigatória"; assim se chamava, na Itália do século XIX, o espetáculo que era a atração principal da temporada.

OPERA DI RIPIEGO – "ópera de reserva"; um sucesso de uma das temporadas anteriores, que o empresário mantinha como carta na manga, para encenação de emergência, caso uma das *opere di obbligo* não ficasse pronta a tempo, ou não fosse bem recebida.

OPÉRA LYRIQUE – gênero que floresceu na França do século XIX, intermédio entre o *grand-opéra* e o *opéra-comique*; mais curto e com menos cenas de efeito espetacular do que aquela, porém com música mais elaborada do que a desta, e com recitativos acompanhados em vez de diálogos falados; clareza, simplicidade e elegância são as características centrais dos *opéras lyriques* típicos, compostos por Gounod, Thomas, Delibes e Massenet.

OPÉRA-MINUTE – trilogia de óperas muito curtas (10 a 15 minutos) compostas por Darius Milhaud, para o Festival de Baden-Baden, em 1927-1928; além de musicalmente muito concentradas, assumem tom extremamente irreverente em relação aos sacrossantos mitos clássicos: *O Rapto de Europa, O Abandono de Ariadne, A Libertação de Teseu.*

ÓPERA RADIOFÔNICA (*ópera radiofonica, opéra radiophonique, radio ópera, Funkoper*) – peças especialmente escritas para transmissão radiofônica, explorando as características específicas desse meio de comunicação; a primeira ópera escrita para o rádio foi *Malpopita* (1930), de Walter Goehr, seguida de *L'Ospite Inaspettato* (1931), de Riccardo Pick-Mangiagalli; outros títulos importantes são *A Comédia na Ponte* (1937), de Martinů, *A Aranha Negra* (1936), de Sutermeister, ou *A Solteirona e o Ladrão* (1939), de Menotti (ver também *Rádio*).

ÓPERA NA TELEVISÃO (*ópera televisiva, opéra en télévision, television ópera, Fernseh-Oper*) – ainda mais do que o rádio, a televisão – por dispor da imagem e de uma série de recursos cinematográficos muito flexível – revelou-se um meio privilegiado para a expressão operística. Em 1951, o programa Television Opera Theater encomendou *Amahl e os Visitantes da Noite*, de Menotti; e, em 1953, *O Casamento*, de Martinů, baseada em Gógol. Em 1959, Sutermeister ganhou o prêmio do Festival de Salzburgo por *O Fantasma de Canterville*, baseada em Oscar Wilde. *O Dilúvio*, de Stravinski, foi encomendada em 1962 pela CBS americana. *Mañana* (1956), de Benjamin, *Tobias e o Anjo* (1960), de Bliss, e *Owen Wingrave* (1971), de Britten, são importantes contribuições inglesas ao gênero.

ÓPERA-ROCK – tendo no *Porgy and Bess* de Gershwin uma notável precursora, gênero a cavalo entre o erudito e o popular, que cruza formas operísticas tradicionais com melodias e ritmos da canção moderna; *Tommy,* do grupo The Who, foi o seu primeiro exemplo; o nome de maior destaque é o de Andrew Lloyd Webber, autor de *Jesus Christ Super Star, O Fantasma da Ópera* e *Evita.*

GLOSSÁRIO

ÓPERA SEMI-SÉRIA – também chamada de *dramma giocoso*; gênero híbrido, a que Carlo Goldoni dá início por volta de 1750; caracteriza-se pela mistura de elementos cômicos, sentimentais ou melodramáticos; o termo é aplicado pela primeira vez à *Nina* (1789) de Paisiello; também chamada de *dramma di sentimento, dramma eroicomico* ou *dramma tragicomico*, a ópera semi-séria herda muitos elementos da *comédie larmoyante* (comédia lacrimejante) francesa, típica do Pré-Romantismo.

OPERA SERIA – às vezes também chamado de *melodramma serio*; fruto da reforma do libreto proposta, na virada dos séculos XVII-XVIII, por Zeno, Stampiglia e Metastasio. Preocupa-se com a qualidade literária – seus versos são cuidadosamente construídos e obedecem à Doutrina dos afetos (ver este termo) – e, musicalmente, oferece oportunidades aos cantores, que se tinham tornado os principais atrativos do espetáculo, para demonstrarem suas habilidades virtuosísticas. Reduz o número de personagens, elimina as inserções cômicas e as cenas de efeito da ópera veneziana, e faz da ária *da capo* (ver este termo) a unidade básica da composição. Os libretos geralmente tratavam de conflitos amorosos envolvendo personagens elevadas, de origem histórica ou semi-histórica. Scarlatti, Haendel, Hasse, Vivaldi, Bononcini foram seus maiores expoentes. Com Jommelli e Traetta surgem as inovações que vão desaguar na reforma de Gluck. Mas Mozart (*Mitridate, Idomeneo*) e Haydn (*Orfeo ed Euridice*) ainda escreveram *opere serie*.

OPERETA – peça de teatro de tema cômico – ou leve –, com uma abertura e canções, interlúdios, cenas corais e danças intercaladas no texto falado; deriva do *opéra-comique*, com formas ainda mais ligeiras; a tradição francesa inicia-se com Offenbach e prossegue com Lecocq, Planquette, Messager; a vienense parte de Suppé e Strauss II e chega ao apogeu com Lehár, Millöcker, Straus, Kálmán e Ziehrer; na Inglaterra, Gilbert e Sullivan criam a tradição das "Savoy Operas"; nos EUA, as operetas de Victor Herbert e Reginald de Koven abrem caminho para a comédia musical.

ORGANO DI LEGNO – órgão portátil usado com freqüência, na Escola Veneziana, como um dos instrumentos do contínuo.

OSTINATO – figura melódica reiterada, usada como alicerce harmônico (*basso ostinato* ou *ground bass*), no acompanhamento, para uma série de variações na melodia vocal; o lamento "When I am laid in earth", da *Dido e Enéias* de Purcell, é construído sobre um tipo muito freqüente de *ostinato*: o tetracorde descendente (sol-fá#-fá bequadro-mi-mi bemol-ré) chamado de *Schmerzenbass* (baixo da dor) pelos musicólogos alemães.

OTTOCENTO – designação italiana para o século XIX.

P

PADRE NOBILE (*père sérieux*) – descendente do "magnifico" da *Commedia dell'arte*, é a figura paterna mais velha, digna e cheia de autoridade (Miller na *Luisa Miller*, Germont na *Traviata*, Des Grieux pai na *Manon*), por oposição à figura bufa do pai teimoso a quem os filhos enganam, ajudados pela criadagem.

PALCO – em italiano, esta é a palavra usada para designar o "camarote" (não confundir com *palcoscenico*, o equivalente de nosso "palco"); os camarotes surgem nos teatros venezianos do século XVII e, de início, eram vendidos ou alugados a famílias nobres, membros do clero ou do corpo diplomático; usados para encontros amorosos, reuniões sociais e até mesmo, durante o *Risorgimento*, encontros de conspiradores, exerceram função muito importante na vida italiana. Havia vários tipos: o *palchettone*, o grande camarote central, era também chamado de *palco reale* (ou *ducale, governativo*); o *palco di proscenio*, também chamado *palco di pepione*, ficava bem próximo da cena; ao camarote que permitia ver o espetáculo sem que os espectadores reconhecessem seus ocupantes, dava-se o nome de *palco della vedova* (da viúva).

PANTOMIMA – a arte da mímica, da expressão gestual sem palavras, cujas raízes remontam ao teatro romano. Na ópera, a pantomima deriva da *Commedia dell'arte* e é muito comum no *intermezzo* (o Vespone da *Serva Padrona* de Pergolesi, por exemplo). O coreógrafo francês Charles Noverre utilizou, para formular o conceito inovador do *ballet d'action*, técnicas de pantomima observadas no ator inglês David Garrick, no teatro londrino de Drury Lane. *Pantomime dialoguée* era um tipo de espetáculo musical muito popular na França do século XVIII: a um texto falado, de caráter cômico ou satírico, entremeavam-se canções, números de dança e muita mímica; as partituras eram colagens de temas tomados de empréstimo a canções populares. Resquícios dessa tradição são a personagem título de *La Muette de Portici*, de Auber, e a pantomima dançada de Olímpia nos *Contos de Hoffmann*, de Offenbach.

381

PARABLE ÁRIA (*ver Metáfora*).

PARADETROMMEL – nome alemão do tambor militar, incorporado à orquestra a partir do Classicismo (por exemplo na *Sinfonia Militar*, de Haydn).

PARLANDO – a técnica de recitativo que faz a emissão aproximar-se da fala normal; distingue-se do *parlato*, que se refere ao texto realmente falado (por exemplo, a leitura da carta no ato I do *Macbeth*, de Verdi).

PARÓDIA – imitação, em tom cômico, de uma obra séria; Simon Favart foi, no século XVIII, um especialista em parodiar, em tom cômico, obras de sucesso com argumento sério (o *Bastien und Bastienne* de Mozart parte da paródia que ele fizera do *Devin du Village* de J.-J. Rousseau). O fato de o soprano que criou o papel título da *Iphigénie en Tauride* (1781), de Piccini, estar bêbada na noite da estréia suscitou uma paródia imediata, intitulada *Iphigénie en Champagne*.

PARTICELLA (*short score*) – o estágio inicial da partitura, geralmente em redução para piano, ou apenas com uma indicação sumária da linha instrumental, antes de o compositor começar a orquestrá-la.

PASTICCIO – forma de composição coletiva, muito popular no século XVIII, da qual participavam vários compositores (o *Muzio Scevola* produzido em Londres em 1721 foi escrito por Mattei, Haendel e Bononcini); designa também colagens feitas a partir de uma determinada ópera, com a inserção de trechos recolhidos na obra de vários autores: em 1707, Pepusch montou a *Thomyris* com árias extraídas de óperas de Bononcini, Scarlatti, Gasparini e Albinoni; Quantz, em sua autobiografia (1725), é o primeiro a aplicar à música este termo, antes pertencente ao domínio da pintura.

PASTORAL (*ver favola pastorale*).

PATTER SONG – a canção ou ária cômica em que o texto é emitido muito velozmente, em estilo de conversação (*silabato*); "Un dottor della mia sorte", do Dr. Bartolo, no *Barbeiro de Sevilha*, de Rossini, é um exemplo típico.

PENTATÔNICO – diz-se da escala de cinco notas, muito comum na música folclórica (ver *Modal*).

PERTICCHINO – do dialeto toscano; o equivalente do "escada" na gíria teatral brasileira: a personagem que existe para manter com o protagonista um diálogo que lhe dá o pretexto para cantar a sua ária – Flávio na *Norma*; Alisa na *Lucia di Lammermoor*; Inês no *Trovatore*.

PEZZO CONCERTATO (*morceau d'ensemble*) – na ópera do século XIX, o grande número de conjunto, com a participação de vários solistas e, em geral, do coro, que forma o núcleo *cantabile* do *finale* (por exemplo, o *concertato* do ato III do *Otello*); pode ou não ser seguido de uma *stretta*, ou recapitulação.

POETA CESAREO – "poeta imperial"; nome dado ao poeta oficial da corte, encarregado de escrever textos laudatórios para as ocasiões solenes e também de fornecer libretos aos compositores. Metastasio foi o *poeta cesareo* da corte austríaca.

POLIFONIA – a técnica de escrever a várias vozes, que teve enorme desenvolvimento, durante o Renascimento, a partir da escola flamenga de madrigalistas, que teve também ilustres representantes na Itália, França e Alemanha; em nome da inteligibilidade do texto, a Camerata florentina propôs a sua substituição pela *monódia* (ver *Stile rappresentativo*), ao formular a proposta de criação do *dramma per musica*.

POLITONAL – diz-se da técnica de superposição de melodias em tonalidades diferentes, em camadas simultâneas, muito freqüente na obra de compositores contemporâneos como Stravínski ou Milhaud.

POLONAISE – ritmo de dança de origem polonesa, muito utilizado em peças instrumentais para solista (a série das polonaises de Chopin) e orquestra (*Le Roi Malgré lui*, de Chabrier) ou vocais (a polonaise da *Mignon*, de Thomas).

POLOVITSIANAS, DANÇAS – número famoso de balé, calcado em tradições folclóricas da Ásia central, incluído por Borodín em sua ópera *O Príncipe Ígor*.

PONTICELLO – "pontezinha"; o cavalete sobre o qual repousam as cordas do violino; chamam-se de *sul ponticello* as notas tocadas perto desse cavalete; em técnica vocal belcantística, as notas que unem o registro de peito ao de cabeça.

PONTO (*souffleur, prompter, suggeritore*) – o funcionário do teatro encarregado de dar aos cantores a "deixa" para suas entradas, ajudando-os no caso de eventuais esquecimentos; tradicionalmente ficava dentro de um fosso no proscênio, no centro do palco, escondido do público por uma espécie de campânula. M. Taupe (toupeira), o ponto, é uma das personagens mais curiosas de *Capriccio*, a última ópera de Richard Strauss.

PORTAMENTO (*port de voix, tragen der Stimme*) – a técnica de levar a voz de uma nota para outra, de alcançar uma determinada nota a partir da que a antecede.

GLOSSÁRIO

POSLÚDIO – o contrário de "prelúdio"; comentário instrumental que prolonga um determinado número ou cena; Mascagni, em suas óperas maduras, utiliza com freqüência essa técnica.

PÓS-MODERNISMO – a reação aos extremismos vanguardistas que se esboça na década de 80; o minimalismo, o neotonalismo, o hibridismo de escrita, o resgate de formas e estilos antigos (incluindo o gosto pela citação de autores do passado), o *crossover* (fusão de formas clássicas e não eruditas) e a incorporação de valores estéticos populares são algumas de suas manifestações.

POSSE – "palhaçada, farsa"; entretenimento popular tipicamente vienense que floresceu nos séculos XVIII-XIX, espalhando-se também por cidades alemãs como Hamburgo e Berlim. A *Posse mit Gesang* (farsa com canto) distingue-se do *Singspiel* por apresentar quantidade muito menor de canto. As modalidades preferidas eram o *Lokalposse* – farsa regional, retratando os costumes e o jeito de falar interiorano – e o *Zauberposse*, de tema fantástico, em geral contando a história de um cidadão vienense que era transportado para o país das fadas. Ferdinand Raimund (1790-1836), autor de *Der Alpenkönig und der Menschenfeind* (*O Rei dos Alpes e o Inimigo do Povo*, 1828), foi o escritor mais popular dentro desse gênero, que influenciou compositores de *Singspiel* como Wenzel Müller e Conradin Kreutzer – e até mesmo o jovem Wagner da primeira ópera, *As Fadas*.

PREGHIERA (*prière, prayer, Gebet*) – ária ou trecho coração contendo uma oração, um pedido de ajuda a Deus ou uma invocação às forças sobrenaturais, que se torna um clichê do Romantismo; algumas delas, como "Avant de quitter ces lieux" de Valentin, no *Faust* (Gounod); a "Ave Maria" de Desdemona no *Otello* (Verdi); ou o "Allmächt'ger Vater" de Rienzi, na ópera de Wagner do mesmo nome, tornaram-se muito populares.

PRELÚDIO (*prélude, Vorspiel*) – peça instrumental de introdução a uma ópera, balé, cantata ou oratório, de um modo geral mais curta do que a *abertura*. Tendo inicialmente escrito, para a *Aida*, uma abertura elaborada, como a da *Força do Destino*, Verdi decidiu depois trocá-la por um prelúdio bem mais simples – e de efeito emocional muito mais denso.

PRÉ-ROMANTISMO – fase de transição entre o Classicismo e o Romantismo, que se situa na passagem do século XVIII para o XIX; suas primeiras manifestações surgem na Alemanha com o *Sturm und Drang* (ver este termo); é influenciado pelas idéias de J.-J. Rousseau, pelo teatro burguês de autores como Denis Diderot, pela *comédie larmoyante* francesa e os romances sentimentais de Samuel Richardson.

PREMIÈRE (*prima assoluta*) – a estréia de uma ópera ou balé, a sua criação mundial.

PRESTO – "rápido"; a indicação do andamento rápido; pode ser reforçada com as expressões: *molto presto* (muito rápido), *presto assai* (bastante rápido).

PRIÈRE – (ver *preghiera*).

PRIMA-DONNA – a principal cantora em uma ópera ou de uma companhia de ópera; no século XIX, o termo comportava conotações específicas quanto à quantidade de música que lhe era destinada e a posição dessa música em relação à dos outros intérpretes (ver *Convenienze*).

PRIMO MÚSICO (ver *Primo uomo*).

PRIMO TEMPO – na *scena* oitocentista, uma seção adicional que pode vir antes da ária, servindo de introdução a ela.

PRIMO UOMO – o equivalente masculino da *primadonna*: o principal cantor de uma ópera ou de uma companhia.

PRIMO VIOLINO DIRETTORE – o *spalla* da orquestra que, em alguns teatros italianos, durante o século XIX, costumava reger o espetáculo.

PROBE – alemão: ensaio; nos teatros germânicos há o *Beleuchtungsprobe* (ensaio de luz), o *Sitzprobe* (um ensaio em que os cantores repassam toda a ópera, mas ainda estão sentados, sem representar), o *Hauptprobe* (ensaio principal – o nosso pré-geral) e o *Generalprobe* (o ensaio geral – a *générale* francesa, o *dress rehearsal* inglês). Uma curiosidade: a preparação da cena das Filhas do Reno, em *Das Rheingold*, é chamada de *Schwimmprobe* (ensaio de natação).

PRODUCER – (ver *Diretor*).

PRÓLOGO – a cena introdutória de uma ópera; na origem, apresentava figuras mitológicas ou alegóricas que apresentavam o tema do drama; com Lully, assume formas muito elaboradas e converte-se num instrumento de louvação ao monarca e à corte; depois do século XVIII, são raras as suas aparições: o mais notável Prólogo moderno é o dos *Pagliacci*, de Leoncavallo, verdadeiro manifesto do Verismo; importante também, por seu efeito de distanciamento, é o *Le Maschere*, de Mascagni.

PROSTONARÓDNI – que se refere ou pertence ao povo, ao homem comum; diz-se das óperas nacionalistas do Grupo dos Cinco.

PROTESTA – nos libretos dos séculos XVII-XVIII, era comum o autor imprimir a explicação de que, embora utilizasse no Prólogo figuras mitológicas pagãs, era católico fervoroso e as estava empregando apenas como um efeito poético de caráter alegórico. Essa era uma exigência da Igreja, em especial nos Estados Pontifícios, onde o controle dos espetáculos pela Inquisição era muito rigoroso, para conseguir o *imprimatur*, a licença para a publicação.

PROVA – o ensaio; chama-se de *prova all'italiana* (no Brasil, "ensaio à italiana") aquele em que a ópera é repassada com os cantores, sem os cenários; quando estes estão prontos, vem a *prova di scena*; depois a *anti-generale* e a *prova generale*, geralmente diante de convidados e representantes da imprensa.

PUNTATURA – Convenção vigente até meados do século XIX de que, ao ser reprisada, a ópera deveria ser revisada para que sua partitura se adaptasse de forma mais precisa às características vocais dos novos intérpretes; Verdi foi um dos primeiros a rebelar-se contra essa prática.

PUPPET OPERA – (ver *marionete*).

Q

QUARTETO – o número de conjunto cantado por quatro solistas; o quarteto do *Rigoletto*, "Bella figlia dell'amore", por exemplo.

QUERELLE DES BOUFFONS – também chamada de *Guerre des Bouffons*; a polêmica, em Paris (1752-1754), entre os partidários da *tragédie lyrique* de modelo lullysta e os defensores da ópera bufa italiana, que se seguiu à apresentação, pela companhia de *bouffons* de Eustache Bambini, do intermezzo *La Serva Padrona*, de Pergolesi (ver o volume *A Ópera na França*).

QUINTETO – cena de conjunto para cinco solistas; o quinteto dos *Mestres Cantores de Nuremberg* é o exemplo mais famoso.

QUODLIBET – do latim "o que preferir"; tipo de entretenimento musical popular do século XV ao início do XVIII, fazendo colagens de melodias de autores diversos, geralmente de tema satírico. As três danças do *finale* do ato I de *Don Giovanni* inspiram-se na estrutura do *quodlibet*. Em Viena, no início do século XIX, desenvolveu-se um estilo especial de *quodlibet*, de estrutura narrativa muito frouxa, de que participavam artistas conhecidos interpretando suas árias favoritas – a gala do ato II do *Morcego*, de Johann Strauss II, é um resquício

dessa prática. Outra manifestação típica era uma espécie de *pasticcio* com a inserção de música preexistente em um novo libreto: o exemplo mais famoso é o *Rochus Pumpernickel* (1809), de Stegmayer, com melodias adaptadas por Haibel e Seyfried.

R

RÁDIO – A primeira transmissão de ópera foi feita em 1881, por via telefônica: *Les Huguenots*, de Meyerbeer, a partir da Ópera de Paris. Foi por esse processo que Marcel Proust ouviu, em 1902, o *Pelléas et Mélisande*, de Debussy, transmitido do Opéra-Comique. No início da década de 10, ouviu-se no rádio uma ária da *Carmen* cantada por Mariette Mazarin na Manhattan Opera Company. Seguiram-se trechos da *Cavalleria* e dos *Pagliacci* (Metropolitan, 1910), *Madama Butterfly* (Städtische Oper de Berlim, 1921), *Hänsel e Gretel* (Covent Garden, 1923), *As Duas Viúvas*, de Smetana (Rádio Tcheca, 1925), *I Dispettosi Amanti*, de Perelli (RAI, 1926), *Mârouf le Savetier du Caire*, de Rabaud (ORTF, 1932). A primeira ópera a obter a transmissão transatlântica, da Ópera de Dresden para os EUA, foi *Fidelio*, em 1930.

RAMMENTATORE – o ponto (de *rammentare*: relembrar); nome alternativo para o *maestro suggeritore*.

RANZ DES VACHES – melodia folclórica suíça, geralmente executada no Alphorn, a trompa popular alpina, para chamar o rebanho; Rossini utiliza uma delas no *Guilherme Tell*.

REALISMO – escola literária da segunda metade do século XIX, que reage aos excessos do Romantismo propondo o retrato fiel da realidade; influencia também a ópera e, a partir de 1890 – data da estréia da *Cavalleria Rusticana*, de Mascagni –, está na base da escola verista; tendência comum a todas as épocas que consiste em ter da realidade uma visão objetiva (apolínea), em oposição à visão subjetiva (dionisíaca) do espírito romântico – nesse sentido, pode-se dizer que Monteverdi, no século XVII (e portanto no período barroco), assume uma atitude realista ao descrever suas situações e construir suas personagens.

RECAPITULAÇÃO – repetição formal de uma seção identificável dentro da partitura; reapresentação rápida dos principais temas melódicos da obra como forma de preparar a coda (ou encerramento) da peça.

GLOSSÁRIO

RÉCIT – narrativa; nome que se dava, nos séculos XVII-XVIII, à peça independente para solista, com ou sem acompanhamento, geralmente dentro de um gênero como o *ballet de cour*, para conduzir a intriga.

RECITATIVO – seco (*semplice*), acompanhado (*stromentato, mesuré*) – nome dado à parte declamatória da ópera, com a qual se faz a ação avançar, por oposição aos momentos mais estáticos da ária, reservados à reflexão; deriva, durante o século XVII, das formas mais fluidas do *stile rappresentativo*, distanciando-se cada vez mais do *cantabile*. A partir da *opera seria* metastasiana, distingue-se o recitativo *seco*, com acompanhamento de cravo ou baixo contínuo, parâmetros melódicos muito restritos e ritmos que acompanham a acentuação verbal. O recitativo *acompanhado* é mais lírico, usa as cordas e, às vezes, alguns outros instrumentos *obbligati*. Quando o estilo *stromentato* é bem próximo da ária, dá-se a esse recitativo o nome de *arioso*. No caso francês, distinguia-se entre o *récitatif simple*, semelhante ao *seco* – embora pudesse ser entremeado de microárias, pequenas seções *cantabile* sobre passagens do texto que se queria enfatizar; o *récitatif obligé* ou acompanhado; e o *récitatif mesuré*, que tinha padrões métricos ainda mais regulares.

REDUÇÃO – a partitura da ópera para voz e piano; de um modo geral, o texto orquestrado é "reduzido", posteriormente, por um outro autor.

REGGAE – música popular urbana das Índias Ocidentais, em especial da Jamaica, utilizada em obras contemporâneas que tentam o *crossover*, a fusão de formas eruditas e populares.

RÉGISSEUR – (ver *diretor*).

REGISTRO – a qualidade do timbre nas diferentes regiões da voz – grave, centro, agudo –, dependendo da variação da tensão muscular na laringe e da freqüência de vibração da nota produzida. As notas de peito são mais densas do que as ditas de cabeça que, portanto, são mais ágeis e flexíveis. A emissão vocal ideal é a que passa homogeneamente de uma região para a outra, como acontecia com uma cantora como Renata Tebaldi. Em algumas vozes, existe o problema do *passaggio* – ou *ponticello* – entre dois registros, o ponto em que o músculo vocal, atingindo o limite máximo, corre o risco de afrouxar criando a sensação de uma ruptura na emissão sonora (em torno de mi bemol-fá# para o soprano, si bemol-ré para o *mezzo*). Frases que atravessam de um registro para outro podem apresentar problemas de *legato* (ver este termo).

REHEARSAL – (ver *ensaio*).

RELATIVO MAIOR/MENOR – o par de tonalidades complementares, uma maior a outra menor, com o mesmo número de sustenidos ou bemóis na clave: por exemplo, fá maior/ré menor (um bemol); tonalidades relativas têm sempre o mesmo intervalo: uma terça menor.

REMINISCÊNCIA – tema musical breve associado a uma personagem, situação ou idéia – o tema da amizade no *Don Carlo*, por exemplo – que retorna cada vez que se deseja reintroduzir o assunto no decorrer do drama; os alemães chamam de *Reminiscenzmotiv* ou *Erinnerungsmotiv* essa técnica de tema recorrente, que está na base do *Leitmotiv* (ver este termo).

REPETIDOR (*répétiteur*) – o pianista que ensaia os cantores na sala, ajudando-os com as dificuldades musicais ou lingüísticas; também chamado de *maître de chant*, na França, *maestro collaboratore*, na Itália, *Solorrepetiteur* ou *Korrepetiteur*, na Alemanha.

RÉPÉTITION – (ver *ensaio*).

RIPIENO – na composição barroca, o corpo da orquestra por oposição ao contínuo ou ao *ripieno*, o grupo de instrumentos solistas (sobretudo no concerto grosso).

RITORNELO – refrão; no início da ópera, seção instrumental de introdução a um trecho cantado, como no "Vi ricorda" do *Orfeo*, de Monteverdi, que costumava ser repetida para interligar os trechos; na *opera seria*, o ritornelo torna-se o elemento de ligação das seções da ária *da capo*.

ROMANÇA – página de caráter geralmente amoroso, de escrita simples, menos virtuosística do que a da ária, sem muita ornamentação ou cadência elaborada; exemplos típicos são "Sombres forêts" do *Guilherme Tell* (Rossini) ou "Celeste Aida" de Verdi.

ROMANTISMO – movimento artístico que ocupa a primeira metade do século XIX, reagindo ao racionalismo iluminista; caracteriza-se pelo seu subjetivismo, tendência à melancolia, culto do passado, mas também sentimento nacionalista, concepção visionária da função da arte; na ópera, é a fase que assiste ao nascimento de grandes escolas nacionais na Alemanha, no Leste Europeu, nos países nórdicos e nas nações americanas, que estão se tornado independentes; no período romântico, forma-se o essencial do repertório básico dos teatros de ópera de todo o mundo.

RONDÓ (*rondeau, rondo*) – ária desenvolvida a partir da forma instrumental iterativa do rondó, é uma ária em duas seções, uma lenta e outra rápida, cada uma delas repetida duas vezes; é nas óperas de Piccinni que essa forma surge sistematicamente pela primeira vez; um exemplo clássico é "Non temer, amato bene", no *Idomeneo* de Mozart; no século XIX, integra-se à estrutura de *cantabile-cabaletta* popularizada a partir de Rossini.

RUBATO – abreviatura de *tempo rubato*; a arte – mas às vezes também o vício – de apressar ou retardar o andamento, dentro de uma determinada frase, com graus variáveis de velocidade, para obter um efeito expressivo; dependendo do caso, esse recurso enfático muito eficiente pode converter-se num maneirismo cansativo.

RÜHRTROMMEL – nome alemão do tambor agudo (tenor), trazido da banda militar para a orquestra.

RUSSÁLKA – na mitologia eslava, o espírito das águas em que se convertiam as moças que se suicidavam por afogamento, geralmente devido a um amor infeliz; enfeitiçavam seus sedutores e arrastavam-nos com elas para o fundo do rio; Dargomýjski, Dvořák, Blarambérg, Aleksándrov escreveram óperas sobre este tema; corresponde às figuras mitológicas ocidentais da Ondina, da Loreley, da Donzela do Danúbio, também inspiradoras de óperas.

S

SACRA RAPPRESENTAZIONE – (ver *Azione sacra*).

SAINETA – tipo de comédia espanhola que retratava situações da vida quotidiana, usada como *intermezzo* (*entremés*) após os atos de uma peça falada, ou apresentada depois dela; a mais antiga que se possui é *El Mago* (1632), composição coletiva de Pablo Esteve, Antonio Soler, Antonio Rosales, Jacinto Valledor e Blás Laserna.

SAX – família belga de fabricantes de instrumentos de sopro; o mais inovador foi Adolphe Sax (1814-1894), inventor do saxofone, do *saxhorn* e da saxotrompa.

SCAPIGLIATURA (de *scapigliato*, "descabelado") – movimento de renovação da música italiana que se desenvolve nas décadas de 1860-1870, tendo à frente o romancista Giuseppe Rovani; o nome deriva do título de *La Scapigliatura e il 6 Febbraio* (1862), romance de Cleto Arrighi; Arrigo Boito, Franco Faccio e Emilio Praga foram seus membros mais importantes. Esses artistas acreditavam que o valor da obra criadora estava em seu potencial de romper as barreiras entre as diversas artes, fundindo-as numa "obra de arte total" – influência visível das idéias wagnerianas, numa fase em que a intelectualidade italiana sofre forte influência germânica.

SCENA – uma cena solista de objeto dramático, menos lírica ou formalmente construída do que uma ária, mas colocada num ponto climático da ação: o "Abscheulicher" de Leonora, no *Fidelio* de Beethoven, é um exemplo típico. O termo designa também o esquema ternário de construção da cena que se desenvolve na ópera do século XIX: consiste de um recitativo acompanhado introdutório; uma ária (um *cantabile*) em que determinado problema é exposto; uma ponte (o *tempo di mezzo*) que pode ser um novo recitativo, um diálogo ou um pequeno trecho coral; e uma *cabaletta* (ver este termo), em que a resolução do problema é proclamada; a *scena*, com sua estrutura de recitativo-ária-tempo di mezzo-cabaletta, dotada de relações temáticas e tonais estreitas, funcionou como um elemento essencial para conferir maior continuidade à escrita do ato, que passou a ser formado por grandes blocos de canto ininterrupto.

SCENA DI CONGIURA – cenas de conspiração tornaram-se muito comuns na ópera romântica, a ponto de constituírem um clichê; o "juramento das espadas", nos *Huguenotes* de Meyerbeer, é uma das mais conhecidas.

SCENA D'OMBRA – na ópera barroca e clássica, a cena que transcorre no Hades (a do *Orfeu e Eurídice*, por exemplo), ou em que há a aparição de um fantasma; ainda há uma *scène d'ombre* nos *Troianos* de Berlioz.

SCENA DI SONNO – a seqüência em que, ao adormecer, uma personagem é advertida de um perigo ou recebe uma revelação de um fantasma que lhe aparece no sonho.

SCENARIO – no século XIX, sinopse do libreto indicando as personagens, o número e o tipo das cenas; em geral eram redigidas para que o pedido de aprovação do argumento pudesse ser submetido à censura; mas já previam uma série de características do espetáculo: a distribuição vocal, a localização dos números principais, o equilíbrio entre árias, trechos corais e cenas de conjunto. Na Alemanha, *Scenarium* designa um libreto completo, com indicações detalhadas do cenário, dos figurinos e das indicações de encenação, como uma espécie de guia para o diretor de cena.

SCHAUSPIEL – peça de teatro, em alemão; o *Schauspieldirektor* – título da comédia de Mozart de 1786 – é o empresário.

GLOSSÁRIO

SCHULOPER – na Alemanha, peça expressamente escrita para uma escola e, portanto, de estilo simples, requerendo efetivos vocais apropriados para amadores; tinha a função de estimular a prática da música comunitária, promover a formação musical e transmitir ensinamentos morais – ou até mesmo políticos, como no caso do *Lehrstück* (peça didática) desenvolvido por Brecht-Weill. Exemplos clássicos são *Wir bauen eine Stadt* (Construímos uma Cidade), de Hindemith, e *Let's Make an Opera*, de Britten – que reflete a influência germânica.

SEGUNDA ESCOLA DE VIENA – grupo de compositores responsável, a partir da década de 20, pela revolução dodecafônica; liderado por Arnold Schönberg, dele participavam também principalmente Alban Berg e Anton Webern; assim se chamavam por oposição ao que teria sido a Primeira Escola de Viena, os compositores clássicos entre os quais estão Haydn, Mozart, Beethoven e Schubert.

SEMANTRON – barra de metal percutida, usada como um sino nos rituais da Igreja Ortodoxa e utilizada em partituras que se inspiram na música litúrgica da igreja greco-eslava.

SEMI-ÓPERA – designa peças inglesas do fim do século XVII que ainda são teatro falado, mas já possuem quantidade abundante de números musicais; a mais antiga é *The Tempest* (1674), com música de Locke; as mais famosas, *King Arthur* e *The Indian Queen*, de Purcell.

SEPOLCRO – tipo de *azione sacra* vienense do século XVII, para o ritual da Paixão, na Semana Santa, mais próximo do oratório do que da ópera, devido a seu caráter estático e contemplativo; seu maior expoente foi Draghi.

SERENATA – a canção entoada pelo amante debaixo da janela de sua dama, com ou sem acompanhamento (as serenatas de Don Giovanni, "Deh vieni alla finestra", ou de Almaviva no *Barbeiro de Sevilha*, "Ecco ridente in cielo", são exemplos clássicos); termo que, no século XVIII, designava uma peça cortesã curta, que podia ser encenada de forma simples ou representada em forma de concerto, para celebrar uma ocasião festiva: casamento, batizado, assinatura de tratado, visita oficial.

SERIAL – a técnica de escrita desenvolvida por Schönberg que se baseia nas diversas transformações de uma série de notas previamente estabelecidas; usa-se também a expressão dodecafonismo serial; trabalham com séries limitadas de notas peças como o op. 23 n. 2 (nove notas) ou o op. 24 n. 3 (quatorze notas), de Schönberg, ou o *In Memoriam Dylan Thomas* (apenas cinco notas), de Stravinski.

SERPENTINA – antigo instrumento de sopro com chaves e embocadura, assim chamado devido à sua forma espiralada; foi desbancado, nas bandas de música e orquestras, pelos modernos instrumentos de metal com válvulas mais eficientes.

SIMBOLISMO – movimento literário da segunda metade do século XIX, de reação ao realismo; extremamente subjetivo, mais preocupado com a alusão e a sugestão do que com os sentidos claros, com as sonoridades e poder conotativo das palavras do que com seus significados claros, exerceu profunda influência sobre Debussy e os seus contemporâneos, inadequadamente classificados de "impressionistas"; o teatro simbolista deixou marcas profundas na ópera da virada dos séculos XIX-XX (ver *A Ópera na França*).

SIMILE – (ver *Metáfora, ária de*).

SINFONIA – do grego *symphonia*, "combinação de sons"; no início da ópera, o nome dado à peça instrumental com que se iniciava o espetáculo (sinônimo de "abertura" ou "prelúdio"); dela derivam formas instrumentais que, na era clássica, com a fixação da sonata, darão origem à sinfonia em quatro movimentos, a mais nobre das formas fixas orquestrais.

SINGSPIEL – tipo de drama musical alemão em que – da mesma forma que no *opéra-comique* francês, de que sofre a influência – os números cantados, tocados ou dançados são interligados por diálogo falado (ver *A Ópera Alemã*).

SISTRO – instrumento rítmico grego em forma de U, com um cabo, dotado de guizos, que tilintavam quando ele era agitado.

SKÁZKA – em russo: "conto", "historias"; nomes dos poemas folclóricos, anônimos ou não (Púshkin escreveu vários deles em estilo folclórico), que serviram de inspiração para diversas óperas da escola nacionalista (*Ruslán e Liudmíla, O Tsar Saltán, A Cidade Invisível de Kítej, O Galo de Ouro*).

SKOČNÁ – dança binária do folclore tcheco, de ritmo rápido e tom leve, muito utilizada em óperas cômicas ou de ambientação camponesa.

SKOMORÓKHI – "histriões"; grupos de artistas ambulantes russos que faziam espetáculos em praças públicas ou apresentavam-se em castelos do interior do país; o tipo improvisado de comédia que faziam, com canções, danças e números de malabarismo, constitui um dos ancestrais do teatro musical eslavo.

A Ópera Barroca Italiana

SONATA, FORMA DE – a estrutura dada, no período clássico, ao primeiro movimento das peças instrumentais, que passam a se intitular sinfonia, quando escritas para orquestra, sonata, quando compostas para instrumento solista, trio, quarteto, quinteto e assim por diante; compõe-se de um primeiro tema, logo seguido de um segundo na tonalidade dominante; de um desenvolvimento desse material, e de uma recapitulação em que o segundo tema reaparece na tonalidade principal. Naturalmente, esse esquema básico sofre, nas mãos dos compositores e ao longo do tempo, as mais diversas modificações.

SONAMBULISMO – clichê típico da ópera romântica, que tem seus exemplos mais famosos na *Sonnambula* de Bellini e na cena do *Macbeth*, de Verdi, em que a mulher da personagem título, andando durante o sono, expressa o remorso que a persegue pelos seus crimes.

SONO – desde a comédia-balé *Les Amants Magnifiques* (1670), de Lully, tornam-se freqüentes, na ópera barroca, as cenas de sono em que a personagem, dormindo, sonha com a solução de um de seus problemas; é visitada por um espectro ou tem uma visão; ou, ainda, acorda e, fingindo continuar adormecida, escuta outras pessoas falando a seu respeito. Para a evocação do mundo imaginário dos sonhos são comuns sinfonias descritivas como a do *Atys*, de Lully.

SONGSPIEL – "peça com canções"; assim Kurt Weill descreveu a primeira versão de sua ópera *Ascensão e Queda da Cidade de Mahagonny*, em que uma série de canções isoladas são unidas umas às outras por uma narração. Na essência, trata-se de uma reinterpretação moderna do *Singspiel* tradicional.

SOPRANO – a voz feminina mais aguda, com diversas subdivisões, que podem variar de um país para outro; de um modo geral, reconhece-se, de acordo com a extensão, o soprano dramático (de sol a dó^3), lírico (si bemol a dó#^{3}), lírico *spinto* (lá a dó#^{3}), ligeiro (si bemol a dó^3), de *demi-caractère* (lá a dó#^{2}), coloratura (sol a fá^3). Os franceses distinguem os tipos de soprano Dugazon e Falcon, nomes dados a cantores de timbre muito característicos (ver esses termos). Os alemães costumam chamar o soprano ligeiro de *Soubrette* (ver este termo).

SOTTO VOCE – "com a voz encoberta"; a indicação para que se cante a meia voz, em surdina.

SOUBRETTE (do francês arcaico *soubret*, astucioso, malicioso) – designa, na comédia, o papel da criadinha cheia de expedientes (Serpina, Susanna, Despina); por extensão, a comediante de voz leve, como a Marzelline do *Fidelio*.

SOUSEDSKÁ – dança folclórica boêmia em ritmo ternário.

SOVRINTENDENTE – "superintendente"; na Itália, o administrador de um "ente autonomo", uma companhia estável de ópera, que trabalha em colaboração com o diretor artístico e/ou musical.

SPIELOPER – o tipo de *Singspiel* de tema cômico bem leve e inconseqüente (*Spiel* = brincadeira), sem maiores intenções satíricas.

SPIELPLAN – "plano de execução"; o prospecto com que, nos teatros alemães, se apresenta o programa para a temporada; designa-se assim também a publicação especializada que traz informações sobre as temporadas de todos os teatros alemães.

SPIELTENOR – o tenor leve que, nas companhias alemãs, faz papéis característicos como o Pedrillo, do *Rapto no Serralho*, ou o David, dos *Mestres Cantores*.

SPINTO – "repuxado"; denominação dada à voz de soprano e tenor mais vigorosa, com força no ataque; diz-se também *lirico spinto*.

SPRECHGESANG – termo usado por Schönberg e Berg para designar o tipo de declamação em que a altura das notas é indicada, mas a voz flutua entre o recitativo tradicional e a palavra falada; na primeira versão de *Königskinder* (Os Filhos de Rei), Humperdinck usou um antecessor desse estilo de canto a que deu o nome de *Sprechstimme* (voz falada).

SPREZZATURA – abreviatura de *sprezzatura di canto*, "desprezo pelo canto"; termo usado por Caccini em *Le Nuove Musiche* para descrever o *stile rappresentativo* e a forma como ele devia ser interpretado; é empregado todas as vezes que a emissão deve afastar-se dos parâmetros convencionais do canto, aproximando-se da fala.

STABREIM – o sistema de aliterações em seqüência, para obter efeitos de rima interna e ecos de sonoridade, comum na poesia medieval anglo-saxã e retomada por Wagner em suas óperas de tema mítico – em especial as do *Anel do Nibelungo*. No *Oxford Dictionnary of Opera*, assim se descreve o trecho do ato III da *Valquíria*, em que Wotan fala a Brünhilde, que lhe desobedeceu:

Was sonst du warst,
Sagte dir Wotan.
Was jetzt du bist,
das sage dir selbst.

GLOSSÁRIO

(O que foste antes / foi Wotan quem decidiu. / O que és agora, / foste tu que decidiste.)

"Aqui o efeito não é apenas de assonância: faz-se uma distinção entre o som do "w", associado com Wotan, e o papel e os privilégios antes conferidos à Valquíria, e os sons do "s", associados com sua desobediência às ordens do pai. Esse procedimento foi retomado com muita freqüência pelos alemães seguidores de Wagner, mas não deu bons resultados quando se tentou adaptá-los a outras línguas (por exemplo, as traduções do *Anel* feitas por H. e F. Corder ou um libreto original como o da *Sita*, de Holst)."

STAGIONE – "estação"; a temporada lírica nos teatros italianos.

STECCA – a nota "quebrada"; a falha na emissão de uma determinada nota, geralmente aguda.

STIERHORN – "chifre de touro"; instrumento de sopro da Antigüidade; em sua forma moderna, um conjunto de três tubos metálicos retos, com bocal cônico, tocado pelo trombonista, pedido por Wagner na *Valquíria* (ato II) e no *Crepúsculo dos Deuses* (atos II e III).

STILE CONCITATO – a técnica desenvolvida por Monteverdi, a partir do *Combattimento di Tancredi e Clorinda* (1624), de um tipo de declamação extremamente eloqüente, em que diversos recursos musicais são utilizados para frisar os aspectos retóricos do texto.

STILE RAPPRESENTATIVO – o tipo de canto solista acompanhado, desenvolvido, na virada do século XVI para o XVII, pela Camerata florentina, em reação à polifonia renascentista. Baseava-se na técnica da monódia, a utilização de uma só nota para cada sílaba do texto. O primeiro grande exemplo se encontra nas primeiras óperas – *Dafne* e *Euridice* de Peri – e na coletânea *Le Nuove Musiche* (1602), de Caccini. O *stile rappresentativo* ou *monodico* se bifurcará, mais tarde, em duas modalidades contrastadas de canto: o recitativo, com parâmetros melódicos e rítmicos mais simples, e a ária, com *cantabile* elaborado.

STRETTA – do italiano "aperto"; passagem, no final de uma ária, dueto ou cena de conjunto, em que o andamento se acelera para introduzir a coda.

STURM AND DRANG – "tempestade e ímpeto"; movimento Pré-Romântico surgido na Alemanha por volta de 1770-1780; nome tirado do título de uma peça de Maximilian von Klinger (1776), que se passava na América; põe a ênfase na energia, no demoníaco, nas qualidades prometéicas do indivíduo, reage contra o racionalismo iluminista e o formalismo do teatro clássico; inspira-se na liberdade formal e na veemência de expressão do teatro shakespeariano; Schiller, Goethe, Lenz e Bürger são seus representantes principais.

STYLE GALANT – outra denominação para o estilo dito *rococó*, da fase de transição entre o Barroco e o Classicismo, leve, elegante, com ornamentação rebuscada, por oposição ao estilo mais austero do Barroco pleno.

SUBDOMINANTE – nome que se dá ao quarto grau da escala diatônica (por exemplo, o fá na escala de dó), assim chamado porque tem, sobre a harmonia, controle menor, dependente do quinto grau, a dominante (ver este termo).

T

TABLEAU ("quadro") – outro nome para a "cena" enquanto subdivisão do ato; chamava-se de *tableau général* ou *tableau vivant* a representação estática de um momento particularmente dramático ou do desenlace de um ato.

TAILLE – na antiga nomenclatura francesa, o nome do tenor, intermediário entre a *basse* e o *haute-contre*; dividia-se esse timbre em *haute-taille* (ou *première*), para o tenor ligeiro, e *basse-taille* (ou *concordant*), para a voz abaritonada.

TAMBOUR VOILÉ – a expressão francesa para o tambor com surdina (*muffled drum*).

TAMBURELLO – a palavra italiana para o pandeiro.

TARANTELA – dança popular napolitana; sua origem prende-se a rituais primitivos visando a proteger da picada da tarântula, donde o nome.

TÁROGATÓ – instrumento introduzido pelos árabes na Hungria e incorporado à música folclórica desse país; cônico, feito de madeira e tocado por meio de um duplo caniço, assemelha-se a uma gaita de fole; no século XIX, o tubo duplo foi trocado por uma palheta de clarineta e por um teclado semelhante ao de um saxofone soprano. Mahler introduziu o tárogató, em Budapeste, no lugar do Holztrompete, acompanhando a segunda canção do pastor no ato III do *Tristão e Isolda*; depois disso, Richter introduziu esse hábito em Bayreuth, onde o instrumento ainda é às vezes usado; aparece com freqüência nas óperas húngaras de tema folclórico ou nacionalista.

TEATRO DI CARTELLO (ver *cartellone*).

TEMPORADA (*stagione, saison*) – o período durante o qual funcionam regularmente os teatros de ópera; o conjunto das óperas programados para esse período; na Itália dos séculos XVII-XVIII, a temporada de Carnaval se iniciava em dezembro, logo depois do Natal, e se estendia até o fim de fevereiro; havia outra temporada mais tarde, entre agosto e outubro.

TELEVISÃO – Cenas do *Pickwick*, de Albert Coates, foram as primeiras a serem transmitidas pela televisão (BBC, 1936). Nos EUA, uma versão abreviada dos *Pagliacci* foi televisionada do Radio City Music Hall em março de 1941 e, em novembro de 1948, houve a primeira cobertura direta de um espetáculo do Metropolitan de Nova York, com a transmissão de um *Otello*. A NBC foi o primeiro canal a transmitir uma ópera em cores: *Carmen*, em 1953. Na França, as transmissões começaram em 1950; na Alemanha, em 1955, com a *Flauta Mágica*, que reabriu a Ópera de Hamburgo. A *Flauta Mágica* que Ingmar Bergman filmou para a TV sueca em 1975 é um dos exemplos notáveis da aplicação dessa técnica ao espetáculo operístico.

TEORBA – alaúde de grande formato com cordas graves simpáticas (que ressoavam juntamente com as principais, reforçando-lhes a sonoridade), muito usado nos conjuntos de baixo contínuo do século XVII.

TEMPO D'ATTACCO – na ópera italiana do século XIX, a seção rápida de abertura de um dueto ou cena de conjunto em três partes.

TEMPO DI MEZZO – na ópera italiana do século XIX, a seção livre de transição que ocorre entre a ária e a *cabaletta*, numa *scena*, ou entre o *pezzo concertato* e a *stretta* de um finale.

TENOR – a categoria mais aguda da voz masculina natural; de um modo geral, há o tenor ligeiro ou *di grazia* (dó-ré^2), o tenor lírico (dó-dó^2) que pode também ser *spinto* e o tenor dramático ou *di forza* (dó-dó^2); a diferença entre eles está mais na resistência, na espessura e no colorido da voz do que na tessitura. O tenor bufo tem, em geral, a extensão de dó a si bemol. Na Alemanha, o tenor dramático é chamado de *Heldentenor* (heróico) e um tipo especial é o *Wagnerheldentenor* (dó-si bemol). Na França, distingue-se o *trial* – por exemplo o Torquemada da *Hora Espanhola* – em homenagem a Antoine Trial, especialista em papéis cômicos que exigissem mais qualidades cênicas do que vocais.

TENUTO – a indicação de que as notas devem ser mantidas com seu tempo pleno, ou até mesmo estendidas um pouquinho mais. Na prática, funciona como um convite para que os cantores segurem a nota o mais que puderem, usando-as como um pretexto para a exibição virtuosística.

TERCETO – (ver *trio*).

TESSITURA – termo que designa a região em que determinada peça é escrita em relação à voz para a qual ela é escrita; diz-se, portanto, que a Zerbinetta da *Ariadne auf Naxos*, escrita para soprano coloratura, tem tessitura particularmente alta, pois ela explora sistematicamente o registro mais agudo da cantora.

TINTA – termo que se emprega, na Itália, para designar o colorido vocal e a capacidade de variá-lo.

TONADILLA – gênero de comédia espanhola muito popular no século XVIII. Originalmente uma canção com acompanhamento de guitarra, dentro da *saineta* – seu nome é o diminutivo de *tonada*, derivado de *tono*, a canção polifônica ou madrigal –, tornou-se independente e transformou-se numa comédia em miniatura, de tema satírico ou político, semelhante ao *intermezzo* italiano. Terminava com um número de dança, a *tonadilla escénica*. Havia as tonadillas para solista ou para duas personagens, e as *tonadillas generales,* que podiam comportar até doze personagens. Antonio Guerrero é o primeiro autor registrado de um gênero que atinge a maturidade com Luis Misón, José Palomino e Manuel García. Em meados do século XIX, o gênero foi suplantado pela *zarzuela*.

TONAL – que se refere ao sistema de escalas temperadas que predominou na música ocidental entre os séculos XVII-XX e ao qual, passada a fase polêmica da vanguarda dodecafônica e serial, os compositores pós-modernos tendem a retornar.

TONALIDADE – a clave ou tônica em que está escrita a melodia e que lhe servirá de base para a resolução harmônica.

TORNEO – gênero dramático comum no século XVII, preparado para execução durante os torneios e competições eqüestres; seu tema estava geralmente relacionado com elementos bélicos, heróicos ou de conflito entre personagens.

TRAGÉDIE-BALLET – peça de teatro com canções e números de dança intercalados: o exemplo mais famoso é a *Psyché* (1671), na qual Lully musicou um texto escrito em colaboração por Quinault, Molière e Corneille.

TRAGÉDIE EN MUSIQUE – o modelo de ópera criado por Lully, partindo simultaneamente da tragédia falada em versos e das formas dramáticas em que havia inserção de canções, trechos corais e entradas de balé; a *tragédie lyrique*, que

GLOSSÁRIO

teve no *Cadmus* (1673), de Lully e Quinault, o seu primeiro exemplo, permitiu que a França, desde o início, tivesse um estilo próprio de ópera, não importando o italiano, como faziam os demais países europeus no século XVII. Embora este termo seja mais preciso para descrever a estrutura, a historiografia tem preferido o de *tragédie lyrique* para designar as obras de Lully, Campra, Rameau.

TRAGÉDIE LYRIQUE – (ver *tragédie en musique*).

TRANSPOSIÇÃO – a notação ou execução de uma peça em tonalidade diferente daquela em que foi originalmente escrita. São freqüentes os casos de árias transpostas para cantores que já estão idosos ou não possuem recursos vocais adequados para interpretar determinada página.

TRAUTÔNIO – instrumento eletrônico monofônico inventado por Friedrich Trautwein e exibido pela primeira vez em Berlim em 1930.

TRAVESTI (*breeches-part, trouser-role, Hosenrolle*) – nome dado a papéis de homem jovem escritos para serem cantados por uma voz feminina, em geral *mezzo-soprano* ou contralto (Cherubino, Octavian, Orlofsky, Siebel). No Barroco, época em que as vozes agudas eram muito apreciadas, eram comuns os papéis de homem feitos por mulher; mas, por razões cômicas, eram comuns também os papéis de mulher velha feita por homens: a Arnalta da *Coroação de Popéia*; a Ninféia da *Calisto*. Donizetti brinca com essa tradição em *Le Convenienze e le Inconvenienze Teatrali*, dando voz de barítono à Mamma Lucia, a inconveniente mãe da *prima-donna*.

TREBLE – nome que se dá, na Inglaterra, à voz infantil mais aguda, por oposição a *alto*, a voz mais grave.

TRILLO CAPRINO (*chévrotement, goat's trill ou bleat, Bockstrill, trino de cabra*) – recurso vocal que consiste em repetir rapidamente uma mesma nota, com pressões variadas da respiração, obtendo o efeito de *battement* (batidas). Os primitivos monodistas – e em especial Monteverdi – o usavam de forma expressiva.

TRIO – a cena de conjunto escrita para três vozes (o trio do ato I do *Trovatore*, por exemplo); um dos mais belos é o trio do ato II do *Cavaleiro da Rosa*, de Richard Strauss.

TROIS DÉBUTS – sistema vigente na França, no século XIX, nos termos do qual o cantor, antes de ser definitivamente contratado para uma temporada, sujeitava-se a um teste: fazia três papéis diferentes e expunha-se ao voto do público.

TROMBA MARINA – instrumento de sopro comum no Barroco, usado com freqüência nos *obbligati* de árias *di tempesta*.

TROMPETE – instrumento de metal com bocal, usado na orquestra a partir do século XVII; era também chamado de *clarino*, quando mais agudo, ou *tromba*, quando mais grave; o desenvolvimento técnico trouxe o *Klappentrompet* (trompete de chaves), para o qual Haydn escreveu seu concerto.

TROUSER-ROLE (*Hosenrolle*) – (ver *travesti*).

TUBA WAGNERIANA – tuba com chaves e embocadura de trompa, desenvolvida por Wagner para enriquecer o coral dos metais em sua orquestra; são executadas pelos trompistas; Bruckner fez um emprego magistral da tuba wagneriana em suas sinfonias.

U

UNDINE – (ver *Russalka*).

UNENDLICHE MELODIE – "melodia infinita"; descrição do fluxo melódico ininterrupto que Wagner e seus seguidores obtêm modulando constantemente, cada vez que a melodia se aproxima do ponto de resolução e, assim, criando a sensação de que a tonalidade é indefinida; o *Tristão e Isolda* foi a primeira grande aplicação desse princípio.

V

VALQUÍRIA – do alemão arcaico *Wal* (campo de batalha) e *küren* (escolher); as nove filhas de Wotan e Erda, a terra, guerreiras que recolhem os heróis mortos na batalha e os levam para o Valhala; são elas Brünhilde, a favorita do pai, Gerhilde, Ortlinde, Waltraute, Schwertleite, Helmwige, Siegrune, Grimgerde e Rossweisse. Além de Brünhilde – uma das personagens centrais do *Anel do Nibelungo* – a única a se destacar é Waltraute que, no *Crepúsculo dos Deuses*, vem anunciar à sua irmã a morte iminente dos deuses.

VANGUARDA – do francês *avant-garde* (guarda avançada); termo de origem militar que passou a designar aqueles artistas ou movimentos estéticos que se encontram à frente de seu tempo e lhe indicam caminhos novos.

VAUDEVILLE – provavelmente derivado de *les voix de la ville*; na origem, canções populares, de estilo melódico simples, com padrões rítmicos repetitivos, tratando satiricamente de assuntos acontecidos recentemente na cidade. Costumavam também ser chamadas de *fredons du Pont-Neuf* devido à ponte sobre o Sena que servia de ponto de encontro para os menestréis. Dos teatrinhos de feira, esses *vaudevilles* passaram para as peças leves que estão na origem do *opéra-comique*. Chama-se de *finale en vaudeville* a cena de encerramento da ópera em que cada personagem presente canta uma das estrofes e todos repetem o refrão. O *Orfeo* de Gluck, o *Rapto do Serralho* de Mozart ou o *Barbeiro de Sevilha* de Rossini optam por esse tipo de finale.

VENDETTA – "vingança"; cenas com juramentos de vingança – como o dueto "Sì, vendetta, tremenda vendetta", do *Rigoletto*, são comuns no Romantismo.

VERBUNKOS – do alemão *Werbung*, "recrutamento"; dança húngara usada pelos sargentos-recrutadores que iam de aldeia em aldeia, tentando convencer os jovens a se alistar no exército; usando a escala pentatônica com dois intervalos aumentados, compõe-se em geral de uma seção lenta (*lassú*) e outra rápida (*friss*). Józef Ruzitska, em *Kemény Simon* (1822), e Ferenc Erkel, em *Bátori Mária* (1840), são os primeiros a introduzir esse ritmo na ópera.

VERISMO – de "vero", verdade; nome da escola realista de ópera italiana, inspirada pelos princípios que regiam a literatura realista/naturalista, inaugurada em 1890 pela *Cavalleria Rusticana* de Mascagni (ver *A Ópera Italiana de 1870 a 1950*).

VIBRATO – a flutuação de altura, intensidade e timbre na voz, que aumenta com o volume e a intensidade dramática, modificando a cor produzida; quando a voz está sob pressão, em notas muito altas ou sustentadas por muito tempo, o vibrato pode tornar-se muito forte, dando uma desagradável sensação de tremor; tende a acentuar-se com a idade ou com o desgaste vocal.

VIELA DI RODA – espécie de gaita de fole de origem provençal utilizada por alguns compositores como Vivaldi, que escreveu para ela sonatas e concertos.

VIOLA D'AMORE – instrumento da família das violas que possuía cordas simpáticas, que ressoavam reforçando o som das cordas friccionadas pelo arco.

VIOLETTA – nome que no século XVIII dava-se à viola ou à *viola d'amore* de registro médio.

VIOLETTA MARINA – viola dotada de cordas simpáticas, de som próximo ao da *viola d'amore* (ver este termo).

VOCE DI PETTO (*voz de peito*) – diz-se do registro de voz mais grave, que dá a impressão de o som estar vindo da caixa torácica, por oposição à *voce di testa* (ver este termo).

VOCE DI TESTA (*voz de cabeça*) – diz-se do registro de voz mais agudo, que dá a impressão de o som estar vindo da cabeça, por oposição à *voce di petto*.

VOIX SOMBRÉE (*voz escurecida*) – técnica vocal usada pela primeira vez pelo tenor Gilbret Duprez, em que a laringe é mantida em posição baixa, até mesmo quando se está cantando no registro agudo, o que dá ao timbre um colorido escuro.

VORSPIEL – (ver *Prelúdio*).

W

WAGNERISMO – nome que se dá à extensa influência exercida por Richard Wagner no domínio não só da ópera mas também da literatura, do teatro ou da filosofia (ver *A Ópera Alemã*).

Z

ZANNI – as personagens estereotipadas que compunham a galeria de figuras da *Commedia dell'arte*: Pulcinella, Brighella, Arlechino, Colombina etc.

ZARZUELA – o tipo de ópera espanhola, semelhante ao *opéra-comique* ou ao *Singspiel*, em que números cantados são intercalados a diálogos falados; as "festas de La Zarzuela" – e, mais tarde, simplesmente *las zarzuelas* – receberam esse nome porque foram apresentadas pela primeira vez, no século XVII, durante o reino de Felipe IV, no Palácio Real de La Zarzuela – assim chamado por ter sido construído numa área antes coberta de *zarzas* (sarças), vegetação seca e rasteira. A mais antiga *zarzuela* que se conhece é *La Selva sin Amor* (1629), com texto de Lope de Vega (ver Espanha no volume *As Escolas Nacionais Européias*).

ZAUBEROPER – "ópera mágica"; muito popular na virada do século XVIII para o XIX, é o *Singspiel* de assunto fantástico, com efeitos cênicos suntuosos e elementos de comédia misturados à história séria; a *Flauta Mágica* de Mozart e o *Oberon* de Weber são seus exemplos mais ilustres.

ZEITOPER – a "ópera de seu tempo"; denominação das óperas, comum na fase de pesquisas vanguardistas da década de 20, tratando de assuntos contemporâneos e fazendo referên-

GLOSSÁRIO

cias deliberadas a objetos e situações prosaicas da vida quotidiana: o telefone, o telégrafo, o trem, a luz elétrica, os locais de trabalho.

ZUKUNFTMUSIK – "música do futuro", nome – às vezes usado com intenção pejorativa – que se conferiu à música wagneriana, concebida para ser compreendida e aceita por um público hipotético, que viria no futuro, e estaria em condições de assimilar suas idéias revolucionárias.

ZWISCHENSPIEL – termo alemão para interlúdio.

Bibliografia

ARNOLD, Denis (1975). *Monteverdi*. Londres, J. M. Dent & Sons Ltd (da série *Master Musicians*).

ARNOLD, Denis e FORTUNE, Nigel (1985). *The New Monteverdi Companion*. Londres, Faber and Faber (em especial: "The Later-Madrigals and Madrigal Books", de John Whenham; "The Mantuan Stage Works", de Iain Fenlon; e "The Venetian Operas", de Jane Glover).

ARRUGA, Lorenzo (1979). *Traetta: Le Serve Rivali*. No folheto da gravação.

BARBIER, Patrick (1989). *Histoire des Castrats*. Paris, Éditions Grasset & Fasquelle (lançado no Brasil em 1993 pela Nova Fronteira, trad. Raquel Ramalhete).

BARTLETT, Clifford (1988). *L'Incoronazione di Poppea: an Introduction*. No folheto da gravação Richard Hickox, selo Virgin Classics 5.45082.2-6.

BERTELÉ, Antonio (org.) (1994). *Dictionnaire Chronologique de l'Opéra de 1597 à nos jours*. Paris, Ramsay (trad. Sophie Gherardi).

BIANCONI, Lorenzo (1982). *L'Orontea de Cesti*. No folheto da gravação René Jacobs, selo Harmonia Mundi HM 1100/02.

_____ . (1988). *Giasone de Cavalli*. No folheto da gravação René Jacobs, selo Harmonia Mundi 901282.84.

BOOTH, John (1989). *Vivaldi*. Londres, Omnibus Press.

CELETTI, Rodolfo (1983). *Storia del Belcanto*. Fiesole, Discanto Edizioni.

CHARPIER, Jacques (1965). *L'Art Poétique*. Paris, Pierre Seghers Éditeur.

CURTIS, Alan (1966). *The Coronation of Poppea: the Music*. No folheto de sua gravação para o selo Cambridge Records CRM B901.

_____ . (1968). *Cavalli's Erismena: the Composer, the Librettist, the Edition*. No folheto de sua gravação para o selo Vox SVBX 5213.

DONINGTON, Robert (1978). *Opera*. Nova York, Harcourt, Brace Jovanovich.

_____ . (1981). *The Rise of Opera*. Londres, Faber & Faber.

FABBRI, Paolo (1989) *Monteverdi*. Madri, Turner Música (trad. Carlos Alonso).

GRIFFITHS, Paul (org.) (1986). *The Thames and Hudson Encyclopaedia of 20th Century Music*. Londres, Thames and Hudson.

GROUT, Donald Jay (1965). *Short History of Opera*. Columbia University Press.

GRUBER, Paul (org.) (1993). *The Metropolitan Guide to Recorded Opera*. Nova York, Thames and Hudson.

HAMILTON, David (1987). *The Metropolitan Opera Encyclopedia: a Comprehensive Guide to the World of Opera*. Nova York, Thames and Hudson.

HAREWOOD, Conde de (org.) (1991). *Kobbé: O Livro Completo da Ópera*. Rio de Janeiro, Jorge Zahar Editor (trad. Clóvis Marques).

HATZFELD, Helmut (1966). *Estudios sobre el Barroco*. Madri, Editorial Gredos.

HOGWOOD, Christopher (1984). *Handel*. Londres, Thames & Hudson.

HOLDEN, Amanda (org.) (1993). *The Viking Opera Guide*. Londres, Viking.

KERANS, James (1966). *The Coronation of Poppea: the Play*. No folheto da gravação Alan Curtis, selo Cambridge Records CRM B901.

KIMBELL, David (1994). *Italian Opera*. Cambridge University Press.

JACOBS, Arthur (1978). *Dicionário de Música*. Lisboa, Publicações Dom Quixote.

LABIE, Jean-François (1980). *Georges Frédéric Haendel*. Paris, Laffont.

LANZA TOMASI, Gioacchino (org.) (1983). *Guida all'Opera da Monteverdi a Henze*. Milão, Arnoldo Mondadori Editore.

LEPPARD, Raymond (1968). *Francesco Cavalli and L'Ormindo*. No folheto da gravação feita por ele para o selo Argo (Z)NF 8-10.

MACHADO COELHO, Lauro (1988). *Haendel*. São Paulo, Nova Cultural (coleção "Clássica: a História dos Gênios da Música").

_____. (1998). *Vivaldi*. São Paulo, Editora Três (coleção "Os Grandes Gênios da Música Clássica").

_____. (1999). *O Classicismo na Música* in GUINSBURG, J. *O Classicismo*. São Paulo, Editora Perspectiva.

_____. (1999). *A Ópera na França*. São Paulo, Editora Perspectiva.

MALINA, János (1988). *Il Combattimento di Tancredi e Clorinda*. No folheto da gravação Nicholas McGegan, selo SLPD 12952.

MARQUES, Henrique de Oliveira (1986). *Dicionário de Termos Musicais*. Lisboa, Editorial Estampa.

MARTINOTY, Jean-Louis (1980). *Ercole amante: le pouvoir et les machines*. No folheto da gravação Michel Corboz, selo Erato STU-71328.

MONTEIRO, Marianna (1998). *Noverre: Cartas sobre a Dança* (contendo a tradução das *Lettres sur la danse* feita pela autora). São Paulo, Edusp/Fapesp.

OSTENDORP, John (1986). *Handel's Imeneo: Program Notes*. No folheto da gravação Rudolph Palmer, selo Vox Cum Laude/MMG, 2MCD 10063.

PARKER, Roger (1996). *The Oxford History of Opera*. Oxford University Press.

PROENÇA FILHO, Domício (1969). *Estilos de Época na Literatura*. Rio de Janeiro, Editora Liceu.

PRUNIÈRE, Henri (1949). "Sur la musique d'*Ercole amante*". (Extraído de *L'Opéra en France avant Lully*, anexo ao texto citado de J.-L. Martinoty).

ROSAND, Ellen (1979). *L'Orfeo di Sartorio: Metamorfosi di un Mito Musicale*. No folheto da gravação Clemenčíć, selo Fonit Cetra LMA 3001.

SADIE, Stanley (org.) (1997). *The New Grove Book of Operas*. Nova York, St. Martin Press.

SCIMONE, Claudio (1977). *Vivaldi and Orlando Furioso*. No folheto de sua gravação para o selo RCA ARL3-2869.

SMITH, Patrick (1981). *La Decima Musa: Storia del Libretto d'Opera*. Milão, Sansoni Editore (trad. Lorenzo Maggini).

TALBOT, Michael (1978). *Vivaldi*. Londres, J. M. Dent & Sons Ltd (da coleção The Master Musicians).

_____. (1990). *Tommaso Albinoni: the Venetian Composer and his World*. Londres, Clarendon Press.

THOMPSON, Wendy (1994). *Handel*. Londres, Omnibus Press.

WALKER, Thomas (1986). *Venezia e il melodramma nel Seicento*. Milão, Mondadori.

WIRTH, Gabriele (1990). *Von Leipzig nach London: Stationen eines Musikerleben*. No folheto da gravação Helmuth Rilling de *Amadis des Gaules*, selo Hänssler Classics 98.963.

WÖLFFLIN, Heinrich (1961). *Conceptos Fundamentales en la História del Arte*. Madri, Editorial Gredos.

YOUNG, Percy M. (1979). *Handel*. Londres, J. M. Dent & Sons Ltd (coleção "The Master Musicians").

HISTÓRIA DA ÓPERA

- *A Ópera Alemã*
- *A Ópera Barroca Italiana*
- *A Ópera Clássica Italiana*
- *A Ópera Inglesa*
- *A Ópera Italiana após 1870*
- *A Ópera na França*
- *A Ópera na Rússia*
- *A Ópera nos Estados Unidos*
- *A Ópera Romântica Italiana*
- *A Ópera Tcheca*
- *As Óperas de Richard Strauss*

Título:	*A Ópera Barroca Italiana*
Autor:	Lauro Machado Coelho
Ilustração da Capa:	Silhueta do traje da personagem Diana Caçadora
Formato:	18,0 x 25,5 cm
Tipologia:	Times 9,5/12
Papel:	Cartão Supremo 250 g/m (capa)
	Champion 90 g/m (miolo)
Número de Páginas:	400
Editoração Eletrônica e Laser Filme:	Lauda Composição e Artes Gráficas
Fotolito de Capa e Ilustrações:	Macin Color
Impressão:	Bartira Gráfica e Editora S/A